언어와 정신

언어와 정신

허발

개정증보판

열린책들

이 책은 실로 꿰매어 제본하는 정통적인 사철 방식으로 만들어졌습니다.
사철 방식으로 제본된 책은 오랫동안 보관해도 손상되지 않습니다.

머리말

언어학Sprachwissenschaft, 다른 한편으로 신언어학Linguistik이라 불리기도 하는 이 학문은 오늘날 '상아탑의 비실용 학문Orchideenfach'으로 간주되고 있다. 이 상황에서 글쓴이는 감히 이렇게 책을 쓴다.

이 책은 언어와 정신의 불가분성과 그것의 의미를 언어철학적으로 탐구하고자 한 책이다. 글쓴이는 이 책을 통하여 인간의 삶에서 언어의 특수한 지위의 본질이 어디에 있는지, 언어는 왜 다른 모든 전달수단보다도 뛰어난 것인지를 명확하게 나타내고자 하는 목표를 추구하였다.

'언어와 정신'이라는 주제를 다루기 위해서는 현대의 여러 언어이론 가운데 특히 훔볼트W. von Humboldt(1767-1835)의 언어사상에 기초하는 내용중심 언어학을 눈여겨보지 않을 수 없다. 19세기의 가장 뛰어난 언어학자들 가운데 한 사람인 훔볼트는 일반언어학의 창시자로 간주될 수 있다. 훔볼트는 언어문제의 보편적 측면에 대해서뿐만 아니라 언어상이성에 대해서도 관심을 갖고 있었다. 단 하나의 인류만이 존재하고 "인간은 어디에서나 인간과 더불어 하나"(VII, 59)라는 것은 그에게 확고한 것이었다. 그는 또한 "언어는 본디 단 하나에 불과하고 지구 상의 수많은 언어에서 상이하게 드러나는 것은 바로 이 하나의 인간의 언어일 뿐"(VI, 111 이하)이라는 것을 분명히 알고 있었다. 그렇지만 매우 상이한 수많은 언어로 뻗어나갔던 그의 확장된 경험적 언어연구는 결국 언어상이성의 중요성을 점점 더 선명하게 드러나게 하였다. 게다가 개별적인 것, 특별한 것, 특징적인 것, 인상학적인 것, 전형적인 것에 대한 그의 관심은 지대하여, 그는 특히 이 언어상이성의 본질을 깊이 파헤쳐 규명하고자 하였던 것이다. 이 훔볼트의 사상을 비롯하여 그것을 발전적으로 전개시킨 내용중심 언어학이 현대 언어학의 발전과정에서 등장한 여타의 언어이론들과 비교하여, 그리고 이 책에서 다루고자 하는 주제와 관련하여 어떤 점에서 그 차별적 의미를 갖는지 이 자리에서 짧게나마 조망해 볼 필요가 있다.

모든 일반화 진술은 해당 분야의 전문가에 의해 반박될 수 있긴 하지만, 19세기와 20세기 초의 언어학이 주로 역사비교 고찰방식의 영향하에 있었다고 말하는 것은 타당해 보인다. 유럽의 언어 대부분이 고대 인도의 성스러운 언어인 산스크리트와 발생사적으로 유사하다는 획기적인 발견은 인도유럽어들의 역사적 발전 및 그 언어들이 음성법칙을 근거로 공통의 뿌리에서 유래했을 가능성에 주된 관심을 기울이게 하였다. 이를 통해 언어연구에서는 통시적 고찰방식이 오랫동안 지배적 지위를 차지하게 되었고, 역사적 고찰방식은 역사적 문제제기에 대한 동시대의 관심에 의해 더욱더 강화되었다. 비록 훔볼트가 이미 언어체계 또는 언어의 '유기체'에 대한 고찰을 요구하고 스스로 실행에 옮기긴 했지만 이 횡단면적, 공시적 언어고찰은 20세기 초에야 비로소 다시 그 중요성을 인정받을 수 있었다. 소쉬르F. de Saussure(1857-1913)가 여기서 본디의 개척자였다. 그의 주저서인 유명한 《일반언어학강의Cours de linguistique générale》는 그가 사망한 후 제자들에 의해 간행되었다. 이 저서는 많은 사람들에게 현대 언어학의 본디의 출생증명서로 간주된다. 그렇지만 소쉬르의 견해는 처음에는 파급효과가 없었다. 이른바 프라그학파에 속하고 구조주의의 아버지로 간주될 수 있는 유럽학자들로부터도 획기적인 변화는 그다지 나오지 않았다. 러시아의 공작 트루베츠코이N. S. Trubetskoy(1890-1938)는 음운론의 결정적인 창시자로서 이 학파에서 가장 잘 알려진 대표자이다. 마지막 공동 창시자인 야콥슨R. Jakobson(1896-1982)은 정년퇴직 후에도 하버드 대학교의 명예교수로서 연구 활동을 하였다.

언어학에서 구조주의의 기원은 유럽이긴 하지만, 이 운동이 본디의 파급력을 처음으로 얻은 것은 특히 블룸필드L. Bloomfield(1887-1949)에 의해 만들어져 거의 20여 년간 이 분야를 지배했던 아메리카식 구조주의에서였다. 이에 반해 코펜하겐에서 브뢴달V. Brøndal(1887-1942)과 옐름슬레우L. Hjelmslev (1899-1965) 등의 학자들에 의해 개발된 언리학Glossematik 같은 구조적 언어고찰의 또 다른 변이형은 수학에 가까운, 대수화하는 처리방식의 면에서 특징적이었는데, 이는 획기적인 효과를 거두지는 못했다.

그 무렵 훔볼트의 후속학파로는 우선 하임R. Haym(1821-1901)과 슈타인탈H. Steinthal(1823-1899)이 등장하지만, 훔볼트의 언어사상은 1920년대에야 비로소 캇시러E. Cassirer(1874-1945), 입센G. Ipsen(1899-1984), 포르치히W. Porzig (1895-1961), 트리어J. Trier(1894-1970), 바이스게르버L. Weisgerber(1899-1985), 기퍼H. Gipper(1919-2005), 슈바르츠H. Schwarz(1923-2003), 슈미터P. Schmitter (1943-2006) 같은 학자들에 의해 속행되었으며, 언어에 의한 세계상과 언어밭의 사상에서 언어의 분절에 관한 중심이론을 갖춘 언어내용연구로 확장되었다.

좀 더 많은 반향을 불러일으킨 것은 위대한 아메리카인 언어학자 사피어E. Sapir(1884-1939)와 풍부한 아이디어를 갖고 있었던 비주류 언어학자 워프

B. L. Whorf(1897-1941)가 주도한 북아메리카의 유사한 흐름이었다. 헤르더J. G. von Herder(1744-1803)와 크로체B. Croce(1866-1952)의 사상에 의해 인도되어 생겨난 이 흐름은 특히 이른바 사피어-워프 가설을 통해 유명해졌다. 이 가설은, 인간의 사고는 그가 말하는 언어의 문법에 의해 좌우된다고 하는 언어상대성 원칙의 표명에서 그 정점에 달했는데, 이는 애리조나의 호피 인디언이 서유럽인과는 다른 시공간관을 갖고 있다고 하는 중대한 주장을 통해 뒷받침되었다.

1950년대에는 이른바 생성변형문법을 만들어낸 아메리카인 촘스키N. Chomsky의 활동과 더불어 새로운 시대가 시작되었다. 오늘날 빠른 속도로 진행되고 있는 영어화와 비견되는 획일화의 경향은 언어학에서 '역설적'으로 생성변형문법의 요구를 낳았다. '역설적'이라고 하는 이유는, 촘스키의 정치적 입장이 극단적으로 반제국주의적이었기 때문이다. 뇌에 선천적으로 들어 있다고 하는 보편적 심층구조의 공리(결코 정의된 적도 없고 합리적으로 파악할 수 없는 것으로 드러났지만)는 필연적으로 실제의 언어적 다양성과 언어 간 차이가 우연적이고 피상적이라는 가정에 기초하고 있다. 그러나 생성변형문법은 자연언어에서 '보편개념'의 타당한 예를 들지 못했고, 촘스키의 시도는 시학과 해석학에 대해 근본적으로 관여적이지 못했다. 그사이에 생성문법은 거의 완전히 형식주의로 물러섰고, 너무나도 분석적이고 컴퓨터에서나 사용될법하게 메타수학적으로 추상화되어 실제의 '언어세계들' 및 그것들의 창조적인 차이와는 이제 거의 아무런 관련도 없게 되어버렸다.

논란의 여지가 없는 것은, 모든 언어가 기존의 생성규칙과 그에 속하는 변형규칙을 통해 습득된다는 것이다. 촘스키의 문법에서는 이 규칙체계와 변형 메커니즘을 가능한 한 정확하게 파악하고 규정하고자 했다. 처음에는 이러한 방식으로 '문법적으로 옳은' 월이 생성될 수 있다면 비록 이 월이 의미 없는 것으로 입증된다 할지라도 충분한 섯처럼 보였지만, 그러나 곧 의미 있는 월의 생성에 대한 염원이 깨어나 새로운 형식의 구조의미론이 출현하였던바, 이는 촘스키의 친구인 포더J. A. Fodor와 캇츠J. J. Katz에 의해 발전되었다. 그러나 기퍼도 지적하고 있듯이, 캇츠와 포더의 의미이론처럼 개별 낱말 내지 어휘 항목lexical entry, 더 올바르게 말하자면 개별 음운에서 시작하고 '성분 분석'에 의하여 그로부터 여러 가지 '의미'를 도출하는 의미이론은 근본적으로 '구조적'이라는 특성표시를 받을만한 자격이 거의 없는데, 왜냐하면 그러한 고립된 고찰방식으로는 어휘구조 내지 어휘분절이 전혀 시야에 들어오지 않기 때문이다.

오늘날 신언어학Linguistik을 연구한다고 공공연하게 자처하는 사람들은 주로 블룸필드, 촘스키, 소쉬르를 끌어들인다. 이때 언어학Sprachwissenschaft 분야에서 그 외에 이룩되었던 것, 특히 그 이전에 이룩되었던 모든 것이 간과되는 일이 심심치 않게 일어난다. 이를테면 예전부터 이미 알려져 있던 것에 대해 새로운 것을 발견했다고 믿는 것이다. 그들에게는 '알지 못하기 때문에 처음일 뿐이다'라는 괴테의 명언이 들어맞는다.

이처럼 이전의 훌륭한 연구성과들을 뒷전으로 미룬 채 오늘날 언어관련 연구에서 지배적인 견해들은 훔볼트를 계승한 언어학의 입장에서 충분히 반박될 수 있다. 언어를 문화의 단순한 반영으로 보는 고찰방식의 가치와 오늘날의 실행가능성은 이 자리에서 비판할 필요도 없이, 그러한 견해는 언어학에 내재해 있음에 틀림없는 의의를 실현하지 못한다. 언어를 표현, 전달, 의사소통의 수단으로, 그리고 민족정신의 모든 충동이 표출되는 하나의 문화현상으로 보는 견해에서 나오는 모든 연구는 물론 필요하기도 하고 중요하기도 하며 계발적이기도 하다. 그러나 그러한 연구의 기초적 관점은 언어의 본질을 올바르게 평가하지 못하기 때문에 결국 결정적인 것을 빗겨나갈 수밖에 없다. 언어연구의 의의는 다름 아닌 바로 훔볼트의 훌륭한 통찰에서 출발할 때에만 실현될 수 있다. 즉 훔볼트에 따르면 "언어는 단순히 상호이해를 위한 교환수단일 뿐만 아니라 정신이 그 힘의 내적인 활동을 통해 자신과 대상 사이에 정립하지 않으면 안 될 참된 하나의 세계라는 감정이 마음속에서 정말로 깨어난다면, 우리의 마음은 점점 더 많은 것을 언어 안에서 찾아내고 더욱더 많은 것을 언어 안에 넣는 참된 길을 가고 있는 것이다"(VII, 176). 그렇다면 이 중간세계와 그것을 형성하는 힘들의 탐구야말로 인간의 삶에서 언어의 의미를 올바르게 평가하는 언어학의 연구인 것이다.

특히 바이스게르버는 훔볼트에 이어서 이 정신적(언어적) 중간세계의 의의를 강조하고 있다. 바이스게르버가 말한 중간세계는 언어적인 세계이고, 그와 더불어 동시에 언제나 모어적인 세계, 즉 모어에 의해 구성된 세계이다. 그리고 이 세계는 당연히 어느 누구 할 것 없이 어릴 때부터 모어의 세계 속으로 들어가 성장한 모든 인간의 정신적, 물질적 삶에 지대한 영향을 끼친다. 모어는 우리에게 음성적 명칭뿐만 아니라 그와 결부된 개념도 제시해준다. 모어와 더불어 획득한 어휘와 통어형식은 우리 인간의 모든 지적 행동의 토대로 기능하며, 모든 행위의 성과에 그 흔적을 남긴다. 우리가 현실세계를 바라보고 특징을 파악하고 해석하며 그것에서의 경험을 소화하고 정신적으로 가공하는 모든 일들이 바로 이 모어적 중간세계 안에 마련되어 있는 어휘의 분절과 통어형식에 의해 인도된다. 그에 따라 우리의 세계해석과 사유는 모어적, 개념적 지식에 기초한다. 물론 이러한 사유의 틀 또는 해석방식이 다른 모든 종류의 가능성을 배제하는 것은 아니지만, 우리는 대개 그것 이상으로 넘어서지 못한다는 점에 주목하지 않을 수 없다. 어떻게 보면 인간은 평생을 통하여 자신의 모어에 의해 제어되고, 모어는 실제로 인간을 대신하여 사유하는 언어에 다름 아니다. 그렇다면 훔볼트와 바이스게르버의 중간세계 사상을 이어받는 언어학의 과제란, 우리의 인식과 해석이 모어에 의해서 규정되고 따라서 그것이 각각의 모어마다 고유하게 구성되는 방식과 그것이 우리의 사회적, 경제적, 정치적, 문화적 삶에서 갖는 귀결을 추적하여 그 상호 관련성을 규명하는 데 있는 것이다.

요컨대 이 책에서 훔볼트와 그 후계자들의 언어철학을 다루려는 보다 포괄적인 이유는, 인간의 삶에서 언어의 올바른 위치와 그에 따라 언어연구가 마땅히 가야 할 올바른 길을 제시한 훔볼트의 언어사상을 그 출발점에서부터 살펴봄으로써 아직도 이루어지지 않고 있는 바람직한 언어연구에 도화선이 될 결정적인 단서들을 제시하는 데 있다. 따라서 이 책에서 때때로 나오는 약간 비판적으로 여겨질지도 모를 언급들은 일반적인 관심의 대상이 되는 수많은 중요한 과제 앞에 서 있는 언어학의 미래에 대한 걱정에서 나온 것들이다. 그런데 이로부터 가령 '자율적' 언어학을 보다 더 엄격하게 한정짓는 데 대해 찬성한다는 식으로 해석하는 것은 완전히 틀린 일일 것이다. 오히려 글쓴이의 신념으로서 변하지 않았고 또 앞으로도 변하지 않을 것은, 언어학이 자율적이지도 않고 고립된 채 수행될 수 있는 것도 아니라는 것이다. 언어학은 오히려 그 대상의 관점에서 보아 학제간 연구에 적합하고, 인간, 언어, 그리고 세계 사이의 상호 관련성에 대해 뭔가를 말해줄 수 있는 다른 분과학문들과의 협력작업을 추구해야 한다. 따라서 철학자, 논리학자, 심리학자, 사회학자, 인류학자, 행동연구가, 의학자가 점점 더 언어적인 문제에 관심을 갖는 것은 환영할만한 일이다. 글쓴이가 지향하는 언어학은 인류학적, 철학적 기반의 넓게 펼쳐진 언어학으로서, 언어현실, 즉 실제로 입증 가능한 언어적 과정을 멀리하지 않으면서 경험적 토대 없는 이론은 허용하지 않는 그러한 언어학이다.

글쓴이는 오직 한 가지 신념을 고수하면서 훔볼트-바이스게르버 학파의 지적인 업적을 엮는다는 사무심에서 이 책을 펴내기에 이르렀고, 이제 이를 지금의 언어학자들, 그리고 앞으로 언어학에 발을 들여놓고자 하는 젊은 학도들과 공유했으면 하는 바람이다.

글쓴이는 그간 여러 논문집에 발표했던 글들을 다시 손질해서 모아보았다. 글쓴이가 토대로 삼은 자료들은 대학 재직기간 동안에 학부 강의와 대학원 세미나에서 다루어온 것이다. 이 자료들은 기퍼와 슈바르츠가 편집한 《언어내용연구를 위한 서지편람》에도 상당수가 등재되어 있다. 1961년에 시작하여 1989년에 완간된 이 편람은 30,744개의 항목과 2,000여 개 이상의 비평을 갖춘 방대한 자료모음으로 언어내용연구 분야의 광범위한 연구를 위한 믿을 만한 토대를 제공하고 있고, 특히 자세한 색인이 덧붙여져 있어 미래의 '언어내용연구'를 위한 알찬 길잡이 역할을 하게 될 것임이 분명하다. 이 편람이 본문에서 언급될 때마다 참조지시를 하겠다.

끝으로, 어려운 국내 여건에도 불구하고 이렇게 흔쾌히 책을 출간해 준 열린책들 홍지웅 사장님에게 고맙다는 인사를 드린다. 그리고 원고의 정리에 협조해 준 박성철 교수, 출판에 관계한 모든 분, 특히 편집에 노력을 아끼지 않은 김대연 님에게도 고맙다는 인사를 전한다.

2013년 1월

허 발

개정증보판을 내면서

언어의 이해에 접근하는 가설

옛적부터 언어를 파악하기 위한 징후가 오늘날까지 광범위에 걸쳐서 알려져 있다. 이르되, 인간의 표현의 형식, 인간 상호간의 의사소통의 수단, 인간의 존재의 표식 등. 더욱이 오늘날에 이르기까지 언어의 정의는 되풀이해서 시도되고 있다. 말하자면, 언어란 사회적 인식형식, 정신적 세계형성의 길, 인간의 자기주장의 힘 등. 언어라는 현상을 이해하는 길을 여는 것으로 기대되는 가설은 충분히 있다.

이러한 사정에서, 이 가설들은 적절할 뿐만 아니라 언어연구에 있어서 획득되는 인식마저 흡수할 수 있는 가설이어야만 한다. 특히 이 후자가 중요하다. 연구가 진행되면 그것에 의해서 발상의 전환이 강요됨으로 이전에는 적절했던 가설이 낡은 것으로 되며, 그 가설에 기인하는 연구는 과학적 입장에서는 옳은 것으로 인정하기에는 불충분하기 때문이다.

언어는 사회적 인식형식이라고 하는 가설이 설정된 것은(이 책의 244쪽을 참조할 것) 특정한 일반 과학적 지식, 즉 기호의 역할이나 철학과 사회학의 내부에서의 문화재라는 '생활형식'에 관해서의 지식 등이 획득되었기 때문이다. 이러한 지식을 일단 지니게 되면 그 후로는 이러한 지식을 이전의 가설 안에 짜 넣지 않으면, 이 가설에 기인하는 언어연구는 불충분할 뿐만 아니라 잘못된 방향으로 나아갈 위험성이 있다.

이전의 가설이라도 오늘날에도 유용성이 있는 점은 받아들여서 활용하도록 노력하는 것은 물론 중요하다. 그러나 '올바른' 본질규정을 찾아내는 것은 언어연구의 영원한 사명이다. 낡은 정의는 시대에 뒤떨어졌으며 불완전한 것으로 간주하고, 한편 오늘날의 가설은 완전한 것으로 제 마음대로 생각해서는 안 된다. 새로운 인식은 모두 절대화되는 경향이 있으므로, 옛 인식이 부당하게 압박을 받아서 한 구석으로 내몰려 나가는 일이 없도록 마음을 쓸 필요가 있다. 요컨대 여태까지 획득된 인식 전체를 언제나 연구의 제일선에서 활용할 수 있도록 해 두어야 한다. 가설이라는 것은 과거의 모든 지식을 포섭하고 여태까지의 척도를 능가함과 동시에 또 부분적 인식을 보유한다는 뜻에서 가치가 있는 것이다.

언어의 인류법칙

이러한 모든 조건에 일치하는 징후를 거의 설명할 수 없는 것으로 생각되었는데, 실은 있는 것이다. 처음에는 좁은 과학적 관점을 뒤로 미루고 누구라도 할 수 있고 점검할 수 있는 관찰에 의지하면 된다. 인간의 모든 언어삶이 근거를 두고 있는 일련의 언어적 조건이라는 것이 있다. 그것은 다음의 세 측면에서 파악될 수 있다. 즉 개인의 측면, 인간의 공동 삶의 측면, 인류전체의 존재 조건의 측면의 셋이다. 바이스게르버는 처음에는 간략하게 이것들의 기초적 관찰을 총괄하고 그때 누구라도 자신의 경험에서 잘 알려진 사실에 의지할 수 있다고 한다.

모어의 법칙

언어적 조건의 성립은 우리가 상기할 수 있는 과거의 시점보다 빠르다. 그 조건은 어린 아이에 대해서 관찰할 수 있으며 그 결과에 대해서는 언제라도 자기 자신에 대해서 확인될 수 있다.

인간은 태어나면서 어떤 기존의 언어의 작용을 받아서 통상 그것이 그 사람의 모어가 되어서 평생 떠나지를 않는다. 즉 개인의 삶에 하나의 조건이 주어지며 그것은 모든 인간을 지배하는 법칙으로서의 성격을 지니고 있다는 것을 인정하지 않을 수 없다. 당사자의 선택, 동의와는 관계없이 시작하는 이 법칙의 전개를 거부할 수 없으며 본인의 삶의 구석구석에까지 규제되어 간다. 그 진전 과정은 개인마다 실로 다양하지만 이 생기현상의 세 가지의 국면은 보편적이다.

최초는 모어 취득의 과정이며, 거기에는 가장 중요한 사명으로서 모어라는 것의 습득이 포함되어 있으며 그 핵심에는 모어가 개개인의 삶에 공용되어가는 과정으로서 관찰될 수 있다. 인간에게는 그때그때의 모어 취득의 정도에 따라서 모어에 의한 '교화'의 기반이 이룩되어 간다. 그것을 일반적으로는 모어소유라 부르고 있는데, 정확하게는 인간의 언어 활력의 중심이라 불러야 한다. 이 언어 활력은 그 후 수 없는 모어사용이라는 형식, 즉 모어 '수단'의 '운용', 보다 정확하게는 모어의 통용성의 효력에 의해서 명시되는 모어 행위의 안에서 인식된다. 그때 인간의 삶은 도처에서 말함이라는 명확한 형식에서 사유와 행위이 모어소유의 감추어신 작용에 이르기까지, 언어 활력이라는 것으로써 관철되고 있다. 이렇게 모든 인간의 삶은 모어의 제약하에 있다. 이 속박의 견고함과 영향에 직면하여 이것을 바이스게르버는 모어의 법칙이라 부르며, 모든 개인이 종속되며 세 개의 주요 단계를 통해서 개인의 삶을 예상 외로 형성했다고 해도 당연한 것이었다. 이 모어의 법칙의 의미와 목적을 물음으로써 언어의 본질적인 특징이 인식되는 징후가 틀림없이 얻어질 것이다.

언어공동체의 법칙

언어공동체의 존재가 언어의 본질의 인식에 있어서 중요한 징후라는 것은 이미 최초의 관찰에서도 알려지고 있다. 모든 인간이 필연적으로 어느 언어공동체로 편입되어 있다는 것은, 전체 인류는 필연적으로 언어공동체로 분절되어 있다는 것이다. 더욱이 각 언어공동체가 그것에 고유한 언어, 즉 그 모어와 상호간에 관계하며 성립하고 있다. 따라서 인류는 지구상에 존재하는 모든 모어의 통용영역에 분절되어 있는 것이다. 이 사실은 우리 누구나가 자명한 것으로 생각하고 있는 상태를 성가시게 서술하는 것으로 생각되는지도 모른다. 그러나 바로 그러므로 이러한 질서는 결코 자명한 것이 아니라 이 '자연스러운' 언어공동체로의 인류의 분절(그것과 이것에 의해서 생겨난 모어의 통용영역)에 충분히 주목해서 그 의의를 이해할 필요가 급선무라는 것을 강조해 두고 싶다. 이러한 질서를 인류 전체에 타당하는 조건에 기인하는 것으로 인정하고 바이스게르버는 언어공동체의 법칙이라고 강조함으로써 인간삶의 '자연스러운', '자명한' 전제조건의 하나에 주의를 환기시키고 있다(바로 이 책에서 〈언어공동체〉라는 제목으로 추가해 놓고 있다).

언어에 제약된 존재의 법칙

우리는 동물의 세계에서도 어떤 종류의 소리에 의한 표현의 형식이나 '의

사소통'의 여러 가지 방법을 인정하고 있지만 그러한 것은 인간의 삶에 대해서 요구되는 언어'능력'의 표현으로는 간주되지 않을 것이다. 인간으로서의 존재와 언어능력의 이 양자의 상호 의존 관계는 전체 삶을 일관하고 있는 근본적 조건이다. 인간에는 다양한 힘이 구비되어 있지만 인간이라는 것의 특색을 나타내는 특징은 그 언어적 근원에 유래하고 있음으로, 바이스게르버는 언어에 제약된 존재의 법칙이라는 것이 전체 인류를 지배하고 있다고 생각하고 있다.

인간의 삶은 단순히 인간의 행위에 언어가 뒤섞여 있을 뿐만 아니라 어떠한 형식이든 모두 언어의 제약하에 있다. 바이스게르버는 개인의 삶에 있어서는 모어의 법칙, 공동의 삶에 있어서는 언어공동체의 법칙, 인류의 삶에 있어서는 언어에 제약된 존재의 법칙으로서 경험한 것은 매우 인상 깊게 한데 묶여 있어서 언어의 인류법칙이라고 부르는 것이 적절하다고 한다. 즉 인간의 삶 전체를 지배하는 언어의 제약은 절대적이니까 법칙이라 불러도 좋다는 것이다. 이 법칙은 자연에 의해서 미리 확정되는 것도 아니고 또 인간에 의해서 창작된 것도 아닌데, '역사적 자연법칙'의 완전한 구속력을 지니고 있다는 것이다.

바이스게르버는 이로써 언어의 본질과 언어현상의 구성에 대한 인식을 파악하기 위한 시도를 감행할 수 있는 가설을 획득하게 된 것으로 생각한다. 이 가설은 한편 모든 언어현상에 걸쳐 있을 뿐만 아니라 그 내적 관련성을 파악할 정도로 포괄적이다. 다른 한편, 피상적인 답변이나 일시적 및 부분적인 답변을 더 이상 참을 수 없을 정도로 요구하는 바가 많다. 이 가설은 문제 제기나 해결의 시도의 경우도 최초의 조사결과에 어느 정도 호응하고 언어의 인류법칙의 확고한 통용성을 이해시킬 수 있는 인식이 두드러지게 드러날 때까지 몇 번이라도 갱신하고 깊게 파헤쳐서 생각하도록 하는 것이 있다.

이때 구체적으로 어느 길을 접어드느냐는 아직 두고 봐야 하겠지만 이 언어법칙의 세 방향이 기본 뼈대를 이루고 있는 것은 확실하다.

훔볼트의 저서 가운데 다음의 말이 있다. “언어는 객관적인 사고에 다가가는 인간이다.” 이 말을 우리는 언어를 해명하기 위한 고전적인 가설로 간주해도 좋을 것이다.

이렇게 쓰면서, 어려울 때 이 책을 출판해주신 열린책들의 홍지웅 사장님, 편집·교정에 노력해주신 김태균 차장님 등 대단히 고맙습니다. 끝으로 나머지 원고 정리에 전념한 전지선 박사님께 심심한 감사 인사를 드립니다.

2017년 1월

허 발

차례

I. 훔볼트 언어연구의 철학적 전제와 토대

낭만주의 시대의 언어철학자들이 직업적 철학자가 아니었고 당대의 위대한 철학자들이 자신들만의 고유한 언어철학을 발전시키지 못했다는 것은 놀라운 사실이다. 사정을 속속들이 잘 알고 있던 하인텔E. Heintel은 이러한 상황을 매우 유감스러워했다. 그는 "하만J. G. Hamann과 헤르더J. G. von Herder, 낭만주의와 훔볼트조차 아무리 이념이 풍부했고 또 그들의 추진동기가 아무리 깊었다 해도 그들에게는 체계적 철학이 데카르트와 라이프니츠부터 칸트와 헤겔에 이르는 그 발전과정에서 애써서 만든 개념으로 만들어놓은 그 철학적 도구가 보이지 않는다"는 점을 하나의 비극으로 여겼다.[1] 그런데 기퍼H. Gipper는, 하인텔의 이 말이 비록 진정한 핵심을 포함하고 있긴 하지만 그래도 한마디 논평을 할 필요가 있다고 느꼈다.[2] 하만-헤르더-훔볼트에 관한 한, 이들은 모두 내로라하는 칸트 전문가였을 뿐만 아니라 그 밖에 동시대의 철학에도 상당히 정통한 인물들이었다. 기퍼는, 바로 칸트가 언어를 소홀히했다는 사실 때문에 하만과 헤르더가 언어를 방어해야

1 Heintel 1957, Bd. 1, 589.

2 Gipper/Schmitter 1979, 138.

겠다는 자극을 받았다고 이미 강조한 바 있다. 슈트라이트베르크W. Streitberg는 이미 1909년에 쓴 중요한 논문 〈칸트와 언어학〉에서, 하만이 칸트의 《순수이성비판》을 염두에 두어가며 로크J. Locke의 《인간오성론》을 철저히 연구했고 헤르더는 1784년 6월 3일에 쓴 서한에서 그것에 대해 '만족스럽다'고 보고했음을 지적했다.[3] 말하자면 로크는 하만의 언어사상에 영향을 끼쳤고 또한 헤르더에게도 감화를 주었던 것이다. 물론 두 사람이 칸트에 맞서 내세운 반증들은 개념적 정확성에서 그들의 공통된 스승에 미치지 못한다. 훔볼트는 칸트로부터 큰 영향을 받았다. 캇시러E. Cassirer는 〈빌헬름 폰 훔볼트의 언어철학에서 칸트적 요소들〉(1923)에서 훔볼트가 칸트의 비판철학을 언어학에 도입하여 그의 언어철학에서 필수의 위업을 성취한 사실을 표시하고 있다. 이로써 칸트의 교의에는 언어의 매개에 의해 정신과학 일반에 접근하는 가장 새로운 길이 열렸다고 서술하고 있다.[4] 슬래글U. V. Slagle은 〈훔볼트의 언어사상에 끼친 칸트의 영향〉(1974)이라는 논문에서 '칸트식의 관계범주들'과 '칸트식의 인지적, 지각적 보편소'가 훔볼트의 언어철학에서 얼마나 중대한 역할을 수행하고 있는지 다시 한 번 보여주었다.[5] 훔볼트 자신이 증명하고 있는 것만 보더라도 그는 칸트의 영향을 매우 높게 평가했는데,[6] 기퍼[7]가 지적했듯이 이 영향은 특히 훔볼트가 중요한 언어이론적 견해들을 바로 칸트에 맞서서 획득하지 않으면 안 되었다는 점에서도 표현된다.

훔볼트의 전체 사상에 끼친 칸트의 영향에 대해 슈프랑거E. Spranger는 〈빌헬름 폰 훔볼트와 칸트〉(1908)라는 연구에서 훔볼트가 두 방면의 교화

---

3 Streitberg 1909, 385-386.

4 Cassirer 1923[a], 108.

5 Slagle 1974 참조.

6 Humboldt 1903-1936, Bd. 12, 605 참조.

7 Gipper 1965 참조.

력, 즉 그리스인과 칸트에 의해 발전했음을 입증했다.[8] 슈트라이트베르크 또한 바로 위에 언급한 논문에서, 훔볼트가 특히 칸트의 '심리적 현실성의 개념'을 이어받아 그의 에네르게이아 개념을 통하여 언어에 적용했음을 강조하고 있다. 언어발전이라는 이념도 칸트의 역사철학에서 찾을 수 있다는 것이다.[9]

훔볼트는 말하자면 아무런 의심의 여지없이 여러 모로 칸트에 빚지고 있는데, 이에 대해서는 훔볼트의 첫 전기작가들이 이미 지적한 바 있다. 이를테면 처음으로 훔볼트의 일대기를 쓴 슐레지어G. Schlesier,[10] 훔볼트의 정신자세를 가리켜 '칸트화된 스피노자주의'라 불러야 마땅하다고 믿었던 슈타인탈H. Steinthal,[11] 끝으로 훔볼트에 대해 심지어 '플라톤화된 칸트주의'라고까지 말한 하임R. Haym[12] 등이 그들이다. 핵심을 찌르는 듯해 보이는 이러한 말들에는 회의적 태도로 대하는 것이 정당하겠지만, 이러한 말들은 훔볼트가 얼마나 저 위대한 철학자의 영향 아래 있었는지에 대한 증거로서만큼은 가치 있다.

하임에 따르면, 《순수이성비판》이 인간의 인식에 대해 행한 분석의 첫 결과들 가운데 하나는 공간과 시간을 내적 직관의 순수한 형식으로서 파악한 것이다. 칸트에 따르면 인간 인식현상의 또 다른 요소는 인식의 질료이고, 이 요소에 내적으로 상응하는 것은 감각이다. 칸트의 이성비판의 이 첫 기초적인 결과는 언어학자 훔볼트에게는 무너질 수 없는 진리이다.

만약 칸트가 자신이 행한 인식요소 분석의 정당성에 대해 언어분석을 통하여 증명하려 감행했었더라면, 그는 어느 언어든지 최초의 낱말은 감각의

8 Spranger 1908, 62.

9 Streitberg 1909, 408 이하.

10 Schlesier 1843-1845 참조.

11 Steinthal 1884, 14.

12 아래에서는 Haym 1965, 447-463 참조.

표현이나 공간과 시간관계의 표현을 포함하고 있는 낱말들이라는 것을 증명하지 않으면 안 되었을 것이다. 바로 이것이 칸트식 용어와의 매우 밀접한 연관성 속에서 훔볼트가 되풀이하여 증명하고 있는 바이다. 헤르더가 칸트의 비판에 대한 자신의 논박을 부분적으로 어설프게 언어에 기초하여 끄집어내고 있는 데 반해, 훔볼트는 의도적이라고 말할 수 있겠는바, 언어를 놓고서 칸트 주장의 정당성을 입증하려 한다. 그는 인칭어Personenwörter의 형성에 공간의 직관이 기초가 되어 있음을 사실들을 통하여 증명하고, "직관의 순수한 형식인 공간과 시간이 특히 언어에서 매우 빈번히 나타나는, 추상적인 또는 감성화하기 어려운 개념들의 구체적인 것으로의 전의를 적절하게 매개하는 데"(VI, 329)[13] 적합하다는 증거를 여기에서 찾는다. 이와 관련하여 그는 어느 언어에서든 근원적인 낱말은 감각의 표현 또는 공간과 시간관계의 표현을 포함하고 있는 것임을 확신하고 있다. "인칭어는 어느 언어에서든 근원적인 낱말임에 틀림없고, ……이것에 곧바로 전치사와 간투사가 연계될 수 있다. 왜냐하면 전치사는 공간 및 공간적인 연장이라고 생각되는 시간이 인칭개념과 분리될 수 없는 공간 내의 특정한 하나의 지점에 대해서 갖는 여러 가지 관련성이며, 간투사는 살아 있다는 감정의 순수한 발로이기 때문이다"(VII, 104). 남태평양 여러 섬들의 언어에서 불변화사를 개괄적으로 서술할 때, 훔볼트는 불변화사가 대부분 공간과 시간관계로부터 유래한 것임을 빠트리지 않고 강조한다.[14] 끝으로 쌍수가 언어 일반의 본질에 얼마나 자연스러운가를 보여주기 위해 그는 "2성Zweiheit의 개념이 수의 개념으로서, 말하자면 인간 정신의 순수한 직관의 하나의 양적 현상으로

13 이 책에서 인용되는 훔볼트 글의 출처는 열일곱 권짜리 《훔볼트 전집》(Gesammelte Schriften. Hrsg. von der Königlich-Preußischen Akademie der Wissenschaften. Abt. 1-4 (Bd. 1-17). Hrsg. von Albert Leitzmann / Bruno Gebhardt / Wilhelm Richter. Berlin 1903-1936)에 따른 것임을 밝혀둔다.

14 Kawi-Sprache, Bd. III, 526.

서" "언어와의 적절한 동종성"(VI, 27)을 소유하고 있다고 지적한다.

계속해서 그는 순수이성비판의 궤도 안에 머물러 있다. 여기서는 감성에 관한 분석에 이어 오성에 관한 분석이 뒤따르고 있다. 감성의 순수한 직관 위에 보다 높은 선험적 인식의 요소로서 오성의 기본개념들, 즉 논리적 범주들이 등장한다. 훔볼트가 3인칭 대명사를 나타내는 표현의 구성에서 결정적인 여러 가지 것들의 순위를 매길 때, 그는 분명 바로 이러한 감성 - 오성의 순서를 생각하고 있었다. 그는 3인칭 대명사 표현의 세 가지 종류를 구분한다. "매우 특정한 상황에 처한 개인을 서 있다, 누워 있다, 앉아 있다 등으로 표시하는 표현이 있다. 이 표현들은 말하자면 특별한 대명사를 많이 가지고 있지만, 하나의 일반적인 대명사는 없다. 또 다른 표현들은 3인칭을 말하는 이와의 거리에 따라 또는 말하는 이와 떨어진 거리에 따라 다양하게 부른다. 끝으로 어떤 표현들은 동시에 순수한 '그', '나'와 '너'의 단순한 대립을 하나의 범주 아래 묶인 것으로 표시한다. 이 관점들 가운데 첫 번째는 매우 감성적이다. 두 번째는 감성의 순수한 내재적 형식인 공간개념에 관련된다. 세 번째는 추상과 논리적인 개념분류에 기초한다"(VI, 23). 사실 훔볼트는 칸트의 범주표에 분명 정통해 있었다. 그는 바스크어의 문법적 특징을 설명함에 있어서, 격Kasus기호와 전치사의 차이에 대해 다음과 같이 믿고 있다. "낱말 간의 관계가 Relation(관계)의 개념 자체에서 유래해서 Relation의 필연성이 명백하고 그러므로 모든 중개개념Mittelbegriff이 없어도 이해될 수 있는 경우에는 격기호가 나타난다. 이에 반해 중개개념이 나타날 경우에는 전(후)치사가 사용되어야만 한다. …… 격의 수는 직접 범주표에 의해 규정되지만, 전치사의 수는 전적으로 수의적이다. …… 속격은 실체Substanz와 속성Eigenschaft의 관계에서, 대격은 원인과 결과의 관계에서 생긴다"(III, 257). 이 Relation은 칸트의 범주표의 '관계'란을 원용하고 있다. 〈언어비교연구〉에 관한 논문의 바로 첫머리에서 훔볼트는 "언어는 단숨에 성립되지 않을 수 없다. 보다 엄밀하게 표현하자면, 언어는 언어로서 존재하는 매 순간 언어를 하나의 전체로 만드는 그러한 것을 이미 지니고 있어야만 한다. ……언어 안의 개개의 것은 다른 것을 통해서만 존속하고 모든 것은 전체를 관철하는 유일한 힘을 통해서만 존속한다. ……아무리 단순한 개념의 결합이라도 사고의 범주 모두를 망라한 조직 전체를 자극하고, 긍정은 부정을, 부분은 전체를, 통일성은 다양성을, 결과는 원인을, 현실은 가능성과 필연성을, 제약된 것은 제약되지 않은 것을, 공간-시간의 차원은 다른 차원을 각각 필요로 하고 또 환기하는 것이니까, 단순한 이념의 결합이라도 그것이 명석하게 또 엄밀하게 표현되어 있다면, 그때는 곧 언어의 전체가 거기에 존재하고 있다"(IV, 3 이하)라고 주장하고 있다. 왜냐하면 훔볼트에 따르면 사유의 유기체 또한 불가분의 응집성 있는 조직Gewebe이기 때문이다. 그리고 이어서 그는 감성의 직관형식으로부터 이성의 이념에 이르기까지 이 조직-직물의 실들을 《판단력비판》에서 탐구되고 분석되었던 것과 완전히 똑같이 표시하고 있다.[15]

훔볼트의 언어분석이 칸트의 인간인식 분석의 짝인 것처럼 나타나는 곳이 많다. 인식의 유기체라는 추상적 분야로부터 보다 구체적인 언어유기체로 전용되었을 뿐인 직관, 개념, 방법이 나타나고 있다. 여럿 필요 없이 단 하나의 예만 들어보겠다! 칸트의 특유한 도식Schema 개념을 기억할 것이다. 말하자면 순수한 오성개념을 현상 일반에 적용할 수 있기 위해서는 칸트에 따르면 제3의 매개자가 존재해야 한다. 이 제3자는 한편으로 범주와, 다른 한편으로 현상과 동종적인 것이다. 이러한 매개하는 표상은 시간의 표상이고 그 자체로서 선험적 도식이라 불리어진다. 그런데 칸트는 도식이라는 것을 하나의 개념에 그것의 형상을 마련해주는 구상력의 일반적 절차에 관한

15 Kant 1983, Bd. 8, 483 이하 참조.

표상으로 정의하고 그러한 도식들의 산출을 인간의 마음의 깊숙한 곳에 숨어 있는 기술Kunst이라 부른다. "우리는 그 진정한 비결을 자연의 품 속에서 추측해서 본성을 명백하게 눈앞에 제시하기가 힘들 것이다."[16] 대단히 유익한 이 개념은 훔볼트에게서도 두드러진 역할을 수행한다. 직관을 오성개념 밑에 포괄해서 판단을 가능케 하기 위해 오성의 도식성이 존재하는 것처럼 언어의 도식성이 존재한다. 사실 언어와 그 첫 번째 요소인 낱말은 단지 그러한 도식성을 통해 나타나게 된다. 이 개념은 칸트와 매우 비슷한 방식으로 훔볼트에 의해 도입된다. 다시 말해 음성을 통한 개념의 표시란 "그 본성이 진정으로 결코 합일될 수 없는 것들의 결합"이다. 이 상이한 종류의 본성의 결합은 "제3자를 통한 양자의 매개를 요구한다. 이 제3자에서 둘은 서로 만날 수 있는 것이다." 계속해서 훔볼트는, 이 매개자가 확실히 감성적인 성질의 것이고 — 그리하여 다시금 칸트식 규정의 토대가 등장하는데 — "추론에 의해 매개자가 제대로 밝혀지면, 우리는 언제나 보다 구체적인 것을 그 가운데서 더 많이 분리해내면서 그것을 전적으로 또는 매개자의 개별적 속성과 더불어 외연, 내포 또는 이 양자에서의 변화로 소급시킴으로써 공간, 시간, 감각의 정도라고 하는 (매개자에 관한) 일반적인 영역에 도달할 수 있다" (VII, 100)고 상술하고 있다.

칸트의 이성비판에 들어 있는 견해와 개념은 훔볼트의 언어학적 관조에 매우 다양하게 스며들어가 있고, 용어체계에 이르기까지 훔볼트가 칸트체계의 형식적 토대에 의존해 있는 흔적은 매우 많다. 그래도 이것은 훔볼트의 칸트주의를 나타내는 증거로서 하등 중요하지 않다. 칸트 저서에의 의존성보다 더 큰 것은 칸트의 정신과의 일치이다. 사실은 심지어 사상조차, 좀 더 정확하게 말하면 언어의 근본을 캐묻는 그 거역할 수 없는 행보는 훔볼

16 Kant 1983, Bd. 3, 190.

트의 사유방식과 칸트의 사유방식 사이의 친화력에서 나온 것이었다. 사실을 말하자면, 훔볼트의 언어철학 전체는 대상의 본성에 따라 칸트체계와의 일치가 멈추지 않으면 안 되었던 바로 그곳에서 가장 확실하게 그 사유방식의 궤도를 따라 움직이고 있는 것이다.

훔볼트가 칸트의 저서를 단 한 줄도 읽지 않았다 하더라도, 그리고 칸트가 아예 글을 쓴 적이 없었고 심지어 살았던 적이 없었다 하더라도 훔볼트는 칸트주의자였을 것이라고 말할 수 있다. 훔볼트로서는 "인간이 자신의 내부에 진정한, 그리고 유일하게 고정된 표점을 지니고 있다"는 것을 칸트에게서 비로소 배운 것은 아니었다. 인간에 대한 그의 관심과 바로 매우 미묘하면서 유원한 인간 본성의 특성을 명백히 하려는 그의 열정은 칸트에 의해 비로소 생긴 것이 아니었다. 그의 마음가짐과 성향은 칸트의 학설을 통해 견고해지고 훈련받았을 뿐이다. 칸트는, 훔볼트가 스스로 내비치고 있듯이 "철학을 말의 진정한 뜻에서 인간 내부 깊숙한 곳으로 복귀시켰다." 따라서 통상적인 의미에서 그가 만약 칸트주의자였을 때보다 더 칸트답게 그는 일찍이 개인과 국가 전체 사이의 관계, 시문학의 본질과 기원, 그리고 역사 속에서 나타나는 인간상에 관해 철학적으로 사유했다. 그는 아직 대부분 학생으로서 처신할 수 있었을 시기에 이미 칸트의 저서를 읽을 때면 언제나 칸트를 플라톤화했다. 그는 그 이후로 계속해서 추상적, 선험적인 관심이 보다 구체적인 인간학적인 관심에서 하나의 주요한 밑바탕을 가지고 있다는 점들을 굳게 믿게 되었다. 그러한 대상에 해당되는 것이 예술이었다. 그러한 대상에 해당되는 것이 성의 구별이었다. 그러한 대상에 해당되는 것이 골상학이었다. 그러나 인간학의 범위 내에서 그는 계속해서 대개는 칸트 자신의 눈에는 다시금 온전한 범위로 생각된 그 정신적인 중심에 의해 이끌림을 느꼈다. 그 대상은 '순수이성' 또는 '실천이성'처럼 그저 비감성적인 것이 아니라 인간 존재의 선험적 기반에 가능한 한 가까운 것이어야 했다. 그는 이전에 그 모든 경유지를 거쳐온 후에 드디어 이 대상에 도착하여 마음을 놓게 되었다. 그 대상이 바로 언어였다. 실제로 언어는 인간 정신이 자연현상으로 넘어가는 첫 번째 이행점에 있었다. 여기에서 인간 정신은 단지 무심코 지나가버려 거의 붙잡을 수 없는 입김 속에서 비로소 감성적인 것으로 탈바꿈한다. 언어는 실제로 칸트가 어림짐작했던 분야에 가장 가까이 놓여 있었다. 칸트처럼 그리도 깊고 추상능력이 있는 사람만이 인식하고 입법하는 정신을 스스로 순수하게 고찰의 대상으로 삼는 것이 가능했다. 그러나 언어 자체를 순수하고 확실하게 포착하기 위해서는 더욱 예민한 감성적인 능력이 그 위에 필요했다. 그것이 바로 훔볼트가 한 일이었고, 그것이 바로 그에게 이 일을 할 수 있는 자격을 부여해준 정신적 특성이었다. 훔볼트는 언어의 본질을 찾아내는 능력과 정신의 존재를 추구할 태세를 갖추고 있었다. 칸트의 연구가 행해졌던 인간 내면의 깊숙한 곳에 정통했던 사람으로서 훔볼트는 그 이론을 세울 수 있었던바, 그 자신의 표현에 따르면 그 이론에서 특징적인 것은 언어를 끊임없이 "인간 내면의 가장 깊숙한 곳과 결합시킨다"는 점이다.

그러나 칸트의 철학에서 엿보이는 선험적, 주관주의적 경향에 머물러 있는다면, 그것은 곧 칸트의 철학을 피상적으로만 파악한 소치이다. 칸트가 이 주관적 입장을 취하였고 그것을 굳건히 고수한 깊은 이유는 모든 것을 압도하고 모든 것을 꿰뚫는 자유에 대한 관심에 있었다. 칸트의 철학은 주관주의의 철학이다. 그것은 더욱이 자유의 철학이다. 그것은 연구를 인간 내면의 깊숙한 곳에 유리시키지만, 그곳에서 도덕적 정신의 절대적 자기규정 속에서 궁극의 확고부동한 투묘지를 발견할 때까지는 멈추지 않는다. 칸트의 철학은 인간을 세계의 주인으로 만들려 하기 때문에 인간을 세계의 중심에 놓는다. 자유 때문에 그 세계관은 완결된 통일과 조화를 포기하고 자연을 주관적 정신의 법칙과 도식 아래에 갖다놓는다. 왜냐하면 역사를 도덕주의의 법칙과 도식 아래에 놓는 것이 관건이기 때문이다. 따라서 이 점에서의 병합이 비로소 칸트와 훔볼트 사이의 일치를 완성시킨다. 아닌 게 아니라 훔볼트는 그가 칸트식의 도덕법칙의 연역을 통해서 오직 자연스러운 인간의 감정이 자신의 권리로 들어오고 그 순수성에서 철학적 토대를 갖는 것임을 통찰했다고 밝히고 있다(VI, 2, 512 참조).[17] 자유로운 자기규정에 대한 사상과 인간의 자유에 대한 존중심은 훔볼트의 모든 저서에서 특별히 강조되어 되풀이하여 나타난다. 이 사상 역시 그의 정신에서 독특한 색채를 얻었다. 이 사상은, 자유로운 자기규정의 의무가 자유로운 개인의 권리로 완화된다고 하는 보다 구체적인 파악을 통해서만 훔볼트가 가장 좋아하는 사상이 될 수 있었다. 그럼에도 우리는 도처에서 이 사상과 마주쳤다. 이러한 뜻에서 훔볼트는 그의 청년시절의 정치철학적 저서에서, 그리고 똑같은 뜻에서 프로이센의 헌법초안에 관한 그의 건의서에서도 국가 전체에서 개인의 발달의 자유에 대해 변호했던 적이 있다(I, 246 참조). 더 나아가 훔볼트는 언어구조의 상이성에 관한 연구에서 개개의 민족과 개개의 인간의 언어창조에서 나타나는 개별적 독자성의 의미를 강조했다. 그는 개인에게서만 언어가 그 궁극적인 규정성을 얻는다고 강조했다. 왜냐하면 언어가 인간에게 행사하는 지배력에 대하여 다시금 인간도 언어에 저항력을 행사하기 때문이다. 언어연구는 자유의 원칙이라고 하는 이 현상을 인식하고 존중해야 한다(VII, 64-65 참조). 사실 훔볼트는 비록 자주 자신의 언어철학적 고찰로부터 꾸준히 그것과 결합되어 있는 역사철학적 고찰로 옮겨갔다 하더라도 특별한 관심을 가지고 스스로 현시하는 이 자유의 원칙의 모습에 머무른다. 이때 역사적 현상이 진행되는 동안에 천재적 힘과 방향이 기적과도 같이 돌출한다고 하는 사상이 더 중요한 역할을 수행한다. 그것은 선험성과 정신의 자

17 Humboldt ^{3}1900, Vorerinnerung, 23 참조.

존성Aseität이라는 사상이다. 이 사상은 가장 추상적으로 파악했을 때 우리 존재의 절대적 자율에 대한 확신으로서 칸트의 이성비판의 중심이자 배경을 이루는 사상과 동일한 사상이다.

그렇지만 칸트와 훔볼트는 단순히 직접적이고 원칙적으로 자유의 의미를 강조했다는 점에서 일치할 뿐만 아니라, 이러한 일치는 그 기본관념의 귀결에서 좀 더 분명하게 나타난다. 칸트의 견해의 취지는 이원론인데, 이 이원론은 그의 철학의 개별 부분에서 완화되거나 숨어버리지만 마지막에 가서는 다시 나타난다고 하는 것은 싫증날 만큼 되풀이되었고 칸트의 마무리를 하기 위한 것처럼 주장되었다. 이 이원론이 실제로 칸트에게서 존재한다는 것은 명명백백하고, 마찬가지로 단순하고 순수한 진실에서 인간 자유의 개념을 결연히 포기하는 그러한 세계관만이 그 이원론을 피할 수 있다는 것도 명확한 일이다. 도처에서 일원론을 추구하는 칸트철학의 이원론은 자유 개념에 뿌리를 두고 있는 그의 철학의 기본사상에서 생겨나는 필수적인 귀결이다. 인간의 자유는 입증되는 한에서만 존재하고, 자유는 노력하고 투쟁하는 한에서만 입증되는 것이기 때문에, 입법의 이성과 경험에 의한 인식 요소의 대립이 발생하게 된다. 이로부터 이론적 이성이 흔히 제약된 것을 제약되지 않은 것으로 확대하고자 한다 하더라도 그것이 피할 수 없이 부닥치게 되는 경계선이 생겨나고, 이 경계선에서 이율배반의 갈등이 발생하게 된다. 이로부터 이성과 감성, 자유와 자연, 사물의 역동적 연쇄와 기계적 연쇄의 대립관계가 생기게 된다. 따라서 그렇게 많은 대립들이 요청의 형식으로 강압적으로 해결되고, 결코 현재가 될 수 없는 미래를 겨냥한 지령이 내려지게 된다. 이는 한마디로 말해서 이론의 한계와 빈틈을 고유의 힘Gewalt과 에너지로써 사라지게 만드는 무한한 과세를 자유에 부여하면서 자유의 욕구를 만족시키는 그러한 세계관이다. 칸트의 경우가 그랬고, 훔볼트의 경우도 바로 그러했다. 힘과 표출, 본질과 현상을 서로 구분하는 데서만이 그는 정신적 삶의 비밀에 대해 납득할 수 있게 되었다. 그 또한 가능한 인식의 극복하기 어려운 한계라는 의식으로 가득 차 있었다. 정신의 웅변적 계시자인 언어는 또한 그에게 모든 것을 계시해주는 힘Macht이 아니다. 인간은 "언어를 초월하는 영역의 예감을 갖고 있다." 그에 반해 바로 그 언어가 다른 한편으로는 '오직 예감할 수 있는 이념영역'에 관한 감정을 고양시킨다. 가장 합리적인 변증법의 예리함에도 불구하고 이 영역에 대해 감각을 잃어버리지 않았다는 것은 칸트의 위대함의 일부를 이룬다(VII, 177 이하 참조). 훔볼트에게서도 인간 정신의 본질은 전적으로 활동과 에너지에 동화하기 때문에, 그에게 있어서 언어는 또한 자유의 파괴할 수 없는 성격을 받아들인다. 언어의 본질은 결코 최종 목표점에 도달하지 않는 노력이고, 분절된 음성이 사상을 표현할 수 있도록 하는 영원히 되풀이되는 정신의 활동이다. 언어의 울림 속에서는 한 가지 어려움을 극복하고자 하는 내적 이념의 끊임없는 투쟁이 드러난다. 추구된 상호침투에서 지워버릴 수 없는 이원론적 잔여물이 남는다. 그것은 어떤 때는 음성이 사상보다, 어떤 때는 의도된 의미가 표현보다 우세하게 되는 경우이다(VII, 46, 82 참조). 언어의 일반적 현상에 대해 고찰하게 되면 생리적 작용과 역동적 작용, 그리고 언어 안에 놓여진 법칙성의 본성을 통한 원칙과 인간 자유의 원칙을 필연적으로 구분하게 된다(VII, 65 참조). 이 자유원칙에 대한 존중이야말로 훔볼트로 하여금 철두철미하게 체계를 조급하게 구성하는 것을 가장 싫어하도록 만들었고, 그로 하여금 언어를 단순히 한정된 언어분류 속에서 한 자리를 차지하고 있는 하나의 닫혀진 유기체로 생각하려는 착오를 일으키지 않도록 언어세계의 전체와의 관련 속에서 지켜주었다. 훔볼트에게 낱말은 이념과 음성의 절대적 동일성이 아니듯이, 언어세계는 유기적으로 닫혀 있는 분야가 아니다. 낱말이 단지 의도된 동일성에 불과한 것처럼 언어세계도 유기체를 향한 노력일 뿐이다. 훔볼트의 견해에 따르면, 언어의 분야는 자유와 역사의 전망을 향해 열려 있다. 그리고 바로 이것이 훔볼트가 언어학으로부터 역사학으로 넘어가지 않으면 안 될 것으로 생각했던 점이다. 이 영역에서도 궁극적으로 자유의 사상은 진보의 사상이며 무한한 완전화의 사상이다. 이것이 바로 훔볼트를 이끈 칸트의 역사관이다. 이 인류사의 목표에서 겉으로는 모순이 있는 것처럼 보임에도 불구하고 인간 본성은 그 정신적 존재의 최상위 법칙과 일치한다. 이것이 바로 칸트가 그의 훌륭한 논문 〈세계시민적 관점에서 본 보편사의 이념〉에서 서술했었던 그 주제이다. 이것이 바로 훔볼트가 그의 일반 언어철학적 연구에 앞서 내세웠던 확신이었는데, 그는 이 확신을 심지어 남태평양의 여러 섬의 언어들에 관한 연구와 같이 매우 특별한 연구인 《카비어 서론》에서도 되풀이할 필요성을 느꼈던 것이다(VII, 13-4, 18 참조).[18]

본질적으로 이원론적이면서 주관성과 자유의 권리에서 출발하는 칸트의 이 견해는 18세기 말에 어느덧 심한 타격을 입게 되었다. 고대 그리스의 정신에 젖어 있던 훔볼트의 저서들은 민족의 의식에 오랫동안 모르고 지냈던 만족감과 유화감을 주었다. 미의 산출과 관조에서 자유와 자연의 이원론이 어느 정도까지는 지양되고 있음은 이미 칸트의 세 번째 비판서가 알려주었던바, 이에 대해 더 확실하게 서술한 것이 쉴러F. Schiller의 《미학서한》이었다. 이는 괴테와 쉴러의 시문학 작품에서 미를 생생하게 드러낸 것을 또한 동시대인의 느낌에도 가깝게 접근시켰다. 《미학서한》의 이론과 고전적인 시문학 작품의 실제로부터 곧바로 새로운 철학적 세계관이 생겨났는데, 그

---

18 Kawi-Sprache, Bd. III, 426. 훔볼트의 주저서인 《자바섬의 카비어에 대해서Über die Kawi-Sprache auf der Insel Java》는 이 책에서 《카비어》 또는 Kawi-Sprache로 약하였다. 또한 본디 이 저서의 서론으로 쓰여진 것이지만 실질적으로 그 충실하고 심원한 내용과 방대한 양(344쪽)에 의해 독립된 저서로 간주되는 〈인간 언어 구조의 상이성과 그것이 인류의 정신적 발달에 끼치는 영향에 관해서Über die Verschiedenheit des menschlichen Sprachbaues und ihren Einfluß auf die geistige Entwicklung des Menschengeschlechts〉(1830-1835)는 《카비어 서론》으로 약하였고, 여기에서 인용한 글의 쪽수는 위에 든 전집의 일곱 번째 권의 쪽수에 따라 표시하였다.

것은 단연코 칸트의 세계관을 낡은 것으로 선언했다. 칸트와 그의 학파에 이어 셸링F. W. J. von Schelling과 헤겔이 우세해졌다. 미적 도식은 도덕적 도식 대신에 유일하고 보편적인 도식으로 고양되었고, 예술은 철학의 유일하게 참되고 영원한 도구(기관, Organ)이자 증거로 선언되었으며, 우주 전체는 주관적인 것과 객관적인 것의 절대적 무차별이라는 공식으로 제시되었다.

당시의 사유방식과 감각방식에서 일어난 이러한 급격한 변화에 대해 훔볼트가 어떻게 대처했는지는 이미 알려져 있다. 그 자신만의 본성으로 인해 그는 다른 사람 아닌 바로 쉴러가 주장한 감성적 힘과 이성의 법칙의 자유로운 일치에 주목하게 되었다. 그는 두 문학가보다 더 깊숙이 고대 그리스적 삶의 정신에 빠져 있었다. 그는 두 철학자보다 더 깊게 괴테와 쉴러 문학의 매력을 느꼈다. 그는 쉴러의 미학연구에 한 걸음 한 걸음 동참했다. 그는 미학연구를 보완하고 속행하고 적용했다. 호렌Horen지에 실린 성 구별에 관한 논문에서 그는, 동일철학의 체계의 선언이 있기 오래전에 자유와 자연의 평행성과 자연계와 도덕계의 위대한 통일을 지적했다. 그러나 바로 여기에서 길이 갈렸다. 그는 그로써 한 걸음 더 칸트 철학의 한계를 넘어섰을 테지만, 그는 셸링의 사변의 궤도에는 들어서지 않았다. 이념적인 것과 실재적인 것의 통일은 그에게 최상위의 주도적 관점이 되었고 궁극적인 방향제시적 이념이 되었지만, 강압적인 문구나 세계 전체의 상에 대한 텅 빈 틀이 되지는 않았다. 성 구별에 대한 논문의 입장이 그러했다. 그의 언어철학이 생겨나고 뿌리를 두고 있었던 입장도 똑같이 그러했다. 그는 언어철학으로써 낭만주의 철학자처럼 새로운 형이상적 체계를 세우진 않았다. 그는 훨씬 더 어려운 것을 행했다. 그는 예술에서 정점을 이루는 주관적인 것과 객관적인 것의 융합이 인간 정신의 그 밖의 계시분야에서는 어디까지 성공하는지 굽히지 않는 진리애로써 그 한계를 규정하는 것을 과제로 삼았다. 이러한 목적으로, 그리고 이러한 뜻에서 그는 올곧은 시선으로 언어의 본질에 향했다. 바로 그런 이유로 그는 재차 행할 필요가 없는 어떤 연구를 행하게 되었다. 절대적 관념론의 체계와 더불어 동일철학의 체계는 다른 체계들처럼 무너졌다. 훔볼트의 언어철학은 쉴러의 미학처럼 영원한 재산이고, 인식하는 이성의 획득 가운데 다시 되돌릴 수 없는 진보이며 오늘날과 미래의 언어학의 무너뜨릴 수 없는 토대이다.

그렇지만 훔볼트의 칸트주의가 그의 언어철학에서 미학의 영향을 통해 겪게 되었던 수정은 또 다른 철학적 중간 마디를 생각하지 않고서는 온전히 특징지어질 수 없다. 피히테J. G. Fichte의 지식학이 현대 도이치 철학의 발전 과정에서 얼마나 중요한 요소인지는 잘 알려져 있다. 그의 논평에는 대개 셸링의 절대적 동일성의 발견이 연결된다. 그것의 원칙과 형식주의는 쉴러가 미학이론을 연역하는 데 도움을 주었다. 언젠가 지식학의 체계적 형식이 있었고, 이것이 의존하도록 만든 것이었다. 그러고 나서 원칙적으로 첨단에 내세워진 인간 자아의 통일이 있었고, 이것으로써 지식학은 대립의 보다 구체적인 통일을 추구하는 미학적 직관의 노력에 길을 터주었다. 지식학에서 비로소 칸트의 이원론뿐만 아니라 거기에 담긴 종합적 합일에 대한 요구와 경향이 명확하게 표현되어 있고 조직화되어 있다. 따라서 쉴러는 이 풍부한 이념소재를 의심의 여지없이 칸트로부터 가져왔던 것이다. 그의 엄격한 방법적인 형식에는 마찬가지로 피히테의 저서가 결정적인 영향을 끼쳤다. 피히테와 쉴러의 견해라는 이중의 토대 위에서 훔볼트의 언어철학에 담겨 있던 칸트적인 요소 역시 변하게 된다. 첨예화된 주관주의와 보다 규범에 맞는 방법의 흔적은 미학에 뿌리를 두고 있는 견해와 결합한다. 실제로 흔적에 불과하다. 왜냐하면 훔볼트의 개별성은 전체적으로 피히테의 강경하고 일방적인 사유방식으로부터 반발심만을 산 것으로 느껴질 수 있었기 때문이다.

그렇다고 해서 훔볼트가 피히테의 사유방식을 비켜갈 수는 없었다. 그의 분석 가운데 무엇보다도 한 가지 점에서 우리는 언제나 새로이 피히테를 떠올릴 것이다. 그것은, 언어철학이 가장 깊숙이 추상적, 형이상적인 것으로 소급되고 언어의 생성은 동시에 인식의 생성과 함께만이 파악될 수 있다는 점이다. 이때 출발점이 되는 생각들은 이 경우에도 다시금 칸트적이다. 이는, "언어는 세계를 인간과 결합시킨다", "감성의 활동은 정신의 내적 행위와 종합적으로 결합해야 한다"는 것들이다. 그렇지만 이 표현들은 피히테의 뜻에서 즉시 수정되고, 그 견해 자체가 지식학의 견해로 넘어간다. 그것은 언어가 "인간의 자발성을 그의 수용성과 결합시킨다"는 것을 말한다. 그리고 사유와 언어의 상호관련성은 더 정확하게 다음과 같이 제시된다. "주관적 활동은 사유에서 객관을 구성한다. 표상은 주관이 지니는 힘에 맞서서 객관으로 되고 그 자체로서 새로이 지각되면서 주관의 힘으로 되돌아온다." 이것은 지식학의 저자가 서술하고 있는 자아의 재귀적 활동, 자아의 분석적, 종합적인 행위방식임을 알 수 있다. 단지 자아는 피히테에서보다 더 구체적으로 더 생생하게 파악될 뿐이고, 피히테의 경우에 전능한 구상력이라는 절차는 훔볼트에게서 버팀목과 소지자를 얻을 뿐이다. "이렇게 순수하게 관념적, 주관적인 분열(주관, 객관의)만으로는 (인식으로서는) 충분치 않다." "표상의 객관성은 표상하고 있는 사람이 사유의 내용을 실제로 자신 밖에서 인정할 때 비로소 완성된다." 그러나 이것은 자신과 동일하게 표상하고 사유하는 다른 존재에서만 가능하고, 언어를 통해서만 가능하다. 즉 "정신적 노력이 입술을 통해서 길을 터줌으로써만 가능하다." 왜냐하면 "정신적 노력의 산출물은 자신의 귀로 다시 돌아오기 때문이다." 언어는 없어서는 안 될 도구이고, 그것을 통하여, 그리고 그것 안에서 "주관으로 되돌아오는 객관성으로의 이행"이 일어나는 감성적 토대, 궤도이다(VI, 304-5; VII, 55; V, 380; VI, 155 이하 참조). 이러한 분석의 의미는 분명, 언어가 개념의 형성에서 수행하는 역할을 강조함으로써 피히테의 표상방식에 그 부인할 수 없는 진리성을 부여하고 그 역설성을 완화하며, 거기서 올바른 것을 단순하고 자연스러운 인간의 감능과 조화를 이루게 한다는 것이다. 훔볼트에 의하면, '나Ich'는 주관이다. 그러나 사유되기 위해 '나'는 객관이 되지 않으면 안 된다. 대명사 '나'는 따라서 "그 본질이 오로지 주관이라는 데 있는 객관"이어야만 한다. 제2인칭 '너Du' 개념이 좀 더 가볍다는 것은 단지 그렇게 보일 뿐이다. 왜냐하면 "이 개념은 방금 서술한 주관-객관인 '나'에 관련됨으로써만 성립하기 때문이다." 바로 그런 이유에서 어휘 전체는 대명사에 기초를 두고 있다. 인칭대명사는 "언어를 통한 모든 작용의 원초적이고 필수적인 관련점이다." 인간이 대명사에 대해 어떤 이념명칭을 제시했든지 간에, 그는 "반드시 그 명칭에 언제나 참되고 실제적인 '나Ichheit'의 감정을 각인시켰고, 결코 타인에 대해서뿐만 아니라 자신에 대해서도 말하지 않았다"(VI, 306 이하 참조)는 것은 확실하다.

다른 한편으로 훔볼트는 쉴러처럼, 그리고 쉴러의 미학분석의 영향을 받아 피히테의 견해를 한 걸음 더 넘어서게 된다. 그는 언어를 통한 작용의 출발점을 추상적 자아의 본성으로부터 규정한다. 그가 구체적인 현상에서의 언어와 결합시키고 있는 것은 '온전한 인간'이다. 바로 그러한 이유에서 그가 주로 찾아내고 언어에서 그 한계를 발견하고자 지속적으로 노력하는 것은 주관적인 것과 객관적인 것의 성공적인 조화, 미의 현상에서 완전히 드러나는 대립된 요소들의 종합이다. 이러한 의미에서 그는 쉴러와 똑같이 피히테의 대립성과 피히테의 추상화의 관점에서 피히테의 형식주의로써 작업한다. 언어는 한편으로 전승된 낱말들의 비축이자 고정된 규칙체계로서, 우리의 마음과 관련이 없고 그것에 의존하지 않는다. 언어는 다른 한편으로 그 발생과 그때마다의 인간의 말함에서는 우리의 마음에 의존하며, 그것에 속한다. 우리는 피히테의 《전체 지식학의 기초》의 곳곳에서 명제와 반명제를 만나게 된다. 단지 이 이율배반의 해결은 피히테처럼 분리적으로 생각해서는 안 된다. 훔볼트는《카비어 서론》(VII, 63 참조)에서, 언어가 부분적으로 마음과 관련이 없고 그것에 의존하지 않는다라든가 부분적으로는 둘 중의 어느 쪽도 아니다라고 생각함으로써 분리적으로 이 이율배반을 해결할 수 없다고 말하고 있다. 언어는 주관의 영향을 받고 주관에 의존하고 있는 한에서만 오히려 객관으로서 영향을 미치고 주관에서 독립하는 것이다. 그리고 그 대립관계의 진정한 해결은 인간 본성의 통일 속에 있다는 것이다(VII, 63 참조). 그렇지만 이 대립은 훔볼트의 언어철학의 본디의 과제로서 해결해야 할 여러 가지 대립들 가운데 하나일 뿐이다. 어떤 경우든 그에게 언어란 무엇보다도 '매개자', 즉 말함과 말한 것 사이의 매개자, 개인과 민족 사이의 매개자, 개인과 개인 사이의 매개자, 무한한 본성과 유한한 본성 사이의 매개자이다. 특히 언어의 산출은 가장 순정한 의미에서 종합적 절차, 즉 "종합이 결합된 부분들 가운데 어디에도 그 자체로서는 존재하지 않는 어떤 것을 창조하는"(VII, 94) 절차이다. 그리고 이 점에서 결국 그는 비록 한편으로, 위에서 강조했듯이 종합의 성공이 불완전하다는 것을 언제나 염두에 두었지만 동시에 언어의 지적 형식과 음성적 형식의 합일과 상호침투를 매우 명확하게 파악하고 있다. 이것은 미학의 이론적 취급을 통해 똑같이 상호침투된 개념에 의해 얻었던 것이다. 이 점에 대한 보다 자세한 분석은 훔볼트의 언어철학 자체에 대한 서술에 속한다. 그에 반해 이 언어철학을 이끌고 지배한 것이 전적으로 미적 도식이라는 것을 강조하는 것은 이곳에 속하는 문제이다. 훔볼트는 언어가 "그 처리절차의 가장 깊고 가장 규명하기 어려운 곳에서 예술을 상기시킨다"고 명확히 말하고 있다. 그는, "낱말의 산출은, 인간적인 방법으로 생각컨대 예술가의 상상 속에서 이상적 형태의 산출과 어울린다"고 생각한다. 언어적 종합의 성공은 결국 미의 현상과 함께 곧바로 하나로 합류한다. "언어의 예술적인 미는…… 언어의 그 밖의 (풍요로운) 본질에서 생겨난 필연적인 결과이며, 언어가 내면적, 보편적으로 완성되어 있는

가를 판별하는 진정한 시금석이다. 왜냐하면 정신의 내면적 활동은 미적 감정에서 솟아나오는 밝은 빛을 받을 때에 비로소 엄청나게 높은 곳으로 뛰어오르기 때문이다"(VII, 95, 98; VIII, 129 참조).

이 가장 높은 관점에서 동일성의 현상에 관한 한, 훔볼트가 그럼에도 불구하고 당대 낭만주의적 정신에 의해 이끌려들어가 그 동일성의 법칙을 무턱대고 보편화시키지 않았을 때, 이는 실제로 그의 진리관과 자유관에 대한 가장 큰 증거로서 간주되어야 한다. 그가 "모든 분리된 존재의 근원과 목적은 통일이다"(VI, 25)라는 확신을 표현했을 때, 이 통일을 형이상적으로 또는 역사적으로 설명해야 할 현상계의 첨단에 두는 조치는 마땅했다. 그는 전반적으로 이 낭만주의적 독단론으로부터 완전히 자유로웠다. 사실을 말하자면, 그는 비판적 견해가 낭만적, 신비적인 견해로 넘어가는 경계선을 가끔씩만 스쳐 지나갔을 뿐이다. 이따금씩, 대개 1812년의 〈예고〉에서 이 현상의 불가해성에 대한 느낌이 언어가 뿌리를 두고 있는 동일성의 증거로 강력하게 섞여들어가다 보니 그가 더 깊숙한 언어의 기원이라는 신비적 전망 속에서 본분을 잃어버린 것처럼 보이기도 한다. 하지만 그가 그것을 형이상적으로 고정시키는 것을 피하는 반면에 그의 역사철학은 실제로는 미래를 향한 무한한 전망과 더불어 역사의 출발점에 대한 회고 속에서 낭만주의적 배경을 갖고 있다. 여기에서, 그리고 바로 여기에서만, 그 동일성은 이따금씩 과거의 인류의 보다 순수하고 보다 원초적인 존재에 대한 수용으로 고정되었다.[19]

19 Kawi-Sprache, Bd. II, 15 참조.

II. 언어의 기원과 본질

언어의 기원

구약성경에 이미 언어의 유래라는 근본문제에 대한 회답이 보인다.[1] 신이 자연의 대현상(낮, 밤, 하늘, 땅, 바다)에 이름을 붙이고, 인간이 생물에 이름을 부여했다, 라고.

그리스사람의 사유방식은 유럽의 언어고찰에 결정적인 영향을 끼쳤는데, 그들도 이 언어기원의 문제를 취급하고 있다. 그리스의 언어철학을 규정하고 있는 것은 로고스lógos이다. 아리스토텔레스에 있어서 인간은 하나의 zõon lógon échon, 즉 로고스(이성과 언어)를 소유하는 존재이다. 양자의, 즉 사상과 낱말, 사물과 명칭의 관계가 그리스 언어철학의 과제였다. 그리스 언어철학은 주로 논리학에서 출발했다. 자연의 산물은 그 본질에 따라 phýsei 명명되어 있는가, 그렇지 않으면 자의적으로, 관습적으로nómõ, thései 명명되어 있는가? 플라톤은 대화편 《크라틸로스Kratylos》에서, 명칭은 자연

1 창세기 제1장 5절, 제2장 19절을 참조.

스러운 정당성(신수설)을 지니고 있다는 입장에 서 있다. 스토아학파의 사람들도 언어는 소리의 모방에서 유래한다고 믿고 있었다. 따라서 낱말은 의성적이며, 그 명명된 사물의 본질과 관련이 있는 것이었다. 다른 한편 에피쿠로스Epikuros학파는 언어의 유래를 자연의 소리, 인간이 사물을 보았을 때 내는 감탄사에서 설명했다. 이와 같이 자연(본성)에 따른phýsei 사물의 명명이라 해도 대단히 여러 가지의 견해가 있었다. 플라톤의 언어관은 이상주의적인 것이었으며, 그에게 낱말은 단순한 사물의 모방이 아니라 사물의 본질의 언어적 형성이었다. 물론 정확한 명명은 완전한 형에서는 이데(이념)의 세계에서만이 발견되었던 것이다. 이와 반대로 아리스토텔레스는, 낱말은 자의적으로 발생했다고 하는 파르메니데스Parmenides, 데모크리토스Demokritos 및 소피스트들의 합리주의적인 견해에 기울어져 있던 것 같다. 에피쿠로스학파는, 각기 다른 민족들이 지니고 있는 서로 다른 성격이 여러 언어를 형성하는데, 그 후는 자의적인nómō, 즉 필요와 관습에 따른 명명이 계속된다고 하는 생각을 받아들임으로써 분명히 위의 두 기본견해를 조정하려고 했다.[2]

베이컨F. Bacon[3] 이래로는 아리스토텔레스의 견해가 우세하게 되었다. 베이컨이나 홉스Th. Hobbes[4]에서 버클리G. Berkeley까지의 후계자에게 언어는 사회적 교제를 위하여 사람이 꾸며 만든 것으로 되어 있는데, 이것은 사태의 진상을 은폐하고 최대 오류의 근원이 되었다. 스피노자B. de Spinoza나 라

---

2 H. Moser ^{6}1969, 17-18.

3 그의 가장 저명한 노작은 《노붐 오르가눔Novum Organum》(1620)이다. 그는 이 노작에서 우선 낡은 '이돌라idola'의 파괴를 역설하고 낡은 스콜라적 삼단논법을 비판하였다. 그는 인간이 '종족의 우상'(인간의 본성에 기인하는 오류), '동굴의 우상'(개인에게 특유한 오류), '시장의 우상'(언어의 혼란에 기인하는 오류), '극장의 우상'(전통적인 교리나 방법에 기인하는 오류) 등 네 개의 이돌라에 사로잡혀 있음을 설파했는데, 이는 이미 잘 알려진 일이다.

4 "말words은 현명한 자들의 계산기로서, 그들은 오직 말로써 계산할 뿐이다. 그러나 말은 어리석은 자들의 화폐이기도 하다." Hobbes 1950, 27.

이프니츠G. W. Leibniz에서도 이와 같은 견해가 되풀이되었는데, 프랑스의 유물론이 정신이나 이념의 생리학을 입안하려고 한 것처럼 그런 방법으로 언어의 생리학을 표시하려고 기도했다. 18세기의 도이치 계몽주의에서는 이 오래된 논제가 대단히 흥미 있었음에 틀림없다. 이 명제는 경험심리학이 당시의 통속적 철학자에게서 야기한 것에 주의를 기울이게 되었다. 그러나 이 방향의 실용주의적인 오성과 피상적인 해석에서는 당연히 또다시 언어는 인간이 고안한 것이며, 낱말은 실제로 사용하기 위해 고안되었으며, 사물을 나타내기 위해 임의로 협정된 기호라고 결정되기에 이르렀다. 계몽주의의 이 견해는 신학의 방면에서 부정되었다. 특히 하만J. G. Hamann(1730-1788) 등을 예로 들 수 있다. 이른바 '북방의 마법사'가 가졌던 가장 중요한 신념은, 신의 모습 그대로 만들어진 피조물로서의 인간이 처음부터 이성과 언어재능을 갖춘 존재라는 것이다. 인간이 말을 만든 것이 아니라 말이 인간을 만들었다. 신은 자신의 피조물로서의 인간의 위치로 스스로를 낮추었고, 인간의 모든 것은 이러한 신의 낮춤 덕분이다. 그에게 언어는 신적인 에너지와 이념의 구현이며, 신은 즉 말이었던 것이다.

"조화의 구현은 어느 것이나 모두 하나의 말이었다. 그것은 말하자면 신적인 에너지와 이념의, 새롭고 신비적이며 표현하기 어려운, 그러나 그만큼 친밀한 통합, 전달, 공동의 기호이며, 상징이며, 보증인 것이다. 인간이 처음으로 귀에 담고 눈으로 보고 관찰하고, 그리고 자기의 손으로 접촉한 것은 모두 살아 있는 말이었다. 왜냐하면 신은 말이었기 때문이다. 입이나 마음 속의 이러한 말로써 하는 언어의 기원은 어린아이의 놀이와 마찬가지로 자연스럽고 친근해지기 쉽고 경묘했던 것이다."[5]

이성과 언어는 하만에게 한가지이다.

---

5 Hamann 1951[a], 32.

"언어가 없으면 우리에게는 이성이 없고, 이성이 없으면 종교도 없을 것이다. 그리고 우리의 본성을 구성하는 이 세 가지가 없으면 정신도 사회의 연분도 없어지고 말 것이다."[6]

"사고하는 전능력은 언어를 바탕으로 해서 이룩되어 있을 뿐만 아니라…… 언어는 이성의 자기오해의 중심점이기도 하다."[7]

"그리고 (나는) 명백한 원리…… 즉 언어에 의거한다. 말이 없으면 이성도 없고 따라서 세계도 존재하지 않는다."[8]

그는 이처럼 언어의 신적 기원을 단호하게 시인했다. 그에게는 '로고스'에 있어서 절대적 의미와 역사적 자아와는 하나이며 현실에 드러난다. 하만의 의의는 현대에 있어서 더욱더 강하게 부상된다. 즉 하만은 칸트에 반대해서 그 인식론에서는 간과되어 있는 언어 문제성을 시야에 드러내고 이것에 의해서 추상적 관념론을 극복하고 이성 그 자체를 인간적인 것의 장소로 되돌려왔다.

헤르더J. G. von Herder(1744-1803)도 18세기의 사람으로서 초기의 저서 《근대 도이치 문학평론》 등에서 언어를 전적으로 철학적으로 고찰했으며, 때때로 언어의 인간적 기원을 확신했다. 마침내 그의 《언어의 기원에 관한 논고》가 1772년에 출간되었다.

헤르더는 언어의 발생이 신에 의한 것(신수설)이라는 쥐스밀히J. P. Süßmilch의 가설을 배격함과 동시에 인간에 의한 발생의 의미를 심화했다. 즉 헤르더는 계몽주의의 기반 위에서 계몽주의를 능가했다. 그는 인간을 보다 인간답게 하고 자연과의 생생한 관련에서 인간을 파악하려고 했다. 그는 시적 정신으로 언어의 본질이나 생성을 고찰한 끝에 인간이 언어를 창조했다고

---

6 Hamann 1951^{b}, 231.

7 Hamann 1951^{c}, 286.

8 Hamann 1965, 95.

생각했다. 즉 인간 그 자체가 언어를 고안할 수 있었고 또 발명해야만 했다는 것이다.

그런데 《언어의 기원에 관한 논고》에서 나타난 헤르더의 사상이란 어떠한 것이었을까. 그는 인간을 동물과 비교해서 '결핍존재'로 파악하고, 인간이 지니고 있는 결핍적 성격 속에서 언어의 기원을 탐구했던 것이다. 그의 언어기원론은 "동물로서의 인간은 이미 언어를 지니고 있다"[9]라는 유명한 말로 시작되는데, 그에 의하면 이러한 동물적 차원에서의 언어는 본디의 인간의 언어는 아닌 것이다. 인간의 언어는 본디 사상의 표현 쪽으로 향해 있는 것이며, 무의식적인 동물적 자연음과는 성질을 달리하고 있다. 동물은 본능에 지배되어 확실한 감성의 세계에 살고 있다. 인간이 동물과 공유하고 있는 '감각의 외침'은 아직 전혀 인간의 언어가 아닌 것이다.

"이 외침을 사람이 제 아무리 형성하고 세련하고 조직화하더라도 이 소리를 의도적으로 사용하는 오성이 추가되지 않으면, 앞서 언급한 자연법칙에 따라 인간의 자의적인 언어가 어떻게 생성될는지 나는 모른다."[10]

"꽁디약É. B. de Condillac과 루쏘J.-J. Rousseau가 언어기원에 대하여 잘못을 저지를 수밖에 없었던 까닭은, 그들이 이러한 차이에 대해 그토록 분명하게 알고 있으면서 각각 상이하게 다음의 착오를 범했기 때문이다. 즉 앞의 사람은 동물을 인간으로, 그리고 뒤의 사람은 인간을 동물로 만들었기 때문이다."[11]

인간은 동물과 반대로 동물적 본능이 부족하고 감각기능의 질 면에서 약하다. 인간은 신체적으로 불리함을 타고난 결핍존재이다. 이 결핍은 약하디 약한 감각기능이 열어젖히는 '보다 넓은 영역'을 통해, 보다 넓은 가능

9 Herder 1960, 3.

10 위에 든 곳, 12.

11 같은 곳, 15.

한 관심표명의 스펙트럼을 통해, 인간으로 하여금 동물과는 완전히 다르게 세계에 접할 수 있도록 해주는 자유라는 신의 선물을 통해 보상된다. 인간은 스스로 언어를 만들어낼 수 있도록 해주는 불가분의 마음, 정신적인 힘을 갖고 있다. 바로 성찰Reflexion, 즉 '성찰능력Besonnenheit'[12]이라 불리는 것이다.

"인간이 성찰을 입증하는 것은 그의 마음의 힘이 아주 자유로이 작용해서 그것이, 모든 감각기관을 통해 흘러 지나가는 감각의 대양 속에서, 내가 이렇게 말해도 좋다면, 하나의 파도를 식별하고, 그것을 정지시키고, 그것에 주의를 기울이고, 그것에 주의를 기울이고 있다는 것을 자신이 의식할 수 있을 경우이다. ……이 승인은 무엇을 통해 생겨났을까? 그것은 그가 식별해야만 했던 특징을 통해서이며, 그리고 분별의식의 특징으로서 명백히 그

12 이 형식은 라이프니츠가 '통각Apperzeption'으로, 헤르더가 '성찰Reflexion'로, 칸트가 '재인의 종합Synthesis der Rekognition'으로 파악한 것이다(Cassirer 1953, 96). 헤르더가 언어철학에 끼친 영향을 파악해보건대, 그의 Besonnenheit(성찰능력) 개념은 후일의 해석자들에게 늘 매력적인 것이었음을 확인할 수 있다. 크뤼거M. Krüger는 헤르더의 이 핵심개념이 매우 특정한 뜻에서 점점 더 Reflexion(성찰)이라는 개념에 의해 대체되고 밀려나게 되었음을 보여주었다(Krüger 1967 참조). 크뤼거의 생각에 따르면, Besonnenheit가 기원의 '발원점'을 가리키는 면이 더 많은 데 반해 Reflexion은 그러한 발원과정의 '방법'을 가리키는 면이 더 많다. Besonnenheit 자체의 기원에 대해 헤르더는 더 이상 숙고하지 않고 있다. Besonnenheit는 Reflexion의 발생론적 근거이다. 그것은 아직 방향성이 없는 채 조화롭게 협력하는 마음의 힘들의 표현이다. 하지만 Reflexion은 목표를 향하고 있고 개별 특징들로 방향을 잡아 개념적 인식을 가능하게 한다(Krüger 1967, 5). Reflexion에 의해 다양한 현상들로부터 특징들을 끄집어내고 이러한 특징선택이 개별 언어에서 상이하게 이루어지기 때문에, Reflexion은 비록 언어기원의 문제는 아니지만 그래도 언어의 다양성의 문제만큼은 해결해준다고 크뤼거는 말하고 있다. 헤르더가 Reflexion의 개념에 연결시키고 있는 이 특별한 조건들을 살펴보건대, Reflexion의 개념을 동시에 콩디야크가 비슷한 맥락에서 사용한 réflexion이라는 표현과 너무 성급하게 동일시해선 안 된다고 하는 점을 덧붙이고자 한다. 그런데 루소가 그의 《인간불평등기원론》(1755)에서 원시인이 늘 되풀이되는 자연현상에 접할 때 원시인을 인도한다고 하는 'quelque sorte de réflexion ou plutôt une prudence machinale'(27, 60)라고 말할 때 사용한 그 애매한 표현은 전적으로 피해야 한다(Lauchert 1894, 757 참조). Gipper/Schmitter 1979, 72 참조.

의 마음속에 들어온 것을 통해서이다. ……분별의식의 이 첫 번째 특징은 마음의 말이었다. 이것과 함께 인간의 언어는 발명된 것이다."[13]

이것은 특히 인간으로 하여금 넘쳐흐르는 현상들로부터 거리를 확보할 수 있게 하고 경험의 대상들을 지각할 뿐만 아니라 그것들을 또한 인식, 재인식할 수 있게 만들어주는 것이다. 성찰능력은 인간으로 하여금 감각의 흐름을 멈춰세우고 다양한 경험대상들로부터 개별 특징들을 끄집어내어 이 특징들을 음성적 표지로써 고정시켜 정신적으로 처리 가능하게끔 해준다. 유명한 양의 예에서 양의 울음소리가 특징으로, '울리는 표시'로 된다는 것은 널리 알려져 있다. "분별의식의 첫 번째 특징은 마음의 말이었다. 이것과 함께 인간의 언어는 발명된 것이다."[14] 외계의 사물에 관련된 이러한 특징은 '내적 표지어'이며, 인간의 언어는 이러한 표지어의 집성인 것이다.[15] 언어는 언어 기관의 단순한 형이하의 조직의 당연히 생기는 산물은 아니다. 언어는 기계적으로 형성되는 단순한 감각의 외침도 아니다. 그것은 결코 사회의 임의의 인습에 의해 발생한 것도 아니다. 이러한 언어는, 미개인이나 숲속에서 생활하고 있는 고독한 사람의 경우에도 그가 결코 언어를 말하지 않는다 하더라도, 인간이 인간인 한 인간의 내부에서 성립한다. "언어는 인간의 마음이 자기 자신과 맺은 양해이며, 인간이 인간이었던 것처럼 필연적인 양해였다."[16] 언어는 우리의 종족을 외부로부터 식별하는 성격을 가지며 내부로부터는 이성에 의해 다른 것과 구별된다.

헤르더는 언어의 신적 기원을 가장 철저하고 자세하게 옹호하는 사람(쥐스밀히)에 반대해서 논의를 전개해나간다.

---

13 Herder 1960, 24.

14 같은 곳.

15 같은 곳, 25.

16 같은 곳, 26.

"그는 '언어의 사용은 이성의 사용을 위하여 불가피하다'는 것을 증명했다고 주장한다. 그가 그랬더라면, '이성의 사용이 인간에게 자연스러운 것이기에, 언어의 사용 또한 자연스러울 수밖에 없다'는 것이 이로써 증명되었을는지도 모른다. 그러나 불행하게도 그는 그의 명제를 증명하지 않았다. ……내가 증명한 것은, 이성의 사용이 단순히 적절하지 않을 뿐만 아니라, 오히려 최소한의 이성 사용도, 가장 단순하고 분명한 승인이나 인간의 성찰 능력의 아주 단순한 판단도, 특징 없이는 불가능하다는 것이다. 그것은 둘 사이의 차이가 언제나 제3의 것을 통하여 인식되기 때문이다. 바로 이 제3의 것, 이 특징이 그래서 내적 표지어로 된다. 그러니까 언어는 이성의 최초 행위로부터 아주 자연스럽게 나오는 것이다."[17]

쥐스밀히의 추론의 방식을 묶어본다면,

"인간은 언어 없이는 이성도 없다. 그리고 이성 없이는 언어도 없다. 언어도 이성도 없다면 인간은 신의 교시를 받을 수 없다. 그리고 신의 교시가 없다면 인간은 이성도 언어도 없는 것이다."[18]

그래서 헤르더는 이것을 '영원한 순환론'이라고 했다. 더욱이 이 순환론에 대해 헤르더는 자연주의의 입장에서 다음과 같이 분석하고 있다.

"그러니까 언어는 인간 자신의 수단으로부터 발명된 것이지 신의 교시를 통해 발명된 것은 아니었다. — 이 신의 교시라는 것을 말할 때 사람들이 대체로 무슨 생각을 하는지 나는 분명히 알고 있다. 즉 그것은 자녀에 대한 부모의 언어교육이다. 그러나 여기서는 경우가 전혀 다르다는 것을 잘 헤아려 볼 일이다. 부모가 자녀에게 언어를 가르치는 것이 아니라 자녀가 언제나 스스로 부모와 함께 언어를 발명하는 것이다. 부모는 일정한 낱말기호를 사용하여 자녀에게 사물의 차이에 대해 주의를 환기시킬 따름이며, 그렇게

17 같은 곳, 27.

18 같은 곳, 28.

하면서 부모는 자녀에게 언어를 통하여 이성의 사용을 쉽게 하고 촉진할 뿐이지 그것을 대신하는 것은 아니다."[19]

그리하여 헤르더는 그의 《언어의 기원에 관한 논고》의 끝부분에서 다음과 같이 서술하고 있다. "고차원의 기원은 그처럼 경건하게 보이지만 전적으로 신답지 않은 것이다. 이것은 매 걸음마다 신을 지극히 저급하고 불완전한 의인화를 통해 왜소하게 만들고 있다. 인간적인 기원은 신을 가장 위대한 빛 속에서 보여준다: 신의 작품인 인간의 마음이 자기 자신에 의해 언어를 창조하고 신의 작품인 인간의 마음이기 때문에 그것을 지속적으로 창조한다. 인간의 마음은 스스로 창조자로서 이성의 이러한 감각기관을 만들고 신이라는 본질의 한 모습으로 삼는다. 언어의 기원은, 그러니까 그것이 인간적인 경우에 한해 그에 어울리는 방식으로 신적이 된다."[20]

하만과 헤르더는 인간을 언어존재로서 파악하고, 이러한 신념을 훔볼트 W. von Humboldt(1767-1835)에게 넘겨주었던바, 훔볼트는 이를 자신의 언어철학의 핵심적 모티브로 받아들였다. 이 문제는 훔볼트에 의해 계승되고 속행되었다. 언어는 결코 인간에 의한 발명 또는 설정이 아닌데, 그러나 언어의 기원과 본질은 전적으로 인간적이라는 것이다. 이 두 가지의 결론은 보다 세밀하게 규정하고 보다 깊게 통찰할 필요가 있었다. 이 결론을 헤르더에서 보이는 막연한 시적 감정으로부터 학문적인 명확성으로 끌어올릴 필요가 있었다. 또 인간적인 것을 보다 깊게 파악해서 하만과 유사한 애매모호한 시도의 근저나 근거를 제거할 필요가 있었다. 이를 위한 수단은 칸트가 보여준 명석한 분석과 쉴러나 괴테가 인간 본성의 내용과 본질에 관해 제시한 완전하고 빛나는 서술에 있었다. 비판철학과 미학적인 인문주의의 지반에서 출발한 훔볼트의 견해가 우선 시적 직관에서 이것을 파악한 것은 이론의

19 같은 곳, 28 이하.

20 같은 곳, 86 이하.

여지가 없다. 이것은 헤르더의 공적이었던 것을 거의 전적으로 순화하고 상술하고 설명한 것으로 실증되었다.

이렇게 볼 때, 훔볼트의 경우에 언어의 신적인 기원은 문제가 되어 있지 않다. 신학적인 관점은 그에게 언어나 정치의 영역에서는 존재하지 않는다. 그의 국가관이나 언어의 문제에서 신수설과는 거리가 멀다. 그는 전적으로 인간적인, 고도로 인간적인 관점에서 출발하고 있다. 그는 실용적, 계몽주의적인 언어의 발명과도 거리가 멀다고 하임은 언급하고 있다.[21]

언어의 기원에 관한 훔볼트의 견해는 한편으로 슬기롭게 삼가는 태도, 다른 한편으로 풍부한 이념과 명석함을 증명한다. 그는 〈비교언어연구에 관해서〉에서 다음과 같이 서술하고 있다.

"내가 충분하게 확신하는 바에 따르면, 언어는 직접 인간 안에 자리 잡고 있는 것으로 간주되어야만 한다. 왜냐하면 언어는 인간의 명석한 의식 속에 있는 오성의 작품으로서는 설명하기 매우 어렵기 때문이다. 언어를 발명하는 데에 몇천 년이라는 세월을 인정하더라도 소용없다. 언어는 그 유형이 이미 인간의 오성에 존재하지 않는다면 발명될 수 없었을 것이다. ……언어의 점차적 완성이라는 가정이 아무리 자연스럽더라도 언어의 발명은 오직 단숨에 이루어질 수 있었다. 인간은 오직 언어에 의해서만 인간이다. 그런데 언어를 발명하기 위해 인간은 이미 인간이어야만 할 것이다. ……이러한 언어는 그 자체 자연의 산물이 아니라 인간이성의 본성의 산물이다. ……언어발명의 진정한 어려움은 서로 관계하는 수많은 상태들의 병렬이나 종속에 있는 것이 아니라 오히려 단순한 오성행위의 그 근원을 알 수 없는 깊숙한 곳에 있다. ……따라서 이성본능의 작품은 다소간의 완전성으로 자라날 수 있다"(IV, 14-16).

---

21 Haym 1965, 494 이하 참조.

훔볼트에 의하면 언어를 주로 상호 원조의 필요에서 생긴 것으로 파악하는 것은 가장 잘못된 견해의 하나이다. 오히려 말은 임의로 '필요와 의도도 없이 마음으로부터 솟아나오며', 인간은 '사상과 음향을 결합해서 노래하는 생물이다'(VII, 61 참조)라고 말한다. 다른 한편에서는 언어의 원천을 '일반적인 언어능력'에서 찾든지, 또는 '인간을 인간답게 만드는 소질의 하나가 자연스럽게 전개한 것'(VII, 251)으로 규정하고 있는데, 이것도 앞의 것을 달리 표현한 것이다. 바꾸어 말하자면, 언어 신수설의 보다 깊은 진리나 정당성은 바로 이 점에 기인하고 있을 것이다. 그는 초기의 언어연구 〈예고〉에서, 만약 인간에 의한 기원과 관련하여 "언어란 약정에 의해 만들어진 암호처럼 성찰과 협정의 산출물, 또는 일반적으로 (통상의 경험적인 뜻에서) 인간의 작품, 더욱이 개개인의 작품"이라고 말한다면, "이런 생각에서 완전히 자유롭게 되지 않으면 안 된다"고 하면서 "언어는 설명하기 어려운 참된 기적으로서 어느 한 민족의 입에서 불쑥 튀어나오며, 또 우리 사이에서 날마다 되풀이되며 무관심하게 간과되는 것이긴 하지만 마찬가지로 놀랄만한 기적으로서 모든 어린아이의 옹알이에서도 불쑥 튀어나오는 것이다"(III, 296 이하)라고 표현하고 있다. 언어가 순수하게 영원히 인간적인 것이라 함은 그 자체 신적인 것과 동일한 셈인데, 다만 그것 때문에 그는 '인간의 초자연적인 친근성'을 명확하게 언급하려고 하지 않는다(III, 297 참조). 아벨-레뮈자J.-P. Abel-Rémusat에게 보낸 서한에서도 언어의 설명에 인간의 힘 이상의 것을 가정하는 것을 명확하게 거부하고 있다. 훔볼트에 의하면, 언어의 기원과 발달은 각 민족의 자유로운 창조력에서 완전하게 설명된다. 그러나 이 힘이 그 자유로운 자발적 활동에서 완전히 승인되기를 바라는 훔볼트는, 이것을 단념할 바에야 차라리 언어의 기원을 직접적으로 신의 계시에 의한 것으로 보는 사람들의 견해에 동의하려고 했다라고 서술해놓고 있다(V, 287 참조).

이 인간에 의한 언어의 기원에 관한 최초의 상세한 규정은, 언어는 우선 '지적인 인간의 생리학'(IV, 8)에서 이해되어야 한다는 흔히 되풀이되는 훔볼트의 글에 나타나 있다. 그것은, 언어에서 '인간의 정신이 자연처럼 작용'(VI, 549)하기 때문이며, 언어는 '이성본능의 작품'(IV, 16)이기 때문이다. 훔볼트는, '언어는 그 자체 자연의 산물이 아니라 인간이성의 본성의 산물'(IV, 15)이라거나, 언어의 산출활동은 개인이나 민족의 최초의 '정신성의 돌파구'(V, 32)라는 데서 찾아야 한다고 말하고 있다.

또한《카비어 서론》에서도 아래와 같이 언급되어 있다.

"언어는 실로 인간 본성의 깊숙한 곳에서 생겨난 것이니까 어떤 경우에도 인간은 언어를 민족의 본디의 작품으로, 창조로 보아서는 안 된다. 언어는 그 본질상 설명하지 못한다 할지라도 우리에게 분명하게 나타나는 자기활동성을 지니고 있다. 그리고 이런 측면에서 볼 때 언어는 활동성의 산출물이 아니라 정신의 무의식적 발현이며, 민족의 작품이 아니라 민족의 내적 숙명을 통해 민족에게 부여된 천부적 선물이다. 민족은 그들이 어떻게 언어를 형성했는지 모른 채 언어를 사용한다. 그럼에도 불구하고 언어는 항상 번영하는 민족, 종족과 더불어 또 민족, 종족에 의해서 발달했고, 그들에게 적지 않은 제한을 부과한 그들의 정신적 독자성으로부터 만들어져 나왔음에 틀림없다. 언어 자체는 자기활동을 하면서 그 자신으로부터만 발생하고 신같이 자유로운 것으로, 반면에 현실의 언어들은 구속된 것, 그리고 그것이 속한 민족에 종속된 것으로 표시한다 해도, 이것은 공허한 말놀이가 아니다"(VII, 16 이하).

따라서 언어의 기원은 설명될 수 없다. 어떤 언어도 그것의 형식이 불시에 생성되지는 않았으며, 어떤 언어도 우리가 그것을 볼 때에는 이미 완성된 전체이다. 언어 또한 그것이 발생된 순간에 이미 기능력을 지닌 하나의 유기체이다. 훔볼트에 따르면 그 조직의 제1기에는 전 민족이 관여했지만, 반면 후

기의 완성된 시기는 주로 개개인에 의해 만들어진 것이다(IV, 8 참조).[22]

언어의 본질

훔볼트는 언어의 본질을 파악하고자 계속해서 시도했지만 그 어떤 본질 규정도 그에게는 흡족치 않았다. 그의 언어연구의 마지막 시기까지도 최종적으로 딱 떨어지는 정의가 나오지 않았다. 그는 언어의 본질에 다가가려 했고, 그것을 확실하게 붙잡으려 시도했지만 허사였다. 언어의 본질에 대해 그는 어렴풋이 알고 있긴 했지만, 그것은 언어에 구속되어 있는 모든 경직된 표명에서 궁극적으로 벗어나 있었다.

"우리가 언어에서 아무리 많은 것을 서로 묶어가며 구체화하거나 서로 갈라놓으며 분해한다 할지라도, 언어에는 언제나 뭔가 인식되지 않은 채 남아 있다. 그리고 가공의 손길에서 빠져나오는 바로 이것 안에서야말로 언어는 생명 있는 것의 통일성이며 숨결이다"(VII, 48).

"그 밖에 우리는 아무리 완전하게 한다 하더라도 분해를 통해서는 언어의 본디의 본질에 이르지 못한다. 언어의 본디의 본질은 전체를 감싸는 입김과도 같은데, 하지만 너무나 미세하여 개별적인 요소에서는 전체의 모습이 보이지 않게 된다. 마치 산허리에 걸쳐 있는 안개처럼 먼 곳에서 바라볼 때만이 그 형태를 갖추고 있으며, 그 안으로 들어설 때 그 형체는 이미 흩어져 없어진다. 다양한 언어를 더 많이, 그리고 더 면밀하게 관찰함으로써 전체

---

22 현대의 아동심리학에 의하면, 어린아이의 발달에서는 우선 말하는 것이 앞서며, 언어를 근거로 비로소 사유가 성립한다. 이 개체발생적 고찰이 동일한 계통발생사적 사안에 적용될 수 있느냐 하는 것은 별문제이지만, 훔볼트의 언어철학에서 사상과 언이의 일치라는 근본사상은 오늘날 지대한 의의를 지니고 있다.

인류의 언어형성의 일반적인 공작 안으로 파고들어가면 갈수록, 그리고 각각의 언어를 — 이를 위해서는 분석이 없어서는 안 될 예비작업이다 — 어떤 민족적 성격형식의 개별적으로 결정된 표현으로 인식하려 노력하면 할수록 언어의 본질에 더 가까이 다가가게 된다. 이 길을 올바르게 추적해나간다면 단순한 언어연구 이상의 경지에 나아갈 수 있다는 것은 명백하다" (III, 296). '예감하는 인식'을 통해서만이 언어의 본질의 자취가 해명된다.[23]

훔볼트는 언어의 특색을 인간의 얼굴과 비교한다. 인간 얼굴의 부분들을 자로 재거나 묘사해서는 그것의 독특함을 파악하거나 하나의 개념으로 포괄할 수도 없고, 또 그것이 모든 이에게서 각각 다르게 나타나는 것처럼 언어도 마찬가지이다. 언어는 인간의 개별성과 똑같이, 비록 그것이 갖는 개별 특징에 의거하여 '이 언어', '인간의 이 개별성'으로 인식됨에도 불구하고 그것의 묘사 가능한 특징들의 총합 그 이상이다. 개별성은 언어의 모든 표명을 관통하고 그럼으로써 이 표명들을 확고하게 언어의 표명들로 만든다. 바로 그러한 것이 언어이고, 언어란 '알파벳에서 세계관에 이르기까지 하나의, 그리고 바로 이 하나의 언어'(V, 395)이다. 개별성을 파악하는 데서 부닥칠 어려움은 언어의 본질에 관한 문제에서도 다시 등장한다. 하지만 이렇게 언어의 본질을 '정밀하게' 파악하기를 단념함에도 불구하고 훔볼트의 언어규정에서는 전체성의 관점에서 언어의 본질에 대한 조망을 가능하게 하는 사상이 되풀이되어 나타남을 확인할 수 있다.

---

23 훔볼트는 《카비어 서론》에서, 언어학자는 비록 어느 정도 언어의 고정적이고 외면적 성격인 문법적, 어휘적 구조를 중시해야 하긴 하지만 '마치 영혼처럼 그 안에 자리 잡고 있는' '내적 성격'을 간과해선 안 됨을 힘주어 지적하고 있다. 이 내적 성격은 '보다 고차원적인 것, 보다 근원적인 것'이고, 이에 대해 아무리 언어학자라도 "인식력이 더 이상 미치지 못할 경우에는 예감만이라도 하지 않으면 안 된다"(VII, 166)는 것이다.

언어의 에네르게이아 성격

인간성의 지적 본능의 산물로서의 언어는 인간성 자체와 마찬가지로 영원히 살아 숨쉬고 있는 것이다. 언어는 "죽어 있는 산출물로 간주하기보다는 훨씬 그 이상으로 산출활동으로 간주해야" 한다(VII, 44). 그 현실적인 본질에서 파악하자면, 언어는 끊임없이 매 순간 지나가버리는 것이다. 언어는 삶 그것이며 영원한 현존이다. 문자에 의한 언어의 보존조차 항상 불완전한 보존에 불과한데, 이 보존이란 생동적인 소생을 필요로 한다. 언어 자체는 작품Ergon이라기보다는 활동성Energeia이다. 따라서 언어의 참된 정의는 발생론적인 정의일 수밖에 없다. 말하자면 언어는 분절된 음성이 사상을 표현할 수 있도록 하는 영원히 되풀이되는 정신의 활동이다(VII, 45 이하 참조).[24]

언어에서 활동하는 것은 완전한 인간 전체이다. 훔볼트는 끊임없이 이 점으로 되돌아와서, 일반적인 언어능력이 문제가 될 경우에는 고립된 힘으로 해석할 것이 아니라 여러 힘이 언어를 산출하는 방향에서 활동하고 있는 한, 그러한 힘들의 전체성에서 본 인간 전체라고 말하고 있다(VII, 250 이하 참조).

그러므로 언어의 본디의 본질은 '언어가 실제로 산출되는 행위'(VII, 46)에 있다. 언어는 '매 순간 늘 새로 산출되는 것'(VII, 167)이다. 언어는 "실제로 영원한 창조에 종사하고 있고"(VII, 177), 정신적인 과정이며, "인간 자신과 마찬가지로 시간이 경과하는 동안에 점차적으로 전개해나가는 무한한 것"(VII, 178)이다. 그렇지만 언어의 산출이 세상을 시작하게 하는 것은 아니고, 따라서 "어떤 언어든 우리가 모르는 태고의 여러 세대로부터 이미 그 소재를 이어받았기 때문에, 앞에서 설명한 대로 사상표현을 산출하는 정신적 활동성은 언제나 동시에 이미 주어져 있는 어떤 것과 관련을 맺지 않을 수 없

24 언어철학적 논의에서 이 '정의'의 다양한 평가에 대해서는 이 책의 VIII장, IX장 참조.

으며, 따라서 순수하게 창조적인 것이 아니라 (기존의 것을) 개조하고 변화시키는 것이다"(VII, 47).

이 설명에는 언어의 본질에 관한 광범위한 내용이 들어 있다. 언어는 정신의 표현이자 정신의 자기활동성이다. 언어는 "죽은 기계장치가 아니라 자기 자신으로부터의 활기찬 창조활동이다"(VII, 315). 언어는 산출의 행위 속에서만이 언어 그 자체이고, 활동해야 할 모든 행위에서 비로소 창조되어야만 하는 정신적 기관이다. 따라서 훔볼트는 언어가 "인간의 두뇌와 심정 속에 관념으로서 존재하고 있는 것"(VII, 160)이라고 규정하면서 다음과 같이 써 놓고 있다.

"비록 언어가 돌 또는 금속에 새겨져 있다고 할지라도, 결코 물질적 존재형태를 가지고 있는 것은 아니다. 지금 말해지지 않은 언어도 우리가 지각할 수 있는 한도 내에서는 그 나름의 힘을 지니고 있다고 말할 수 있으니, 그 힘은 실은 그 대부분이 우리 자신의 정신 속에 있는 재생시키는 능력의 강함에 의존한다. 이런 점을 생각해본다면, 끊임없이 타오르고 있는 인간의 사유 속에 순간적 정지가 없는 것과 마찬가지로 언어 속에도 참된 정지의 순간은 없다. 말할이의 그때마다의 정신의 힘의 영향을 받으면서 끊임없는 전개과정 속에 있다는 것이 언어의 본성이다"(위에 든 곳).

"따라서 언어에서는 그 어떤 것도 정적이 아니고, 모든 것이 동적이다"(VI, 1, 146).

언어는 그것의 수행, 그것의 활동성에서 언어일 뿐이다. 따라서 훔볼트가 보기에 언어의 '정의'는 말함의 정의와 전반적으로 일치한다(VII, 46 참조). 그럼에도 언어는 말함의 전체성이지 그것의 집계가 아니다. 말하자면 언어는 개별적으로 말하는 행위가 아니라 언어적 가능성의 총괄개념이다. 언어를 에네르게이아로 규정하는 것은, 완결된 언어란 결코 존재하지 않고 언어는 언제나 유기적으로 전진하는 것이고 '전체로부터 전체가 전개되어 나오는 것'(V, 434)임을 보여준다. "그럼에도 언어가 개개인의 자기창조임에는 변함이 없다. 언어는, 누구든지 모든 사람의 이해를 전제하고 모든 사람은 이 기대에 부응할 정도로 각 개인 안에서만 그렇게 산출될 수 있기 때문이다" (VII, 40).

매개적인 에너지로서의 언어

훔볼트는 한편으로는 자아(정신)와 세계의, 다른 한편으로는 나와 너의 매개자라는 언어의 성격을 규정한다.

그는 다음과 같이 써놓고 있다. "언어는 어떤 경우에도 매개자이다. 언어는 첫째로 무한한 자연과 유한한 자연의, 다음으로는 한 개인과 다른 개인의 매개자이기 때문이다. 언어는 동시에 동일한 행위에 의해 결합을 가능케 하고 결합에서 생겨나온다. 언어의 본질 전체는 결코 한 개인에서 해명되지 않으며, 언제나 동시에 다른 사람으로부터 추측 또는 예감되어야 한다. 그러나 그것은 또한 이 양쪽에서도 설명될 수 없고(참다운 매개가 행해지는 것이 그러한 것처럼), 뭔가 독자적인 것, '파악될 수 없는 것'이며, 우리와 우리의 표상의 양식에서는 전적으로 나뉘어져 있는 것을 결합하는 이념을 통해 비로소 주어지는 것이며, 이 이념의 내부에서 비로소 포착될 수 있는 것이다"(III, 296). 그러나 매개는 단순한 결합이 아니다. 매개는 매개되는 '분리된 힘들을 그것들의 절대적인 자유에서'(VI, 501) 합일시키는 것에 의해 성립한다. "언어에서는 인간의 이중의 성질이 융합하여 상징이 되어서 명확하게 나타나 있다"(VI, 507).[25] 칸트의 분석주의에 반대한 하만은 "언어에서 감성적인 성질과 오성적인 성질이 구체적으로 결합된다. ……직관의 무리는 상승해서

25 또한 Humboldt [3]1900, 18 이하.

순수한 오성의 품에 안기고, 개념의 큰 무리는 감성의 심연에 내려오는 현상이 바로 언어에서 보인다"[26]라고 말했다. 이것은 훔볼트에 의해 확인되고 완전하게 주석되었다. 언어에서는 주관적인 것이 객관적인 것과 결합되어 있다. 언어에서는 자발성과 수용성이 함께 작용하고 있다. 이로써 언어행위에서는 외계가 내면화되며 인간화된다. 언어는 자연을 인간적인 것으로 옮겨놓고 더욱이 자연의 대상과 자연의 형식상의 합법성도 마찬가지로 인간적인 것으로 옮겨놓는다. 언어는 '연속하는 의인법une prosopopée continuelle'이다. "개개의 음성이 대상과 인간 사이에 끼어드는 것처럼 모든 언어는 인간과 외적, 내적으로 인간에 영향을 끼치는 자연과의 사이에 끼어든다"(VII, 60). 언어는 "음향에 결합된 정신적인 세계이며, 이 세계는 인간과 외계를 매개하는 것이다." "표시된 객체와 동시에 언어는 그것에 의해 야기된 감각을 재현한다. 그리하여 끊임없이 동일한 행위를 반복하면서 세계와 인간을, 또는 달리 표현하자면 인간의 자발성과 수용성을 자신 안에서 결합시킨다" (VII, 55, V, 110 참조).

언어는 '한 개인과 다른 개인', 개개인과 그 민족, 현재와 과거를 매개하는 것이다. (인간의 소리는) 살아 있는 울림으로서 소리가 솟아나오는 생명을 소리를 받아들이는 감관 속에 불어넣는다. 언어는 "일반적으로 동시적인 상호작용의 산물로 생각될 수 있다. 그 상호작용에서 개개인은 자신과 다른 사람들 모두의 작업을 동시에 스스로 지탱해나가야만 한다"(VIII, 129). 그것은, "이해하는 것과 말하는 것은 동일한 언어 힘의 상이한 결과에 지나지 않기 때문이다." "말하는 사람에게서와 마찬가지로 이해하는 사람에게서도 담화의 소재는 자신의 내적인 힘으로부터 전개되어야 한다. 이해하는 사람이 받아들이는 것은 조화되어 울리는 자극에 지나지 않는다"(VII, 56). 무엇

26 Hamann 1951ᶜ, Bd. 3, 287.

보다도 언어의 매개적 효능이라는 이 측면을 통해 언어의 기원이나 본질은 인간적이라는 것이 확인된다. 이렇게 하여 언어의 현상에서 우리에게 대립하는 이율배반은 해결된다.

언어의 개념에 내포된 이율배반의 해결

언어에 내포된 이율배반이란, 첫째로 언어는 개인의 산물이 아니고 언제나 민족 전체에 속하는 것이다. 그래도 어느 언어든 여러 모로 개인의 수단이 되는 사명을 띄고 있다. 언어에는 자신을 하나의 언어로서 무한히 많은 사람에게 분배한다는 것과 이들 많은 사람을 다시 하나로 통일한다는 두 가지의 성질이 있다. 둘째로, 언어는 영원히 살아 움직이는 산출활동이며, 본질적으로는 말함Sprechen이다. 그런데 언어는 이러한 유동적인 것일 뿐만 아니라 하나의 확립된 체계로서 고정적인 것이기도 하다. 언어에는 어휘의 저장과 규칙의 체계가 생기고, 이것에 의해 언어는 몇천 년 동안에 독자적인 힘으로 성장한다. 언어는 비역사적으로 '말하는 것Sprechen'일 뿐만 아니라 동시에 역사적 결과인 '말한 것Gesprochenhaben'이기도 하다. 언어의 특이성은, 그것이 마음과 관련 없는 어떤 것이면서 동시에 마음에 속해 있는 것이기도 하고, 객관적으로 영향을 미치고 있으면서 주관적으로 영향을 받아 하나가 되며, 수동성이면서 동시에 능동성이라는 바로 이 모순에 있는 것이다(VII, 63 이하 참조).

한편 또는 다른 한편이라는 이율배반은 인간에 의한 언어의 기원과 언어의 인간적 성격에 의해 해결된다. 그것은 첫째로, 개개인이 말하는 것은 민족이 말하는 것과, 그리고 여러 민족이 말하는 것은 언어 일반과 '인간 본성의 통일'이라는 덮어씌워지는 띠에 의해 결합된다는 것이다. "언어는, 인간이라는 것이 그 자체 분리된 개별성을 소유하지 않는다는 것, 또 '나'와 '너'는 단순히 상호 간에 요구하는 개념일 뿐만 아니라, 그 분리의 원점까지 소급할 수 있다면 참으로 동일한 개념이라는 것, 그리고 이러한 뜻에서 도움을 필요로 하는 연약한 개인에서 인류의 태고의 종족에 이르기까지 여러 가지 개별성의 무리가 있다는 것의 가장 명백한 자취이며 가장 확실한 증거이다. 왜냐하면 그렇지 않을 경우에 도대체 이해한다는 것은 영원히 불가능할 터이니까"(III, 297). 상호 간의 이해, 다른 언어의 습득이 가능한 것도 이 때문이다. 둘째도 마찬가지이다. 능동성, 수동성의 모순에 나타나는 대립도 인간 본성의 통일에 의해 해결된다. "본디 나와 일체인 것으로부터 생기는 것 속에서 주관과 객관, 의존과 독립의 개념이 서로 융합한다"(VII, 63). 그러나 고정된 것, 전통적인 것으로서의 언어에 있어서 나를 제한하고 규정하는 것은 "나와 내면적으로 관련되어 있는 인간의 본성으로부터 언어 안으로 들어온 것이다. 따라서 언어 안에서 나와 관계없는 것이라고 생각되는 것은 나의 일시적으로 개인적인 성질에 대해 그러한 것이지 나의 근원적으로 참된 성질에 대해 그러한 것은 아니다"(VII, 64).

'현상'으로서의 인간성은 개체로서 분열되어 나타나며, '자체'로서의 인간성에 대응한다. 그러나 이것도 분기의 원점으로 소급될 수 있다면 참으로 동일한 개념에 지나지 않는다. 보통의 의식에서 우리는 개인적으로만이 사물을 생각할 수 있다고는 하지만, "인간은 그의 주위에 똑같은 내적 욕구를 가지고 있고 따라서 감정에 내재하는 다양한 동경에도 반응을 나타낼 수 있는 존재가 있다는 것을 발견한다. 즉 전체성을 향한 예감과 노력은 개체성의 감정과 동시에 직접 주어지며 개체성의 감정이 예민해짐에 따라 강해진다. 그 까닭은 각 개인이 개별적 발전의 궤도에서도 인간의 전체적 본질을 자체 안에 간직하고 있기 때문이다. 우리는 개별적 의식존재인 다른 사람에 대해서는 조금도 예감하지 못한다. 그러나 전체성을 향한 노력과 인간성의 개념 그 자체에 의해 우리에게 주어진 지우기 어려운 동경의 싹은 분리된 개체성이 정신적인 본질의 제약된 존재의 한 현상에 지나지 않을 뿐이라는 확신을 갖게 한다"(VII, 37). 이렇게 보면 칸트의 이원론의 극복이 될는지 모른다. 훔볼트 자신이 어떻게 이 이원론을 형이상의 규정에 의해서가 아니라 실천적으로 해결했는가는 언어학의 방법과 목표에 관한 그의 견해가 제시되는 곳에서 알게 될 것이다.

언어는 자아와 세계의, 나와 너의 매개자라는 훔볼트의 명제는 리브룩스 B. Liebrucks의 사유에 있어서는, 하인텔에 따르면,[27] 의미론적 관계의 세 방사성은 '로고스적인 것'을 전적으로 주관-객관의 문제성의 테두리 안에서, 즉 제1인칭과 제3인칭의 국면에 있어서만이 다루는 것에 반대하는 방향으로 우선 향하고 있다. 이러한 뜻에서 "인간의 어떠한 담화에도 말하는 사람이라는 것을 언제나 함유하며, 말 건네지는 사람이라는 것을 언제나 함유하며, '그것에 관해서' 말해지는 사안이라는 것을 언제라도 함유하고 있다는 독자성을 지니고 있다. 인간의 모든 언명이 이러한 세 방면을 표준으로 한 근본성격을 지니고 있다는 것은 유명한 주관-객관의 관계가 인간적 인식의 내부에서는 제한적인 의의만을 지니고 있다는 것을 이미 표시하고 있다."[28] 주관-객관의 관계 그 자체는 또 한편으로는 세 방사적인 의미론적 관계라는 뜻에서 현실적인 매개에 기초를 두고 있다. "낱말의 원뜻은 이미 현존하고 있는 한 사람의 인간과 이미 현존하고 있는 하나의 세계의 대결이라는 움직임에서 나오는 것이 아니라 (언어공동체 내에서의) 인간 그 자체와 세계 그 자체의 대결인 듯한 움직임에서 나오는 것이다. 여기에 주관-객관의 관계가 발생한다."[29]

---

27 Heintel 1972, 76 참조.

28 Liebrucks 1964, I. 218.

29 같은 곳 209.

III. 언어의 처리방식의 분석

매개활동의 추상적인 기본법칙[1]

언어는 인간 존재의 생동적 에너지에 관여하면서 인간과 자연 사이의 매개자이고 인간과 인간 사이의 매개자이다. 모든 매개, 모든 참된 매개는 그 궁극적 바탕을 보아서는 '파악될 수 없는 것'(III, 296)이긴 하다. 다만, 최소한 어느 일정한 정도까지는 언어과정에 근접하여 그것에 대한 분석을 시도할 수 있다.

이성본능의 행위방식을 위한 추상적인 토대는 정신적인 삶의 필수적인 기구 안에서만 찾을 수 있다. 훔볼트는 되풀이하여 그러한 기구를 밝혀내고 있다. 감성의 활동은 정신의 내적 행위와 종합적으로 결합한다. 이 결합으로부터, '동요하고 있는 많은 표상에서' 어떤 표상이 떨어져 나와 객관성을 갖춘 하나의 대상으로서 주관적 힘에 마주선다. 훔볼트는 이 과정이 언어를 통해서만이 비로소 가능하며 바로 그것 자체가 언어에 다름 아니다라고 말하고

1 아래에서는 Haym 1965, 500–512 참조.

있다. 언어를 통하지 않는다면 표상은 표상이 되지 않는다. 다시 말해 새로이 지각될 수 있고 그리하여 주관으로 되돌아갈 수 있는 어떤 객관적인 것이 되지 않는다. 언어에 있어서 "정신적 생명은 입술을 통하여 길을 마련하고," "그 정신적 생명의 산출물은 즉시 자기 자신의 귀로 되돌아온다." 훔볼트가 이 과정을 언젠가 아름다운 비유로 서술했듯이, "정신적 능력의 일정하지 않은 작용은 마치 맑은 하늘에서 가벼운 구름들이 생겨나듯이 한 낱말로 모여든다." 그리하여 인간은 언어를 통하여 다른 사람 역할의 자기 스스로에게, 즉 '너'의 역할을 하는 그의 자아에게 세계를, 보다 정확히 말하면 내적 세계와 외적 세계를 알려준다. 언어는 인간의 정신적 활동의 필수적인 통로이자 실체로서, 직접적으로는 이 인간의 정신적 활동과 똑같은 것이다. 언어는 바로 그것으로써 한 가지의 동일한 행위를 통하여 주관적인 것이 객관화되는 것이고 객관적인 것이 주관적인 것으로 되돌아가는 것이며, 동시에 인간이 자기 자신과 행하는 자기소통이고 자연이 인간화되는 조건이다. 언어의 두 가지 매개작업은, 이 관점에서 보자면 유일하면서 동일한 것으로 나타난다.

그러나 간접적으로는 개인을 개인 및 전 인류와 매개해주는 언어의 또 다른 활동 또한 바로 그것과 일치한다. 앞서 말했듯이 인간은 마치 다른 사람에게 하듯이 이미 자기 스스로에게 자신의 고유한 표상을 매개한다. "어떻게든 말함은 인간과 인간 사이의 의사전달을 염두에 두지 않는다 하더라도, 격리되어 홀로 있는 개개인의 사유의 필수 조건이다." 훔볼트는 그 자신이 설명한 나름의 넓은 용법에 따라 '사상'이라는 말을 하고 있는데, 훔볼트가 뜻하는 바는 모든 사유의 기초가 되어 있는, 정신적 활동의 객관화이다. 이러한 뜻에서 언어는 말하자면 "아무리 외로운 사유의 경우라 하더라도 필수 불가결"하다. 다만, 그 묘사된 분열이 "주관 안에서만 진행되는 것이 아니라 표상하는 사람이 사유내용을 실제로 자신 밖에서 인정할 때, 그 객관화는 좀 더 완성되어 나타난다. 이는 자신과 동일하게 사유하는 다른 존재

안에서만 가능한 일이다." "스스로 만들어낸 말이 남의 입으로부터 다시 울려나오게 되면 객관성은 높아진다." 말하자면 다른 너와의 대화는 언어의 본성에 그 근거를 둔, 자기 자신이 갖고 있는 너와의 소통이 좀 더 밝게 나타나는 현상에 불과하다. 이때 주관성에서 박탈되는 것은 아무것도 없을 뿐만이 아니다. 인간은 언제나 다른 인간과 더불어 하나이고 또 그렇다고 느끼기 때문이다. 객관성이 높아짐과 더불어 주관성 또한 오히려 강화된다. 왜냐하면 언어로 바뀐 표상은 이제 더 이상 오로지 단 하나의 주관에만 속하는 것이 아니기 때문이다. "주관성은 다른 주관성으로 옮겨가면서 인류 전체에 공통된 것과 연계된다. 각각의 개인은 그 공통된 것의 한 변화된 형태를 지니고 있는데, 그 변화된 형태는 그 자체에 있어서 다른 사람을 통해 보완되는 욕망을 품고 있는 것이다." 따라서 언어는 현상에 있어서 사회적으로만 발전한다. "그리고 인간은 자신의 말이 다른 사람에게 이해될 수 있는 것인지를 시도하면서 검증했을 때만이 스스로를 이해한다." 훔볼트에 따르면 그렇다(VI, 304 이하. VII, 55; V, 380; VI, 155 이하 참조).

그리고 다른 곳에서와 마찬가지로 여기서도, 그가 심오한 논증을 통하여 동시에 정신적으로 풍부하긴 하지만 아직 애매모호한 헤르더식의 논지를 좀 더 선명하게 가다듬는 데 성공하고 있음은 흥미롭다. 헤르더는 자신의 연구의 주 논점을 확고히 설정한 후에 다음과 같이 말하고 있다. "언어가, 이 새로운 정신의 인위적 감성이 바로 그 발생과 동시에 다시 '결합'의 수단이고 그럴 수밖에 없다는 것은 탁월하다! 나는 마음속으로 대화하거나 대화하려 애쓰지 않고서는 그 어떤 인간적 사상도 생각할 수 없고 그 어떤 사려 깊은 판단도 내릴 수 없다. 아무리 단순한 인간의 사상이라 하더라도, 말하자면 그 본질상 다른 사람과 대화할 수 있도록 채비가 되어 있다. 내가 파악하는 첫 번째 특징은 나에게는 표지어이고 다른 사람에게는 전달어가 된다."[2] 여기서 '결합'이라고 하는 것은 '매개'를 뜻한다. 이것이 언어의 매개 활동의 추상적인 기본법칙이다.

매개활동의 구체적인 내용 (언어의 구성요소)

그렇다면 이 매개활동의 구체적인 내용은 무엇인가? 어떤 일정한 방법으로 언어는 자기 자신으로 되돌아오는 정신의 과정을 지탱하며 수행하는가, 즉 언어의 구성요소는 어떠한 것인가를 훔볼트는 고찰하고 있다.

에너지와 매개는 언어의 본질이다. 따라서 이 두 개념에서 그 구체적인 성질이 명확하게 나타난다. 훔볼트 자신의 말로써 언어의 가장 일반적인 정의를 우선 들자면, 말하는 것이 지니는 전체성만이 언어로 간주될 수 있는 한, 언어는 "분절된 음성이 사상을 표현할 수 있도록 하는 영원히 되풀이되는 정신의 활동이다"(VII, 46). 그러므로 언어는 정신적인 것 일반의 매개, 또는 그가 요약해서 말하는 것처럼 음성에 의한 사상의 매개, 더욱이 매개하는 에너지이며, 쉴 새 없이, 끊임없이 경신하고 종결된 결과에서 멈추지 않는 작업이다. "언어를 일반적으로 고찰하고 개개의 언어를 분석하여 고찰하는 경우에 두 개의 원리가 서로 분명하게 구별되어 나타난다. 하나는 음성형식이고 또 하나는 대상을 표시하고 사상을 결합하기 위한 음성형식의 사용이다. 이 사용은 사유를 언어에 결부시킨다는 요구에 기인하며 이것으로부터 언어의 일반적인 법칙이 생긴다. 그러므로 이 부분은 그 근원적인 방향에서는 언어의 정신적 본성의 소질, 또는 그 후의 발달에서 나타나는 특성에 이르기까지 모든 인간 자체에 동일한 것이다. 이것에 반하여 음성형식은 그

2 Herder 1827, Bd. II, 54 이하.

자체로도 그것이 내적 언어경향(감능)에 미치는 촉진하는 또는 저지하는 힘으로서도 본디 언어의 차이를 구성해나가는 주도적인 원리이다. 음성형식이 인간이라는 유기체 전체의 내적 정신력과 긴밀하게 관련되어 있는 한 부분으로서 민족의 소질 전체와 밀접한 관계를 맺고 있는 것은 당연하다"(VII, 52). "우리는 언어의 형성을 대체로 산출활동으로 생각해야 한다. 이 산출활동에서는 내적인 이념이 자체를 명시하기 위해 음성이라는 하나의 어려움을 극복하지 않으면 안 된다"(VII, 82).

그런데 일반적인 언어능력 또는 말하는 행위의 '충동'에서 이 두 요소가 어떻게 결합되는가 하는 것은 어디까지나 비밀이다. 훔볼트는 "사상, 발성기관, 청각이 서로 뗄 수 없이 결합하여 언어가 되는 것은 필연적으로 영원불변하게 근원적인, 더 이상 설명하기 어려운 인간 본성의 구조에 있다"(VII, 53)라고 한다. 그러나 두 요소를 관찰하고 비교하면 적어도 그 결합과 삼투의 내적 가능성을 이해하게 될 것이다. 즉 우선 전적으로 일반적으로 보아서, '사상'과 음성 사이에는 명확하게 눈에 띄는 친화성과 유추관계가 있다. 그의 《카비어 서론》에 나타나는 훌륭한 전개의 하나는 이 유추관계를 검토한 것이다.

"지적 활동은 철두철미하게 정신적이고 내면적이며, 어느 정도 흔적도 없이 지나가버리는데, 그것은 담화에서 음성을 통하여 외면화되고 감각에 의해 지각될 수 있다. 따라서 지적 활동과 언어는 하나이며 서로 분리될 수 없다. 지적 활동은 또한 그 자체로서 음성과 결합되어야 할 필연성이 있다. 그렇지 않다면 사유는 명료성에 도달할 수 없고 표상은 개념이 될 수 없다. ……음성과 사상의 일치 또한 분명하게 눈에 띈다. 사상이 섬광과 충격에 비교될 수 있는바, 모든 표상력을 하나의 점에 집중시키고 그 이외의 모든 동시적인 것을 배제하듯이, 음성도 잘라낸 듯한 날카로움과 통일성 속에서 울린다. 사상이 심정 전체를 장악하듯이, 음성에도 특히 모든 신경을 진동시키는 침투력을 지니고 있다. 음성이 다른 모든 감성적 인상으로부터 구별되는 것은 다음의 것에 기인한다. 즉 귀가 (이것은 다른 감각의 경우에는 반드시 그렇지만은 않거나 또는 사정이 다르다) 어떤 운동의 인상을 소리에서 울려나오는 어떤 실제 행위의 음성에서 받아들이는데, 여기서 이 행위는 살아 있는 생물의 내면으로부터, 사유하는 생물에서는 분절된 음성으로, 그리고 감각을 느끼는 생물에서는 분절되지 않는 음성으로 나타난다는 것이다. 사유가 가장 인간적인 그것의 관련에서 암흑으로부터 광명으로의, 유한성으로부터 무한성으로의 동경인 것처럼, 음성은 가슴의 깊은 곳으로부터 외부로 흘러나와 그것에 놀라울 정도로 적합한 매개 소재를 공기 중에서 발견한다. 공기는 모든 요소 중에서 가장 미세하고 가장 가볍게 움직일 수 있는 것으로서, 그것의 외관상의 비물체성은 감성적으로도 정신과 일치한다. 언어음의 잘라낸 듯한 날카로움은 오성이 대상을 파악하는 데 없어서는 안 된다."(VII, 53 이하).

이 음성의 통일과 날카로움은 오성의 필요에 상응하는 것인데, 이 이외에 음성은 대상이 나타낼 수 있는 다른 인상의 어느 것도 배제하지 않고 오히려 대상의 전체적인 성질이나 말할이의 개인적인 감각방식 전체에 순응할 수 있다. "'인간이 숨쉬는 것과 마찬가지로' 소리가 지니는 음성은 살아 있는 울림으로서 '가슴속으로부터 솟아나오며' ……따라서 음성은 그것이 솟아나오는 생명을 그것을 받아들이는 감관 속에 불어넣는다. ……끝으로 언어음에 적합한 것은 동물은 취할 수 없는 인간의 직립자세인데, 말하자면 인간은 이 언어음에 의해 불러일으켜진다. 왜냐하면 담화는 희미하게 바닥에서 사라지기를 원치 않고, 입술로부터 마주 보는 사람에게로 자유롭게 쏟아지고, 눈짓, 표정, 몸짓, 손짓 등의 표현에 동반되어 동시에 인간을 인간적인 것으로 표시하는 모든 것에 의해 둘러싸여 있기를 갈망하기 때문이다" (VII, 53-55).

창조적인 언어의 형성은 정신과 소재에서 그 자체에 근거하는 새로운 세계를 창조하는 예술작품의 종합적인 성격을 지니고 있다. 이 세계를 형성하는 것은 훔볼트에게 인간에게만이 가능한 지극히 독자적인 성능으로 여겨지고 있다. 이 형성은 "직접적인 의식과 자유의 행위가 아니고", 그래도 의식과 자유를 받은 존재에게서만 가능하다. 원동력은 인간 자신이 모르는 사이에 그 개성의 심오한 곳에서 생긴다.

사상과 음성의 유추: 분절작용

그런데 사상과 음성의 이 일반적인 유추로써는 충분하지 않다. 이 유추는 확증되어 아주 명백하게 '분절'에 나타난다. "분절은 언어의 본질이다. 부분과 전체가 없는 것은 언어에서 아무것도 없다"(V, 122). 분절에서는 사상의 필요와 음성의 능력이 관련된다. 언어는 바로 이러한 관련에서 튀어나온다. 음성의 분절에 그 사상 형성의 성질이 있다. 사상의 분절에는 음성을 언어로 변화시키는 사상의 힘이 있다. 상세하게 말하자면 이렇다.

사유의 기능은 우선 본질적으로 분절의 개념에 나타난다. 정신의 작용형식은 이중적인 것이다. 정신은 그 영역, 즉 표상할 수 있는 것의 부정의 덩어리를 기본적인 부분으로 분해한다. 그리고 이 부분들을 결합하면 영역의 전체가 형성되는데, 이 전체야말로 새로운 전체의 부분이 되려는 노력을 자체 내에 간직하고 있다. 둘째로, 정신은 바로 이때 끊임없이 다양한 것을 통일해서 총괄하는 것을 노리고 있다. 거기서 음성기관은 음성으로써 동일하게 처리한다. 음성기관은 정신의 분절하는 활동을 집행하는 것이다. 음성에는 음성기관에 의해 분절음으로 형성되는 독자성이 있다. 따라서 분절은 본디 결합시키는 제3자이며, 거기에는 한편에서는 정신활동, 다른 한편에서는 음성을 결합시켜 언어로 만들어주는 가능성이 있다. 농아자의 경우에, 자연은 우리에게 말하자면 음성과 사상을 매개하는 이 제3자의 추상 자체를 보여준다. 이것은 적나라한 (순수한) 분절능력이다. 오직 이 능력에 의해 그들도 이해하고 더욱 말하는 것을 배운다. “그들은 그들의 사유와 음성기관의 관련을 통해 다른 사람의 음성기관들의 한 부분의 움직임을 보고 그 사람의 사유를 추측하는 것을 배우게 되기 때문이다”(VII, 66). 그래서 분절음의 정의가 문제되면, 이 정의는 기껏해야 정신의 분절하는 활동에서 특징적인 것으로서 두드러지게 된 필수적인 특징을 표시하는 데까지 성공할 수 있다. 그러므로 분절음이란 우선 분해할 수 있고 결합할 수 있는 능력이며, 다음으로는 순수한 분리의 가능성과 결합된, 명확하게 지각될 수 있는 통일체이다. 이것을 신체적인 것이나 단순한 물체적인 성질에 의해 서술하려는 시도는 반드시 실패한다. 이 시도에서는 부정적인 규정 이상으로는 나아가지 못한다. 분절음은 개별적으로 절단되는 음성이며, 많은 감정음과 같이 결합되고 혼합된 음향 또는 크게 울려 퍼지는 소리는 아니다. 그 특징적인 구별은 ‘음악적인 높낮이’에 있는 것이 아니고 또 ‘길고 짧음, 밝고 어두움, 딱딱함과 연함’에 기인하는 것도 아니다. 분절음의 본질은 언제나 오직 분절에 의해서만 사상과 음성을 결합하는 산출활동으로서의 언어라는 개념에서 파악된다. 그 본질은 다음과 같은 성질, 즉 “직접 울려서 개념을 나타내고 동시에 각각의 음성은 일부는 그것을 위해 형성되어 있고 일부는 개개의 음성의 형성이 동질적이긴 하지만 특수하게 서로 다른, 정해진 부류들로 규정할 수 있는 일정 수의 음성을 가능하게 하며, 어느 것이 서로 필연적인 또는 임의의 결합을 하는 데 적합한가를 요구한다”(V, 116 이하)는 성질에 의해 파악된다. 분절음을 동물의 외침이나 음악적인 음조로부터 구별해주는 것은 다만 일반적인 것이 아니라 사유된 것을 서술해서 일정한 의미성을 지시하려는 의도와 능력이다. 이러한 정의의 시도는 다음과 같이 환원된다. 분절음은 언어음이며, 언어음은 분절음이다(VII, 65-67; V, 116 이하, 122; IV, 4 참조).

개념 표시, 범주 표시, 관계 표시

그러나 또한 분절과 더불어 언어의 구체적인 매개작업이 진행되는 최하의 조건과 가장 일반적인 궤도를 우리는 알게 된다. 우리는 분절과 더불어 낱말의 발생 이전에 있다. 우리가 문자나 음절의 산출에서 분절을 고집한다면, 언어는 분절, 즉 분절된 사상의 표현을 가능케 하는 음향을 나타내는 데 지나지 않는다. 그런데 언어는, 그것이 낱말이나 담화로 실제의 사상표현이 되는 경우에는 분절 이상의 것이다. 왜냐하면 실제의 언어는 분절된 통일적인 음성, 즉 음절 또는 낱말에서 비로소 여러 음절이 서로 결합하는 것이기 때문이다. 실제로 낱말에서 비로소 음성의 통일체가 개념의 통일체와 합쳐져 있다. 낱말은 우선 담화의 진정한 요소이다. 낱말은 생동하는 세계에서 개인이라는 것과 동일한 것이다. 낱말의 범위는 그 언어가 어느 정도까지 자발적으로 단독으로 형성되는가를 나타내는 한계이다(VII, 72 이하 참조). 따라서 낱말에서 언어의 그 이상의 매개작업 전체를 알 필요가 있다.

이 점에 관련하여 우선 언어의 지적 방면을 보면, 정신적 활동은 두 가지 종류 또는 정확하게 말하자면 세 가지 종류에 관련되어 있다고 훔볼트는 생각하고 있다. 정신은 우선 개개의 대상, 외적 또는 내적 감각에 접하는 대상을 개개의 것으로서 인정하려고 한다. 정신은 일정한 개별적인 방법으로 대상을 파악하고 그것을 자체에서 표시한다. 정신은 개념을 형성한다. 두 번째로 정신은 개개의 대상에서 그것과 다른 것의 관계를 파악한다. 정신은 개념 이외에도 일반적인 범주를 형성한다. 세 번째로 정신은 어떤 관계를 인정하든지 또는 자신이 그러한 것을 창조하는데, 그러한 것에 의해 대상 또는 개념은 서로 관련되거나 결합되는 것이다.

이 세 가지 종류의 지적인 처리에 상응하여 음성형식과 실제의 언어에서도 마찬가지로 세 가지의 현상이 있다. 우선 전적으로 개별적인 대상의 표현에 상응하는 것은 언어의 어근, 또는 그것이 그대로의 형태로는 담화에서 나타나는 일이 드물기 때문에, 낱말이나 낱말형식의 어근의 부분이다. 그래도 결국에는 어근은 언제나 담화에 나타남과 동시에 보다 일반적인 관계의 표현을 자신 안에 받아들인다. 개념 자체의 표시행위에는, 정신적인 활동에서 그 개념을 일정한 사유나 담화의 범주로 옮겨놓는 고유한 작업이 수반된다. 객관적인 '표시'의 원리에 더욱 주관적인 논리적 분류 또는 '암시Andeutung', 즉 일반적인 범주로 전환하는 원리가 나타난다. 이 두 번째의 활동에는, 첫 번째의 것과 결합해서, 음성형식에서 완전한 낱말이 상응한다. 끝으로 낱말은 담화에 접합되어 여러 가지 상태를 암시해야 한다. 담화로서의 언어는 사상 관계의 조직이다. '표시'에 직접 '암시'가 접속하는 것과 같이, 이 암시는 직접 개념의 결합으로 옮겨간다. 이 세 번째의 처리에 상응하는 것은 음성형식의 세 번째 단계이다. 어근이나 낱말과 구별되는 것은 세 번째로는 문법형식이다(VII, 72 이하. 또한 89, 109 참조).

모방적 표시, 상징적 표시, 유추적 표시

지금으로서는 광범위한 훔볼트의 논지전개에서 강조된 세 단계의 간결한 서술로 충분하다. 이 각각의 세 단계에서는 언어의 지적 형식, 그것에 일치하여 그 음성형식이 명시되어 있다. 왜냐하면 여기서 중요한 것은 언어에 의해 이 양자가 어떤 수단에 의해 어떠한 방법으로 결합되는가, 또 이 방법으로 상술된 음성형식이 마찬가지로 상술된 지적 형식과 어떻게 매개되는가 하는 것이기 때문이다. 달리 표현하자면 음성과 의미성의 관계는 어떠한가 하는 것이 문제가 되는 것이다.

첫 번째로 매개하는 것은 훨씬 높은 힘에서 작용하는 분절이다. 음성에 의미를 부여하는 노력이 분절음 전반의 본성을 창조하는 것과 같이 이 동일한 노력은 또 일정한 의미를 목표로 삼는다. 민족의 분절감각이 예리하면 예리할수록, 즉 그 민족이 사상의 범위 내에서 지적 분절을 행하는 것이 예리하면 예리할수록, 또 다른 한편 분절이 그 음성체계에서 암시되는 것이 많으면 많을수록 그만큼 이 원리가 지도적인 원리가 되는 일이 많으며 더욱더 깊게 일정한 의미에 관계해서 그 작용은 유효하게 될 것이다. 이 원리가 활동하고 있다는 것이 실증되는 본디의 분야는 이미 표시된 대상에서의 일반적인 관계의 표시의 분야, 즉 문법형식의 영역이다.

그러나 그대로의 (순수한) 분절감각의 작용에서 눈을 돌리면, 그 이외에 세 종류의 개념 표시가 구별된다. 이것에는 모두 그 분절감각의 작용이 기초가 되어 있다. 즉 모방적, 상징적, 유추적인 표시이다.

우선 직접적 모방. 대상이 나타내는 음향은 낱말에서 분절된 음성이 분절되지 않은 음성을 재현할 수 있을 정도로 모방된다. 분절된 음성이 분절되지 않은 음성과 직접 싸우는 이 표시는 그러나 어느 정도 조야함을 면치 못한다고 말할 수 있다. 이 상태는 한 언어의 완성이 진전됨에 따라 사라지며, 그 본성에 의해 대상의 표시에만 쓰인다.

상징적 표시는 직접적이 아닌, 그러나 음성과 대상에 공통된 제3의 성질에서 모방하는 표시이다. "이것은, 표시해야 할 대상을 위해 때로는 음성 그 자체로서, 때로는 다른 음성과 비교하여 귀로 들었을 때 마음에 대상에 대한 인상과 비슷한 인상을 줄 음성을 선택하는 것이다. 예를 들어 도이치말의 stehen(서 있다, 있다), stätig(불변의, 항구적인), starr(경직된, 고정된) 등은 견고한 인상을 나타낸다." 이 종류의 표시는 특히 원시적인 낱말의 표시에 지배력을 발휘했다. 일반적인 관계의 암시, 그러므로 문법형식의 표현은 이 방법으로 가능하다.

끝으로 유추적 표시는 표시해야 할 개념의 친근관계에 따라 음성의 유사성에 의해 표시하는 것이다. 이것은 명백하게 특히 암시에 풍부한 것이기는 하지만 이차적인 표시법이다. 즉 "의미가 서로 가까운 낱말들은 비슷한 음성을 지니고 있다. 그러나 바로 상징적인 표시법의 경우처럼 이 음성 자체에 내재하는 성격이 문제가 되는 것은 아니다"(VII, 76-80 참조).

도식성

그러나 훔볼트는 음성과 관념을 매개하는 이러한 상이한 원리를 제시하는 것으로는 만족하지 않았다. 정신은 가능한 한 많은 것을 요구한다. 그는 언어를 지적 본능이라고 부르고 있는데, 언어가 이 본능에서 지적인 것을 전면에 놓으려는 노력에 의해 지배된다는 것은 명백하다. 그는 《카비어 서론》의 제25장에서 그 매개에 대해 그 이상의 중간항Zwischenglied을 구하고 더욱이 그것을 앞에 말한 정신의 행위에서 발견하려고 시도했다(VII, 100 참조).

즉 개념을 음성에 의해서 표시하는 것은 본성상 결코 결합될 수 없는 것들을 결합하는 것이다. 따라서 이 이질성은 "음성의 물체적인 울림은 완전히 제쳐놓고, 다만 표상 자체 앞에서 개념과 음성이 만날 수 있는 제3자에 의한 양자의 매개"(VII, 100)를 요구한다. 훔볼트는 더욱 논술을 계속하면서, 이렇게 매개하는 것은 (도이치말의) Vernunft(이성)에서는 Nehmen(받다)의 표상이, Verstand(오성)에서는 Stehen(서 있다)의 표상이, Blüte(꽃)에서는 Hervorquellen(솟아 나오다)의 표상이 숨어있는 바와 같이 언제나 감성적인 성질의 것이라고 말하고 있다. 어원론적 연구에서는 이 감성적으로 매개하는 것을 가능한 한 도처에서 발견하여 "말하자면 구체적인 낱말로부터 근간이 되어 있는 직관이나 감각으로 올라가는 과제가 있다. 즉 이러한 직관이나 감각에 의해 각각의 언어는 그것에 생기를 넣어주는 창조적 정신에 따라 낱말에서 음성을 개념과 매개한다"(VII, 101)라고 서술하고 있다. 그러나 음성과 개념의 매개를 나타내는 이 도식성에는 다만 이차적인 의의가 있는 데 지나지 않는다. 이 도식은 추상적 또는 그래도 개념 그것 자체가 문제가 될 경우에만 나타난다. 이것은 그 '근간이 되어 있는 직관이나 감각' 자체에는 나타나지 않는다. 이 도식은 분절감각의 매개하는 힘이나 언어의 모방적, 상징적, 유추적 처리를 이미 전제로 한다. 이것은 낱말의 형성보다 오히려 낱말의 친화성의 원리, 본디 양자를 매개하는 에너지보다도 오히려 음성과 관념을 결합하는 보조수단이다(VII, 100 이하 참조).

언어의 노력

이 매개가 언어의 본질이 되고, 또 서로에게 지탱이 되고 흡수되는 매개의 동인이 언어에서 실증될 수 있다 해도, 똑같이 중요한 것은 이것의 다른 면, 즉 그 매개의 일이 결코 끝나지 않는다는 것이다. 모든 것으로 보아, 그리고 모든 것에도 불구하고 언어의 지적 요인과 음성적 요인은 결코 완전하게 극복될 수 없는 대립상태에 있다는 것이다. 바로 그것 때문에 언어는 그 안에 종합적인 힘을 가진 작업이며 쟁투이기도 하다. 이는 전체적으로 마음이 언어에서 벗어나려는, 그리고 언어에 따르는 노력을 계속하는 것으로 파악될 수 있는 작업이다. 즉 한편에서는 소멸될 수 없는 개념과 음성의 이질성, 다른 한편에서는 양자 상호 간의 구속이 있다. "개념이 낱말로부터 분리될 수 없는 것은 인간이 자신의 용모를 벗어던질 수 없는 것과 같다. ……그럼에도 불구하고 인간의 마음은 끊임없이 언어의 영역으로부터 자유롭게 되려고 시도를 하지 않을 수 없다. 그 까닭은, 낱말은 더욱더 많은 것을 포함하려는 마음의 내면적인 느낌의 제약이고 그 느낌의 특유한 뉘앙스를 음성에서는 좀 더 물질적인, 의미에서는 너무 일반적인 본성을 통해 질식시킬 우려가 흔히 있기 때문이다. 마음은 낱말이라는 틀 안에 감금되어 있기보다는 오히려 낱말을 자신의 내면적 활동의 거점으로서 다루지 않을 수 없다. 그러나 마음은 이렇게 해서 지키고 노력하여 얻은 것을 다시 낱말에 부가한다. 따라서 정신적인 힘들에 상응하는 활기가 있을 경우에는 마음이 언어에서 벗어나려는, 그리고 언어에 따르는 노력을 계속하면 언어는 더욱더 세련되고, 깊은 정이 넘치는 내용은 점점 더 풍부하게 된다. 그래서 언어에 요구되는 것이 충족되면 될수록 그 요구의 정도는 높아지게 된다"(VII, 100).

언어의 목표

말하자면 완전하게 달성될 수 없는 언어의 이상은 음성과 사상의 완전한 합치, 즉 '음성형식과 이념형식의 올바른 동적인 삼투'이다. 언어완성의 최고점은 음성형식과 내적 언어법칙의 결합이 '진정하고 순수한 삼투가 되는' 것이다. 왜냐하면 언어의 산출은 최초의 요소로부터 말의 진정한 뜻에서 종합적인 처리방식이기 때문이다. "그러므로 음성형식과 내면적 형성작용의 구조 전체가 다 같이 굳게, 그리고 동시적으로 융합하는 경우에만 종합작용이라는 목표가 달성된다. 그로부터 생기는 유익한 결과는, 한 요소가 다른 요소에 완전히 적합하므로 말하자면 어떤 요소도 다른 요소를 앞지르지 않는다"는 것이다. 달리 표현하자면, 언어는 종합이 성공하는 정도에 따라 예술에 접근한다. 예술의 본질은 본디 이념과 소재가 일치해서 삼투하는 데 있다. 언어완성의 최고의 절정에서는 저절로 아름다움이 나타난다. 언어의 예술적인 아름다움은 "언어가 내면적, 일반적으로 완성되어 있는가를 판별하는 진정한 시금석이다"(VII, 94-98 참조).

IV. 언어의 유기체, 언어의 형식, 언어의 성격

언어의 유기체. 언어의 원리

훔볼트의 사고방식에서 더욱 특징적인 점은, 그가 언어와 그 현상을 즐겨 생물학의 영역, 특히 생리학의 영역에서 비유로써 특징지으려 한 것이다. 그에게 있어 모든 언어는 처음부터 "정신의 힘과 직접 관련성이 있는 완전한 구성을 갖춘 하나의 유기체"(VII, 97)인데, 그러한 뜻에서 하나의 '전체'라는 것이다. 이 규정에는 첫째의 가장 보편적인 개념으로서 그 분절에 의한 활기와 이 방면에서 매개하는 그 에너지가 총괄되어 있다.

훔볼트는 〈괴테의 두 번째 로마 체류의 비판〉에서 "어느 언어도 통일체를 창조하는 원리를 지닌 유기체이다"(VI, 549)라고 말했다. 그는 이미 〈예고〉에서 "언어의 구조는 그 미세한 부분에 이르기까지 유기적인 구조이며, 따라서 언어의 모든 것은 유추에 기인하고 있다"(III, 295)라고 했다. 그는 〈언어의 비교연구에 관해서〉에서는 아래와 같이 서술하고 있다. "언어에서도 구조조직이 완성되는 시점이 있고, 이 시점 이후로 그 유기적 구조, 확립된 형태는 더 이상 변하지 않는다. 그에 반해 정신의 생동하는 산출물로서의 언어에서는 주어진 한계 내에서 한층 정교한 형성이 무한대에 이르기까지 진행될 수 있다"(IV, 2). "언어는 단숨에 성립되지 않을 수 없다. 보다 엄밀하게 표현하자면, 언어는 언어로서 존재하는 매 순간 언어를 하나의 전체로 만드는 그러한 것을 이미 지니고 있어야만 한다"(IV, 3). 즉 어떤 언어에도 담화의 구성성분에 속하는 모든 것은 이미 당초에 무의식적으로 단숨에 언어능력에서 부여되어 있으며 하나의 전체를 구성하고 있다는 것이다. "감성적, 정신적으로 효력을 갖는, 유기적 존재의 직접적인 입김이 바로 언어인데, 언어 안의 개개의 것은 다른 것을 통해서만 존속하고 모든 것은 전체를 관철하는 유일한 힘을 통해서만 존속한다는 점으로 보아서 언어는 모든 유기적인 것의 본성을 공유한다"(IV, 3). 그리고 "아무리 단순한 개념의 결합이라도 사고의 범주 모두를 망라한 조직 전체를 활발하게 하고, 긍정은 부정을, 부분은 전체를, 통일성은 다양성을, 결과는 원인을, 현실은 가능성과 필연성을, 제약된 것은 제약되지 않은 것을, 공간과 시간의 한 가지 차원은 다른 차원을, 감각의 각 정도는 그것을 가까이에 둘러싸고 있는 것들을 필요로 하고 또 환기하는 것이기 때문에, 아무리 단순한 이념의 결합이라도 그것이 명료하고 확실하게 표현되어 있는 한, 곧 언어의 전체가 존재하고 있는 것이다"(IV, 3 이하). 이러한 유기구조의 뛰어난 특징은 "인간에게서 일정한 요소들을 통찰 가능한 수에 이르기까지 분할할 수 있고, 또 이 요소들을 무한대에 이르기까지 결합할 수 있는 두 영역이 통일되어 있으며, 이 두 영역에서 각 부분은 그 독특한 본성을 언제나 동시에 그것에 속하는 부분들과의 관계로서 나타낸다. 인간은 이 영역을 정신적으로는 성찰에 의해, 육체적으로는 분절에 의해 한쪽에서는 하나의 영역을 요소로 분할하고 다른 쪽에서는 그렇게 분할된 부분들을 정신적으로는 오성의 종합에 의해, 육체적으로는 음절을 낱말로, 낱말을 담화로 합일하는 악센트에 의해 다시 결합하는 힘을 소유하고 있다"(IV, 4)는 것이다. 분할과 통일이 상호 간에 관철하고 있는 것은 오성이라는 동일한 힘에서 유래하는 것이다. "언어는 유기적인 존재이다. 언어는 유기적인 존재로서 다루어야만 한다. 따라서 최우선의 규칙은, 우선 알려진 각각의 언어를 그 내적 관련성에서 연구하고 그 안에서 찾아낼 수 있는 모든 동일한 범주에 속하는 것을 추구하여 체계적으로 정리하는 일이다"(IV, 10). 따라서 "인간이 단 하나의 낱말이라도 단순한 감각적인 충동으로서가 아니라 하나의 개념을 표시하는 분절음으로서 참되게 이해하기 위해서 이미 언어는 전적으로 인간 내부에서 관련을 맺지 않으면 안 된다"(IV, 14). "언어에서 개별적인 것은 아무것도 없다. 언어의 요소들 가운데 어느 것이든 하나의 전체의 부분으로서만 나타난다. ……언어는 필연적으로 인간 자신으로부터, 그리고 확실히 차츰차츰 나타날 뿐이긴 하지만, 그 유기체는 죽어 있는 덩어리로서 마음의 어둠 속에 있는 것이 아니라 법칙으로서 사고력의 기능을 제약하고, 따라서 그 최초의 낱말은 이미 언어의 전체를 생각케 하는 울림을 지니며 언어의 전체를 전제로 하는 것이다"(IV, 15 이하). 우리가 가령 하나의 낱말을 사용할 경우에도 이미 그 언어의 전체를 목전에서 예상하지 않을 수 없다. 그렇지 않으면 참으로 그 언어의 낱말을 사용하고 있는 것이 아니다. 거기에서는 개체와 전체가 유기적으로 연결되어 있는 것이다. 따라서 훔볼트는 특히 되풀이해서 유기체로서의 언어의 모든 부분이 상호 간에 한정하면서 뒤섞여 있다는 것을 강조했다. 그는 또한 〈멕시코어의 분석의 시도〉에서 "언어는, 정신적인 삶의 수행이 아니라 이 삶 자체가 그 안에 있는 것이니까 지성의 본능 이상의 것이다. 근육섬유의 형성, 혈액의 순환, 신경의 분지가 신체의 유기체인 것처럼, 언어의 원형과 언어의 기능은 정신의 유기체이다"(IV, 249)라고 했다.

《카비어 서론》에서도 아래와 같이 언급되어 있다.

"언어는, 각 부분이 다른 부분과, 그리고 모든 부분이 전체와 다소간에 분명히 인지될 수 있는 관련을 맺고 있는 거대한 한 장의 직물Gewebe과 비교될 수 있다. 인간은 말함에서, 어떤 관계에서 출발할지라도 언제나 이 직물의 분리된 부분만을 건드릴 뿐이다. 그런데 인간은 이것을, 그 분리된 개별적 부분과 필연적으로 조화를 이루어야만 하는 모든 부분이 똑같은 순간에 마치 동시에 눈앞에 있기나 한 것처럼 언제나 본능적으로 행한다"(VII, 70).[1]

다음에 《카비어》에서는:

"언어를 낱말들의 집합체로 생각해서는 안 된다. 각 언어는 체계System이며, 이 체계에 따라 정신은 음성을 사상과 결합시킨다"[2]라고 했다. 잘 정돈된 것, 구속, 자유에 관련해서 언어의 체계가 의미하는 바를 의식한다면, 이 경우의 체계도 닫혀 있는 형상이 아니라 인간의 새로운 요구에 적응할 수 있는 '열려 있는 형성물Gebilde'이라는 것을 특히 유념할 필요가 있다. 이것은 무한의 체계이다. 이것 자체는 완결된 체계보다는 오히려 끊임없는 체계화Systematisierung[3]로 간주되어야 한다.

이것은 한 언어의 '어휘'의 경우에도 마찬가지이다. "언어는 이미 형성된 요소 이외에도 특히 정신의 활동 — 언어는 이것에 방향과 형식을 제시한다 — 을 더욱 전개시키는 갖가지의 방법으로 구성되어 있다. 일단 굳게 형성된 요소는 어느 정도까지 죽어 있는 소재를 형성하지만, 이 소재는 결코 끝나는 법이 없는 규정 가능성이라는 살아 있는 싹을 그 안에 간직하고 있다. 그러므로 언어는 어떤 점에서든, 그리고 어떤 시기에든 바로 자연 그 자

1 이외에도 VII, 80, 102, 278 참조.

2 Kawi-Sprache, 1838, Bd. II, 220.

3 Coseriu 1971^{b}, 117; Coseriu 1968, 73 참조. 글린츠H. Glinz는 체계와 같은, 또는 체계화의 경향이 있는 이러한 형상을 '의사체계Systemoid'로 부를 것을 제안했다(1952, 21 참조). 이와 관련해서 슈바르츠H. Schwarz도 다음과 같이 주장하고 있다. "언어의 '체계'는 논리적, 수학적인 것이 아니라 불규칙적 소질을 띤다. 그렇기는 하나 우리는 여전히 그것을 체계라 칭해도 되며, 글린츠가 말하는 Systemoid라는 말을 회피할 필요는 없다. 결국 이것 이외에도 불규칙한 체계들이 있기 마련이다. 결국 문제되는 것은 개념적 관련인 것이다 - 그 관련이 때로는 내적으로 매우 무질서하게 형성되어 있다 할지라도"(1966, Lieferung 7, IL 이하).

체처럼, 인간이 이미 알고 있고 생각해낸 모든 것과는 달리 인간에게는 무진장의 보고로 보인다. 이 보고 속에서 정신은 언제나 미지의 것을 발견할 수 있고, 감각은 이 방법으로는 아직 느껴보지 못한 것을 지각할 수 있다. 언어가 참으로 새롭고 위대한 독창성에 의해 다루어지는 경우마다 이 현상이 현실에서 나타난다"(VII, 62).

어휘도 이 활동의 무한성에서 파악되어야 한다. "언어는 본디 무한한, 참으로 한계가 없는 영역, 즉 생각할 수 있는 모든 것의 총괄개념에 직면하고 있기 때문이다. 그러므로 언어는 유한한 수단을 무한하게 사용해야 하는데, 언어는 이것을 사고와 언어를 산출하는 힘의 동일성에 의해 할 수 있다"(VII, 99).

훔볼트의 체계는 종합이며, 유기적인 작용의 체계이다. 훔볼트는 유기체의 개념에는 어떤 언어에도 통일적인 원리가 있음을 조건으로 삼고 있다.

"한 민족 또는 인간의 사고력 일반이 언어요소들을 받아들이면, 인간의 사고력은 스스로도 모르는 채, 그리고 그 요소들에 대한 명확한 의식에 도달하지 않고서도 그것들을 결합시켜 하나의 통일체를 이룩해야만 한다. 왜냐하면 이러한 조작 없이는 개인에게서 언어에 의한 사고도 인간의 상호 의사소통도 불가능할 것이기 때문이다. ……이러한 통일성은 어떤 언어를 전적으로 지배하는 원리의 통일성 이외의 다른 것일 수 없다"(VII, 160).

뵐러M. Böhler에 의하면, 사실 유기체라는 개념은 비유일 뿐만 아니라 훔볼트가 언어에 관련해서 아마 가장 많이 사용했던 개념일 것이다. 어떻든 이 개념은 자주 인용되었고, 심지어 '에네르게이아'나 '내적 언어형식'보다 더 빈번하게 사용되었다. '언어의 유기체'(IV, 252), '유기적인 구조'(III, 295, IV, 1), '언어는 모든 유기적인 것의 본성을 공유한다'(IV, 3), '언어의 유기체는 지적인 인간의 생리학의 일부분이다'(IV, 8), 언어는 '유기적인 존재이다'(IV, 10),

'내적으로 관련 있는 유기체'(VII, 15) 등은 언제나 반복되어 사용되는 언어 본성의 규정이라고 말할 수 있다.

이 자리에서 괴테의 자연과학 연구와 훔볼트의 언어학 연구의 원칙적인 일치를 상세하게 실증하는 것은 매력적인 시도일 것이다. 즉 "살아 있는 자연에서 전체와 결합되어 있지 않은 것은 아무것도 없다"라는 괴테의 말은 "언어에서 모든 것은 개개의 것을 통해, 개개의 것은 모든 것을 통해 규정된다"(V, 394), "언어 안의 개개의 것은 다른 것을 통해서만 존속하고 모든 것은 전체를 관철하는 유일한 힘을 통해서만 존속한다"(IV, 3)라는 말과 실제적으로는 동일한 것이다. 이렇게 훔볼트와 괴테는 그 방법론에서, 즉 형태론적, 경험적-사변적인 방법에서도 일맥상통한다.

훔볼트와 괴테에게서 공통의 과학적인 방법에 필요한 것은 "언제나 보이는 것에서 보이지 않는 것을 인식한다"(III, 348)는 것이다. 이 '보이지 않는 것'이 바로 '원형', '내적 형식'이며, 정력적인 활동으로 그 자신의 특질을 외부로 몰아내고 눈에 보이는 형태, 즉 언어의 몸체에 밀어붙인다. 이런 뜻에서의 유기체는 언제나 형성해나가는 개조이며, 그럼에도 불구하고 언제나 형태 그 자체Gestalt-Sein이다. 그러므로 이 유기체의 개념에 의해 비로소 우리는 훔볼트의 언어유형론에서 모순이라고 생각되는 원칙, 즉 완전성과 끊임없이 진전한다는 원칙, 이 두 원칙을 술어상으로 통일하기에 이른 것이다. 다만 이 유기적 형태에서 개념(사상, 정신)은 언제나 끊임없이 그 외적, 소재적 현상에서 완전하게 표현되며(= 완전성), 더욱 그럼에도 불구하고 끊임없이 그 부분의 모든 것은 전체로 향해서 그 진행을 계속한다(= 진전).

자연에 대한 괴테의 형태론적 연구와 언어에 대한 훔볼트의 형태론적 연구를 총괄하면, 우리는 과학의 영역에서 자연과 정신의 통일, 즉 바이마르 시내의 고전주의 문학의 본질이 되는 그 통일을 최고로 표현하게 되는 것이다. 이렇게 보면 자연과학자인 괴테나 언어학자인 훔볼트가 불행하게도 정신과학과 자연과학이 분리된 19세기에 심원한 영향을 미칠 수 없었다는 것은 놀랄만한 일이 아니다. 훔볼트는 역사적, 문헌학적 연구에서 너무나도 생물학적, 유기적이며, 괴테는 자연과학적, 분석적 연구에서 너무나도 개체화적, 종합적이었기 때문이다.

형태의 이론에서 나타나는 방법론적 발단과 더불어 비로소 괴테와 훔볼트의 연계점이 보이게 되었다. '살아가면서 전개되는 창출된 형식Geprägte Form, die lebend sich entwickelt'이라고 괴테가 말한 바와 같이, 자연에서도 언어에서도 형태는 모든 것Gestalt ist alles이기 때문이다.[4]

기퍼H. Gipper는, "특히 괴테의 형태론적 저서들을 통해 당시의 사람들에게 잘 알려진 훔볼트의 유기체 사상에는 또한 오늘날 상당히 많이 논의되고 있는 '언어밭'의 원리도 포함되어 있다. 이 견해에 따르면, 한 낱말의 내용이 이웃하고 있는 가치의 밭으로 끼어들어가서 그것에서 분절되고 이 이웃하고 있는 가치들에 의해 규정된다는 것이다. 분명히 말하자면, 여기에 '밭'의 사상이 은연중에 포함되어 있는 것이다. 왜냐하면 훔볼트는 언어요소가 언어의 전체와 내적 의존관계에 있다는 것을 명확하게 인식하고 있었음에도 불구하고 '밭'의 관점에서 일정한 의미영역의 낱말들을 연구한다는 것을 미처 생각하지 않은 것 같기 때문"[5]이라고 말하고 있다.

---

4 Böhler 1995, 257 이하.

5 Gipper 1965, 10. 또한 1992[a], 27. VII, 70, 170 참소. 더욱이 괴테의 형태론, 특히 골상학적 연구와의 밀접한 관계에 대해서는 이 문제에 관한 괴테와 훔볼트 형제의 대화에 의해 확증되어 있다. 훔볼트는 〈Aeschylos Agamemnon〉의 서설에서, 상이한 언어는 '같은 정도로 유의어'를 나타내는 것으로서(VIII, 129) 주요한 언어의 유의어 연구를 권하고 있다.

언어의 형식

훔볼트에게는 '언어는 유기체이다'라는 규정과 더불어 보다 넓은 또 다른 규정, 즉 '언어의 본질은 형식Form에 있다'라는 규정이 있다. "언어의 개념은 형식의 개념과 함께 존립하며 함께 사라진다. 왜냐하면 언어는 형식이며 그 이외의 아무것도 아니기 때문이다."[6] 따라서 개개의 언어에는 그 개별적인 형식이 있다. 이 형식은 "흩어진 특징들이 하나의 유기적인 전체의 모습으로 집약된 것"(VII, 45)에 지나지 않는다.

보다 확정된 표현에 의하면, "사상의 표현을 산출하는 정신의 활동은 일정하고 동형적인 방식으로 작용한다. ……분절음을 사상의 표현으로 끌어올리는 정신의 활동 속에 놓여 있는 영속적인 것과 동형적인 것을 가능한 한 완전하게 그것의 관련성에서 파악하여 체계적으로 나타낸 것, 그것이 언어의 형식이라는 것이다. 이 정의를 보면, 언어의 형식은 학문에 의해 만들어진 추상적인 것으로 생각된다. 그러나 언어형식이 단지 사고의 산물에 불과하며 실제로 존재하는 것은 아니라는 생각은 완전히 잘못일 것이다. 실제로 언어형식이란 오히려 전적으로 개별적인 충동이며, 어느 민족이라도 이 충동에 의거해서 자신의 사상과 감정에 언어 안에서의 타당성을 마련해 주는 것이다. 단지 우리는 이 충동을 분리되지 않은 전체의 노력 속에서가 아니라 그때마다의 개별적인 결과에서만 보기 때문에, 우리에게 남은 것은 이 충동의 작용의 동일한 양상을 생명이 없는 하나의 보편적인 개념으로 총괄하는 일뿐이다. 이 충동은 그 자체로서 일체가 된 것이고 생기에 넘치는 것이다"(VII, 47 이하).

"가장 중요하고 섬세한 언어연구에서의 어려움은, 언어의 전체적 인상으

---

6 Kawi-Sprache, 1838, Bd. II, 221.

로부터 흘러나오는 것이 가장 명백하고 가장 확실한 감정에 의해 지각되지만 그럼에도 불구하고 그것을 일일이 만족할 만큼 완전하게 서술하고 특정한 개념으로 한정하려고 하는 시도는 흔히 수포로 돌아간다는 점에 있다. 우리는 이 어려움과 여기서도 싸워야 한다. 언어의 특징적인 형식은 개개의 최소 요소 하나하나에 부착되어 있다. 개개의 요소는, 세부적으로 아무리 눈에 띄지 않는다 할지라도 이 형식에 의해 어떤 특정한 방법으로 규정되어 있다. 이에 반해 이들 요소를 개별적으로 볼 경우, 이 형식이 이들 요소에 결정적으로 부착되어 있다고 주장할 수 있을 점들을 찾아낸다는 것은 거의 불가능하다. 그러므로 그 어떤 임의의 언어를 면밀히 살펴본다면, 그 형식의 본질과 관계없이 아마 다르게 해석할 수도 있을 많은 것이 발견된다. 그리고 형식을 명확하게 구별해서 고찰하기 위해서는 전체 인상으로 되돌아가게 될 것이다. 여기서 곧 반대현상이 나타난다. 언어의 뚜렷한 개성이 분명하게 눈에 띄고 우리의 느낌 속에 밀려들어오는 것을 피할 수 없다. 언어는 이 점에서 인간의 얼굴특징과 가장 적절하게 비교될 수 있다. 개성이 분명히 존재하고 유사성도 인지되지만, 얼굴의 부분들을 개별적으로든 전체와의 관련에서든 아무리 측량하고 서술한다 하더라도 그 특성을 하나의 개념으로 묶을 수는 없다. 개성은 전체를 토대로 하고 있고 다시금 개별적인 견해 속에 깃들어 있다. 따라서 모든 외모 특징은 사람에 따라 각각 다르게 나타난다. 언어는 우리가 그것을 어떠한 형태로 받아들인다 할지라도 반드시 민족적, 개인적 삶의 정신적 입김이기 때문에, 이 두 측면은 언어에서도 나타나지 않을 수 없다. 우리가 언어에서 아무리 많은 것을 서로 묶어가며 구체화하거나 서로 갈라놓으며 분해한다 할지라도, 언어에는 언제나 뭔가 인식되지 않은 채 남아 있다. 그리고 가공의 손길에서 빠져나오는 바로 이것 안에서 언어는 생명 있는 것의 통일성이며 숨결이다. 그러므로 언어의 이러한 성질 때문에 여기서 주어진 뜻에서 어떤 언어의 형식을 서술한다는 것은 결코 완전한 성공을 기할 수 없고 단지 어느 정도까지, 전체를 개관하는 데 충분한 정도까지만 성공할 수 있다"(VII, 48).

"지금까지 말한 것으로부터, 우리가 이해하는 언어형식은 단순히 이른바 문법형식에 불과한 것이 결코 아니라는 점이 분명해진다. 보통 우리가 문법과 사전을 구분짓곤 하는 그 차이는 언어습득이라는 실용적인 용도로 쓰일 수 있을 뿐이지, 참다운 언어연구에 대해서는 그 한계와 규칙을 미리 제시할 수 없다. 언어형식의 개념은 담화구성의 규칙과 심지어 조어규칙 — 조어규칙을 능동, 수동, 실체, 성질 등의 어떤 일반적인 논리적 범주들을 어근과 기본어에 적용하는 것으로 이해하는 한 — 을 훨씬 뛰어넘어 확장된다. 그 개념은 아주 근원적으로 기본어 자체의 형성에도 적용될 수 있고, 또 언어의 본질을 있는 그대로 인식할 수 있으려면 실제로 가능한 한 기본어에 적용되어야만 한다"(VII, 49).

언어에 '형식'이 있으면 반드시 '소재'가 대응해야만 한다.

"형식은 두말할 것 없이 소재에 대립한다. 언어형식의 소재를 발견하기 위해서는 언어의 한계를 넘어서야 한다. 이 한계 내에서 어떤 것은 상대적으로만 다른 어떤 것에 대하여 소재로서 간주된다. 예를 들면 기본어가 격변화에 대해서 그렇다. 여기서 소재이던 것이 다른 관계에서는 다시 형식으로서 인식된다. 어떤 언어는 다른 언어로부터 낱말을 차용해서 이것을 실제로 소재로서 취급할 수 있다. 그러나 이러한 경우에 이 낱말들은 그 언어와의 관계에서만 소재이지 그 자체가 소재는 아니다. 절대적으로 생각한다면, 언어의 내부에는 형식이 갖춰져 있지 않은 소재는 하나도 없다. ……언어의 참다운 소재는 한편으로는 음성 일반이고, 다른 한편으로는 언어의 도움으로 개념의 형성에 선행하는 감성적 인상과 자발적 정신 운동의 전체이다"(VII, 49).

"그러긴 하지만 언어형식의 개념 속에는 어떤 개별 사실도 고립된 사실로서가 아니라 항상 언어형성의 방법이 그것에서 발견될 수 있는 한도 내에서만 받아들여야 한다는 것은 자명한 일이다”(VII, 50).

이러한 관점에서의 형식은 한 언어의 이념적인 통일이며, 언어의 개별 현상이 아니라 그러한 현상들의 원리적인 관련이다.

“언어란 그 본성 자체에 있어서 그것에 대립하여 소재로서 생각될 수 있는 개개의 언어요소를 정신적으로 통일해서 파악하는 것이다. 왜냐하면 각 언어에는 그러한 정신적 통일이 있으며 이러한 총괄적 통일을 통해 어느 민족도 그들의 선조로부터 넘겨받은 언어를 그들 자신의 언어로 만들기 때문이다. 그러므로 이 똑같은 통일이 서술에서도 다시 나타나야만 한다. 흩어진 요소들로부터 이 통일에 이르기까지 올라갈 경우에만 참으로 언어 자체의 개념이 얻어진다. 그 까닭은, 이러한 처리방식을 적용하지 않으면 그 개개 요소들의 참다운 독자성마저도 이해하지 못하고 그 요소의 실재적 관련에 대해서는 더욱 이해하지 못할 위험에 빠지리라는 것이 명백하기 때문이다”(VII, 50).

“몇몇 언어의 형식은 집약되어서 하나의 더욱 일반적인 형식으로 묶여질 수 있다. 이 모든 언어의 형식은, 항상 가장 일반적인 것에서 출발하는 한, 실제로 일반적인 형식으로 묶여질 수 있다. 가장 일반적인 것은 개념의 표시와 담화의 구성에 필요한 표상들의 관계 및 관련성에서, 그 범위와 성질에 의해 일정 수의 분절된 음성만을 허용하는 음성기관의 동일성에서, 마지막으로 개개의 자음과 모음 및 어떤 감성적 인상 사이에 존재하고 그로부터 어족관계와는 무관하게 표시의 동일성이 발원하는 그러한 관련성에서 나타난다. 이처럼 가장 일반적인 것에서 출발하는 까닭은, 언어에서 일반적인 일치의 내부에서 이러한 개별화가 이루어진다는 것이 대단히 놀라운 일이어서, 각각의 인간이 하나의 특별한 언어를 가지고 있나는 것이나 인류 전체가 단 하나의 언어만을 가지고 있다는 것이나 다 같이 옳다고 말할 수 있기 때문이다”(VII, 51).

각 언어의 통일과 원리에 대한 개개 요소의 이러한 관계는 훔볼트에 의하면 공시적으로도 통시적으로도 이해될 수 있다. 이것은 언어의 내적 및 외적 '성장'에 적용된다.

"형식의 통일이 없다면 언어는 결코 생각될 수 없을 것이다. 사람이 말을 할 때는 그 말함을 필연적으로 그러한 통일로 묶는다. 이것은 언어가 받는 모든 내적 및 외적 성장에서 일어난다. 왜냐하면 언어는 그것의 가장 내적인 본성에 따라 연관 있는 유추의 조직을 형성하며, 이 조직 속에서 언어는 외래 요소를 독자적인 결합에 의해서만이 확보할 수 있기 때문이다"(VII, 278).

형식은 한 언어의 원리이며, 이것은 그 언어의 발전에도 적용된다. 왜냐하면 어떤 언어에서 새로운 것은 그 언어 안에 이미 작용하고 있는 동일한 형식에 따라 창조되거나 또는 그러한 형식에 적합해지기 때문이다.

"일반적으로 언어의 발전과정에는 서로 제약하는 두 개의 원인이 협력한다. 근원적으로 방향을 규정하는 원리와 이미 만들어진 언어소재의 영향이 그것이다. 이 소재의 지배력은 권리를 주장하는 원리의 힘과 언제나 반비례 관계에 있다. 어떤 언어에도 그러한 원리가 존재하고 있다는 것은 의심할 여지가 없다. 한 민족 또는 인간의 사고력 일반이 언어요소들을 받아들이면, 인간의 사고력은 스스로도 모르는 채, 그리고 그 요소들에 대한 명확한 의식에 도달하지 않고서도 그것들을 결합시켜 하나의 통일체를 이룩해야만 한다. 왜냐하면 이러한 조작 없이는 개인에게서 언어에 의한 사고도 인간의 상호 의사소통도 불가능할 것이기 때문이다. 언어가 처음에 만들어진 시점에까지 거슬러 올라갈 수만 있다면, 바로 이것을 인정해야만 할 것이다. 이러한 통일성은 어떤 언어를 전적으로 지배하는 원리의 통일성 이외의 다른 것일 수 없다. 필수 불가결한 개별화가 허용하는 한 이 원리가 인간의 일반적인 언어형성의 원리에 접근해서, 그리고 이 원리가 약화되지 않은 온전한 힘으로 언어에 파고들면, 언어는 그 발전과정의 모든 단계를 거치기 때문에 쇠퇴하는 힘 대신에 앞으로 휘감는 그 궤적에 어울리는 새로운 힘이 계속해서 나타날 것이다"(VII, 160 이하).

그러므로 훔볼트에 의하면 한 언어의 개별 사실들은 원칙적으로 통일적인 하나의 형성과 일치한다. 이러한 통일적인 형성 그 자체가 변화할 경우에 비로소 본디 새로운 언어와 관계하게 된다.

"언어의 사용에 의해 생겨나는 수많은 개별 사실들은, 앞에서 되풀이하여 언급한 바와 같이 어디에서 어떻게 말하든 간에 서로 결합하여 하나의 통일성을 형성하지 않으면 안 된다. 그리고 언어는 인간 정신의 모든 섬유속에 그 뿌리를 깊숙이 내리고 있기 때문에 이 통일성은 개성적인 통일성일 수밖에 없다. 변화된 통일성 원리, 새로운 파악의 방식이 한 민족의 정신에 의해 시작되는 것을 통해서만 바로 새로운 언어가 현실성을 얻게 된다. 한 민족이 그들의 언어에 지대하게 영향을 끼치는 변혁을 겪는 경우에, 그 민족은 변화된 또는 새로운 요소를 새로운 형성작용에 의해 총괄해야만 한다"(VII, 245).

훔볼트의 '형식' 문제에 관해 슈미터P. Schmitter는 아래와 같은 견해를 밝히고 있다.[7] 이를 인용해본다: 여기서 '형식'과 '소재'는 말하자면 이원적 언어기호 모델의 각 측면에 자리를 잡아넣을 수 있는 상관적 개념들이다. 하지만 훔볼트에 따르면, '언어의 내부'에는 '형식을 이루지 않은 소재'(VII, 49)란 있을 수 없으므로 언어기호는 '외적 언어형식과 내적 언어형식의 종합'(VII, 96)에서 산출된다. 이에 대해 훔볼트는 다음과 같이 말하고 있다.

"언어산출이라는 것은 최초의 요소에서부터 종합적인 처리절차이다. 실로 종합적 처리절차란 결합된 부분들의 어느 것 속에서도 그 자신으로서는

7 Schmitter 1987, 52-58 참조.

존재하지 않았던 것을 종합에 의해 새로 만들어낸다고 하는 가장 순정한 뜻에서의 종합적 처리절차이다. 그러므로 음성형식과 내면적 형성작용의 구조 전체가 다 같이 굳게, 그리고 동시적으로 융합하는 경우에만 종합작용이라는 목표가 달성된다. 그로부터 생기는 유익한 결과는, 한 요소가 다른 요소에 완전히 적합하므로 말하자면 어떤 요소도 다른 요소를 앞지르지 않는다는 것이다”(VII, 94).

이 자리에서 알 수 있는 것처럼, 훔볼트는 여러 가지 용어를 매우 심하게 바꿔가며 사용하고 있다 보니 전체적으로 보아서 ‘외적 언어형식’의 유의어로서는 ‘음성형식’, ‘음성적 기술’, ‘음성적 형식산출’이, 그리고 ‘내적 언어형식’에 대해서는 가령 ‘내적 형식’, ‘지적 기술’, ‘언어의 내적, 지적 부분’, ‘관념적 파악’, ‘내적 언어법칙’, ‘내적 형성’, ‘내적 언어전개’, ‘관념형식’이 사용되고 있다.

언어기호의 구조에 관한 이 사상을 좀 더 잘 드러내보이기 위해 도식으로 재현해본다면 아래의 모델을 만들어볼 수 있겠다.

1. 훔볼트의 낱말모델

이 자리에서 훔볼트의 공리와 소쉬르F. de Saussure의 기호구상의 비교 문제를 다시 다루어볼 수 있다. 훔볼트와 소쉬르는 기호를 음성적 요소와 내용적 요소로 이루어진 통일체로 본다. 심지어 이들의 견해의 유사성은 더욱 진전된다. 훔볼트가 언어기호의 두 구성요소 안에서 또 한 차례의 세분화를 시도하는 것처럼 소쉬르도 재차 구분하고 있다. 《일반언어학 강의》[8]에서 소쉬르는 두 가지의 '무정형의 덩어리', 즉 하나는 음성적 덩어리, 다른 하나는 관념과 사상의 측면의 덩어리를 말하고 있는데, 이 둘은 언어를 통하여 비로소 '시니피앙'과 '시니피에'라는 각각의 형태를 얻는다. 그리하여 소쉬르가 말하는 음성 덩어리와 사상 덩어리는 훔볼트의 '소재'와 일치하는 것으로 보인다. 게다가 소쉬르가 기호의 음성과 내용의 결합의 결과에 대해 "산출되는 것은 형식이지 실체가 아니다"[9]라고 말한다는 점을 감안한다면, 이 점에서도 낱말을 외적 형식과 내적 형식의 종합으로부터 산출되는 것으로 파악하는 훔볼트와의 유사성을 엿볼 수 있을 것이다.

그러나 소쉬르와 훔볼트의 첫 번째 차이점은, 소쉬르의 형식 개념이 '랑그' 안에 이미 존재하는 대립관계들의 구조로서 좀 더 '정적으로' 해석될 수 있는 데 반해 훔볼트의 형식은 (소쉬르가 강조한) 체계관련의 요소와 더불어 언제나 산출하는 원리라는 '역동적' 성격을 유지한다는 점이다. 이 점은 훔볼트의 '종합'과 '분절' 개념을 분석해보면 곧바로 명료해질 것이다.

두 번째 차이는 음성적 측면과 내용적 측면의 기호 내부적 관계에 대한 평가에 있다. 이에 대해 소쉬르는 '시니피에'와 '시니피앙'의 관계를 자의적이라 보고 있다. 그에 반해 기퍼 또한 강조했던 것처럼,[10] 훔볼트는 언어의 외적 형식과 내적 형식 사이에 어떤 관련성을 가정한다. 이를테면 음성과 내

8 Saussure 1967-1974, 251-257.

9 une forme, non une substance. 위에 든 곳, 254.

10 Gipper 1965, 5 참조.

용이 '직접적으로 모방적인'(= 의성의), '상징적인', '유추적인' 관계에 있을 수 있다는 것이다.

소쉬르와 훔볼트의 낱말모델의 세 번째 차이점은, 훔볼트가 음성 측면뿐만 아니라 내용 측면에도 '형식'을 설정하고, 이 두 형식은 '종합'을 통해 비로소 결합되는 데 반해, 소쉬르는 '시니피앙'과 '시니피에'로 구성된 통일체만을 통틀어 형식이라 일컫는다는 점이다. 이는 얼핏 보면 의미 없는 본질적이 아닌 것으로 여겨질 수 있으나, 훔볼트가 종합을 내적 형식이 음성의 형식을 '극복해야 할' 과정으로 보고 있음을 고려한다면 훔볼트의 이론을 규명할 수 있게 해주는 것이다. 내적 형식이 이 '어려움'을 극복하는 일이 언제나 똑같은 정도로 성공을 거두는 것은 아니라는 데 대한 보기로서 그는 몇몇 언어에서 미래형과 접속법이 내적 형식 면에서는 서로 다름에도 불구하고 동일한 음성형식을 갖는 동음이의 관계의 경우를 들고 있다.

네 번째 차이는 아마도 내용 측면의 '소재'와 '무정형의 덩어리'를 특징짓는 데 있을 것이다. 소쉬르가 이 '무정형의 덩어리'를 실제로 완전히 구조 없는 것이라고 생각하는 데 반해 훔볼트의 소재는, 그것이 아무리 낱말로의 현시를 통해 비로소 그 뚜렷한 형식을 얻는다 하더라도 '감성적 인상과 자발적 정신운동의 전체'로서 언제나 (이미) 구조화되어 있는 것으로 보인다.

끝으로 훔볼트가 그의 설명에서 언어 전반을 염두에 두고 있는 데 반해 소쉬르의 구상은 최소한 일별해보건대 오로지 낱말, 즉 어휘소에만 관련된 것으로 보인다는 데서 소쉬르와 훔볼트의 또 하나의 차이점을 인식할 수 있을 것이다. 소쉬르가 《일반언어학 강의》의 일반적으로 통용되는 원전에서 'phrase'를 어휘소와는 반대로 명시적으로 '랑그'가 아닌 '빠롤'에 귀속시키고 있는 한 이러한 추측이 떠오른다.

비교를 마치면서 소쉬르의 낱말모델을 도식으로 제시해보겠다.

2. 소쉬르의 낱말모델

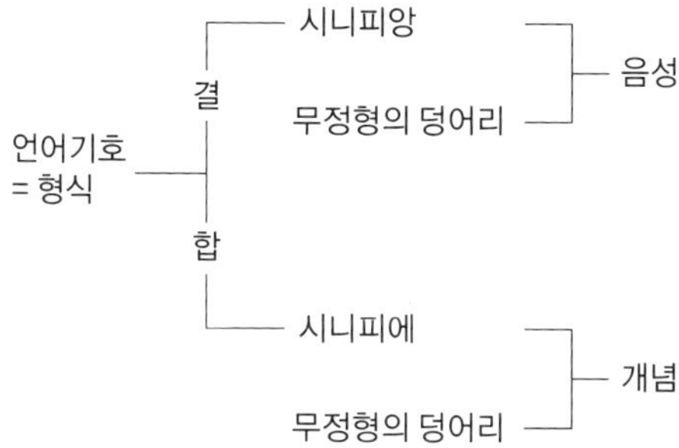

이제 다시 훔볼트의 이론에서 낱말 내부의 요소들의 결합 문제로 되돌아 가보자. 위에서 이미 보았던 것처럼, 훔볼트가 말하는 두 가지의 '언어의 구성적 주요 부분'(VII, 95)의 결합은 '외적 언어형식과 내적 언어형식의 종합'이라 일컬어진다. 칸트의 인식론에서는 종합의 개념에 중심적인 역할이 부여되는바, 바로 이러한 뜻에서 종합은 본질상 상이한 두 가지 요소로부터 질적으로 새로운 하나의 통일체를 만들어내는 것이다. 다시 말해 훔볼트 자신의 말을 사용하자면, 종합은 "결합된 부분들의 어느 것 속에서도 그 자신으로서는 존재하지 않았던"(VII, 94) 어떤 것을 만들어내는 것이다.

훔볼트는 이 과정을 즐겨 '분절'이라는 개념을 이용하여 설명한다. 그는 분절을 '언어의 본디의 본질'(VI, 152)로 보고 있고, 그것의 작용에 관한 한 "음성을 사상의 담당자로 만들어주는 형성"(V, 376, VI, 153)으로 묘사하고 있다. 이와 같은 표명은 물론 앞서 인용했던 일반 형식 개념의 정의를 너무나도 강력하게 연상시켜, '분절'과 '형식'을 상호교차적으로 해석되는 개념으로 간주하고 싶어질 정도이다. 왜냐하면 '분절'의 본질이 '음성'과 '사상'을 분절된 음성으로 '형성'하는 데 있는 것처럼 '언어의 형식'에만 독특한 고유성을 '분절'로 간주할 수 있기 때문이다.

그러므로 전체적으로 보아 종합을 분절이자 일종의 형식으로 해석할 수 있다. 그리고 종합을 형식으로 파악한다면, 그것은 낱말의 내적 형식과 외적 형식을 한 언어의 구성요소인 구체적인 낱말로, 즉 한 개별 언어의 어휘적 구성성분으로 형성하는 형성원리로 이해될 수 있을 것이다. 훔볼트는 종합, 분절, 형식을 낱말에만 관련지은 것이 아니라 언어의 일반적 처리방식을 특징짓는 개념으로서 도입하고 있기 때문에 형식은 그것을 넘어서서 언어의 문법적 및 통어적 구조 또한 각인하는 형성원리로 파악할 수 있다. 말하자면 형식 개념은 (종합과 분절의 개념과 똑같이) 음운 층위부터 텍스트 층위에 이르기까지 모든 언어층위에 관련될 수 있다.

이 해석은 또한 우리의 분석에서 얻은 지금까지의 결과와도 모순되지 않는다. 왜냐하면 훔볼트가 스스로 강조하는 것처럼, 어느 특정한 관계에서 '형식'으로 인정할 수 있는 것이 다른 관계에서는 매우 쉽게 '소재'로서 나타날 수 있기 때문이다. 그리고 내적 형식과 외적 형식이 형식으로 해석된 종합의 소재로 파악될 때 바로 그러한 교체가 이루어진 경우일 것이다.

뵐러M. Böhler에 의하면,[11] '언어의 본질'은 행위의 두 가지 운동에 있다. 첫 번째 운동은 "현상세계의 소재를 사상의 형식 안에 부어넣는 것"이고(IV, 17), 두 번째 운동은 사상에서 다시 현상세계로 가는 것이다. 즉 "사고는 정신적 행위이지만 언어에 대한 욕구를 통해 육체적 행위를 수행하도록 하는 자극이 된다. 사고는 전진하는 전개이고, 머물러 있는 것, 끊임없는 것, 정지해 있는 것이 가정될 수 없는 순전히 내적인 운동이지만 동시에 어둠으로부터 빛을 향한 동경, 제한성으로부터 무한성을 향한 동경이기도 하다. 두 가

11 Böhler 1995, 237 이하.

지의 본성이 하나로 융해된 인간 존재에서 이 노력은 당연히 밖으로 향하고, 음성기관의 매개를 통해서 모든 요소 가운데 가장 자연스럽고 가장 가볍게 움직일 수 있으며 게다가 외관상의 그 비물체성이 감성적으로도 정신과 일치하는 공기에서 정신에 놀랄만치 딱 들어맞는 소재를 발견한다. 이 소재를 통해 인간의 직립자세에서 담화가 거침없이 조용하게 입술에서 귀로 흘러가고, 그것은 별들의 빛을 동반해서 가로막는 뚜렷한 장벽 없이 무한으로 뻗어나간다"(VI, 154 이하).

언어가 구성되는 운동은 소재에서 형식으로, 그리고 다시 소재로 되돌아간다. 언어는 형식을 이룩한 소재이고 소재를 함유한 형식이다. 언어는 이 '이중의 본성'에서만 파악될 수 있는바, 다시 말해 "한편으로는 말하고 이해할 때의 정신적 행위로서의 본성, 그리고 다른 한편으로는 이 정신적 행위를 통해 산출되었고 비록 인간 자체와 결코 무관하진 않지만 언제나 개별 인간의 외부에 존재하는 죽은 소재로서의 본성"(V, 399)이 그것이다. 형식을 이룩한 소재로서의 언어는 경험적인 것과 역사적인 것의 영역에 속하고, 소재를 함유한 형식으로서의 언어는 사변적 사상과 철학의 영역에 속한다. 언어연구의 방법은 따라서 경험적이면서 사변적일 수밖에 없다.

훔볼트의 형식에 관해서 기퍼는 다음과 같이 서술해놓고 있다. "훔볼트의 형식 개념을 올바로 이해하기 위해서는 그의 괴테와의 내적인 정신상의 유사성에 주목해야 하며, 두 사상가에서 나타나는 형식 개념 혹은 게슈탈트 개념이 무엇인가 확고히 형성된 것을 목표하기보다 오히려 형성하는 힘의 원리를 목표한다는 점을 파악해야 한다. 훔볼트가 말하는 바는 이를테면 문법적인 형식 체계의 Ergon에서 나타나는 바 forma formata의 뜻에서의 forma가 아니며, 모든 언어적인 것을 꿰뚫는 형성하는 힘, 즉 그 한도 내에서는 내적 형식으로 특수하게 언어의 정신적, 내용적 방면을 파악하는

Energeia인 forma formans의 뜻에서의 forma이다. 훔볼트의 형식 개념은 분절의 개념과 밀접한 관련을 맺는다."[12]

코쎄리우E. Coseriu는 훔볼트의 형식 개념에 대해 슈타인탈H. Steinthal의 해석을 참조하도록 지시하면서 다음과 같이 서술하고 있다. "훔볼트에게서의 '형식'은 언제나 '형성된 것'과 관련하여 '무엇인가 다른 것을 형성하는 것', 즉 '형성하는 것'만을 의미한다. 이제 언어에 적용된 이 개념은 실로 문제시되는 '형성하는 것'과 '형성된 것'이라는 관계에 따라 — 훔볼트 자신도 그러하듯이 — 삼중의 관련에서 해석될 수 있다. '형식'의 개념은 첫째로, 그리고 가장 일반적인 뜻에서 언어 일반langage 및 언어 밖의 현실에 대한 언어 일반의 관계에 관련될 수 있다. 이러한 관점에서 언어 일반은 현실 파악의 형식, 즉 세계관의 형식이자 세계의 인간적 체험을 최초로 형성하는 것이다. 둘째로 이 개념은 개별 언어langue에, 그리고 다시 언어 밖의 현실에 대한 개별 언어의 관계에 관련될 수 있다. 이 점에서 각각의 언어(즉 개별 언어)는 하나의 형식이며, 상이한 언어란 상이한 형식이다. 셋째로 이 개념은 또한 각 언어의 개별 현상과 이러한 현상의 기저를 이루는 원칙들 사이의 내적 언어 관계에 관련될 수도 있다. 이러한 관점에서 언어형식은 개별 언어의 형성원리(혹은 형성원리의 조직)이며, 각각의 개별 언어는 하나의 특정한 형식을 지닌다. 즉 그 개별 언어는 고유한 산출과 재산출의 원리를 포함한다. 이 세 번째 뜻에서의 언어형식의 개념이 참된 전통적인 '언어유형'의 개념과 가장 정확하게 동일시될 수 있다."[13]

12 Gipper 1965, 15.

13 Coseriu 1971[a], 213 이하 및 325 이하 참조.

언어의 성격

《카비어 서론》이 진행되는 동안에 훔볼트는 넓게 해석된 형식의 개념을 다시 조금 제한하고 있다. 말하자면 그는 형식의 개념을 보다 소재적인 의미로 되돌렸다. 또는 오히려 모든 것을 포괄하는 형식의 개념에서 대체로 보아 문법적 구조, 또는 그가 좁은 뜻으로 말하는 바와 같이 유기체의 개념을 분리해서, 그 결과 이 좁은 뜻의 형식, 또는 본디의 형식구조와 그가 언어의 성격이라 부르는 것을 구별하고 있다. 전자, 즉 좁은 뜻의 형식으로는 한 언어의 본질이 아직도 충분히 다 논구되어 있지 않다. 그것은 다만 필수적인 기초이며, 이것에서 후자, 즉 언어의 미묘한 것, 고상한 것, 그 성격이 뿌리를 뻗칠 수 있다. 형식의 영역은 언어를 연구하는 사람이 다루어야 할 유일한 영역이 아니다.

"우리는 지금까지 문법조직을 대체로 관찰해 왔는데, 이러한 문법조직과 언어 일반의 외적 구조로는 언어의 본질이 결코 밝혀지지 않는다. 언어의 본디의 참된 성격은 더욱 미묘한 것, 더욱 깊이 숨겨진 것, 분석에 들어가기 쉽지 않은 것에 기인하고 있다. 그렇지만 특히 지금까지 논해온 것은 단순한 구조양식을 넘어선 더욱 미묘한 것, 더욱 고귀한 것이 뿌리를 뻗칠 수 있는 필수적이고 확실한 기초가 되는 것임은 변함이 없다. 이 점을 더욱 명확하게 표현하기 위해서는 잠시나마 언어의 일반적인 전개과정을 다시 회상해 보는 것이 필요하다. 언어의 형식이 만들어지는 시기에 여러 민족의 관심거리는 언어의 목적, 즉 언어에 의해 무엇을 표시해야 하느냐보다도 오히려 언어 자체였다. ……비유를 쓰는 것이 허용된다면, 언어는 물리적 자연에서 하나의 결징Krystall이 나른 결정과 연결되는 것처럼 생겨난다. 형성은 서서히 일어나지만 어떤 법칙을 따른다. ……이 결정작용Krystallisation이 끝나면, 언어는 말하자면 완성된 것으로서 존재한다. 도구는 이제 가까운 곳에 있어서, 그 도구를 사용하거나 그 도구 속에 침투해 들어가는 것은 정신에 맡겨져 있다. 이러한 일은 실제로 일어난다. 정신이 그 도구에 의해 자기를 표현하는 가지가지의 방법에 따라 언어의 색채와 성격이 생겨난다"(VII, 165).

"어느 민족의 사고방식과 감각의 성향은…… 그 언어에 성격과 색조를 부여하고, 이미 처음부터 언어에 영향을 끼친다. 이것과 반대로 언어가 문법 구조에서 진보되어 있으면 있을수록, 새로운 결정을 필요로 하는 경우가 그만큼 적어지는 것은 확실하다. 그러므로 사유를 표현하려고 하는 고투는 약해진다. 정신이 이미 만들어져 있는 것을 사용하면 할수록 정신의 창조적 충동은 느슨해지고, 그 충동과 더불어 창조적 힘도 약해진다. 다른 한편으로 음성이라고 하는 측면에서 만들어진 대량의 언어적 소재는 증가한다. 정신에 역작용하는 이 외면적 소재는 그것의 고유한 법칙을 관철하고 지성의 자유롭고 독립된 활동을 방해한다"(VII, 166).

"형식이라는 왕국이 언어 연구가가 탐구해야 할 유일한 영역이 아니라는 것, 언어 연구가는 언어 속에 보다 고차원적인 것, 보다 근원적인 것이 있다는 것을 적어도 오인해서는 안 된다는 것, 그리고 이것에 대하여 인식력이 더 이상 미치지 못할 경우에는 예감만이라도 하지 않으면 안 된다는 것, 다만 이러한 점들에 대해 주의를 환기하고자 한다. ……산스크리트, 그리스말, 라틴말은 조어와 담화구성에서 대단히 가깝고 많은 점에서 그 구조조직이 같다. 그런데도 누구나 이 언어들의 개별적인 성격의 상이성을 느낀다. 이 상이성은 단순히 언어 안에서 드러나게 되는 민족들의 성격의 상이성이 아니라 언어들 자체 안에 깊숙이 뿌리를 내리고서 각 언어의 특유한 구조를 규정하는 상이성이다"(VII, 166 이하).

"우리는 언어의 성격을 유기체에 대립시키는 한 그 성격을 더욱 상세하게 고찰하기 위해서는 언어의 구조가 완성된 후에 언어의 상태가 어떤지에 대해 주목하지 않으면 안 된다. 순간마다 늘 새로 생겨나는 것으로서의 언어 자체에 대한 즐거운 경탄은 점차로 줄어간다. 민족의 활동은 언어로부터 좀 더 언어의 사용으로 그 방향이 바뀐다. 언어는 고유한 민족정신과 더불어 어떤 궤도를 따라 움직이기 시작하는데, 이 궤도에서는 두 개의 부분 (언어와 민족정신) 중 어느 것도 다른 것과 독립되어 있다고 말할 수 없고, 각기가 다른 것의 고무적인 도움을 향유한다. 이제 경탄과 애착은 적절하게 표현된 개개의 것으로 방향이 바뀐다. 가요, 기도 문구, 격언, 설화 등은 재빨리 소멸하는 허무한 말로부터 벗어나고자 하는 욕망을 불러일으켜 보존되고 변경되며 모방되는 것이다. 그것들은 문학의 기초가 된다. 정신과 언어에 의하여 만들어진 이 교양 또는 내면형성은 전체로서의 민족으로부터 개인으로 옮겨가서 언어는 민족의 시인과 교사의 수중으로 들어가게 된다. 그리하여 민중은 차츰차츰 시인과 교사에 대립된다. 이렇게 해서 언어는 (시인-교사의 언어와 민중의 언어라고 하는) 이중의 형태를 취하게 되는데, 이 대립이 정상적인 관계를 유지하고 있는 한, 언어에는 힘과 정화라고 하는 서로 상보하는 두 개의 원천이 생겨난다. 그들의 작품에서 언어를 왕성하게 만들어내는 창조자와 나란히 본디의 문법가가 등장하여 언어라는 유기체에 마무리 손질을 한다"(VII, 167).

"한 민족의 정신이 발랄한 특성을 가지고서 그 자신과 그 언어에 계속 영향력을 끼치는 한, 언어는 세련되고 풍부하게 되고, 이것은 다시금 정신을 자극하는 영향력을 행사한다. 그러나 그러한 경우에도 시간이 경과하는 동안에 언어가 말하자면 정신을 능가하고 정신은 다소 느슨해져서 자발적인 창조성을 잃게 되고 참으로 의미심장한 사용에서 생겨난 언어의 표현법이나 형식으로써 점점 더 공허한 놀이를 하게 되는 시기가 나타날 수도 있다. 언어의 외적인 형성충동의 사멸을 언어의 첫 번째의 쇠퇴기라고 본다면, 이것은 언어의 두 번째의 쇠퇴기이다. 이 둘째의 시기에는 성격의 꽃은 시들지만, 이 성격으로부터 언어와 민족들은 개개의 큰 인물의 천재에 의해 이 피로에서 다시 각성되고 앙양될 수 있다"(VII, 168).

"언어의 성격은 특히 문예의 시대, 그리고 그것으로 이끄는 준비단계에서 발전한다. 왜냐하면 언어는 그러한 시기에 물질적 생활의 일상 다반사에서 물러나 순수한 사상전개와 자유로운 표현으로 격상하기 때문이다. 그런데 언어가 언어의 외적인 유기체에서 생겨나오는 성격 이외에도 개개의 고유한 성격을 지닐 수 있다고 하는 것은 굉장한 일이다. 모든 언어는 대단히 다른 개성에도 도구로서 쓰이도록 마련되어 있기 때문이다. 왜냐하면 성별과 연령의 구별을 생각하지 않는다고 할지라도 한 민족은 인간의 특성의 모든 양상을 포함하고 있기 때문이다. 똑같은 입장으로부터 출발하고 똑같은 업무에 종사하고 있는 사람들일지라도 그 일을 파악하는 방법과 그것으로부터 영향을 받는 방법에서는 서로 다르다. 그러나 이 상이성은 언어에 관련해서는 더욱 증대한다. 왜냐하면 이 상이성은 정신 또는 심정의 가장 감추어진 구석에까지도 들어오기 때문이다. 개인은 누구나 자신의 특수한 개성을 표현하기 위해 언어를 필요로 한다. 왜냐하면 언어는 언제나 개인으로부터 출발하고, 개인은 무엇보다도 자기 자신을 위해서만 언어를 이용하기 때문이다. 그때 언어가 지니고 있는 낱말의 수는 언제나 결핍되어 있지만, 그래도 내적 감정의 표현의 충동에 응해주는 한 언어는 개인이 그렇게 하기에는 충분하다. 보편적 기관인 언어가 이러한 차이들을 서로 상쇄시킨다고 주장할 수는 없을 것이다. 언어는 한 개성과 다른 개성 사이에 다리를 놓고서 상호 이해를 매개한다. 그러나 언어는 개인 사이의 그 차이 자체를 오히려 더 크게 한다. 왜냐하면 언어는 개념들이 명확하게 되고 세련됨으로 말미암아 그 차이가 근원적인 정신적 소질에 뿌리를 박고 있다는 것을 더욱 명확하게 깨닫게 하기 때문이다. 그러므로 언어가 천차만별의 개인에 대해 표현의 기구로서 이바지하는 가능성은 오히려 언어 자체에서의 완전한 무성격성을 전제로 하는듯하다. 그렇다고 해서 언어가 무성격성이라는 것은 결코 있을 수 없다. 실제로 언어에는 두 개의 대립되는 고유한 성질이 포함되어 있다. 그 중의 하나는 동일 민족의 유일한 언어이면서도 무한하게 많은 언어로 나뉘어진다는 성질이고, 또 하나의 성질은 이 수많은 언어이면서 일정한 성격을 지닌 다른 민족들의 언어에 대립하여 하나의 언어로서 통일되어 있다는 것이다. 각자가 동일한 모어를 얼마나 상이하게 파악하고 사용하는가를 일상의 생활은 명시하지 못한다 할지라도, 저명한 작가들을 비교해 보면 명백하게 알 수 있다. 저명한 작가 한 사람 한 사람은 자기 자신의 언어를 형성하기 때문이다. 몇몇 언어의 성격이 서로 다르다는 것은, 이를테면 산스크리트, 그리스말, 라틴말에서처럼 비교해보면 곧 명백하게 된다"(VII, 168 이하).

"낱말마저도 하나의 실체처럼 이미 만들어져 있는 무엇인가를 전달하는 것도 아니고 이미 완결된 개념을 포함하고 있는 것도 아니다. 낱말은 자발적인 힘으로써, 그리고 일정한 방법으로 개념을 형성하도록 자극을 주는 데 지나지 않는다. 인간이 서로 이해한다는 것은 인간이 실제로 사물의 기호에 몰두하기 때문이 아니고 또한 인간이 정확하고 완전하게 동일한 개념을 표출하도록 서로 규정하기 때문도 아니다. 오히려 인간이 서로 그들의 감성적 표상과 내적 개념산출의 연쇄 가운데서 동일한 고리에 접하는 것, 즉 인간이라는 정신적 악기의 동일한 건을 치기 때문이다. 그러고 나서 개개인 안에 동일하지는 않지만 서로 상응하는 개념이 생겨난다. ……이렇게 해서 연쇄 중의 한 고리, 악기의 한 건에 손을 대면 전체가 진동하게 된다. 마음으로부터 개념이 되어 튀어나오는 것은 가장 멀리 떨어져 있는 고리에 이르기까지 개개의 고리를 둘러싸고 있는 모든 것과 조화를 이룬다"(VII, 169 이하).

"민족의 개념은 주로 언어에 기초를 두지 않으면 안 된다. 인간 안에서 인간 본성의 전개는 언어의 전개에 의존하고 있기 때문에, 일정한 방법으로 언어를 형성하는 인간집단의 개념으로서의 민족의 개념도 언어에 의하여 직접 주어지는 것이다”(VII, 171).

“요컨대 언어의 성격은 민족의 정신적 특성이 계속해서 작용하여 일어나는 자연적 결과이다. ……민족의 독자적인 성격은 언어에 특유한 색채와 뉘앙스를 제공한다. 언어는 그 색채와 뉘앙스를 고정시키고 똑같은 궤도 속에서 역으로 민족의 특수성에 영향을 준다. 그러므로 모든 언어로부터 민족성을 역추론할 수 있다”(VII, 172).

“그러나 그들의 언어의 개개의 요소들에서만 그 언어의 특성의 표징을 발견할 수 있는 민족들의 경우에는 일관성 있고 통합된 그 특성의 형상을 그려낸다는 것은 거의 또는 전혀 불가능하다. 이것은 어디서나 어려운 일이기는 하나, 그것은 민족이 어느 정도 광범위한 문헌에 그 민족의 세계관을 갈무리하고 그러한 세계관에 관련되는 담화에서 언어에 그 특징을 새겨넣었을 경우에만 진실로 가능하다. 말하자면 담화는 언어의 개개의 요소들의 통용가치의 의도에서도, 바로 문법규칙에 환원될 수 없는 언어요소들의 결합의 뉘앙스에서도, 그것을 구성하는 요소들로 분해되고 나면 더 이상 그 요소들에서는 알아볼 수 있을 만큼 부착될 수 없는 것을 무한하게 많이 포함하고 있기 때문이다. 낱말은 대체로 그것이 나타나는 결합에 의하여 그 완전한 가치를 갖는다. 그러므로 이러한 종류의 언어연구에서는 언어 안에 현존하는 문학적 유산들을 비판적으로 정확하게 다루는 것이 필요하다. 우리는 훌륭하게 성취된 실례를 그리스말 및 라틴말 작가들의 작품을 문헌학적으로 다룬 것에서 찾아볼 수 있다. 물론 문헌학적 취급에서는 언어 전체의 연구가 최고의 관점이지만 우선 그 언어 안에 문헌으로서 남아 있는 훌륭한 작품에서부터 출발하여 이 작품들을 가능한 한 순수하게 그리고 충실하게 재건하고 보존하도록 노력하고, 그것에 의해 고대에 관한 신뢰할만한 지식을 얻으려고 노력해야 한다”(VII, 173).

“언어의 분석, 그 언어와 친족관계에 있는 다른 언어들과의 관련성의 탐구 및 이러한 방법으로만 도달될 수 있는 그 언어의 구조의 해명이 언어유산의 고증 및 편찬이라는 작업과 아주 밀접하게 결합되어 있어야 하지만, 누가 보아도 알 수 있듯이 이 둘은 서로 다른 재능을 요구하고 또한 서로 다른 결과를 직접 가져오는 언어연구의 두 가지 서로 다른 방향이다. (구조)언어학Linguistik과 문헌(언어)학Philologie을 이렇게 구별하고 특히 문헌(언어)학에 대해 우리가 지금까지 이 낱말에 주곤 했던 좁은 의미를 주는 것은 아마 잘못된 일이 아닐 것이다. 하지만 이 낱말은 특히 프랑스와 영국에서 근년에 언어를 대상으로 하여 연구하는 일이라면 어떠한 일이라도 의미할 정도로 그 뜻이 확대되었다. 여기서 적어도 확실하다고 할 수 있는 것은, 여기서 언급하고 있는 언어연구가 여기서 든 뜻에 있어서의 참으로 문헌(언어)학적인 언어유산의 취급에만 의지할 수 있다는 것이다"(VII, 173 이하).

"언어에 영향을 끼치는 것은 민족에 고유한 성격이라고 하는 기본적인 소질뿐만이 아니고 시간의 경과와 더불어 일어나는 내면적 방향의 변화와 민족의 넋과 정신적 앙양을 신장시키거나 억압하는 모든 외부적 사건이다. 그러나 특히 강하게 영향을 끼치는 것은 뛰어난 두뇌를 가진 사람의 자극이다. 정신과 자연 사이의 영원한 매개의 역할을 하는 언어는 정신의 각 발달단계에 따라 재구성된다. 그러나 그 재구성의 흔적은 더욱더 미묘하게 되어, 개개의 점에서 발견하기는 더욱더 어려워진다. 따라서 정신의 단계와 언어 사이의 대응은 전체적 인상에서만 분명하게 나타난다"(VII, 174).

"자연에서는 어디서나 삶과 활동은 내적 자유로부터 생겨난다. 그 자유의 원천을 여러 현상의 영역에서 찾는다는 것은 헛일이다. 그런데 모든 언어에서는, 그리고 최고로 발달된 언어에서도 그 언어의 감수적 사용이 개별적으로 나다닌다. 나무를 베라고 명령하는 사람은 그 낱말로 표시된 나무줄기 이외에 아무것도 생각하지 않는다. 바로 그 낱말이 형용사와 부가어 없이 완전히 그대로 쓰인다 해도, 그 낱말이 자연묘사 또는 시에 나타나면 사정은 아주 달라진다. 대상을 파악하는 기분이 다르면 동일한 음성에 대해서도 각각 다른 방법으로 높여진 가치가 부여된다. 모든 표현에서는 마치 그 표현만으로는 절대적으로 결정할 수 없는 어떤 무엇이 말하자면 웃도는듯하다"(VII, 176).

"언어는 단순히 상호이해를 위한 교환수단일 뿐만 아니라 정신이 그 힘의 내적인 활동을 통해 자신과 대상 사이에 정립하지 않으면 안 될 참된 하나의 세계eine wahre Welt라는 감정이 마음속에서 정말로 깨어난다면, 우리의 마음은 점점 더 많은 것을 언어 안에서 찾아내고 더욱더 많은 것을 언어 안에 넣는 참된 길을 가고 있는 것이다. 일정한 음성 속에 틀어박힌 언어와 그 본성에 따라서 더욱더 많이 파악하려고 하는 내적 파악 사이의 그러한 상호작용이 활발할 때, 정신은 실제로 영원한 창조에 종사하고 있는 언어를 완결된 것으로 보는 것이 아니라 언어에 새로운 것을 공급해주어 그것이 언어에 고착되면 그것이 다시금 자기 자신에게 되돌아오게 하려고 끊임없이 노력한다. 그러나 이것은 두 가지를 전제로 한다. 그 중의 하나는 언어가 직접 가지고 있지 않고 언어에 의해 자극된 정신이 보완하지 않으면 안 되는 어떤 것이 있다는 감정이고, 다른 것은 마음이 느낀 모든 것을 다시 음성과 결합하려는 충동이다. 이 양자는 인간의 본질이, 언어를 초월하면서도 본디 언어에 의하여 제약되는 영역의 예감을 가지고 있다는 생생한 확신에서부터 솟아나온 것이다. 그 확신은 이 영역을 탐구하여 활동을 촉진하는 유일한 수단이 언어이며 언어가 바로 기술적, 감성적 완성에 의하여 이 영역의 더욱 큰 부분을 언어의 영역으로 변모시킬 수 있다는 바로 그 확신이다. 이 확신의 기분이 언어에서의 성격표현의 기초이다. 이 기분이 이중의 방향에서, 즉 언어의 감성적 형식과 심정의 깊이에 따라서 활발하게 활동하면 할수록 언어가 지니는 특성이 더욱더 뚜렷하고 확실하게 나타난다. 말하자면 언어는 투명성이 증대되고 말할이의 내면을 통찰하게 한다. ……인간 자신과 마찬가지로 언어는 어떤 언어라도 시간이 경과하는 동안에 점차적으로 전개해나가는 무한한 것이다"(VII, 176-178).

"마음이 산출하는 것은 무엇이든지 단편에 불과하다. ……따라서 개개의 것에 대해서는 명확하게 의미내용을 한정할 수 없는 표현들이 언제나 넘쳐 있다. 또는 오히려 개개의 것에는 그 개개의 것 속에 직접 포함되어 있는 것 이상을 표현하고 전개하라는 요구가 매달려 있다. 이러한 요구는 언어에 있는 표현을 통하여 다른 사람의 내면으로 옮겨진다. 그렇게 되면 그 다른 사람은 나름대로의 파악에서 그 결핍된 것을 이미 존재하고 있는 것과 조화롭게 보충하도록 유도된다. 그러한 것에 대한 감각이 생동하고 있을 때, 언어는 결핍이 있고 완전한 표현에 불충분한 듯이 보인다. 그러나 그것과 반대되는 경우에는 소여의 것을 넘어서서 어떤 무엇이 부족할지도 모른다는 예감이 생겨날 리가 없다"(VII, 180).

"그러므로 나는 앞에서 표현을 넘어서 과잉된 것, 표현 자체에 결핍된 것에 관해서 말했는데, 그런 것이 전적으로 무한정인 것으로 해석해서는 안 된다. 오히려 그것은 가장 한정된 것이라고 말해도 좋다. 그것은 개성의 특징을 최종적으로 완성시키는 것이기 때문이다. 그런데 낱말은 고립되어 있을 때에는 그러한 것을 할 수가 없다. 낱말은 대상에 의존하고 있으며 보편타당성을 요구받고 있기에 개별화는 점점 줄어들고 있기 마련이다. 따라서 이러한 감정이 좀 더 내면적이고 현실성에 국한되지 않은 정서를 전제로 하고 그러한 정서로부터만 생겨날 수 있는 것일지라도 그렇다고 해서 그것 때문에 그 감정이 생기 넘치는 직관으로부터 추상적 사유로 역행되는 것은 아니다. 이러한 감정은 독자적인 개성으로부터 생겨나는 것이니까 오히려 대상을 최고도로 개별화하려는 요구가 깨어나게 된다. 그 요구는 대상을 감성적으로 파악함에 있어서 그것의 개개의 부분에까지 침투하는 것과 표현함에 있어서는 최고도의 직관성에 의해서만 달성될 수 있다"(VII, 181).

이 성격의 표현이 주로 언어의 어떤 곳에 부착되어 있는지, 특히 언어의 성격은 언어의 어떤 부분에서 알아볼 수 있는지라는 것이 아직도 문제가 된다.

이로써 형식의 개념은 원래대로 넓어지고, 형식과 성격의 한계는 소실된다. 언어의 성격은 우선 언어 자체의 형식에 부착한다. 또는 역사적으로 표현하면, 민족의 개성은 언어를 사용할 때 비로소 생생하게 환기되는 정서를 어느 정도까지 이미 본디의 노력에 남게 한다. 이것에 의해 언어는 맨처음으로 창조되며, 맨처음으로 정신에서 나와서 조립된다. 두 번째로 성격은 주로 현존하는 형식체계의 적용과 사용에 부착되어 있다. 성격은 올바른, 그리고 완전한 문법적 개념이 다소라도 명백하게 현존하는 것과 음성형식의 문법 개념의 다소 면밀한 관계에 나타난다. 성격은 민족이 그 언어의 기술적인 수단을 사용하는 한도, 이를테면 합성어를 형성하는 한도에도 나타나 있다. 더욱더 면밀하게 주의해보면, 성격은 특히 낱말의 통용가치에도 나타난다. 각 언어를 비교해보면, 이들 낱말은 동일한 개념이라고 생각되는 경우에도 결코 진정한 동의어는 아닌 것이다. 각 민족의 지적 상이성은 개개의 낱말보다는 담화구성, 즉 담화에서 월이 구성될 수 있는 범위, 그리고 그 한계 내에서 달성될 수 있는 다양성에서 훨씬 더 잘 나타난다(VII, 186-192 참조).

끝으로 어느 언어에도 언어의 성격의 모든 점이 동시에 일어나는 두 개의 현상이 있다. 이 성격은 언어의 기반 위에 이념과 현실이 두 가지 다른 방법으로 언어 자체의 유기체로서 그것보다 높은 통일체로 결집하는 현상으로서 시와 산문에서 가장 완전하게, 그리고 가장 투명하게 나타난다. 언어의 철학은 문학과 역사의 철학으로 동요해간다(VII, 193 이하 참조).

V. 언어와 사유

대화의 원리

훔볼트에게 대화의 원리는 언어의 원형으로서 그의 언어사상 전반을 일관하고 있다. 이에 관해서는 그의 논문 〈쌍수에 관해서〉에 아주 적절하게 표현되어 있는데, 다른 논문 〈인간 언어 구조의 상이성에 관해서〉, 〈일반 언어유형의 개요〉 등에서도 그는 모든 언어의 원형을 되풀이해서 유사한 방식으로 바꿔써가며 설명하고 있다. 아래에서는 그 중에서 공통된 부분을 인용해본다.

"인간에 있어서 사유는 본질적으로 사회적인 존재에 결부되어 있으며, 인간은 모든 육체적, 감각적 관계는 제쳐놓고, 순수하게 사유하기 위해서는 '나Ich'에 상응하는 '너Du'를 필요로 한다. 개념은 다른 사유의 힘Denkkraft(을 지니는 사람)으로부터 반사를 받음으로써 비로소 규정성과 명백함을 얻게 된다. 개념이라는 것은 동요하고 있는 표상의 덩어리에서 어떤 표상이 떨어져 나와 그것이 주관에 맞서서 객관이 됨으로써 산출되는 것이다. 이러한 분열이 주관에서만 진행된다고 하는 것은 충분하지 않고, 표상하고 있는 사람이 사유의 내용을 실제로 자신의 외부에서 인정해서 비로소 객관성은 완성되며, 외부에서 인정한다는 것은 그와 동일하게 표상하며 사유하는 다른 사람이라는 존재에서만이 가능하다. 사유의 힘(을 지니는 사람)과 사유의 힘(을 지니는 사람)을 매개하는 유일한 것이 언어이며, 여기에서도 또 사유내용을 완성하기 위해서는 언어가 필요하다는 이유가 생긴다. 언어 자체 안에는 불변의 이중구조가 자리 잡고 있으며, 말함이란 모두 말을 겲과 응답에서 이룩되어 있다. 낱말 그 자체는 대상이 아니라 대상에 비하면 오히려 주관적인 어떤 것인데, 그럼에도 불구하고 사유하고 있는 사람의 정신 내부에서는, 낱말이라고 하는 것은 그 사람에 의해서 산출되고 그 사람에 역으로 작용을 미치게 되는 객관이어야만 한다. 낱말과 그것의 대상 사이에는 이러한 의아한 단절이 있어서, 낱말이 가령 단지 한 사람의 개인 안에서 태어났다고 한다면 그것은 단순한 가상의 대상과 거의 다름이 없으며, 언어도 개인에 의해서가 아니라 다른 사람에 의해 감행된 시도에 새로운 시도가 연결됨으로써만이 오직 사회적으로 실현될 수 있다. 그러므로 낱말은 듣는 이, 응답하는 이에서 본질성을 획득하게 된다. 모든 언어의 이 원형은 대명사가 2인칭을 3인칭과 구별하는 데서 잘 표시되어 있다. '나Ich'와 '그Er'는 (양자의 한쪽을 생각한다면 필연적으로 상호 간에 대립되는 것과 같은 그 자신에 있어서) 실제로 상이한 대상이며, 이 양자에 의해 본디 모든 것이 다 논구되어 있다. 그 까닭은, 이 양자를 다른 말로 표현하자면 '나'와 '나-아님Nicht-Ich'이기 때문이다. 그런데 '너Du'는 '나'에 대항하는 '그'이다. '나'와 '그'의 양자는 내적, 외적 지각이라는 기반 위에 서 있는데, '너' 안에는 (나에 의한) 선택이라는 자발성 Spontaneität der Wahl이 놓여 있는 것이다. '너'도 역시 '나-아님'이지만 '그'와 같이 존재하는 모든 것의 영역 안에 있는 것이 아니라 '나'가 영향을 끼침으로써 생긴 공동의 행위의 영역에 속하는 것이다. 이를 통해 '그'는 '나-아님'과 동시에 '너-아님Nicht-Du'이기도 하며, 그런 뜻에서 '나와 너'에 대립하는

개념이 되는 셈이다"(VI, 26 이하).[1]

"언어의 매개에 의해 야기된 '나'와 다른 사람(인 '너')의 결합을 통해 비로소 인간 전체를 자극하는 더욱 깊고 더욱 고귀한 모든 감정이 일어난다. 이 감정은 우정, 사랑, 기타의 정신적 공동체에서 이 둘의 결합을 인간의 활동 가운데서 가장 높고 가장 친밀한 것으로 만드는 것이다"(VI, 27).

앞에서 '너'의 성립을 "'너' 안에는 '나'에 의한 선택이라는 자발성이 놓여 있다"라고 규정하고 있는데, 이에 반해 그의 마지막 논문인 《카비어 서론》에서는 이를 약간 달리 표현해놓고 있는 것에 주목해야 하겠다.

"언어의 문제를 생각할 때 제1차적인 것은 두말할 것 없이 말할이 자신이 인간이라는 것이다. 말할이는 항상 자연과 끊임없이 직접 접촉하고 있으며 언어에서도 자연에 대해 '나Ich'라는 표현을 대치시키는 것을 그만둘 수 없다. 그러나 '나' 속에는 저절로 '너Du'도 주어져 있으며, 또 새로운 ('나'와 '너'의) 대립에 의해 제3자(의 인칭)가 생긴다. 그러나 이 제3자는 느끼는 이와 말할이라는 (인간의) 영역 밖에 있을 수 있기 때문에 생명이 없는 것Sache에까지도 확대된다"(VII, 104).

이 대화가 얼마나 중요한가는 훔볼트가 다음의 인상 깊은 자리에서 말하고 있다.

"생동적으로 서로 밀접하게 개입하고 이념과 감정을 참되게 교환하는 대화는 이미 그 자체로서 언어의 중심점이다. 언어의 본질은 언제나 동시에 울림과 메아리, 말을 걺과 응답으로서만 생각될 수 있다. 언어는 그 변천에서처럼 그 기원에서 보아 한 사람에게가 아니라 항상 모든 사람에게 속하고, 각 개인의 정신의 고독한 깊이 속에 있으며, 그래도 사람과 사람의 사교에서만 나타나는 것이다"(IV, 435).

1 또한 V, 380 이하 및 VI, 160 이하 참조.

언어의 이러한 대화적인 '원형'에서 훔볼트의 언어철학을 구성하는 광범위한 요인과 개념들이 유래한다.

말함과 사유함의 단일성

말함의 과정에서는 "주관적인 내적 행위가 외적인 대상으로서 다시 받아들여진다. 그렇기 때문에 언어는 사유의 가장 내적인 본질, 주관과 객관이 상호 간에 끊임없이 이행하는 것을 함께하고 촉진한다"(V, 377).

사유함과 말함은 그것의 가장 내적인 구조에 따르면 동일한 것이며, 따라서 훔볼트보다 수십 년 전에 인심을 격동시켰던 언어의 기원에 관한 전체적인 사색은 모두 시대에 뒤떨어진 것으로 되어 있었다. "언어는, 그 원형이 이미 인간의 오성에 존재하지 않았다면 발명될 수 없었을 것이다"(IV, 14). 다시 말하자면 "인간은 오직 언어에 의해서만 인간이다. 그런데 언어를 발명하기 위해 인간은 이미 인간이어야만 할 것이다"(IV, 15). 한 기호조직이 처음으로 발명된 후에 인간과 언어가 평행적인 발달을 한다고 믿는다면, "우리는 인간의 의식과 언어를 떼어놓을 수 없다는 것이나 하나의 낱말을 이해하는 데 필요하지만 그 후에는 언어 전체를 파악하는 데 충분한 지성적 행위의 본성을 오인하게 된다"(IV, 15).

훔볼트는 〈사유함과 말함에 관하여〉라는 언어에 관한 최초의 논문에서 시작하여 《카비어 서론》에 이르기까지 사유와 언어의 단일성을 강조하고 이것을 새롭게 표현하기 위해 노력하기도 했다. 예를 들면 이미 〈로마와 그리스Latium und Hellas〉에서 "언어는 사유의 보충, 즉 외적인 인상과 아직도 어두운 내면적인 감정을 명백한 개념으로 끌어올리고 이것을 새로운 개념의 산출을 위해 상호 간에 연결시키려는 노력과 다름없다"(III, 168)라고 했고,

그 후에 "언어는…… 그것과 상관없이 형성된 사상의 표시일 뿐만 아니라 그 자체 사상을 형성하는 기관"(V, 374)이라고 명확하게 규정했다. "언어는 정신의 무의식적인 발현"(VII, 17; VII, 46 주)이며, 마침내 훔볼트는 '사유함과 말함의 동일성'에 근거하여 "인간이 사유할 수 있는 것은 또한 말할 수 있다"(V, 433)고 언급하고 있다.[2]

사유함과 말함에 관하여

훔볼트의 〈사유함과 말함에 관하여Über Denken und Sprechen〉는 그가 테겔Tegel에 머물렀던 1795/96년 겨울에 쓰여진 글로서, 언어에 관해 훔볼트가 쓴 첫 번째 글이다(VII, 581-583). 이 글은 16개의 테제로 구성되어 있는데, 첫 네 개는 '사유'에 관해 다루고 있고, 나머지는 언어에 결부된 사유를 보여주고 있다.

"1. 사유의 본질은 성찰함, 즉 사유하는 자와 사유된 것을 구별함에 있다."

훔볼트에게 인간 사유의 본질은 성찰함에 있다. 이 성찰의 특징은, 사유하는 자가 사유하는 주체로서의 자기 자신과 그가 사유하는 것, 말하자면 사유된 것을 구별한다는 것이다. '사유하는 자와 사유된 것'의 구별, 그리고 의식에서 인간과 세계의 구별은 언어를 통해서만 가능하다.

"2. 성찰하기 위해 정신은 그 진행하는 활동 중에 한 순간 멈춰서서 막 표

2 Böhler 1995, 241 이하에서 재인용.

상된 것을 하나의 단위로 파악하고 이러한 방식으로 대상으로서 자신에게 대립시켜놓아야 한다."

첫 두 테제에 이미 언어와 사유의 밀접한 친연관계에 대한 결정적인 통찰이 들어 있다.

'성찰', '구별', 정적의 순간에 일어나는 '활동의 알림'은 사유의 발원에 존재하는 세 개의 최초의 범주이다. 이 범주들은 밀어닥치는 현실에 대해 인간이 더 이상 행동으로 보여주는 응답이 아니라 언어적인 응답을 하는 경우에 나타난다.[3]

인간은 사유하고 있는 동안에도 '막 표상된 것'을 눈앞에 떠올릴 때 이미 자신의 언어형성의 머나먼 길을 활보했다.

훔볼트는 여기서 인간이 더 자세하게 증명할 수 없는 선천적인 내부의 충동에 의해 행하도록 유도되는 정신활동에서 출발한다. 정신활동은 인간이 자신의 감각기관으로 지각하고 체험하는 것을 통해 촉발된다. 지각과 체험에서 수많은 인상이 인간을 지나 흘러가는데, 만약 이 인상들을 붙들어놓지 않으면 그것들은 다시 망각 속으로 흘러들어간다. 성찰하기 위해, 즉 수많은 인상의 흐름에서 어떤 것을 끄집어내어 사유대상으로서, 사유된 것으로

3 성찰의 개념은 정지(헤르더의 경우 Besonnenheit)의 개념과 연결된다. 훔볼트가 여기서 표현하는 것은 그 문구나 사유의 전개과정을 보건대 헤르더의 《언어의 기원에 관한 논고 Abhandlung über den Ursprung der Sprache》(1772)에 담겨 있는 매우 비슷한 사상을 떠올리게 한다. 여기에는 다음과 같이 쓰여 있다. "인간의 마음의 힘이 자유롭게 작용하여 모든 감각기관을 거쳐 급히 지나가는 감각의 망망대해에서 '하나의' 파도를 — 그렇게 표현해도 된다면 — 분리해내고 멈춰세우고 그것에 주의를 기울이고 그것에 주의를 기울임을 의식할 수 있을 때, 인간은 성찰하고 있음을 증명한다"(Herder 1966, 32). 헤르더는 이 최초의 '주의 기울이는' 행동을 Besonnenheit라 부르기도 했는데, 이것은 '감각의 망망대해에서 한순간 멈춰선 파도'를 향하는 성찰의 예비조건이다. 다양한 것들을 하나의 '단위'로 파악하는 것이 동시에 대상화라는 데 대해 헤르더는 훔볼트가 16개의 짧은 테제로 말했던 것보다 더 많은 것을 말한 바 있다.

서 자아에 대비시킬 수 있기 위해 정신은 활동 중에 한순간 멈추고 조용히 정지해 있으면서 막 표상된 것, 즉 감성인상으로서 수용된 것을 정신적으로 하나의 단위로 파악해야만 하고, 그것을 객체화된 형식에서 사유대상으로 만들기 위해서는 그것을 하나의 전체로 파악하지 않으면 안 된다. 막 표상된 것은 시간적으로 이미 지나가버린 것이고, 따라서 모든 표상은 근본적으로 지나가버린 것 또는 눈앞에 더 이상 없는 것을 다시금 마치 바로 눈앞에 있는 것처럼 생생하게 되살리는 일이다. 막 표상된 것은 단일한 사유대상으로 파악됨으로써 시간의 흐름에서 벗어나 바로 눈앞에 있는 것처럼 간주된다.

"3. 정신은 이러한 방식으로 다수의 단위를 형성할 수 있는데, 정신은 이 단위들을 자신의 필요에 따라 다시금 서로 비교하기도 하고 분리하기도 하며 결합하기도 한다."

표상된 것의 결합과 분리는 동시에 현실적인 것의 결합과 분리이기도 하다. 세 번째 테제는 얻어진 자유 속에서의 추상적인 계기에 역점을 두고 있다. 정신은 활동하는 동안에 단위들을 끊임없이 구성하고, 그때그때의 삶의 상황과 행위의도에 필요한 만큼 비교하고 분리하고 결합하면서 그것들을 가공한다.

"4. 사유의 본질은 말하자면 정신이 자신의 진행과정에서 단편들을 만들어내고 이를 통해 자신의 활동의 일정 분량으로부터 전체를 구성하며 이렇게 구성된 것을 개별적으로는 그 자체 상호 간에 대립시키지만 전체로서는 객체로서 사유하는 주체에 대립시키는 데 있다."

여기서 모든 것은 사유의 기능으로 나타나는데, 사유란 "정신이 자신의 진행과정에서 단편들을 만들어내고" 운동의 연속성으로부터 정지해 있는 대상을 도려낸다는 것이다. 이 도려낸 대상을 인간은 서로 결합시켜가며 비교하기도 하고 서로 대립시킬 뿐만 아니라 '모든 대상을 함께, 하지만 객체로서' 이제부터 '사유하는 주체'로서의 자기 자신에게 대립시킬 수 있다. 서로 다른 것들(표상)을 비교하고 대조하는 일과 사유하는 주체인 인간에게 그것을 (표상으로서) 대립시키는 것은 하나의 과정이다.

> "5. 그 어떠한 사유도, 가장 순수한 사유까지도 우리의 감성의 일반적 형식의 도움이 없으면 생겨날 수 없다. 그 일반적 형식으로만이 우리는 사유를 파악하고 얼마간 확정할 수 있다."

그러한 '활동'은 자발적이면서 동시에 수용적이다. 여기서 훔볼트는 즉시 사유의 감성적 측면을 강조하는데, 이때 그의 글투는 전반적으로 칸트의 영향을 받은 것으로 나타난다.

여기서 논의의 중심은 사유대상의 산출과 구성인데, 결정적인 문제는 여전히 이것이 어떻게 가능한가이다. 훔볼트는 이것이 오직 '우리의 감성의 일반적 형식'의 도움으로만이 생겨날 수 있다고 말하면서, 이러한 감성의 일반적 형식의 도움이 없는 사유란 존재하지 않는다고 강조한다. 그러한 형식으로만이 우리는 사유된 것을 파악하고 얼마간 확정할 수 있다는 것이다. 훔볼트가 '우리의 감성의 일반적 형식'이라 부르는 것은, 철학적 소양이 있는 사람이라면 금방 알아차릴 수 있는 것처럼 칸트의 순수이성비판의 맥락에서 이해할 수 있다. 잘 알려져 있다시피 칸트의 《순수이성비판》에서는 공간과 시간이라는 선험적 범주가 외적 및 내적 감성의 일반적 형식으로 규정된다.

“6. 사유의 일정 분량들은 단위로 합일되어 결국 보다 큰 전체의 부분에는 부분으로서, 그리고 주체에는 객체로서 대비되는데, 이 단위들을 감성적으로 표시하는 것이 가장 넓은 뜻에서 언어이다.”

사물은 비감성적인 것, 표상된 데 불과한 것이 직접적인 감성의 단위로 간주될 때 대상으로서 나타난다. 다양한 감각들이 표상된 사물의 단위로 지양되면서 인간은 이 단위를 ‘자신의 건너편에’ 가지고 있을 뿐만 아니라 동시에 ‘몸소 지니게’ 된다. 그리하여 인간은 이 단위들을 서로 관련시킬 수 있다. 그렇지만 인간은 이 단위들이 ‘어디에’ 있는지, 이를테면 인간에 있는지(유명론), 사물에 있는지(실재론), 아니면 양자의 저편에 있는지(비변증법적 관념론) 오늘날까지도 알지 못했다. 이 난처함을 떨쳐버려야만 한다. 사유의 단위들은 그러한 대립으로부터 벗어난, 그 대립된 것들을 ‘바로 그 대립된 것들로서’ 결합시키는 언어의 ‘행위’라는 사상에 있는 것이다. 그러한 ‘행위’는 심지어 ‘주체-객체’의 대립으로부터도 풀려나 있다. 이 대립은 이 ‘행위’의 ‘결과’였다. 언어의 행위는 그러한 점에서 언제나 대립된 것들로부터 완전히 벗어나 있었고 또 벗어나 있다.

그 다음의 여러 테제에서 언어는 사유의 확장으로 나타난다. 그럼에도 사유는 언어의 내부에서야 비로소 온전히 존재한다. 언어와 의식은 결코 스스로 온전히 존재하는 것이 아니라 언제나 각각의 상대자 안에 있을 뿐이다. 언어와 의식은 언제나 각각의 상보물을 거쳐서만이 언어와 의식이다. 언어와 의식은, 우리가 그것들(언어와 의식)에 관한 성찰에서 이 우회로에 대해 생각하는 것을 시작하기 ‘전에’ 이미 이 우회로에 접어들었다.

“7. 언어는 직접적으로, 그리고 동시에 최초의 성찰행위와 더불어 시작된다. 그리고 주체가 객체를 삼켜버리는 욕망의 비몽사몽과도 같은 상태에서 인간이 자기의식으로 깨어나듯이 그렇게 낱말도 생겨나는데, 이는 흡사 인간이 자기 자신에게 주는 최초의 충격과도 같은 것이어서 인간은 갑자기 멈춰서서 주위를 둘러보고 방향을 잡아나가게 된다."

인간이 자기의식으로 깨어나는 것은 두 가지 방식으로 이루어진다. 하나는 직접적인 자기감정으로 깨어나는 것이다. 인간 자신이 세계로부터 정신적으로 풀려나는 일이 이루어진다는 것이다. 그런 가운데 인간은 실질적으로 그만큼 더 거침없이 앞으로 나아가면서 정신적으로 안정을 찾는다. 여기서 두 번째 숙고가 필요한데, 이는 인간이 이 직접성과는 다른 어떤 것임을 그에게 보여준다. 이제 인간은 자기감정의 직접성과는 구별되는 것으로서 자기 자신에 대한 의식을 얻는다. 인간은 동물이 주변에 대해 완고하게 행동하는 것처럼 자신은 그렇게 사냥감에 덤벼들지 않는다는 데 대해 숙고한다. 인간은 말하자면 사냥에서의 그 힘겨운 행동방식을 성찰 안으로 끌어들인다. 현실이 처리 가능한 객체로 강등된 것이 아니라, 인간은 현실을 그 고유한 현존에서 경험한다. 이것이 인간이 언어적으로 방향을 잡는 순간이다.

이렇게 방향을 잡아나가면서 인간은 언어를 '찾는데', 이는 인간이 직접 감성적으로 마주치지는 않는 단위를 표시해줄 감성적 대용물을 찾는 것이다. 인간은 다양한 것들 가운데 골라내어 관조하는 단위를, 그가 그것을 그 안으로 들여다놓듯이 본보기로서 눈앞에 갖다놓고 싶어 한다. 이는 성공을 거두지 못한다. 인간은 모든 보편개념이 비코G. Vico가 구상해낸 그 시절에서처럼 감성적이지는 않다는 것을 알아차리기 때문에 언어를 찾는다. 자연은 '나무'(나무 일반)를 보여주는 것이 아니라 언제나 여기 서 있는 '이' 나무를 보여준다. 하지만 '여기 있는 이 나무'라는 표시가 이미 인간이 언어를 아직도 '찾고 있었을' 때 어떠했는가를 우리가 오늘날 망각한 데서 오는 것이다. 따라서 '나무', 즉 나무 일반은 '사유의 일정한 분량'이고 '이 나무'는 인간이 그때그때 본 것이다. 결핍의 체험은 소리로 모여든다. 인간은 자연에 빈틈이 있는 것으로 보이는 경우에 소리를 내어 자연을 바로잡는다. 인간은 음성으로 대신한다. 인간은 음성을 듣고 그것을 대상으로서 청취한다. 음성을 통해 인간은 그 안에 표현되어 있는 '사유의 일정한 분량'을 인간의 외부에 존재하는 것으로서 청취한다. 인간은 무엇을 듣는가? '사유'로부터 감성적으로 갖춰져 있지 않은 그 대상으로의 운동은 결핍된 실재에 대한 이 음성적 성찰 속에서 대상이 된다. 이러한 생각은 오늘날 철학적으로 여전히 차단되어 있다. 따라서 우리는 품격 높은 언어학자들(헤르더와 훔볼트)의 도움을 받아 이 언어투입을 생생하게 그려볼 수 있는 것이다. 자연음성에서 언어음성으로의 이행은, 감성적으로는 존재하지 않는 대상을 '명명하는 지시행위'에서 이루어진다. 이것은 개개인에게서, 그리고 인간에게서 경험되었고 동시에 인간에게 추가적으로 구성된 초대상적인 대상을 명명하는 것이다. 이 대상은 인간이 다른 인간에게 언어를 통해 전달하는 사물들에 '관한 어떤 것'이다. 이 전달에 모든 사유가 부착되어 있다.

테제 1~7만을 고려한다면, 여기서 언어를 사유구성의 필수 불가결한 매개로서 설정하려는 의도를 인정하는 한, 훔볼트는 진보적이고 긍정적으로 해석될 수 있다. 그렇지만 또한 언어가 이 경우에 여전히 언어 외적으로 존재하는 것에 대한 표시수단임을 가정할 수 있는데, 이때 단순한 언어음 자체는 의미와 결합되어 있지 않은 한 아무런 표시력을 가질 수 없다는 점을 곧바로 덧붙일 수 있을 것이다.

"8. 언어를 찾는 인간은 기호를 찾는데, 그 기호에서 인간은 자신의 사유에서 만들어내는 단편에 의하여 전체를 난위로서 종괄할 수 있다. 그러한 기호로 사용되기에는 시간적으로 파악된 현상이 공간적으로 파악된 현상보다 더 편리하다."

언어를 찾는 인간은 기호를 찾는다. 그러한 기호는 눈으로 보는 자연 속에는 존재하지 않고 공간 속에 존재하는 것도 아니다. 이제 주로 문제가 되는 것은 한계설정인데, 시간적으로 파악된 현상들은 보다 분명하게 서로 한정된다. 현재, 과거, 미래는 공간 속에서 경험된 감성적인 것보다 더 분명하게 서로 분리되어 있다. 시간의 절개면은 공간의 절개면보다 더 함축적이다.

"9. 조용하게 나란히 놓여 있는 여러 사물의 윤곽은 눈앞에서나 상상력에 의해서나 쉽게 뒤섞여버린다. 그에 반해 시간의 흐름에서 현재의 순간은 이미 지나간 순간과 앞으로 올 순간 사이의 일정한 한계를 설정한다. 존재하는 것과 더 이상 존재하지 않는 것을 서로 혼동하는 일은 불가능하다."

"10. 눈은 그 자체만으로도 직접적으로 여러 가지 색들 사이의 한계를 설정한다. 이것이 여러 대상들 사이에 존재하는 윤곽을 통해 이루어지는 것은 아니다. 후자를 통해 규정할 수 있는 것은 단지 일정한 시간이 흐르는 동안에 물체를 손으로 더듬는다든가 아니면 하나의 대상이 다른 대상으로부터 떨어져 나오는 움직임을 통해서이다. 전자에 기초하든 후자에 기초하든 나중에 동일한 것에 대한 모든 유추적 추론이 발생한다."

눈은 색채의 미세한 차이를 구별한다. 그에 반해 '윤곽'은 이미 인간이 의미를 담아 소리를 내는, 보다 쉽고 보다 자유로운 놀이의 도움으로 행하는 편성에 의해 구분된다. 소리는 착색의 시각적 구별보다 더 명확하다. 좀 더 명확한 것은 시간적 구별이다.

"11. 시간 속에서 일어나는 모든 변화 가운데 가장 날카로운 것은 음성이 야기하는 변화이다. 이 변화는 동시에 가장 짧은 것이기도 한데, 인간에게 생명을 불어넣는 숨결과 더불어 인간 자신으로부터 우러나와서는 이내 사그러들며, 단연 가장 활기차고 가장 고무적인 것이다."

이 테제는 나중에 발전시키게 될 몇 가지 언어범주를 포함하면서 이 시간적 구별을 총괄하고 있다. 훨씬 더 나중에야 비로소 인간은 그가 시각적 세계의 형성에 함께 참여하고 있음을 알게 된다. 자신이 소리를 낸다는 것을 인간은 애당초부터 알게 된다. 언어음성은 갑작스럽게 이내 사라져간다. 언어음성은 삶 자체에서 우러나온다. 규정은 언제나 동시에 세상을 활기차게 만드는 일이다.

"12. 따라서 언어기호는 필연적으로 소리이다. 그리고 인간이 가진 모든 능력들 사이에서 발휘되는 신비스러운 유추에 따라, 인간은 어떤 대상을 자기 자신과 동떨어진 것으로 분명하게 인식하자마자 또한 곧바로 그 대상을 표시하도록 되어 있는 소리를 낼 수밖에 없었다."

언어기호는 시각적이 아니라 '필연적으로 소리이다'. 이 소리는 자연의 소음이 아니라 인간 자신으로부터 우러나온 소리이다. 이에 대한 성찰은 함께 주어져 있다. 그럼에도 이 소리는 대상적이다. 인간은 이 소리에서 자신에게 낯선 객체를 경험한다. 이는 마치 오늘날에도 중차대한 상황에서는 자기 자신의 목소리를 낯선 것으로 경험하는 것과도 같다. 이 소리로써 인간은 그가 사물을 낯선 것으로 경험하는 그 순간에 그 사물을 규정한다. 인간은 "어떤 대상을 자기 자신과 동떨어진 것으로 분명하게 인식하자마자 또한 곧바로 그 대상을 표시하도록 되어 있는 소리를 낼" 수밖에 없었다. 인간이 그 대상을 욕망에 저항하는 하나의 낯선 대상으로 '인식'하면서, 그리고 그 대상을 그저 적절히 맞춰져 있고 더 이상 주목받지 못하는 공연자로만 받아들이는 데 '반대'하는 것을 그 대상 안에서 '인식'하면서, 인간은 그 대상을 소리로 다시 한 번 눈앞에 갖다놓았다. 그럼으로써 인간은 자기 자신의 것에서 덜어주었고, 사상의 결핍된 감성에 자기 자신의 감성을 전달해 주었으며, 세계에 대해 말하고 규정했다. 인간은 음상의 분절에서 현실을 자기 자신의 현실로서뿐만 아니라 다른 사람들도 경험했던 현실로서 경험했다.

"13. 동일한 유추는 계속해서 작용했다. 인간이 언어기호를 찾았을 때, 그의 오성에는 구별하는 일이 있었다. 인간은 계속하여 언어기호 전체를 만들어냈는데, 이것은 실제의 사물이 아니라 개념이었다. 말하자면 재차 분리시켰다가도 새로이 결합시키는 등 자유롭게 처리하도록 허용하면서 그러한 개념을 만들어낸 것이다. 이에 맞춰서 혀도 여러 가지 새로운 합성을 허용하는 요소들로 이루어진 분절음을 선택했다."

여기서 훔볼트는 언어기호가 어째서 필연적으로 음향기호일 수밖에 없고 시각적 기호일 필요가 없는지 이유를 들고 있다. 그에 따르면, 귀를 향하는 기호는 눈으로 보는 기호에 비해 사유 속에서 원하는 단위를 구성하는 데 훨씬 더 적합하다. 생겨나서 이내 사라져버리고 마는 음성은 빠르고 간단하게 그러한 기호를 만들어내고, 언제든지 뜻대로 사용할 수 있으며, 그 점에서 지극히 유연한 기호재료이다. 음성의 도움으로 구성할 수 있는 전체는 자명하게도 현실적인 사물이 아니라 정신적으로 파악된 것들이다. 이것들은 그 밖에 분절된 음성으로 구성되기 때문에 다양하게 바뀔 수 있다.

이로써 인간은 음성적 단위들을 구사하기 시작했다. 이 단위들은, 압박하는 현실에서 벗어났지만 인간을 다른 인간과 결합시킨 단위들이다. 인간이 계속해서 숙고할 시간이 있었다면 그는 즉시 언어에 대해 성찰했을 것이다.

하지만 그러기에는 인간에게 음성적 형태인 '언어'가 결여되어 있었다. 이 점에서 우리는 오늘날에도 여전히 시작단계에 불과하다. 훔볼트가 첫 번째 발걸음을 떼었다. "이에 맞춰서 혀도 여러 가지 새로운 합성을 허용하는 요소들로 이루어진 분절음을 선택했다."

> "14. 그러한 음성은 그 밖에 자연의 어느 다른 곳에도 존재하지 않는다. 왜냐하면 인간 이외에 그 누구도 이웃으로 하여금 함께 사유함으로써 이해하도록 유도하지 못하고, 기껏해야 함께 느낌으로써 행동하도록 유도하기 때문이다."

훔볼트는, 그러한 음성이 자연의 그 어느 다른 곳에도 존재하지 않고, 이를테면 동물도 낼 수 있는 감각적 외침이 아니라 오로지 인간에게 특유한 언어음으로서, 이것을 가지고 인간은 자신의 동료로 하여금 함께 사유함으로써 이해하도록 유도하는바, 이는 동물의 세계에서 이러한 방식으로는 나타나지 않는다는 점을 강조한다. 인간만이 자신의 동료로 하여금 '함께 사유함으로써 이해하도록' 유도한다. 그에 반해 다른 모든 존재는 '함께 느낌으로써 행동'하기에 충분한 것을 알릴 뿐이다. 여기서 말하는 바는, 인간이 행동하는 존재로서 말하는 것이 아니라 말하는 존재로서 행동한다는 것이나. '함께 느낌으로써 행동'하는 일은 동물도 할 수 있다. '함께 사유함으로써 이해'하는 일이야말로 인간에 고유한 언어성이다.

> "15. 따라서 인간은 자연 그대로의 소리를 결코 자신의 언어 속에 받아들이지 않고, 언제나 그 자연의 소리와 유사하게 분절된 음성만을 구성한다."

그렇다면 인간은 언제 말하는가? 인간은 자신과 세상 사이의 틈이 벌어지는 숙고가 멈춰설 때 말하고, 그 틈 사이로 언어의 세계를 자아낸다. 한처음에 말씀이 있었다. 그것은 하늘과 땅, 그리고 인간을 창조하였다. 따라서 인간이 자기 자신에 대해 언어적으로 숙고한다는 것은 동시에 인간이 언어적 존재로서의 자신의 기원에 대해 숙고한다는 것이다. 이 명제는 서로 분리되어 있음이 훤히 보이면서도 서로 분리되어 있지 않은 주체와 객체를 포함한다. 오늘날에도 여전히 인간은 스스로를 이러한 언어적 존재로서 알고 있지 않다. 세계사적으로 인간은 여전히 감각적 외침에 붙잡혀 있다. 인간은 일어나는 모든 일에 도취되어 있다. 때때로 인간은 말 없이도 바로 다음의 재앙을 일으키는 자로서 불쑥 출현한다. 그에 반해 언어의 기원은 욕망이 잠잠해졌을 행복한 순간이다. 언어는 여전히 우리를 정치적으로 계속해서 압도하는 언어 이전의 현존의 가장자리에서 생겨났다. 언어의 기원은 인간이 이 가장자리를 자신의 중심에 갖다놓았던 데 있다. 인간은 가장 외적인 것을 자신의 안에 받아들였다. 이것은 훔볼트의 관점에서 본 것이고, 훔볼트를 넘어서 표현하자면 인간적이면서 동시에 신적인 언어기원이다. 언어가 생겨나고 나니, 인간은 이제 일반적인 욕망에 사로잡혀 있는 구역을 벗어나서 언어들의 천국인 정적의 공간에 위치하게 되었다. 이 공간에서 인간은 중차대한 상황들을 중앙으로 끌어당겼다. 언어 이전의 상태에 대한 기억은 인간에게 감각적 외침으로 남아 있었다. 이로써 인간은 자기 자신을 접어올린 셈이다. 이전에는 인간의 내부에서 인간을 완전히 지배했던 감각과 욕망은 밖으로 나갔다. 감탄사가 흘러나왔다. 이러한 것들은 대상적이 되었다.

“16. 인간은 심지어 자기 자신의 감각적 외침마저도 단호히 언어와 구별한다. 그리고 이 경우에 감각은 아무리 교양 있는 사람이라도 매우 올바르게 유도한다. 만약 그가 최소한 상상에서나마 대상을 자기 자신으로부터 분리하는 것에 대해 더 이상 생각할 수 없을 정도로 흥분한 상태라면 그는 자연의 소리를 내지른다. 이와 정반대의 경우라면 그는 말을 하고 자신의 흥분 상태에 따라 그저 소리를 높일 뿐이다."

감각마저도 언어 안에서 유도한다. 감각은 심지어 우리에게 지극히 중요한 일인바, '아무리 교양 있는 사람이라도 매우 올바르게' 유도한다. 인간을 그의 언어성으로 인간답게 이끄는 것은 언어가 언제나 이미 앞서 말했던 것에 대한 숙고에 있다. 이 숙고는 예술과 변증법적 논리가 살아 있는 정적의 공간에서 일어난다.[4]

〈사유함과 말함에 관하여〉를 쓰고 나서 4년 후인 1800년 9월 초에 훔볼트는 파리에서 쉴러F. von Schiller에게 보낸 서한[5]에서, 테제에 포함되어 있는 바와 같이 언어와 사고의 밀접한 관련에 관해서 마찬가지로 심원한 관찰과 이념을 서술했다. 이것은 짤막함에도 불구하고 어느 점에서는 테제에서보다도 더 명확하다.

"언어는 명백히 우리의 정신활동 전체를 주관적으로(우리의 처리방식에 따라) 나타냅니다. 그러나 언어는 또 동시에 대상이 우리 사고의 객체인 한, 그 대상을 산출합니다. 왜냐하면 언어의 요소들이 우리의 표상에서 단편들을 만들어내고, 표상은 언어의 요소들 없이는 사람을 혼란케 하는 순서로 진행될 것이기 때문입니다. 그것은 감성적 기호이며, 우리는 그것에서 개개의 대상의 여러 영역을 규정하고 이를 통해 (공간적인 소재의 모든 잘못된 표상을 피하기 위하여) 우리의 사고의 일정한 몫을 단위로 삼는 것입니다."[6]

---

4 Liebrucks 1965, 1-6 참조.
5 Humboldt 1962, Bd. II, 206 이하.
6 위에 든 곳, 206 이하.

여기서 우리는, 분절된 언어음성이 언어기호를 제공하고 개념을 구성하지만 이것이 정확하게 어떻게 일어나는지, 이것이 과연 가능하기는 한 것인지는 이 경우에도 미결인 채로 있다는 것을 알게 된다.

따라서 우리는 훔볼트의 후기 저술에서 보다 명확한 대답을 찾아보아야만 한다. 아래에서는 《카비어 서론》에 등장하는 중요한 한 구절을 소개하겠다. 이 구절은 훔볼트가 1795/96년에 쓴 〈사유함과 말함에 관하여〉와 1800년 9월 초에 쓴 글의 명백한 내적 유사성을 보여주고 있다. 이 구절은 해당하는 고찰의 맥락에서 아래와 같이 나타난다.

“주관의 활동은 사유에서 객관을 구성한다. 그것은 어떤 종류의 표상도 이미 존재하는 대상을 단순히 수용적으로 정관하는 것으로 간주될 수 없기 때문이다. 감성의 활동은 정신의 내적 행위와 종합적으로 결합되지 않으면 안 된다. 더욱이 이러한 결합으로부터 표상이 떨어져 나와 주관이 지니는 힘에 맞서서 객관성을 갖춘 하나의 대상으로 되고 이번에는 대상으로서 새로이 지각되면서 주관의 힘으로 되돌아온다. 그런데 이를 위해서는 언어가 필수 불가결하다. 즉 언어에서 정신의 노력이 입술을 통과하여 길을 마련하면서 정신에 의해 산출된 것은 이번에는 자기 자신의 귀로 되돌아온다. 여기에서 표상은 현실의 살아 있는 객관성으로 옮겨지지만, 그렇다고 해서 표상이 주관성으로부터 유리되는 것은 아니다. 이것을 할 수 있는 것은 언어뿐이다. 이렇게 주관으로 되돌아오는 객관성으로 이행하는 것은 언어가 협력할 때 언제나 암암리에 진행되고 있는데, 이런 일 없이는 개념의 구성도, 따라서 모든 참된 사유도 불가능하다. 따라서 인간과 인간 사이의 의사전달을 염두에 두지 않는다 하더라도, 말함은 개개인이 폐쇄된 상태의 고독 속에서도 사유할 수 있기 위한 필수적인 조건이다”(VII, 55 이하).

사유과정에서 객관을 구성하고 생기의 흐름에서 하나의 대상을 떼어내는 것은 다시금 정신적 활동이다. 그리고 이는 아래와 같이 보다 자세하게 설명된다.

"어떤 종류의 표상도 이미 존재하는 대상을 단순히 수용적으로 정관하는 것으로 간주될 수 없기 때문이다. 감성의 활동은 정신의 내적 행위와 종합적으로 결합되지 않으면 안 된다."

훔볼트는 여기서 좀 더 정밀하게 표현하고 있다. 어떤 종류이든지 간에 표상은 이미 존재하는 대상의 수동적, 감성적 지각을 단순히 받아들이기만 하는 수용의 성과가 아니라, 감성활동은 능동적으로 대상을 형성하고 가공하는 정신적 힘과 종합적으로 결합되어야만 한다. 감성적인 것과 정신적인 것이 이렇게 결합해야 비로소 표상이 떨어져 나오고 이를 통해 비로소 이 표상은 객관이 되어 사유하는 자아, 주관의 힘에 맞서게 되고, 새로이 지각되어 자기 자신의 의식 안으로 되돌아오게 된다고 훔볼트는 말하고 있다.

그런데 이 자리에서도 마찬가지거니와, 이를 위해서는 언어가 필수 불가결하다. 분절된 음성이 입술을 통과하여 길을 마련해가면서 산출된 그 음성형태는 자신의 귀로 되돌아오고 특정한 음향적 단위로서 들리게 된다. 이를 통해 그 이전에 생겨난 표상은 '현실적 객관성'으로 이행하지만, 동시에 새로이 감성적으로 지각된 것으로서 듣는 자아에게 보존된다. 이 객관화 및 되돌아감의 과정이 없다면 개념의 구성, 다시 말해 표상된 것의 정신적 형성과 그와 더불어 모든 '참된 사유'는 불가능하다. 훔볼트가 이 자리에서 '참된 사유'라 부르는 것은, 어쩌면 그러한 개념화 없이도 지장이 없을 다른 단순한 사유과정보다 더 높은 의식단계에 위치하고 있다고 추론할 수 있다. 여기서 특정한 동물의 가능성과 수행능력을 생각해볼 수 있겠지만, 그러한 것에 대해 훔볼트는 언급하고 있지 않다.

훔볼트는 말하자면 하나의 기능순환의 구조, 즉 말하는 입으로부터 표상의 개념적 객관화에 꼭 필요한 매개등급인 듣는 귀로의 순환구조를 전제하고 있다. 여기서 서술한 순환과정은 오늘날의 관점에서 보면 인공두뇌학적인 과정으로도 해석될 수 있다. 왜냐하면 이것이 일차적으로 주체에서 시작하는 조절과정이긴 하지만 즉시 다시 되돌아가고 그럼으로써 새로운 속성을 얻기 때문이다. 이 순환과정은 말하자면 우선적으로 우리가 개념으로 특징짓곤 하는 사유적 요소를 만들어내는데, 이 사유적 요소가 없다면 모든 참된 사유는 불가능하다. 훔볼트의 뜻에서 '참된 사유'는 의식적으로 추론하고 규칙을 따르는 사유로서, 인간의 본성에 고유한 일반적인 법칙의 지배를 받는 사유이기도 하다. 그러한 사유는 과학과 철학에서도 요구된다.

훔볼트는 계속해서 아래와 같이 덧붙이고 있다.

> "따라서 인간과 인간 사이의 의사전달을 염두에 두지 않는다 하더라도, 말함은 개개인이 폐쇄된 상태의 고독 속에서도 사유할 수 있기 위한 필수적인 조건이다."

이로써 언어의 본질이 의사전달 내지 교류로 충분히 다 논구된다고 하는 지배적인 견해가 허용되지 않는다. 물론 이 요소는 훔볼트가 아래와 같이 계속 서술하고 있는 것을 보면 결코 간과되거나 과소평가되지 않는다.

> "그렇지만 나타나는 현상을 놓고 보면 언어는 사회적으로만 발전한다. 그리고 인간은 자신의 말이 다른 사람에게 이해될 수 있는가를 시도하면서 검증했을 때만이 자기 스스로를 이해한다"(VII, 56).

여기서 언어적으로 산출된 정신적 대상의 유용성과 견고성은 언어사용에서, 그리고 다른 언어참여자들과의 교류를 통해 검증되고 쓸만한 것으로 입

증되어야 한다는 점이 분명해진다.[7]

훔볼트에 따르면,

언어는 "사상을 형성하는 기관이다. 사상과 언어를 산출하는 힘은 하나이다." 오직 언어로써, 언어에 의해서 한순간에 사상 형성은 가능하다고 훔볼트는 보고 있다. 의식 안에서 개념을 대상화하기에는 언어음이 필요하다. 그렇다면 그는 이 언어과정을 어떻게 생각하고 있는가? 여기서는 그의 《카비어 서론》에서 결정적인 자리를 인용해본다.

"언어는 사상을 형성하는 기관이다. 지적 활동은 철두철미하게 정신적이고 내면적이며 어느 정도 흔적도 없이 지나가버리는데, 그것은 담화에서 음성을 통하여 외면화되고 감각에 의해 지각될 수 있다. 따라서 지적 활동과 언어는 하나이며 서로 분리될 수 없다. 지적 활동은 또한 그 자체로서 언어음과 결합되어야 할 필연성이 있다. 그렇지 않다면 사유는 명료성에 도달할 수 없고 표상은 개념이 될 수 없다. 사상, 발성기관, 청각이 서로 뗄 수 없이 결합하여 언어가 되는 것은 영원불변하게 근원적인, 더 이상 설명하기 어려운 인간 본성의 장비에 있다. 음성과 사상의 일치 또한 분명하게 눈에 띈다. 사유는 섬광과 충격에 비교될 수 있는바, 모든 표상력을 하나의 점에 집중시키고 그 이외의 모든 동시적인 것을 배제하듯이, 음성은 잘라낸 듯한 날카로움과 통일성 속에서 울린다. 사상이 심정 전체를 장악하듯이, 음성은 특히 모든 신경을 진동시키는 침투력을 지니고 있다"(VII, 53).

이렇게 볼 때, 훔볼트에게 언어와 사유가 서로 뗄 수 없이 서로에게 속하는 상보적 단위들이라는 점은 대단히 분명하다. 그리고 그럼으로써 이제 언어에도 인간의 실존에 대한 중요성이 인정된다. 이것은 훔볼트 이전까지는

7 Gipper 1992[a], 81-83 참조.

이렇도록 설득력 있게 표명되거나 입증된 적이 거의 없었던 것이다. 여기서 언어와 사유는 결코 동일시되는 것이 아니라 말하자면 동전의 양면과도 같은 것이어서 이 두 면이 상호 보완하고 상호 제약하는 것이다. 언어가 사상을 각인하고 객관화한다면, 언어의 연구는 단순한 문법적 분석을 훨씬 뛰어넘는 것이 된다. 게다가 우리가 다루고 있는 언어라는 것이 결코 언어 일반이 아니라 역사적으로 된 개개의 자연언어라는 통찰이 덧붙여진다면, 언어 연구의 과제는 철학적 인식론으로 확대된다. 훔볼트가 인식한 바에 따르면, 세계는 각각의 언어에서 다른 방식으로 언어적으로 파악되어 있다. 상이한 문화적, 역사적 발전은 상이한 개념형성과 상이한 개념조직 및 개념망으로 귀결되었다.[8]

또 다른 자리에서 훔볼트는 아래와 같이 써놓고 있다.

"언어의 처리방식은 단순히 개개의 현상을 성립하게 하는 처리방식이 아니다. 언어의 처리방식은 그것과 동시에 무한하게 많은 그러한 개개의 언어적 현상을 사상에 의해 언어에 주어진 조건하에서 창조할 가능성을 언어 자체에 열어주어야 한다. 왜냐하면 언어는 본디 무한한, 정말로 한계가 없는 영역, 즉 사유될 수 있는 모든 것의 총괄개념에 직면하고 있기 때문이다. 그러므로 언어는 유한한 수단을 무한하게 사용해야 하는데, 언어는 이것을 사상과 언어를 산출하는 힘의 동일성에 의해 할 수 있다. 이러한 동일성이 있기 때문에, 언어는 필연적으로 두 방향으로 동시에 작용을 끼친다. 즉 언어는 우선 언어 자신으로부터 말하여진 것으로, 그러고 나서는 거꾸로 말하여진 것으로부터 언어를 산출하는 힘으로 작용을 끼친다. 이 두 방향에서 끼치는 언어의 작용은 어느 언어에서든 그 언어에서 관찰되는 (언어적 세계를 구성하는) 방법에 의해 제한되기 때문에, 개개의 언어를 서술하고 평가하는 경

8 Gipper 1992[a], 94 참조.

우에 이 두 방향의 작용이 함께 고려되지 않으면 안 된다”(VII, 99).

“종합의 힘은 필연적인 결과로서 이 행운의 유기체 전체를 만들어 낸다. 그러나 마음의 내부에서는 이 종합적인 힘은 계속해서 움직이는 사고와 사고에 수반하는 언어를 완전히 조화시키고 있다. 사고하는 것과 말하는 것은 항상 서로 보완하고 있기 때문에 양자에 있어서 바른길은 끊임없는 진전을 보증하는 방법으로 작용한다” (VII, 236-237)

다음에는 헤겔G. W. F. Hegel의 주목할 만한 말을 인용해본다.

“말이(음성표현으로서) 현존한다는 것은 우리의 사상에서 꼭 필요하다. 우리가 자신의 사상을 알고 일정한 현실적인 사상을 지닐 수 있는 것은 우리의 사상에 대상성의 형식, 우리의 내면성과는 다른 존재형식, 즉 외면성의 형태를 부여할 경우, 그것도 동시에 최고의 내면성의 각인을 띠고 있는 그러한 외면성의 형태를 부여할 경우만이다. 그렇게 내면적이면서 외면적인 것만이 분절된 소리, 즉 말이다. 말이 없이 사고하려는 것은 그러므로 조리에 맞지 않는 것으로 생각된다. 그러나 사상이 말에 결부되어 있는 것을 사상의 하나의 결함으로 보는 것도 가소로운 일이다. 말은 사상에 가장 어울리는 참된 현존을 사상에 부여한다. 참된 사상이 사안die Sache이듯이 말도 참된 사유에 의해서 사용되면 또한 사안이다. 그러므로 지성은 말로써 충만됨으로써 사안의 본성을 자체 내에 수용한다.”[9]

아래에서는 슈미트S. J. Schmidt가 훔볼트의 견해를 정당하게 서술하고 있어서 이를 다시 인용해 본다. 슈미트가 서술하고 있는 것처럼,

훔볼트는 ‘언어와 사유’의 관련을 ‘내적 언어형식’ 또는 ‘분절 힘’에 관한

9 Hegel 1965, 355.

그의 이론에 의해 명확하게 통찰했다.

홈볼트는 이러한 개념을 '기록된 지성, 따라서 언어와 정신 및 사유함과 말함의 결합이 직접적으로 표시되어 있는 장소'라고 이해하고 있다.

"음성형식과 내적 언어법칙의 결합에 의해 언어는 완성되며", "이 결합은 언어를 산출하는 정신의 동시적인 작용 속에서 언제나 일어난다." 이렇게 해서 언어산출은 참된 '종합적인 처리방식'(VII, 94)이 된다. 이 처리방식에서 사상을 산출하는 힘과 언어를 산출하는 힘의 동일함이 확인되기에 이른다.

홈볼트는 분절 힘을 생산적-지적 활동과 언어의 수렴이라고 서술하고 있는데, 이 경우에 "결단코 전자는 산출하는 것, 후자는 산출된 것으로 간주할 수는 없다. …… 분절은 언어의 본디의 본질이며, 언어와 사상이 그것에 의해 성립하는 지레이며 양자의 밀접한 결합의 종석이다"(VI, 152).[10]

바이스게르버L. Weisgerber는 그의 첫 번째 저서인 《모어와 정신형성》(1929)의 제목이 보여주듯이, '정신의 형성하는 힘으로서의 언어'라는 사상을 우선 언급하고 있다. 즉 개인적인 언어재가 개인의 사유와 행위에서 어떤 역할을 하는가 하는 문제를 제기하고 있다. "우리는…… '사유와 언어'라는 심화된 문제가 설정되어야 한다는 것을 인지할 것이다. — 사유하는 것과 말하는 것의 관계에 대해서도 또한 사유하는 것이 어느 정도로 언어의 형식에 의해 진행되는가, 말하자면 사유하는 것이 어느 정도로 소리를 내지 않고 말하는 것이며, 말하는 것이 소리를 내며 사유하는 것이라고 이야기할 수 있겠는가 하는 뜻에서 이것을 문제삼을 수 있다. 이 문제는 많이 논의되었으며, 그 대답은 극과 극 사이의 모든 중간단계를 골고루 거쳤다. 말하자면 한편에서는 '모든 사유는 언어의 형식에 의해 진행된다'라고 하며, 또 다른 한편

10 Schmidt 1968, 77.

에서는 '사유는 언어와는 무관하고, 그것은 심지어 언어적 형성을 통해 변조된다'는 대답이 있다. 어쨌든 지금에 와서는 적어도 사유작용의 넓은 범위가 언어적 활동에 의한다는 것은 일반적으로 인정받고 있다."[11] 그는 이를 규명하기 위해 이른바 건망성 실어증이라고 불리는 언어장애의 한 현상을 예로 들고 있다. 이 장애는 이러한 환자들의 모든 사유와 태도에서 나타난다. 건망증적 장애에는 매우 특정한 부분의 어휘에 관한 것이 있다. 이를테면 환자에게 전체의 색채명칭이 결여되어 있는 일련의 경우들이 있다. 바이스게르버는 겔프A. Gelb와 골트슈타인K. Goldstein의 논문 〈빛깔이름의 건망증에 관하여〉에서 이러한 사실을 입증할만한 증거를 찾아내고 있다.

왼편 두정골 위에 유탄 파편으로 인해 상처를 입은 한 전쟁 부상자는, 상처가 치유된 후에 모든 정신적인 활동이 무엇보다도 빛깔 명칭에 관계된 부분적 건망증을 제외하고는 다시 정상으로 되돌아갔다. 철저한 관찰은 순전히 감성적인 빛깔 식별 능력에는 어떠한 종류의 피해도 없음을 보여주었다. 주지하다시피 한 인간의 빛깔 식별 능력을 확인하기 위한 일련의 보조수단과 시험방법이 있다. 이를테면 전체의 빛깔계열을 서로 다른 배치에서 보여주는 두 개의 두루마리가 있는데, 이때의 과제는 두 개의 두루마리로써 동일한 색조가 병립하도록 이 두 두루마리를 포개어놓는 것이다. 또 하나의 다른 시험방법은 가지각색의 많은 실타래를 뒤섞어놓고, 이제 환자로 하여금 같은 빛깔의 타래들, 즉 붉은, 푸른 등의 타래들을 찾아 모으게 한다. 그러고 나서 보인 빛깔의 이름을 말하게 하고, 지시된 빛깔을 띠고 있는 물체들의 이름을 말하게 한다. 그때 각각의 시험에서 환자의 태도는 이제 현저하게 차이가 났다. 순전히 시각적인 빛깔능력의 시험에 소용되는 모는 과제를 환자는 탁월한 방식으

11 Weisgerber 1929, 9 이하.

로 풀었다. 즉 그는 쉽고 확실하게 두루마리를 동일한 색조 위에 맞춰놓았으며, 완전히 동일한 빛깔의 종이조각을 함께 찾아놓았고, 앞에 제시된 빛깔을 띠고 있는 물체들의 이름을 올바르게 대기도 했다. 곤란한 것은 언어적 성능이 요구되었던 경우에 시작되었다. 즉 환자에게서는 앞에 제시된 빛깔을 '붉은' 등의 보통의 빛깔 명칭으로 명명하는 일이 불가능했다. 일련의 빛깔 이름을 말해주는 것, 그 가운데 옳은 빛깔 이름을 포함해서 말해주는 것도 역시 쓸데없는 일이었다. 이에 반해서 그는 물체에 의한 표시방법을 틀리지 않게 사용했다. 다시 말해서, 그는 한 일정한 붉은 빛깔을 '딸기빛깔'로 올바르게 표시했으며, 한 일정한 푸른 빛깔을 '수레바퀴국화의 빛깔'로 표시했던 것이다. 더 나아가서는, '붉은'과 같은 빛깔 이름을 그에게 들려줄 때면, 환자는 대응하는 빛깔을 그 앞에 놓여 있는 빛깔견본으로부터 골라내기가 불가능했다. 빛깔 이름을 계속해서 낮은 소리로 말을 흉내내주어도 어떤 방법으로든지 그에게는 도움이 되지 못했다. 이에 반해 그로 하여금 가령 오렌지, 딸기 등의 빛깔을 동일한 빛깔표본 가운데서 찾게 할 때면, 쉽고 아주 정확하게 그 해결을 본 것이다. — 가장 특이한 것은 빛깔의 정리가 요구된 경우, 가령 위에서 언급된 털실견본의 분류에서 환자의 태도였다. 그의 손에 한 견본실이 주어지고, 그것과 같은 실타래들을 모두 찾아내도록 요구했다. 환자는 몹시 망설이면서 착수했는데, 옳은 실들과 마찬가지로 틀린 실들을 자주 잡았으며, 실제적인 결정을 내리지 못했다. 아주 비슷한 색조에서도 그는 주의를 기울이지 않은 채 지나갔으며, 그가 이미 손에 쥐고 있던 올바른 실타래마저 도로 내려놓았다(대체적으로 그러한 환자에게서는 사람들이 그로부터 무엇을 바라고 있는 것인지를 그가 전혀 이해하고 있지 못하다는 인상을 받는다. "모든 빛깔은 다르다", "나는 그것을 파악할 수 없다", "그것(분류하는 일)은 정말이지 어떤 사람도 할 수 없다"라는 그의 발언들도 그것을 증명하고 있다). 보다 많은 빛깔이 분류시험에 이용되면 될수록 그만큼 더 현저하게 나타나는 이 어찌할 바 모르는 태도는 극복될 수가 없었다. 계속된 시험에서 환자에게 일종의 해결책이 성공을 거두기는 했지만, 이는 하나의 계발적인 우회선상에서였다. 즉 그는 견본실을 직접 개개의 다른 실타래들과 비교했고, 이렇게 해서 마침내 여전히 적은 수의 상당히 정확하게 맞는 색조의 선택에 이르렀다. 하지만 그를 만족시키기에는 털실타래의 일치가 아주 완전히 같은 것이어야 했다.[12]

이 앞에서의 관찰은 개인에 대한 언어재의 성능이라는 문제에서 지극히 큰 가치를 갖는다. 털실견본을 분류하고 정리하는 일은 처음에는 그 어떤 언어적 성능도 요구하지 않는 것으로 보이는 과제이다. 그때 빛깔의 명칭은 단 한마디도 언급할 필요가 없다. 그렇지만 환자의 독특한 태도로부터 바로 언어재의 가장 중요한 성능이 인식될 수 있다. 만약 동일한 과제에 대해 환자가 언어 식별 능력이 있는 사람과의 편차를 드러내는 핵심을 찾는다면, 다음과 같은 결과가 나타난다. 우리가 어떤 빛깔을 가령 '갈색'으로 명명한다면, 우리는 우리의 눈에 띈 빛깔의 인상을 명명하는 것이 아니라 그 빛깔의 인상을 조직적으로 분류하는 개념을 명명하는 것이다. 그러므로 그 과정은 눈으로 보고, 갈색으로서 파악하고, 그 인상을 포함하는 빛깔의 개념을 명명하는 것이 된다. 만약 환자에게 '푸른', '노란' 등의 이름을 말해주는데도 불구하고 그가 보여진 빛깔을 그렇게 명명할 수 없고 고작해야 '풀빛깔'로 명명한다면, 그는 빛깔의 인상을 어떤 부류를 대표하는 것으로서가 아니라 대상과 결부된 개별 현상으로 파악한다는 것이 드러난다. 그는 '푸른'이라는 개념을 소유하고 있지 않기 때문에 '푸른' 같은 빛깔의 이름이 그에게는 아무것도 의미하지 않는 반면, 그 대신에 그는 대상에 의한 명칭을 필요로 하는 것이나. 여기에 언어장애의 핵심이 놓여 있다는 것을 털실견본의 예가

12 Weisgerber 1929, 15 이하.

잘 증명하고 있다. 만약 '푸른' 털실견본을 찾아내 정리하라는 과제가 우리에게 주어진다면, 우리로서는 견본실을 보는 것으로 충분하다. 우리는 그것을 이를테면 '푸른'으로 인식하며, 그 다음에는 실뭉치로부터 푸른 실을 모두 찾아낸다. 말하자면 우리는 그 견본을 어떤 개념적 부류를 대표하는 것으로 파악하고, 다음에는 더 이상 눈에 띄는 빛깔의 인상에 이끌려 행동하는 것이 아니라 — 우리에게서 견본실을 곧장 다시 빼앗아갈 수도 있다 — 이 개념에 대한 지식을 토대로 해서 행동한다. 이에 반해 환자는 같은 과제에 대해 어찌할 바를 모르고, 자신이 무슨 일을 해야 할지 전혀 이해하지 못하며, 마침내는 견본과 지속적으로 비교하면서 가장 비슷한 실을 찾아낸다면, 그에게는 다시금 이것들을 병렬시킬 수 있는 어떤 개념이 결여되어 있는 것이다. 감성적인 빛깔의 인상은 그 자체로서 아무런 연결 없이 존재하며, 그것은 개념에 의해 소화되지 않는다. 그렇기 때문에 환자는 서로 다른 실들을 동일한 것으로 인정할 수가 없고, 오로지 눈에 띄는 비슷한 체험이 등장하는 그런 경우에만 병렬시키는 일에 착수할 수 있는 것이다.

다른 관찰결과에 대해 숙고해보더라도 언제나 다시금 동일한 결론에 도달하게 된다. 다시 말해서 언어능력이 있는 인간의 태도와 그의 언어적 명명의 방법은 그가 현상을 구체적-개별적으로 보는 것이 아니라 범주적, 개념적으로 소화해서 파악한다는 데에 기인한다. 건망증 환자의 빗나간 태도는 그가 개념적인 범주를 소유하고 있지 않다는 사실로부터 설명된다. 그러므로 그에게는 빛깔의 현상을 개관케 하는 병렬의 토대와 동시에 '붉은' 같은 빛깔 명칭의 사용을 위한 전제가 결여되어 있는 것이다. 그에게 감성적 느낌은 언어능력이 있는 사람의 그것과 완전히 동일하지만 이해력이 다른 것이어서, 그에게는 '붉은'이라는 개념이 결여되어 있기 때문에 그는 그 느낌을 '붉은'이라고 파악할 수가 없는 것이다. 이렇게 이 관찰은 우리에게 건망증의 현저한 특징인 언어적 명칭의 '망각'이 보다 더 깊은 장애의 한 부분현상일 뿐임을 보여준다. 빛깔 이름의 결여는 빛깔 개념의 결여의 외적인 부수현상일 뿐이다.

"이 관찰에 의해 우리는 개인에 대한 언어재의 성능 문제의 한 부분에 대해 잠정적인 회답을 줄 수 있다. 즉 일정한 어휘의 소유는 인간에게 사물이나 정신적인 내용에 필요한 명칭을 제공할 뿐만이 아니다. 오히려 사물의 개념적 파악, 이들 내용의 존재는 명칭의 존재와 매우 밀접한 관련을 맺고 있다. 명칭과 개념은 동일한 소유물, 바로 낱말의 두 가지 면이다. 말하는 것뿐만 아니라, 우리가 건망증 환자와 다음에 예로 들 농아자에게서 보는 바처럼, 사고와 행위의 전체도 언어재와 매우 밀접하게 연결되어 있는 것이다."[13]

비슷한 방법으로 언어적 탈락현상은 언어재의 다른 부분, 특히 통어수단이 인간에 대해 갖는 성능을 인식하기 위한 거점을 우리에게 제공한다. 바이스게르버는 짧게 요약해서 이른바 월의 도식, 말하자면 인간에게 여러 가지 월의 종류와 월의 형식의 구성을 허용해주는 언어재만을 끄집어내고 있다. 그 관찰이 가리키는 바와 같이, 월의 도식이란 반복되어 나타나는 비교적 소수의 형식이다. 그것의 가치는 우선 인간이 파악한 사상에 언어적 표현을 부여하기 위해 준비되어 있는 것이라는 점에서 인정된다. 그러므로 여기서도 우리는 어휘의 경우에서처럼 이것만으로는 이 언어재의 성능이 남김없이 논구될 수 없다는 것을 쉽게 확신할 수 있다. 오히려 이 월도식은 이미 사상의 형성에서 커다란 역할을 하는 것이다. 바이스게르버는 이 성능을 지시하기 위하여 두 가지 보기를 들고 있다.

농아자의 언어적 퇴보는 물론 월의 도식에도 관련된다. 농아자가 만드는

13 위에 든 곳, 18 이하. 여기서는 '명칭Name'과 '개념'으로 되어 있는데, 후년에 바이스게르버는 전자를 '음성형식Lautform', 후자를 '내용Inhalt'으로 고쳐놓고 있다.

월은 거의 모두 가장 단순한 형식을 보여준다. 그것을 통해서 사유의 모든 양식도 관계된다는 것이 다음의 보기에 의해서 명백하게 된다. 즉, 프론W. Frohn의 논문 〈농아자의 사유에 관한 연구〉에서 인용한 몇 가지 실험에서의 과제 역시, 실험 대상자에게 다섯 낱말로 된 낱말계열이 각기의 계열을 암기하라는 지시와 함께 제공되는 방식으로 주어졌다. 그리고 1분 후에 '너는 무엇을 생각했니?'라는 질문이 있었다. 말하자면 어린이들이 이 낱말들에 몰두해서 어느 정도까지 결합하고 통일하기에 이르렀는가를 규정짓는 것이 문제였다. 농아자의 성과는 거의 모두가 다음과 같은 것이다. 과제는 도둑, 사닥다리, 창문, 돈, 시계였다. 대답은, '도둑이 달걀과 돈을 많이 훔쳤다', '지붕을 잇는 사람이 지붕에 사닥다리를 놓는다', '지붕을 잇는 사람은 지붕에 구멍이 생겼기 때문에 지붕을 고치려고 한다', '어머니는 유리창을 닦으신다', '유리창은 깨끗하다', '그 남자는 공장에서 일한다', '그는 돈을 많이 번다', '그는 새 양복을 한 벌 사려고 한다', '시계가 부엌 벽에 걸려 있다', '시계가 똑딱똑딱 가고 있다', '언젠가 한번은 시계가 멈춘 적이 있다' 등이었다. — 이렇게 다섯 낱말의 각각이 실험 대상자에게 일련의 독립적인 생각을 만들어내는 동기를 준다. 그 낱말의 계열은 어떤 방식으로도 결합되어서 통일체를 이루고 있지 않다. 이 특색은 우리가 들을 수 있는 어린이에게서 이것과 같은 실험의 성과를 비교해볼 때, 가장 명백히 인식될 수 있다. 6~7살의 어린이들은 12~16살의 농아자들과 비슷한 대답을 한 것이다. 이에 반해서 13살의 들을 수 있는 어린아이의 사유양식은 도둑, 사닥다리, 창문, 돈, 시계와 같은 낱말계열에 대한 다음과 같은 대답 속에 반영되어 있다. '도둑은 훔칠 때면 사닥다리를 타고 창을 통해 올라가 돈과 시계를 집어 온다.' 근본적인 차이는 오인할 여지가 없다. 즉, 농아자에게서는 일련의 환상, 많은 근거 없는 새로운 월을 만들어내려고 노력하고 짧고 조각조각난 월들 속에서 진행되는 태도가 보인다. 언어능력이 있는 어린이에게서는 논리적이며 가능한 가장 밀접한 관련을 추상적으로 파악하는 사유법이 인정되며, 이 사유법은 비교적 복잡하게 얽혀져 있는 월의 구성에서 진행된다. 이렇게 여기서도 우리는 들을 수 있는 어린이에 비해서 농아자는 대단히 퇴보해 있다는 것이 인정되며, 우리가 이 결과를 세부적으로 분석하지 않더라도, 농아자에게서의 이 사유의 양식이 그가 사용할 줄 아는 불충분한 월의 형식과 가장 밀접한 상호관계에 놓여 있다는 것을 명백히 알게 된다. — 다른 방법으로 병적인 언어장애는, 월의 도식의 소유가 사유의 진전에 끼치는 영향을 우리에게 증명한다. 여기에서는 무엇보다 실문법증의 현상, 즉 담화의 문법적 구성에 관련된 언어장애가 고려된다. 여기에서는 사유가 일찍이 혼란된 뒤에도 월의 도식이 여전히 존재하며 작용하고 있는 것을 보는 것은 특히 유익한 일이다. 의견의 표시는 언제나 월의 형식을 취하고자 하며, 특히 운율적-선율적인 월의 도식의 특성이 정상적인 사유방식의 마지막 잔여이며 징후로서 가장 오래 남는다.[14]

"이 모든 것으로부터 언어유기체의 통어적 구성성분 역시 사유방식 전체 속에 매우 깊숙이 뿌리를 박고 있다는 것, 이것이 말함에서 사유의 표현에 쓰일 뿐만 아니라 사상이 이것에서 그리고 이것으로 비로소 발달하고 명확하게 되는 형식이라는 것이 의심할 여지없이 밝혀진다."[15]

바이스게르버에 의하면,

"언어능력은 우리가 언어성능으로서 알게 된 모든 것의 근저, 무엇보다도 기호의 도움을 빌어 지극히 넓은 범위에 걸친 체험을 확보하고, 소화하고, 다른 체험들과 연계시키며, 이렇듯 서서히 제반 현상들을 전망하고 개별 체험과 떨어져서 세계를 지배하는 능력으로 이해된다. 이 언어능력의 활용과 효과는 언어적 형식에 의한 사유와 담화이며, 언어적 심사숙고에 의거한 행

14 위에 든 곳, 19-20.

15 위에 든 곳, 20.

동이다."[16]

바이스게르버는 언어에 의해 비로소 사유가 가능하게 된다는 사실을 강조하고 이 사실을 심리학, 논리학, 정신병리학의 연구에 의해 논증하려고 한다.[17]

언어의 성능을 서술함에 있어서 그는 아동언어의 발달을 논하고 이로써 "어린아이의 언어습득을 이러한 모어라는 정신세계 속으로 들어가서 성장하는 것으로 평가해야만 한다"[18]고 했다. 이렇게 "모어 속으로 들어가서 성장하는 것과 제휴해나가는 것은 습득된 언어수단이 인간의 사유와 행동에 끼치는 영향과 나란히 진행된다"[19]는 것을 거듭 강조하고 이에 대해 후각의 보기를 들고 있다.[20]

"이렇게 일상생활에서도 과학에서도 모어가 개인의 해석과 사유의 세부에 이르기까지 결정적으로 간섭하는 것이 입증될 수 없는 영역은 없다. 따라서 모어가 우리를 대신해서 사유하는 것이라고 말하는 것은 그것을 의미하는 것이다. ……그러나 우리가 행동하는 것처럼 사고한다는 것은 오직 모어에 의해서만 이해될 수 있는 것이다."[21]

"한 민족의 언어에는 일정한 세계관이 갈무리되어 있으며, 여기에 이전 세대의 경험이 표현된 것이라면, 그것이 새로운 경험과 의식을 통해서 시대에 뒤지지 않는 한, 이 재보를 보존하는 것은 언어를 지니고 있는 그때그때의 사람들의 의무인 것이다."[22] 따라서 언어란 인간생활의 모든 영역을 지배

16 위에 든 곳, 107 이하.
17 위에 든 곳, 31 이하 참조.
18 위에 든 곳, 119.
19 위에 든 곳, 121.
20 위에 든 곳, 122 이하, 157 이하 참조.
21 위에 든 곳, 125.
22 위에 든 곳, 130.

하고 인간의 사유, 감정, 행동을 좌우하는 현실의 힘인 것이다.

그는 아래와 같이 언급하고 있다.

"하나의 언어 속으로 들어가서 성장하는 인간은 그의 평생을 통해 모어에 의해 제어되어 있으며, 모어는 실제로 인간을 대신해서 사유하는 언어이다. 한 민족이 그 언어를 형성하는 것처럼, 언어는 역으로 공동체와 후세에 영향을 끼친다. 이런 뜻에서 모어는 개인에 대한 숙명이며, 민족의 언어는 공동체에 대한 숙명의 힘이다. 이것은 결코 맹목적인 숙명의 힘은 아니다. 즉 인간이 언어 속에서 지배하는 힘들, 언어가 작용하는 법칙을 안다면, 언어를 계속 육성할 수 있으며, 언어에 자신의 의지를 집어넣을 수도 있다. 바로 그러한 관점에서 언어학은 연구에 착수해야만 한다고 생각된다. 그렇게 되면 언어학에는 이런 입장이 있다. 즉 이런 입장으로부터 언어학은 인간 정신활동과 협력해서 그 의의를 실현할 수 있으며, 이 입장을 통해 언어학은 그 대상인 언어의 효력범위에 의해 자체에 귀속되는 영향력을 행사하게 될 것이다."[23]

언어와 사유의 문제에 관련하여 기퍼H. Gipper는 "언어와 사유에 관련된 문제는 오늘날의 시각에서 어떻게 나타나는가? 이와 관련된 문제에 대해 명확한 답이 있는가?"라고 묻고 있다. 그에 따르면,

"답은 다음과 같다. 가설들은 이미 있지만 그 어느 가설도 널리 인정받지 못하고 있다. 언어와 사유 사이에 관계가 있다는 것은 비록 이제 더 이상 진지하게 부인되지는 않지만, 이 관계가 어떤 종류의 관계인지, 그것이 필수 불가결한 관계인지 아니면 수의적인 관계에 불과한지에 대해서는 여전히 의견이 분분하다. 기존의 수많은 견해들을 세 가지의 주요 입장으로 나눠볼 수 있다.

첫 번째 견해는, 언어와 사유가 동일하다는 것이다. 언어는 소리 낸 사유이고 사유는 소리 없는 말함이다. 이 견해는 매우 상이한 학문 출신의 학자

23 위에 든 곳, 164.

들에 의해 지지되었다. 이 견해를 '일원론적' 견해라 부른다.

두 번째 견해는 정반대를 주장한다. 언어와 사유는 두 개의 완전히 구분된 능력이다. 일차적이고 결정적인 것은 사유이다. 언어는 그에 반해 이차적이다. 언어는 오직 언어 외적으로 사유된 것을 표현하고 전달 가능하도록 하기 위해 추후에 사용될 뿐이다. 이 견해를 지지하는 사람들 가운데는 예를 들어 유명한 판 데어 배르덴B. L. van der Waerden과 같은 수학자와 자연과학자가 더러 있다. 이것이 바로 '이원론적' 견해이다.

세 번째 견해는 중개적 입장을 차지한다. 언어와 사유는 비록 상이하고 그래서 인간의 두 가지 능력으로서 구분될 수 있지만, 언어를 소유하는 인간에게서 이 둘은 서로 매우 밀접하고 떨어질 수 없는 상호관계에 있기 때문에 이 둘은 더 이상 엄격하게 가를 수 없다. 이 견해 또한 '이원론적 단일성 명제'라 부른다. 훔볼트는 명확하게 이 세 번째 견해에 넣을 수 있다는 점이 분명해졌을 것이다."[24]

언어와 사유 문제에 대해 기퍼는 다음과 같이 결론 내리고 있다.

"우리가 받아들이지 않으면 안 되는 것처럼 사유와 언어가 두 개의 서로 다른 능력으로 인정될 때조차도, 사유가 휘감아 타고 높이 올라갈 수 있는 필수 불가결한 개념적 버팀목, 통어적 거점, 고정된 정신적 구조들을 언어가 제공하고 있다는 바로 그 이유 때문에, 언어는 추측컨대 모든 고차적 사유 수행에 함께 관여하고 있으리라는 점을 강조하지 않을 수 없다."[25]

기퍼는 이어서 동물의 경우를 예로 들면서 인간의 사유에서 언어가 갖는 차별적 의미를 더욱더 강조하고 있다.

"훔볼트는 그가 주로 이야기하는 사유를 '참된 사유'로 표시했는데, 글쓴이는 이에 대해 맨처음에, 이러한 표시로써 낮은 단계의 사유형식을 위한

24 Gipper 1992[a], 95. 또한 Gipper 1971, 18 이하 참조.

25 Gipper 1971, 35.

또 하나의 빈 공간이 열린다는 것을 언급한 바 있다. 여기서 글쓴이가 생각하는 것은 우수한 성능의 대뇌를 갖춘 고등동물들로서, 주요 관찰자, 생물학자, 동물학자, 심리학자에 의해 완전히 사유능력을 갖춘 것으로 인정받는 동물들이다. 특히 침팬지에게 여러 가지 형식의 기호언어를 가르치려는 아메리카의 심리학자와 행동연구가의 실험들로 인해 이 문제는 지난 수년간 다시금 현실성을 얻었다. 글쓴이는 이 문제를 다루고자 특히 아메리카의 조지아 주 애틀란타에 있는 영장류센터 현장에서 해당 실험에 속속들이 참여하였다.[26] '사유'라는 속성이 인정될 수 있는 어떤 정신적 활동에 대한 최소한의 요구조건으로서 의식자료와 경험자료를 그저 수용하기만 하거나 기억 속에 저장할 뿐만 아니라 그 자료들을 서로 결합시켜 '만약 ~라면 ~이다'라는 식으로 특정한 전제로부터 특정한 결론을 이끌어내는 생명체의 능력을 인정한다면, 유인원뿐만 아니라 다른 고등동물 종들에게도 의심의 여지없이 사유능력이 있다고 인정해줄 수 있다. 가드너R. A. Gardner를 비롯한 일련의 연구가들의 실험을 통해 유명해진 암컷 침팬지들은 인간이 제시한 단순한 기호체계를 습득하고 의미 있게 사용할 수 있었다. 이들은 자신의 사유능력을 인상 깊게 증명했다. 물론 이 경우는 우리가 훔볼트의 언어철학을 고찰할 때 알게 되었던 뜻에서 인간의 언어가 아니라 인간 언어로부터 파생된, 매우 단순화된 기호형태였고, 말하자면 언어파생물이었다. 이 실험에서 인간 언어의 온전한 성능에는 미치지 못했다는 것을 글쓴이는 다른 자리에서 상세하게 보여준 바 있다. 동물의 사유능력이 제한되어 있다는 데 대한 글쓴이의 설명은, 침팬지의 중추신경체계가 언어에 필요한 뇌영역에 관련하여 초보적이고 원시적으로만 되어 있다는 것이다. 그런 이유로 진정한 언어가 발달할 수 없는 것이다. 이 동물들은 인간의 의미에서 언어와 우

26 Gipper 1977; 1984 참조.

리가 알게 된 그것의 모든 귀결, 언어개념이나 그와 결부된, 상황과는 무관한 추상적 사유의 가능성을 가지고 있지 않기 때문에, 바로 그런 이유에서 그들의 사유는 낮은 성능단계에 머물러 있는 것이다."[27]

다음으로는 〈언어습득의 과정. 언어내용의 성립과 어휘의 구성〉에 관한 기퍼의 견해를 서술해본다.[28]

이제 언어습득이라는 중요한 문제를 택하여 계속해서 다루어보기 전에 연구상황에 관한 일반적인 예비소견이 필요하다.

이 문제를 다시 받아들이게 된 결정적인 자극은 1960년대 촘스키N. Chomsky의 생각에서 나왔다. 촘스키는 자신의 문법이론의 틀 안에서 모든 어린아이가 어떤 언어든지 똑같이 자명하게 습득할 수 있다는 사실을 설명하기 위해 선천적인 '언어적 보편상'의 가정을 필요로 했다. 이를 위해서는 소쉬르F. de Saussure의 선천적 언어능력faculté du langage 개념이 더 이상 충분치 않았고, 이제 실제로 무엇이 선천적이고 무엇이 후천적인 것인지 좀 더 면밀하게 연구되어야 했다. 촘스키는 이에 관련하여 데카르트R. Descartes의 합리주의 철학에서 '생득적 관념idées innées'에 대해 주의를 환기시키고 있다(이것을 다르게 이해해야 함에도 불구하고). 이 문제에 관한 의견들의 추가 촘스키의 활동 전의 실증주의적, 행동주의적 견해의 영향하에 '후천적인 것'(조건반사의 야기를 통해 학습된 것) 쪽으로 강하게 기울었다면, 이번에는 다시 '선천적인 것' 쪽으로 되돌아온 셈이다. 현대의 언어습득연구language acquisition research는 아메리카와 그에 뒤이어 유럽에서도 전반적으로 주로 문법적인 문제제기의 영향하에 놓여 있다. 문법적인 문제제기는 특히 심리학자들에 의해 조장되었다. 이 방향은 전형적으로 슬로빈D. I. Slobin이 펴낸 이론적 심포지엄의 제

27 Gipper 1992[a], 95 이하.

28 Gipper 1978, 190-197.

목 《문법의 개체발생The Ontogenesis of Grammar》(1971)에서 분명해진다. 여기서 어린아이한테서 관측된 언어적 표현이 가능한 한 형식적, 양적으로 분석되고 있다는 것은 오늘날 우세한 과학적 처리방식과 관련 있는데, 이러한 분석방식은 기퍼의 소견으로는 핵심적인 의미문제에 대해 관심을 갖도록 하기에는 그다지 적합하지 않다. 특히 대부분의 연구가 2어문과 3어문이 벌써부터 등장하여 그럼으로써 이미 문법적인 규칙성을 연구할 수 있게 될 때 시작되는데, 이는 너무 늦은 것이다. 어떻게 그렇게 될 수 있는 것인지는 대개 논의되지 않은 채 남아 있다.

이와는 무관하게 유럽에서도 아동언어연구가 지난 수십 년간 특히 언어와 사고의 관계라는 맥락에서 심리학 측에 의해 광범위한 연구의 여지가 주어졌다는 점도 널리 알려져 있는 것으로 전제되어도 좋을 것이다.

그중에서 아동의 사고가 이미 언어습득 이전에 발달하고 이차적으로 비로소 언어의 영향하에 놓이게 된다는 기본사상으로 점점 더 기울고 있는 수많은 책의 저자인 스위스의 심리학자 삐아제J. Piaget를 들 수 있다. 함께 관여되어 있는 사회관련에 비하여 자기관련(자기중심적/자폐증적) 사고를 삐아제가 강조하는 것도 특기할만하다. 이는 특히 그가 주로 수용시설의 아이들을 대상으로 연구했다는 사실과 관련이 있을지도 모른다. 이 아이들의 경우에 그러한 성향과 행동방식이 쉽게 나타나는 것이다. 이 견해에 대한 강력한 반대자로서 러시아의 비고츠키L. S. Wygotski를 들 수 있는데, 비고츠키는 삐아제의 견해와는 반대로 언어의 본디의 통보기능, 구체적으로 말해 아이 자신뿐만 아니라 어른으로부터의 통보기능(말하자면 사회적 요소)을 고찰의 중심에 놓는다. 삐아제의 경우에 발달은 간략히 말하여 개인적인 것에서 사회적인 것으로 진행되는 데 반해 비고츠키의 경우엔 사회적인 것에서 개인적인 것으로 진행된다. 삐아제는, 기퍼의 소견으로는 언어가 일생의 첫 단계에서도 이미 아이의 사고에 영향을 끼친다는 것을 과소평가한다. 그는 아이의 경우에 언어와 사고가 밀접한 변증법적 상호작용 관계에서 발전하고 말을 못하거나 아직 말을 못할지라도 언어가 이미 작용할 수 있다는 통찰에까지 다다를 수 없다. 비고츠키가 진실에 더 가까이 접근해 있을 것이다. 물론 그가 개념ponjatie을 정확히 어떻게 이해하고 있는지 어디에서도 말하고 있지 않다 보니 특히 개념형성의 문제를 맴도는 그의 명백한 논증에 대해 평가하기가 더욱 어려워진다. 그래서 아이에게서 이 경우 일차적으로 문제되는 것이 언어에 의해 규정된 요소인지 아니면 사고에 의해 규정된 요소인지 하는 중요한 의문은 결정될 수 없다.

매우 간략할 수밖에 없는 이 예비소견을 통해, 이 범위에서 언어습득연구와 아동언어연구의 분야에 존재하는 다양한 접근방법들을 어째서 살펴보지 않고 그 대신에 기퍼의 견해로 보아 실제의 언어적 사건과 핵심적인 의미문제에 보다 직접적으로 관심을 갖도록 하는 다른 길을 선택하는지가 이해될 수 있을 것이다.

언어는, 기퍼가 여러 번 강조했듯이, 울리는 의미이다. 분절된 음성이 의미를 지니는 기호형태를 만들어내는 것은 그것을 듣고 나서 그 분절된 음성형태로써 본인이 스스로 배워가며 습득한 내용을 동일시할 수 있는 사람을 위해서이다. 음성은 스스로를 위하여 존재하는 것이 아님은 분명하다. 그러나 음성은 결코 필요악에 불과하거나 임의로 다른 기호를 통해 대체될 수도 있을 것이 아니다. 한 언어의 음성형태는 동시에 어떤 '정신적 분위기', 동일한 언어를 말하는 사람들이 즉시 공속의식을 느끼는 분위기를 만들어낸다. 이는 혼자 외국에서 여행을 다니다가 갑자기 같은 모어를 사용하는 사람이 말하는 것을 듣는 사람이라면 누구든지 확인할 수 있다. 이 말할이가 상대하고 싶지 않은 사람임이 밝혀질 수도 있지만, 그렇다 하더라도 그가 공통된 모어에 관여하는 덕분에 외국말을 하는 사람과는 완전히 다른 방식으로 느껴질 수 있는 사람임에는 변함이 없다.

언어음은 듣는 귀와 이해하는 정신에게 말을 걸 뿐만 아니라 그 음색, 리듬, 운율의 특성으로 모든 마음의 층을 건드려 움직이게 만든다. 언어음은 인간에게 결코 하찮은 것이 아닌 감정적, 공감적인 요소들을 포함하고 있다. 기퍼가 이 모든 것을 이 자리에서 강조하는 이유는 무엇보다도 이 정신의 운반수단을 얕잡아보는 것을 예방하고자 함이다. 하지만 음성 자체만으로는 아직 언어가 아니고, 친숙한 또는 습득 가능한 의미를 지니고 있지 않는 한 아무것도 아니다. 내가 낯선 나라에서 어떤 사람이 분절된 음성을 산출하는 것을 들으면, 나는 단 한 마디도 이해하지 못하더라도 그가 말하고 있는지 또는 노래부르고 있는지를 직관적으로 안다. 하지만 같은 언어공동체에 속한 사람의 경우엔 그가 말하는 것을 먼저 듣고 '그러고 나서' 그의 말을 이해하기 위해 분석하는 것이 아니라 나는 그를 직관적으로, 그리고 의식적인 분석절차 없이 즉시, 그리고 직접적으로 이해한다. 이는 곰곰이 숙고해보고 탄복할만한 가치가 있는 현상이며, 충분히 설명하기가 그리 쉽지는 않다.

하나의 음운이 어떻게 의미, 좀 더 낫게 표현하자면 하나의 특정한 의의, 하나의 언어내용을 지닐 수 있고 매개할 수 있는가? 이 질문에 답을 하려면 언어습득의 과정을 끌어들이지 않으면 안 된다. 다른 자리에서 기퍼는 언어가 아동한테서 어떻게 발달하는지 최소한 그 기본특징만이라도 서술한 적이 있다. 그때 모든 언어의 모든 인간에게 근본적으로 동일한 보편적 특징뿐만 아니라 특정한 언어에만 통용되는 독특한 언어특징도 드러났다.

결정적으로 중요한 것은 다음의 통찰로서, 이 자리에서 간결하게 훑어보겠다. 갓난아기는 중추신경체계, 즉 뇌를 갖고 태어나는데, 이 뇌는 결코 '아무것도 쓰여 있지 않은 백지', 즉 tabula rasa로 특징지어질 수 없다. 오히려 특정한 뇌 부위는 특정한 기능을 수행할 소질을 갖고 있고 특정한 능력과 행동방식을 습득할 준비가 되어 있다. 선천적인 것은 무엇보다도 언어능력

faculté du langage, 즉 어떤 인간의 언어든지 모어로서 습득하는 능력이다. 이를 위해서는 언어의 운동성 요소와 감각성 요소가 구성될 수 있는 특정한 뇌 부위가 필요하다. 여기에는 호흡기관, 음을 생산하는 후두와 인간의 조음기관인 입술, 치아, 혀, 목젖 및 구강의 다양한 구역도 속한다. 물론 신생아의 뇌는 아직 완전히 발달하지 않았고 따라서 또한 아직 완전히 기능을 발휘할 수도 없다. 대뇌는 아직 '제대로 성숙해 있지 않다', 즉 신체의 나머지 다른 부위의 신경망에 완전히 연결되어 있지 않다. 대뇌의 크기와 무게는 생후 첫 2년 동안에 급속도로 증가하고, 그러고 나서 사춘기까지는 완만하게 증가한다. 뇌의 신경세포(뉴런)의 수는 출생과 함께 완전히 갖추어져 있는 것으로 보인다(약 100억). 그렇지만 기억내용과 언어를 위한 저장중추로서의 뇌세포 자체는 현격하게 성장한다. 뇌 용적이 증가함과 더불어 뇌세포는 다시금 서로 사이가 벌어지고 그럼으로써 뇌세포에서 생겨나와 세포들 사이에서 연락을 해주며 급속히 퍼지는 신경섬유(수상돌기와 축삭)의 망을 위한 공간을 만들어내게 된다. 바로 이 이른바 축삭 수상돌기에서 이룩된 신경자극 전도부의 연락망이야말로 확실히 언어의 습득과 기능발휘를 위해서도 매우 중요하다. 하나의 뇌세포가 수천수만의 다른 뇌세포와 이러한 방식으로 연결될 수 있다는 점을 생각해보면, 뇌의 엄청난 복잡성에 대해 어렴풋하게나마 상상해볼 수 있다. 말하자면 출생 후에 또 한 번의 거대한 발전이 일어난다. 하지만 아이가 태어나자마자 내는 첫 울음소리야말로 이미 출생 시에 음성적 표현수단이 존재하고 있어서 주변세계와의 접촉을 이루어낼 수 있다는 것을 암시하는 것이다. 첫 몇 주, 몇 개월 안에 이미 외침과 울음은 하나의 완전한 표현척도로 세분화되는데, 이는 엄마 내지 돌봐주는 다른 사람에게 직관적으로, 즉 사회학자 셸스키H. Schelsky가 한때 표현한 적이 있듯이 직접적인 '너 확신을 가지고' 그러한 외침이나 울음이 불쾌감, 고통, 배고픔, 기쁨, 도와달라거나 먹을 것을 달라는 요구 등인지에 대해 확실하게 해준다. 젖먹이 어린아이는 스스로 산출한 음을 들을 수도 있고 또 자신이 그렇게 함으로써 사람들을 불러올 수 있을 뿐만 아니라 다른 효과를 거둘 수도 있다는 것을 상당히 일찍이 알아차린다. 그런데 그러한 효과가 아이에게 인식됨과 동시에 음성표출을 또한 그에 상응하게 이용할 추가적인 충동이 주어진 셈이다. 첫 몇 달이 지난 후에 옹알이 단계라 불리곤 하는 단계가 시작된다. 이 단계에서 아이는 놀이하듯이, 그리고 아무 생각 없이 모든 음을 산출해보는데, 말하자면 시험 삼아 발음해보는 것이다. 아직 치아가 없어도 그러한 음들을 발음할 수 있다. 그런데 이 옹알이 단계는 아직 언어습득이 본격적으로 시작되는 단계가 아니고, 오히려 언어 이전의 발음연습 단계에 더 가깝다. 이는 아이가 습득해야 할 언어체계 내에서 전혀 나타나지 않는 음들, 예를 들어 어느 특정한 아프리카 언어에서 나타나는 독특한 흡파음, 그리고 아프리카 학자들이 확인하는 바와 같이 더 늦은 연령에서, 그것도 습득하기가 매우 어려운 음들도 이 단계에서 산출한다는 점을 통해 명백해진다. 물론 옹알이 단계에서는 그 이후의 언어발달에서 중요한 주목할만한 단서들이 벌써부터 나타나기도 한다. 예를 들어 아이가 옹알이하다가 갑자기 멈추고선 마지막 음연속을 한 번 또는 여러 번 되풀이하는 현상, 즉 아이가 들은 것을 재산출하는 것이 마음에 들은 것처럼 보이는 현상을 때때로 관찰할 수 있다. 그러고 나서 넉 달 내지 여섯 달쯤 후(고정된 시기를 제시하는 것은 개인 간 변동폭이 크다는 것을 고려하면 위험한 것이다)에는 모습이 바뀐다. 관찰자들이 더러 보고하는 것처럼 아이는 갑자기 다시 입을 다무는 것 같고, 이제 방식을 바꾸어 주변으로부터 자신의 귀로 들어오는 것에 귀기울이기 시작한다. 아이는 이제 어른의 주의와 깜짝 놀라는 반향을 불러일으킬 수 있는 특정한 음성연속을 산출할 수 있음을 깨닫는다. 이를테면 mamama, nanana, bababa, papapa 같은 음성연속이 간단한 조음의 가능성에 의거하여 특정한 의도나 의미 없이도 산출될 수 있다. 이러한 음들은 말하자면 들는 이에게 접촉을 시작하자고 제안하는 것들이다. 아직 의미를 갖지 못한 음운은 이제 의미를 끌어당기기 시작하는데, 이때의 의미란 어른이 허용하거나 내지는 스스로 가르쳐가며 매개하는 의미이다. mamama는 이제 쉽게 반복할 수 있는 mama로 짧아지고 도이치말의 경우처럼 아이와 가장 가까운 여성, 즉 통상적인 경우에 엄마를 가리키는 것으로 한정될 수 있다. 그런데 이 특정한 의미채움은 결코 필수적인 것이 아니다. 여러 언어를 보면 mama가 다른 것을 '의미'할 수도 있음을 알 수 있는데, 이를테면 라틴말 mamma는 엄마의 젖가슴을, 일본말 mama는 식사를, 스페인말 mamar는 젖 먹이다, 젖을 주다 등을 의미한다. 이 가능한 의미들은 물론 납득할 수 있는 이유로 어린아이의 삶에 중요한 영역, 즉 식물섭취와 보살핌의 주변영역으로 한정되어 있다. mama가 엄마를 나타내는 표시라는 점은 도이치 사람에게 자명한 것으로 보이지만, 아이를 보살피는 모든 여성이 이 음운을 취할 수 있는 것이 아니라 경우에 따라서는 아버지도 이 특성표시를 공유할 수 있다. 기퍼는 예측 가능한 이 경우가 실제로 실현되어 있는 언어를 늘 찾아왔는데, 운좋게도 조지아 출신 동료인 라미쉬빌리G. Ramischwili가 자신의 모어에서 mama는 아버지를 가리키는 데 반해 엄마를 나타내는 표현은 deda로 표현된다는 것을 기퍼에게 말해주었다.

이제 이 새로운 의도적 음성산출 및 의미채움의 단계와 더불어 비로소 본디의 언어습득의 과정이 시작된다. 이 과정은 아이가 자발적으로 발음하는 음운이 의미를 지니게 됨으로써, 그리고 이 의미가 언어체계에 의해 제약된 의미내용으로 한정됨으로써 시작된다. 언어습득의 과정은 말상대가 발음한 음운을 흉내내가면서, 다시 말해 모어를 배워가면서 계속된다. 이 과정이 단순한 것에서 복합적인 것으로, 부분에서 전체로 진행되는 점진적인 일이라는 것은 명백하다. 예를 들어 유기체의 성장과 세포분열 과정의 비교는 최소한 몇몇 관점에서 보면 부적절한 것이 아니다. 범주적으로나 의미상으로나 고정되어 있지 않은 최초의 '전체적인 말Globalwort'(슈피츠R. Spitz)에서는 낱말과 월이 아직 발달되지 않은 채 함께 모여 있어서, 처해 있는 상황에 따라 부름, 요청, 질문, 부탁, 회답을 포함하거나 표현할 수 있다. 이는 낱말과 월이 하나로 되어 있는 것이고, 따라서 낱말이 먼저인지 아니면 월이 먼저인지 하는 오래된 문제는 좋은 문제일 수 없다. 점차적으로 비로소 세분화, 대립 등이 구성될 수 있다. mama는 papa와 대립될 수 있고 체험세계에서도 그에 상응하는 구분을 고정시킬 수 있다. 명사라는 품사가 구성되어 동사나 형용사 같은 다른 품사와 대립을 이룰 수 있다. 예를 들어 Papa lieb은 2어형상으로서 나타날 수 있는데, 이것은 단순한 진술문 Papa ist lieb을 터전을 만들어놓고 선취한 것이다. 그 후에 2어문과 3어문이 뒤를 잇고 어휘가 확대되면서 통어적 가능성도 아울러 확대된다. 게다가 완전한 관용어도 벌써 학습될 수 있는데, 의미는 아직 전혀 이해하지 못했으면서도 알맞은 기회에 올바르게 사용된다. 이에 대해서는 이 자리에서 낱낱이 따져볼 필요가 없다. 하지만 기본원리는 분명해졌을 것이다. 즉 음운은 의미를 취하게 되는데, 그것도 구체적으로 아이가 그러한 결합이 가져다주는 유용성을 겪으면서 이 수단들로써 자신의 주위 사람들로 하여금 특정한 반응을 하도록 유도할 수 있다는 것을 깨닫는 순간에 그러하다. 아이는 언어의 힘을 알게 되고 자신의 삶을 능동적으로 형성하기 위해 이 힘을 이용한다. 이 과정이 지구 상의 어디에서나 인간의 유기체와 인간 정신의 구조 안에 기초하는 불가역적인 동일한 법칙성에 따라 시작된다는 것을 언어학자 야콥슨R. Jakobson이 그의 중요한 논문 〈아동언어와 실어증 및 일반 음성법칙〉에서 서술한 바 있다. 야콥슨이 음성체계의 구성에 대하여 말하고 있는 것을 기퍼는 의미분야에서 속행하려 했고, 이미 언급한 바 있듯이 청각장애 교사들 앞에서 행한 두 차례의 강연에서 그것을 설명한 바 있다.

여기서 언어습득의 초기 과정에 대해 간략하게 훑어보았던바, 언어학의 핵심과제 중 하나는 바로 이 언어습득의 과정을 면밀히 추적하고 언어비교를 통해 그 근거를 제시하는 일이 되어야 할 것이다. 그렇게 되면 아이가 어떻게 모어능력을 갖춘 말할이가 되는지, 아이가 어떻게 자신의 언어에 특징적인 통어 및 의미구조를 습득하는지, 아이가 자신의 언어의 '유한한' 수단을 '무한하게' 사용하고 아직 말한 적이 없는 수많은 월을 산출하며 이해하는 것을 가능케 하는 분절된 어휘와 월구성안을 어떻게 습득하는지가 분명해질 수 있을 것이다.

도이치 나라 출신의 의사 레네버그E. H. Lenneberg가 쓴 중요한 저서《언어의 생물학적 기초Biological Foundations of Language》(1967)에 대해 몇 가지 비판적인 언급을 하지 않을 수 없다. 이 저서는《Biologische Grundlagen der Sprache》라는 제목의 도이치말 번역서(1972)가 나온 이래 도이치 나라에서도 폭넓게 확산되었고 인정을 받기에 이르렀다. 레네버그는 언어발달을 서술하고 설명하기 위해 계통발생(사)적 관점에서뿐만 아니라 개체발생적 관점에서도 주장할 수 있는 모든 중요한 사실들을 수집해놓고 있다. 물론 최근에 중요해지고 있는 생화학의 영역은 빠져 있다.

그러고 나서 레네버그는 자신의 캠브리지 대학교 동료인 촘스키의 생성변형문법의 언어이론적 전제를 기반으로 하여 생물학에서 본 언어발달에 관한 자신의 이론을 전개한다. 건강하게 갓 태어난 모든 아이는 어떤 자연언어든지 똑같이 쉽게 습득할 수 있다는 사실을 레네버그는 수동적인 정보저장 과정이 아니라 선천적인 전제에 환원될 수 있는 개인의 독자적인 원생적인 성능으로 평가하는데, 이는 전적으로 옳은 것이다. 이러한 선천적 전제를 정확하게 한정짓고 기술할 수 없으면서도 그는 이 전제를 그가 '언어 준비language-readiness'(375쪽)라 부르는 어떤 상태를 끊임없는 성숙과정 중에 초래하는 뇌의 특정한 기능에 환원하고 있다.

이 언어 준비는 '잠재적 언어구조의 상태latent language structure'(376쪽)로 해석되는데, 이 상태는 언어습득의 과정에서 실현되는, 즉 습득해야 하는 언어의 실재구조로 변모된다.

레네버그는 촘스키의 동아리에서 전개된 상응하는 관념에 연계하여, 모든 언어가 '동일 유형의 내적 형식an inner form of identical type'(377쪽)을 가지고 있고 모든 언어에는 동일한 보편적 문법이 깔려 있다고 생각한다. 범주화의 처리를 실행에 옮기고 음성연쇄로써 '명명'하는 능력과 결합되어 있는 이 공통된 기본구조는 선천적이라는 것이다. 하나의 특정한 언어를 실제로 습득하는 일은 그때마다 보편적인 기본구조 안에 설정되어 있는 가능성들 가운데 한 가지를 실현한다는 것이다. 이는 일종의 공명현상, 잠재적으로 이미 앞서 존재하고 있었던 것이 현실화되는 것이다.

레네버그는 오늘날의 관행에 맞추다보니, 설명할 때 컴퓨터 공학의 언어를 투입하여, 예를 들어 '뇌의 정보처리 기구의 작동특성operating characteristics of the data-processing machinery of the brain'(375쪽)이라는 말을 사용한다. 그리고 그는 '표층구조', '언어보편상' 등과 같은 생성변형문법의 술어들도 비판적인 유보 없이 사용하고 있다. 이를 통해 그는 불필요한 취약점을 만들어내고 있다. 자신의 이론을 충분히 입증하고자 하는 온갖 성실한 노력에도 불구하고 레네버그는 그의 가정에서 오늘날 실증될 수 있는 범위를 크게 벗어나고 있다. 언어능력faculté du langage이 선천적이라는 것, 다시 말해 본디의 발성기관 외에 뇌의 특정한 부위가 언어의 구성과 '저장'을 위해 준비되어 있다는 것은 확실히 옳다. 하지만 잠재적으로 앞서 존재하고 있는 '언어구조'라고 벌써부터 말한다든가 '동일 유형'의 '인간 언어langage의 내적 형식'을 가정한다든지 하는 것은 경솔한 일일 것이다. 개별 언어체계와 그 안에 명백하게 형성되어 있는 구조의 어마어마한 다양성과 상이성을 고려해볼 때, 그러한 가정은 극도로 의심스럽다. 그 밖에 내적 언어형식의 개념은 다름 아니라 개별 언어의 명확하게 형성된 세계관의 특수성을 특징짓기 위해 개발되었고 따라서 이 특정한 뜻에서 이미 확보되어 있는 것이다. 범주화의 과정을 실행에 옮기는 능력이 선천적이라고 하는 훨씬 더 일반적인 가정은 더욱 더 논란의 여지가 있는 것으로 간주할 수 있다. 게다가 감각적, 정신적 음성 형태를 산출하고 기억 속에 보관하며 습득한 규칙과 월구성안에 따라 다양한 진술로 결합시키는 능력 등도 범주화의 과정을 실행에 옮기는 능력에 덧붙여질 수 있다. 그런데 이때 모든 종류의 정신적 범주화를 언어 이전 내지 언어 외부의 과정으로 파악하여 이 처리가 이차적으로 '명명'된다고 하는 생각은 멀리해야 한다. 그러한 일방적 관계도식은 분명히 실제의 사실관계를 제대로 평가하지 못한 것이다. 그러한 관계도식은 언어와 사유의 변증법적 상호한정 관계로 대체되어야 한다. 그렇게 해야만이 인간 언어의 특별한 지위를 이해할 수 있다. 이것 말고는 해명해주는 바가 많은 레네버그의 서술은 여기서 한계에 부닥친다. 그리고 여기서 그의 흥미로운 서술을 재해석하고 보완해야 할 필요성이 매우 분명해진다.

끝으로 아래에서 기퍼의 인용문으로 이 장을 마무리하고자 한다.

"무엇보다도 명백해지는 것은 바로 이것이다. 즉 아동의 사유능력은 언어습득과 더불어 성장한다. 그것은 흡사 모어의 구조를 휘감으며 높이 올라간다. 여기서 사유함과 말함은 서로 밀접하게 결부된 인간의 능력임이 다시금 입증된다.

훔볼트의 언어관은 우리에게 길을 가리켜주었고, 연구결과는 그의 가정이 옳았음을 광범위하게 확인해주었다."[29]

29 Gipper 1992[a], 98.

VI. 언어의 세계관

세계관. 이것은 훔볼트가 사유함과 말함의 동일성을 가정한 데서 생겨나오는 광범위에 걸치는 결론이다.

이 견해는 여러 곳에서 인용되고 해석된 것인데, 그 중에는 다음의 것이 있다.

“사유는 단순히 언어 일반에 의존할 뿐만 아니라 어느 정도까지는 개별적인 일정한 언어에 의해서도 규정되는 것이다”(IV, 21). 이 명제에는 언어철학의 이른바 ‘코페르니쿠스적 전회’가 포함되어 있다. 즉 이것은 언어철학이 더 이상 ‘언어에 대해서 철학사색하는 것’이 아니라 ‘언어가 철학사색하는 것’을 의미하기 때문이다. 그러나 이와 동시에 언어의 철학은 주변으로부터 ‘철학사색하는 것’ 일반의 중심으로 진출했다. 칸트에서와 달리 더 이상 이성이, 동시에 독자적인 사안에서 재판관, 법률, 원고, 피고가 아니라 언어가 이성에 대신하는 것이다. 그러고 보면 훔볼트는 이를테면 크로체B. Croce, 하이데거M. Heidegger, 가다머H.-G. Gadamer 등 20세기의 철학에서 비로소 발전된 것도 선취한 셈이다.

훔볼트의 사상에서 언어‘의’ 철학이라는 주어적 속격이 뜻하는 바는, 진리가 순수한 사유과정에서 언어 밖에서 시작하여 진리에 관한 결과가 단지 언어화에서 표출되는 것이 아니라 진리가 언어 안에서, 또 언어에 의해서 드러난다는 것이다. "사유와 언어의 상호 의존을 통해, 언어는 본디 이미 인식된 진리를 표현하기 위한 수단이 아니라 그 이상의 것, 즉 인식된 적이 없는 진리를 발견하기 위한 수단이라는 것이 명백히 밝혀진다"(IV, 27). 언어를 이미 인식된 진리를 표현하는 수단으로 보는 견해를 부정한 훔볼트는 데카르트학파의 유명론이나 베이컨의 우상숭배론에 대항해서, 로고스λόγος에 이미 '이성과 언어ratio et oratio'의 단위가 통합되어 있는 그리스의 전통을 따랐다. 이에 반하여 언어를 불충분한 기호조직에 환원하는 것은 '이성 = 로고스 - 언어'의 방정식에 기인하는 것이고, 결국에는 언어도 세계도 없는 데카르트주의에 이끌려가는 것이며, 이러한 데카르트의 논리주의에 비코G. Vico는 격렬하게 반대했다. 존재론에서는, 로고스에서 언어와 이성의 통일에는 훔볼트가 Philo-logie와 Philo-sophie를 결합한 데 대한 정당한 근거도 보이는데, 이것도 수사학이 로고스에 관한 과학의 중심이었던 고대 전통의 부활이다.[1]

훔볼트의 저술들을 주의 깊게 통독해보면, 그가 초기에 쓴 초안 〈언어연구에 관하여〉(1801)를 비롯해서 탁월한 아카데미 논문 〈언어발달의 상이한 시기에 관련한 비교언어연구에 관하여〉(1820)와 〈일반 언어유형의 개요〉(1824-1826), 그리고 가장 유명한 노년기의 저술 〈인간 언어 구조의 상이성과 그것이 인류의 정신적 발달에 끼치는 영향에 관해서〉(1835) 등에서 '세계관으로서의 언어'가 되풀이하여 강조되어 있음을 알 수 있다.

훔볼트는 1812년 초에 쾨르너Ch. G. Körner에게 보낸 서한에서 자신이 오랫동안 마음속에 품고 있었던 이념, 즉 "언어에서 민족, 그 유래, 역사나 성

1 Böhler 1995, 242 이하 참조.

격과 교양을 역으로 추리할 수 있는 방식에 관해서 일반적인 원칙을 세우는 것을 가능케 하는" 이념을 지시하고 있는 것으로 보인다. "그렇게 되면 철학적인 이념의 발전이 요점이 되는데, 그것에 관해서 무엇인가 일반적인 것을 쓰는 것을 싫어하는 것은 아닙니다."[2] 가장 본질적인 통찰(이념)은, 언어가 의식적으로 세계를 파악할 때에 효력을 발휘하고 형성에 협력한다는 것, 그러므로 언어는 사유와 더불어 (혹은 그 자체 사유에 앞서서) 우리가 보는 세계의 모습을 규정하고, 형성하고, 범주적으로 정돈한다는 것으로 생각된다.

그가 이 견해를 처음으로 공표한 것은 1812년 가을에 기초한 〈신대륙의 여러 언어에 관한 수상Essai sur les langues du nouveau continent〉[3]에서였다. 물론 보유Paralipomena에서 보더라도, 그가 언어의 세계관이라는 사상을 이미 1801년에 파악하고 있었다는 것이 판명된다(VII, 604; III, 375 이하 참조). 훔볼트는 초안 〈언어연구에 관하여 또는 모든 언어의 조직적인 백과사전에 대한 계획〉에서, "언어기호는 누구나 세계와 자기의 공상의 압형을 뜨는 상형문자이며, ……언어의 다종다양성에 의해서 직접 우리에게는 풍부한 세계와 우리가 세계 안에서 인식하는 여러 가지 다양성이 증대하며, 동시에 이것에 의해서 우리에게는 인간으로서의 존재의 범위가 확장된다. 그래서 생각하고 느끼는 새로운 양식이 일정한 현실에 작용하는 성격이 되어서 우리의 눈앞에 있다. ……그러므로 지구상의 언어를 연구하는 것은 인류의 사고와 감각의 세계사이다"(VII, 602 이하)라고 서술하고 있다. 바로 여기에 언어연구의 커다란 강령, 과제가 있는데, 이것을 수행하기 위해서는 더욱더 노력이 필요

2 Humboldt 1880, 126.

3 이것은 그의 아우 Alexander von Humboldt의 대여행기 《1799, 1800, 1801, 1803, 1804년에 행해진 신대륙의 적도 지역에의 여행Voyage aux régions équinoxiales du Nouveau Continent, fait en 1799, 1800, 1801, 1803 et 1804》에의 기고로서 계획된 것이며, 훔볼트는 그의 일반적인 언어관을 상술해서 "새롭고 가치 있는 관점을 언어학 연구에 도입하려고"(III, 377) 생각했다.

하다. 우선 그가 언급한 것을 정확하게 이해할 필요가 있다.

이 언어에 의한 세계상의 주관성에 대한 사상은 1812년의 논문에서부터 점점 더 표면에 나타났다. 그는 낱말이 '관념이나 객체의 대표적인 기호'라는 널리 퍼져 있는 견해를 강력하게 부정한 후에 다음과 같이 설명했다.

"언어는 세계와 인간 사이에 위치한다. 언어는 사물을 표현하지만 그 자신의 방식으로 나타내는 것이고, 우리는 낱말의 도움이 없이는 그 무엇에 관해서이건 명료하고 분명하며 추론에 쓰일 수 있는 개념을 도출할 수가 없다. 그러니까 사물이 우리에게 작용하고 우리가 사유를 통하여 반작용을 할 때, 우리가 접촉하는 것은 사물이라기보다는 이른바 기호라고 해야 할 것이다. 기호라는 개념에서는 기호와 그것이 의미하는 대상과의 완벽하면서도 분명한 분리가 요구된다. 그런데 자연어에서 이러한 시도를 해보라. 정신적인 개념의 경우에는 단지, 그것도 다른 낱말들의 도움을 받아서 상황적인 서술을 통한 정의를 할 수 있을 뿐이며, 지극히 정밀한 정의라 해도 모호한 부분이 있고, 그러한 정의는 그 정의를 무용한 것으로 만드는 낱말 자체에 의해서만 정신적인 의미의 개별적 유형을 얻는다. 구체적인 대상의 경우에는, 실은 이 대상을 제시할 수 있다. 그러나 '말', '개', '떡갈나무', '자갈' 같은 낱말을 발음할 때, 그 지칭 대상을 고립적으로 제시하는 것이 아니라 상황을 통해서만 우리에게 나타나고 바로 이 낱말에 의해서 지칭되며 우리의 사유와 표현에 빛깔과 뉘앙스를 부여하는 수많은 부수적인 관념idées accessoires도 제시하는 것이다. 결정적으로 언어를 구성하는 것은 첫째, 오감과 느낌들을 뒤이을 뿐인 상상력을 통해 대상으로부터 얻어지는 막연하고 모호한 개념, 둘째, 우리의 정신적이며 지적인 능력, 그리고 셋째, 무한한 방식으로 결합될 수 있는 요소들의 결합 체계로서의 언어의 성격이다. 우리가 태어나서 죽을 때까지 이 세상을 표현하는 방식은 이 세 가지 영향에 의해 끊임없이 한정된다. 우리에게 영향을 미치는 민족도 그러한 한정 요소이다.

습관과 시간은 이 영향을 보다 강력하고 저항 불능의 것으로 만들며, 따라서 우리가 살고 있는 이 세계는 바로 우리가 구사하는 언어를 통해 우리가 이입되고 있는 세계인 것이다"(III, 331 이하).

그러고 보면 언어는 인간과 세계의 중간에 있고, 우리 인간은 정신적으로 하나의 언어세계에 살고 있으며, 무한하게 다양한 사유 모델인 언어라는 매개자에 의해서 '현실의' 세계에 접근한다. 언어는 특히 부수적인 관념, 말하자면 대기권, 분위기를 형성하며, 그 안에서 세계는 인간에 의해서 생성된 '신기루Fata Morgana'로서 반영되어 있는 것이다.

이 사상은 그의 언어관의 그 후의 진전에서도 확고하게 유지되고 있다. 이를테면 후년의 《카비어 서론》에서도 "언어는 결코 대상을 표시하는 것이 아니라 언제나 정신에 의한 언어의 산출활동에서 자발적으로 (즉 그 자체의 힘으로부터, 외부로부터의 자극 없이) 대상에 관해서 형성된 개념을 표시하는 것이다"(VII, 90; 또한 VII, 59 이하 및 VII, 176 참조)라고 했다.

1820년경에 언어의 중간세계에 관한 훔볼트의 사상은 한층 심화되고 명확하게 표현되었다. 즉 그의 논문 〈언어발달의 상이한 시기에 관련한 비교언어연구에 관하여〉에서는 언어를 아주 조야한 민족의 사투리도 '유기체'로 간주하고, 이미 알고 있는 언어라면 어느 것이나 그 내적인 관련을 연구해야 함을 요구하고, "어떠한 상이한 방법으로 인간이 언어를 성취하며, 사상계의 어떤 부분을 언어로 옮길 수 있었는가, 민속의 개성이 어떻게 언어에 영향을 끼치고, 역으로 언어가 민족에 반작용을 미치는가 하는 것"(IV, 9)을 문제삼아야 한다고 요구하고 있다. 여기에서는 사상계의 어떤 부분을 언어로 옮길 수 있었는가 하는 것이 문제된다. 훔볼트에게 있어 언어는 "관념영역을 이루기 위해서는 필수의, 그렇지 않으면 무엇에 의해서도 보충될 수 없는 수단이다. 왜냐하면 이 영역으로 모든 언어들은 마치 한 점에 모이는 광선처럼 기울게 되고, 공통의 내용으로서의 이 영역과 언어의 관계는 따라서 언어상이성의 연구의 종점이기 때문이다”(IV, 19). 그러고 보면 훔볼트는 분명 언어와 더불어, 언어의 배후에, 그리고 언어의 위에 사상의 세계, 관념의 영역, 관념의 대상의 영역, 또는 생각되고 언급될 수 있는 충만된 모든 것을 가정하고 있다.

심적인 활발함과 (다소라도 적절한) 진전된 언어에 의한 포착과는 상관없이 훔볼트에 있어서는 객관적인 진리의 영역이 존재해서 인간에게 그 일정한 부분이 해명되어 있음에 틀림없다. 상이한 언어는 말하자면 각각 이 관념영역의 특수한 스펙트럼을 표시하고 있는 데 지나지 않는다. 모든 언어를 알아서 (한 언어공동체 내의 인간 정신의 각각의 인식능력인) 상이한 관점을 개관할 수 있는 자라 하더라도 아직은 언어를 기초로 해서 더욱 발달된 '세계'를 정신적으로 파악하는 과학적, 철학적, 예술적인 단계에 필적하지는 않는데, 이것에 의해서도 보다 진실되고 보다 포괄적인 세계관이 얻어질 것이다. “다만 이쪽저쪽으로 동요해서 진리에 이른다”[4]라는 말은 언어 내에서도 통용된다.

또한 1824～1826년에 발표된 〈일반 언어유형의 개요〉에서도 훔볼트는 사유함과 말함의 동일성의 특질을 표시하기 위해 '세계관'이라는 개념을 사용했는데, 이것은 실로 그의 일반적인 문체에 지극히 함축적이고 중요한 것이었다. “어떤 언어든 그것이 존재하는 어느 시기에든지 간에 여태까지 그 민족에게서 발달할 수 있는 모든 개념의 표현을 내포하고 있다. 다음으로 어떤 언어든 그것이 존재하는 각각의 시기에 그 민족의 그때그때의 사유의 범위와 전적으로 동일하다. 마지막으로 그 나름의 상황에 있는 모든 언어는 하나의 세계관의 전체를 형성한다. 언어는 민족이 세계로부터 받는 모든 표상에 대한 표현과 세계가 민족에서 만들어내는 모든 감각에 대한 표현을 포함하고 있기 때문이다”(V, 433).

4 Humboldt 1962, Bd. II, 261.

그런데 이 사상은 훔볼트가 이것을 바탕으로 과학으로서의 언어연구를 세워갈 만큼 그에게 매우 중요한 것이다. 이에 관련하여 자주 인용되는 자리는 다음의 것이다.

"사유와 언어의 상호 의존을 통해, 언어는 본디 이미 인식된 진리를 표현하기 위한 수단이 아니라 그 이상의 것, 즉 인식된 적이 없는 진리를 발견하기 위한 수단이라는 것이 명백히 밝혀진다. 언어의 상이성은 음향이나 기호의 상이성이 아니라 세계관 그 자체의 상이성이다. 여기에 모든 언어연구의 이유와 궁극적인 목적이 포함되어 있다. 인식될 수 있는 것의 총계는 인간의 정신에 의해 다루어질 수 있는 영역으로서 모든 언어들 사이에 위치하며, 더욱이 언어들과는 무관하게 그 한가운데에 위치한다. 인간은 순전히 객관적인 이 영역에 자신의 인식 및 감각의 방식에 따라, 말하자면 주관적인 방법으로 접근하는 수밖에 없다"(IV, 27).

말하자면 인간이 이 객관적인 영역에 접근하는 데에는 언어 주관적으로, 즉 한 언어에 결부된 일정한 인식이나 감각의 방식에 따르는 이외에는 다른 방법이 없다. 객관적인 힘이라는 것은 주관적인 개성의 힘 전체에서 나오는 것이며, 그러기 위해 언어는 절대적으로 필요한 전제이다. '민족의 산물'(VII, 27), 즉 모어로서의 언어는 인간에게 이전부터 존재해 있던 것, 최초에는 잘 모르던 것이었으며, 인간은 관념영역이나 세계의 진리를 인식하려는 노력에서 언어의 구속을 받고 있는데, 그러나 또한 그 이전의 모든 세대로부터 그것에 넣어진 사상의 언어재에 의해서 평가할 수 없을 만큼 유익하게 자극받고 풍부하게 되고 지지되어 있다. 그런데 어떤 언어에서든 처리방식의 주관성이 엿보이는데도 불구하고 뭐니 해도 인간의 일반적인 본성을 상기케 하는 것이 있다. 그러나 대체로 모든 언어에 표시되어 있는 바와 같은 인류 전체의 주관성은 그 자체에 있어서 다시 객관적인 것이 된다. 이에 대해서 훔볼트는 다음과 같이 서술해놓고 있다.

"전 인류의 주관성은 다시 그 자체 내에서는 객관적인 것으로 된다. 진리의 모든 인식의 가능성이 기인하고 있는 세계와 인간 사이의 근원적인 일치는 그러므로 또한 현상의 방법에서 (즉 시간 / 공간 / 인과관계의 울타리 내에서) 조금씩 조금씩 전진적으로 다시금 획득된다. 왜냐하면 어떤 경우에도 객관적인 것은 어디까지나 본디 노력해서 획득되어야 하는 것이며, 인간이 독특한 언어의 주관적인 궤도 위에서 그것(객관적인 것)에 접근하려고 한다면 인간의 두 번째의 노력은, 가령 그것이 한 언어의 주관성과 다른 언어의 주관성이 교환되는 것에 지나지 않는다 할지라도, 주관적인 것을 격리하고 객체를 될 수 있는 대로 있는 그대로 분리하는 것이기 때문이다"(IV, 27 이하).

이미 1803년에 훔볼트는 예술을 이와 유사한 방식으로 고찰했다. 그는 그해 10월 22일 로마에서 쉴러F. Schiller에게 보낸 서한에서, "예술은 어떤 시대, 어느 민족에게도 배타적으로 소속되어 있지 않은 오직 하나의 것에 지나지 않습니다. 다만 예술은 인간이 자신과 세계를 감성적으로 이상화하는 양식입니다. 예술은 하나의 일을 수행하는 것보다도 그 이상의 것을 할 수 있습니다. 그래서 아무리 상이한 것들이라도 공통적인 중심점에 서 있는 것처럼, 예술에서는 서로 만날 수도 있습니다"[5]라고 서술하고 있다. 이와 유사한 방식으로 훔볼트에 있어서 여러 언어는 다른 종류의 객관적인 것, 충만된 세계를 예술적으로 형성하는 것이다.

그래서 우리의 "사유(즉 가장 넓은 뜻으로 해석하면, 직관과 표상 위에 구축하고 결합하고 종결하는 정신적 활동)는 단순히 언어 일반에 의존할 뿐만 아니라 어느 정도까지 개별적인 일정한 언어에 의해서도 규정되는 것이다. 여러 가지 언어의 낱말을, — 이를테면 라이프니츠의 《보편적 기호법》이나 윌킨스J. Wilkins 주교가 시도했듯이 — 수학에서 선이나 수나 문자를 사용하는 계산의 경우

5 Humboldt 1962, Bd. II, 261.

처럼 보편타당성을 지닌 기호로 교체하려고 사람들이 시도한 것은 사실이다. 그러나 기호로써 충분히 할 수 있는 것은 사유할 수 있는 많은 것 가운데 겨우 조그마한 일부분에 지나지 않는다. 그 까닭은, 이러한 기호는 그 본성에 따라서, 순수한 구성에 의해서 산출된 개념, 또는 오성에 의해 형성된 개념에 적합하기 때문이다"(IV, 21 이하). 그러나 훔볼트에게는 바로 인간의 개인적인 표상능력, 주관적으로 세계의 내용을 통찰하는 것, 인간에 접근하는 모든 것을 개인적으로 변화시켜서 자기의 것으로 만드는 것이 중요하다. 그러므로 "내적인 지각이나 감각의 소재에 낙인을 찍어서 개념으로 만들려고 할 때는 그 언어와 불가분한 인간의 개인적인 표상능력이 중요하다. 여러 가지 다른 개별 언어들의 중앙에 일반적인 시각기호나 청각기호를 설정하는 시도는 모두 압축된 번역법이다. 그래서 그것에 의해서 모든 언어로부터라고는 말하지 않지만, 단지 자기 모어의 일정한 한정된 무리로부터 밖으로 나오려고 자부하는 것은 어리석은 망상일 것이다"(IV, 22). 훔볼트의 견해에 의하면, 우리의 삶에 중요한 의의가 있는 모어로 말하자면 질적으로도 규정된 표상이나 감각이나 개념의 그물이 우리에게 심어넣어져서 우리가 세계를 붙잡는 이 그물로부터 우리는 더 이상 거의 벗어날 수 없다. 일견 논리적이며 순수한 기호조직을 사용할 때조차도 모어의 이 내재적인 가치는 개입한다.

다시금 그가 말하는 술어의 내용에 대해 이해할 필요가 있다. 훔볼트는 이 개념이라는 것을 논리적인 추상개념으로 이해할 뿐만 아니라 조직에 제약되어 있는 언어개념으로 생각하고, 더욱이 언제나 이것을 생각하는 인간에 (주관적으로) 관련되는 것으로 간주했다. 여러 가지 상이한 언어의 상이한 표현으로써 일종의 논리적인 개념, 특히 수학적, 자연과학적인 개념을 동일하게 생각하는 것은 물론 가능하다. 그러나 훔볼트도 말하고 있듯이, "훨씬 더 많은 개념과 문법적 특이성이 있는데, 이것들은 풀 수 없을 정도로 언어의 개성에 짜여 들어가 있어서, 내적 지각이라는 한 가닥의 실에 매달려 모든 언어 사이에서 표류하는 채로 유지될 수도 없고 또 개변하지 않고서는 서로 다른 언어로 옮겨다 놓을 수도 없다"(IV, 22).

언어(여기서는 언어형식으로 이해해야 한다)와 언어내용, 표시하는 것과 표시되는 것은 의심할 바 없는 의존관계에 있는 것으로 훔볼트는 보았다(이것에 의해서도 소쉬르F. de Saussure의 시니피앙과 시니피에의 선구자가 훔볼트라는 것이 판명된다). 우리가 생각하고 말하는 것은 언제나 언어에 의해서 정해진 방식으로 행해진다. 말하자면 개념의 조산부인 낱말, "개념을 비로소 사상세계의 한 개체로 바꾸는 낱말이라는 것은 개념에 대해서 자기 자신의 부분(조직에 제약된 가치)을 현저하게 부가한다. 그래서 관념은 낱말을 통해서 확실성을 받아들임과 동시에 어떤 일정한 울 안에 감금된 채로 있다"(IV, 23; 또한 VIII, 129 참조).

특히 훔볼트도 이미 말하고 있는 것처럼, 낱말에는 모두 그 추상적인 개념의 핵심 이외에 정서, 감정, 가치의 질이 작용하는 분위기가 있는 것이며, 이 분위기는 점차적으로 성장하고 더욱 개인의 언어재나 마침내 민족의 언어재에 있어서도 성장을 계속하고 있다.

"그 현상이 심정에서 언제나 언어에 의해서 개별화된, 끊임없이 균일하게 돌아오는 인상에 수반되어 있는 대상은 그 자체에 있어서도 그것에 의해서 수정되는 양식으로 표현된다. 개별적으로는 이것은 그다지 인정될 수 없지만, 전체에서의 작용의 힘은 그 인상의 일양성과 끊임없는 되돌아옴에 있다. 언어의 성격은 어느 표현에도, 어느 표현의 결합에도 부착되어 있음으로써 표상 전체는 성격에서 생기는 색조를 띠고 있기 때문이다"(IV, 23 이하).

여기서 다시 언어와 세계관의 관계로 논점을 옮겨보겠다.

1822년의 단편 〈언어의 민족성에 관하여〉에서는 언어(본디 언어공동체)의 과제가 "그 언어에 내재하는 힘으로 모든 것에 공통된 영역을 정신의 재산으로 개조"(IV, 420) 하는 길이라고 규정되어 있다.

훔볼트는 언어의 세계관이라는 말을 문자 그대로 받아들여야 한다는 것을 지시하는 것도 잊지 않는다.

"개념 안에는 대상의 인상, 주관이 대상을 받아들이는 방식, 언어음성으로서 낱말의 작용이라는 세 가지가 들어 있다. 그리고 낱말의 작용이라는 점에 관련해서는, 동일한 언어에서는 필연적으로 일관된 성질이 지배하고 있고 동일한 민족에서는 동일한 종류의 주관성이 언어에 작용하므로, 각각의 언어에는 하나의 고유한 세계관이 들어 있다. 이 표현은 결코 단순한 진리의 상궤를 벗어나는 것은 아니다. 그것은, 언어 상호 간의 모든 부분들과 언어 전체와 민족의 관계는 매우 긴밀한 것이어서 일단 그러한 상호작용이 일정한 방향을 제시하기만 하면 거기에서 필연적으로 일반적인 특성이 드러나게 될 것임에 틀림없기 때문이다. 그러나 언어가 세계관인 것은, 각 개념이 언어에 의하여 파악될 수 있고 언어는 세계의 범위에 필적해야 하기 때문일 뿐만 아니라 또한 (언어가 우선 그 대상들을 파악할 수 있는 정신의 대상으로 삼는 것과 동시에) 언어가 그러한 대상을 변화시킴으로써 정신이 세계의 개념과 떼어놓을 수 없는 (모든 현상의) 관련을 통찰할 수 있기 때문이다"(V, 387; VI, 179 이하).

이렇게 '모든 언어 사이에서' 인식될 수 있는 것에 접근하는 것은 '모든 언어연구의 궁극적인 목적'(IV, 27)인데, 그러나 외국어 습득의 목적과 그것의 필요성을 시인하는 훔볼트의 사상 또한 간과할 수 없다.

"인간은 언어를 자기 내부로부터 엮어내는 것과 같은 동일한 행위를 통해서 자신을 그 언어 안으로 엮어넣는다. 모든 언어는 그것이 속해 있는 민족의 둘레에 원형[6]을 그리는데, 그 원에서 빠져나갈 수 있는 것은 동시에 다른 언어의 원으로 넘어갈 수 있을 때뿐이다. 외국어의 습득은 여태까지의

6 여기서 '원형'은 바로 '세계'를 가리킨다.

세계관에서 새로운 관점을 획득하게 되는 것이다. 그러나 여기서 실제로는 일정한 한도가 있다. 왜냐하면 어떤 언어도 인류의 일부분의 개념의 조직 전체나 표상방식을 포함하고 있기 때문이다. 다만 우리가 외국어 속으로 언제나 다소간에 우리 자신의 세계관과 우리 자신의 언어관까지 함께 가지고 들어가기 때문에 그 성과는 순수하고 완전하게 이해될 수 없다"(VII, 60; 또한 VI, 180 및 V, 387 이하 참조).

그러나 외국어에 정통함으로써 자신의 언어의 세계관의 시계가 확대될 뿐만 아니라 이상으로서 모든 개별 언어의 배후에 있는 전체에도 접근하게 된다. "훨씬 높은 발육에 참으로 적합한 언어에 독자적인 세계관이 있다면 이들 상호뿐만 아니라 생각될 수 있는 모든 세계관의 전체에 대한 관계도 존재해야만 하기 때문이다"(IV, 33).

모든 세계관의 이러한 전체의 이념은 당연한 결과로서 전체성의 방향에서 최상으로 향하는 발달의 이념마저 포괄하는 것이다. 그래서 훔볼트는 다음과 같이 서술하고 있다.

"언어에는, 그 최대의 범위에서 보아서, 인류 일반에서 최후의 중심점이 알려져 있다. 그래서 인간은 여태까지 완성의 어느 정도에서 언어를 실현시켰는가 하는 문제에서 출발한다면 거기에는 하나의 확정된 점이 있어서, 그것에 의해서 또 다른 것도 마찬가지로 확정될 수 있다. 이제 이러한 방법으로 언어능력의 진전하는 발달은 더욱이 확실한 기호에 의해서 인식될 수 있으며, 이 뜻에서는 언어 사이의 단계적인 차이에 관해서도 당연히 논의될 수 있다"(IV, 286).

더욱 훔볼트는 "인간의 정신 밖에 있는 대상에 대립하는 것은 개개의 낱말, 즉 소리에 의해서 낙인이 찍힌 개념의 세계"(VI, 349)라고 규정하고, 마침내 그의 언어철학의 인식을 총괄한 《카비어 서론》에서 다음과 같이 서술해 놓고 있다.

"인간은 대상의 세계를 자신 속에 받아들이고 재구성하기 위해서 소리의 세계로써 자기를 둘러싼다. ……인간에 있어서 감정과 행동은 그 자신의 표상에 달려 있고, 더욱이 전적으로 언어가 대상을 그에게 제시하는 그대로이기 때문에 인간은 주로 대상과 함께 살고 있다"(VII, 60; VI, 180 및 V, 387 참조).

훔볼트는 "언어를 인간이 참다운 세계로부터 받는 인상에 따라 자기 자신으로부터 객체화한 제2의 세계"(VII, 72)라고 인식하고 있다. 언어의 차이는 민족의 성격의 차이이기도 하다. "개화된 언어와 미개한 언어의 구별만이 문제가 되는 것처럼 언어의 모든 장점과 넓은 언어영역의 소유를 문명과 문화의 탓으로 돌리는 것은 극히 일반적인 생각이다. 그러나 우리가 역사를 참조한다면, 언어에 미치는 문명과 문화의 그러한 힘은 결코 실증되지 않는다. 이를테면 자바Java는 인도에서 고도의 문명, 문화를 분명히, 그리고 상당한 정도로 받아들였다. 그러나 그 때문에 토착의 언어(말레이어)가 그 불완전하고 사유의 요구를 충족하기에는 적합하지 않은 형식을 고치지는 않았고 오히려 비교할 수 없을 만큼 우수한 산스크리트로부터 그의 형식을 빼앗아 산스크리트를 말레이어의 형식으로 변형시켜서 도입하는 사태가 생긴 것이다. 그리고 인도 자체도 매우 일찍이 문명화되었고 외래 문명과의 교류에 의해서 개화되지는 않았지만 그의 언어도 외래 문명과의 교류에 의해서 얻은 것이 아니고, 순수한 언어감각으로부터 깊숙한 곳에서 솟아나온 그 언어의 원리는 그 문명과 마찬가지로 민족의 천재적인 정신경향으로부터 흘러나왔다. 그 때문에 언어와 문명이 서로에 대해서 결코 언제나 같은 비례관계에 있는 것은 아니다. 페루는 잉카의 사회조직의 어느 부분을 고려하더라도 아메리카에서 단연 최고의 문명국이었다. 그러나 전쟁과 정복에 의하여 보급을 시도한 일반적인 페루의 언어가 신대륙의 다른 언어보다 더 우수하다는 것을 인정하는 언어학자는 없을 것이다. 즉 페루의 언어는, 내 생각에 의하면 멕시코의 언어보다 훨씬 못하다. 표면상 조야하고 미개한 언어도 그 구조에 있어서 탁월한 우수성을 지닐 수도 있고, 또 실제로 우수성을 지니고 있다. 그래서 이 언어가 이 점에 있어서 고도로 발달한 언어를 능가하고 있다는 것도 불가능하지는 않을 것이다"(VII, 27 이하).

또한 게르만 민족의 대이동의 시기에 로만스 여러 언어는 게르만 민족으로부터 많은 어휘를 받아들였지만, 문법구조에 관한 한 게르만의 흔적은 보이지 않는다. 로만스 여러 언어의 성립은 로마의 붕괴와 더불어 각 지방의 언어가 그 자체의 내면적 원리에 의해서 전개된 것이다(VII, 247 이하 참조). 이렇게 어느 민족의 언어는 문화적으로 우월한 다른 민족이나 정치적으로 지배적인 다른 민족과 접촉하더라도 어휘 분야만을 제쳐놓고는 형식, 즉 기본구조에 관한 한 거의 영향을 받지 않는다는 사실이 명백하게 되었는데, 그것은 언어가 민족의 개성이기 때문이다. 언어가 민족의 개성이라는 것은, 개별 언어에 민족의 성격 — 발상형식, 감수성, 생활감정 등 — 이 반영되어서 표현되어 있기 때문일 뿐만 아니라 언어가 하나의 '세계'이기도 하기 때문이다. 훔볼트는, "언어는 단순히 상호이해를 위한 교환수단일 뿐만 아니라 정신이 그 힘의 내적인 활동을 통해 자신과 대상 사이에 정립하지 않으면 안 될 참된 하나의 세계라는 감정이 마음속에서 정말로 깨어난다면, 우리의 마음은 점점 더 많은 것을 언어 안에서 찾아내고 더욱더 많은 것을 언어 안에 넣는 참된 길을 가고 있는 것이다"(VII, 176)라고 말하고 있다.

'정신적으로 형성하는 힘으로서의 언어' — 이것은 언어의 본질 조건을 과학적으로 올바르게 평가할 수 있는 입장의 특색을 나타내는 말이다. 바이스게르버L. Weisgerber는, "언어가 그것을 소유하는 이들에게 일정한 양식의 세계관을 매개한다는 점을 언어의 가장 중요한 성능으로 간주할 수 있게 된다면, 우리는 간단한 추론을 통해 이전에 참고로 예를 든 언어의 본질규정(언어 = 표시, 전달, 의사소통 등의 수단)보다 더 나은 언어의 본질규정을 얻을 수 있다"[7]고 했다. 이 두 정의 사이에 존재하는 차이는 얼핏 보아도 명백하다. 다른 한편 여태까지의 소박한 언어관으로부터 참다운 본질적인 언어관으로의 발전이 이루어졌다고 말하지 않을 수 없다. 그러한 관점의 확립 또한 간단하게 언급될 수는 없다. 이 결정적인 관점을 소재에 의거해서 획득하지 않으면 안 될 것이다. 여기에서는 바이스게르버에 의해서 이를 해명하려 한다.

바이스게르버는, "언어연구의 핵심은 언어의 '세계상'이다. '언어의 세계상'이란 모어 안에서 효력을 발휘하는 전체적인 정신적 에너지Energie이며, 이것에 의해서 언어공동체를 통한 세계의 언어적 동화가 수행되는 것으로 이해된다"[8]고 말하고 있다. 한 모어의 모든 구성요소는 훔볼트가 언어에서 결정적인 것으로 간주했던 것, 즉 "정신이 그 힘의 내적인 활동을 통해 자신과 대상 사이에 정립하지 않으면 안 될 참된 하나의 세계"(VII, 176)라고 하는 것에 참여하고 있는 것이다. 이로써 모어란 그러한 삶의 영역의 정신적인 개조가 이루어지는 중심점이며, 또한 언어란 '객관적인 사상으로 다가가는 인간'이라는 훔볼트의 말의 뜻도 밝혀진다. 그러한 세계상이 모든 모어의 본질의 핵심을 이룬다는 사실에 대한 증거를 바이스게르버는 일목요연하게 제시해놓고 있다. 이 사유과정을 개관하면 다음과 같다.

"1. 낱말과 통어수단이 그 형태에 있어서 그때마다의 모어의 구성성분임은 누구나 인정한다.

2. 음성형식만으로는 아직 언어라고 할 수 없다는 것도 확실하다. 통어수단이 어떤 '사유'의 단순한 '껍질'이 아니듯이, 낱말은 어떤 '사물'을 표시하는 '명칭'에 그치는 것이 아니다. 음성형식만을 언어와 동일시하고 음성형식과 그것이 표시하는 사물의 영역의 두 가지 층만을 고려

---

7 Weisgerber 1929, 86.

8 Weisgerber 1962^{c}, 177.

하는 통상적인 관념은 너무나 피상적이다. 이러한 뜻에서 음성언어적인 것과 사물의 단순한 병렬은 존재하지 않는다.

3. 요컨대, 모어에는 낱말의 '의미'와 통어수단의 '기능'이라는 아직 밝혀지지 않은 영역 안에 숨겨져 있는 그 무엇인가가 포함되어야만 한다. 이러한 '의미'와 '기능'을 분석해 들어가면, 우리는 정신적 중간세계에 부딪히게 된다. 이 중간세계를 통해서 비로소 음성형식과 '사물'의 연결이 가능해진다.
4. 그러나 이 정신적 중간세계는 기존의 '이념'이나 혹은 보편타당한 '사유형식'에 의해서 성립되는 것이 아니라, 인간 정신이 그 안에 사유의 '대상'을 설정하고 그 대상 안에서 외부세계의 '사물'이나 '사태'가 인간에 의한 질서잡음과 가치평가 및 파악을 통해서 인식되고 형성된다.
5. '객관적인 존재'와 인간에게서 '의식된 존재' 사이에 끼어들어가는 이 중간층은 이제 언어와 분리될 수 없는 관계에 있다. 더욱이 그것의 정신적 '대상'은 모어를 구성하는 요소이며, 각각의 모어가 수행하는 바의 세계(현실세계)를 정신의 재산으로 개조하는 길이자 성과이다. 여기가 언어의 에네르게이아의 본디의 광장인 것이다. 또한 이러한 힘이 형태와 효력을 획득하는 자리란 우리가 올바르게 모어의 세계상das Weltbild이라고 일컫는 바로 그것이다."[9]

바이스게르버는 언어의 활동을 총칭해서 '언어에 의한 세계의 형성die sprachliche Gestaltung der Welt'이라고 명명하고 있다. 그리고 여기에 중요한 성능을 수행하는 것으로서 등장하는 것이 '언어에 의한 포착Sprachzugriff', '언어의 세계상das Weltbild der Sprache'이라는 개념들이다. 글쓴이는 우선, 이 개념들을 '언어에 의한 자연의 해명'이라는 면에서 고찰하기로 한다.

---

9 Weisgerber 1964[b], 43 이하.

바이스게르버에 의하면, 자연에 대한 인간의 언어 힘의 처리방식의 근본 조건은, "자연이 그 현상의 무한한 풍부성과 다양성으로 인간에 맞서고, 시각-청각-촉각 및 미각에 끊임없이 영향을 미쳐서 인간을 순수하게 감각적으로 압도하는 것"[10]으로 나타나 있다. 그러므로 인간은 "자연에 대해서, 의식 내에 대항 상을 창조하기 위해 정신력을 꽂아넣지 않으면 안 되는 것이다."[11] 있는 그대로의 자연을 인간적으로 파악된 자연으로 개조하는 이 작용은 자연이 인간에 가하는 충격, 그리고 자연에 대한 인간의 응답이란 형으로 수행되는데, 이러한 인간에 의한 자연의 해명die menschliche Erschließung der Natur은 결코 '자연의 순수한 발견, 단순한 총괄, 직접적인 모방'이라는 뜻에서 해석되어서는 안 되고, 바이스게르버가 말하는 바와 같이 "자연의 단순한 영상Spiegelbild으로서의 언어라는 것은 어디에서도 발견될 수 없을 것이다. 자연과 의식 사이에 가로놓여 있는 거리는 언제나 인정될 것이며, 특히 존재에 대한 인간의 정신에 의한 포착Zugriff은 정신에 의한 세계상을 결정하는 조건으로서 여전히 남게 될 것이다."[12]

언어가 해명하는 세계가 사물로서의 자연적 세계의 단순한 영상 또는 모사일 수 없다는 것은 인식론적으로도 대단히 중요한 점이다. 그리고 또 이 견해에서야말로 언어의 비밀을 푸는 열쇠가 숨어 있는 것이다.

식물의 세계를 예로 들어 생각해보겠다. 바이스게르버는 Gemüse(채소)라든지 Unkraut(잡초)라는 낱말을 객관적으로, 즉 식물계에 고유한 법칙에 의거하여 그 근거를 잡는 것은 불가능하다고 말한다. "Unkraut는 어디에 존재하는가 하는 물음에 대해서는, Unkraut는 자연 가운데가 아니라 인간의 판단 속

10 Weisgerber 1962^{b}, 89.

11 위에 든 곳, 89.

12 위에 든 곳, 89 이하. 또한 이 책의 258-263 참조.

에서 비로소 존재한다는 명백한 답이 나온다. 자연 가운데서 모든 Kraut(풀)는 그 자신의 법칙에 좇아서 생육하는 것이며, Unkraut라는 사상으로 향하는 성향은 어디에서도 발견될 수 없다. 식물학이 아무리 식물계의 구조를 과학적으로 탐구하고 Unkraut라는 어떤 객관적인 징표를 지적하려 한다 해도 그것은 불가능하다."[13] 즉, Unkraut - Gemüse라는 분류는 바로 인간 쪽에서 수행된, 언어에 의한 세계포착인 것이며, 인간은 자연을 언어적 구성체로 바꿈으로써 말하자면 자연을 인간화하고 있는 것이다. 또다시 바이스게르버의 말을 인용해보겠다. "인간은 선입관에 사로잡히지 않고 대상과 교섭하는 것이 아니라 다만 언어가 제공하는 방법에 좇아서만 그것과 교섭한다."[14]

바이스게르버는 포슬러K. Vossler의 말을 인용하여, "열대지방에는, 여러 가지 야자의 종류에 대해 50~60가지의 명칭을 가지고 있으면서도 그것들을 총괄하는 명칭은 가지고 있지 않은 흑인의 언어가 있다. 이 흑인들은 야자 열매를 먹고 생활하고 있으며, 식물에 대해서는 대단히 세심한 관심을 가지고 있지만 이것은 결코 식물학적인 관심이 아니다. 아르헨티나의 가우초사람(스페인사람과 남아메리카 팜파스 지방 흑인의 혼혈족)은 말의 빛깔에 대해서는 약 200가지의 명칭을 가지고 있는데, 식물의 명칭은 단 네 개뿐이다. 즉 pasto, paja, cardos, yuyos가 그것인데, pasto는 가축이 먹는 모든 것에 대해, paja는 짚으로 된 요를 만들기에 적합한 모든 것, cardos는 모든 목질성의 식물, yuyos는 그 밖의 모든 식물에 대해 쓰인다"[15]라고 밝히고 있다.

"그리고 언어수단에 총괄적-분류적 힘뿐만 아니라 해명적-해석적 힘도 내재한다는 것은, 동일한 형체가 Körper(몸)와 Leib(육신), Kopf(머리)와 Haupt(두부), Gesicht(얼굴)와 Antlitz(용안)라는 상이한 시각 속에서 나타나는

13 위에 든 곳, 97 이하.

14 위에 든 곳, 101.

15 위에 든 곳, 98 이하.

예를 통해 밝혀진다."[16]

바이스게르버는 식물계를 목적에 관련된 네 개의 무리로 분류한 것과 중고지 도이치말에서 동물계를 좀 더 체계적인 네 개의 무리로 나누어 언어적으로 해명했던 것을 비교하고 있다. "루터M. Luther까지만 하더라도 동물계 현상들의 총괄개념으로서 'nachdem der allmächtige Gott fisch, vögel, viehe, gewürm und thier erschaffen(전지전능한 하느님이 물고기, 새, 집짐승, 벌레, 네발짐승을 창조하신 후에)' 같은 분류규칙이 있었는데, 여기서 열거된 것은 옛 도이치말의 의미에서 빠진 게 없다. 왜냐하면 옛 도이치말의 상에서 결정적인 것은 움직임의 방식(헤엄치고, 날고, 기고, 걷는 모든 것)이었기 때문이다. 그리고 유독 viehe, 즉 집짐승의 분야만이 이에 해당되지 않았던 데 반해 신고지 도이치말 Tier(동물)와 같은 상위개념의 필요성은 아직 확고하게 자리 잡지 못했다. 그 밖에 이 동물계의 분절이 신고지 도이치말의 발전과정에서 점차 흔들렸지만, 그럼에도 불구하고 전체적으로 그와 똑같이 일목요연한 다른 상으로 대체되지는 않았다는 것이 우리의 오늘날의 상에 이르기까지 본질적이다. 이에 함께 영향력을 행사하고 있는 것이 동물학의 학문적 정리, 특히 린네C. von Linné가 '포유류', '조류', '양서류', '어류', '곤충류', '연충류'의 여섯 부류에다가 '포유류' 등의 하위부류를 분류했던 것이다. 가장 중요한 기간은 곤충세계가 '발견'되었던 18세기로서, 이 발견을 통해 그때까지 전반적으로 주목받지 못했던 종들에 대해 주의를 기울이게 되었을 뿐만 아니라 '조류'와 '연충류'의 무리 또한 이리저리 많은 변동을 겪게 되었다. 이와 마찬가지로 Käfer(딱정벌레) 또한 나름의 '정신적' 역사를 갖고 있다(첸더M. Zender). Ungeziefer(해충)의 발전도 이 맥락에서 중요하다. Tier(동물) 자체가 그에 연계된 Tierreich(동물왕국), Tierwelt(동물세계) 같은 개념들과 더불어 상위개념으

16 Weisgerber 1964b, 39.

로 승격된 것도 같은 기간 동안에 결정된 것이었다(크라우제H. Krause 참조). 이에 상응하여 여러 개별 분야(가령 해가 되는 동물들에 대해서는 켐퍼H. Kemper를 참조)와 방언(슈마허Th. Schumacher)에서 섬세한 관찰을 해볼 수 있다.

이 발전과정에서 우리에게 가장 중요한 것은 '정신적 대상들'을 향한 엇갈린 각인이다. 명백한 것은 가령 Ungeziefer(해충)가 인간의 판단에서만, 마찬가지로 Wild(사냥감 야생동물)와 Geflügel(가금류)은 인간에게 쓸모 있는 것으로 한정될 때에만 존재할 수 있다는 것뿐만이 아니다. 인간의 판단은 개별 세부사항들에 이르기까지 언어에 의해 인도된 것으로 나타날 수 있다. 확실히 이때 항상 동물세계 자체의 조건들이 영향을 끼칠 것이다. 하지만 결과적으로 생겨나는 것은 '객관적인 상'이 아니라 인간의 상이고, '동물학이 아니라 모어'이다."[17]

그러나 이러한 언어에 의한 포착의 소재를 가장 명백하게 증명하는 것으로는 뭐니 뭐니 해도 빛깔 이름을 들지 않을 수 없을 것이다. 바이스게르버는 우선 1900년 전후에 있었던 빛깔 논쟁을 언급하고 있다. 이 논쟁은 호메로스의 작품에서 빛깔 이름의 번역 문제로서 생긴 것이다. 이를테면 ōchros는 어떤 경우에는 grün-gelb(푸른-노란), 어떤 경우에는 rot(붉은)로 번역하지 않으면 안 되었고, chlōros는 어떤 때는 gelb-grün(노란-푸른)으로, 어떤 때는 grau-braun(회색-갈색)으로 번역하지 않으면 안 된다는 지경에 빠져들었다. 당시에 이 귀찮은 문제를 해결하기 위해 두 가지의 견해가 제시되었다. 하나는 그리스가 남국의 햇빛 아래에 있기 때문에 그리스 사람에게는 색조보다 광택이 더 중요하다고 생각해서, 이들 낱말을 모두 glänzend(반짝이는)로써 번역하려고 했던 것이다. 그러나 그리스사람은 광택을 표현하기 위해서

17 Weisgerber 1962[b], 99 이하.

는 한층 완성된 형용사를 소유하고 있어서 이 견해는 인정되지 않았다. 또 하나는 눈의 빛깔 감각의 발달이라는 것을 생각해서, 그리스사람의 빛깔 감각은 아직도 발달되지 않았기 때문에 색맹의 상태에 있었다고 하는 견해였다. 그러나 이 견해마저도 오류라는 것은 이내 이해될 것이다. 인간의 눈의 감응기관이 이 동안에 그만큼 현저한 변화를 겪었다고는 인정될 수 없기 때문이다. 그리하여 결국 유일한 올바른 해결로서, 앞에서 고찰된 불일치는 현상 자체의 성질에 의한 것도 아니고, 또 인간의 눈의 구조에 의한 것도 아니며, 각각의 언어에 의한 세계포착Zugriff 가운데에 그 근거가 있다고 하는 것이 판명되어, 여기서 비로소 '언어들의 세계상das Weltbild der Sprachen'이라는 사상이 확립되기에 이른 것이다.[18]

라틴말의 경우에도, 로마사람은 blau(파란)에 상응하는 영역으로서 caeruleus, aerius, caesius, lividus, venetus라고 하는 일련의 낱말을 소유하고, gelb(노란)의 영역에서는 flavus, fulvus, helvus, gilvus, luteus, croceus 등의 낱말을 가지고 있었다.[19] "rot(붉은)는 어디에, 그리고 어떻게 존재하는가라는 물음에는, rot는 우선 낱말로서, 음성-내용의 전체로서 우리에게 부여되어 있다고 대답하는 것만이 적절하다. ……이 rot의 내용은 모어적 에네르게이아로서의 성격을 지니고 있는 것이다. 즉 이것이 존재하는 장소는 특정한 언어(이 경우 신고지 도이치말)이며, 그 타당영역은 그것에 상응하는 언어공동체이며, 그 존재형식은 이 공동체 안에서 실제로 '작용하고 있는' 존재의 정신적 형성으로서의 포착Zugriff의 형식이다."[20]

이상에서 본 바와 같이 바이스게르버는 '단자론Monadenlehre', 즉 상대론

18 위에 든 곳, 108 이하 및 Weisgerber 1929, 81 이하 참조.

19 Weisgerber 1962^{b}, 110 및 Weisgerber 1929, 81.

20 Weisgerber 1962^{b}, 110.

적인 원리를 도이치말 구문의 전형적인 특성에 적용해서 더욱이 도이치 사람의 사유방식의 변천에 적응시키려 시도했다. 그의 중심이 되어 있는 신념은, "한 언어 안으로 들어가서 성장하는 인간은 그의 평생을 통해서 모어에 의해 제어되어 있으며, 모어는 실제로 인간을 대신하여 사유하는 언어이다"[21]라는 것이다.

또한 트리어J. Trier를 언급하지 않을 수 없다. 그도 바이스게르버와 대단히 유사한 방법으로 지난 세기 30년대 초엽에 '언어밭 이론'이라고 불리었던 학설의 계통을 수립했다. 그에 의하면, 각각의 언어는 그 언어에 특유한 방식으로 현실을 구성하고 조직하며, 그렇게 해서 그 언어에 고유한 현실 구성요소를 규정한다. 이렇게 라이프니츠와 전적으로 동일한 뜻에서 개개의 언어, 즉 언어-단자는 하나의 전체로서 '개념의 밭'(양자 물리학의 이론을 인용하고 있는 것은 명백하다)의 틀 안에서 작업을 하고 있는 셈이다. 이러한 밭은 하나의 '형태Gestalt'로 이해될 수 있다. 언어는 다양하기 때문에 각각의 상이한 문화는 동일한 소재 및 경험의 총체에 대해서 각각 상이한 '형태'를 부여하게 된다. 어떤 경우에도 경험 쪽에서의 언어적인 피드백(송환)은 언어에 따라 상이하다. 그러므로 상이한 언어를 말하는 이는 상이한 '중간세계'에 거주하게 된다.

요스트L. S. Jost에 의하면, "훔볼트는 언어적 중간세계의 사상을 그의 이론적, 일반적인 논구에서 주장하고 있다. 이 중간세계라는 것은 언어를 통해서 작용하고 언어에서 확보된 정신적 노력과 활동(에네르게이아)의 성과이다. 이 활동은 구상적으로 각각의 언어공동체의 사유의 발달단계로서 민족

21 Weisgerber 1929, 164.

의 언어재에 나타나 있는데, 이것은 지난 세대의 인간들의 수백 년에 걸친 심사숙고에 의해서 성취된 것이다. 이 활동은 실제의 말함(언어 사유)에서, 물론 편한 상황에서 언제나 새롭게 수행되어야만 하는데, 이 경우에는 언어라는 이미 존재하는 것에 본질적으로 특유한 기여, 즉 구상적인 개인적인 의미의 충전이 덧붙여져야만 한다(이것은 실제적으로 흔히 의미의 수정에 일치하는 것이다). 현실에 관한 우리의 견해는 언제나 점차적으로 달라지며, 이미 존재하는 사회의 객관적인 형태, 즉 에르곤으로서의 언어에 준비되어 있고 모어를 습득할 때 받아들여졌고 넘겨받은 관점을 통해서 규정되고 명확하게 표명된다. 민족의 언어재에서 개인의 언어재로 작용하는 이러한 상호 주관적인(이러한 상이한 개개의 주체에 공통된) 언어의 요소는 현실적으로 언어를 사용할 때 언어의 제약을 받은 우리의 의식 과정의 구성과 질에 근본적, 본질적으로 작용하는 것이다. 특히 이 에너지는 모어에서 작용하는 것인데, 따라서(언제나 훔볼트의 뜻에서, 그러나 고유한 현대적 표현에 있어서) 각각의 언어는 그것에 독특한, 역사적으로 성장한 질서의 한 구상이며, 말하자면 소박하고 언어논리적인(존재론적인), 물론 대단히 포괄적인 범주표이며, 이것에 의해서 우리는 인식되는 세계를 정돈한다. 언어행위는 이러한 사정이기 때문에 어떤 언어든 하나의 도구, 더욱 세계 극복의 하나의 방법 이상의 것이다. '세계'의 소여의 존재적인 현실성, 그리고 훔볼트가 말하는 인간의 '지적 생리학'과 협동하면서 에네르게이아로서의 언어는 의식할 수 있는 정신적 존재의 일정한 세계를 창조한다. 이런 방법으로 언어는 영구히 자아와 세계, 정신과 자연, 이념과 소재, 사유와 존재, 개인과 인류, 인간과 신을 매개하는 것이다."[22]

22 Jost 1960, 66 이하.

뒤이어 글쓴이는 언어의 세계관에 대한 기퍼H. Gipper의 견해를 살펴보고자 한다. 기퍼에 의하면, "훔볼트가 말하는 뜻에서 언어의 세계관의 사상에서 문제가 되는 것은, 각각의 언어에서 그 언어를 말할이가 접근할 수 있는 체험세계가 그의 감각적-육체적, 정신적-심적인 장비에 의거해서 특정한 방법으로 개념적으로 파악되고 따라서 사유 속으로 옮겨진다는 사실로서, 이는 어느 관찰자에도 추가 시험이 가능하다는 것이다. 프레게F. L. G. Frege의 의미Sinn의 정의를 바꾸어서 말하자면, 한 언어의 의미와 범주의 분절이나 의미조직 안에서의 세계라는 소여성의 성질이 문제된다. 이때 다만 어휘내용의 분절만을 생각해서는 안 되며, 더욱이 마음대로 쓸 수 있는 월구성안이나 질문과 회답, 긍정과 부정 등의 태도의 형식 안에 주어져 있는 진술의 여러 가지 가능성의 레퍼토리도 생각해야만 한다. 달리 표현하자면, 어떤 언어든 그 언어공동체의 구성원들이 흔히 말하는 사물 또는 하여튼 말할 수 있는 사물은 모두 언어기호의 목록과 언어기호의 결합의 가능성과 더불어 특수한 방법으로 미리 주어져 있는 것이 보통이다. 우리의 체험의 어느 영역을 생각하더라도, 가령 식물계나 동물계, 생명이 있는 자연이나 생명이 없는 자연, 기후 조건을 수반하는 지리적인 환경, 감각적인 지각의 여러 가지 영역을 지니는 인간의 삶 그 자체, 인간에 의해 창조된 물질문화나 정신문화를 생각하든지 간에 어디서나 우리는 특정한 어휘밭에 의해서 점유되어 있는 의미영역을 발견하게 되는 것이다. 예를 들어 어휘는 어휘적 수단들의 단순한 집계라든가 무질서하게 쌓여 있는 낱말 더미가 아니라 잘 분절되어 있는 많은 의미분야들의 전체이다. 이 전체의 존재는 이 언어를 말할이 전 세대에 걸친 노력 덕분으로서, 인간이 살아 행동하고 있는 세계를 정신적으로 파악하는, 다시 말해 언어에 의해서 개념화하는 과제를 수행하는 데 기여한다.

증명 가능한 이 언어적 분절은 '무'에서 생겨난 것이 아니라 인간이 결코 중단됨이 없이 자신의 경험세계와 대결하고 있는 결과이다. 이 경험세계는 가령 우선적으로 인간에 의한 정돈이 필요한 혼돈상태로 간주되어서는 안 되고, 인식을 추구하며 노력하는 인간에게 점차적으로 열리는 복합적인 질서조직이다.

도처에서 우리는 낱말그물, 어휘적 분절, 즉 언어밭을 발견한다. 이 언어밭으로 우리는 그 안에 해명되어 있는 세계에 관해 이야기할 수 있게 된다. 하지만 그럴 경우에 범하기 쉬운 오판을 피해야 한다. 즉 그것은 결코 실재의 대상이 언어 안에 '반영되어 있는 것'이 아니라 해당 언어공동체가 그때그때 도달해 있는 의식단계 및 문화단계에 따라 이 대상을 정신적으로 파악하고 평가내린 것이다. 언어가 대상을 정말로 '반영'한다면, 각각의 대상 내지 동일한 대상들이 이루는 각각의 부류에 대해 하나의 언어적 꼬리표가 사용될 수 있어야만 할 것이다. 그렇게 되면 경험세계는 언어세계에 의해 다시 한 번 두 배로 늘어날 것이다. 결과적으로 각각의 언어에는 몇 백만의 낱말이 존재하지 않으면 안 될 텐데, 이것은 인간의 뇌에 저장되어 처리 가능하도록 유지될 수 있는 수보다 훨씬 더 많을 것이다.

이에 반해서 언어적 분절의 그물은 인간의 요구에 따라 촘촘하거나 혹은 널찍한 모습을 보여준다. 이 언어적 분절은 선택하며, 묶으며, 평가하면서 대상성에 손을 뻗으며, 경우에 따라서는 대상 '그 자체'로서 아무런 직접적인 관련이 없는 사물들을 포괄하기도 한다.

좋은 본보기를 제공해주고 있는 것이 바로 구약성경의 천지창조 이야기(창세기 제1장 20-25절)에서 이미 제시되어 있는바, 네 가지 종류의 움직임, 즉 걷고, 기고, 날고, 헤엄치는 움직임에 따라 동물계 전체를 네 가지로 나누는 오래된 관점이다. 네 다리로 걷는 동물의 경우에만 추가로 야생동물과 가축이 구분되며, 이때 가금류는 제외된다. 불가타 성경의 라틴말 표현을 루터의 번역(1523)에 대비시켜보면, 다음과 같은 네 가지 무리가 형성된다.[23]

---

23 이 관련사실에 대해서는 이미 바이스게르버가 지적한 바 있다(Weisgerber ^{2}1954^{a}, 80 이하, 1962^{b}, 99 이하). 또한 이 책의 149 이하 참조.

1. bestia: iumentum, 즉 '수레 끄는 동물, 짐 나르는 동물'과 더불어 '이성 없는 생물로서의 동물'을 가리킨다. 루터의 경우에는 viech, 즉 '가축, 특히 본디 털실을 제공하는 양'과 더불어 thier, 즉 '본디 살아 숨쉬는 생물 전반을 가리키지만 나중에 다리가 넷 달린 '야생의' 동물로 한정된 생물'을 가리킨다(= 네 다리로 걷는 모든 것).

2. reptile: '일반적으로 땅 위에서 기는 것'으로서, 루터의 경우에는 gewurm인데, 여기서 wurm이란 '뱀과 용을 포함하여 일반적으로 기는 짐승이고, 날지 못하는 곤충도 포함한다'(= 바닥 위에서 내지 바닥에서 기는 모든 것).

3. avis/volatile: '새, 날아다니는 것 내지 날개 달린 것'으로서, 루터의 경우에는 vogel, geflügel, 즉 '새, 날짐승'이다(= 날개로 날아다니는 모든 것, 따라서 곤충도 해당된다).

4. piscis: '물고기'로서, 루터의 경우에는 fisch, 즉 '바다 또는 물 속에 사는 동물'이다(= 물속에서 헤엄치는 모든 것, 따라서 갑각류 등도 해당된다).[24]

매우 거칠긴 해도 충분히 이해하고도 남을 이 오래된 관점은 경우에 따라서는 오늘날에도 여전히 확인될 수 있다. 이를테면 부시W. Busch의 만화책(《Max und Moritz》)에 "그런 쌍무늬바구미가 어떤 종류의 새인지는 누구나 다 안다"라고 쓰여 있다든지 전설에 Lindwurm(신화에 나오는 용과 비슷한 전설상의

24 이에 대해서는 그림Grimm 형제의 도이치말 사전Deutsches Wörterbuch에 실려 있는 항목서술을 참조. Bd. III(J. u. W. Grimm), Leipzig 1862, Sp. 1679 (Fisch); XI, I. Abt., I. Teil (M. Lexer / D. Kralik), 1935, Sp. 373 (Thier, Tier); XII, II. Abt. (R. Meiszner), 1951, Sp. 49 (Vieh); XII. II. Abt. (R. Meiszner), 1951, Sp. 390ff. (Vogel), 및 XIV, II. Abt. (W. Braun / J. Mantey / G. Powitz / H. Schmidt), 1960, Sp. 2226ff. (Wurm).

괴물)과 Tatzelwurm(알프스에 산다는 전설적인 괴물)이 등장하는 것이 그 예이다. Walfisch(고래)와 Tintenfisch(오징어)도 이에 따라 올바르게 분류되어 있다. 영어의 fish에 가재류crayfish와 해파리jellyfish도 포함된다는 사실 또한 이 자리에서 언급해야겠다. 이 옛 분류를 유명한 린네가 1735년에 여섯 개의 부류(포유류, 조류, 양서류, 어류, 곤충류, 연충류)로 분류했던 원대한 시도, 그리고 오늘날 스무 개가 넘는 생물분류에 이르렀으면서도 아직 종결되지 않은 그 후의 수많은 단서들과 비교해보면, 얼마나 놀랄만한 인식추이가 여기서 관념과 언어상으로 일어났고 또 끊임없이 계속해서 일어나고 있는지가 분명해진다.

그런데 옛 언어상태를 평가할 때 너무 성급하게 '옳다', '그르다' 같은 가치평가를 개입시키는 것은 지극히 경솔한 일일 것이다. 왜냐하면 그때그때의 처지에 의해 제약된 인간의 견해는 나름의 실제적인 근거를 갖고 있기 때문이다. 한 언어공동체의 구성원들이 자신과 마주치는 자연의 질서를 그들의 고유한 개념질서와 균형이 잡히게 하려면, 이러한 개념질서는 그것에 속한 개개의 낱말들 사이에 추가적으로 언어의 제약을 받은 경계구분을 만들어내지 않을 수 없게 된다. 이와 같이 전체의 분절성분들이 대상에 관련된 그 고유가치 외에 또한 의미구조 내에서 위치가치도 얻는 방식으로 의미분야들이 내용상의 '분절'에 이를 경우, 이를 '언어밭'이라 부른다. 이러한 밭은, 사람들이 더러 말했던 것처럼 가령 특정한 품사에 결부된 것이 아니고, 그 안에서는 여러 가지의 품사와 거기에서 나온 파생어들이 서로 결합되어 있을 수 있다.[25]

언어 외적인 것이 파악되는 터전인 언어밭이 객관적인 사실과 무관할 수 없고 또 그것을 만들어내어 사용하는 인간과도 무관할 수 없다는 것은 명백하다.

---

25 이에 대해서는 또한 Gipper 1975 참조.

하지만 한 언어의 현재의 여러 관계를 올바로 평가하고자 한다면, 대개 너무 오래된 일이라서 '유추에 의해서'만이 속행되는 본디의 언어산출, 낱말창조의 과정 등과 실제로 기능하는, 그때그때 통용되는 언어사태를 구별하지 않으면 안 된다.

근원적인 언어산출 과정에 관해서는, 언어창조자가 그때마다 갖고 있던 관심상황이 온당하게 참작되어야 한다. 사회학자와 정치적 이데올로기의 대변자들은 이 경우에 특정한 사회적 사실, 특수한 지배관계, 생산조건 등을 지적할 것이다. 이는 전적으로 어떤 역할을 수행했을지도 모르지만, 현대의 관념을 우리가 결코 정확하게 알게 될 일이 없을 옛 사정에 적용하지 않도록 조심해야 한다. 본디의 언어발생까지에는 그 어떤 역사적 지식도, 그 어떤 언어학적 지식도 미치지 못한다. 이 경우에는 인류학에 근거한 가설만이 설정될 수 있다.

많은 낱말이 인간의 직접적인 생활권에서 유래했음을 입증할 수 있다는 것에 관련하여, 역사시대에 관해서만큼은 많은 낱말이 '노동 공간'에서 유래했다는 데 대한 증거를 충분히 들 수 있다. 이는 '많은' 낱말이 그렇다는 것이지 '모든' 낱말이 그렇다는 것은 분명 아니다. 왜냐하면 애초부터 최소한 많은 기후지대에서 '노동하면서' 자연의 불편함에 맞서 관철해야 할 필요성 외에도 순수한 놀이본능, 즉 목적과는 무관한 창조적 활동에서 느끼는 기쁨도 인간에게는 특유한 것이었을 것으로 생각되기 때문이다. 언제나 수많은 자극과 요구, 소망과 강제를 고려해야 한다. 그리고 언어와 같은 복합적인 사회의 객관적 형태를 너무 성급하고 일면적으로 평가하지 않도록 항상 조심해야 한다.[26]

---

26 파이어아벤트P. Feyerabend의 책(Feyerabend 1976)에 여러 연구결과에 대한 흥미로운 지적이 들어 있는데, 이에 따르면 노동이 반드시 문화적 발전의 필수적인 출발점이었을 필요는 없다. 파이어아벤트는 특히 한E. Hahn의 옛 연구(Hahn 1896)를 들고 있다. 이 연구에서는 충분한 근거를 대면서 초기 인류가 이윤을 내는 노동을 문제지향의 진지한 의도를 갖고 행한 것이 아니라 소일거리로서 행했던 게으름뱅이였다는 견해를 피력하고 있다(Feyerabend 1976, 40, 각주 2).

한 언어의 어휘 분절에 들어 있는 정신적 성능에 관련하여 잘못된 판단을 내리지 않도록 하기 위해서는 또한 각각의 과제의 이질성을 분명히 파악해야 한다. 존재하는 사물영역을 언어적으로 파악하고자 한 것인지, 아니면 가령 정신적, 심적인 현상을 '개념화하는' 일을 하고자 한 것인지는 다른 것이다. 이를테면 코끼리나 기린같이 눈에 잘 띄는 동물을 언어적으로 확정하는 일은 비교적 쉬운 일일 수 있다. 그것은, 이 경우에 선택된 명칭이 가령 코끼리를 '큰 귀를 가진 것', '엄니를 가진 것', 또는 (물을 먼저 코로 빨아들인 후 다시 입에 넣기 때문에) '두 번(에 나누어) 물을 마시는 것' 등 무엇이라 칭하든지 간에, 그 해당되는 동물의 확연한 신체 모습을 통해 뒷받침되기 때문이다 (VII, 90 참조).

그에 반해 누구든지 몸소 스스로 겪을 수밖엔 없지만 다른 사람들의 경우에는 그들의 외적인 특징을 통해서만 지각할 수 있는 마음의 움직임을 언어적으로 파악하거나 또는 지적인 태도에서만 인지될 수 있는 지성의 질을 언어개념으로 옮겨놓는 일은 훨씬 더 어려운 일임에 틀림없다. 이러한 경우에는 언어 내의 설정적이며 구성적인 요소가 보다 큰 의미를 얻고, 또 그럼으로써 그에 상응하는 분절도 보다 강하게 언어체계에 제약된 기미를 얻게 된다. 이는 동시에 이런 경우에 개별 낱말의 가치가 수많은 '사물영역'에서보다 더 강하게 인접 낱말들 및 대립 낱말들에 의해 지탱된다는 것을 의미한다. 이를테면 노이치말에서 klug(영리한, 똑똑한)의 의미가치는, 그 반대편 극의 dumm(멍청한, 어리석은)을 포함시키지 않는다거나 특히 밭 안의 이웃 낱말인 schlau(약은, 꾀가 많은), weise(현명한, 지혜로운), gerissen(약삭빠른, 약아빠진) 및 요즘 들어 차용된 낱말인 clever(재치 있는)를 고려하지 않는다면 거의 결정할 수 없다.

klug이라 불리는 사람이 어떤 모습이어야 하는지는 도저히 말할 수 없고, 반드시 klug이라고 불러야만 할 그 어떤 행동에 대해서도 우리는 결코 미리 말할 수 없다. 하지만 비교, 검토의 결과로서 schlau가 지성에다가 추가로 타산적인 기미가 있음을 좀 더 상기시키고 gerissen의 경우엔 이 타산적인 기미가 부정적인 방향에서 강화된 것으로 나타나는 데 반해 weise에는 인생경험과 판단의 원숙함이 포함된다는 것을 밝혀냈다면, klug이라는 평가에 대해서만큼은 제대로 결정을 내릴 수 있다. klug은 결국 예지와 이해력에다가 추가로 통찰력과 사려 깊은 태도 또한 요구되는 한 schlau에 비하여 좀 더 긍정적인 특성표시인 것으로 입증된다.[27] 그러므로 트리어의 뜻에서 낱말밭 연구가 바로 지성의 의미분야, 즉 가치의 분절이 거의 전적으로 언어의 사태 자체로부터 취해져야만 하는 곳에서 발전했다는 사실은 놀랄만한 일이 아니다.

이에 곁들여 논평하자면, 인간이 언어습득의 과정에서 자기 것으로 만드는 이 질서는 비록 그 후로 언어능력을 갖춘 말할이에 의해 사용될 수 있긴 하지만, 그렇다고 해서 이 소유재에 관하여 물어볼 때마다 즉시 정확한 정보를 제공할 수 있어야 할 필요는 없다는 것이다.

따라서 대학 세미나에서 행한 어느 설문조사에서 지성에 관련된 낱말들에 관해 물어볼 때 대학생들이 만족스러운 정보를 제공할 수 없었다는 사실을 논거로 들면서 언어밭의 존재를 문제시하는 것은 어리석은 일이다. 설문조사의 상황은 심지어 질문받는 사람을 방해하기까지 하는데, 왜냐하면 그의 언어소유는 삶의 상황에서 사용되도록 맞춰져 있는 것이지 언어와 동떨어져 있고 인위적으로 만들어진 강요상황에서의 설문조사에 응하도록 맞춰져 있는 것이 아니기 때문이다. 그러한 경우에 일찌감치 설문조사를 포기하지 않으려 한다면 적합한 대화상황을 만들어내지 않으면 안 되고, 이

27 기퍼는 이러한 서술시도에서 '예지', '인생경험', '이해력' 등과 같은 개념들을 설명하지 않고 사용했음을 분명히 알고 있다. 하지만 전제되어 있는 언어소유재를 그와 같이 끊임없이 이용하지 않고서는 결코 서술 자체가 이루어질 수도 없고 또 심지어 의미 있는 담화가 불가능하다.

일이 실제로 성공을 거둘 때 말할이가 자유롭게 쓸 수 있는 언어질서가 기능을 발휘할 수 있고 또 충분히 조사될 수 있다는 것을 또한 경험하게 될 것이다.

끝으로 이 자리에서도 다시금 유명한 언어학자마저도 늘 범하곤 하는 또 다른 근본적인 오류에 대해 주의하도록 간곡히 당부해야 하겠다. 맥락으로부터 고립된 데다가 대개 지어낸 보기를 놓고서 연구를 행하는 것이 그것이다. 언어적 질서, 어휘의 분절 등은 결코 그 자체로서는 파악할 수 없고, 언제나 '자연스러운' 의미관련에서만이, 그리고 언제나 그러한 질서나 분절 안에서 언어화되는 언어 외적 현상의 배경에서만이 파악될 수 있다."[28]

"어느 경우든 보다 자세히 검토해보면, 비록 감각적 경험 및 그 고유조건과 밀접하게 연관되어 있긴 하지만 이 대상세계의 조건들로부터는 완전히 도출될 수는 없는 언어적 분절이 중요하다는 것이 밝혀진다.

확실히 우리의 감각기관의 구조는 감각적 경험의 양식과 범위에 결정적이긴 하지만 한 언어에서 얼마나 많은 감각의 뉘앙스가 구분되고 또 어떤 의미상의 가치가 이 각각의 감각의 뉘앙스와 결합되어 있는지는 미리 말할 수 있는 것이 아니다.

언어적 분절은, 그 안에 내포되어 있는 정신적 성능을 제대로 평가하려면, 과학적으로 입증 가능한 전제를 배경으로 하여 그것의 고유성을 인식해야 하고 또 그에 상응하여 서술해야 한다. 생생한 비유를 통해 표현하자면, 언어적 개념그물은 독특한 방식으로 인간의 경험세계 전체 위에 펼쳐져 있는데, 이 그물에는 그물코들이 촘촘하게 짜여 있기도 하고 널찍한 영역이 있기도 하며 또 경우에 따라서는 빈틈이 존재하기도 하지만, 이러한 빈틈은 대개 인지되지 못한다. 그것은 통상적으로 이 빈 자리를 채워넣어야 할 아

28 Gipper 1978, 184-189.

무런 필요도 아무런 동기도 존재하지 않기 때문이다.

한 언어의 내부에 존재하는 언어적 분절의 전체를 우리는 이 '언어에 의한 세계상' 내지 이 '언어의 세계관'이라 부른다.

이 표현에는 아무런 형이상학적 사변도, 아무런 이상화하는 실체화도, 몇몇 언어학자의 이론상의 선취도 들어 있지 않다. 문제는, 한 언어공동체의 세계가 감각뿐만 아니라 또한 여러 범주와 언어적 표시망, 말하자면 그 모어의 밭 안에도 존재하고 있으며, 좀 더 부연하자면 언어습득의 과정과 함께, 다시 말해 이 소정의 상태를 독자적으로 인식하고 비판적으로 판단할 가능성이 생기기 전에 이미 모든 언어공동체 구성원에게 존재하고 있다는, 합리적으로 충분히 통찰할 수 있고 입증할 수 있는 사실이다."[29]

그러나 이 자리에서는 이 언어관에 대해 제기된 몇 가지 중대한 이의에 대해 언급하겠다. 특히 세 가지 비난을 들 수 있다. 즉 1. 언어국수주의, 2. 결정론 혹은 '범언어주의', 3. 상대주의의 비난이다.

이 문제에 대해서는 기퍼의 견해를 소개해보겠다.

먼저 언어국수주의라는 비난에 대해서 살펴보겠다. 바이스게르버가 특히 도이치말을 그의 세계상 연구의 대상으로 삼았다면, 그것이 언어국수주의를 뜻하는가? 대답은 결코 그렇지 않다고밖에 할 수 없다. 왜냐하면 언어의 세계관을 서술하고자 하는 연구가는 가능한 한 자신의 언어에서 시작하는 것이 어느 분별 있는 자에게도 명백하기 때문이다. 자신이 정통하고 있는 자기 나라 말이라면 이런 유형의 섬세한 내용의 분석이 가능하다. 모어만이 공정한 언어감정을 가지며, 이 언어감정이 없다면 다층적이고 섬세한 의미상의 분절에 대해서는 판단내릴 수 없다. 바이스게르버가 도이치말에서 시

29 위에 든 곳, 206.

작했던 것은 아주 당연한 것이었다. 그러나 다른 언어의 세계관 또한 같은 방법으로 연구할 필요가 있는 것도 마찬가지로 자명한 일이다. 이것은 언어를 비교하면서 비로소 개별 세계관들 사이의 차이가 밝혀지고 그럼으로써 개별 언어의 특이성을 실제로 설명할 수 있기 때문이다.

'세계관'이란 말은 도이치말에서 Weltansicht 또는 Weltanschauung이라고 하는데, 양자는 결코 혼동되어서는 안 된다. 한 언어의 세계관Weltansicht은 인류학적인 기본현상이며, 한 언어공동체에 속한 사람들에게는 그들이 세계를 파악하고 정신적으로 세계 안에 존재하는 것의 공통적인 출발점이다. 어쨌든 훔볼트 자신도 Weltansicht 대신 Weltanschauung이란 표현을 몇 번 사용했다. 핑크F. N. Finck는 1899년 그의 저서를 주저 없이 《도이치말의 구조에 나타난 도이치 사람의 세계관Der deutsche Sprachbau als Ausdruck deutscher Weltanschauung》이라고 명명할 수 있었다. 그러나 현대의 도이치 사람은 이른바 코페르니쿠스N. Kopernikus나 아인슈타인A. Einstein의 세계 구상과 결부되어 사용되는 '과학적 세계상wissenschaftliches Weltbild'의 개념과 개인적인 확신에 의거한 이데올로기, 종교, 정치 관계를 의미하는 '이념적인 세계관ideologische Weltanschauung'을 Weltansicht의 의미관계에서는 더 이상 사용할 수 없다. 특히 뒤의 것은 정치적으로 남용되었기 때문이다. 사실 훔볼트나 바이스게르버의 언어이론은 특히 나치 시대에 이 세계관이라는 개념에 의해서 오해받고 악용되었는데, 이것은 훔볼트의 정신을 심하게 훼손한 것이다. 물론 모든 인간에게는 여전히 개인적인 인생체험이나 확신에 의해서 규정된 세계관Weltanschauung이라는 것이 있다. 그러나 그런 유의 세계관은 언어습득을 통해 획득한 '언어의 세계관Weltansicht'에 비하면 하나의 부차적인 현상이다. 이 세계관은 언어적 전제를 토대로 해서야 비로소 구성된다. 따라서 '언어의 세계관'으로 말미암아 어느 누구도 가톨릭교도나 개신교도, 자본가나 마르크스주의자가 되는 데 방해받지 않는다. '언어의 세계관'은 오히려 인간에게 필수 불가결한 사유 수단을 마련해주는 것이며, 이것이 없다면 그는 의견이 같은 사람이나 그 반대자와도 연락을 할 수 없을 것이다.

다음으로 살펴볼 것은 훔볼트의 언어고찰에 대해 제기된, 더욱이 부분적으로 그것을 본디 더 잘 알았어야 할 문헌학자에 의한 두 번째 비난이다. '언어의 세계관'은 한 언어공동체에 속하는 사람들을 그 언어의 노예로 만든다는 것이다. 이 비난은 '언어의 결정론' 혹은 더 나쁜 표현으로 '범언어주의'라는 슬로건 하에 나돌고 있다. 훔볼트가 되풀이해서 (그러나 때때로 주장되듯이 언어와 사유의 두 능력을 서로 동일시하지는 않으면서) 지적한 언어와 사유의 밀접한 관련을 잘 아는 자에게는 언어가 '사상의 운반수단'으로서 필수 불가결하며 이 '운반수단'은 때때로 헤아릴 수 없는 사실을 지닌 일정한 언어의 운반수단일 수밖에 없다는 점이 분명해진다. 그러나 언어가 사유의 '발판'과 '개념'을 제공해서, 사유가 이 개념으로 이 발판을 딛고 기어올라가더라도 이것은 인간이 언어에 반해서 생각하고 언어를 능가하여 그 이상으로 생각할 수 없음을 의미하지는 않는다. 과학의 진보는 결국 바로 처리할 수 있는 개념망이나 술어를 끊임없이 강화하고, 개조하고, 동시에 세련되게 만들어 인간의 인식의 한계를 줄곧 새로운 정신적 경지로 내몰아간다는 점에 있다. 이런 일이 존재하는 자연적인 언어수단으로 가능하다는 사실은 이런 정신적인 관계 체계의 놀라운 특이성의 하나이다. 말하자면 이 관계 체계의 특이성은 미결정 상태, 즉 수정될 수 있고 확대 능력이 있음을 그 특징으로 한다. 이 관계 체계의 특이성이 인간 정신을 필연적으로 개별화하면서 일정한 방식으로 정신을 제한한다 할지라도, 이것은 인간 정신이 일반적으로 해명할 수 있는 모든 세계 영역에 향하는 데 방해가 된다기보다는 오히려 지지점이며, 새장이라기보다는 오히려 문과 열쇠이다. 언어란 독자적인 정신적 우주이긴 하나 창이 없는 단자가 아니라 신진대사에 의한 유기체이며,

이 유기체는 정신적, 문화적으로 다른 언어와 교류하면서 성장하고, 풍부하게 되고, 더욱더 완성되어간다고 말하고 싶다.

세 번째의 중대한 비난은 언어의 상대주의에 관한 것이라 할 수 있다. 이것은 앞에서 언급된 훔볼트의 인용문을 통해서 이미 명시되었다. 이 비난의 내용은, 상이한 언어의 세계관을 가정하면 인간의 모든 인식 토대를 상대화시키고 이와 더불어 과학의 기초를 뒤흔들어버린다는 것이다. 그러나 훔볼트는 이미, 모든 언어는 다만 인식이나 진리에 이르는 길이라고 스스로 말한 바 있다. 모든 언어는 우리 모두가 살고 있는 이 세계의 파악을 노리고 있다. 모든 언어는 그들 언어의 입장에 매여 있고, 그 파악은 역사적으로 제약된 방식에 의하지 않고서는 가능하지 않으나, 이런 불가피한 양상의 성격이 통찰과 인식의 상대화를 뜻하지는 않는다. 왜냐하면 훔볼트도 언급하고 있듯이, 인간에게 일반적으로 도달될 수 있는 진리는 모든 언어 사이의 한가운데에 있기 때문이다. 모든 언어는 한 점에 모여드는 광선처럼 인간의 이념영역을 처리하려는 경향이 있다. 각 언어는 새로운 관점을 첨가한다. 각 언어는 풍요와 성장을 의미하며, 모든 언어는 함께 인간의 사유가 수행할 수 있는 것을 비로소 보여준다. 각 언어는 신학적으로 표현해서 직접 신을 향해서는 동등하다. 여러 언어는 새로운 길에서 물건 자체의 본질에 이끌려 들어간다. 각 언어는 그 안에 스며 있는 논리적인 요소와 관련을 특수한 방법으로 통용시킨다. 즉 보헨스키J. M. Bocheński가 말하는 것처럼 더 이상 경솔하게 하나의 논리만이 아니라 보다 신중하게 이 논리의 상이한 형식을 논하는 것이 보다 적절하다고 생각된다. 우리는 언어의 양상의 성격을 비교하면서 인식하고 일정한 일면성과 결함을 이미 수정할 수 있기 때문에, 상대화에 관해 논해서는 안 된다.[30]

30 Gipper 1965, 16-18 참조.

그러고 보면 국수주의, 결정주의, 상대주의는 훔볼트의 언어고찰과 전혀 관계가 없는 것이다. 언어의 세계관은 실체화도 추상화도 아니고, 이상화라든가 언어학적인 이론형성의 허구도 아니며, 오히려 하나의 실재, 보다 낫게는 그것 없이는 인간집단 안에서 언어가 기능하고 있음이 생각될 수조차 없는 하나의 현실성이다. 따라서 문제되는 바는 더도 아니고 덜도 아닌 바로 구사될 수 있는 월 모델, 월 견본, 월 유형, 월구성안의 목록 안에 있는 여러 유형의 진술 가능성을 포괄하는 한 언어의 의미의 분절 속에서 (가장 넓은 뜻의) 세계를 해명하는 일이다.

이미 주어져 있고 상호주관적이며 초개인적으로 타당한 이러한 언어적 구조는 개인적인 말함의 가능성의 조건이 되며, 따라서 칸트 식으로 말하자면 모든 의미 있는 언어 사용을 위한 선험적 조건인 것이다. 이러한 언어적 구조는 담화의 수단, 소쉬르의 뜻에서 '빠롤'의 수단을 제공해주지만 개개인이 이 수단을 어떻게 사용해야 할지를 결정 내려 주지는 않는다.

이러한 관계를 명백히 인식하고, 특히 언어가 인간과 세계, 인간과 동포, 언어체계와 표출의 매개자라는 사실을 통찰한다면, 언어를 지나치게 강조한다는, 그리고 이러한 언어관에 대해 되풀이해서 제기되었던 모든 비난은 사라지게 된다. 또한 이러한 언어관은 폴란드의 철학자 샤프A. Schaff가 옹호하는 정화된 마르크스주의의 반영이론Widerspiegelungstheorie과도 전적으로 결합될 수 있다. 왜냐하면 여기에서 특히 강조되는 인식의 객관적 측면, 세계의 현실, 사물의 실제가 결코 부인되거나 간과되지 않으며, 인식의 주관적 측면, 언어적인 고찰방식 및 질서를 형성할 때 뚜렷이 밝혀지는 인식하는 인간의 창조적인 힘이 또한 인정되기 때문이다. 모든 언어적인 과정은 헤겔의 뜻에서 변증법적인 성격을 띠고 있으며, 주체와 객체가 사실 어쩔 수 없이 분리되어 있긴 하지만 동시에 상관적으로 결합되어 있는 변증법적인 시야 내에서는 관념론 대 유물론 등과 같은 논쟁적인 대립은 결국 무의미해

진다.[31]

언어야말로 '진리를 발견하기 위한 수단'이라고 보는 훔볼트는, "언어의 상이성은 음향이나 기호의 상이성이 아니라 세계관 그 자체의 상이성이다"라고 서술하고 있는데, 이 세계관의 변천, 보완, 요컨대 가변성을 강조하는 뵐러M. Böhler는 다음과 같이 언급하고 있다.

'세계관'이라는 개념을 올바르게 이해하기 위해서는, 우선 언어의 대화적 구조를 떠올려보는 것이 좋다. 언어는 말할 나위 없이 영속하는 과정, 주체로부터 객체로, 또는 객체로부터 주체로의 운동, 말하는 것Sprechen에서 말한 것Gesprochenhaben으로, 즉 현실적인 말하는 것에서 여태까지 말한 것의 총계로서의 언어로, 말을 하는 Ich로부터 그것을 듣는 Du로, 또는 그 역으로의 운동이다. 그러므로 세계관은 언제나 변화하는 것, 순간에서 순간으로 다른 것으로 바뀐 것이 되므로 그 자체를 수정하는 것이라고 말할 수 있다. 새로이 말을 하는 경우에는 언제나 현존의 세계관을 새로이 그것을 수정한 것과 대결시킨다. 이를테면 도이치말의 세계관은 괴테의 베르테르가 나타나기 이전과 그것이 나타난 이후에는 다른 것이며, 또 히틀러의 연설의 전후에서도 다른 것이었다. 그러므로 세계관은 사상을 언어라는 탈것에 의해서 민족으로 되돌리는 것이 아니며, 또 언어나 민족에 의해서 개인을 결정하는 것을 의미하는 것도 아니다. 왜냐하면 누군가 말하는 그 어느 월에서도 그 언어의 세계관을 수정하는 것이 가능하기 때문이다. 또한 세계관은 진리의 상대성을 의미하는 것도 아니다. 그것은 바로 대화에 한해서 진리의 둘레를 돌고, 진리는 정적으로 고립된 채 세계관의 저편에 있기 때문이다. "인간은 그 변화하는 제한된 상태에서 진리를 무한하게 안정된 것, 자신의 밖

31 Gipper 1974, 141.

에 있는 것으로 간주할 수 있다. 그래서 인간의 모든 정신적 노력은 진리에 육박하려는 싸움이며, 그리고 진리에 근접하면서 그것과의 간격을 측정하는 가장 유력한 수단은 다른 사람과 교제해서 하나가 되는 것이다. 그래서 언어는 처음으로 사상을 생성하는, 그리고 진전하면서 정신을 성숙시키는 필수의 요건이다. 정신적인 전달은 한 쪽에서 다른 쪽으로 옮아가면서 다른 쪽에 한 쪽과 공통적인 것을 전제한다. 인간은 그것 자체를 말할 수 있었기 때문에 그것만으로도 들은 말이 이해된 것이다"(V, 381 이하). 이 대화적인 말함에서 출발해서 또다시 그 말함의 목표로서 접근하려고 노력하는 이 '공통적인 것'은 개인적인 언어의 것이든, 언어 무리 또는 더욱이 언어공동체 전체 또는 민족의 것이든, 언제나 개개의 세계관의 저쪽 편에 있다. 극단적으로 다분히 이렇게 말할 수 있을는지 모른다: 말하여지는 한, 한 언어의 어떤 세계관도 자신이 의문시해서 자신이 극복한다는 위험에 내맡겨져 있다. 왜냐하면 어떤 대화에서든 그때마다 한 세계관의 개개의 주관성에 그 반대의 세계관의 객관성이 대립하고 있기 때문이다. 그리하여 언어 안에서, 그리고 언어에 의해서 진리를 추구한다는 것은 언어 안에서 살아나온 상이한 세계관들을 비교하고 확인하는 지속적인 과정에 지나지 않는다고 말할 수 있다. 이 과정은 훔볼트에 있어서는 개별 언어마저 넘어서는 것이다. "인식될 수 있는 것의 총계는 인간의 정신에 의해 다루어질 수 있는 영역으로서 모든 언어들 사이에 위치하며, 더욱이 언어들과는 무관하게 그 한 가운데에 위치한다. 인간은 순전히 객관적인 이 영역에 자신의 인식 및 감각의 방식에 따라, 말하자면 주관적인 방법으로 접근하는 수밖에 없다"(IV, 27).[32]

다음으로 논의되는 것은 '언어와 문화'라는 관점에서 다루어진 것이다. 그

32 Böhler 1995, 242-245.

러면 여기에서는 당연히 이른바 사피어-워프 가설The Sapir-Whorf Hypothesis이 문제가 되지 않을 수 없다.

1953년, 이 사피어-워프 가설을 재검토하기 위해 인류학자, 언어학자, 철학자, 심리학자들이 참가한 학술회의가 개최되었다. 글쓴이는 이 학술회의의 발표자료집인 《Language in Culture》(1954)에 수록되어 있는 호이저H. Hoijer의 〈사피어-워프 가설〉을 살펴보면서 이 문제를 논구하고자 한다.

호이저에 의하면, 사피어-워프 가설이 처음으로 서술된 것은 1929년에 발표된 사피어E. Sapir의 다음과 같은 논술에서였다.

"언어라는 것은 '사회적 현실'에 대한 길잡이가 된다. 언어는 일반적으로 사회과학을 연구하는 사람들이 본질적으로 관심을 표시하는 것으로는 생각되지 않지만, 사회적 문제와 사회적 사건에 관한 우리의 모든 사유를 크게 좌우하고 있다. 인간은 객관적 세계 안에서만 살고 있는 것도 아니고 통상적으로 이해되는 사회적 활동의 세계 안에서만 살고 있는 것도 아니다. 인간은 그들의 사회에서 표현의 매개체로 되어 있는 각각의 특정한 언어에 크게 좌우되고 있다. 인간이 본질적으로 언어를 사용하지 않고 현실에 적응할 수 있다고 생각하는 것, 그리고 언어를 단순히 전달이나 성찰의 특정한 문제를 해결하기 위한 부수적 수단으로만 생각하는 것은 전적으로 환상일 뿐이다. 실제로는 '현실의 세계'라는 것은 대부분 무의식중에 집단이 지니는 언어관용에 의해 이룩되어 있는 것이다. 두 언어가 동일한 사회적 현실을 나타낸다고 생각할 수 있을 정도로 비슷하다는 것은 있을 수 없다. 살고 있는 사회집단이 상이하면 세계도 마찬가지로 상이한 세계가 되는 것이며, 단지 동일한 세계에 상이한 표식이 붙여진 것은 아니다. 이를테면 하나의 간단한 시를 이해하기 위해서도 단지 개개의 낱말의 평균적인 의미를 알고 있는 것만으로는 소용없으며, 그 공동체의 생활 전체가 그러한 낱말 안에 어떻게 반영되어 있는가, 낱말의 뉘앙스로서 어떻게 암시되어 있는가를 충분히 파악하는 것이 필요하다. 비교적 단순한 지각의 행위마저, 우리의 예상 이상으로 낱말이라는 사회적 패턴에 좌우되는 것이다. 이를테면 열 개 정도의 다른 형의 선을 그어본다면, 그것이 straight(똑바른)하다든지, crooked(비뚤어진)하다든지, curved(굽은)하다든지, zigzag(지그재그형의)하다라고 하는 범주로 나누어지는 것으로 지각되는데, 이것은 언어표현 자체가 분류를 암시하는 힘을 지니고 있기 때문이다. 우리가 보고 듣고 또는 경험할 때 대체로 일정한 방식이 있는데, 이것은 우리 공동체의 언어관용이 어떤 종류의 해석을 미리 선택해주기 때문이다."[33]

사피어-워프 가설의 중심 사상은, 언어가 단순한 경험(세계)을 보고하는 장치에 끝나는 것이 아니라 그 언어를 말하는 이에 대해 경험세계를 규정하는 방법을 제공하고 있다는 것이다. 사피어는 또 다음과 같이 말하고 있다.

"언어는 흔히 소박하게 추정되듯이 개인에게 중요하다고 생각되는 경험의 다양한 항목의 다소간에 체계적인 목록일 뿐만 아니라 또한 자립적이고 창조적인 상징의 체계이며, 그것의 도움 없이 획득된 경험을 지시할 뿐만 아니라 언어가 지니고 있는 형식적 완전성 및 경험의 분야에 무의식적으로 투입되는 암암리의 예상에 의해서 우리의 경험방식을 실제적으로 규정하는 것이다. 이 점에서 언어는 수학의 체계와 대단히 닮았다. 즉 수학의 체계의 경우도 그 가장 조야한 형태의 시작으로서만 말의 가장 참다운 뜻에서의 경험이 기록될 뿐인데, 시간의 흐름에 따라서 모든 가능한 경험을 어떤 형식적 제약에 따라 예측하는 자립적인 개념체계로 완성된다. ……(의미는) 외계에 대한 우리의 고찰방식에 대해서 언어형식이 지니고 있는 강압적 파악력 때문에 경험 속에서 발견되는 것이 아니라 오히려 경험에 강요되는 것이다."[34]

사피어가 여기에서 말하는 언어형식이 지니고 있는 강압적 파악(력)hold이

---

33 Hoijer 1954, 92.

34 위에 든 곳, 93 이하.

라는 것이 바로 앞에서 서술한 바이스게르버의 Zugriff와 동일한 개념이라는 것은 말할 나위 없다.

이어서 워프의 견해를 살펴보기로 하겠다. "각 언어의 언어체계(다른 말로 하자면 문법)는 단지 관념을 표현하기 위한 재생 도구일 뿐만 아니라 오히려 그 자체 관념의 형성자이며, 개인의 정신적 활동, 인상의 분석, 활동 중의 정신적 재보의 통합을 위한 프로그램이며 안내자이다. ……우리는 우리의 모어에 의해 만들어진 윤곽에 따라 자연을 분할한다. 우리가 현상세계에서 격리하는 범주나 유형은, 그것들이 모든 관찰자를 정면으로 응시하기 때문에 그곳에서 발견되는 것은 아니다. 반대로, 세계는 인상의 만화경적 흐름 가운데에 있으며, 우리는 이것을 정신에 의해 조직화하지 않으면 안 된다. — 그리고 이것은 주로 우리의 정신 가운데에 있는 언어체계에 의해서이다."[35]

요컨대, 문제는 '어떠한 방법으로 각각의 언어가 현상(경험)의 세계를 조직화하는가'라는 것이며, 이 조직화는 각각의 언어 특유의 구조 및 의미체계에 따라 수행되어 있다. 그리고 이 구조적, 의미론적 체계는 한편에서는 어휘에 의한 체계로서, 다른 한편에서는 문법의 체계로서 관찰될 수 있을 것이다. 다른 언어체계를 사용하는 집단에서는 지각의 방법, 사유의 방법 및 반응의 모양이 당연히 다르다. 그렇게 된다면 기본적으로 다른 세계상이 생겨나온다. 워프는 이러한 세계상을 '사유세계thought world'라 이름 붙이고 있다. 워프가 의미하는 '사유세계'는

"단순한 언어 이상, 즉 언어의 유형patterns 그 자체를 넘어서는 어떤 것…… 언어유형의 모든 유추적, 암시적인 가치, 그리고 비언어적이지만 언어를 구성하는 데 영향을 보여주는 언어와 문화 일반 간의 모든 상호작용이다. 간단히 말하자면, 이 '사유세계'는 개개인이 자기 내부에 지니고 있는 소우주

35 위에 든 곳, 94.

microcosm인데, 이것에 의해서 자신이 할 수 있는 만큼 대우주macrocosm를 측정하고 이해한다"[36]는 것이다.

각각의 언어가 그것에 고유한 세계상(관)을 표시하고 있다는 것, 그러므로 '하나의 언어를 말하는 사람이다'라고 하는 것은 필연적으로 어떤 고유한 방식으로 세계를 바라보고 생각하고 또한 행동하는 공동체의 일원임을 의미한다. 존재론적으로 말하자면, 세계는 여러 언어에 의해 다양하게 구조화되어 있다고 말할 수 있을 것이다. 인간의 인식과 존재는 보편적 논리[37]에 기인할 수 있는 것이 아니다. 워프의 이러한 견해는 주로 Hopi, Shawnee, Nootka 등의 인디언 언어와 SAE[38]의 '의미밭'만을 기초로 하여 얻어진 것이었다. 보다 정확하게 말하자면, 인간의 지각행동은 기본적으로는 이중구조로 되어 있다는 것이다.[39]

글쓴이는 여기서 워프의 이론을 브라운R. W. Brown 및 레네버그E. H. Lenneberg에 따라 다음과 같은 두 개의 항목으로 정리해두고 싶다.

1) 세계는 상이한 언어공동체linguistic community에서 상이하게 경험되고 상이하게 표현된다.
2) 각 언어는 고유한 인지구조cognitive structure를 야기한다.[40]

더욱이 블랙M. Black은 워프의 주장이 다음과 같은 10개의 명제를 포함하고 있다고 서술하고 있다.

1) 언어는 사상이나 경험을 표현하기 위한 정해진 양식에서 이룩되는 'integrated fashions of speaking' 또는 'background linguistic

36 위에 든 곳, 99.
37 워프는 이것을 natural logic, 즉 '자연적인 논리'라고 부르고 있다.
38 Standard Average European. 이는 유럽의 평균적 표준언어로서, 워프가 말하는 '어족'이다.
39 워프는 여기서 게슈탈트 심리학에 의거하고 있다.
40 Brown/Lenneberg 1961, 480 이하.

system'을 구체화한 것이다.

2) 부여된 언어를 말하는 이는 '경험을 조직하기' 위한 고유한 '개념체계'와
3) 우주와 이것에 대한 그의 관계에 관한 고유한 '세계관'을 지니고 있다.
4) 'background linguistic system'은 관련하고 있는 개념체계를 부분적으로 결정하고, 또한
5) 관련하고 있는 세계관을 부분적으로 결정한다.
6) 현실은 '인상의 만화경적 흐름'에서 이룩되어 있다.
7) 지각되었다고 하는 '사실'은 이것을 표현하는 언어의 함수이며, 또한
8) '우주의 본성'은 이것을 진술하는 언어의 함수이다.
9) 문법은 현실을 반영하는 것이 아니라 언어와 더불어 임의로 바뀌는 것이다.
10) 논리는 현실을 반영하는 것이 아니라 언어와 더불어 임의로 바뀌는 것이다.[41]

워프의 의미론에서 결정적인 것은 잠재형Cryptotype이라는 개념이다. 워프는 이 개념을 "말의 표층 아래에 놓여 있는, 파악하기 어려운 미묘한 의미로서, 구체적인 말과는 일치하지 않지만 언어학적 분석을 통해 문법에서 기능적으로 중요한 요소로서 밝혀질 수 있다"[42]라고 정의하고 있다. 이러한 잠재형, 달리 말하자면 '이미조직'의 범주 — 제한 없는 확산 현상, 외부에서 힘이 가해지지 않는 진동, 계속함이 없는 자극, 특정한 방향을 잡은 운동 — 야말로 어떤 언어의 근저에 놓여 있는 형이상학을 그 언어의 문법체계 자체 또는 표층문법으로 전환(번역)해주는 것이다. 워프는, 서로 다른 다양한 언어에서 그러한 잠재형에 관하여 연구함으로써 인류학과 심리학이 이 의미

41 Black 1962, 245 이하.

42 Whorf 1956, 70.

의 기저 역학을 이해하게 되고, 그리고 이 역학에 의해 선택되고 또 그것에 중요한, 문화의 토대가 되는 형식을 인식하게 됨을 역설하고 있다.

특히 오늘날의 언어연구가 너무나도 광범위하게 수학적 관점 아래에서 보편성의 독단적 이론에 의해 지배되고 있기 때문에, 여기서 〈과학과 언어학Science and linguistics〉에 관한 워프의 1940년도 논문의 끝 부분을 생략 없이 인용해보겠다.

"지구 상에 존재하는 언어적 체계의 엄청난 다양성을 올바르게 의식하게 되면, 인간의 정신이 상상을 불허할 정도로 오래되었고, 수천 년 동안 문자를 통해 전승된 역사는 이 지구 상에서 우리의 과거의 경험을 재는 척도 위에서 볼 때 연필로 그은 한 획 정도에 불과하며, 최근 수천 년간 일어난 사건들은 그 어떤 발전의 뜻에서 보더라도 아무것도 의미하는 바가 없고, 인간은 최근 수천 년 동안에 갑작스럽게 진보한 것도 아니고 당당한 종합을 이루어내지도 못했고 그저 훨씬 더 오래된 과거로부터 물려받은 몇몇 언어적 표현들과 자연관을 가지고 무심코 놀이를 했던 데 불과하다는 느낌에서 벗어날 수 없다. 그럼에도 불구하고 이 느낌도 그렇거니와 우리의 모든 지식이 불확실하게 언어적 도구에 의존해 있으면서도 우리가 그것에 대해 확실하게 알고 있지 못하다는 데 대한 의식도 과학의 사기를 저하시킬 필요는 없다. 그러한 느낌이나 의식은 오히려 진정한 과학적 정신에 수반되는 겸허함을 북돋아주고, 그렇게 함으로써 진정한 과학적 호기심과 평정심을 방해하는 정신의 교만을 차단하도록 해야 한다."[43]

정신과 언어에 관한 워프의 이론의 미래가 어찌될는지는 몰라도, 그의 이 글은 언제나 그대로 남을 것이다.

---

43 Whorf 1956, 218 이하.

VII. 내적 언어형식

바이스게르버에 따르면,[1] '내적 언어형식'은 어떤 성과를 나타낸다기보다는 '과제'로서 나타나는 고정된 언어표현들 가운데 하나이다. 즉 이 용어는 이미 굳어져 있거나 합의된 어떤 개념을 나타내는 것이 아니라 우리에게 끊임없이 새로운 과제를 던져주어 그로부터 보다 더 확고한 통찰들이 비로소 펼쳐져 나오게 하는 표현의 범주에 속하는 것이다. 이러한 종류의 고정된 언어표현들은 여러 모로 논란의 대상이 되고 그에 따라 다양하게 해석된다는 특징을 반드시 갖게 마련이다. 그리고 그 가운데 가장 심오한 것들은 경우에 따라서는 과거에 한 차례 이상 완전히 폐기되어버린 적이 있음에도 불구하고 놀랄만치 견고하게 다시금 우리의 주목을 끄는데, 훔볼트W. von Humboldt의 '내적 언어형식'이 바로 그러한 개념들 가운데 하나이다. 이러한 시각에서 바이스게르버는 이 개념에 관한 사상의 역사를 그것이 훔볼트의 노년작에 등장했을 때부터 개관하고 이 사상의 핵심을 나름의 방식으로 해명하고 있다.

---

1 Weisgerber 1954[c], 571 참조.

홈볼트는 '내적 언어형식'의 개념을 비교적 늦게 남아메리카 토착어를 연구할 기회에 그의 대저서인 《카비어 서론》에서 처음으로 사용했다. 그는 그의 언어이론에서 최고의 지위를 차지하고 대단한 논쟁의 중심이 된 이 개념을 상세하게 설명하지 않은 채 사용하고 있는데, 이것은 다분히 그 자신이 이 개념을 발전시킨 것이 아니라 이전에 만들어진 뜻에서 이 개념을 이어받았기 때문이다. 이 개념은 괴테가 미학이나 문예비평에서 사용했고(이를테면 '마법의 피리'의 비평에는, 천재가 지니고 있으며 결국에는 모든 것이 그 뜻대로 되는 '내적 형식'에 관해 언급되어 있다), 칸트의 《판단력비판》에서도 나타난다. 이 개념은 동시대의 사람들에게 특히 샤프츠버리Shaftesbury의 작품에서 inward form and structure, inward order, inward character로 잘 알려져 있었다.[2] '내적 언어형식'의 개념도 당시에는 공중에 떠 있는 상태였고, 따라서 훔볼트에서 떠나 그에게보다는 오히려 일반적인 철학상의 전통에 도달해 있었다. 역사주의나 실증주의에 응고된 언어학에서는 언어를 다시 생동적인 현상으로 보기 위해 에네르게이아와 마찬가지로 '내적 언어형식'의 개념이 지극히 유익했다. 훔볼트 언어철학의 테두리 내에서 이것은 개념상의 지도선 이상의 것은 아니며, 훔볼트가 결부되는 철학상의 전통에의 길을 지시하는 것이다.[3]

아래에서는 훔볼트가 이 개념으로써 의도했던 것이 무엇인지 파악하기 위해 우선 《카비어 서론》 중에서 몇몇 주요 구절을 발췌하여 인용해보겠다.[4]

---

2 Ruprecht 1963, 229 참조.

3 Böhler 1995, 255 이하.

4 바이스게르버도 지적하고 있듯이, 훔볼트가 사용했던 고유한 말로써 내적 언어형식의 개념을 확실하게 풀이하기는 어렵다. 훔볼트의 노년작 《카비어 서론》의 '내적 언어형식'이라는 결정적인 장 안에는 명시적으로 innere Sprachform(내적 언어형식)이라고 쓰여 있지 않고, 아래 인용문에서 볼 수 있는 바와 같이 이 표현이 등장하는 또 다른 자리들로부터는 Lautform(음성형식), äußere Lautform(외적 음성형식), äußere Sprachform(외적 언어형식)과의 대립만을 알 수 있기 때문이다. Weisgerber 1954[c], 575참조.

"음성형식은 언어가 사유에 대해서 만들어내는 표현이다. 음성형식은 또한 말하자면 그 안에서 언어가 지어지는 그러한 용기와 같은 것이라고도 볼 수 있다. ……이미 존재하고 있는 음성형식을 언어의 내적 목적에 끌어들여 사용하는 것은 언어형성의 중간시기에서는 가능하다고 생각된다. ……언어가 내적 언어형식의 보다 명료하고 보다 확고한 통찰에 의해 보다 다양하고 보다 선명하게 구분된 뉘앙스들을 구성하도록 유도되고 이를 위해 현존하는 음성형식을 확대하거나 가다듬으면서 사용한다는 것은 부정할 수 없다"(VII, 81 이하).

"어떤 언어의 음성형식이 제아무리 정밀한 구조를 지니고 또 풍부한 소리를 갖추고 있다 하더라도, 게다가 음성형식이 매우 발랄한 분절감능과 결합되어 있다 하더라도, 이 모든 장점만으로는, 언어에 관련성을 지닌 이념들의 찬연한 밝음이 그 빛과 열기를 발하면서 언어의 구석구석까지 꿰뚫고 들어가지 않는다면, 정신에 정말로 어울리는 언어를 산출해낸다는 것은 언제나 불가능한 일이다. 언어의 매우 내적이고 순수하게 지적인 이 부분이 본디 언어를 만들어낸다. 이 내적이고 지적인 부분은 사용인데, 언어산출은 사용을 위해 음성형식을 이용한다. 이념의 형성이 진행됨에 따라 최근 세대의 위대한 두뇌들이 언어에 맡기고 싶어 한 모든 것을 언어가 표현할 수 있는 것도 언어가 본디 이념에 의해 구성되어 있음에 기인한다. 언어의 이와 같은 성질은 언어 속에 밝혀지는 여러 가지의 법칙이 서로 일치하고 서로 협동하며 더욱이 직관, 사유, 감정의 법칙 일반과 일치하고 협동하는 데 달려 있다. 그러나 정신적 능력이라는 것은 활동 속에서만 존재한다. 그리고 능력이라는 것은 일체가 된 전체성으로서 차례차례로 타오르는 힘이다. 그러나 이 능력은 개별적인 방향을 향해 한정되어 있다"(VII, 86).

"그러므로 언어의 지적 장점은 오직 언어가 형성되고 개조되는 시기에 그 민족이 정연하고 단단하고 명확한 정신구조를 가지고 있다는 사실에 기인

한다. 언어의 장점은 바로 그 정신구조의 화상이며 직접적인 복제이다. 모든 언어가 그 지적인 처리방식에서는 서로 같음에 틀림없다고 생각된다. 음성형식에서는 예상할 수 없을 정도의 무한한 다양성이 있다 할지라도, 누구도 그것을 의심하지 않을 것이다. 왜냐하면 감성적, 신체적으로 개별적인 것들은 서로 대단히 다른 여러 가지의 원인으로부터 발생하기 때문에, 이 개별적인 것들의 뉘앙스의 가능성은 결코 빠뜨릴 수 없다. 그러나 언어의 지적 부분처럼 정신의 자발적 활동성에만 기인하는 것은 목적과 수단이 같다고 할 때 모든 인간에게서 같아야 하는 듯하다. 언어의 지적 부분이야말로 비교적 큰 동일성을 유지하고 있는 것이다. 그러나 이 부분에서도 여러 원인에 의해 현저한 상이성이 생겨난다. 한편으로 언어를 산출하는 힘은 일반적으로 그 자신만으로 활동할 때, 또한 그 힘 속에서 발생하는 활동들의 상호간의 관계 속에서 활동할 때에도 그 힘의 정도에 따라 여러 가지의 단계가 있는데, 이것에 의해 언어의 상이성이 생겨난다. 다른 한편으로 오성을 통해서 또는 단순한 개념에 의해서는 측정될 수 없는 것을 창조해내는 여러 가지 힘이 여기서도 할 일이 많다. 상상과 감정은 개성적인 여러 형태를 구성하고 이들 여러 형태의 구성 속에서 민족의 개성적인 성격이 다시 표면화되고, 모든 개성적인 것에서처럼 동일한 것이 항상 다른 규정에서 표현될 수 있는 양식의 다양성은 무한하게 진행된다"(VII, 86-87).

"감성적인 대상의 경우도, 낱말은 감성의 앞에 아른거리는 대상 그 자체와 등가가 아니라 낱말을 발견하는 특정한 순간에 언어가 산출될 때 그 대상을 파악하는 방법과 낱말이 등가인 것이다. 이것이 동일한 대상에 대해서도 다양한 표현이 생겨나는 주된 원인이 된다. 예를 들면 산스크리트에서는 코끼리가 때로는 '물을 두 번 마시는 것', 때로는 '이를 두 개 가진 것', 때로는 '손을 하나 가지고 있는 것' 등으로 불리는데, 이 경우 항상 동일한 대상이 의미되었다 할지라도 그만큼 많은 서로 다른 개념이 표시된다. 이는 언어가 결코 대상을 표현하는 것이 아니고 언어 산출활동에서 정신에 의해 자발적으로 대상에 관해 구성된 개념을 표현하기 때문이다"(VII, 89-90).

"각각의 내적, 외적 대상의 표시는 감성적 직관이나 상상력이나 감정 속에 깊숙히 침투해서, 이것들의 협력을 통하여 결국 (민족의) 성격 일반 속에 뚫고 들어간다. 왜냐하면 대상을 표시하는 것에서 참으로 자연과 인간이 결합하고 실제로 어느 정도는 물질적인 음성이라는 소재가 형성작용을 하는 정신과 결합하기 때문이다. 그러므로 이러한 (자연과 인간, 소재와 정신이 결합하는 언어라고 하는) 영역에서 민족적 특성이 특히 두드러지게 나타난다"(VII, 90-91).

"언어에서 민족적 특성의 영향은 두 가지 방법으로 인지된다. 하나는 각각의 개념구성의 방법이라는 면이고, 다른 하나는 특정한 범주의 개념에 관해서는 언어에 의해 그 풍부함이 상대적으로 차이가 난다는 면이다. 대상이나 개념을 각각 표시하는 방법 속에는 명백하게 어떤 때는 감성적 직관에 이끌려 상상력과 감정이, 어떤 때는 미묘한 분리작용을 하는 오성이, 어떤 때는 정신의 대담한 결합작용이 들어간다. 감성, 오성, 정신이 표시의 방법 속에 들어가기 때문에 다양한 대상에 대한 표현들은 하나의 공통의 색채를 띠는데, 이것이 곧 한 민족의 자연파악의 색채를 명시하는 것이다. 이 색채에 못지않게 명백한 것은 정신이 지니고 있는 경향에서 생기는 표현 가운데 어떠한 표현이 우세한가 하는 것이다. 예를 하나 들어보자. 산스크리트에서는 종교적 색채가 강한 철학용어의 수가 압도적으로 많다는 것이 눈에 띄는데, 이 점에 있어서는 다른 어떤 언어도 산스크리트와 비교될 수 없다. …… 그리하여 산스크리트라는 언어는 인도 고대의 문예나 정신활동의 전반에서, 그리고 외면적 생활방식과 관습에서 재발견되는 것과 꼭 같은 특징을 지니고 있다"(VII, 91).

"그렇지만 정신 또는 성격의 민족적 특성이 개념형성에서만 나타난다고 생각하는 것은 일방적인 생각일 것이다. 민족의 특성은 담화를 구성하는 방법에도 (개념형성에 미친 것과 마찬가지로) 큰 영향을 미친다. ……그러나 언어의 이러한 부분에서의 (민족적) 특성은 개개의 문법형식과 특정한 언어의 법칙 속에는 극히 적은 부분에서만 명백하게 나타난다. 따라서 문법형식과 법칙에서 민족적 특성을 찾아내는 언어분석은 비교적 어려우며 노고가 많은 일거리가 된다"(VII, 92).

"음성형식과 내적 언어법칙의 결합에 의해 언어는 완성된다. 언어의 완성이 최고점에 이르기 위해서는 이 결합이 언어를 산출하는 정신의 동시적 작용 속에서 일어나야 하고, 그것의 진정하고 순수한 삼투가 필요하다. 언어산출이라는 것은 최초의 요소에서부터 종합적인 처리절차이다. 실로 종합적 처리절차란 결합된 부분들의 어느 것 속에서도 그 자신으로서는 존재하지 않았던 것을 종합에 의해 새로 만들어낸다고 하는 가장 순정한 뜻에서의 종합적 처리절차이다. 그러므로 음성형식과 내면적 형성작용의 구조 전체가 다 같이 굳게, 그리고 동시적으로 융합하는 경우에만 종합작용이라는 목표가 달성된다. 그로부터 생기는 유익한 결과는 한 요소가 다른 요소에 완전히 적합하므로 말하자면 어떤 요소도 다른 요소를 앞지르지 않는다는 것이다. 이러한 목표가 달성된다면, 내면적 언어발전은 음성형식의 산출과는 동떨어진 한쪽만의 좁은 길을 추구하지도 않을 것이요 또한 음성만 무성하게 자라서 사상이 요구하는 필요성의 한도를 넘어서 지배하는 일도 없을 것이다"(VII, 94).

"언어의 이 두 구성요소의 굳은 결합은 특히 감성적이고 상상력이 풍부한 삶에서 나타난다. 그 삶은 그럼으로써 언어를 위해서 꽃핀다. 이에 반해 음성의 형성충동이 이미 필요한 강함을 갖지 못하거나 언어를 만들어내는 힘이 처음부터 일방적으로 작용해서 그 때문에 언어가 어느 시기에 지적으로만 더욱 확대되고 세련될 때 반드시 초래되는 결과는 오성만의 일방적인 지배, 즉 무미건조와 감격성 결핍인 것이다"(VII, 95).

"이제 본디 외적 언어형식과 내적 언어형식의 필수 불가결한 종합의 보다 경미한 성공이 한 언어에서 어떻게 모습을 드러내는지 아래에서 몇 가지 개별 문법사항에서 보여주고자 한다…….”(VII, 96).

“내가 법칙이라고 부른 것은 정신적 활동이 언어를 산출하는 경우에 운동하는 궤도와 다름없는 것이다. 다른 비유를 사용한다면, 그 법칙은 형식과 다름없는 것인데, 정신활동은 그 형식 속에 음성을 새겨넣는다. 언어가 산출되는 경우에 활동하지 않는 마음의 힘은 결코 존재하지 않는다. 그리고 인간의 내부에는 언어로 옮겨져 언어 속에서 인식될 수 없을 정도로 깊고 미묘하고 포괄적인 것은 존재하지 않는다”(VII, 86).

이런 뜻에서 훔볼트는 악센트에도 무게를 두고 있다.

“악센트는 언어의 어떤 다른 부분보다도 담화의 의미성과 음성의 운율적 성질이라는 이중의 영향을 더욱 많이 받는다. 악센트의 본디의 참된 모습이 의미로부터 생겨난 것임은 의심할 여지가 없다. 그러나 어느 민족의 감각이 운율적 미와 음악의 미를 더욱 요구하면 할수록 악센트에 대한 요구에 더욱 많은 영향을 주게 된다. 그러나 악센트 충동Betonungstrieb에는 — 이런 표현이 허용된다면 — 단지 의미만 이해해주면 된다는 것 이상이 숨어 있다. 악센트 충동 속에는 단순한 필요 한도 이상으로 사고 또는 사고의 요소들의 지적 강도를 표시하고자 하는 강한 욕구가 표현되어 있다”(VII, 141).

내적 언어형식에 관한 훔볼트의 견해는 이상과 같은데, 아래에서는 줄곧 이 개념을 해명하려 시도한 바이스게르버를 중심으로 몇몇 학자의 견해를 소개해보겠다.

우선 포르치히W. Porzig는 그의 두 논문 〈내적 언어형식의 개념〉과 〈언어형식과 의미〉[5]에서 철학사 바르티A. Marty와 영어학자 풍케O. Funke의 견해를

5 Porzig 1923 및 1928.

비판하였다. 앞서 마르티[6]는 내적 언어형식을 언어적 표현의 문자 그대로의 의미라 부를 수 있는 어떤 것으로 이해했고, 풍케 또한 전적으로 이러한 뜻에서 이 복합적인 문제를 그의 논문에서 다룬 바 있다.[7] 포르치히는 마르티의 설을 총괄해서, "내적 언어형식은 (그 자체 무진장의) 어떤 사상이 간결한 방법으로 표현되는 수단의 총체이다. 이 경우에 비유적 내적 언어형식은 주로 낱말의 의미에, 구조적 내적 형식은 월구성에 관계된다. 이 두 경우에 선택이 문제된다. 그러나 이것은 불규칙적으로 우연하게 작용하기 때문에, 한편으로는 상이한 언어들의 다양성이 해명되고 다른 한편으로는 본디 한 언어의 내적 형식에 관해서 언급되기보다는 오히려 한 낱말 또는 월구성의 내적 형식만이 언급될 따름"[8]이라고 평하고 있다. 또한 그는 사실 마르티가 본 "내적 형식은 한 언어에 관한 것이 아니라 개개의 표현수단의 형식"[9]이라고 하면서, 표현방법이 문제가 되기 때문에 언어연구의 중심적인 문제가 되지 않는 것으로 생각했다.

포르치히는 내적 언어형식의 문제에 대한 네 가지의 견해를 구별해놓고 있다. 1) 이 개념 일반의 유용성을 부정하는 실증주의의 언어관. 2) 분트W. M. Wundt(1832-1920)처럼 특히 말함의 외적 형식을 규정하는 심적 현상을 문제시하는 심리학적 해석. 3) 특히 '순수한' 의미들 간의 관계의 법칙성, 즉 말할이가 어느 정도까지 '이상적인' 사상 내용을 언어적으로 적절하게 표현할 수 있는가 하는 것을 문제삼는 현상학적 견해. 여기에는 훗설E. Husserl(1859-1938)의 이상적인 의미적 지향을 지니는 순수 문법의 이념이 의도되어 있다. 4) 언급된 마르티의 견해는 실제로 의도된 의미를 표현하기 위해 쓰이

6 Marty 1908 참조.

7 Funke 1924 참조.

8 Porzig 1923, 156.

9 Porzig 1928, 11.

는 구체적인 언어수단을 선택하는 원칙이라고 하는 것이다.[10]

포르치히는 이 네 가지 견해를 구별해서 각각을 엄밀하게 비판적으로 검토하고 있는데, 이를 요약하면 다음과 같다. 우선 첫 번째 견해, 즉 실증주의적이며 또한 내적 언어형식에 대해 부정적인 태도를 취하는 것은 예를 들어 소장문법학파인 델브뤽B. Delbrück(1842-1922)에서 보인다. 이 경향에서는 한 언어의 개개의 특징이 인식될 수 있는데, 이것들은 보태거나 한 조직 속으로 넣을 수도 없다. 심리학적 견해는 말할이의 의도에 관련되지만, 내적 언어형식을 함유하는 소여의 언어적 가능성에는 이르지 못한다. 의미의 상호 주관적이고 초개인적인, 다시 말해 사회적으로 제약된 성격은 이 개인심리학적 고찰방식에서는 인식될 수 없다. 훗설의 현상학적 접근방식도 사정을 달리하고 있다. 그가 언어적 표현, 즉 외적 언어형식, 의미 그리고 (언어 외적) 대상을 구별한 것에는 동의할 수 있다. 또한 그의 의미지향의 개념, 달리 말해서 의미의 목표 방향성을 의도된 대상에 두는 것도 수락할 수 있다. 그러나 순수한 문법, '순수한', '이상적인' 의미에 대한 그의 표상은 현존하는 한 언어에서 역사적으로 생겨난 의미상의 가치의 특수성을 정당하게 평가할 수 없는 방향으로 이끌어간다. 이 점에서 언어 외적, 논리적 관점들은 일정한 언어의 내적 형식의 특수한 것에 대한 조망을 방해할 것 같다는 것이다.[11]

이러한 견해에 대해 포르치히는, 문제는 형식을 부여하는 원칙이며, 이것이 언어공동체 내부에서 의사소통을 가능하게 한다고 지적했다. 포르치히는 우선 그 개념의 성능으로서, 첫째, 이 개념이 언어현상에 통일성을 부여한다는 것을 들고 있다. 즉 잡다한 현상은 정확한 해석에 의해 통일적인 직관방법의 결과로서 제시되어야 한다는 것이다. 이 직관방법은 현존하는 언어에 의해 제약되어 있다. 그러므로 포르치히는 언어에 내재하고 있는 원리

10 Porzig 1923, 156 및 Gipper/Schmitter 1979, 87.

11 Porzig 위에 든 곳, 156 이하 및 Gipper/Schmitter 위에 든 곳, 88.

가 문제라고 생각했다. 둘째, 이 내적 언어형식이란 개념은 객관적 정신의 산출물로서의 언어와 이와 같은 종류의 다른 산출물, 이를테면 예술, 종교 등과의 관계를 명시하는 것으로 설명해놓고 있다. 다음으로 포르치히는 일정한 언어의 모든 개개의 현상에 통일성이 있고 한 언어공동체에 속하는 개인에 일정한 형성적 원리가 있으면 한 언어가 끊임없이 말하여지고 이해된다고 했다. 언어공동체에 의해 비로소 이러한 내적 형식의 실현이 가능하게 된다. 따라서 이러한 언어를 말하는 이들의 모든 정신생활은 어릴 때부터 이 언어의 형식에 의해 이루어지는 것이다. 그러므로 각 개인의 모어의 형식은 통각Apperzeption의 선천적 형식이라고 생각했다.[12] 따라서 포르치히는, "내적 언어형식이란 외적 언어형식과 상호작용하고 있는 한 언어공동체의 독특한 통각형식"이라고 규정했다.[13] 기퍼H. Gipper/슈미터P. Schmitter도 지적하고 있듯이,[14] 여기에서 어려운 것은 철학적, 심리학적으로 다의적 개념인 '통각'이라는 표현인데, 포르치히는 이 개념을 유감스럽게도 자세히 설명하지 않았다.

바이스게르버는 1926년의 논문 〈내적 언어형식의 문제와 그것이 도이치말에 대해 갖는 의의〉[15]에서 시작하여 그의 첫 번째 저서 《모어와 정신형성》의 '사회적 인식형식으로서의 언어'라는 항목[16]에서도 이 내적 언어형식의 문제를 비교적 상세하게 다루고 있다. 여기서 그는 지극히 중요한 이 개념을 "언어의 내용의 전체, 말하자면 한 언어의 어휘의 개념적 구성과 통어형식들

12 Porzig 위에 든 곳, 164 이하.

13 Porzig 위에 든 곳, 167.

14 Gipper/Schmitter 위에 든 곳, 88.

15 Weisgerber 1926.

16 Weisgerber 1929, 71-88.

의 내용 안에 갈무리되어 있는 형성된 인식의 모든 것으로 이해한다"[17]고 규정해놓고 있다. 이어서 그는 "언어와 더불어, 그리고 언어 안에 세계와 그 현상들을 보는 일정한 양식이 갈무리되어 있으며, 그렇기 때문에 한 언어는 그 내적 형식 안에 일정한 세계관을 숨기고 있다고 말할 수 있다. 한 언어 안으로 들어가 성장하는 모든 사람은 반드시 현상과 정신의 세계를 파악하는 그 언어의 양식을 습득하지 않을 수 없다. 따라서 한 언어공동체에 속해 있는 모든 사람은 그들의 체험을 그들의 모어의 내적 형식에 따라 소화하게 되며, 그에 상응하여 사고하고 행동하게 되는 것이다"[18]라고 설명해놓고 있다.

바이스게르버는 1930년의 논문 〈언어학의 신낭만파〉에서 아홉 개의 항목으로 나누어 서술하고 있는데, 아래에서는 그 일곱 번째 항목에 서술되어 있는 것을 약술해본다.[19]

바이스게르버는, 언어의 내적 형식을 어떻게 이해하는가 하는 것은 '의미내용'의 영역을 문화재인 언어의 부분적 사실로서 인식할 때 이내 필연적으로 밝혀진다고 본다. 앞서 포르치히는 한 언어의 내적 형식을 "외적 언어형식과 상호작용하는 한 언어공동체의 독특한 통각형식"[20]의 전체로 정의한 바 있고, 바이스게르버는 한 언어의 내적 형식을 "한 언어의 어휘의 개념적 구성과 통어형식들의 내용 안에 갈무리되어 있는 형성된 인식의 모든 것"[21]을 포괄하는 것으로 규정한 바 있다. 이러한 언어내용이야말로 일반적으로 가장 먼저 언어의 본질적인 것을 결정하는 것이다. 바이스게르버는 이전에 발표된 논문에서와 동일하게, 그들 전체 안에서 언어내용이 모든 언어공동체에서 그 모어 안에 '현실성'으로서 갈무리되어 있는 세계상을 생겨나게

17 위에 든 곳, 86.

18 같은 곳.

19 Weisgerber 1964[a], 221 이하.

20 Porzig 1923, 167.

21 Weisgerber 1929, 86.

한다라는 견해를 서술해놓고 있다.

바이스게르버는 이러한 견해가 정당함을 입증하기 위해 일정한 세계상, 그것도 더욱이 언어적 사태로서 한 민족의 언어에 감각세계와 정신세계의 독특한 형성이 실존한다는 것이 이론적으로나 실제적으로도 논증될 수 있다는 것을 서술해놓고 있다. 그 이론적 연구에 의하면 그것은 특히 심리학, 사회학, 인식론의 영역에서 행해지고 본질적으로 한 언어의 의미 문제와 '현실성'의 정밀한 연구에 의해 얻어지는 성과에 의존한다. 이러한 이론적 연구는 언어자료의 실상을 통해 확인된다. 즉 역사적 비교언어연구는 개별 언어의 내적 형식이 상이하다는 것과 한 언어의 세계상이 언어사의 흐름에서 변천한다는 것을 제시함으로써 언어에 갈무리되어 있고 언어공동체 전체를 규정하는 세계상의 가정에 대해 제기된 반론을 제거할 수 있다고 역설하고 있다. 이러한 사태에 대해 '내적 언어형식'이라는 술어가 요구되는 것이 정당한지 어떤지 하는 것은 본디 부차적인 문제이다. 그에 대해 입증해주는 세 가지 숙고가 있다. 즉 1) 일반적으로 외적 언어형식에 내적 언어형식을 대비시키는 것은 바로 음성적인 것과 내용적인 것의 대립을 표시하기 위한 것이다. 2) 이러한 사용은 훔볼트가 비록 명확하고 분명하게 정의 내리지는 않았을지라도 '내적 언어형식'이란 표현에 결부시킨 뜻에 가장 적절한 것이다. 다음 시대 역시 마찬가지로 이러한 견해를 주장했다. 일례로 핑크F. N. Finck는 〈언어학의 임무와 분절〉(1905, 35)에서 "이러한 내적 언어형식은 분명히 모든 민족이 세계를 표상하며 관조하며 따라서 낱말의 본디의 의미 안에 그들의 세계관이 들어 있는 방식"이라고 말하였다. 3) '내적 언어형식'에 대해 주어지는 또 다른 설명은, 마르티와 풍케의 해석이든 포슬러K. Vossler의 해석[22]이든 어떤 방식으로도 우선권을 요구할 수 없다는 것이다.

---

22 포슬러의 내적 언어형식은 매우 포괄적인 개념이다. 어떤 분야의 언어인가에 따라 그것은 확실성 또는 신념, 이해, 감동, 흥미, 심리적 의도 등일 수 있다. 말함의 의의가 말로 표출된 것과

훔볼트의 내적 언어형식의 사상이 최종적으로 해명된 것은 바이스게르버의 논문 〈세계를 언어에 의해 동화하는 양식으로서의 내적 언어형식〉[23]을 통해서이다. 바이스게르버에 따르면, 여러 가지의 오래된 단서들과 보다 새로운 단서들로부터 어느 정도 일치하는 하나의 개념을 만들어내려는 1920년대의 시도[24]는 제대로 성공을 거두지 못했고, 급기야 확신에 찬 훔볼트의 옹호자들마저도 끝내 '내적 언어형식'이라는 말을 거두어들이면서 이 말에 숨어 있는 문제를 제기하려는 시도를 아예 다른 말을 써서 해보는 것이 더 나으리라 생각할 지경이 되었다. 이처럼 이 문제가 해명되기는커녕 논란의 결과로서 오히려 그 해결되지 못한 문제들이 계속해서 부담으로 작용했었을 것임이 틀림없음에도 불구하고, 훔볼트의 '내적 언어형식'은 그 후에도 여전히 관심의 대상이 되었다. 예를 들어 1954년의 《현대의 언어고찰》[25]이라는 논문모음집에 실려 있는 지극히 다양한 방향의 논문들인 암만H. Ammann의 〈언어학과 언어이론〉,[26] 글린츠H. Glinz의 유명한 저서 《도이치말의 내적 형식》[27]에 담긴 견해와 밀접하게 관련되어 있는 〈언어, 존재, 그리

구분되어서 존재하거나 그리로 움직임에 따라 내적 언어형식은 그것의 믿는, 사랑하는, 생각하는, 느끼는, 의도하는, 의지적인 소지자가 된다. 포슬러는 언어를 정신적, 창조적 활동으로뿐만 아니라 정신의 자연적 기능이자 사고와 사상교환의 매개로도 파악하고 있는데, 이에 따라 내적 언어형식의 개념도 언어의 전체개념이 두루 거치는 측면들을 받아들일 수밖에 없다. 따라서 언어개념만큼이나 많은 내적 언어형식의 개념이 존재하는 것이다. 정신이 개인적, 심리적, 육체적인 영역으로 전개되어 나오면, 바로 이 활동성 있는 작업이 내적 형식원리이다. 이것은 언어형식의 외면성에 의거해서만 일종의 '이전 형식'으로서, 문체적, 문법적 형식에 내재해 있는 심리적 언어형식으로서 해명되고 이해될 수밖에 없다. 내적 언어형식은 정신의 창조적 원리이기도 하고 말하여진 것의 외적 형식에 의거하여 그때그때 새로이 말할이의 정신을 향하여 구성해야만 하는 심리적 관계이기도 하다. Vossler 1925, 242 이하 참조.

23 Weisgerber 1954c, 571-579 참조.

24 Ipsen 1930, 19 이하의 언급 참조.

25 Ulshöfer 1954.

26 Ammann 1954.

27 Glinz 1952.

고 사고〉에 관한 해설, 그리고 플라이더러W. Pfleiderer의 〈도이치말의 내적 형식〉[28]은 모두 직간접적으로 '내적 언어형식'의 문제를 다루고 있다. 그럼에도 끝부분에는 다시금, 정말로 생산적인 가치평가와 활용은 여전히 가능하지 않은 것으로 보인다는 의기소침한 진단이 들어 있는데, 아마도 바로 이 비관적 견해가 결정적으로 바이스게르버로 하여금 '내적 언어형식'의 해명 문제에 대해 최종적인 답을 내도록 한 하나의 계기가 된 것으로 보인다. 따라서 아래에서는 훔볼트의 내적 언어형식을 그의 확고한 동적 언어관의 귀결로서 명확하게 규정하고 언어에 의해 정신적으로 형성하는 힘과 언어공동체에 불가분하게 결부된 형식으로서 개별 언어의 본질과 의의에 대한 통찰을 바탕으로 내적 언어형식을 '세계를 언어에 의해 정신적으로 동화하는 양식'으로 풀이하는 바이스게르버의 견해를 살펴보겠다.[29]

바이스게르버가 이 문제를 해명하려 시도할 때, 그에게는 두 가지 사실이 결정적이다. 하나는, 사람들이 흔히 가정하는 것처럼 이 개념이 훔볼트의 경우에 표석과도 같은 식으로 그렇게 고립되어 있지는 않다는 점이 밝혀졌다는 것이고, 또 하나는 '언어양식'으로서 여러 언어에 적용되는, 다름아닌 바로 '양식Stil'의 기본사상이 언어의 본질에 관한 몇몇 새로운 인식을 훔볼트의 천재적 예감이 발원했던 그 맥락 안에 끼워넣도록 도와준다는 것이다. 말하자면 여기서 바이스게르버는 '양식' 개념을 활용하여 언어의 본질 파악을 염두에 두면서 훔볼트의 내적 언어형식을 해명하려 하고 있는 것이다.

바이스게르버는, 양식 개념에 언제나 속하는 것으로서 '형성하는 것의 기본요소'를 들고 있다. 이것은 객체에 의해서도 주체에 의해서도 명백하게 고정된 것으로 여겨지지 않는 그러한 과제를 해결할 때 정신적으로 자유로운 행위에서 생겨나는 그러한 형성 형식들의 기본요소이다. 양식은 주로 언

28 Pfleiderer 1954.

29 Weisgerber 1954^{c}, 574 참조.

어적인 것에서 등장한다. 언어적인 것은 물론 개인적 언어형성의 영역에서 시작된다. 이를테면 어떤 언어작품의 양식, 어느 작가의 양식, 경우에 따라서는 시문학 장르의 양식도 있는데, 이러한 것들은 과제를 수용하여 해결하는 언어적 형성력의 뜻에서 우선적으로 그 업적을 판정하게 되는 분야들이다. 그런데 바이스게르버에 따르면, 이 개인적 언어형성의 양식보다 더 핵심적인 양식의 문제영역이 있고, 그가 다루고자 하는 것이 바로 이 영역이다. 여기서 바이스게르버가 생각하는 내적 언어형식의 개념은 개인적 언어형성에도 특정한 방향의 언어적 창조에도 귀속되지 않는다. 이 개념은 도이치말의 양식, 프랑스말의 양식처럼 어떤 특정한 언어의 형성하는 처리방식이라는 뜻에서 오히려 '언어'양식의 개념과 일치한다. 언어적 창조의 형식들이 갖는 양식, 즉 근본적으로 한 개인의 '말함'의 양식과 더불어, 그리고 그 양식에 앞서서 또 다른 층위의 현상으로서, 어떤 특정한 역사적 언어의 본질특징으로서의 '언어'양식이 존재한다는 이 사실을 의식하는 일은 훔볼트의 내적 형식 개념을 해명하는 데 있어서 대단히 중요하다.

여기서 바이스게르버는 이렇게 규정된 '언어'양식이 사실의 영역에서 벗어나는 것은 아닌지 묻고 있다. 즉 창조적으로 형성하는 처리방식으로서 도이치말의 양식이란 실재의 사실인가 아니면 하나의 비유적 표현방식, 근본적으로 하나의 실체화에 불과한가? 바로 이 문제에서 출발하여 '내적 언어형식'의 수수께끼를 새로이 조명해볼 수 있다. 여기서 중요한 것은, 그가 언어양식의 현상을 그것이 나타나는 자리보다는 오히려 그것의 뿌리로부터 파악하려 한다는 점이다. 그렇다고 해서 뿌리에서 잎사귀에까지 미치는 공통의 맥락을 없애는 것은 물론 아니다. 양식의 속성들은 언어사용의 형식, 즉 개인적 성능의 분야뿐만 아니라 확실히 모어, 즉 언어공동체의 성능에도 똑같이 해당되고, 특히 언어적 처리방식 그 자체, 즉 인간 언어능력의 작용형식에도 해당된다. 바이스게르버는 이 세 가지를 염두에 두는 한에서만 결정적인 사실에 접근할 수 있음을 강조하고 있다.

언어능력, 모어, 언어사용, 이 세 가지를 바라볼 때 무엇보다도 양식에 관한 모든 고찰에서 결정적 기준인 정신적 형성력이 그것의 언어적 표출형태에서 보다 뚜렷해진다. 이제 개인적 언어형성의 조건으로부터 체계상 그것에 앞서 존재하고 모어의 역사성에서 실현되는 형성력으로, 그리고 결국 인간삶의 형성의 토대로서 인류에게 주어져 있는 언어재능의 힘으로 되돌아가는 길이 나 있다. 바이스게르버는 이전 수십 년간의 언어연구가 이 길을 여러 출발점으로부터 발굴해내어, 이제 이 길을 뒷방향으로 기술할 수 있을 뿐만 아니라 앞방향으로도 조망하고 측량해볼 수 있게 되었다고 믿고 있다.

인간의 언어능력에서 시작하게 되면 이내 (모든 양식문제에도 결정적인) 정신적 형성력의 사상에 마주치게 된다. 인간 언어능력의 본질에 관해 진지하게 숙고하다 보면, 결국 언어로써 인간에게는 자신의 현존재를 정신적으로 지배하는 길이 열린다는 통찰로 귀착된다.[30] 여기서 바이스게르버는 내적 언어형식의 사상을 이해하는 데 필요한 네 가지의 기본인식을 다음과 같이 정리하고 있다.

1. 언어는 결코 순수하게 세상의 '사물'을 단순히 되풀이하여 모사하는 것이 아니라 언제나 존재를 인간의 의식으로 정신적으로 개조하는 것이다.
2. 언어에 의해 동화하는 이 길은 인간의 세계접근의 한 가지 특수한 가능성으로 간주할 수 있고, 이 가능성과 더불어 각기 고유한 세계해명의 힘을 가진 또 다른 형식들도 가정할 수 있다.

30 Weisgerber 1949[a] 참조. 이 언어철학적 기본통찰이 철학이든 언어학이든 어디에서나 새로이 나타나고 있음은 특기할만하다. 이 통찰이 특히 철학에 미치는 작용을(캇시러E. Cassirer, 회닉스발트R. Hönigswald, 립스H. Lipps, 리트Th. Litt, 볼노브Fr. Bollnow, 리브룩스B. Liebrucks에 이어 하이데거M. Heidegger의 몇몇 신탁 같은 명제들도) 개관해볼 때일 것이다.

3. 이 언어에 의한 세계해명의 실현은 단 한 번으로 이미 정해져 있는 것이 아니라 모어들의 다양성에서 그 역사적 답을 찾는 과제라는 뜻에서 '열려 있다'.
4. 이 토대 위에서 비로소 언어적인 것의 가장 뚜렷한 현상형식, 개별 인간의 언어적 행위가 이해될 수 있다.

1. 첫 번째 인식은, 언어는 존재를 인간에게 의식된 존재로 개조하는 것을 그 핵심으로서 포괄한다는 것이다. 이 인식의 도출은 기호철학의 범위에서 이루어진다. 즉 인간 현존재의 제한성으로 말미암아 쉽게 인간의 '순수한' 세계접근을 생각해볼 수는 없다. 세계 안에서 인간의 행동은 인간의 감각적, 정신적 본성에 따라 언제나 감각적, 정신적 전체성에 의존한다. 이 전체성 속에서 감각적 기호는 세계를 인간의 의식에 정신적으로 제공하는 것이다. 그런데 이 제공은 순수하게 재생산적인 것이 아니며, 기호의 투입은 인간의 정신적 세계포착으로서 지극히 생산적으로 작용한다. 인간과 세계의 이 창조적 만남에서 '정신적 중간세계'가 형성된다. 외부로부터 인간의 의식에 도달하는 모든 것은 이 중간세계를 통과하지 않으면 안 되고, 이 중간세계의 뜻에 따라 정신적 개조를 겪게 된다. 이와 같이 존재를 정신적으로 동화하는 길들 가운데 가장 중요함과 동시에 인간에게 특징적인 길들 가운데 하나가 언어이다. 감각적 언어기호는 정신적 세계지배의 구성 토대를 이룬다. 정신적 세계지배는 반드시 언어적 지배로 인정하지 않을 수 없는데, 왜냐하면 그것은 언어적 과정의 바깥에서는 도달될 수 없을 것이고 그것의 성과는 언제나 언어와 함께하기 때문이다. 이러한 뜻에서, 말하자면 인간의 언어능력은 정신을 형성하는 힘이고, 이 기본특징은 언어적인 것의 모든 현상형식에서 되풀이하여 나타날 수밖에 없다. 이에 따라 언어양식에 대한 논의에서 특히 강조된 생산적 형성자도 바로 여기에 그 뿌리가 있다.

2. 그러한 형성의 조건을 향해 좀 더 가까이 중요한 발걸음을 가능하게 하는 것이 두 번째 사상, 즉 세계를 언어에 의해 동화하는 것은 인간이 가지고 있는 여러 가지 세계해명의 형식들 가운데 하나라는 것이다. '여러 줄기의' 정신적 세계접근이라는 이 가정은 일단 작업가설로서 감각적 세계접근과의 비교를 통해 밝혀질 수 있다. 인간은 세계와의 감각적 결합을 물리적 또는 화학적 과정으로부터 시각적, 음향적 감각으로 개조하는 형식으로만 얻을 수 있다는 점은 아무도 의심하지 않는다. 여기서 각기 고유한 개조의 다양한 형식들이 함께 작용한다. 물리적 자극은 눈, 귀의 감각으로 바뀌고, 화학적 자극은 미각, 후각 등의 감각으로 바뀐다. 이 동화된 현상들의 이면에 '실제로' 숨어 있는 것이 무엇인지는 상상해볼 수 없다. 이 개조형식들 가운데 하나에 들어가지 않는 것은 당연히 감각적 현실화의 외부에 머무른다. 감각적 동화의 개별 형식들 내부에는 다시금 상한선, 하한선의 뜻에서 한계, 자극효능의 여러 단계가 있다. 세계에 대한 우리의 감각적 상은 그러한 조각들로 이루어져 있고, 이 상을 평가하기 위해서는 우선 이 모든 조건들의 이면으로 애써 들어가보아야만 한다. 어느 한쪽으로 치우쳐 있지 않은 인간에게 그것들은 확실한 현실가치를 지니고 있다. 이것들이 우리에게 궁극적으로 무엇을 해명해주는지 우리는 알지 못한다. 그렇다고 하여, 이 모든 개조가 일어나면서 인간에게 최적의 전체 상이 생겨나고 분리되었던 원천들이 하나의 의미 있는 전체로 융합된다는 것을 배제할 필요는 없다. 감각적 영역의 그러한 사실들을 의심 없이 단순하게 정신적인 것의 조건들로 옮겨 놓아선 안 된다. 하지만 정신적 세계접근도 인간에게는 여러 개로 부서져 각기 조각과도 같은 방식으로만 가능해지리라는 것은 분명하다. 이 사상을 가장 집요하게 추구한 것이 캇시러E. Cassirer[31]이다. 그의 네 가지 상징형식

31 Cassirer 1923-1929.

(언어, 신화, 예술, 과학)의 구분을 통해 문제로 제기된 것을 보다 상세하게 연구할 필요가 있다. 여기서 바이스게르버는 내적 언어형식의 문제에 관련하여 특히 언어에 의한 세계해명의 고유성과 '전체적 양식'을 인간 정신이 세계접근의 통로를 닦는 또 다른 방식들로부터 구분할 가능성이 생겨날 것이라고 말하고 있다.

3. 감각적 동화와 비교해볼 때 한 가지 차이점은 분명하게 파악할 수 있다. 즉 육체적 감각은 닫혀 있고 '정신적 감각'은 열려 있다는 것이다. 하나는 소여사실을 가져다주고 다른 하나는 과제를 내어준다. 시각적, 음향적 장치를 갖추고 있음으로써 이룩할 수 있는 것은 질과 범위에 따라 인류에게 고정되어 있다(이는 연습에 따른 어느 정도의 차이가 있다 해도 바뀌지 않는다). 그에 반해 언어에 의한 동화가 가져다주는 것은 인간의 언어재능에서 나오는 여러 가능성들과 매우 상세한 과제 해결책들이다. 그리고 여기에서 어떤 특정한 형식의 인간 행동이 전면에 드러난다. 바이스게르버가 이해하기에, 인간은 인류로서 또는 개인으로서 또는 집단(공동체)으로서 나타난다. 육체적 지각은 그 본질에 따르면 보편인간적이고, 표출형태로 보면 개인적인 데 반해, 집단은 이 점에서 아무런 역할도 하지 못한다(특정한 감각영역이 사회적으로 강조될 수 있다는 것과 상관없이). '정신적 감각'은 그 본질에 따르면 보편인간적이기도 하고 그 출현장소로 보면 개인적이기도 하지만 실제로 그 외적 표출형태에서는 본질적으로 공동체에 결부되어 있다. 인간은 볼 수 있기 위해서는 자신의 타고난 소질을 활용하기만 하면 되지만 말할 수 있기 위해서는 자신의 언어재능을 가지고 공동체에 결부된 형식을 배워야만 한다. 공동체에 결부된 이 가운데 층이야말로 언어적인 것을 이해하는 데 있어서 결정적인 것이다. 바이스게르버는 내적 언어형식의 개념이 바로 이 층 내부의 가장 깊숙한 법칙을 겨냥한 것으로 해석하고 있다.

물론 지구 상에서 인간 언어재능의 실현이 도이치말, 프랑스말 같은 개별 언어의 길 위에서 이루어진다는 것은 지금까지 보편의식이든 과학에서든 놓칠 리 없었다. 하지만 바이스게르버가 보기에 지금까지의 숙고에서는 두 가지가 빠져 있었다. 하나는, 언어재능의 실현과 더불어 세계를 언어에 의해 동화하는 과정의 구체적 실현이 공동체 층위로 옮겨져 나타난다는 것이고, 또 하나는, 그럼으로써 언어공동체와 그것의 모어라는 두 기본개념으로 이어지는 작용관련이 결정적으로 된다는 것이다. 바이스게르버는 내적 언어형식의 사상을 이해하려면 반드시 이 두 가지를 전면에 내세워야만 한다고 강조하면서, 모어의 내적 형식이란 '언어공동체를 통해 세계를 언어에 의해 동화하는 양식'이라고 규정하고 있다.

바이스게르버는, 훔볼트가 1830년에 내적 언어형식의 개념을 만들어냈을 때 자신이 수십 년 동안 힘겹게 재발견해낸 한 가지 사실을 이미 일찌감치 알고 있었다고 말하고 있다. 그것은 바로 온전한 언어학의 성립에 결정적이고 모든 언어 안에 구현되어 있는 정신적 세계이다. 바이스게르버는 개별 언어의 정신적 세계에 대한 이 통찰이 훔볼트에게 언어연구를 위한 단서이자 특히 비교언어연구에 관한 그의 이념의 토대가 된 것으로 보고 있다.[32] 이 통찰은 이미 1800년 이전의 훔볼트의 저술에서 찾아볼 수 있는데, 훔볼트는 1800년부터 언어의 '세계관'이라는 표현으로써 이 통찰을 확정지었다. 그 후로 이 '언어의 세계관'이라는 개념의 역할은 오랫동안 과소평가되었다. 그런 가운데서도 이 개념의 체계상의 지위를 힘주어 지적했던 것은 루터W. Luther[33]의 중요한 공적이다. 1820년의 아카데미 논문 〈비교언어연구에 관하여〉에 그 핵심명제가 들어 있다.

"그것(언어)의 상이성은 음향이나 기호의 상이성이 아니라 세계관 자체의

32 Weisgerber 1952^{b}, I 이하 참조.

33 Luther 1954.

상이성이다. 여기에 모든 언어연구의 이유와 궁극적인 목적이 포함되어 있다"(IV, 27).

이 '언어에 의한 세계관'의 상이성에 대해서는 위에서 언급한 1920년대의 언어학자들도 다루었는데, 그들은 그럼으로써 '훔볼트의 내적 언어형식'을 해명할 열쇠를 발견했다고 생각했다. 바이스게르버가 보기에 이 말은 맞는 말이었지만 그래도 충분치는 않았다. 확실히 '내적 언어형식'의 사상에는 전제조건으로서 '언어의 세계관'이라는 제목 아래에서 볼 수 있었던 모든 것이 들어 있다. 그런데 훔볼트는 어째서 노년기에 '언어의 세계관' 개념을 뒷전으로 한 채 '언어의 내적 형식'이라는 수수께끼 같은 말을 사용했을까라고 바이스게르버는 묻고 있다. 그에 따르면, 이것은 우연일 리 없고 어떤 깊은 통찰에서 우러나온 것임에 틀림없다.

훔볼트의 이 앞선 행보를 바이스게르버는 오늘날 다음과 같이 이해할 수 있다고 생각하고 있다. 즉 '언어에 의한 세계관'과 '내적 언어형식'의 대비에는 정적 언어관과 동적 언어관의 차이가 반영되어 있다는 것이다. 이 차이를 문법적 연구로부터 언어학적 연구로의 속행으로도 볼 수 있다. '언어의 세계관'은 한 언어의 정신적 세계이고, 이는 성과로서, 그리고 언어사태의 (문법적) '확인'으로서 본 것이다. '내적 언어형식'은 동일한 정신적 세계이지만 '현실성'으로서, 그리고 언어공동체를 통해 세계를 언어에 의해 동화하는 과정으로 본 것이며, 그럼으로써 언어학적으로 그 핵심을 파악한 것이다.

바이스게르버는 이렇게 '언어의 세계관'을 정적 언어고찰에, '내적 언어형식'을 동적 언어고찰에 할당함으로써[34] 1920년대의 의견대립이 그 전반부

34 이 분류에 대해서는 Weisgerber 1952[a]와 1954[a] 참조. 여기서 용어상의 차이가 있는데, 바이스게르버는 이전에 사용해왔던 대립쌍 statisch-dynamisch 대신에 《언어에 의한 세계해명》에 관한 책(Weisgerber 1954[a])부터는 statisch-energetisch라는 형식을 더 즐겨 사용했다고 밝히고 있다. 그는 dynamisch라는 표현이 지나치게 오해의 소지가 많은 반면에 energetisch는 훔볼트의 Energeia와 직접적으로 일치하는 것으로 보고 있다.

를 낳았던 한 가지 인식이 종결된다고 보고 있다. 훔볼트가 '형식'을 주로 '각인하는, 형성하는 형식'으로 이해한다는 것이 결코 완전히 잊혀진 것은 아니었지만, '내적 언어형식'의 경우에 사람들은 대개 '언어'를 그 구성 면에서 각인하는 어떤 원칙을 생각했다. 이것은 입센G. Ipsen이 당시의 논의의 성과를 기록하는 데 바탕이 된 해석에서도 드러나 있다. 즉 입센에 따르면, "내적 언어형식은 언어의 기본적 의미조직의 형성법칙으로서, 이것은 범주적으로 형성된, 현실성으로서의 세계를 말한다."[35] 바이스게르버가 보기에 이것은 의심의 여지없이 매우 심오한 숙고를 거친 포괄적 규정이다. 그런데 입센이 스스로 더 나아가, "이것으로써 동시에 훔볼트의 견해를 본질적으로 맞힌 것으로 보인다. 물론 그렇다고 해서 그의 개념의 총소득이 이제 남김없이 논구되었는지는 내가 보기에 의심스럽다"라고 의심하는 데는 그 이유와 정당성이 있다고 바이스게르버는 생각한다. 그에 따르면, 그러한 '언어의 기본적 의미조직의 형성법칙'을 보여주는 일은 언어적인 것 일반에 관련해서든 개별 언어에 관련해서든 언제나 실패로 돌아갔었다. 게다가 그간의 비판에서 형성하는 원칙이라는 이 알 수 없는 개념은 내적 언어형식의 개념을 다시금 거두어들이게 된 주된 이유였다.[36] 언어의 정신적 구성을 규정하는 원칙에 먼저 시선을 향하는 것이 아니라(동적 전환에서조차) 세계를 정신적으로 각인하는, 언어에 의해 동화하는 과정의 전체 현실성, 즉 언어공동체가 세계를 자신의 정신의 재산으로 개조하는 포괄적 행위이자 언어공동체에서 '세계의 언어화'가 영원히 수행되는 것으로서 구체적인 모어에 우선적으로 시선을 향한다면, 상황은 달라진다.[37] 언어의 내적 형식은 말하자면 인간적인 언어능력의 형성하는 힘으로서, 언어공동체를 통해 영원히 수행되

35 Ipsen 1930, 20.

36 Pfleiderer 1954, 128.

37 이 사상에 대해서는 Weisgerber 1954[a], 254 이하와 1954[d], 213 이하 참조.

는, "세계를 사상으로 개변하는 행위"(VII, 41) 속에서 역사적으로 현실화된 것이다. 바이스게르버는 이 견해로써 훔볼트의 내적 언어형식의 개념을 그것의 가치평가에 장애가 되었던 비현실적으로 멀리 떨어진 곳으로부터 구해낼 뿐만 아니라 훔볼트의 사고 자체에서 '언어의 세계관'으로부터 '내적 언어형식'으로의 일보 전진이 무엇을 의미하는지도 완전히 이해할 수 있게 된다고 본다. 이 전진은 다름 아니라 훔볼트의 동적 언어관을 반영하는 것이다. 훔볼트는 〈일반 언어유형의 개요〉에서 자신의 동적인 언어관을 다음과 같이 표현하고 있다.

"하여튼 언어체계를 자연체계와 비교하는 것은 대상이 허용하는 것 이상으로 하지 않도록 조심해야 한다. 언어는 자연처럼 분석될 수 없고, 하나의 언어는 또한 결코 그것을 통해 주어진 수많은 낱말과 규칙 속에 정지해 있는 하나의 소재가 아니라 하나의 실행이며, 생명이 하나의 육체적인 과정이듯이 하나의 정신적인 과정이다. 언어와 관련된 그 어떤 것도 해부학적 취급으로써는 비교될 수 없고, 오직 생리학적 취급으로써만 비교될 수 있다. 언어에서는 그 어떤 것도 정적이 아니고, 모든 것이 동적이다. 생명을 잃은 언어도 이 점에서 예외가 아니다"(V, 369).

요컨대 훔볼트가 후년에야 비로소 내적 언어형식에 보다 많은 관심을 기울인 것은, 언어가 본질상 에르곤이라기보다는 에네르게이아이고,[38] 언어에서 "정적인 것은 아무것도 없고 모든 것은 동적"이며, 그에 따라 언어고찰과 언어내용연구에서 모든 정적, 해부학적 사고는 동적, 생리학적 관찰법으로 대체되어야 한다는 그의 신념이 점점 더 굳어져간 귀결로 볼 수 있다.

문법적으로 의식화된 '언어의 세계관'을 거꾸로 옮기면 언어의 정신을 형성하는 현실성으로 되고 언어학적으로는 '세계를 사상으로 개변하는 행

38 아직도 흔히 오해받고 있는 이 명제의 해석에 대해서는 Weisgerber 1953/54, 374 이하 참조. 또한 이 책의 VIII장, IX장 참조.

위'[39]로서 해명되는데, 이것이 입센이 말한 '언어의 기본적 의미조직의 형성 법칙'인 내적 언어형식의 전반부를 비로소 온전한 언어적 현실성에 연결시키는 두 번째 관점이다.

바이스게르버는 '언어의 세계관'을 동적으로 속행하는 일이 실제로 훔볼트가 '내적 언어형식'의 개념을 도입하게 된 계기였고 여기서 언급된 두 사상이 본디 훔볼트의 견해 또는 최소한 '그의 개념의 총소득'(입센)에 속한다는 데 대한 증거를 하나씩 제시하고 있다. 그에 의하면, 중요한 것은 '언어의 형식'이라는 소단원에서 나온다(VII, 43 이하). 여기에는 에네르게이아로서의 언어라는 기본사상 아래 각각의 언어가 "분절된 음성이 사상을 표현할 수 있도록 하는 영원히 되풀이되는 정신의 활동"(VII, 46)으로 제시되어 있다.

"이 정신의 활동 속에 놓여 있는 영속적인 것과 동형적인 것을 가능한 한 완전하게 그것의 관련성에서 파악하여 체계적으로 나타낸 것, 그것이 언어의 형식이라는 것이다……"(VII, 47).

"언어형식의 개념은 문법적 형식에 국한되어 있는 것이 아니라 담화구성의 규칙과 심지어 조어의 규칙을 넘어서 확장되며, ……아주 근원적으로 기본어 자체의 형성에도 적용될 수 있고, 또 언어의 본질을 있는 그대로 인식할 수 있으려면 실제로 가능한 한 기본어에 적용되어야만 한다"(VII, 49).

이 형식이 하나의 소재를 정신적으로 각인하여 제공해주는 것이다.

"언어형식의 소재를 발견하기 위해서는 언어의 경계를 훨씬 뛰어넘어야만 한다. ……언어의 실제 소재는 한편으로 음성 일반이고 다른 한편으로는 감각적 인상과 자발적 정신운동의 전체인데, 이는 언어의 도움을 통한 개념의 형성에 앞서는 것이다"(VII, 49).

요컨대 내적 언어형식은 '영원히 되풀이되는 정신의 활동' 속에서 '감각

---

39 훔볼트의 이 고전적인 표현이 결코 망각되지 않도록 해야 한다.

적 인상과 자발적 정신운동의 전체'를 '지속적이고 동형적인' 뜻에서 정신적으로 제공하는 것일 수밖에 없다. 그것은 외적 언어형식이 담당하는 '세계를 사상으로 개변하는 행위'의 정신적 측면이며 그와 함께 '세계의 언어화' 과정의 본질적 핵심이다. 이 세계의 언어화 과정에서 인간의 언어능력은 언어공동체의 부단한 작업 속에서, 인간에게 의식된 존재로 개조된 존재를 유지하는 힘으로서의 모어를 낳는다.[40]

바이스게르버에 의하면, 언어공동체를 통한 세계의 언어화 과정에서 지속적인 것이자 동형적인 것으로서 내적 언어형식은 이제 충분히 구체적 연구의 대상이 될 수 있다. 그것의 규명에 가장 큰 도움이 되는 것은 의심할 여지없이 개별 언어의 양식과 관계된 연구이다. 도이치말, 프랑스말의 양식에 관한 담론은 근본적으로 도이치말, 프랑스말의 내적 형식에 관한 담론에도 결정적인 두 가지 요소를 포괄하기 때문이다. 그럼에도 불구하고 바이스게르버에 의하면, 언어의 양식에 관한 기존의 연구들은 모두 이 핵심으로부터 다소간 멀리 떨어져 있었다. 하지만 이 노력들이 은연중에 근본적으로 이 중앙으로 향하는 경향이 있고 그곳에서부터 본디 실현된다는 것을 몇 가지 예에서 밝힐 수 있다. 그와 동시에 내적 언어형식의 주변에서 나타나는 구체적인 과제들의 다양성을 생생하게 보여줄 수 있다.

'내적 언어형식'과 '언어양식'의 유사성은 이미 연구의 경향과 방법에서 나타난다. 한 언어의 내적 형식을 인식하기 위한 기본적 처리방식은 비교이다. 이미 훔볼트는 '언어의 세계관'의 관점하에, "언어비교의 경험적 연구는 인간이 어떤 상이한 방식으로 언어를 성취했고 사상세계의 어떤 부분을 그 안에 집어넣는 데 성공했는가를 보여주어야 할"(IV, 9) 필요성을 말한 바 있다. 그렇다면 내적 언어형식, 즉 '세계를 사상으로 개변하는 행위'에 대한 통

40 바이스게르버에게 결정적인 위치를 차지하는 것으로 보이는 이 '세계의 언어화' 개념에 대해서는 Weisgerber 1955[a] 참조.

찰은 여러 가지의 해결책을 나란히 놓고 각자의 고유성에 의해서 연구할 때에만 비로소 제대로 생각해볼 수 있다. 그리하여 주로 형식적인 것의 역사적 관련성의 확증을 목표로 하는 인도게르만어 방식이 아니라 주로 내용상의 특이성의 인식을 목표로 하는 훔볼트 방식의 진정한 언어비교연구야말로 언어의 세계관을 발견하고 그로부터 '세계를 정신의 재산으로 개조'하는 그 특유의 처리방식을 규명하는 데 적합한 것이다. 언어양식의 연구에서 이보다 더 높은 목표를 설정할 수는 없다. 이 모든 노력에 공통적인 목표를 밝혀내고 특히 비교의 토대에서 출발하여 '언어의 세계관', '언어양식', '내적 언어형식'의 세 가지 문제영역에 대한 해답이 얻어질 수 있는 방식을 분명히 할 필요가 있다.

바이스게르버에 따르면, 가장 가깝게는 동일한 언어에서 마주치는 여러 언어층위들 간의 비교를 통해 양식의 문제들이 파악 가능해진다. 여기서도 방언의 양식을 표준어의 양식과, 일상통용어의 양식을 글말의 양식과 구분지으면서 양식에 대한 고찰이 일찌감치 시작되었는데, 여기서 이미 매우 중요한 내적 언어형식의 문제들이 연상된다. 특히 방언연구에서 분명해진 것은, 양식상의 처리방식의 예 가운데 많은 것이 방언의 '세계관'에 관계되고 그것이 본디 '내적 형식'으로 향하는 경향이 있다는 것이다. 바흐A. Bach는 방언의 양식 고유성으로서 관찰되었던 것 가운데 매우 많은 것을 '정신적 형성으로서의 방언'[41]이라는 단원에 모아놓았는데, 여기서 주목할만한 고찰방식의 수렴이 드러난다. 이 책의 세부항목 '방언의 세계상'과 '방언의 정신적, 심리적 내용'에서는 심지어 정적 고찰방식과 동적 고찰방식의 이원성 같은 것이 나타난다. 방언의 정서적 충만함, 경미한 추상화 의지, 통어적 분절의 결핍, 비관적 경향 등에 대한 확증들을 세계를 언어에 의해 동화하는

41 Bach [2]1950, 264–312 참조.

길로서, 그리고 그와 함께 그것의 내적 형식의 진정한 특성으로서 간파하는 일은 어렵지 않을 것이라고 바이스게르버는 보고 있다.

비교적 가까운 언어들과의 비교에 대해서는 라이지E. Leisi와 기퍼의 연구가 좋은 예를 제공한다. 라이지의 저서 《낱말내용. 도이치말과 영어에서 그것의 구조》[42]는 도이치말과 영어 낱말내용의 차이점에 대한 매우 구체적인 수많은 관찰결과를 바탕으로 하여, 한 언어공동체에서 낱말내용이 통용되는 조건에 대한 물음을 거쳐 낱말을 통한 실체화라는 기본사상에 다다르고 있다. "개별 낱말의 내용은…… 표시된 것을 '사물 자체'의 속성이 붙지 않는 실현으로서 나타내는 경향이 있다. 그러한 실체로의 승격을 우리는 실체화라 부른다"(23이하). 이 기본사상은 구체명사, 형용사, 동사의 분야를 통해 추구되고 있는데, 이로부터 낱말로의 언어적 형성이 언제나 '사물'을 정신적으로 변화시키고 부분들을 독립시키며(Rand(가장자리), Zipfel(첨단)), 과정을 사물화하고(Wind(바람), Reise(여행)), 조건을 관철시킨다(사물에 대해서는 beschädigen(손상시키다), 사람에 대해서는 verletzen(다치게 하다)이라 말함)는 데 대해 수많은 예를 얻을 수 있다. 언어공동체 내에서 낱말내용의 이러한 '통용가치의 조건'을 '언어적 형성의 길'로, 세계를 언어에 의해 동화하는 위대한 과정에서 나타나는 개별 특성으로 파악하기 위해서는 이제 단 한 걸음만 더 내딛으면 된다. 이 단서는 매우 전도유망한 것이어서, 관찰을 확대함으로써 점점 더 많은 분류의 관점이 생겨날 것이다. 그러고 나서 이 관점들은 동적 고찰에서는 정신적 세계포착의 방향들로서 입증된다. 그리고 이와 함께 비교되는 두 언어의 내적 형식의 특성들이 나타나서 언어상이성의 핵심을 생생하게 보여주게 된다. 즉 각각의 언어는 원칙적으로 세계를 정신의 재산으로 개조하는 고유한 길(IV, 420 참조)이고, 각기 하나의 언어공동체에 결부되

---

42 Leisi 1953.

어 있어서 이에 따라 언어능력의 힘에 기초하여 존재의 언어적 처리라고 하는 인류의 과제에 대한 고유한 양식의 해결책이다. 기퍼가 《시 번역에서 언어적, 정신적 변형》[43]에 관한 연구에서 행하고 있는 도이치말과 프랑스말 언어형성의 비교는 보다 더 확실하게 양식의 관찰에서 출발한다. 여기서는 방법상 매우 계발적인 방식으로 도이치말로 쓰인 시를 프랑스말로, 그리고 거꾸로 프랑스말로 쓰인 시를 도이치말로 번역해놓은 수많은 예를 토대로 원문과 번역문 사이의 차이에서 나타나는 형성특성들이 확인되고 있다. 포함된 언어작품의 수(약 2000편의 시), 다수의 참여 번역가(130명 이상), 그리고 동일한 시 번역본의 다양함(서로 무관한 6개 내지 8개의 번역본)을 통해, 확인된 '변형들'을 개인적인 것과 우연적인 것의 분야로부터 구분하여 도이치말과 프랑스말의 형성의 기본방향으로서 입증하고 있다. 여기서 동적-정적, 종합적-분석적, 구체적-추상적 같은 대립쌍으로 파악될 수 있는 것은 도이치말과 프랑스말의 '정신'의 특정한 특징에 주목하게 하는데, 이러한 특징들은 두 언어의 '양식'에 관한 연구에서도 나타나고 근본적으로 각 언어의 내적 형식에 속하는 것들이다. 랭보J. N. A. Rimbaud의 Bateau ivre(취한 배) 같은 시의 모든 도이치말 번역본에서는 동사가 좀 더 풍부한 데 반해(1.5배가 넘을 정도로), 거꾸로 도이치말 원문을 프랑스말로 옮겼을 때는 예외 없이 정동사 형식이 없어진다면, 이는 개인적 고유성이나 시문학 양식이 아니라 두 언어에 그 자체로서 내재해 있고 삶의 세계를 언어적으로 파악하고 동화하는 수많은 개별 행위 이면에 숨어 있는 형성방향들의 현시인 것이다.

차이가 늘어남과 함께 비교된 언어들의 내적 형식의 특이성은 점점 더 뚜렷하게 드러나게 되고, 결국 한 언어의 처리방식을 다른 언어들과의 대비를 통해 전체로서 표시하는 개념들이 생겨난다. 이를테면 하르트만P. Hartmann

43 Gipper 1950.

은 품사와 월성분에 대한 집중적인 개별 관찰로부터, 동사가 우세하고 문법적 주어와 목적어 등이 잘 드러나지 않는 일본어를 '지시적' 언어라고 특징지으면서, 사건을 훨씬 더 강력하게 그것을 야기한 자의 목표성 행위로서(대개 타동사인 정동사, 주어가 반드시 있어야 하는 것 등) 보여주는 '해석적' 인도게르만어 유형에 대비시키고 있다.[44] 그리고 워프B. L. Whorf가 북아메리카의 인디언 언어에 대해 행했던 매우 숙고할만한 가치가 있는 분석은 결국 이 언어들의 전체 처리방식을 위한 비교를 시사하고 있다. 워프는 화학적 요소가 매우 상이한 개체들과 늘 새로이 결합하는 모습에서, 인디언 언어의 월구성에서는 인도게르만 언어에서와 완전히 다른 사유적 개조의 형식들이 전개되는 것을 보고 있다. 인도게르만어는 개별 낱말과 월구성의 관계에서 훨씬 더 많이 물리적 합성을 연상시킨다.[45]

바이스게르버에 따르면, 내적 언어형식의 연구는 개별 낱말의 정신적 성능에 대한 파악에서부터 언어적 세계형성의 기본특성을 특징짓는 데 이르기까지 이 전체 파급의 범위를 염두에 두어야만 한다. 이때 연구수준에 따라 대개 두 가지의 과제가 생겨난다. 하나는 우선 '내용중심 문법'의 뜻에서 언어의 '세계관'을 확증하는 것이고, 또 다른 하나는 그러고 나서 언어학적으로 한껏 확장시켜 이 정적 고찰을 동적 고찰로 변환하고 '확증된' 내용 각각을 그것의 세계해명의 힘에서, 그와 함께 그것이 한 언어의 내적 형식에 참여하는 몫에서 이해하는 것이다. 이 처리방식은 바이스게르버가 《도이치말의 세계상》[46]에 대하여 당시에 진술할 수 있는 것을 총괄해보려는 시도에서 떠오른 것이었다. 첫 번째 권에서 '언어적 중간세계'로서 그것의 '정신적 대상'과 더불어 의식화되고 있는 것은 훔볼트의 '언어의 세계관'과 일치한

44 Hartmann 1952, 87.

45 Whorf 1952.

46 Weisgerber 1953[b], 1954[a].

다. 언어에 의한 세계해명에 관한 두 번째 권은 도이치말에서 '세계의 동화'라는 관점하에, 결국 훔볼트가 도이치말의 '내적 형식'으로써 의도했었을 것으로 귀착된다. 바이스게르버는 무엇보다도 이 굵직한 선들이 서로 만난다는 것을 분명히 알아야 한다고 말하고 있다. 그는 또한 훔볼트의 용어 Weltansicht(세계관)와 일치하지 않는 Weltbild(세계상)라는 용어를 사용한 것과 관련하여 그 이유를 밝히고 있다. 하나는 Weltansicht가 훔볼트에게서 행하는 역할이 실제로 루터W. Luther[47]의 해설에 이르기까지 충분히 선명하게 인식되지 못했다는 것이고, 또 하나는 '언어의 Weltansicht'라는 말이 당시에 오용되었던 Weltanschauung이라는 말과 위험스러우리만치 너무 가까워졌다는 것이다. 도이치말에서 Erschließung(해명) 또는 더 나은 표현으로 Anverwandlung der Welt(세계의 동화)라는 생각은 훔볼트의 '내적 언어형식'의 동적 기본성격에 대한 통찰에 의해 동일지향성을 인식할 수 있게 되기 전에 우선 재발견되어야만 했다. 이 두 고찰방식에 관하여 도이치말의 Weltbild라는 개념이 정립되었을 때, 그 목적은 이 둘을 인상적으로 총괄하거나 표시하려는 것뿐만 아니라 무엇보다도 상호 의존하고 있는 이 둘의 순서에서 언어연구에 시급히 필요한 것이 생겨난다는 점을 염두에 두고자 함이었다. 언어의 정신적 세계에 접근하는, 방법상 충분히 밑받침된 적절한 통로가 바로 그것이다. 기본도식은 다음 쪽에 제시된 바와 같다.

도이치말의 '세계관', '내적 형식', '세계상'이라는 세 개념의 구분이 필요한 만큼 충분히 이루어져 있고 무엇보다도 내적 언어형식의 개념이 100여 년이 넘는 오랜 방황 끝에 이제 실제로 바이스게르버가 제시한 뜻에서 그 출발지점을 재발견한다면, 훔볼트의 문구를 재수용하는 데는 아무런 걸림돌이 없다.

---

47 Luther 1954.

도이치말의 세계상

정적 고찰

'언어적 중간세계'에 대한 개관을
목표로 하는 내용중심문법의
도상에서 도이치말의 내용적 구성을
의식화하는 것.
(훔볼트의 도이치말의 세계관)

동적 고찰

도이치 언어공동체에서 수행되는 바,
세계를 언어에 의해 동화하는 처리
방식에 대한 통찰을 통해 도이치말의
정신을 형성하는 힘을 이해하는 것.
(훔볼트의 도이치말의 내적 형식)

도이치말의 '내적 형식'을 얻으려는 모든 노력은 아마도 이러한 틀 안에 자리 잡을 수 있을 것이다. 이를테면 글린츠가 《도이치말의 내적 형식》[48]이라는 제목 아래에 모아놓은 매우 집요한 노력들로부터 얻어진 성과 가운데 많은 것이 그러하다. 여기서 음성중심 고찰과 내용중심 고찰, 정적 고찰과 동적 고찰의 구분이 여러 면에서 해명적으로 시작될 수 있다. 브링크만H. Brinkmann이 '도이치말의 형태론'을 위한 예비연구에서 얻었고 또 이 제목에서 강조된 형태중심성에도 불구하고 도이치말의 '내적 형식'과 '세계관'에 대해서도 풍부한 소득을 가져다주는 그러한 통찰들도 마찬가지이다(브링크만 자신은 논란의 여지가 있는 이 개념들을 사용하는 데 대해 매우 조심스럽다).[49]

4. 전체적으로 내적 언어형식의 개념은 모어와 언어공동체의 상호작용 속에서 언어의 공동체적 형식에 분명하게 병렬되고, 그에 따라 언어양식의 사상 또한 '세계를 사상으로 개변하는' 언어공동체의 처리방식의 고유성을 겨냥한다. 바이스게르버는 이 통찰들이 이제 언어적인 것의 세 번째 현상형식인 개인적 언어사용의 형식에서 나타나는 양식 문제에 대한 이해에 어떻

48 Glinz 1952.

49 특히 Brinkmann 1949, 1 이하; 1950, 65 이하; 1952, 12 이하 참조.

게 작용을 미치는가에 대해 한마디 덧붙이고 있다. 아마도 개인적 언어창조의 양식이라고 말한다면 가장 좋을는지 모른다. 여기에는 세 가지가 관계하고 있다. 하나는 인간의 언어능력의 힘이다. 언어에 의한 세계형성의 양식에 각자는 자신의 인간 존재를 통해 관여한다. 또 하나는 이러한 힘이 언어공동체 안에서 공동적, 역사적으로 각인되는 것이다. 이를 통해 각 개인은 언어공동체와 모어의 법칙에 따라 특정한 '세계의 언어화' 과정 안에 편입되어 그럼으로써 고유하게 각인된 언어양식에 예속되어 있다. 끝으로 개인적인 언어 힘인데, 이것은 개성의 독창적인 힘에 의한 것이다. 위에 언급된 세 가지 조건의 전체에서 개인적인 언어적 창조의 형식에 그 특색을 부여하는 것이다. 그렇다면 우리가 앞에 놓인 어떤 언어작품의 양식에 대해 논할 때, 다음의 모든 것이 그 이면에 숨어 있는 것이다. 즉 (학문적, 시적 작품인 경우에 학문적, 예술적 세계극복의 기본형식과 관계하지 않으면 안 되는) 언어적 세계극복의 기본형식, 모어의 내적 형식에서 현실의 것으로 된 공동체의 언어적 힘(이 힘은 한 민족이나 한 시대의 학문적, 시적 양식과 상호관계에 있다), 그리고 이 전제조건들에 기인해서 자신의 언어 힘을 개인적 삶의 일회성에서 전개시키고 그럼으로써 또한 자신의 언어적 창조에도 개인적 스탬프를 찍는 창조하는 인간이다. 이 모든 것은 하나의 커다란 통일체로 볼 수 있다. 그런데 그 이해를 위한 열쇠를 제공하는 것이 바로 세계를 언어에 의해 동화하는 역사적 기본현상으로서의 내적 언어형식이다.

바이스게르버는 후일에 다른 저서에서 내적 언어형식의 문제에 관련하여 암만, 데르볼라브J. Derbolav, 글린츠, 플라이더러 등과의 활발한 토론에서 이 개념을 "세계를 언어에 의해 동화하는 양식"(1954)으로 파악함으로써 훔볼트의 개념에 매우 접근해 있음을 확인할 수 있었다고 했다. 또 그는 "내적 언어형식이란 형성원리, 보다 적절하게는 세계를 정신의 재산으로 개조하는 정신적 총괄개념"[50]이라고도 설명해놓고 있다.

한편 기퍼/슈미터는, 훔볼트의 내적 언어형식에서 문제가 되는 것은 개념형성 및 판단형성의 양식, 즉 한 언어에서 낱말과 월의 의미 구성이라고 규정하고 있다. 여기서는 한 언어에서 사상적인 처리방식의 특색을 나타내는 구성원리도 실증될 수 있다고 본다.[51]

코쎄리우E. Coseriu는 촘스키N. Chomsky가 훔볼트의 '내적 형식' 개념을 적어도 월에 관한 한 자신의 '기저구조' 혹은 '심층구조'의 개념과 동일시할 수 있다고 믿는 데 대해 비판을 하면서 다음과 같이 서술해놓고 있다. 즉 훔볼트에게 '내적 형식'이라는 개념은 주지하는 바대로 개별 언어의 독자적인 내용형성, 즉 문법적 의미 및 어휘적 의미를 포함한 개별 언어의 의미의 형성을 뜻한다. 《카비어 서론》 21장에서 이 사실을 위해 인용된 산스크리트의 코끼리 이름의 예는 그것에 대한 의혹을 허용하지 않는다. 이 예에서는, 이를테면 문법의 영역에서는 산스크리트와 그리스말의 동사체계의 범주 구분이 문제가 되며, 어휘의 영역에서는 훔볼트가 서술하고 있는 것처럼 때로는 '물을 두 번 마시는 것', 때로는 '이를 두 개 가진 것', 때로는 '손을 하나 가지고 있는 것' 등으로 상이하게 불린다는 것이 문제가 된다.[52]

로만J. Lohmann은 내적 언어형식의 개념을 아래와 같이 규정해놓고 있다. 즉 인간의 정신적 힘의 실현으로 본 언어는 단순히 주어져 있는 외부세계를 표시하는 것이 아니라 사물이 존재하는 일정한 양상을 '형성된 형태Gestalt'로서 드러내는 것이다. 언어에서 사물의 존재를 '형태'로서 명시하는 이 과정은 감성적인 음성과 사상의 힘의 상호작용에서 행해진다. 이 '정신의 내

50 Weisgerber 1962[a], 17.

51 Gipper/Schmitter 1979, 86.

52 Coseriu 1971[a], 215 이하.

적 활동'의 성과를 훔볼트는 '내적 언어형식'이라고 부르고 있다.[53] 더욱 언급해두어야 할 것은, 로만이 내적 언어형식의 개념이 언어유형의 큰 원칙적인 차이에 관계되어 있음을 알려고 했다는 점이다. 그는 언어의 조직적 구성법칙을 현존하는 언어의 모든 개개의 점에서 제시한다는 훔볼트의 이념을 언어학의 중심과제로 파악하고, 훗날 핑크나 레비E. Lewy에 의해 정밀하게 서술된 슈타인탈의 언어구조 유형의 개념을 이 방향에서의 결정적인 일보라고 인정하고 있다.[54]

끝으로 루프레히트E. Ruprecht의 말을 인용해본다.

"그런데 모든 언어의 지적인 부분은 동일할 것이라고 생각되겠지만, 이 경우에 한해서 훔볼트는 현저한 차이를 인정하고 있다. 그는 언어의 소재적인 부분에서 음성을 분화적 원리로서 서술했는데, 뜻밖에도 내적 언어형식에도 처음부터 존재하고 있는 결정적이고 개성적인 차이를 인정하고 있다. 즉 지구 상의 언어의 상이성을 그 산출활동의 측면에서 해석하면 최후의 또는 최초의 것으로서 바로 언어로서 본디 나타나는 민족의 개성적인 성격을 규정하는 힘이 나타난다고 훔볼트는 서술하고 있다. 이런 뜻에서 훔볼트에게, 각 민족은 "일정한 언어를 통해 특징지어진 인류의 정신적 형식인데, 그것은 이상적 전체성이라는 점에서는 개별화되어 나타나는 것이다"(VI, 125).

그러므로 내적 형식은 일정한 '민족적 힘'으로서 해명되며, 이 힘은 일정한 '민족적 언어'에서만이 그 형태가 얻어지는 것이다. 이들 민족의 언어는 민족의 정신적인 개성 이외의 다른 것이 아니며, 이것은 바로 현세적으로는 필연적으로 개별화된 형태에서 인류의 전체를 대표하는 것이다. 그러므로 정신의 깊숙한 곳에서 언어는 이미 산출과정에서 개별화된 형성원리에 의해서 나타나며, 이러한 원리는 더 이상 일반적인 것, 분리되지 않는 것으로 되

53 Lohmann 1963, 44.

54 Lohmann 1960, 453.

돌아가서 추구될 수 없다.

내적 언어형식에서 그 외적 형식의 전체 세계가 유기적으로 생겨나온다. 훔볼트의 철학적 문제제기는 끊임없이 역사적, 문헌학적 고찰에 밀집되어 있다. 그에게 모든 언어는 정신적인 것과 감성적인 것의 가시적 종합으로서의 낱말의 창조에서 내적 형성력의 활동을 보여주는데, 그러나 개개의 낱말을 보다 큰 집단으로 정돈해서 그 이상의 정신적 원리의 효능을 나타내는 것은 언어의 일부분에 지나지 않는다."[55]

55 Ruprecht 1963, 230.

VIII. 에네르게이아로서의 언어

훔볼트W. von Humboldt의 "언어는 Werk(작품, Ergon)라기보다는 Tätigkeit(활동성, Energeia)이다"(VII, 46)라는 유명한 명제는 언어학자들에게는 훔볼트의 언어철학의 중심으로 여겨지고, '언어는 에네르게이아이다'라는 정의에 그의 언어관이 총괄되어 있는 것으로 생각되어 왔다. 그에 따라 이 명제는 매우 많이 인용되고 격렬한 논쟁의 대상이 되었으며, 특히 학자들의 골머리를 썩이는 동인이 되었다. 이 '에네르게이아'라는 표현은 단 한 번, 즉 그의 대논문 〈인간 언어 구조의 상이성과 그것이 인류의 정신적 발달에 끼치는 영향에 관해서〉의 '언어의 형식Form der Sprachen'이라는 장에서 나타난다. 여기서 훔볼트는 도이치말의 Tätigkeit라는 표현의 의미영역을 한정하고 명시하기 위해 그리스말 역어를 괄호 속에 첨가한 것으로 생각된다. 훔볼트는 그의 전체 세계관이나 거기에서 생긴 문제설정으로부터 이 언어 문제의 해결에 이르지 않을 수 없었다.

에네르게이아 개념의 철학사적인 근원에 대해서:[1]

훔볼트가 에르곤-에네르게이아의 명제에서 활동성Tätigkeit이라는 개념을 흔히 쓰이는 Energie라는 낱말, 또는 헤르더나 해리스가 즐겨 쓴 라틴말 energia에 의해 규정하지 않고 아리스토텔레스의 형이상학에서 중요한 술어인 Energeia를 사용한 것은 중요한 의의가 있다고 생각된다. 이 술어가 그 통상적인 의미로 이해되고 언어적 사안에 전용된다면, 여기서 에르곤-에네르게이아 명제에 대한 계발적인 해명이 생겨나올 것이다. 그것은, 훔볼트가 한 번 사용했으며 잘 알고 있던 철학의 개념에 아주 다른 의미를 결부시켰다는 것은 가정하기 어렵기 때문이다.

훔볼트가 고대 그리스의 정신을 철저하게 알고 있던 사람으로서 아리스토텔레스의 철학에서 이 에네르게이아의 개념을 숙지하고 있었음은 말할 나위 없다.

아리스토텔레스는 존재하는 것das Seiende(즉 형이상학의 대상)의 일반적인 기초적 규정을 사물 그 자체에서 찾고 있다. 그는 "후년의 플라톤의 이념론을 그의 입장에서 보편적인 것의 구체화로 인정하고, 이에 대해 형식Form에 의한 질료Materie의 규정의 교의를 제시했다."[2]

고대 철학의 중요한 문제는, 어떻게 해서 일정하게 존재하는 것이 다른 것으로 이행해 갈 수 있는가, 즉 '어떻게 해서 어떤 것'이 되는가 하는 것이었다. 이 어떤 것이 되는 것은 단순히 존재하지 않는 것ein Nichtseiendes일 수는 없다. 그것은 또한 이제부터 되겠다는 것도 아니다. 아리스토텔레스는, 어떤 것이 그 가능성으로 보아서는 존재하는데 그러나 '현실에서는 아직도 존

1 Jost 1960, 53 이하 참조. 여기서 요스트는 Zeller 1879, 313 이하, Jaeger 1923, Fröhlings 1929, Praechter 1926 등을 인용하고 있다. 글쓴이도 이 논문들을 재검토해본다.

2 Jaeger 1923, 407 이하.

재하지 않는다'고 하는 점에 문제의 해결을 인정하고 있다.[3] 이렇게 본다면, 이 생성된다는 것은 가능성에서 현실성으로의 이행이다. 이것의 전제가 되는 것에는 두 가지가 있는데, 그 첫째는 이 이행이 행하여지는 존재ein Sein, 말하자면 기체, 바탕이 되는 것hypokeimenon, 또는 규정되어 있지 않은 질료hylē라고 불리는 것이다. 둘째로는 이 존재의 사건 일반이 생기는 '동기'이다. "우리가 생성의 성과인 모든 것을 도외시하고 아직도 전혀 생성되어 있지 않은 대상적인 것을 생각한다면, 우리가 얻는 것은 모든 형식규정이 없는 순수한 질료, 즉 무nichts라는 것인데, 이것은 모든 것으로 될 수 있는 것, 즉 그것에는 생각될 수 있는 모든 계사의 어느 것도 주어지지 않지만 바로 그 때문에 모든 것에 대해 동일하게 감응되기 쉬운 주체 또는 기체이다. 바꿔 말하자면, 가능성으로 보아서는 모든 것alles인데 현실성으로 보아서는 무nichts인 것, 모든 현실성die protē hylē이 없는 순수한 가능적 존재to dynamei on이다. 반대로 우리가 어떤 대상에서 아직도 미완성이며 겨우 완성에의 도상에 있는 것을 도외시하고 생성의 목표에 도달했다고 생각한다면, 우리가 얻는 것은 순수하고 완전한 개념의 실현이며, 이 개념의 실현에는 형식을 이루지 않는 것, 우선 형성해야 할 소재가 더 이상 부착되어 있지 않다. 형식 또는 어떤 사물의 개념적 본질은 그것의 완전한 실현과, 그리고 형식 일반은 현실성(energeia 또는 entelecheia)과 일치하는 것이다."[4]

동적으로 파악되는 "형식은 동시에 운동을 설명하는 원리가 된다."[5] "어떤 본질도 그 독자적인 형식을 노력하면서 실현시킴과 동시에 자기 몫에서 저 무한한 완전성을 실현한다. 그것은 전체로서의 신Gott이다."[6]

---

3 Fröhlings 1929, 10 참조.

4 Zeller 1879, 320 이하.

5 Jaeger 1923, 408.

6 위에 든 곳, 411.

그러고 보면, 아리스토텔레스는 "사물의 생성에서…… 신을 정신적인 부동의 제1의 원동자로 전제하고," "신의 통일을 야기하고 창조적인 힘 dynamis은 모든 존재하는 것에 대해 그러한 사정에 있는 것의 근거이다." 부동의 원동자로서의 신은 '순수한 에네르게이아'이며, "영원하고 질료가 없는 순수한 형식"이며, 모든 발달에 영구히 앞서는 것이다. "그의 활동인 사유는 최고이자 최선의 가장 축복받은 삶이다."[7]

질료hylē와 형식eidos의 개념은 조형미술에서 용이하게 파악되며, 그 점에서 사유모델로서 발달된 것으로 생각된다. 형식에 의해 비로소 질료(이를테면 대리석, 광석)에 본질적인 규정과 형태가 주어진다. 대리석의 덩어리에는 무정형의 질료는 아니지만 자연의 것으로서, 가능성으로 보아 수많은 조상이 포함되어 있다. 이들 가능성의 하나를 실현시키기 위해서는 그것에 형식을 부여하는 예술가가 필요하다. 완성된 입상은 에네르게이아의 결과로서 또 동시에 대리석의 덩어리가 완성된 상태Entelechie이기도 하다. 생성된다는 것 자체는 능력에서 행동으로의 이행이다. 이를테면 눈은 그 능력으로 보아서 보는 것인데, 눈이 사물을 볼 때는 비로소 이 보는 것에서 그 가능성을 실현한다. 이 경우에 이렇게 보는 것이 눈의 에너지이다. 첼러E. Zeller[8]에 의하면, "아리스토텔레스는 에네르게이아나 엔텔레케이아Entelecheia를 '보통 구별 없이' 사용했는데, 이 경우 보다 정확하게 말하자면 에네르게이아는 효력 또는 실현(과정)을, 엔텔레케이아는 완성상태 또는 현실성을 표시하는 것으로 되어 있다." 가능성(뒤나미스)에서 현실성(엔텔레케이아)으로의 이행은 kinesis, 즉 무정위 운동성(아리스토텔레스의 자연의 가장 보편적인 특징)의 뜻에서 에네르게이아인데, "거기에서 광범위하고 본질적인 에네르게이아와 엔텔레

7 Praechter 1926, 383.

8 Zeller 1879, 321, Anm. 1.

케이아의 유의적인 용법이 생겼다"[9]는 것이다. 효력(에네르게이아)에 의해 한 사물의 완성상태가 생겨나고 자체 속에 있는 목적telos, 완전성perfectio rei에 도달한다. 에네르게이아는 "완성의 소유(완전성)"[10]를 의미한다고 하는데, 이 술어의 어원은 이 사실에도 일치한다.

더 이상 아리스토텔레스의 철학에 들어가지 않더라도, 훔볼트는 에네르게이아라는 술어를 철학적으로 규정된 전통적인 뜻과 아주 다르게 해석하지 않은 것으로 가정해도 좋을 것이다. 훔볼트의 형식의 개념도 전적으로 아리스토텔레스적이고 동적이기 때문에 그러한 해석은 더욱 정당할 것이다. 훔볼트에게 형식(내적 언어형식)은 형성원리이며, 아리스토텔레스의 형식eidos과 마찬가지로 이것은 내적 힘으로서, 사물의 생성이나 발달의 목표로서 효력을 발휘하고, 그 힘은 사물의 본질 내지 실체ousia, 규정성과 특수성을 생기게 한다.

이와 같이 아리스토텔레스에서 에네르게이아 개념은 쉽게 분석될 수 없는 대단히 중요한 역할을 수행하고 있다. 그래서 훔볼트의 에네르게이아 개념을 해명하기 위해 뒤나미스나 엔텔레케이아의 개념, 즉 가능성 및 현실성 이론이나 목적론적인 원리와 관련된 아리스토텔레스의 에네르게이아 구상의 대단히 복잡하고 다층적인 문제성이 끌어들여졌다.

아래에서는 Energeia로서의 언어라는 훔볼트의 유명한 명제가 처음으로 나타나는 《카비어 서론》의 '언어의 형식Form der Sprachen'의 장에서 주요한 부분을 간추려본다.

"하나의 개별 언어란 어떻게 이해되어야 하는가"(VII, 45)의 문제와 풍부하고 변화무쌍한 언어현상에 직면하여 훔볼트는 무엇이 언어의 비교에서

---

9 Praechter 1926, 382.

10 위에 든 곳, 383.

견고한 손잡이로서 사용될 수 있는가를 이해시키려고 한다. 한 언어를 비교하기 위해 유효하게 구사하려고 하는 의도가 봉착하는 특유한 난점은 일반적으로 특징지어졌다. 즉

"우리는 언어를 죽어 있는 산출물todtes Erzeugtes로 간주하기보다는 훨씬 그 이상으로 산출활동Erzeugung으로 간주해야 하며, 언어가 대상의 표시이자 양해의 매개로서 작용하는 것을 도외시하고, 그와 반대로 언어가 내적 정신활동과 밀접한 관계에 있는 그 근원에 거슬러 올라가 그들 양자 상호간의 영향을 훨씬 더 세밀하게 탐구해야 한다"(VII, 44).

이러한 '산출활동으로서의 언어'가 어떻게 파악될 수 있는지는 일련의 숙고를 통해 명백해진다. 그러한 숙고 중의 하나는, 끊임없는 '정신의 활동Arbeit des Geistes'으로서의 언어라는 생각을 전면에 내세우는 것이다. 즉 "언어는 그 현실적인 본질에서 파악하자면, 끊임없이 매 순간 지나가버리는 것이다. 문자에 의한 언어의 보존조차 항상 미이라와 같은 불완전한 보존에 불과한데, 이 보존마저 한번 다시 생생하게 낭독함으로써 구체성을 부여하려고 노력할 필요가 있다. 언어 자체는 작품(에르곤)이라기보다는 활동성(에네르게이아)이다. 따라서 언어의 참된 정의는 발생론적인 정의일 수밖에 없다. 말하자면 언어는 분절된 음성이 사상을 표현할 수 있도록 하는 영원히 되풀이되는 정신의 활동이다. 직접적으로 엄밀히 말해서 이것은 그때마다의 말함의 정의이지만, 참된 본질적인 뜻에서 본다면 곧 이러한 말하는 것이 지니는 전체성을 언어라고 간주할 수밖에 없다. 그것은 우리가 보통 언어라고 부르는 낱말들과 규칙들의 산란한 혼돈 속에는 말함에 의해 생겨난 개별적인 것만이 있기 때문이다. 이 개별적인 것은 결코 완전하지 않으며, 개별적인 것으로부터 살아 있는 말함의 본성을 인식하고 살아 있는 언어의 참된 모습을 얻기 위해서는 또 다른 새로운 작업이 필요하기 때문이다. 가장 고양되고 정묘한 것은 그러한 분리된 요소에서는 인식되지 않으며 결합된 담

화Rede에서만 지각되거나 예감될 수 있다(이것은 그만큼 본디의 언어가 실제로 산출되는 행위에 있다는 것을 더 잘 증명하고 있다). 우리는 언어의 살아 있는 본질을 캐내는 모든 연구에서 결합된 담화만을 항상 참된 것, 제일의적인 것이라고 생각해야 한다. 언어를 낱말과 규칙으로 분해하는 것은 과학적 분석의 죽은 졸작에 지나지 않는다"(VII, 45 이하).

"어떤 언어든 우리가 모르는 태고의 여러 세대로부터 이미 그 소재를 이어받았기 때문에, 앞에서 설명한 대로 사상표현을 산출하는 정신적 활동성은 언제나 동시에 이미 주어져 있는 어떤 것과 관련을 맺지 않을 수 없으며, 따라서 순수하게 창조적인 것이 아니라 (기존의 것을) 개조하고 변화시키는 것이다"(VII, 47).

개개의 언어에는 그 개별적인 '형식'이 있다.

즉 "분절음을 사상의 표현으로 끌어올리는 정신의 활동 속에 놓여 있는 영속적인 것과 동형적인 것을 가능한 한 완전하게 그것의 관련성에서 파악하여 체계적으로 나타낸 것, 그것이 언어의 형식이라는 것이다. ……언어형식이란 전적으로 개별적인 충동이며, 민족은 이 충동에 의거해서 자신의 생각과 느낌에 언어에서의 타당성을 마련해주는 것이다"(VII, 47).

이제 이 에네르게이아의 문제에 관한 바이스게르버L. Weisgerber의 견해를 살펴본다.[11]

앞의 훔볼트 인용문에서는 '작품'과 '활동성'에 관하여 언급하면서 그것의 해명을 위해 에르곤-에네르게이아의 대립을 끌어들인 점이 우선 주목할 만한데, 이에 당혹해해서는 안 된다. 도이치 낱말이 그리스 낱말들을 통해 해명되고 있는 것이지, 그 반대가 아니라는 사실은 의미가 없지 않다. 훔볼

11 Weisgerber 1953/54 참조.

트는 이 장 전체에서 언어라는 것의 독특한 존재형식을 서술하고자 하는데, 당시에는 그에 딱 들어맞는 낱말이 없었다. 그는 우선 '산출물'과 '산출활동'으로 그것을 시도하며, 일반적으로 '인류에 있어서 언어를 산출하는 커다란 일'이라고 말했다. 숙고해 보면 이는 더욱 개별 언어에 집중되는데, 여기서 언어의 '형식'을 규정하는 과제는 난관에 봉착한다. 그것은 언어가 '끊임없이 지나가버리는 것'이고 따라서 그 자체 정지하고 있는 것이라는 뜻의 '작품'이 아니라는 것이다. 그렇다면 언어란 대체 무엇인가? 훔볼트는 이 자리에서 우선 Tätigkeit(활동성)로써 이것을 해명하려고 시도하지만, 이 경우에 결코 말하는 활동Sprechtätigkeit 자체를 가리키는 것이 아니라서 이것을 직접 Energeia로써 해석하며, '발생론적인 정의'라는 뜻에서 '영원히 되풀이되는 정신의 활동'으로 해명하고, 계속해서 다음과 같이 설명했다:

"언어를 하나의 정신활동으로 표시하는 것은 이미 정신의 존재라는 것이 오로지 활동성 속에서만, 그리고 활동성 그 자체로서만 생각될 수 있기 때문에 완전히 옳고 적절한 표현이다"(VII, 46).

더욱이 그가 마치 주로 말하는 것을 염두에 두고 있는 것처럼 오해하는 것을 막기 위해 다음과 같이 계속하고 있다:

"그러나 언어가 의식해서, 개개의 조작에서도 점차적으로 진행되는 하나의 활동이라고 생각하는 잘못된 해석을 피해야 한다. 이것은 결코 언어에 들어맞지 않는다. 우리가 설명하기 어려운 이러한 언어의 자립성의 측면을 강조하려고 한다면, 언어를 하나의 작업이나 활동성보다는 순간적인 형성을 주목할 경우, 말하자면 정신의 무의식적인 발현이라고 불러야 한다" (VII, 46 주).

이로써 훔볼트가 바로 개별 언어의 현존형식을 고려할 때, 통상적인 개념으로는 대단히 말하기 어려운 것을 적절히 표현하기 위해 얼마나 애쓰고 있는지 참으로 느낄 수 있다. 즉 언어라는 것의 전 영역은, 동적 관점에서 관찰해 볼 때 인류의 내부에서는 '언어를 산출하는 커다란 일'로서 이해될 수 있으며, 개인의 삶에서는 말하는 것(및 모든 '언어사용')에서 순차적 과정에 따라 파악할 수 있으나, 개개의 언어공동체 내에서는 본질적으로 작품으로서, 형태로서가 아니라 작용형식으로, '영원히 되풀이되는 정신의 활동'으로, '이러한 말하는 것이 지니는 (합이 아니라) 전체성'으로, 인간집단의 '정신의 발현'으로 파악될 수 있다. 바로 이 후자에 한해서 오해가 없도록 말하는 것은 대단히 어려운데, 그럼에도 불구하고 훔볼트는 언어의 '형식'을 이 활동성, 즉 "정신의 활동 속에 놓여 있는 영속적인 것과 동형적인 것"(VII, 47)으로 파악할 수 있기 위하여 이러한 관점을 가장 요긴한 것으로 사용한다. 그는 또한 '활동성으로서의 언어'라는 이 생각을 감명 깊은 것으로 하기 위해 보통 쓰이지 않는 에네르게이아를 이용하며, 에네르게이아를 통상적인 '활동'으로써 해명하지 않고, 이 '활동성', 즉 '영원히 되풀이되는 정신의 활동'을 한 언어공동체의 언어적 에네르게이아로, '오로지 활동성 속에서만, 그리고 활동성 그 자체로서만 생각될 수 있는' 정신적인 힘의 존재형식으로 이해되기를 원한다.

이렇게 되풀이되는 훔볼트의 시도는 일단 언어의 세 현상형식, 즉 인류, 언어공동체, 개인의 생활에서 언어의 본질적인 성격을 제시하려는 노력에 의해 제약되어 있다. 그러나 특히 언어연구의 주요 대상인 모어에 관련하여 언어를 산출활동, 활동성, 정신의 활동, 정신의 발현으로, 바로 에네르게이아로 간주한다는 생각을 이해하기 쉽게 만드는 것이 얼마나 어려운 일인가 하는 느낌에 의해서도 제약을 받고 있다. 이러한 규정들 하나하나가 모두 그에게는 분명 너무 미약한 것으로 생각되었다. 모어에 관해서 그는 이미 이전의 여러 곳에서, 특히 1827~1829년에 발표된 〈인간 언어 구조의 상이성에 관해서〉에서 좀 더 적절하게 표현할 수 있었다. 거기에 적혀 있는 것을 보자.

"언어의 본성을 참으로 탐구하고 여러 언어를 서로 비교하려면, 언어는 언제나 생동하는 작용의 측면에서 고찰되어야 한다. 언어는 또한 결코 그것을 통해 주어진 수많은 낱말과 규칙 속에 정지해 있는 하나의 소재가 아니라 하나의 실행이며, 생명이 하나의 육체적인 과정이듯이 하나의 정신적 과정이다. 언어와 관련된 그 어떤 것도 해부학적 취급으로써는 비교될 수 없고, 오직 생리학적 취급으로써만 비교될 수 있다. 언어에서는 그 어떤 것도 정적이 아니고, 모든 것이 동적이다"(VI, 146).

이 사상은 훔볼트에게 대단히 중요한 것이어서, 그가 이전의 논문 〈일반 언어유형의 개요〉(1824-1826, V, 369 이하)에서 거의 글자 그대로 이러한 성공적인 표현을 따온 것이다. 훔볼트에게 중요한 이 자리들이 관련하고 있는 것은 의심할 여지가 없다. 즉 모든 개별 언어, 다시 말해 '모어'라는 현상형식에서의 언어는 본질상 하나의 '정지해 있는 소재'가 아니라 하나의 '실행'이며, 하나의 '정신적 과정'이다. 그리고 이러한 언급은 에르곤-에네르게이아의 반명제가 명백하게 되는 배경을 조명하기 위해 후년의 대립, 즉 산출물 : 산출활동, 작품 : 활동성, 정신의 활동, 정신의 발현으로써 보완된다.

바이스게르버에 따라 다시 한 번 상기해보면, 훔볼트의 경우 모든 현상형식에서의 언어, 즉 인류에서는 언어능력으로서, 언어공동체에서는 모어로서, 개인생활에서는 언어행위로서의 언어는 작용하는 힘wirkende Kraft이다. 그리고 훔볼트가 특히 이해시키려고 한 것은 '말하는 것'(한 언어의 모든 현실화)의 (합이 아니라!) '전체성'으로서의 '모어', 그러고 보면 한 인간집단에 병렬되어 있는 '정신적인 과정'으로서의, 한 언어공동체의 정신의 '발현'으로서의 '영원히 되풀이되는 정신의 활동'이다. 이것은 언어연구가 우선적으로 문제삼는 자리이다. 거기에서 언어공동체의 주요 대상인 개별 모어가 이해될 것이기 때문이다. 모어의 이러한 존재형식은 쉽게 파악될 수 없기 때문에, 훔볼트는 항상 되풀이해서 모어를 '산출물', '정지해 있는 소재', '작품'으로서가 아니라 '산출활동', '정신적인 과정'으로서 설명하려고 시도한다. 그렇게 해서 그는 에르곤과 궁극적으로는 한 모어의 '현실성Wirklichkeit'을 가리키는 에네르게이아의 대립에까지 이르게 된다. 훔볼트는 여기에서 인상 깊은 특징을 표현하는 데 전심을 기울인다. 그것은 "이러한 정신의 활동 속에 놓여 있는 영속적인 것"(VII, 47)만이 우리에게 '한 언어의 형식', 영속적인 정신적 과정의 형성방향을 파악시켜 주기 때문이다. 모든 모어에서 수행되는, 세계를 정신적으로 개변시키는 이러한 원칙은 언어이론에 대한 것과 마찬가지로 한 언어에 대한 모든 연구 또는 일반적인 언어고찰의 목표점이다.

캇시러E. Cassirer에 의하면, 훔볼트에 있어서 언어에 대한 고찰은 모두 '발생론적'인 방식으로 처리되어야 한다. '발생론적'이란 언어의 시간적인 성립 과정을 추구하고 그 생성을 일정한 경험적, 심리학적인 원인에서 해명하려는 뜻에서가 아니라 언어라는 형성체의 기성의 구조를 파생적인 것, 매개된 것으로 인식하고 이 구조를 여러 인자에서 구축하고 또 이 인자들의 종류와 경향을 규정할 수 있게 되었을 때 이 구조가 비로소 이해될 수 있다는 뜻에서이다.

언어를 낱말과 규칙으로 분해하는 것은 과학적 분석의 죽은 졸작에 지나지 않는다. — 왜냐하면 언어의 본질은 추상과 분석에 의해 언어에서 명시되는 그러한 요소에 기인하는 것이 결코 아니며 전적으로 분절된 음성이 사상을 표현할 수 있도록 하는 영원히 되풀이되는 정신의 활동에 기인하기 때문이다. 이 활동은 각각의 개별 언어에서 특수한 몇몇 중심점에서 출발하여 상이한 방향으로 퍼져나간다. — 그래도 이러한 다양한 산출활동도 결국은 하나로 결합하게 되지만, 실은 하나의 산출물이 사물적인 통일체로 결합하는 것이 아니라 그 자체 법칙적인 하나의 수행이라는 이념적인 통일체로 결합하는 것이다. 정신의 존재 일반은 그 활동성 속에서만이, 그리고 그 활동성 자체로서만 생각될 수 있듯이 — 이것 또한 정신에 의해서만이 파악되고 가능하게 되는 개별적인 존재에 관해서도 적용된다. 그러므로 우리가 어느 언어의 본질이나 형식이라 부르는 것은 사물의 안에서는 아닐지라도 아마도 분절된 음성을 사상의 표현으로 높이는 정신의 활동 안에서 지적할 수 있는 항상적이며 동형적인 것에 지나지 않는다. 따라서 언어에 있어서 그 본디의 실체적인 구성성분으로 보이는 것마저, 이를테면 문맥에서 분리된 "낱말마저도 하나의 실체처럼 이미 만들어져 있는 무엇인가를 전달하는 것도 아니고 이미 완결된 개념을 포함하고 있는 것도 아니다. 낱말은 자발적인 힘으로써, 그리고 일정한 방법으로 개념을 형성하도록 자극을 주는 데 지나지 않는다. 인간이 서로 이해한다는 것은 인간이 실제로 사물의 기호에 몰두하기 때문이 아니고 또한 인간이 정확하고 완전하게 동일한 개념을 표출하도록 서로 규정하기 때문도 아니다. 오히려 인간이 서로 그들의 감성적 표상과 내적 개념산출의 연쇄 가운데서 동일한 고리에 접하는 것, 즉 인간이라는 정신적 악기의 동일한 건을 치기 때문이다. 그러고 나서 개개인 안에 동일하지는 않지만 서로 상응하는 개념이 생겨난다. ……이렇게 해서 연쇄 중의 한 고리, 악기의 한 건에 손을 대면 전체가 진동하게 된다. 마음으로부터 개념이 되어 튀어나오는 것은 가장 멀리 떨어져 있는 고리에 이르기까지 개개의 고리를 둘러싸고 있는 모든 것과 조화를 이룬다"(VII, 169 이하).

그러므로 객관성의 확고한 발판과 보증을 제공하는 것은 여기서도 또한 언어에 모사된 존재의 단일성이 아니라 언어의 하나하나의 낱말이나 개념어를 만들어내는 무한히 다양한 산출활동에서의 조화인 것이다. 그러므로 기본적으로는 결코 개개의 낱말이 아니라 월Satz이야말로 일의적인 언어의 의미의 참된 담당자이다. 왜냐하면 모든 말함, 모든 이해가 결국에 기인하는 종합이라는 근원적인 힘은 월 안에서 비로소 드러나기 때문이다. 이 전체관이 가장 간결하고 엄밀하게 표현되어 있는 것이 언어는 작품(에르곤)이라기보다는 활동성(에네르게이아)이고 따라서 언어의 참된 정의는 발생론적일 수밖에 없다라는 훔볼트의 유명한 표명에서이다. 직접적으로 엄격히 말해서 이것은 그때마다의 말하는 행위의 정의이지만 참된 본질적인 뜻에서 본다면 곧 이러한 말하는 것이 지니는 전체성을 언어라고 간주할 수밖에 없으며, 이 기능과 일정한 법칙에 따르는 그 전면적인 실행만을 언어의 실체성을 이루고 이념적 존립을 이루는 것으로 간주할 수 있다.[12]

이에 대한 하인텔E. Heintel의 해석은 특히 주목해볼 필요가 있다. 하인텔은 '로고스Logos'의 문제와 연결되는 서양의 기본적인 문제성에서 훔볼트의 이 자리를 해석하려고 한다. 그는 논문 〈언어철학〉의 '언어철학의 문제로서의 로고스'라는 장[13]에서, 언어철학을 철학의 부문으로, 즉 형이상학(기저 철학으로서의 존재론, 인식론)과 밀접하게 관련된 일반적으로 가장 중요한 부문으로 파악하고, 다음과 같이 서술하고 있다.

이 문제의 관련 그 자체는 우리의 전통에 의해 늘 주시되어 왔고 또한 '로고스'의 개념으로 표현되었다. 그리스도교에서와 마찬가지로 고대의 사상에서도 이 개념은 중심적인 의미를 지니고 있는데, 이러한 의미는 훔볼트의 언어철학에서 명확하게 의식되기에 이른다. 훔볼트 언어철학의 뜻에서 언어는 이미 사물과 동료 인간들의 완성된 세계에서의 서술과 전달의 '도구'일 뿐만 아니라, 오히려 언어에는 '세계소유와 인간 존재 일반과 관련된 하나의 고유한 구성적 기능'이 주어져 있다: "한처음에 말씀이 계셨다. 말씀은 하느님과 함께 계셨는데 말씀은 하느님이셨다. 그분께서는 한처음에 하느님과 함께 계셨다. 모든 것이 그분을 통하여 생겨났고 그분 없이 생겨난

12 Cassirer 1923 (^{6}1973), 104 이하.

13 Heintel 1957, Sp. 568.

것은 하나도 없다. 그분 안에 생명이 있었으니 그 생명은 사람들의 빛이었다."[14] 훔볼트가 '단순한 오성활동의 측정 불가능한 깊숙한 곳에' 뿌리박고 있는 언어를 '오로지 활동성 속에서만, 그리고 활동성 그 자체로서만 생각될 수 있는' 생생하게 '현존하는' (즉 연역될 수 없는 고유한) 현실Aktualität에서 '정신'과 관련시킨다는 것은, 그가 여전히 이러한 전통의 근본사상에 철저히 따르고 있다는 것을 나타낸다. 이러한 뜻에서, 많이 인용되면서도 거의 진지하게 받아들여지지 않은 그의 표현법, 즉 언어는 작품(에르곤)이라기보다는 활동성(에네르게이아)이라는 점이 이해될 수 있다. 그 이유로서 하인텔은 훔볼트의 말을 인용하고 있다.

"우리는 언어를 죽어 있는 산출물로 간주하기보다는 훨씬 그 이상으로 산출활동으로 간주해야 하며, 언어가 대상의 표시이자 양해의 매개로서 작용하는 것을 도외시하고, 그와 반대로 언어가 내적 정신활동과 밀접한 관계에 있는 그 근원에 거슬러 올라가 그들 양자의 상호 간의 영향을 훨씬 더 세밀하게 탐구해야 한다"(VII, 44).

따라서 이러한 뜻에서 언어는 단순히 '작품'(에르곤)이라기보다는 '활동성'(에네르게이아)이어야 한다. 이 지적은 완성된 언어작품에만 방위를 정해온 언어학Linguistik에 대하여 하여간 언어의 심리적, 역동적 수행성격을 강조하는 것같이 생각된다. 그러나 이렇게 이해해서는 이 인용문의 전체적인 맥락은 물론 파악할 수 없다. 이 인용문에서의 문제가 언어를 심리학에서 관심 깊은 하나의 사건으로 본다는 데에 머물러 있지 않다는 것은 명백하기 때문이다. 언어과학Sprachwissenschaft도 언어심리학도 언어를 '밖에서' 보는 입장에는 변함이 없다. 이러한 '밖에서의' 태도에 반하여 정신적 실존이나 그것에 매개된 '세계소유'를 독특한 방법으로 구성하는 '내적 활동'

14 성경, 한국 천주교 주교회의, 2005년, 요한복음 1, 1-4에서 따옴.

을 언어와 정신활동 일반이 '밀접하게 엉켜 있는 그 근원'에 거슬러 올라가 파악하는 것이야말로 훔볼트의 인용문의 진의임에 틀림없다. 이런 뜻에서 훔볼트가 언어를 매개라고 시사하고 있는 것은 우리가 이미 알고 있는 것이다. 그런 한에서 훔볼트는 언어가 언어적 의미형태의 소여영역으로 간주된다든지(언어과학), 또는 인간의 특정한 정신적 종합작용Leistung의 소여영역으로 간주되는(언어심리학) 그러한 언어의 국면을 초월한다. 언어는 단순한 오성활동의 측량하기 어려운 깊숙한 곳에 뿌리를 박고 있으며, 그러한 언어가 지니는 대상구성적 의의야말로 그에게는 문제인 것이다. 앞에서 서술한 〈언어철학〉[15]에서 하인텔이 에르곤으로서의 언어를 언어과학에, 뒤나미스Dynamis로서의 언어를 언어심리학에, 에네르게이아로서의 언어를 언어철학에 배속하려고 시도해서 언어를 취급하는 여러 과학의 이와 같은 일반적인 구분에 약간의 지적을 더 부가해둔 것도 이러한 해석에 기인해서이다.

이를테면 도이치말에서 Sprache(언어)라 부르는 것의 의미의 구별은 외국어, 즉 langage(랑가주), langue(랑그), parole(빠롤)로써 행해진다. 이렇게 구별하는 것 자체는 전적으로 중요하다. 그러나 이 구별은 — 언어의 특정한 국면을 순수하게 대상적으로 고정하기 때문에 — 기초철학적인 문제성이나 그 변증법에 관심을 돌리게 할 수 없는 이상, 언어철학 그 자체에서는 잠정적인 구별에 불과하다. 이를테면 랑가주를 뒤나미스(능력)로서의 언어에, 랑그를 에르곤(작품)으로서의 언어에, 빠롤을 에네르게이아(활동)로서의 언어에 관련짓는 것은 그 자체로서는 문제가 없다. 그러나 그렇게 하더라도 언어를 언어철학적으로 기초를 설정하는 문제가 공식화된 것은 아니다. 언어의 분석적 고찰을 시작할 때 '통어론, 의미론, 화용론'을 문제삼을 경우에도 사정

15 Heintel 1957, Sp. 577.

은 전적으로 동일하다. 이러한 모든 구별에서 결국에는 추상개념이 문제가 되어 있으며, 이러한 추상개념은 일정한 문제설정의 틀 안에서는 그 나름의 방법상의 의미를 지니고 있지만 그 틀 자체의 내부에 머물러 있는 한 그때그때의 구별에 내포되어 있는 여러 전제에 향해서까지 문제시될 수는 없다. 훔볼트는 에네르게이아로서의 언어를 일차적으로 현실적으로는 말하는 것(빠롤)으로부터 이해하고 있다. 그러나 이렇게 끊임없이 매 순간 지나가고 사라지는 것이 언어구조의 모든 분석에 앞서서 전제되어 있는 그 전체성을 요구한다는 것을 그는 물론 알고 있다. 그는 써놓고 있다. "언어는 그 현실적인 본질에서 파악하자면, 끊임없이 매 순간 지나가버리는 것이다. 문자에 의한 언어의 보존조차 항상 불완전한 미이라와 같은 보존에 불과한데, 이 보존마저 한번 다시 생생하게 낭독함으로써 구체성을 부여하려고 노력할 필요가 있다. 언어 자체는 작품(에르곤)이라기보다는 활동성(에네르게이아)이다. 따라서 언어의 참된 정의는 발생론적인 정의일 수밖에 없다. 말하자면 언어는 분절된 음성이 사상을 표현할 수 있도록 하는 영원히 되풀이되는 정신의 활동이다. 직접적으로 엄밀히 말해서 이것은 그때마다의 말함의 정의이지만, 참된 본질적인 뜻에서 본다면 곧 이러한 말하는 것이 지니는 전체성을 언어라고 간주할 수밖에 없다"(VII, 45).

언어를 그 '기능'에 주목해서 파악하려고 할 경우에도 에네르게이아로서의 언어는 이러한 기능 안에서도 고정될 수는 없다는 것을 명확하게 명심해두어야만 한다.[16]

더욱이 하인텔은 에네르게이아와 관련해서 다음과 같이 서술하고 있다.

우리 시대 언어과학의 수많은 곳에서 들을 수 있는 외침 '훔볼트에게로 돌아가라!'와 동시에 '에네르게이아로서의 언어로 돌아가라!'[17]는 따라서

16 Heintel 1972, 96 이하.

17 이를테면 Weisgerber 1952^b 참조.

직접적으로 철학과 관계가 있으며, 또한 이 철학 내에서만 실현되고 달성될 수 있을 것이다. 우리가 이러한 외침을 받아들인다면, 우리는 그 대상인 언어에 관하여 에네르게이아의 개념으로 획득된 훔볼트의 자명한 이치에서 출발해야 한다. 이로써 우리는 언어철학의 현재 상황에서 보아 조직적이며 교육적인 관심사를 정당하게 평가한 것이다. 조직적으로는 훔볼트 언어철학의 자명한 이치는, 결정적으로 중요한 가치를 지니는 이러한 종류의, 역사적으로 마지막 성찰로 생각된다. 그것은 고대의 존재론과 칸트의 선험적 철학과의 관계가 반드시 명확하지는 않은데, 그래도 분명히 관련된 경향을 지니고 있다. 그러나 교육적으로는, 비록 철학적인 성찰이 이제까지 전체의 문제 설정을 너무 높게 했지만, 철학에서 매우 중요한 언어과학과의 교류를 위해선 역사적으로 제약되어 있는 이 자명한 이치를 받아들이는 것이 중요한 것으로 생각된다. 왜냐하면 이 계열에서 나오는 '훔볼트에게로 돌아가라!'라는 외침은 사실상 바로 다음과 같은 점을 뜻하기 때문이다. 즉 그 이래로 철학과 언어과학은 그들 자신의 길만을 걸어왔기 때문에, 언어과학 자체에서 나타나는 언어철학의 인식은 훔볼트의 정신에 있어 이러한 부문의 자명한 이치로 필연적으로 되돌아가야만 한다는 것이다. 어쨌든 에네르게이아라는 낱말은 우연히 생겨난 임의의 용어가 아니라 아리스토텔레스의 체계에서 가장 중요하고 역사를 지배하는 개념들 가운데 하나인 것이다. 이 개념은 물론 아리스토텔레스의 다층적 사유에서 명백하게 확정된 것은 아니다. 그러나 그것은 어쨌든 아리스토텔레스에게 있어 본디의 구상적인 현실성, 헤겔의 뜻에서 '그 자체 존재하는 것', 플라톤의 경우에 '이념'이 목표로 하는 그것, (전혀 합당하지는 않은) 플라톤에 대한 아리스토텔레스의 비판의 뜻에서 물론 도달되지 않는 것을 표시한다. 그러나 '이념'에 대한 견해에 따라 아리스토텔레스는 '에네르게이아에 따라'와 '이념에 따라'라는 표현법을 같은 뜻으로 사용한다. 따라서 훔볼트에 의해 받아들여진 이 표현법이 '축사를 위한 인상 깊은 인용'[18] 이상을 의미하고 불시에 사라지지 않는 것이라고 한다면, 서양의 영원한 철학에 훔볼트를 다시 끌어들이는 일을 진지하게 다루는 것 이외엔 분명히 아무것도 남아 있지 않을 것이다. 이로써 우리는 조직적으로나 방법론적으로도 중요한 바로 다음의 과제에 직면하게 된다.[19]

다음으로는 바이스게르버와 마찬가지로 에네르게이아를 작용하는 힘wirkende Kraft으로 해석하고 있는 요스트L. S. Jost의 견해를 인용해보기로 한다.

에르곤-에네르게이아 명제에서 활동성(에네르게이아)이란 개념은 정신적인 에너지에 의해 (의식의) 현실성을 산출한다는 뜻에서 (언어에 놓여 있는 목적을) 실현하는 것으로 해석되어도 좋다. 에네르게이아는 훔볼트에게는 언어의 힘이며, 이 힘은 인간의 정신물리학의 본성에 부여된 가능성, 즉 '대상적인' 의식내용의 발달과 그것에 대한 정신적 처리를, 아리스토텔레스적인 뜻에서 주체에서 생겨나는 자아와 '세계'의 '대결'을 (언어)기호에 의해 고정(객체화)함으로써 (비록 완성에까지는 이르지 않더라도) 실현되도록 도와주는 것이다. 왜냐하면 훔볼트에게 사상과 언어를 산출하는 활동은 정신적인 힘으로서 궁극적으로 하나이며, 이 힘의 효력을 통해서만 일반적으로 우리에게 의식된 존재가 창조되기 때문이다. (바이스게르버가 말하는) '언어화das Worten'를 통해 '세계'는 인간에게 정신적으로 처리될 수 있게 된다. 이 세계는 인간에게 객체인데도 다시금 전적으로 인간의 의식 속에 짜여 들어가 있다. 이렇게 함으로써만이 비로소 인간은 세계와 간격을 두어 정신적으로 자유롭게 되어 세계에 대응할 수 있는 것이다.

그러나 여전히 아리스토텔레스적으로 생각해보건대, 에네르게이아는 언

18 Weisgerber 1955c 참조.
19 Heintel 1957, Sp. 569, 570.

어의 영역에서 담화Rede 안의 의미의 창조적인 구성이기도 하다. 즉 낱말 요소를 초월한 복합적인 의미의 관련은 언어(갈무리된 말)의 어휘적, 통어적, 음운적 수단에 의해 '감성적'으로 산출되고 실현되는데, 이때 기능적인 구조 요소, 특히 낱말은 결코 고정된 의미의 복합을 나타내는 것이 아니라 그때마다 전적으로 개인적이고 일회적이며 문맥에 구속된 의미가 '말해지고' 또는 오히려 '생각되어', 그리고 풍부한 의식내용으로부터 '체험'되어 얻는 것이다. 이것은 또한 다음과 같이 표현될 수도 있을 것이다. 즉 월의 개개의 말은 '낱말'로서는 다의적이지만 설정될 의식의 관련(말하고 이해할 때)에서는 구체적인 의미와 일정한 의의를 지니게 됨으로써 비로소 '언어화'된다는 사실이다. 그러나 이것은 다음과 같은 사실도 뜻하고 있다. 즉 말하는 이로서의 우리는 우선 그 '가능성'으로 보아 갈무리된 말langue과 개인의 언어재parler에 따라 개개 낱말의 의미내용을 지니고 있지만, 이러한 가능성을 현실로 끌어올리기 위해서는 언제나 말하는 것, 현실적인 의도, 사유, 체험을 필요로 한다. 이 과정은 에네르게이아로 파악되어야 한다. 이러한 현실화가 기억에 의해 '보존'되어 있을 경우에도 어감이나 문체감으로서 두뇌생리학적으로 그 기초가 만들어지며, 갈무리된 말과 개인의 언어재에 기초를 둔 낱말의 의미의 새로운 변화는 에네르게이아에 맞게 세계와 자아가 결합된 언어의 본성에 의해 끊임없이 발생하는 것이다."[20]

다음으로 에네르게이아를 '하나의 가능성의 실현', '정신의 자기실현'이라고 주장하는 로만J. Lohmann의 견해를 예로 들어본다.

로만은 에네르게이아 개념에 대해 다음과 같이 주장하고 있다.

"되풀이하여 인용되었음에도 불구하고 아마도 결코 올바르게 이해되지

---

20 Jost 1960, 55 이하.

않았던 훔볼트의 가장 중요한 원칙은, 언어 자체가 작품(에르곤)이라기보다는 활동성(에네르게이아)이라는 것이다. ……이 명제에 대한 이해는 두 가지의 통상적인 오류에 의해 곤욕을 겪고 있는데, 말하자면 1) '자체'(훔볼트의 표현에서는 '언어 자체')라는 낱말이 주시되고 있지 않다는 점과, 2) 훔볼트 자신이 그리스 낱말 enérgeia로써 설명하고 있는 활동성이라는 낱말이 거의 올바르게 이해되고 있지 않다는 점이다.

'언어 자체'라고 하는 훔볼트의 표현이 말하고자 하는 것은, 사실 언어에 관한 수많은 상이한 관점과 견해가 있지만 이러한 견해들이 통상 언어를 현실 그대로, 즉 현실에서 생생하게 있는 그대로의 언어를 나타내지 않는다는 사실이다. (언어 자체, 즉 현실 그대로의 언어를 나타내지 않는) 이 수많은 언어관은 본디 틀리지는 않지만 언어의 참된 인식에서는 매우 잘못된 길로 이끈다. 이 참된 인식은 본디 언어가 문자의 도움으로 기록되던 순간에 이미 사장되었던 것이다. 문자를 통한 이러한 기록을 훔볼트는 '미이라와 같은 보존'이라고 부르는데, 이러한 보존은 언어를 소생시키기 위해 우선 낭독을 필요로 한다.

언어의 생생한 형태를 훔볼트는 '활동성'으로, 좀 더 정확하게는 그리스 낱말 에네르게이아로 표시하고 있다. 아리스토텔레스가 표현한 것처럼 고대 그리스 낱말 에네르게이아는 에너지Energie, 즉 이 낱말이 오늘날 사용되듯이 힘Kraft을 의미하는 것이 아니라 실현 혹은 좀 더 정확하게는 하나의 가능성의 실현을 의미한다. 이 가능성 자체를 아리스토텔레스는 뒤나미스dýnamis라고 하였는데, 이것도 힘Kraft으로 번역될 수 있다. 훔볼트는 언어 자체를 오히려 인간에게 고유한 '정신적인 힘'이 실현되는 영역 그 자체로 생각한 데 반해, '에너지'라는 낱말의 오늘날의 의미에 상응하여 훔볼트가 '언어 자체'를 힘으로 이해했다고 생각되어 오늘날에도 여전히 훔볼트에 대한 빈번한 오해가 지배적이다. 훔볼트에게 '정신적인 힘'의 개념은 그의 언어철학의 중심적 개념이다. 그러므로 훔볼트가 그의 언어철학을 창시했을 때 본디 의도하고 주안점을 두었던 것을 완전히 오해하게 되는 것은 당연하다 할 것이다."[21]

로만은 다시 다음과 같이 서술해놓고 있다.

"훔볼트에 의하면 언어는 활동성으로, 혹은 좀 더 낫게는 언어를 말하는 인간의 정신적인 힘의 실현(바로 이것이 그리스 낱말 에네르게이아를 의미한다)으로 이해되어야 한다. 이러한 '정신적인 힘'은 그 작용이 어느 정도까지는 자체 내에 있는 하나의 힘이며, 따라서 말을 하는 모든 인간은 그 힘의 관점에서 볼 때 이른바 하나의 고유한 힘의 놀이Kräfte-Spiel를 나타내고 있는 정도의 것이다. 이러한 힘의 놀이는 전체적으로 보면 정신의 자기실현을 목표로 삼고 나타나는 것이다."[22]

기퍼H. Gipper는 앞에서 언급된 해석들을 중요한 것으로 인정하고 있지만 동시에 일정한 방향에서 보완되어야 할 것으로 생각하고 있다.

기퍼에 의하면, 훔볼트 자신의 지시들을 주의 깊게 따른다면, 이 해석을 그가 되풀이하여 강조한 확신, 즉 언어의 참다운 성격은 그 사용에서, 특히 철학적인 대화나 예술이나 과학에서 사용되면서 비로소 나타난다는 확신과 결합시켜야만 한다. 이 대화가 얼마나 중요한가는 훔볼트가 다음의 인상 깊은 자리에서 말하고 있다.

"생동적으로 서로 밀접하게 개입하고 이념과 감정을 참되게 교환하는 대화는 이미 그 자체로서 언어의 중심점이다. 언어의 본질은 언제나 동시에 울림과 메아리, 말을 겲과 응답으로서만 생각될 수 있다. 언어는 그 변천에서처럼 그 기원에서 보아 한 사람에게가 아니라 항상 모든 사람에게 속하고,

21 Lohmann 1963, 41 이하.

22 위에 든 곳, 43.

각 개인의 정신의 고독한 깊이 속에 있으며, 그래도 사람과 사람의 사교에서만 나타나는 것이다”(IV, 435).

여기서 기퍼는 또 다음의 관계를 다루고 있다.

“우리가 언어를 산출하는 모든 것(창조가 아니라), 의의 있는 모든 말함이 언어의 힘의 투입, 끊임없는 세계의 언어로의 동화, 끊임없는 세계의 언어화 과정임을 인정한다면, 이것으로 이 과정이 어떤 방향에서 움직이며, 이때 어떤 경향이 현실에 작용하는 것으로 판명되는지에 관해서는 아무것도 진술되어 있지 않다. 언어의 세계관은 당연히 낱말과 월구성안에 의해 모든 표출과 텍스트에 전달되지만, 이러한 일이 어떻게 일어나는지에 대해서는 아직 모르고 있다. 한 언어가 어떤 개념적 분절을 자유롭게 구사하며 어떤 낱말밭과 의의영역을 지니며 어떤 월구성안의 목록이 그 언어에서 처리 가능한지 서술했다 할지라도 이 언어공동체에 속한 사람들이 이러한 의미의 가능성 가운데 어느 것을 사용하는지는 여전히 미해결 상태이다. 예를 들면 뚜렷하게 나타나는 빛깔 이름의 질서가 현존하지만, 우리는 빛깔 이름을 드물게만 또한 완전히 특정 방식으로 사용할는지 모른다. 나아가서 일정한 시제 체계가 자유롭게 사용될 수 있으나, 실제로는 이 형식들의 소수밖에 사용되지 않는다는 사실 등이 언급될 수 있을 것이다. 말할이가 그의 언어로 무엇을 하며 그 언어가 어떤 능력이 있는지의 문제는 바로 언어사용에서 비로소 나타나는데, 특히 문학과 언어예술 작품에서 나타난다. 여기서 한 언어의 특수한 가능성과 질이 비로소 파악될 수 있을 것이며, 여기서 훔볼트가 언어의 성격이라고 명명한 바가 무엇인지 나타난다. 따라서 훔볼트가 왜 언제나 문법과 세계관 외에 텍스트나 언어의 문헌을 고려하고자 했는지 이해될 것이다. 말하는 것과 말한 것이 지니는 전체성에 속하는 것에는 가장 넓은 뜻에서 문학도 해당되며, 따라서 언어적인 모든 문헌이 해당된다. 이러한 관점하에서 에네르게이아는 언어 힘의 전개이자 동시에 사상을 형성하는 형식의 힘으로 이해될 수 있으며, 이 힘의 목표방향은 월과 텍스트 전체의 고도의 의미형태에서만 나타나게 된다. 여기서 의미를 나타내는 것은 의미의 관련의 산출활동으로 이해되어야만 하며, 의미의 관련들은 가능성으로 보아 이미 존재하기는 하지만 그 가능성이 실현되는 양식은 예견될 수 없다. 여기에는 필연과 자유가 놀라운 방식으로 융합된다. 사상의 악기가 마련되어 있지만, 그 악기의 모든 현을 울리기 위해서는 연주자를 필요로 한다. 더욱이 이 연주자에게 천재성이 부여되어 있다면, 그는 건반을 확장하여 들은 바 없고 예감하지 못한 것도 표현할 수 있다.

이렇게 에네르게이아 사상을 확대함과 동시에 언어학과 문학의 결합이 암시되고 진정 요구되고 있다. 바로 이 점을 예민한 예술적 감각이 있는 훔볼트가 생각하고 있었다. 물론 우리는 유감스럽게도 이러한 인접학문들 사이의 바람직한 협력에서 아직도 동떨어져 있다. ……어쨌든 우리는 언어학적 측면으로부터 끊임없는 인내로써 이 목표를 향해 연구하고자 하며 특히 언어예술 작품도 고려하고자 한다. 포슬러K. Vossler의 말에 따르면, 언어예술 작품에는 모어에 보이지 않는 사소한 경향이 시인에게는 이른바 강화되고 만화화되고 확대경에서 총괄되어 나타난다."[23]

앞에서 언급했듯이 이 에네르게이아의 개념을 부려쓰인 말parole로 간주하려는 경향에 대해 기퍼도 다음과 같이 서술해놓고 있다.

"훔볼트는 이미 되풀이하여 언어의 동적 과정의 특성을 강조하기 위해 언어를 실행, 산출활동, 정신의 발현과 정신의 활동으로 표시했다. 여기서 그가 피상적으로 말하는 활동, 외적으로 통고하는 것, 개개인의 말하는 행위, 즉 소쉬르F. de Saussure의 뜻에서 빠롤을 생각하지 않았음은 확실하다. 훔볼트는 여기서 말하는 행위의 합이 문제되는 것이 아니라 말하는 것이 지니는

23 Gipper 1965, 13 이하.

전체성, 분절된 음성이 사상을 표현할 수 있도록 하는 영원히 되풀이되는 정신의 활동이 문제되고 있음을 강조한 것이다. 따라서 여기서 본디의 언어가 그 실제 산출활동으로 간주된다면, 그것은 개개인의 말하는 행위에서의 기계적인 말하는 현상 이상을 뜻했음이 틀림없다. '말함'은 훔볼트에게 결코 통고하는 것과 동일하지 않으며, 오히려 개개인이 폐쇄된 상태의 고독 가운데서도 사유하는 데 필수적인 조건인 것이다."[24]

멘체C. Menze는 훔볼트가 에르곤과 에네르게이아를 대비시키고 있는 데 대해 아래와 같이 서술해놓고 있다.[25]

에르곤과 에네르게이아를 서로 대비하는 뜻은 무엇보다도, 끊임없이 생동하는 산출활동이자 그럼으로써 언제나 지나가버리는 어떤 것으로서의 언어는 파악할 수 있다거나 분명하게 윤곽을 그릴 수 있다거나 인간이 의사소통의 목적으로 마치 어떤 임의의 대상처럼 사용할 수 있는 객관적 형태가 아니라는 데 있다. 활동성으로서, 에네르게이아로서의 언어는 오히려 발생론적으로밖에는 규정될 수 없다. 언어는 그 본질상 결코 종결될 수 없으며 끊임없이 새로이 산출되는 정신적 과정이다.

그렇지만 에네르게이아로서의 언어는 아무런 성과 없이 흘러가버리는 정신활동이 아니라 말하여진 것을 성취해낸다. 그런데 이 말하여진 것이 '비언어적인' 것이라고 말할 수는 없다. 이를테면 언어에 속하지 않는 것이라고 말할 수 없을 낱말형식, 음성형태, 통어적 모형들, 고정된 규칙들은 언어를 산출하는 행위 자체와는 무관하다. 이러한 것들은 비록 그때그때의 말함의 행위에서 비로소 현실화되고 이러한 재산출활동에서 생동하게 되지만, 이 재산출활동은 언어라는 객관적 형태에서 이미 존재하고 있는 그러한 형

24 위에 든 곳, 12 이하.
25 Menze 1965, 230 이하.

식들에 결부되어 있지 않을 수 없다. 그렇기 때문에 훔볼트가 보기에도 언어란 전적으로 '낱말들의 저장이자 규칙들의 체계'(VII, 63)인 것이다. 바로 이처럼 어느 정도 '고정된 것'을 통해 언어는 '수천 년이 흐르는 동안에 독자적인 힘'(VII, 63)으로 성장한다. 언어는 말하자면 언어산출 행위에서 주관으로부터 생겨나온 것이 아니라, 이 관점에서 보자면 언어는 '실제로 (주관과는) 아무런 관련이 없는 객체'이고, 언어의 작용은 "실제로 언어가 작용하는 것(즉, 주관)과는 다른 어떤 것으로부터 생겨나왔다"(VII, 63). 그래서 훔볼트는 언어가 '특유한 현실존재'이고 "이 현실존재야말로 비록 언제나 그때그때의 사유에서만 효력을 얻을 수 있긴 하지만 전체성에서 보면 그 사유와 무관함"(VII, 63)을 인정하고 있다. 그리하여 정신의 에네르게이아로서 이 언어는 현실화되기 위해 실현되는 개별적인 행위를 필요로 하면서도 바로 이 행위를 통해서야 비로소 언어로 될 뿐만 아니라 의미심장한 어떤 것으로서 그때그때의 말함의 행위 이전에 이미 존재하고 있다. 그러므로 언어를 정신의 순수한 활동으로 규정하는 것은, 말함의 순간에 언어가 완전히 새로이 산출되는 것으로 이해되어서는 안 된다. 왜냐하면 인간의 말함이란 언제나 이미 작품으로서의 언어에 관련되기 때문이다. 심지어 말함이 끊임없는 새로운 창조로 이해될 때조차도 — 그리고 훔볼트는 자신이 언어를 우선적으로 특히 그렇게 이해하고 있음을 확고히 믿고 있는데 — 이 새로운 창조활동은 여전히 '언어' 안에 이미 존재하고 있는 것과 관련된다. 말함이란 '무'로부터의 창조활동이 아니라 잠재적으로 현실적인 것이 인간의 말함에서 현실화되고 획득됨을 뜻한다. 잠재적으로 현실적인 이것이야말로 그 '언어'이고, 인간은 스스로 인간이고자 언제나 이 언어 안에서 이미 살고 있는 것이다. 따라서 언어는 에네르게이아인 한 에르곤이고 에르곤인 한 에네르게이아이다. 이는 훔볼트가, "언어는 마음과 관련이 없기도 하고 마음에 속하기도 한다든가 또는 언어는 마음에서 독립되어 있으면서 그것에 의존하고 있다는 것이 또한 언어의 본질의 특성"(VII, 63)이라고 보고 있는 것과도 일맥상통한다.

'여러 언어들'이 존재한다. 그런데 존재하는 언어소재이자 낱말들과 규칙들의 '죽은 덩어리'인 이 언어들은 인간의 말함이라는 의미부여 행위를 통해 비로소 언어로 된다. 그러한 언어가 다듬어져 있으면 있을수록, 형식이 풍부하게 갖추어져 있으면 있을수록 그만큼 창조력은 덜 필요하다. 왜냐하면 정신은 이미 창조되어 있긴 하지만 언어행위 속에서 비로소 재산출되어야 할 것을 이용하기 때문인데, 이것은 '완성된' 언어, 표시해야 할 어떤 것을 명명하기 위해 차곡차곡 쌓여 있는 낱말의 저장으로 이해되어선 안 된다(VII, 57, 101 참조). 인간이 산출하는 언어는 형성된 소재로서 이미 인간 앞에 놓여 있다. 인간 내부의 에너지는 언어행위에서 그 모습을 드러내고, 말할이를 이 언어의 재산출에서 다시 모습을 나타내는 것과 개별적인 방식으로 결합시킨다. 이 결합에서 인간은 동시에 금후의 창조활동을 제한하고 규정하는 속박을 받고 있다는 것을 통감한다(VII, 251 참조). 이로써 말하는 것이 지니는 전체성으로서 에네르게이아와 언어적 객관형태로서의 에르곤은 언어의 두 가지 상이한 측면이 아니라 서로 직접적으로 병렬되어서만이 언어 자체이고, 하나는 다른 하나를 통해서만이 존재하며 거꾸로도 마찬가지이다. 이 둘은 개념상으로만 서로 구분될 뿐, 본질적으로는 구분될 수 없는데, 이는 — 훔볼트가 늘상 강조하듯이 — "언어가 주관이면서 의존적인 한 객관이면서 독립적"이기 때문이다(VII, 63).

언어를 에네르게이아이면서 동시에 에르곤이라고 파악하는 데 대해 이와 같이 해석하게 되면, 언어를 에네르게이아일 뿐이라고 규정할 때 생겨나는 한 가지 어려움도 해소된다. 말하자면 언어가 정신의 자체활동일 뿐이라고 간주되고, 언어가 언어산출 행위 자체에서만 존재한다면, 언어는 이 개인의 전체 힘의 표현으로서 개인의 언어일 수밖에 없다. 모든 개인은 서로 구분된다는 점에서는 매한가지이기 때문이다. 그리하여 언어가 이러한 개인의 정신력의 '표출'이라면, 언어는 그 어느 다른 언어와도 일치할 수 없다. 왜냐하면 한 개인의 정신력은 각각의 고유한 방식으로 언어를 산출하기 때문이다.

언어가 에네르게이아일 뿐만 아니라 말하는 개인이 눈앞에서 접하긴 하지만 우선 새로이 산출하지 않으면 안 되고 주관으로 넘어갈 때 동시에 에르곤 및 에네르게이아로 만들어주는 그러한 '에르곤'이기도 하다면, 이로부터 훔볼트가 언어공동체라 부르기도 하는 민족에 개인이 구속되어 있다는 사실이 이제 바로 그의 사유 속에서 언어의 관점에 의해 좀 더 강력하게 전면에 드러나게 된다는 결론이 나온다. 개인은 민족 전체 안에서만 존재할 수 있고, 그럼으로써 언제나 이 민족에 고유한 언어의 의미지평 내에서 살고 있다. 따라서 훔볼트에게 "개인의 주관성은 그 개인이 속한 민족의 주관성을 통해, 그리고 이 민족의 주관성은 그 이전 세대와 동세대의 인간의 주관성을 통해, 끝으로 이전 세대와 동세대의 인간의 주관성은 인류 일반의 주관성을 통해 굴절, 완화, 확장되어 있다"(V, 9). 말하자면 언어는 비록 개개인에게 속해 있지만, 그 개인의 언어란 완전히 새로운 방식으로 만들어져 있어서 아무도 이해할 수 없을 그러한 비전적인esoterisch 언어가 아니라 이미 앞서 존재하고 있는 민족의 언어이다. 그 안에서 살고 있는 개인은 각각의 개별적인 방식으로 자신의 언어를 재산출하는데, 이 언어 재산출 행위가 모든 면에서 서로 다를 수 있음을 고려한다면, 한 민족의 구성원들 사이의 언어적 상이성은 언제나 가능한 것이다. 그러므로 개인의 언어와 민족의 언어 사이에 대립이 존재하는 것이 아니라, 민족의 언어는 개인 언어의 가능성의 조건이 되고 거꾸로 개인의 언어는 민족 언어의 가능성의 조건이 된다. 따라서 훔볼트는 다음과 같이 간추리고 있다. "나는 내가 행하는 그대로 언어를 산출하기 때문에, 언어는 나에게 속해 있다. 그리고 언어에 의한 전달이 모든 인간 사이에서 끊임없이 행해졌다고 생각되는 한, 언어가 나에게 속한다고 할 수 있는 근거는 동시에 인류의 모든 세대의 말함과 말한 것에 있기 때문에, 이때 내가 제한을 받고 있다는 것을 느끼는 것도 (나 이외의 인류가 소유하고 있는) 바로 언어 자체에 의해서이다. 그러나 나를 언어 안에서 한정하고 규정하는 것은 나와 내면적으로 관련되어 있는 인간적 본성으로부터 언어 안으로 들어온 것이다. 따라서 언어 안에서 나와 관련 없는 것이라고 생각되는 것은 바로 지금 개별적인 나의 본성에 대해서만 그러한 것이지, 근원적으로 참된 나의 본성에 대해 그러한 것은 아니다"(VII, 63 이하).

기능적 구조주의 학자인 코쎄리우E. Coseriu도 언어를 훔볼트가 말하는 뜻에서의 에네르게이아로 보아야 할 필요성을 강조하고 있다. 코쎄리우는 흔히 오해되고 있는 에네르게이아라는 개념이 아리스토텔레스적인 기초를 지니고 있음을 지적하고, 창조적인 자유로운 활동성으로서의 이 에네르게이아야말로 언어의 본질과 합치된다고 했다. 이에 대한 그의 견해를 살펴본다.

"훔볼트는 〈인간 언어 구조의 상이성과 그것이 인류의 정신적 발달에 끼치는 영향에 관해서〉라는 논문에서 '언어 자체는 작품(에르곤)이라기보다는 활동성(에네르게이아)이다'라고 써놓고 있다. 훔볼트의 이 명제는 근대 언어학에서 자주 인용되기는 하지만 유감스럽게도 정확하게 해석되어 있는 것은 드물다. 훔볼트는 이로써 언어에 관련하여 이른바 '활력Lebendiges'을 강조하려고 했다든지 언어를 우선 담화Rede, 말하는 활동으로 생각했다라고 말하는 것이 보통이다. 더욱이 이 훔볼트의 구별을 소쉬르의 랑그와 빠롤이라는, 실은 전혀 다른 의미를 갖는 구별과 동일시하기도 한다. 그리고 거의 언제나 가장 중요한 것, 즉 훔볼트는 아리스토텔레스적 사상가였고 바로 이 명제에서 그의 사유의 아리스토텔레스적 기초를 넌지시 비추었다는 것이 무시된다. 사실 훔볼트는 활동성과 작품이라고만 쓴 것이 아니라 괄호 안에 에네르게이아와 에르곤이라는 아리스토텔레스의 그리스말 용어를 첨부해놓고 있다. 이로써 훔볼트는 '활동성'을 그저 어떤 하나의 행위가 아니라 일정한 종류의 어떤 특별한 활동, 즉 아리스토텔레스가 말하는 에네르게이아, 가능성dýnamis에 선행하는 것으로서의 활동, 즉 창조적인 활동, 자유라는 말의 철학적인 뜻에서의 자유로운 활동으로 이해하고 있음을 분명히 보여주고 있다. 자유로운 활동이란 (셸링F. W. J. Schelling이 말하는 것처럼) 그 목표가 필연적으로 무한한 활동이다. 따라서 언어를 에네르게이아로 이해한다는 것은 언어를 그 모든 형식에서 전적으로 창조적인 활동으로 여긴다는 것을 뜻한다. 일반적인 뜻에서의 언어도 담화로서의 언어도 모두 에네르게이아이다. 모든 말하는 행위도 어느 정도까지는 창조적인 행위이다(따라서 개개의 말하는 행위를 해명할 때 담화의 맥락과 상황을 끌어들이는 것은 필수적이다. 그런데 그 맥락이나 상황들이 대부분 우리에게 이미 알려져 있고 또 바로 우리가 늘상 접하는 맥락이자 상황들이기 때문에, 우리는 모든 말하는 행위가 자신의 의미를 보완하고 규정할 수 있는 무한한 관련 속에 있다는 사실을 곧잘 지나쳐버리기 십상이다). 그러나 개별 언어도 그때그때 역사적으로 한정된 언어인 이상 역시 에네르게이아이다. 그래서 개별 언어도 동적으로 해석되어야만 하는 것이다. ……개별 언어는 정적인 산물이 아니라 산출활동의 체계이며, 이 체계가 일부분 역사적으로 언어적 산물로서 현실화되어 있는 데 지나지 않는다.

언어와 개별 언어를 이렇게 해석하는 것은 대단히 많은, 그리고 대단히 중요한 결과를 초래하는데, 여기에서는 다음의 몇 가지를 지적해 두겠다.

a) 창조적 활동으로서의 언어는 이 점에서 예술, 과학, 철학과 같이 자유로운 여러 다른 활동과 동일시될 수 있다.
b) 언어의 창조적 성격은 언어기술의 관찰에서도 간과되어선 안 된다. 언어기술이란 새로운 창조를 위한 체계이며, 역사적 언어 안에 이미 주어져 있는 것을 단지 반복하기 위한 것만은 아니다.

c) 본디의 언어적인 것은 각각의 기능에 의해 설명되어야 하며, 소재 면에 의해 설명되어선 안 된다.

d) 언어적 현상의 설명에서는 오직 목적론적인 문제설정을 해야 하며, 인과론적인 문제설정은 적절하지 않다.

e) 개별 언어의 서술이 그 대상을 정말 올바르게 평가하려면 개별 언어를 창조를 위한 체계, 즉 산출활동의 체계로 설명해야 하며 산출된 것으로서 설명해선 안 된다. 예를 들어 도이치말 같은 개별 언어는 도이치말을 말한다는 가능성의 총합이며, 이것의 일부분은 역사적으로 실현되어 있지만 그 일부분은 아직도 실현될 수 있는 것이다. 이러한 가능성은 체계적이며 동시에 동적이다. 이로써 개별 언어는 그 자체에서 완결된 체계로 간주되기보다는 오히려 끊임없는 체계화로 간주되어야만 한다."[26]

언어를 조금만 관찰하는 것만으로도 이내 알게 되는 세 가지 사실, 즉 1. 구체적인 언어가 말하는 것Sprechen이며 담화Rede라는 것(보편적 층위), 2. 말하는 것으로서의 언어가 언제나 다른 사람과 말하는 것(개인적 층위), 3. 말하는 것은 언제나 특정한 개별 언어라는 형식으로 실현된다는 것(역사적 층위)을 코쎄리우는 거론하고 있다.

코쎄리우에 의하면 "언어는 활동성이기 때문에, 그리고 언어를 활동성 그 자체로서만 인식하기 때문에 언어를 추상화하고 또 '작품'으로서 연구할 수도 있는 것이다. 실제로 하나의 활동은 — 아리스토텔레스의 구별을 상기하자면 — 1. 활동 그 자체로서, 2. 능력에서의 활동으로서, 3. 작품 속에 실현된 활동으로서 고찰될 수 있다."[27] "바꾸어 말하자면, 우리 자신이 개별화

26 Coseriu 1971b, 115-117.

27 Coseriu 1974, 38.

한 세 층위를 좇아 언어는 창조의 사실로서(창조적 활동, 또는 적어도 활동으로서), 기술로서(능력, 지식으로서), 또는 산물로서 고찰될 수 있다. 이 두 기준(층위와 관점)의 결합의 결과는 언어의 일반적 구조에 나타나는 아홉 개의 구별이다.

보편적인 층위에서 보면, 활동 면에서 생각되는 언어는 '말하는 것 일반'이며, 이것은 역사적으로 한정되어 있지 않다. 기술 면에서 생각하면 언어는 '말하는 능력' 일반, 즉 '말하는 지식'이다. 그리고 산물로서 생각하면 언어는 '말하여진 것'이며, 말하여진 것(또는 그것이 '완성된 것'으로 생각되는 한에서 말하여질 수 있는 것)의 전체이다. 개별적인 층위에서 보면, 활동으로서의 언어는 담화Diskurs, 즉 특정한 상황에 있는 한 개인의 말하는 행위(또는 관련이 있는 일련의 말하는 행위)이다. 지식으로서 생각하면 그것은 표현적 지식('담화'의 정밀화에 관한 지식)이다. 그리고 산물로서의 언어는 (말하여진 또는 쓰여진) '텍스트'이다. 역사적인 층위에서 보면, 활동으로서의 언어는 말의 역사적인 규정으로서 말하는 것 속에 나타나는 구체적인 언어이다(이를테면 스페인어를 말하는 것, 프랑스어를 말하는 것 등). 그리고 능력으로서의 언어는 한 (언어)공동체의 전통적인 지식('개별 언어'의 지식)으로서의 언어이다. 그런데 산물로서의 언어는 결코 구체적인 형식으로는 나타나지 않는다. 그 까닭은 이 층위에서 '생산', 즉 '창조'되는 것은 모두 하팍스Hápax(단지 한 번만 사용된 표현)의 상태에 머물든지 또는 사용되어서 역사적으로 보존되면 전통적인 지식의 일부가 되기 때문이다. 이러한 뜻에서 언어는 결코 에르곤은 아니다. 왜냐하면 에르곤(산물)은 다만 '추상적인' 언어, 즉 말하는 것에서 파생되어 문법서와 사전 속에서 객관화된 언어이기 때문이다.

위에서 말한 이 모든 관계를 다음의 개관에서 요약할 수 있겠다."[28]

28. Coseriu 1988, 253 이하

관점 / 층위	enérgeia Tätigkeit 활동	dýnamis Wissen 지식	érgon Produkt 산물
보편적 층위 universell	말하는 것 일반 Sprechen im allgemeinen	말하는 지식 elokutionelles Wissen	'말하여진 것'의 전체 Gesamtheit des 'Gesprochenen'
역사적 층위 historisch	구체적인 언어 konkrete Sprache	개별 언어의 지식 einzelsprachliches ← Wissen	(추상적인 언어) (abstrakte Sprache)
개인적 층위 individuell	담화 Diskurs	표현적 지식 expressives Wissen	'텍스트' 'Text'

'에르곤-에네르게이아 문제'에 대한 숙고의 '성과'로서 우리는 요스트에 따라 다음을 확고히 하고자 한다.

1. 상징적 기호와 통어적 수단으로써 의도되고 표현 가능한 '의미Sinn'의 단위로서 '언어'는 이 종합을 수행하는 정신 안에서만 '실재적'이다. '과정으로 파악되는 이 종합은 결국 언어의 에네르게이아이다'(정신의 활동으로서, 그리고 불특정한 의미내용을 구체적인 현실로 옮겨놓는 것으로서). 어떤 가능한 의미의 형성과 그것의 지속성과 구체성을 요구한다면, 그리고 이것이 하나의 '현실성'에 관련된 의도함을 제약하는 것인바, 이는 언어를 사용하는 인간의 전체 삶의 상황과 개성도 함께 포함시켜 넣을 수 있는 (포괄적인) 의미구조 안에서만 일어날 수 있다.
2. 언어를 '에르곤', 다시 말해 '빈' 발판, 더 이상 완전하게 실현되지 않은 언어(에네르게이아)로도 간주할 수 있다. 그렇지만 이때의 언어는 '이해하는', 의미를 파악하고 의미를 접합시키는 '정신'(말하는 이)이 있는 한 언제든지 새로운 의미실현의 '채비가 되어 있다'.

에르곤으로서 언어는 그에 따라 '예비적 형식'(물론 발생론적이 아닌), 아직 실현되지 않은 언어이기도 하다. 그 안에는 약정에 따라 다소간에 특정한 의미의 경향, 의미의 영역, 의미의 규정들과 불가분하게 결합되어 있는 기초적인 감성적 기호 발판이 놓여 있다. 이렇게 이해할 때 언어는 또한 에르곤으로서도 실재적이고 현실적이다. '언어는 에네르게이아일 뿐만 아니라 또한 에르곤이다'.[29]

29 Jost 1960, 153.

IX. 바이스게르버의 동적 언어고찰

다음으로는 바이스게르버의 동적 언어고찰을 재차 살펴본다.

바이스게르버에 따르면, 훔볼트가 언어 일반에 대해 내리고 있는 확언은 '모어'의 사태도 포괄한다. 각각의 언어는 그 자체로 완성되어 있는 형식과 규칙의 구성체가 아니라 끊임없이 작용하면서 전개되는 언어 힘의 현상형식이라는 것이다. 이로써 두 가지 사항이 언급되었다. 첫째, 모어의 존재형식은 '현실성'의 존재형식이라는 것이고, 둘째, 모어에서 본질적인 것은 그것의 겉모습이 아니라 성능, 즉 그것 안에서 드러나는 언어 힘이라는 것이다. 바이스게르버는 이 두 가지 사실에 대해 꼭 필요한 해설을 달아놓고 있다.

바이스게르버가 《모어와 정신형성》[1]에서 주장했던 바는 그 후에 완성된 형태를 갖추고 '확고해진' 그의 체계를 이루고 있는 토대이다.

바이스게르버에 대해, 그가 "훔볼트 언어철학의 고도의 비약을 언어학 연

---

1 Weisgerber 1929 참조. 이 책은 글쓴이가 우리말로 번역해놓고 있다. 허발 옮김([2]2004), 《모국어와 정신형성》. 서울, 문예출판사. '모어'라는 말에 대해서는 옮긴 책의 12쪽을 참조.

구에서 없어선 안 될 필수적인 작업에 끼워넣으려"[2] 시도한다고 말해도 된다면, 이는 경미한 칭찬이 아니다. 물론 바이스게르버는 훔볼트 시대 이래로 발전을 거듭해온 언어학의 방법과 자료 면에서의 성과와 더불어 현대의 심리학, 사회학, 인류학, 철학 등의 인식을 충분히 활용하고 있다. 훔볼트와 달리 그는 자신의 논증을 거의 전적으로, 그리고 의도적으로 도이치말에서 수행하고 있다.[3] "왜냐하면 모어만이 개인과 한 민족에 대해 완전한 언어적 성능을 수행하기 때문이다. 각 개인과 모어의 관계, 하나의 민족과 그 언어의 관계는 우리에게 언어적 현상을 올바르게 평가하는 길을 열어준다. 이 관계에서 다른 모든 것이 추론된다."[4]

바이스게르버는 언어의 '현상형식'을 다음과 같이 네 가지로 구분한다.[5]

1. '말하는 것', 보다 일반적으로는 언어적 수단을 (실제적으로) 사용하는 것. 듣기, 쓰기, (듣거나 읽으면서) 이해하기가 이에 포함된다.
2. '개인의 언어재'.
3. '민족의 언어', 즉 문화재로서, 사회적 인식형식(세계상)으로서 언어공동체의 모어. 보다 본질적으로 파악한다면, 한 언어공동체와 그 언어가 성립하는 것은 동일한 행위이다. 따라서 이러한 언어는 단순한 '소유재' 이상의 것이다.[6]
4. 인간의 삶을 구성하기 위해 인간이 자유로이 처리하는 힘으로서의 '언어능력'.[7]

---

2 Weisgerber 1953[b], 25 및 1962[a](⁴1971), 27.

3 Weisgerber 1958, 7 이하 참조.

4 Weisgerber 1929, 7.

5 이를테면 Weisgerber 1929, 43 및 1964[a], 214. 또한 Jost 1960, 111.

6 Weisgerber 1955[a], 14 참조.

7 위에 든 곳, 15 및 그 밖의 여러 곳.

개인심리학적 입장에서 보자면, 오로지 개인의 말하는 것만이 '실재적'이다. 언어는 개인 안에서만 존재한다는 것이다. 그리고 어느 정도 초개인적인 실재성으로서의 언어라고 하는 '관념'에 대한 견해는 공상으로 간주된다. 이 경우에 우리가 말하는 것이란 단지 표명되는 개별 경우에 불과할 것이다. 그렇지만 무엇보다도 모어와 그것의 기초가 되어 있는 인간의 언어힘에 관심을 갖고 있는 바이스게르버는 모어Muttersprache[8]를 하나의 '현실성 Wirklichkeit', '기능적 실재성'[9]으로 보고 있다. "모어란 그 언어공동체와의 풀기 어려운 ('구성적인') 상호작용에서 보건대 각각의 개별 언어"[10]이다. 그런데 바이스게르버가 언어에 인정해주고 있는 것과 같은 그토록 강력한 작용이 도대체 어떻게 ('언어'가 심리주의적인 입장에서 보자면 그러한 것처럼) 단순한 '문법가의 추상'으로부터 이루어질 수 있단 말인가? 작용의 배후에는 어떤 현실성이 존재하지 않으면 안 된다. 물론 '전통적인' 실증주의적 사고방식으로 그저 '실재적인'(물적인)과 '추상적인'(단지 사유된)이라는 범주를 적용하기만 한다면, 사실상 '언어'는 하나의 실체화인 것이다. 언어는 의심의 여지없이 오로지 개별적, 정신물리학적인 말하는 행위에서만 존재하거나 혹은 이 행위에 선행하는 생리적이며 정신적인 현상에서만 존재한다. '언어'라는 명사로부터 물질적인 것의 표상이 결코 도출되어서는 안 된다. 따라서 바이스게르버는 자신의 견해를 정당화하기 위해 새로운 (존재론적) 범주, 즉 '현실에 작

---

8 바이스게르버의 '모어'라는 용어는 헤르더의 언어사용법을 따른 것이다. Weisgerber 1950/51[a], 3 참조.

9 Weisgerber 1955[b], 248 및 Metzger ^{2}1954, 29 참조. '현실성'이라는 용어는 각각의 특정한 (체계적) 세계관 내에서만 그 고유한 의미를 얻는다. 어떤 사람한테는 정신적 실재성으로 간주되는 것이 다른 사람한테는 망상이고, 플라톤식의 이념은 어떤 사상가한테는 단순한 추상(일반화)으로 여겨지며, '정신'은 아직 파악되지 않고 그 양적 법칙성에서 (아직) 충분히 이해되지 않은, 그 어떤 자극에 기인하여 신경세포에서 일어나는 생리적 과정에 대한 (피해야 할) 명칭일 뿐이다.

10 Weisgerber 1955[a], 14 및 1955[b], 250.

용하는 것, 현실적인 것das Wirkliche'의 범주를 도입한다.[11] "도이치말과 같은 형태에는 물적으로 파악될 수 있는 것이라는 뜻에서의 '실재성'은 분명 인정되지 않으나 그러한 것은 마찬가지로 단순한 문법가의 추상도 확실히 아닌데, 그것을 하나의 작용관련으로 볼 때 그 존재함이 이해될 수 있다. 이 작용관련 속에서는 '형태'로서 파악된 생명을 잃은 소재가 '힘'으로 인식되어 최고의 '효력'을 지닌 것으로 나타난다."[12] 바이스게르버의 '현실성'이란 개념은 신비주의에서 통용되는 원초적인 의미를 다시 받아들인 것이다. 즉 '현실적인wirklich'이란 거기에서 '작용'이 나타나고 있는 것을 말한다. 언어는 개인의 언어재parler로서, 한 언어공동체의 언어재langue로서 실현되어 있는, 그리고 언제나 다시 실현되는 언어능력이다. 그리고 언어는 작용의 보유자이고 따라서 또한 '현실-적wirk-lich'이기도 한 여러 형식의 '체계'(언어수단)로서 존재한다.[13]

1900년경 이러한 언어고찰에 선도적인 길을 제시해준 것이 바로 새로이 부상하고 있던 사회학이었다. 사회학의 사유방법으로써 한 공동체의 언어의 존재형식을 보다 정확하게 규정하는 것이 가능해졌다. 왜냐하면 사회학은 그러한 '사회의 객관적 형태', 즉 법률, 종교, 과학과 같이 비록 '실재하는 형태'는 아니지만 효력을 지닌 힘인, 공동체에 결부된 문화재를 훨씬 더 많이 다루기 때문이다. 바이스게르버는 이러한 것들을 파악하기 위해서는 물적, 실재적인 것의 존재형식 및 단지 사유된 것, 추상적인 것의 존재형식 외에 최소한 문화재와 그것을 지탱하는 공동체 사이의 관계에 기초한 제3의 현존형식이 인정되어야 함을 강조한다. 즉 그는 한 인간집단과의 상호작용 속에서 생존하는 그러한 문화재에, 현실에서 실존하고 있으며 그것이 발휘

11 Weisgerber 1929, 44 참조.

12 Weisgerber 1949[a], 8 이하.

13 Jost 1960, 112 참조.

되는 작용에서 인식될 수 있는 힘이라는 온전한 뜻에서 '현실성'이 있음을 인정해준다.[14]

바이스게르버가 어떤 경우에든 선호하고 있는 의미 있는 표현방식인 언어라는 '현실성'은 다음과 같은 사실에서 드러난다.

"인류가 공간적으로 확장되고 역사적으로 이어지면서 빈틈없이 언어공동체들로 분류된다는 것은 하나의 사실이다. 이렇게 분류된다는 것은 인류를 지배하는 언어공동체의 법칙이라고 말할 수 있을 만큼 효과적으로 보장되어 있다. 또 하나의 사실은 개인과 언어의 관계와 관련된다. 인간이 언어의 영역에서 어떻게 활동하고자 하는가는 인간의 선택에 내맡겨져 있는 것도 아니고 인간이 임의로 처리할 수 있는 것도 아니다. 오히려 인간은 아주 이른 어린 시절에 자신의 의지를 실행에 옮길 수 있기 오래전에 그를 지탱해주고 함께 이끌며 출생에서 사망에 이르기까지 그의 언어적 행위를 규정하는 언어적 기류에 사로잡힌다. 이것이 모든 인간에게 적용되는 모어의 법칙이고, 그것의 효력은 누구든지 의식적 행위를 수행하는 순간마다 느끼기 마련이다. 이 두 법칙은 삶에서 대단히 중요한 '자명한 것들'에 속하고, 사람들은 그러한 것에 거의 주의를 기울이지 않지만, 그래도 언어라는 '현실성'의 강렬한 증거이기 때문에 언어적인 것에 대한 보다 깊은 이해는 이 두 법칙에서 발아하지 않으면 안 된다."[15]

이제 좀 더 정확하게 규정해야 할 이러한 뜻에서 바이스게르버는 언어를 최고급의 '작용하는 힘Energeia'으로 보고, 인류는 이것에 예속되어 있다고

14 Weisgerber 1964[b], 32 참조.

15 Weisgerber 1949[a], 10.

서술해놓고 있다.[16] 바이스게르버는 에네르게이아 개념을 매우 넓게 파악하여 그것을 일반적으로 '작용하는 힘wirkende Kraft'으로 번역한다.[17] 에네르게이아로서의 언어에 관한 훔볼트의 사상은 전적으로 사상적, 언어적 중간세계에 대한 바이스게르버의 통찰과 관련시켜 고찰되어야 한다. 무의식적으로 모든 정신적 삶을 광범위하게 함께 규정하고 모든 정신적 수용과 창조에 앞서 존재하는 이러한 언어에 의한 세계관을 통해 비로소 언어(모어)는 작용하는 힘이 될 수 있다. 언어 힘(언어능력, 본디의 에네르게이아)을 통해 체계 안에서나 개인 안에서 형태(에르곤)로 굳어지는 것은 작용력 없이 머물러 있지 않는다(따라서 다시금 현실-적이다wirk-lich). 왜냐하면 그것은 그때그때마다 생명을 부여받아 정신 속에서 새로이 창조되지 않으면 안 되기 때문이다. 물론 훔볼트가 언어의 본질과 함께 존재하는 이러한 작용을 명시적으로 에네르게이아라 부르지는 않았지만, 이렇게 확대하는 것은 당연하다. 게다가 이러한 확대는 바이스게르버의 전체 언어철학과 생활철학에 근거를 두고 있다.

바이스게르버는 '힘Kraft'이라는 용어의 문제점을 알고 있고, 이미 헤르더와 훔볼트가 바랐던 '힘의 철학'이 없음을 아쉬워한다.[18] 이 철학은 힘이란 무엇이고 (무엇일 수 있고) 어디에서 나오는 것인지에 대해 규정하는 데 있어서 명확히 해야 한다는 것이다. 언어의 영역에서는 하나의 근본적인 정신적 힘이 가정될 수 있을 텐데, 이 힘은 모어의 각각의 형식 속에서 '현실성'을 얻지만(존재하고 작용하는데), 체계적으로 보자면 개인이나 사회 어느 한쪽에만 전적으로 병렬되어 있는 것이 아니라 '정신의 침입구'[19]로서 인간의 실존을 위한 토대가 된다.[20]

---

16 Weisgerber 1950/51[b], 194 참조.

17 Weisgerber 1950/51[a], 1 참조.

18 Weisgerber 1962[a], 21 참조.

19 Weisgerber 1949[a], 47.

20 Jost 1960, 114 참조. '힘'이라는 용어의 비판에 대해서는 Hartmann 1958, 116-123 참

바이스게르버의 후기 서술에서 본디의 에네르게이아로 간주되는 것은 '언어능력' 자체이다. 인상적인 요청으로서 이 언어능력에서 출발해야 한다. 이 언어능력의 핵심은 분별력 있는 행동의 가능성인데,[21] 이를 통해 비로소 현재의 순간으로부터 탈피하여 정신에 의해 규정된 '대상들'의 사유세계에 근거한 인간적인 (인간에 걸맞는) 행동이 가능해진다.[22] 전체의 언어형식, 갈무리된 말langue, 에르곤인 언어는 이 기본힘의 산출결과이며, 언제나 본질에 의거하여 그러한 산출활동으로 간주되어야 한다. 그런데 언어형식은 음성형식과 정신적인 '내용'의 불가분의 통일체로서 나름대로 '현실성'을 띤 에너지 보유자이다. '언어능력의 일반적인 기본힘은 각각의 특정한 모어로서 표명된다.' 바이스게르버에 따르면, 언어의 에네르게이아를 발견하기 위해서는 말함의 행위에 대한 심리학적 분석이 일차적으로 필요한 것이 아니라 전제조건으로서 모든 언어사용 속에 숨어 있는 모어의 힘을 과학적으로 파헤치는 것이 필요하다. 모든 언어적 정립의 전제인 이 예비조건들은, 바이스게르버가 '언어적, 정신적 중간세계', '언어에 의한 세계상(내적 형식)', '언어에 의한 세계의 해명(변형, 동화)', '세계의 언어화'라는 용어로써 나타내고자 하

조. 로어라허H. Rohracher(1948, 61 이하)는 심리학이 힘 내지 '능력'을 가정하는 데 머물러 있어선 안 되고(이미 극복된 능력심리학이 그런 것처럼), 이것을 '기본기능들'로 설명할 수도 있음을 요구하고 있다. 최소한 (뇌)생리학적 토대가 정확하게 연구되어야 한다는 것이다.

21 Weisgerber 1950/51b, 195 참조. 헤르더가 이미 이와 비슷하게 말한 적이 있다. Jost 위에 든 곳 참조.

22 Weisgerber 1955b, 250 참조. 언어능력 = 인간다운 삶을 형성하는 인간의 힘 또는 세계를 언어적으로 동화하는 인간의 능력. 언어능력 = 세계에 언어적으로 접근하는 길. 이미 이전에 (1931년) 바이스게르버는 개개 인간과 그의 개성형성을 위해 그의 언어능력의 존재와 전개로부터 무엇이 생겨나는지의 문제를 분명히 제기했다. 여기서 언어능력은 인간의 존재함의 기본사실로 인식된다. "인간의 정신이 인간의 환경을 사고상으로 처리하는 데 도달하도록 해주는 힘은 인간이 음성기호의 도움으로 개념과 사고형식의 세계를 구축하는 토대로서, 이제 인간은 이 세계 내부에서 이해하고 판단하고 행동할 때 감각과 정신의 세계를 향하여 활동하게 되는 것이다" (Weisgerber 1931, 711). 여기서 언어의 '감정적' 측면을 고려하고 있지 않음을 주목하라(캇시러의 경우와 비슷하게).

는 사실들을 통해 명시되어 있다.

오로지 개인적인(사적인) (언어)기호체계나 언어 간 (언어)기호체계와 같이 가능한 특수 경우들을 제외한다면, 에네르게이아로서의 언어는 언제나 어느 특정한 시점에서 하나의 특정한 언어공동체의 특정한 모어로서만 나타난다. 언어(하이데거의 뜻에서 '실존'으로서)에 본질적으로 내재하는 작용은 각각의 모어 안에서, 그리고 모어를 통해 분명해진다. "언어를 에네르게이아로 간주한다는 것은 다름 아니라 각각의 개별 언어를 한 민족의 모어로 간주함을 뜻한다."[23] 바이스게르버는 오늘날 다시금 '실재성'의 존재형식과 '현실성'의 존재형식을 이러한 뜻에서 정확하게 구분하고, 언어는 에르곤이라기보다는 에네르게이아라는 훔볼트 정의의 심오한 의의를 바로 모어사상의 관점에서 다시금 제대로 평가하게 되었다. 바이스게르버는 때마침 사회학적 영역[24]에서 나타나는 언어의 기본현상에 대해 '모어'라는 용어를 도입함으로써 '도이치말'에 대한 연구와 '도이치 사람의 모어'에 대한 연구 사이에는 현격한 관점의 차이가 존재한다는 것을 일깨우고 있다. 전자는 에르곤, 즉 따로 떼내어진 죽은 형태에 대한 연구이고, 후자는 에네르게이아, 즉

23 Weisgerber 1952[a], Sp. 9.

24 딜타이W. Dilthey, 프라이어H. Freyer 등을 들 수 있다. 특히 '객관적 정신의 이론'은 프라이어한테서 가져온 것이다(Freyer [2]1928 ([3]1934) 참조). 객체화된 정신이라는 범주라고 아직 명명하지 않았던 훔볼트는 이 문제 자체에 대해서만큼은 분명하게 알고 있었다. 그에게 사유는 정신적 활동의 객체화이다. VII, 55 참조. 딜타이식의 사회학은 사유되고 추상적인 것만은 아니지만 그래도 통상적인 뜻에서 물적, 실재적이지도 않은 이 현실성을 '객관적 (객체화된) 정신의' 형식이라 부르며 이를 고유한 법칙성의 현상으로 이해하려고 한다. 사회학자 프라이어는 물론 사회적인 질서와 형태를, 이를테면 법학이 법률체계에 대해 다루듯이 객관적인 존재관련과 효용관련으로 파악하는 것에 대해 경고하고 있다. 사회학은 끊임없이 관여하고 있는 인간의 사고, 감정, 행동에 언어를 편입시켜야 한다는 것이다. 왜냐하면 이러한 활발한 상태에서만, 말하자면 인간의 노력 사이에서의 지속적인 긴장상태로서 앞에서 말한 사회적 형태가 존재하기 때문이라는 것이다.

광범위한 효력을 지닌 힘의 전개에 대한 연구이다.[25]

도이치말, 영어 같은 모어의 '현실성'을 '작용하는 힘'이라고 말하는 것은 더러 오해의 여지가 있으므로 이 용어의 사용을 위해 바이스게르버는 다음을 분명하게 강조하고 있다. 문제가 되는 기본현상이란, 하나의 인간 집단은 한 사람 한 사람의 구성원이 인간으로서 지니고 있는 언어 힘이 특정한 공동체 형식에서 전개되는 식으로 언어에 의해서 행동한다는 사실이다. 이러한 지속적이고 공통된 언어 힘의 전개가 모어를 구성하는 것이다. 이러한 뜻에서 모어를 고도로 현실적이며 효력을 지닌 사실[26]로 특징짓는 것은 정당하다. 모어는 그 활동적 수행 면에서 보면 작용하는 힘이다. 언어 공동체가 그 고유의 언어 힘이 전개되는 전체 과정에서 활성화하는 모든 것은 활력적인 기본성격을 간직하고 있는 것이다. 작용하는 힘으로서의 언어, 모어의 힘이라고 말하는 이유가 여기에 있다. 그것은 바로 언어 힘의 공동 전개로부터 솟아나오는 정신적 성능과 작용의 가능성들의 현상형식인 것이다.

그렇다면 이 에네르게이아, 즉 한 언어의 작용하는 힘이 함축하는 바는 무엇인가? 모어의 주된 효력은 당연히 각각의 언어가 계속해서 해당 언어 공동체와 이루는 상호작용 속에서 수행된다. 이것을 온전히 이해하기 위해 바이스게르버는 우선 모어의 힘이 특별히 더 전개되고 동시에 우리에게 모어의 질료적 구조를 이해시켜주는 몇 가지 작용방향을 추적하고 있다. 이는 세 개의 주요사상으로서, 이에 대해 바이스게르버는 다시금 훔볼트의 말을 고전적 표명으로서 인용해놓고 있다. 훔볼트의 모든 언어연구에서 그를 이끌었던 주된 관심사는 모든 언어가 '그것에 내재하고 있는 힘'으로 삶의 현실세계를 '정신의 재산으로 개조'하는 길(IV, 420)이라는 인식에서 생겨난다.

---

25 Weisgerber 1964^{b}, 32 참조.

26 Weisgerber 1929, 46, 70.

또 다른 자리에서 그는 '언어를 통해 달성될 수 있는 인간의 목적들'(IV, 9)도 언어연구의 네 가지 주요 과제에 포함시키고 있다. 끝으로 그는 "언어는…… 인류의 역사를 완전히 지배하는 힘으로 간주되어야만 한다"(IV, 429)고 강조한다. 오랫동안 사람들은 이러한 통찰을 가지고 뭘 어떻게 해야 할지 전혀 감을 잡지 못했다. 전면에 내세워져 있는 음성적-형식적 고찰방식으로부터는 도무지 그러한 문제에 접근할 통로가 열리지 않았다. 그래서 바이스게르버는, 생동하는 언어연구가 그 대상의 작용력에 알맞게 착수점으로 삼아야 할 세 자리를 훔볼트가 천재적 방식으로 부각시켰다는 사실을 지적했다.

바이스게르버는 이 과제들을 이해하기 쉽게 다음과 같이 풀어쓰고 있다.

에네르게이아로서의 모어는 그 존재가 형성되는 세 가지 작용의 형식을 포괄한다.

각각의 모어는 '존재'와 인간 정신이라는 토대로부터 사유세계를 구성하고 그 사유세계의 정신적인 효력에 의해서 인간의 행위가 수행되는 한, '정신의 창조적인 힘(eine geistschaffende Kraft)'이다.

각각의 모어는 인간의 모든 문화창조에서 필수적인 조건이고, 또한 그 문화창조의 성과를 함께 각인하는 한, '문화를 산출하는 힘(eine kulturtragende Kraft)'이다.

각각의 모어는 언어공동체 법칙을 수행하는 가운데 하나의 인간집단을 역사적으로 결집시키고 움직이게 하는 한, '역사를 제어하는 힘(eine geschichtsmächtige Kraft)'이다.

요컨대 한 언어의 연구란, 우리가 모어로 파악하는 정신적 과정을 총체적으로 구성하는 이 세 가지 형식의 에네르게이아를 밝혀냄을 의미한다. 모어란 언어공동체의 집결된 언어 힘이 응집력, 지속성 및 방향성을 얻게 되는

작용의 중심이다.[27]

이 모든 작용은 가능하다. 왜냐하면 언어는 "단순히 상호이해를 위한 교환수단일 뿐만 아니라 정신이 그 힘의 내적인 활동을 통해 자신과 대상 사이에 정립하지 않으면 안 될 참된 하나의 세계"(VII, 176)이기도 하기 때문이다. 정신의 보유자로서의 인간(리트Th. Litt)은 처음에 자신에게 낯선 (기껏해야 그에게 '부합하는') 세계 속에 들어가게 되면, 자신의 정신의 힘(인간의 언어능력의 에네르게이아가 여기에 포함되어 있다)을 통해 어떻게든 자신에게 파악 가능한 존재를 의식된 존재로 변화시켜야 할 과제에 언제나 새로이 당면하게 된다. 바로 이것이 이미 훔볼트가 분명하게 '세계를 사상으로 개변하는 행위'(VII, 41)로 규정했던 바, 이는 각각의 모어 안에서 특징적인 방식으로 언제나 전진하는 생동적인 언어창조 속에서 일어난다. 이와 같이 인간이 존재를 동화시키는 총체에서 모든 '언어적' 에네르게이아의 종합으로서 '본디의' 존재에 가능한 한 '일치하는' 포괄적인 세계의 상이 생겨난다.

하나의 공통된 언어를 통해 결합된 인간집단의 이러한 노력을 바이스게르버는 1954년에 처음으로 신비주의의 전통에서 유래하는, 우리가 보기에도 적절하게 선택된 das Worten der Welt(세계의 언어화)라는 용어로써 특징짓고 있다. 이전에 그는 아마도 아직은 그다지 확고하게 파악되어 있지 않았을 동일한 사태에 대해 '언어에 의한 세계의 해명' 또는 '세계의 개변, 동화'라는 표현을 사용했었다.[28] '세계의 언어화'로써 존재(객체)로부터 제약된 바, 언어를 통하여 세계를 해명한다는 것뿐만 아니라 인간(주체)으로부터 이루

27 Weisgerber 1964^{b}, 33 참조.

28 Weisgerber 1955^{a}, 15 이하 및 1955^{b}, 251 이하 참조.

어지는 바, 존재를 의식된 존재로 개조한다는 것도 이해된다.[29] '세계의 언어화'란 의심의 여지없이 개인의 과제(자신의 체험에 대하여)이고 언어공동체의 과제(삶의 세계의 언어화)이며 인류의 과제(세계의 언어화 전체)이다. 그리고 인간에 걸맞는 이 과제는 도처에서 언제나 매우 다양한 차원에서 감행된다. 훔볼트는 이 점이야말로 언어상이성의 본디의 의의임을 이미 간파했다. 바이스게르버는 이 사상을 광범위한 고찰을 통해 '확실히 하고', 또한 그로부터 예를 들어 언어정책과 언어교육에서 생겨나는 귀결들을 지적했다.

언어공동체를 통한 세계의 언어화 과정으로서의 모어

이 자리에서는, 언제나 이미 관여되어 있기는 했지만 그 핵심의미가 명확하게 강조되어야만 하는 한 가지 관점을 적절히 부각시키기 위해 우리의 사유과정에서 뭔가를 엄수하는 것이 좋겠다. 이전의 숙고에서는 모어의 본질에 대한 물음에서 출발하여 언어에 의한 세계형성, 세계의 언어화의 문제들이 점점 더 전면에 대두되었는데, 이는 지극히 옳은 일이었다. 바로 여기에서 인간의 언어 힘의 본질을 직접적으로 통찰할 수 있게 해주는 언어의 과정들을 처음으로 파악할 수 있었기 때문이다. 요컨대 그러한 언어의 과정들은 그 체계상의 의미 못지않게 그 구체적인 진행모습에 대해서도 연구가 가능해진 것이다. 그러다 보니 이 모든 숙고의 상부에 명백히 함축적으로 존재하고 있던 사실이 뒷전으로 물러날 수 있었다. 이를테면, 공동체 현상이라는 것, 그리고 이 현상이 언어사회학의 장에서 나타나는 것이 완전히 옳다는 것이다. 이로부터 매우 중요한 연구성과들이 계속해서 정확하게 규정

---

29 위에 든 곳, 252 참조.

될 수 있다.

낱말, 낱말계층, 품사의 범주, 월구성안, 이 모두는 그 본질상 언어에 의한 포착임이 입증되었다. 그리고 이들 안에 내포된 세계형성을 구체적으로 설명하기 위해, 우리는 도이치말의 Onkel이건 라틴말의 patruus건, 아니면 어느 언어에서 뽑은 예든지간에 언제나 모어의 언어재를 이용해야만 했었다. 그 어느 모어를 벗어나서는 이 포착들 중 그 어느 것도 파악되거나 제시될 수 없을 것이다. 이제 우리는 이것을 거의 자명한 것으로 받아들인다. 하지만 그것에 관해 심사숙고해볼 만하다. 언어에 의한 세계형성의 가능성은 인간의 언어 힘 그 자체 안에 자리잡고 있다. 언어 힘의 가능성이 실현된 증거를 우리는 언어라는 공동체 형식으로부터 취해야 한다. 그것은 무엇을 의미하는가?

우선 언어재의 전승을 위해 언어공동체가 필요하다는 사실이 설명으로 충분한 것처럼 보인다. 왜냐하면 순전히 개인적인 언어재는 그것이 개인과 더불어 다시 소멸해가는 경우는 제외하고 파악할 수도 평가할 수도 없기 때문이다. 언어라는 역사적 존립형식으로서의 모어 — 그것은 다르게는 가능하지 않다. 그러나 이 명제는 좀 더 계속되어야만 한다. 언어 힘이 역사적으로 전개되는 체계적인 장소로서의 언어공동체 — 그것이 바로 모어의 이면에 있는 불가사의하면서도 작용력이 큰 본디의 현상이다.

그런데 언어공동체의 역할을 어째서 그렇게 힘주어 역설하는가? 언어적 과정이 진행되는 것은 바로 개개인에서가 아닌가? 물론 그것은 나중에 다른 사람들에 의해 수용되어 공동재가 되고 전승되어야만 하지만, 그것은 오히려 이차적 과정인 것으로 보인다. 여기에서 단호히 강조되어야 할 바는, 모어가 그 어떤 다른 '문화재'처럼 개인적 기여들의 총화로 환원될 수는 없으며, 더욱이 모어는 바로 개인과 공동체의 실제 관계를 엿볼 수 있는 모범적인 경우라는 것이다.

언어공동체의 법칙의 의미, 그리고 인류가 필연적으로 언어공동체들로 나뉘어져 있는 의미에 관해 자문했을 때, 언어공동체와 모어의 본질적인 상호의존성이 판명되었다. 여기에서 벌써 '언어공동체'라는 문제권을 그 자체로서 체계적으로 다룰 것이 아니라, 지금까지 얻어진 성과들로부터 그 둘에 대해 본질적인 것으로서 생겨났던 점들을 분석·평가해보자.

1. 모어란 결코 개개인의 작품이거나 개별자들의 총화의 산물이 아니라, 공동의 언어 힘으로부터 모어를 계발하고 이 과정에서 언어공동체로 구성되는 한 인간집단의 상관개념이다.

2. 이 결집된 언어 힘의 전개는 무엇보다도 언어에 의한 세계형성의 작업에 관련된다. 모어란 그 온전한 의미에서 언어공동체를 통한 세계의 언어화의 과정이다.

3. 여기에는, 하나의 모어로 함께 작업하는 사람들은 결코 한 사람 한 사람의 개인으로서가 아니라 언제나 모어에 의해서 형성된 인물로서 행동한다는 것이 내포되어 있다.

4. 특히 세계의 언어화에 관련하여, 실로 한 언어공동체의 모든 구성원이 그들의 인간적인 언어 힘을 가져오긴 하지만, 그 누구도 홀로 따로 떨어져서는 현재 존재하는 모어와 견줄 만한 어떤 언어적인 것을 창조해낼 수는 없을 것이다. 개개인은 한 언어공동체 안으로 편입됨으로써 비로소 세계의 언어화라는 완전히 효력 있는 과정에 참여하게 되는 것이다.

5. 우리가 마주친 언어에 의한 세계형성 과정의 특성을 이해하고자 한다면, 인간의 언어 힘, 개인적 특징 및 언어의 역사적 전개 사이에 존재하는 이러한 류의 관계를 고려해야만 한다. 여기에 속하는 것은 무엇보다도 언어에 의한 포착을 유발하는 반성되지 않은 동인, 유포되어가는 신조어에 대한 충분한 방향잡음의 획득, 그러한 과정을 위한 공간적·시간적·체계적 완결성

의 확보, 그리고 누구의 지시를 받는 것도 아니고 통찰도 전혀 불가능하지만 그러면서도 언어에 의한 세계형성의 연속성을 보장해주는 전승의 가능성이다. 말하자면, 세계의 모어에 의한 언어화의 과정은 끊임없이 일치되어 펼쳐지는 언어공동체의 전 구성원의 언어 힘의 총체로서 수행되는 것이다. 우리가 항상 주목할 만한 것으로 기록해 두었던 모든 것이 여기에서부터 이해될 수 있다 — 언어적 신조어의 익명성(바로 지극히 중요한 언어적 혁신의 원작자는 시종일관 알려져 있지 않다), 개개의 동인의 유연성(개개인이 자신의 동인을 거의 통찰하지 못하는 만큼, 이 동인이 결국 어디에서 그 작용장소를 찾게 되는지도 거의 예측이 불가능하다), 전통의 무의식성(이로 인해 학교 교육의 보급한 시대에서조차 포착의 중개는 대부분 '우연', 즉 교체되는 언어 담당자들의 계획되지 않은 공동작용에 떠넘겨지지 않을 수 없다), '본능적으로' 확실하게 확장해가는 것(확장은 전혀 별개의 동인들을 무반성적으로 수용하고 거부하면서 전개의 노선을 명명백백하게 드러내준다), 그리고 특히 세계상의 지속적인 현재성(세계상의 구성과 범위에 대해서는 아무도 모르지만, 세계상은 정신적인 기반으로서 전 언어공동체의 활동에 의미 있는 것의 결집을 보장해준다). 한 인간집단이 그 언어 힘의 전개에서 결속하는 일만이 이러한 세계의 언어화라는 공동체적 과정을 수천 년에 결쳐 담당하고 또 그것을 풍요롭게 할 수 있다. 이 언어공동체의 전체 발화활동 이면에서 그것의 전체 언어활동, 즉 세계의 모어에 의한 언어화의 과정이 수행된다. 언어 힘의 전개가 역사적으로 그러한 업적에서 절정을 이룬다는 사실에서 우리는 언어공동체의 법칙의 위력을 이해할 수 있다. 즉 모든 인간은 그들의 자리에서 하나의 정신적 기본과정 속으로 나뉘어 편입되어 있는바, 이 과정은 비록 단편적으로, 그리고 부분현상들로만 실현되지만, 또한 전 인류의 정신적 전개의 유일한 길이기도 하다.[30]

30 Weisgerber 1964[b], 83-86.

정신의 창조적인 힘으로서의 모어

(세계를 형성하는 언어 힘의 전개)

바이스게르버의 에네르게이아로서의 언어관과 그로부터 발전된 이론은 사유적, 언어적 중간세계의 존재에 대해 결정함으로써 정해졌다. 이론의 여지없는 논증은, 바이스게르버가 생각하기에 (우선은) 내용중심의 언어연구와 협력하고 있는 (사유)심리학, 인식론, 사회학의 과제가 될 것이다. 오랜 준비 끝에 간행된 '언어의 세계상'에 대한 상세한 저술에서는 세계상 논제에 대한 무르익은 논증이 이루어져 있으며 상당한 자료를 제시하고 있다. 이 자리에서는 우선 이 문제에 관한 바이스게르버의 견해를 짤막하게 요약해본다.

우리가 육체적으로 움직이고 있는 세계는 우리가 정신적으로 살고 있는 세계와 구분되어야 한다. 존속하는 존재('존재하는 것')의 세계는 정신적인 개변을 통해서만 우리 인간의 의식에 접근하게 되고, 이때 "하나의 중간층을 가로질러가야만 하는데, 이 중간층 안에서 존재의 세계 자체는 '인간에게 의식된 존재'로서 새로운 존재의 형식을 얻는다."[31] 정신적으로 의식된 것으로의 이러한 변형(전환)의 토대는 인간에게 고유한 성찰의 힘이다. 자연적 조건과 다양한 인간의 정신활동이 서로 만난 성과로서, 역사의 진행과정에서 개인(공동체의 구성원으로서)을 통해 형성되어 있고 이해될 수 있는 토대가 되는, '정신적 대상'의 세계로서의 '정신적 중간세계'가 생겨난다. 바이스게르버는 보기로서 오리온 별자리를 들고 있다. "우주공간 그 자체에서 오리온 별자리는 '존재하지' 않는다. 그 별자리 안에 보이는 개개의 별들은 확실히 존재한다. 하지만 그것들이 오리온 별자리에 포괄되는 일은 더 이상 별세계의

31 Weisgerber 1962[a], 38.

질서에 속하지 않는다."[32] "별자리의 본디의 존재의 장소는 '외부세계'와 의식 사이의 정신적인 '중간층'이며 그곳에서 명백히 별세계가 지상으로부터의 시야의 제약하에 인간의 주의가 미치는 방향에 따라 사고상으로 가공된다. 이러한 가공에서 별자리들이 '정신적 대상'으로서 생겨나는데, 이것들은 인간집단에 의해 인정되며 별세계에 대한 태도의 사유적인 토대로서 필요시되면서 그러한 '중간세계' 안에 존재한다."[33] "오리온 별자리라든가 일반적으로 별자리 같은 구성체는 본디 인간의 사고 속에, 더욱 그것도 '정신적 대상'이란 존재형식으로 특정한 인간집단에 결부된 정신적 중간세계 속에 각인된 채 존재할 수 있다"[34]고 주장한다면 이제 제대로 이해될 것이다. "개개의 별은 별들의 공간 안에서 그 존재를 갖게 된다. 더 이상 별세계의 구조법칙에 의하지 않고 인간의 성찰의 조건들과 가능성들을 통해 규정되는 많은 변형들이 부가됨으로써 그 개개의 별들이 오리온 별자리가 될 수 있는 것이다."[35] "정신적 대상은 정신이 현상방식과 작용방식으로서 병렬되어 있는 초개인적인 관련 속에서 생존하게 된다."[36] "이 점에 대해 사람들이 이해하지 못하는 한, 언어에 관한 대화를 시작한다는 것은 무의미하다."[37]

이 '정신적 대상'(사유상, 넓은 뜻에서 '개념')은 특징적으로 '정신화'되어 있는 내부 및 외부세계의 소여사실들을 가리키는데, 이는 (적어도 부분적으로는) 언어의 어휘적, 통어적 수단 속에 '간직되어 있고' 사용 가능하다. '더욱이' 이 정신적 대상들은 의식된 존재(의식) 속에서야 비로소 정립될 수 있고 그와

32 위에 든 곳, 43.
33 위에 든 곳, 45.
34 위에 든 곳, 48.
35 위에 든 곳, 49.
36 위에 든 곳, 51.
37 위에 든 곳, 52.

동시에 언어적 (음성)기호에 구성적으로 결부된다. 왜냐하면 캇시러E. Cassirer가 보여주었던 바와 같이, '모든 정신적 행위는 감성적 기호의 협력에 결부되어 있고'(기호의 법칙), 그러한 '상징'의 도움으로써만 기억 가능하고 인지 가능한 '대상들'이 의식을 위해 확보될 수 있기 때문이다. (언어)기호의 도움으로 우리는 예를 들어 시간적으로 떨어져 있는 여러 개의 인상 또는 의식내용을 서로 매우 밀접하게 함께 속해 있는 것으로 설정함으로써 그러한 것들이 우리에게 '동일한 것'으로 생각되고 (예를 들어 '장미'로) 언제나 다시금 바로 그것으로 인식되며 '동일한' 정신적 대상으로 (범주적으로) 명명될 수 있는 것이다.

'존재'를 향한 언어적, 사유적 포착은 정렬, 배열, 평가가 행해질 때 훨씬 더 분명해진다.[38] 이를테면 정신적 중간세계는 두 가지 뜻에서 언어의 본디의 장소이다. 즉 "1. 언어라는 것이 우리와 만나는 어느 곳에서든 '중간세계'도 함께 작용하고 있다. 2. 이러한 중간세계는 실제로 언어적 성격을 띤다. 말하자면 그 존재와 본질로 보건대 '언어'이다."[39] 바이스게르버는 이와 같이 언어적으로 형성된 세계를 '언어적 중간세계die sprachliche Zwischenwelt'로 명명하고 있는데, 외계의 단순한 모사가 아닌 언어적 세계라는 것은 바로 중간세계로 불리어져야 마땅하다. 더욱이 이 경우에 특히 강조하지 않으면 안 될 것은, 이러한 언어에 의한 중간세계가 언제나 모어적인 성격의 것이라는 점이다. "왜냐하면 이 세계에서 우리가 언어와 만나는 것은 일반적 형식에 있어서가 아니라 언제나 다만 모어로서, 즉 도이치말 공동체, 프랑스말 공동체와 같은 특정한 언어공동체에 결합되어 있는 도이치말, 프랑스말이라는, 특정하게 각인된 언어로서만이기 때문이다."[40] 따라서 결국 언어가

38 바이스게르버의 친척의 밭, 색채의 밭 등의 '표준적인 보기들'을 참조.

39 Weisgerber 1962[a], 54.

40 위에 든 곳, 63.

해명하고 형성하는 세계는 '모어적 중간세계die muttersprachliche Zwischenwelt'로 불리어져야만 할 것이다.

바이스게르버는 모어적 중간세계의 구조를 더욱 명확하게 하기 위하여 특히 친척명칭을 들추어내 논하고 있다. 친척관계의 자연적 체계가 각 언어에서 매우 상이하다는 것은 잘 알려져 있는 사실인데, 그는 보기로서 도이치말의 친척명칭과 라틴어의 그것이 어떻게 다른가를 친척의 자연적 체계와 결부시켜 예로 들고 있다.[41] 여기서 판별되는 것은, 도이치말의 Onkel, Tante, Vetter, Kusine, Schwager, Schwägerin 등의 낱말이 지시하는 구조가 라틴어에 의해서는 전혀 표시될 수 없는 고유한 구조라는 것이다. 이를테면 Onkel(숙부)은 라틴어에서 patruus(아버지쪽)와 avunculus(어머니쪽)로 나뉘어져 있으며, Tante(숙모)는 amita(아버지쪽)와 matertera(어머니쪽)로 분화되어 있다. Schwager(남편 또는 아내의 형제 및 자매의 남편)는 frater uxoris(아내의 형제)와 maritus sororis(자매의 남편)로 되고, 더욱 levir(남편의 형제) 및 glos(남편의 자매)라는 낱말은 아내 쪽의 형제와 자매에 대해서는 전혀 쓰이지 않는다. 이것 이외에도 지구상에는 친척명칭의 다양한 형이 표시되고 있는데, 결국 이러한 고찰에서 다음과 같은 귀결이 나온다. "친척관계의 동일한 자연적 체계가 인간의 의식 속에서는 수많은 여러 가지 다른 형식을 취하고 있다. 이러한 명백한 상이성의 배후에는 확실히 가족 구성을 규정하는 조건을 가진 삶의 전체가 있다. 그러나 중요한 것은 바로 이것이다. 즉 자연의 친척체계에서 고유한 방식을 지닌 각각의 정신적 형태가 도처에서 만들어져 있다는 것, 그리고 이 현상의 수행자로서 — 수행, 결과, 그리고 계승에서 — 각각의 모어가 뚜렷하게 나타나 있어서 이 친척명칭어에는 이 중간세계가 그때마다 형태, 시속성, 효력을 지니고 있다고 말하지 않을 수 없다."[42]

41 위에 든 곳, 65-70 참조.

42 Weisgerber 1964^b, 50.

그런데 앞에서 서술한 바와 같은 모어적 중간세계의 탐구는 결국 바이스게르버로 하여금 훔볼트의 재평가에 이르게 했다. 즉 훔볼트는 "그 나름의 상황에 있는 각 언어는 세계관의 전체를 형성하고 있다"[43]라고 말하고 있는데, 여러 언어의 상이성은 세계상 그 자체의 상이성이며, 이 서로 다른 세계상이야말로 바이스게르버가 말하는 '모어적 세계'에 다름 아니며, "언어의 상이에 기인한 상이한 세계관, 이것이야말로 바이스게르버의 표현에서 모어적인, 즉 특정한 언어 및 그 언어공동체에 고유한 중간세계이다."[44]

이러한 맥락에서 본다면 어휘론의 통상적인 2층 사유모델은 포기해야 한다. 이 모델에 따르면, 한편으로는 '사물'의 언어 외적 영역이 있고, 이와 더불어 그리고 이와 관련하여 언어수단의 영역이 있다(말, 결합방식, 표현수단). 바이스게르버는 3층의 모델을 전제한다. 즉 음성형식과 '사물' 사이의 직접적인 결합은 불가능하고,[45] 언어적 음성형식은 '사물'을 언제나 정신적인 중간층을 통해서만 만날 수 있다. 이 정신적 중간층 자체는 언어의 본질적인 부분이고 바로 모어적 성격을 지니고 있어서 각각의 개별 언어에서 독특하게 형성된다.[46]

"언어 전체는 삶 전체를 포괄한다."[47] 자연계, 사물계, 정신세계 내의 모든 삶의 영역은 언어공동체들이 공동으로 노력하는 가운데 실제적인 삶의 극복과 삶의 방향설정, 인식을 추구하는 연구나 예술적 노력 등 오랜 세월에 걸친 활동을 통해 해명되지만(통시적 발전), 주어진 시점(공시적 양상)에서는 "그

43 Weisgerber 1962[a], 12, 71.

44 위에 든 곳, 71.

45 여기까지는 소쉬르도 말하고 있다. Saussure [5]1949, 98.

46 Weisgerber 1962[a], 74 및 1954[a], 38 참조.

47 Weisgerber 1950[a], 20.

핵심내용으로 보아 세계상이라 부를 수 있는 하나의 전체"[48]를 형성한다. '범주적으로 형성된 이 세계'는 언어의 의미조직 속에 간수되어 있는 바, (바이스게르버와 훔볼트의 뜻에서) '형성법칙으로서의 내적 언어형식'에 소급된다.

이렇듯 '동일한 모어에 속해 있는 사람들에게는' 의심의 여지없이 각각의 '집단 및 문화에 결부된 세계상'이 존립한다. 이 세계상은 물론 언어 자체와 마찬가지로 끊임없이 개신되고 변화한다. 훔볼트의 경우에 그러했던 것처럼, 바이스게르버의 경우에도 이 상이한 모어적 세계상들('집단적, 주관적'이라 부를 수 있는)의 의의는, 이 세계상들이 깊이를 서로 달리하며 다양한 방식으로 이루어지는 범주적인 '세계의 언어화'를 통해 하나의 포괄적인 '보편적, 객관적인' 세계관을 가능하게 한다는 데 있다. 그러한 세계관은 어느 개별 인간이나 개별 언어공동체에 처음부터 주어져 있는 것이 아니고, 기껏해야 근사치로만 도달될 수 있으며 인류의 과제로서 언제나 존속한다.[49]

훔볼트가 말하고 있는 것처럼, "인간은 주로 대상과 더불어 살고 있다. 왜냐하면 실로 인간의 감정과 행위는 그의 표상에 의해 좌우되기 때문이다. 심지어는 오로지 언어가 인간에게 그러한 표상을 인도해주는 대로만 된다. ……따라서 외국어의 습득은 지금까지의 세계관에서 하나의 새로운 입장을 획득하는 일이고, 어느 언어에든지 개념의 전체 조직과 인류의 일부의 표상 방식이 포함되어 있기 때문에 어느 정도까지는 실제로 그러하다"(VII, 60). 개인이든 언어공동체이든 전체로서의 인류이든 언제나 객관적인 것은 본디 쟁취해야 할 목표이고, 이 목표를 향해 모든 사람은 그들 언어의 주관적인

48 위에 든 곳 및 Jost 1960, 119를 참조.

49 요스트의 견해에 입각해 보자면, 세계상의 보편성, '하나로 향해 있음'은 여러 언어를 통해 야기되는 것이라기보다는 ('민족적', 모어적 단계는 근본적으로 이미 지난 이야기이다) 내용을 결정짓고 창조하는 학술적, 예술적, 종교적, 정치적 노력을 통해 야기되는 면이 훨씬 더 중요하다.

궤도 위에서 접근해간다.

언어의 세계상 성격으로부터 바이스게르버는 이미 언급했던 바와 같이 언어의 나머지 '에너지Energie'를 추론했다.

— 문화를 산출하는 힘으로서의 모어
— 역사를 제어하는 힘으로서의 모어

아래에서는 문화와 역사에서 언어의 작용에 대한 바이스게르버의 중요한 견해를 확정짓고자 한다.

문화를 산출하는 힘으로서의 모어

언어의 일차적 기능, 즉 정신적인 세계를 형성하는 언어의 힘에 관하여 꽤나 상세하게 논했는데 그 이유는 언어연구에 기울여지는 그리고 대부분 문법적인 성격일지라도 한 모어의 전체적인 구성과 존재에 대한 적절한 지식을 추구하는 온갖 노력들의 거의 모두가 언어의 그 일차적 기능의 관련 속에서 제자리를 발견하기 때문이다. 이때 바이스게르버는 언어학 연구의 전통적인 틀을 확장시켜야 한다는 것을 이미 두 차례 힘주어 강조하지 않을 수 없었다. 처음에는 내용중심 연구로써 형태중심의 문법적 연구를 보완했을 때, 심지어 내용중심 연구를 언어의 본질에 훨씬 더 가까이 접근해 가는 것으로서 더 선호했을 때였다. 그 다음으로는, 그가 문법으로부터 언어학으로의 발걸음을 내딛고 에르곤으로서의 언어관에 반하여 우선 각각의 모어의 세계상을 현실 세계를 정신의 재산으로 개조하는 모어의 힘의 성과로서 이해하고자 했다는 의미에서 에네르게이아로서의 언어관을 전개했을 때였다.

이로써 이전의 언어연구에 어느 의미에서 두 가지의 또 다른 연구차원을 추가했고 동시에 이전의 분리된 것을 그것의 전체성 속에서 살펴보았다. 즉 언어의 음성적·형식적 분할은 내용중심 고찰에서 다시 음성적·내용적 전체, 어휘 전체, 언어밭 그리고 종국에는 한 모어의 전체적인 세계상으로 유도되었다. 또한 문법적인 고찰도 이제 정신에 의한 세계형성에 대한 이전의 연구 전체와 결합된 상태로 고려되면서 이 상은 깊이와 삶의 충만함을 얻는다.

하지만 이 두 가지 고찰방식으로써 언어학적 과제가 해결되리라고 믿는다면 그것은 오류일 것이다. 오히려 에네르게이아로서의 언어에 관한 사상은 훨씬 더 널리 파급되는 귀결들을 포함하고 있다. 그리고 언어연구를 그 대상에 적합한 작업방향에 맞도록 조정하고자 한다면, 이 귀결에 내포된 지적사항을 일관성 있게 따라야만 한다.

이 귀결들 가운데 하나는, 작용중심 고찰이라는 사상에서 이미 시사된 바 있다. 바이스게르버는 모어를 그 세계상의 구성에서, 정신적 대상의 중간세계의 형성에서, 궁극적으로 언어에 의한 세계형성의 수행에서 추적해 보았다. 그런데 이 작업이 자기목적이 아님은 명백하다. 이 작업의 성과는 에르곤, 즉 완성된 형성물이 아니라 에네르게이아, 즉 계속해서 작용하는 힘이어야 한다. 그래서 바이스게르버는 모든 모어를 그 세계상의 파급작용에서 계속 관측해야만 했다. 그것도 이중의 방식으로 그러해야만 했다. 작용중심 연구의 필요성을 언급했을 때 그는 일단 아직은 별로 사용되지 않은 고찰방식을 삽입시켰다. 이 고찰방식은 근본적으로 한 모어의 요소들 전체를 그들의 가능한 활성화 전체에 투영시켜 관찰하는 것으로서, 이러한 의미에서 요컨대 각각의 언어에 의한 포착의 통용성이 갖는 귀결에 대해 묻는 것이다.

이것은 아직 협의의 모어 연구에 속하는 고찰방식인데, 그 이면에서는 이미 그때마다 삶의 관련 사실들 하나하나를 모어와의 상호작용 속에서 연구하고 동시에 언어적 조건이 인간 행위의 특정한 여러 무대에 끼치는 구체적인 파급효과를 추적하는, 확대된 문제제기가 뚜렷하게 드러난다. 이 파급작용방식이 개별 인간에 관계된 한 그는 그것을 언어심리학의 층위에서 매우 인상 깊게 발견하게 되었다. 하지만 아마도 한층 더 중요한 일은, 모어의 세계상이 작용하는 일차적 공간이 언어사회학의 분야에 주어져 있다는 사실에 주목했던 것이다. 모어는 하나의 문화재이자 공동체의 재산이며 따라서 모어에는 체계상 다시금 일차적으로 문화창조 및 공동체의 삶에 끼치는 그 파급작용이 연결된다. 훔볼트가 언어연구의 네 가지 주요 대상에 '언어를 통해 실현될 수 있는 인간의 목적'(IV, 9)을 포함시켰을 때 그는 이 관련사실을 의도하고 있었다. 그리고 이 과제는 문화를 산출하는 힘으로서의 모어에 대한 연구를 통해 적절히 다루어지게 된다.

모어의 세계상의 효력발휘로서의 언어'관용'Sprach'gebrauch'. 그리하여 새롭고 방대한 언어학적 과제들의 분야가 열리는데 이 새 분야를 지금까지 논급된 연구 분야와 동등한 것으로서 견주어 보아야 하겠다. 이 분야가 지금까지 언어연구에서 이 위치에서 출현하지 못했다면 거기에는 두 가지 이유가 있다. 문화창조에서 모어의 세계상의 파급작용은 이전에 이 세계상 자체를 감지했던 경우에만 감지할 수 있다. 물론 문화 분야에서의 모든 창조가 '언어관용'과 결부되어 있음은 누구에게나 '자명하다'. 그런데 이 언어관용은 우리가 언어를 본질적으로 음성적·형식적인 것으로 여기는지 또는 언어의 세계상에 대해 다소나마 알고 있는지 또는 심지어 이러한 세계상의 '현실'을 그 이면에 숨어 있는 삶의 세계의 정신적 형성과 더불어 함께 통찰하고 있는지에 따라 완전히 다른 모습으로 나타난다. 그리하여 우리는 오늘날 결정적인 과제를 감지하고 있는 바, 이 과제가 현존함은 언어연구의 전

시기에 걸쳐 잊혀져 있었다. 그러한 류의 문제들은 실로 항상 주의를 끌기는 했었으나 핵심부에서부터 다루어지지도 않았었고 또한 그 체계적 관련성 속에서 고려된 적도 거의 없었다. 그런데 도이치 정신사에서 이 언어연구 분야가 비견될 수 없이 확실하고 탁월하게 인상 깊은 특징을 갖고 있었던 시점이 존재한다. 헤르더J.G.Herder의 첫 번째 저서《근대 도이치 문학에 관한 단상》[50]이 그것인데 거기에는 다름 아닌 바로 언어가 문화의 삶을 형성하는 힘의 하나로서 간주되어 있다. 이 책은 모어와 문화의 삶의 모든 분야들 사이에 존재하는 상호작용에 대한 천재적 통찰들로 가득 차 있다. 이것은 다음의 말에 가장 명료하게 나타나있다. "우리가 어머니의 젖과 함께 빨아들인 개념의 온 범위인 모어, 학술적 지식이 아닌 지식의 온 세계인 모어, 양식의 모든 저술이 성장하는 분야인 모어 — 그러고 보면 모어는 얼마나 많은 이념이겠느냐! 그것은 거대한 산과 같은 것이며 이에 비하면 소수의 철학적 추상은 인위적으로 두더지가 파내서 쌓아 올린 흙더미, 대양과 비교되는 추상적인 정신의 몇 방울에 지나지 않는다."[51]

언어연구가 이 연구부문에 종사한 사람으로서 헤르더보다 더 훌륭한 선각자를 바란다는 것은 있을 수 없다. 지금이야말로, 헤르더가 '국민의 철학자'의 본디의 과제로서 인식했을 뿐만 아니라 한 모어의 구성원이라면 그 결과를 '귀를 곧추 세우고 경청'하리라 확신했던 그 문제들 가운데서 최소한 일부라도 해결될 적절한 때일 것이다.

바이스게르버는 이 새로운 언어학적 연구영역을 이해하기 쉽도록 아주 짧게 제시해 놓고 있다. 모어의 세계상의 효력발휘로서의 언어'관용'과 그리고 그에 따라 모어와 언어관용에 의존하고 있는 모든 삶의 영역들 사이의 상호작용 — 그것은 근본적으로 인간의 전반적인 문화의 삶을 언어의 시각

---

50 Herder: Fragmenten über die neuere deutsche Literatur. 1766. 특히 1768년의 제2판

51 Herder ^{3}1975, 136 이하.

에서 편력하도록 제약한다. 실상은 명백하다. 즉 문화의 삶의 분야에서 다양한 방식으로 언어관용에 결부되어 있지 않은 사건이란 존재하지 않는다. 가정생활에서 일상적으로 일어나는 일부터 고도의 정신적 성취의 형식에 이르기까지 기록이나 전승, 공사완성에 언어를 필요로 하지 않는 영역이란 전혀 찾아볼 수 없다(더욱이 개별적 활동이라는 개인적 의미에서 뿐만 아니라 무엇보다도 문화재 하나하나의 사회학적 층위에서). 언어는 실로 '단순한 수단으로서' '관용할 수는' 없으며 음성과 내용이 일체를 이루는 가운데 유효한 힘으로 행사할 수 있을 따름이다. 이것이 내포하는 바는, 모어의 세계상이 그 고유법칙에 따라 효력을 발휘하게 되고 문화창조의 구현에서 한몫을 차지한다는 것이다. 이때 결정적인 것이 언어에 의한 포착의 역할이다. 이 경우 이 관점을 한 번 따라가 보되, 동일한 사건에서 각각의 문화 분야의 고유조건들도 효력이 나타나며 언어적인 면에서의 고려, 즉 언어의 세계상 안에 집어넣어 가공하는 일이 이루어지지 않을 수 없음을 유념하고자 한다. 이는 요컨대 끊임없는 상호작용으로서 이로부터 바이스게르버는 언어의 능동의 측면을 끄집어내 부각시키고자 하는 것이다.

언어현실주의. 이 모든 현상을 올바르게 평가하기 위한 출발점은 언어현실주의라는 사태이다. 언어현실주의란 언어적 사태를 의심할 나위 없이 주어져 있는 것으로 받아들이고 특히 모어의 현상에 일종의 자명한 보편타당성을 부여하는 경향이 있는 인간 태도의 형식으로 이해된다. 이러한 태도는 다양한 정도의 차이를 이루면서 다소간 완전하게 혹은 의식된 상태로 존재한다. 그러나 그것은 사람들 사이에서 너무나 일반적으로 만연되어 있어서 언어에 대한 인간의 기본태도의 형식으로 간주할 수 있다. 이 언어현실주의는 언어습득의 기본조건으로부터 이해해야 한다. 모든 인간은 독자적인 판단능력을 갖기 오래 전에 이미 언어습득을 시작함에 틀림없다. 모어적 수단은 인간의 머릿속에 아주 일찌감치 지속적으로 아로새겨져서 나중에는 더 이상 삶에서 떼어 놓고 생각할 수 없게 된다. 일상의 삶에서 인간은 그의 주변에서 동일한 효력을 지닌 동일한 모어적 조건을 재발견한다. — 이 모어의 세계가 자명한 것, 미리 존재하고 있는 것, 보편타당한 것의 모양새를 얻는다는 것은 전혀 놀랄 일이 아니다. 이 언어현실주의는 지극히 극단적인 형식으로 언어, 즉 음성형식과 내용의 모든 현상을 너무나 폭넓게 포괄하다 보니 그 현상은 고유한 모어에 의해 명확하게 표현될 때 유일하게 가능하고 유일하게 올바른 것으로 간주될 뿐만 아니라 심지어는 완전히 '현실적인' 것으로, 그리고 생기현상에 영향을 미치는 직접적인 방도로 평가된다(언어의 마술). 그 다음에 이 '소박한 언어현실주의'로부터 많은 과도적인 단계를 거쳐 '개화된 언어현실주의'가 뚜렷하게 구분된다. 이것은 실로 점점 더 많이 모어적 '음성'형식의 실제적인 사회적 소여성에 대해 판단하는 법을 배우고 언어의 마술 따위의 원시적 형식을 내던져 버리긴 하지만 언어'내용'의 영역은 아직 제대로 인식하지 못한다. '현대'인도 거의 예외 없이 이 '개화된 언어현실주의'의 단계에 머물러 있다. 즉 현대인은 '정신적 중간세계'의 전모, 모어에 의한 세계상을 자명하게 존재하고 있는 것으로 받아들여 정신적 활동의 토대로 삼고 있지만 언어에 의한 세계형성의 현존 등에 대해서는 통찰은커녕 예감조차 하지 못하는 것이다.

언어현실주의에 대한 이러한 인식으로부터 이제 문화의 삶의 형성에 개입하는 모어의 작용도 이해될 수 있다. 비록 개화된 언어현실주의가 모어의 내용을 뚜렷한 해명 없이 다루고 있다고 하더라도 그때 물론 모어의 세계상이 작용하는 문은 활짝 열려져 있다. 또한 모든 언어'관용'의 경우마다 언어적 전제조건이 예감되지도 않고 인식되지도 않은 채 정신적 행위 안으로 광범위하게 침투하여 그 결과는 필연적으로 이것을 통해 규제되고 영향을 받고 있다. 그러나 그 외에도 음성형식의 작용도 침입할 여지는 아직도 남아 있다. 따라서 이것이 우리의 여러 문화영역에도 때로는 보조수단으로서, 때로는 방해물로서 다양한 방식으로 그 영향력을 드러내기 때문에 그것에 유의하지 않으면 안 된다.

우선 모어의 형태의 작용방식을 택해 본다면, 원시적인 언어현실주의의 현상에 속하는 모든 것은 제쳐 놓는다(음성형식의 직접적인 작용력에 대한 견해에 관해서 민족사에서 알려져 있는 모든 것, 그리고 때로는 언어의 마술이나 가지(안수)기도 등에서 적극적으로 평가되면서 뚜렷하게 나타나기도 하고 좀 더 빈번하게는 소극적인 형식을 통해 금지낱말, 언어금기, 직업에 대한 꺼리는 말 등과 같이 우리도 아직 알고 있는 형식으로 귀결되는 그 모든 것이 아무리 중요하고 유익하다 하더라도). 여기에서 우리에게 관건이 되는 것은, 삶의 여러 영역에서 문화의 창조가 전개되는 양식에 모어의 형태가 어떤 형식으로 참여하고 있는가이다. 이 작용이란 언어내용의 작용방식에 비하여 의심할 바 없이 보다 외면적이고 우연적이며 여러 모로 실상에 부합하지 않는 작용이다. 하지만 이 형태의 가치를 판정하고 경우에 따라서는 배제해 버리기 위해서는 그것을 인식하고 파악하고자 애쓰지 않으면 안 된다. 모어적 형태의 작용 중에서 가장 중요한 형식은 어원적으로 규정된 행동양식이다. 이것 말고도 음향의 직접적인 작용이 있는데, 이는 각각의 음성형식에 그것의 기호적·어원적 가치 외에 다소간 뚜렷하게 각인되는 인상력, 각별한 시각을 부여한다.

어원적으로 규정된 태도의 일반적 통용양상과 효력범위는 우리 삶의 보다 기초적인 계층, 어린아이의 삶의 태도, 일상의 판단형식, 관습과 풍속의 전개과정에서 가장 분명하게 볼 수 있다. 여기에서도 그 동인은 개인적인 자의를 초월하여 초개인적인 작용을 초래하는 보편타당한 동인이다. 모든 인간에는 새로 획득한 언어재를 이미 사용되고 있는 언어재와 관련 맺으려는 자연스러운 성향이 있다. 그 동기를 부여하는 것은 음성형식이 어원적 유래에 의거하여 서로 실제로 맺고 있는 관련성이다. 그리고 모든 인간은 이러한 의미에서 무의식적으로 낱말가족, 즉 음성형식에 따라 상관성이 있다고 느끼는 낱말의 무리를 편성하기 마련이다. 이 낱말가족은 단연코 내용상의 연관성도 지니고 있고, 그러다 보니 음성형식은 대체로 낱말내용을 가리키는 것으로서 유용하기도 하다. 이 지시를 우리 스스로 계속해서 따라가 보자. 누군가 Garten(정원)이란 낱말을 알고 있고 Gärtner(정원사)란 말을 처음으로 듣는다면, 그는 주저하지 않고 Gärtner가 Garten과 어떤 관계가 있다고 생각할 것이다. 이러한 내용상의 단서는 이제 큰 역할을 수행한다. 왜냐하면 언어수단을 습득할 때 음성형식은 직접적인 조망이 가능하고 단번에 배울 수 있어서 언제나 내용에 앞서는 반면에, 내용은 점차적으로만 형성될 수 있는 것이기 때문이다. 하지만 이는 결국 내용이 그 고유의 법칙성에 따라 기호와 언어밭의 조건단계에 의거하여 해명될 때까지의 과도기적 단계일 따름이다.

이 자연스러운 과정은 두 가지 위험성을 내포하고 있다. 한 가지 위험은, 낱말가족을 한데 묶을 때 언어감정이 잘못을 저질러 실제로는 서로 아무런 관련이 없는 음성형식을 음향의 유사성을 토대로 함께 묶어버릴 수도 있다는 것이다. 또 한 가지의 위험은, 실제로 관련이 있는 낱말가족이 내용상으로 제각기 따로 발전함으로써 음성형식의 지시가 더 이상 내용상의 관계와 일치하지 않을 수 있다. 이 두 경우에 필연적으로 오류가 발생하며, 이는 언어재를 수단으로 하는 작업에 영향을 끼치지 않을 수 없다. 그리고 이 오류는 모어의 음성적 구조 안에 과도하리만치 유혹적으로 자리 잡고 있는 한, 지속적인 작용형식 안으로도 침전되려는 성향, 즉 언어 공동체의 행동방식의 동인으로서 작용하려는 성향을 갖는다.

언어작용의 본디의 장소인 언어내용 분야에서는 사정이 어떠한지를 명확히 하기 위해서는 모어의 형태의 작용방식 전체를 눈여겨 보아야만 한다. 만약 우리가 더 빈번한 오류수행에 의해서조차도 흔들리지 않는 굳건한 믿음을 가지고 음성형식의 인도에 따른다면, 언어내용을 통한 인도, 궁극적으로 언어에 의한 포착의 작용도 우리에게 여전히 자명한 그대로이다. 왜냐하면 그것은 전혀 감지되지 못하기 때문이다. 일상의 삶에서 언어포착은 당연히 '인간이 지닌 상식'으로서 작용하지만 아무리 지고한 철학적 사상이라도 늘 언어현실주의에 휩쓸려 들어가고 만다. 이러한 언어내용의 활동의 온갖 형식을 해명한다는 것은 끝없는 시작일 것이다. 일상의 분야에서는 이 문제에 대해 조금만이라도 이해하게끔 일깨우는 일조차도 대개는 전망 없는 일일 것이다. 내가 매일 Onkel(삼촌)이란 개념을 다루는 사람들 가운데 한 사람에게, 그가 그럼으로써 모어의 세계상을 따르고 있는 것이라고 말한다면, 그는 나를 비웃으면서 자신의 Onkel Hans(한스 삼촌)가 언어와 도대체 무슨 관계에 있느냐고 반문할 것이며, 내가 만약 Onkel 또는 Unkraut(잡초), bitter(쓴) 등은 본디 모어 안에서만 존재하는 것임을 그에게 설명하려 든다면 나는 객관적인 현존재와 의식된 존재 사이의 차이 즉 '사물'과 '정신의 대상' 사이의 차이를 인식했고 그와 더불어 정신적 실존이야말로 우리의 의식에 대해 결정적인 사실이라는 결론을 이끌어낸 사람과 마찬가지의 상황에 놓일 것이다. Onkel을 우리가 이전에 논의한 바 있는 친척어 밭 분절의 여러 기본유형에 이리저리 번갈아가며 귀속시켜 넣어본다면, 이 Onkel이 어디에 속하게 될 것인가를 밝히기 위한 방도를 찾아야만 할 것이다. 그리고 나서 사유상의 배열뿐만 아니라 '통상적인 행위'도 그때마다 그것에 의해 함께 영향을 받는 데 대한 특별한 지적이 재차 필요할 것이다(이는 예컨대 키르히호프P.Kirchhoff가 친척명칭과 근친결혼에 대한 연구에서 거듭 지적하고 있듯이 "대부분의 민족에서 친척명칭이 실재의 친척관계를 파악하기 위해 중요한 의미를 소유하고 있고" 또 그에 상응하여 결혼풍습에 이르기까지 여러 행동양식에서 영향을 미치고 있다). — 바이스게르버는 언어학조차도 이 연구의 언어적 조건(예를 들어 전문술어)을 설정하는 방식이 이러한 연구의 성과에 중요한 역할을 수행하는 것을 아직도 분명히 깨닫지 못했다면, 법률·종교·예술·과학에서 나타나는 언어현실주의의 변이된 형식을 이들 영역의 전문가에게 도대체 어떻게 이해시킨다는 말인가[52]라고 개탄하고 있다.

이는 다름 아닌 바로 문화생활에서 함께 형성하는 힘으로서의 언어를 조망한 것인데, 이는 모어와 문화생활의 모든 분야 사이에 존재하는 상호작용에 대한 독창적 통찰이라 하겠다.

그동안 학문과 실제에서 근본적으로 언어와 그 밖의 문화생활의 다른 분야들 사이의 상호작용 문제를 다룬 수많은 저작이 출간되었다.

그중에서도 특히 1933년에 이미 바이스게르버는 〈전체 문화의 구성에서 언어의 지위〉[53]에 대해 대략적으로 서술한 바 있고, 1950년 이래로는 '개별 언어에 생생하게 접근한' 개관,[54] 즉 《우리 문화의 구성에서의 모어》가 출간되었다.

모든 정신적 활동이 언어와 더할 나위 없이 밀접하게 관련되어 있고 그뿐만 아니라 각각의 모어가 세계를 독특한 방식으로 범주적으로 언어화(관찰하고 배열)한다면, 그에 걸맞게 언어가 사용되고 문화의 존속이나 새로운 창조에 필요한 곳이라면 어디에서나 모어적인 관찰방식이 작용할 수밖에 없다. "그 어떤 목적에서 언어를 고려한다는 것은 삶의 과제를 해결할 때 언제나 필연적으로 언어에 의한 세계상이 효력을 발휘하게 되는 것이고, 그리하여 달성된 성과에는 — 더욱이 문화재인 언어의 작용이라는 뜻에서 — 언제나 동시에 이러한 사상적 전제의 스탬프가 찍혀 있지 않을 수 없다. 개인이 이러한 작업의 수행자라 할지라도 그는 언어에 의해 형성된 자로서 그것을 수행하는 것이며, 이러한 언어에 의한 형성이 언어공동체 전체를 꿰뚫는 동질성에는 공간, 시간, 우연을 초월하여 문화의 과제에 뜻깊은 협력을 한

52 Weisgerber 1964^b, 100 이하.

53 Weisgerber 1933.

54 Weisgerber 1950^b (^{3}1971), 5.

다는 바로 본질적인 전제가 놓여 있다."[55]

바이스게르버는 의식적으로 언어를 모든 문화창조의 중심에 놓는 자신의 고찰방식을 다음과 같이 정당화하고 있다. "우리가 우선 '문화의 구성에서 언어의 작용'에 대해 묻는다면, 이는 작용하는 힘으로서의 언어의 기본성격에 상응하는 것이다. 이때 우리가 언어를 여러 힘 가운데 하나의 힘으로 보고 따라서 상호관계와 협력을 기대한다는 것은 자명한 일이다. 하지만 그렇다고 해서 일차적으로 언어로부터 나오는 작용을 밝혀내야 할 언어학자의 과제에 어떤 변화가 생기는 것은 아니다. 언어 자체가 어느 정도로 인간삶의 다른 힘들의 제약을 받아 형성되는가 하는 상쇄계정은 이때 보일 뿐만 아니라 이웃 영역으로부터 행해진, 상응하는 관찰의 개입을 바로 야기시킬 정도로 이미 이러한 숙고에 포함되어 있다."[56]

나중에 추가로 제시하게 될 어느 정도의 유보조건과 제한으로써 다음과 같은 사실이 인정될 것이다. 즉 모든 뜻깊은 언어'관용'은 언어의 세계상 내에 간직되어 있는 '에너지', 보다 정확하게는 거기에 저장되어 있는 존재에 대한 정신적 포착의 현실화를 야기시킨다는 것이다. 비유적으로 말하자면, 내가 고기칼과 집게를 가지고 수술하는지 또는 해부용 칼과 핀셋을 가지고 수술하는지의 여부는 상관이 없는 것이 아니다. 그리고 가령 정돈할 필요가 있는 다양한 식물계든 또는 올바른 길을 찾아야 할 산간의 세계든 또는 정신의 지진학적 진동이든, 문제가 나타나면 언어의 도움으로 그 문제를 해결해야 할 모든 분야에서 중요한 것은 정신적이고 삶에 실용적인 조작이다.[57] 바이스게르버는 앞에 든 그의 저서에서 풍속, 습관, 민간신앙과 민간요법, 운율과 노래, 수수께끼와 전설, 속담과 생활규칙에서 나타나는

55 위에 든 곳, 17.

56 위에 든 곳, 21.

57 Jost 1960, 121 참조.

언어적 에네르게이아의 작용을 (특히 세계상으로서의 그 안정된 형식에서) 연구하고 있다.[58] 언어에 의해 규정되어 있는 (언어에 의해 조종된) 행동을 나타내는 명백한 예들을 넘어서서 바이스게르버는 언어내용으로부터 규정된 다수의 행동형식을 관찰하고 있는데, "그러한 것들은 우리에게 너무나도 '자명하기' 때문에 우리는 그것의 언어관련성을 간파하지 못하는 것이다. 아마도 세월이 경과하든지 아니면 다른 언어에 대한 고찰을 통해 언젠가는 그러한 것들에서 모어에 의한 세계상의 작용이 보다 분명하게 밝혀질 수 있을 것이다."[59]

더욱 뒷 장[60]에서 바이스게르버는 언어와 '물질'문화의 관계, 즉 (주로 기술과 경제에서) 인간이 창조해낸 모든 형식에서의 언어의 개입에 대해 문제삼고 있는데, "이러한 형식에서 인간은 자신의 정신적 활동을 통해 자연에서 발견된 조건들로부터 그에게 삶의 세계에서의 존립을 가능하게 하고 손쉽게 해주는 물질적인 보조수단을 형성한다."[61] 새로운 관점에서 중세 보편주의의 논쟁이 재개되고, 경우에 따라서는 '사물에 앞서는 말verba ante res'이 분명히 존재했었음이 제시된다. 개별적인 경우에 명백히 나타나는 것은 더욱이 보편적으로 타당하다. 즉 "성장하는 이념의 첫 관련에서부터 완성된 작품의 기술적 실행에 이르기까지 언어'관용'이 동시에 언어적 내용이 기술적 처리에 작용을 미치게 할 방도가 아닌 단계는 존재하지 않는다."[62]

바이스게르버는 다음과 같은 결론에 이른다. 즉 '호모 사피엔스(지혜를 가진 인간)는 호모 로쿠엔스(말하는 인간)로서만이 호모 파베르(도구를 사용하는 인간)가 될 수 있었다'는 것이다. "물질문화의 창조는 언어의 재능이 있는 인간

58 Weisgerber 1950^{b} (^{3}1971), 59-94 참조,

59 위에 든 곳, 94.

60 위에 든 곳, 95-137 참조.

61 위에 든 곳, 96.

62 위에 든 곳, 120 이하.

에게만 가능하다."[63]

바이스게르버의 '에너지 넘치는' 언어학적 시선은 비슷한 방식으로 '경제', 특히 광고기술에서도 모어에 의한 세계상의 중요한 효력의 발휘로서의 언어'관용'을 주시하고 있다.[64]

또한 바이스게르버는 '언어와 정신문화의 상호작용'을 추구하고 있다.[65] "언어와 인간 존재가 불가분하게 서로 결합되어 있고" 동적 언어고찰에서 모든 분야에 걸쳐 서로의 매우 밀접한 상호작용이 드러난다 할지라도, "그렇다고 해서 언어가 인간 존재의 모든 것을 논구하고 있다는 것은 아니다. 그리고 언어가 인간의 삶의 일반적인 조건이라면, 그런 이유에서 언어가 동시에 인간의 삶을 규정하는 최상의 요인일 필요는 없다."[66] 이러한 한정을 통해 잠정적인 방식으로 바이스게르버는 종교, 법률, 예술의 영역에서 언어적 현상의 작용을 연구하고 있다. 바이스게르버는 끝으로 '언어와 과학' 분야를 다루고 있는데,[67] 여기서는 모든 개별 분야에 중요한 기본사실들을 강조하고 있다.

바이스게르버에 따르면, 모든 문화창조는 그 작업의 전제·수단·대상으로서의 '모어의 영향'이라는 사태들을 고려해야 한다.[68] 이때 '모어의 영향'이라는 말로써 의미하는 바는, 이 의존관계의 사회학적 제약성(이 문제의 심리학적·철학적 측면과는 반대로)뿐만 아니라 심지어 민족들을 아우르는 문화사업의 모든 지배적 형식에 계속하여 작용하는 '모어'라는 기본사실의 풍성한

63 위에 든 곳, 137.
64 위에 든 곳, 124-136 참조.
65 위에 든 곳, 138-230.
66 위에 든 곳, 138.
67 위에 든 곳, 231-275 참조.
68 Weisgerber 1964[b], 104-108 참조.

산출력이다.

문화창조에서의 전제로서의 모어의 영향,[69] 이것이 바로 언어현실주의가 그 영향력을 발휘하는 온 범위이다. 이는 당연히 일상에서, 그리고 풍속과 습관, 민속예지와 민간신앙의 뚜렷한 표명에서 가장 명백하다. 이 모든 것은 언어현실주의가 작용하는 외적 형식들이며, 이 형식들은 어느 정도 한계를 벗어남으로써, 우리의 일상에 너무나 흔하고 또 자명하여 행동의 전제조건으로서 간파되지는 않는 그러한 관련성들이 작용하고 있는 데 대한 증거일 뿐이다. 일상생활과 풍습에서 그렇게 굳건하게 자리 잡고 있는 것은 보다 의식적이고 보다 철저히 숙고된 문화창조의 형식들이 문제가 되는 경우라 하더라도 곧바로 그 지위를 잃어버리지는 않는다.

삶에서의 모든 활동은 기술 또는 경제든지 종교 또는 법률이든지 예술 또는 과학이든지 간에 여하튼 모어의 '수단'을 검토도 하지 않은 채 그 활동 안으로 받아들임에 틀림없다. 그리고 이러한 '수단'이 '사용되는' 범위 안에서 그 수단 안에 뚜렷하게 표명된 모어의 세계상이 무의식 속에서 자명한 것과 더불어 통용되고 있다. 어떤 신학자도 자신의 설교에서 사용하는 기본적인 어휘를, 특히 그것이 종교적인 특수 표현형태가 아닌 한 그것의 '정확성'에 의거하여 검토해야겠다고 느끼지는 않을 것이다(특별한 언어조건하에서 작업한다는 것이 그에게 그러한 검토의 동기를 제공하지 않는다면 말이다). 이는 법률가의 경우도 마찬가지여서, 법률가가 법규·소송·판결에서 접하게 되는 모든 '통상적' 언어재를 새삼 특별히 꼼꼼하게 들여다보는 일은 없다. 심지어 수학에서조차 그 기본공리와 공식 안에 얼마나 많은 '모어적' 수단이 아직도 여전히 검토되지 않은 채 개재되어 있는가에 대해 바이스게르버는 개탄한다. 그리고 예술가의 경우에도, 우리가 비록 '언어예술', 즉 문학 창작을 힘주어

69 Weisgerber 1950^b^, 233-236 참조.

언급하지 않더라도, 조각하고 그림을 그리는 자신의 활동에서 어떤 모어적 전제들을 완전히 배제할 수는 없다는 사실을 스스로는 예감하지 못한다. 그런데 조형예술로 하여금 예를 들어 인간의 신체를 민족과 시대에 따라 특징적으로 묘사하는 형식을 취하도록 시사하는 이유들을 꼼꼼히 따져보면, 앞서 말한 것을 충분히 이해할 수 있을 것이다. 바이스게르버에 따르면, "인간의 모든 행위에서 발화된 말을 훨씬 더 뛰어넘어 함께 참여하는 '자명한' 언어'관용'이야말로 '정신적 중간세계', 전제로서의 모어에 의한 세계형성이 문화창조에 동참하여 그곳에서 모어가 에네르게이아라는 의미에서 계속하여 작용하는 길"[70]이라는 것이다.

문화창조의 전제로서 모어적 사태가 의도되지도 않고 의식되지도 않은 채 동반작용한다는 것 이외에 언어적 작용의 두 번째 형식도 효력을 발휘한다. 그것이 바로 문화적 작업의 수단으로서의 모어이다.[71] 바이스게르버는 이것을 언어적인 것이 물질적 또는 정신적 창조의 목표와 뚜렷한 관련을 맺으면서 설정되는 온갖 형식 및 동기로 이해한다. 이는 기술·경제·종교·법률·과학을 위한 특정한 언어수단의 구성에서 나타날 수 있다. 그리고 그것은 가령 종교적 또는 법률적 성격의 구속력 있는 계약 문서 등을 작성하는 경우에 특별한 역할을 할 수 있으며, 문학 창작의 경우에 언어로부터 예술로의 변형에 이를 수도 있다. 이 모든 경우에 언어는 의식적으로 다른 목적을 위해 활용되며, 이때의 언어를 흔히 비언어적 목표를 위한 수단으로 간주하는 데 익숙해져 있다. 하지만 어떤 경우든 분명히 해두어야 할 것은, 이 경우에도 모어의 작용하는 힘이 얼마나 넓은 범위에서 유지되는가이다. 바이스게르버는 확실히 언어재가 우선적으로 전문어 수단, 전문용어 체계에서 개개의 전문영역의 필요에 따라 형성되거나 검증된다고 보았다. 하지만

70 Weisgerber 1964[b], 106.

71 Weisgerber 1950[b] ([3]1971), 237-246 및 1964[b], 106 이하 참조.

그럼으로써 이러한 전문용어들의 출처인 언어의 사유세계와의 결속이 남김 없이 제거되지 않았다는 것은 모든 전문용어에서 입증될 수 있다(Sprache(언어), Wort(낱말), Bedeutung(의미), Inhalt(내용), Sprachwandel(언어변천), Zwischenwelt(중간세계), Wortfeld(낱말밭) 등의 언어학 전문용어를 생각해보라). 이 모어적 결속은 순수한 전문용어에 일반언어의 수단들이 많이 개입되어 있는 경우에 제대로 효력을 발휘하게 된다. 예컨대 그 어떤 법조문도 오로지 법률적 특수언어로만 구성될 수는 없으며, 따라서 법 규범에서 언어는 결코 '수단에 불과한 것'이 아니라 법 규범 자체의 형성 및 통용성과 매우 긴밀한 관련을 맺고 있는, 함께 형성하는 요소이다. "이러한 뜻에서 언어가 '수단'으로서 등장하는 일은 다양한 문화영역들의 형성에서 관찰될 수 있다. 모어의 힘이라는 형성물은 결코 순전히 외면적인 사용에서 추가로 덧붙여질 수 없으며, 다만 그것의 음성적인 것과 내용적인 것이 전체를 이루어서만이 이입될 수 있다. 그리고 이는 필연적으로 전문용어 체계에서 확실하게 가능해질 정도로 각각의 전문분야의 특성과 조건들이 완벽하게 참작될 때조차도 모든 모어에 포함되어 있는 세계상의 효력발휘를 포괄한다."[72]

바이스게르버는 이러한 다중의 연관상태에서 언어가 결국 모든 문화분야에서 대상으로서도 주목받는다는 사실을 지적하고 있다.[73] 몇몇 사례에서는 그것이 극히 사소한 일로 여겨질지도 모른다. 이를테면 활자와 인쇄, 전화와 라디오 방송의 조작방식에서 언어가 기술적 노력의 대상인 경우에(그리하여 이 기술들 자체가 언어의 여러 조건들에 대하여 아무리 반작용을 미친다 할지라도) 그러하다. 하지만 좀 더 자세히 살펴보면, 대상으로서의 언어는 전혀 예기치 않은 자리에서 육중한 무게로 등장함이 드러난다. 가령 종교적인 것의 다양한 발달형식에서 언어의 신격화의 단서들(고대 인도사람의 '바춰Vâc', 즉 언어의 여

72 Weisgerber 1964[b], 107.

73 위에 든 곳, 107 이하 및 1950[b], 246-260 참조.

신처럼)이 다시 사라져버릴는지도 모른다. 하지만 여러 세계적 종교에 이르기까지 신의 말과 더불어 그것과 불가분의 관계를 맺고 있는 인간의 말의 문제가 그 중요성을 보유하고 있다.[74] 개인적 영역에서 언어적 저작권의 보호를 시작하는 법적 언어규제는 국제적 언어법의 제정에서 그 본질적인 대상에 도달한다. 모어에 대한 권리의 자연적인 토대를 제시하는 일은 굉장히 큰 효력범위를 지니고 있어서, 찾아야 할 해결책들을 민족들 간의 평화에 대한 본질적인 기여로 간주하지 않을 수 없다. 예술의 대상으로서의 언어는 시문학에서 정신적 창조의 지고의 형식들 가운데 하나를 가능하게 한다. 시문학은 인간의 두 가지 근본 힘, 즉 언어적 힘과 예술적 힘의 만남을 통해 그 작용력을 얻는다. 그리고 시문학을 다름 아닌 '언어적 예술작품'[75]이라고밖에 달리 이해할 도리가 없다는 것은 명백하다. 과학은 언어가 대상으로서 존재하고 있는 곳들이 어디인지 특별히 비판적인 안목으로 찾아야만 한다. 왜냐하면 그것은 언어학만의 일방적인 관심사가 아니라 인간 및 인간 공동체의 삶에 관한 모든 학문에 두루 관계되는 사태이기 때문이다. 이를테면 인류학이 인간을 단지 언어능력을 갖춘 존재로만 이해할 수 있듯이, 심리학은 언제나 언어적 재능을 타고났으며 언어에 의해 형성된 인간과 관계하고 있다. 그리고 사회학이 언어공동체 내에서 인간 공동체의 기본형식에 마주치는 것처럼 철학(언어철학), 의학, 역사학 등 개개의 문화영역은 그 각각의 특별한 분야에 대해 이 기본조건으로부터 생겨나오는 결론에 주목해야만 한다. 바이스게르버는 대상 안에 있는 이 언어상의 특질을 간과하면 반드시 중대한 연구상의 오류를 낳게 된다고 한다. 정신적으로 개조된 세계의 어떤 단면들은 언어현실주의의 결과로 직접 '객관적인' 분야 안에 잘못 놓여지게 된다는 뜻에서 특히 그러하다.

---

74 멘싱G. Mensching의 《신성한 말Mensching》(1937)을 참조.

75 특히 Kayser 1948 ([8]1962) 참조.

여기에서 시사된 사실들을 곰곰이 생각해보면, 바이스게르버가 훔볼트와 동일한 성과에 이르고 있음을 알 수 있다. 즉 "언어구조와 다른 모든 종류의 지적 활동의 성취 사이에는 부인할 수 없는 관련이 존재한다."[76] 훔볼트가 스스로 암시하기만 했던 것은 바이스게르버에 의해 사실의 자료에서 확인되었고 앞으로 필요한 개별 연구를 통해 보다 더 정확하게 평가받을 수 있을 것이다. "우리가 문화의 발전에서 마주쳤던 모든 것은 '모어'라는 사태의 주된 작용 없이는 생각할 수 없을 것이다. 사람들이 너무 쉽게 '자명한 것'으로 간과하는 것은 최상의 업적에 이르기까지 여전히 규정적인 것이다. 즉 모어의 법칙은 개인의 의식적인 행위의 처음부터 개인을 파악하고 형성할 뿐만 아니라 동시에 언어공동체로 하여금 배아세포가 되도록 하여 그것으로부터 비로소 역사적-문화적 삶 일반이 자라날 수 있다"[77]는 것이다.

역사를 제어하는 힘으로서의 모어

언어에 의한 문화생활의 공동형성, 이것은 동시에 역사적 생성에의 참여이고, 그리하여 모어의 힘이 역사적 삶의 연관성을 보전하는 데 있어서도 효력을 발휘한다는 사실이 이미 그 점으로부터 드러난다. 이 경우에도 바이스게르버는 결국 훔볼트가 "언어는 인류의 역사를 완전히 지배하는 힘으로 간주되지 않으면 안 된다"(IV, 429)라는 명제를 통해 매우 뚜렷하게 언명해놓았던 통찰을 진지하게 받아들였다.

모어가 역사에서 본질적으로 작용하는 힘으로서도 입증된다면, 인간의 삶에서 언어적 조건과 에너지가 바로 숙명적으로 개입하지 않는 자리는 거

76 Weisgerber 1950[b] ([3]1971), 275.

77 위에 든 곳.

의 없을 것이다.

통상적으로 대상이자 무대이자 거울로 간주되었던 것에서 이제 역사적 삶의 주체이자 힘의 일부를 인식해내는 일은 여러 가지 관점에서 사고의 전환을 요구한다. 그런데 이 전환은 언어의 에네르게이아라는 사상을 수미일관하게 활용함으로써 필연적으로 얻어지는 것이며, 그 전환이 실제적으로도 실행될 수 있다는 사실을 바이스게르버는 《도이치말의 역사적 힘》[78]에 대한 연구에서 입증하였다.

"역사는 언어의 매개물 속에서 펼쳐지는데,"[79] 이때 이 '언어'라는 매개물은 중립적으로나 수동적으로 생각될 수 있는 것이 아니고 전적으로 함께 관여하고 함께 형성하며 바로 역사적으로 활약하는 힘으로 생각될 수 있는 것이다. 이는 실로 "작용하는 힘으로서의 언어에 대한 기본견해와 각각의 언어에서 이루어지는 세계의 정신적 형성 및 각각의 문화의 구성에서 모어의 관여에 대한 인식으로부터 나온 필연적인 결론일 뿐이다."[80] 이러한 관련사실들의 연구를 통해 바이스게르버는, "여러 언어와 그들의 상이성은 인류의 역사를 완전히 지배하는 힘으로 간주되지 않으면 안 된다"(IV, 429)고 하는 훔볼트의 요구를 실행하고 있다.

인간의 사회화의 여러 형식들 가운데 특히 '언어공동체'가 지속적이고 생명이 길며 단합의 역할을 수행하는 것으로 입증되었다. 인간은 누구나 모어를 습득함으로써 수 세기에 걸쳐 수많은 세대에 의해 이룩된 정신적 활동의 성과를 (노력 없이는 아니지만) 이어받을 수 있고 자신의 사고와 체험을 통해 초심자이자 한 개인으로서 결코 중단하는 일이 없을 단계에서 그것을 '사용한다'고 하는 것은 옳다(모어의 법칙). 언어공동체의 법칙도 승인되어야 한다. 즉

78 Weisgerber 1950[c] ([3]1971).

79 위에 든 곳, 14.

80 위에 든 곳.

인류는 '빈틈없이' 여러 언어공동체로 나뉘어지고(물론 그 내부와 상부에서는 여러 가지의 다양한 생활공동체 및 상황공동체로도 나뉘어지는데), 어쨌든 "언어공동체는 가장 생명이 긴 역사적 형성물들 가운데 하나이고, 그 나이는 수천 년을 헤아리며, 그 발전은 전례 없는 힘으로써 효력을 나타내는 법칙에 따라 진행되고, 그 존속은 우연과 자유의지에 의해 받게 되는 영향이 미미할 뿐인 한 가지 방식으로 보장되어 있다."[81] 바이스게르버의 뜻에서 언어공동체에 속한 사람들은 말하자면 동일한 정신적 대기권 속에서 살고 있는데, 그 기압은 개개인이 자주적으로 교양에 따라, 그리고 개별 인격체로서 고양되는 일이 적으면 적을수록 그만큼 더 커진다고 말할 수 있을 것이다. 의심의 여지없이 모어의 세계상은 그 사상적(범주적) 질서에서뿐만 아니라 흔히 무의식적인 감정적 평가를 통해서도 똑같이 공동체를 수립하는 작용을 행사한다. 바이스게르버에 따르면, "모어는 역으로 작용하여 언어공동체를 한 데 묶어주는 힘이며, 모어에 뚜렷하게 새겨져 있는 세계상은 역사적 협력이 구축될 수 있도록 하는 정신적 결합이 가능해지고 확보되어 있는 길이다. 모어가 '삶의 세계를 정신의 소유재로 개조하는' 형식은 이제 수억 배로 작용하면서 언어공동체의 모든 삶의 과정에 관여한다."[82] 바이스게르버는 '도이치 사람의 모어로서의 도이치말의 역사'에 대한 단서를 제시하는데, 이때 바이스게르버는 모어가 민족의 삶 속에서 역사적으로 작용한다는 것에 대한 근거를 제공해주는 여러 역사적 시기에 주목하고 있다. 바이스게르버는 그 가운데 여섯 군데를 강조하고 있다.

1. 모어가 도이치 사람의 역사에서 애당초부터 매우 본질적인 것을 성취했다는 데 대해서는 확실한 언급이 있다. 즉 '도이치 사람Deutsche'은 언제부

81 위에 든 곳, 16.
82 위에 든 곳, 19.

터 존재해왔는가라는 문제를 추적해보면, '도이치 사람'이라는 이름은 역사에서 비교적 늦게, 즉 대략 기원후 900년경에 등장한다는 잘 알려진 사실을 비켜갈 수 없다. 그리고 그렇게 뒤늦게야 비로소 유럽에서 중요한 새 민족이름이 생겨났음은 물론 놀랄만한 일이지만, 이 이름이 어떤 경로를 통해 얻어졌는가를 관찰해보면 더욱더 특이하다. 왜고 하니, Spanier(스페인 사람)가 Spanien(스페인)으로, Franzosen(프랑스 사람)이 Franken(프랑켄)으로 소급되는 등 거의 모든 민족이름이 보다 더 오래된 나라이름 또는 부족이름으로 소급되는 데 반해, Deutsche(도이치 사람)라는 이름에 대해서는 그에 앞선 나라이름 또는 부족이름을 제시할 수 없다. 도이치 민족이름에 앞서는 것은 형용사deutsch인데, 이 형용사에 대해서는 그래도 대략 100년 전에 이미 theodisca lingua(도이치 언어)라는 중세 라틴말 표현에서 가장 뚜렷하게 문서로 증명된 바 있다. 잘 알려진 연구결과에 따르면, '도이치 민족이름은 도이치말의 이름에서 얻어졌다'. 즉 deutsch라는 언어의 이름이 민족이름 Deutsche(도이치 사람들)의 발생에 함께 관여했다면, 이는 이 관련성이 뜻하는 바가 무엇인지를 연구하라는, 언어학을 향한 시급한 요청이다. '언어'이름-'민족'이름이 이루는 이 순서에서 도이치말의 역사적 효력에 대한 암시가 내포되어 있는지의 문제가 예고된다. 이 관계에 대한 면밀한 연구는 최소한 함께 형성하는 힘으로서의 모어가 도이치 사람들이 역사적 존재로서 그들 자신을 의식하게 되었던 일련의 과정에 참여했는지, 그리고 어떻게 참여했는지를 확인하는 일로 귀착될 것이다.

2. 이 생각들을 거쳐 도이치 민족의 삶의 토대와 시초에 접근하게 되면, 중요한 역사적 전환의 시대에 함께 형성하는 실체로서의 모어와 마주치게 된다 하더라도 놀랍지 않을 것이다. 모어가 이 여러 가지 전환의 조짐과 흔적을 그 자체 안에 담고 있음은 아무도 의심하지 않는다. 언어를 역사의 '거

울'로 간주하는 것도 그렇거니와 좁은 뜻에서 언어사도 수없이 결합되어 있는 언어적 사건들과 시대의 움직이는 흐름들을 보여주었다. 이러한 뜻에서 이를테면 궁정언어, 도이치 신비주의의 언어, 종교개혁 시대의 언어, 바로크의 언어 등이 연구되었다. 하지만 언어와 역사의 이 평행성에 대해서는 그들 간의 상호작용을 제시한다는 뜻에서 훨씬 더 제대로 숙고해보아야만 한다. 왜냐하면 언어와 같이 그렇게 다양한 모습을 갖춘 힘은 의심할 여지없이 이 생기현상 안에서 결과이자 원인으로서, 작용을 받으면서 동시에 작용을 미치면서, 수확물이 차곡차곡 쌓여 결국 다양하게 새로운 자극으로 작용하는 중심으로서 그 상호작용 안에 존재하기 때문이다. 이를테면 우리는 '13세기'에 있었던 중요한 도이치말로의 (그리고 동시에 유럽의) '전환'의 시대에 관해서, 모어가 그 시대에 존재했던 방식을 염두에 두며 조사해볼 것이다. 그때까지 (공공문서처럼) 라틴말만 사용했던 분야에서 도이치말의 사용, 좀 더 의식적으로 모어의 문제들이 동쪽과 서쪽에서 받아들여졌던 것, 작센 법전에서 언어권리의 단서들, 그리고 무엇보다도 신비주의의 분야에서 미래를 가리키는 중요한 언어창조들 같은 증거는 당시에 도이치말의 삶에서 뭔가 작용하기 시작하여 900년경에 비로소 이념으로 파악된 도이치말의 통일성이 강화된 형태로 언어의 관점에서 발달할 수 있게 되었고 또 도이치말을 사용하는 동쪽의 '새로운 언어가능성'에 의해 처음으로 공통어에 접근할 수 있게 되었으며 이로 인하여 모든 부족, 모든 계층, 모든 삶의 영역에서 모든 이에게 접근 가능하고 모든 이를 풍요롭게 하는 정신적 활동의 중심이 구성되지는 않았는가 하는 생각이 들게 한다.

3. 그 다음으로 결코 간과할 수 없는 것이 1500년경, 시대의 중요한 변혁에 참여했던 모어의 몫이다. 종교개혁가들의 사고에서 모어에 어울리는 의미로 표현되는 것 가운데 가장 잘 알려진 것은 바로 전래의 세 가지 '성스러

운' 언어인 히브리말, 그리스말, 라틴말과 더불어 도이치말의 동등한 권리를 둘러싼 투쟁으로 볼 수 있는 운동의 부분현상에 불과하다. 이는 당시에 넓은 권역을 포괄하고 대체로 고유 언어와의 내적 관계가 변모하는 데서 표출되는 일종의 '언어적 성숙'의 감정이다. 신고지 도이치말 Muttersprache(모어)가 1523년에 가장 먼저 루터M. Luther한테서 발견된다는 것은 우연이 아니다. 새로 발견된 이 모어는 이제 독립적인 정신적 삶을 전개하려는 노력에서 힘으로서 감지된다. 이 또한 강력해진 모어를 그 이전에는 스스로 가질 자신이 없었을 의지를 갖게끔 할 자극이 되도록 하는 상호작용의 과정이다. 그리고 이 과정을 통해 다시금 이 언어적 자기의식은 고유의 언어, 그것의 확장, 그것에 관한 학문적 연구에 보다 더 주목하게 된다. 사건들은 어쩌면 아직 정돈되지 못한 채 아무런 관련성 없이 나타날지도 모른다. 하지만 전체적으로 보아 이 사건들은 높은 충격력을 지니고 다양한 방식으로 모어와 언어공동체를 결합시키는 힘으로 지탱되는 진행과정의 모습을 낳는다. 그리고 이 사건들의 파급효과는 고유 언어의 연령, 가치, 재산이라는 표상에 연결된 감정가치가 묻어나오는 것으로부터 헤아릴 수 있다.

4. 그러한 감정상의 결속은 점차 전면으로 부각되어 대략 '17세기 중반'에 정점에 도달하게 된다. 특히 1640년부터 1650년까지의 10년 동안에는 제목만 보아도 이미 모어와의 강한 감정상의 결속을 알 수 있는 글들이 놀랄 만치 많이 나왔다('도이치말의 영관Der teutschen Sprach Ehrenkranz'(Schill 1644)). 사람들은 '고귀한 도이치 주요언어의 구제Rettung der edlen teutschen Hauptsprache'(Rist 1642)를 걱정했고, '버릇없는 도이치말 훼방꾼Der unartig Teutscher-Sprach-Verderber'은 당시에 전성기를 누렸던 도이치 언어협회들의 활동에 대해 훨씬 더 자세하게 알려준다. '태고의 도이치 주요언어와 영웅언어'라는 말은 바로 17세기의 슬로건이자 유행어로 간주된다. 이러한 것들은 그만큼 이 시대

가 모어와 매우 고유한 내적 관계를 갖고 있었다는 징표이다. 그러한 확산된 태도가 바로 이 10년 동안에 의미했던 바를 바이스게르버는 주시하고 있다. 30년 전쟁에서 일어난 일들과의 상호관계가 곧바로 손에 잡힌다. 이 역사적 상황에서 모어가 언어공동체에 발휘했던 특정한 성능이 고양된 의미를 얻었고 모어의 힘의 한 가지 방향이 통상적인 '자명한' 정도를 넘어서서 대단히 중요한 것으로 입증되었다. 그리고 이들 도이치말 '찬양자'들은 모어 자체를 끌어들여 그것을 통해 언어공동체의 삶에 특별히 필요한 작용형식을 강화하고자 하는 투사였다. 이러한 뜻에서 바이스게르버는 언어협회들의 활동, 무엇보다도 쇼텔J. G. Schottel, 체젠P. von Zesen 같은 지도자들의 운동에 관하여 확증해놓고 있다.

5. 그러한 생각들을 해나가는 과정에서 또한 도이치 나라의 언어사상에 크나큰 영향을 끼쳤던 시대를 이해할 수 있게 된다. 언어학사에서 알려져 있기로는 19세기 초에 도이치 사람 봅F. Bopp과 그림J. Grimm이 학문적 언어비교와 언어사의 창시자로서 등장했는데, 그렇다면 이는 그들의 발견에 앞서서 우리에게 도이치 사람들이 다양한 방식으로 언어의 문제에 몰두했었음을 보여주는 노고의 학문적 결실이다. 이 시대의 사고에서 모어가 얼마나 강력하게 고려되는지를 알아내기 위해서는 '도이치 운동'(여기에는 질풍노도와 낭만주의 시대에 공통된 것이 함께 포괄된다)의 온 범위를 포함시켜야만 한다. 어느 영역에서든지 각자의 분야에서 언어의 작용을 매우 인상적으로 보여준 사람들이 있다. 헤르더J. G. von Herder의 저서든 피히테J. G. Fichte의 연설이든 아니면 아른트E. M. Arndt의 글이든, 슐레겔S. F. von Schlegel의 사고과정을 좇든 노발리스Novalis의 시를 음미하든 또는 시대의 빼어난 언어 창조물 뒤에 있는 것을 감지하든, 바이스게르버는 언어와의 강한 내적 연계, 언어의 가치에 깨어 있는 감정, 그리고 언어에 힘입은 것으로 간주되는 수많은 작용에 주목한

다. 그러고 보면 이 범위 안에서 지금까지의 모든 사람한테서 언어의 힘에 대한 가장 심오한 통찰을 얻었던 사람과 마주치게 되는 것도 우연이 아니다. 그가 바로 본디의 일생일대의 저서에서 언어를 다루었던 훔볼트W. von Humboldt이다. 그가 왜 다양한 활동을 하는 가운데 언제나 되풀이하여 언어 연구로 되돌아오곤 했는지가 의아하다면, 이에 대한 설명은 바로 '언어란 인간의 역사에서 주로 창조하는 힘의 하나이다'라는 그의 인식에서 찾을 수 있다. 훔볼트는 이 힘을 추적하면서 온전한 효력을 지닌 언어학을 위한 토대를 놓았을 뿐만 아니라, 동시에 그는 당시에 모어의 지배하는 힘에 순순히 뒤따르며 오늘날까지도 느낄 수 있는 방식으로 모어의 힘에 길을 열어주었던 사람들 가운데 우두머리이기도 했다.

6. 역사적으로 가다듬어진 통찰력으로 우리는 이제 현시대에서 모어의 작용형식을 간파해보는 시도를 할 수 있게 될 것이다. 특히 1914년 이래 유럽을 넘어 떠나갔던 것은 언어적 조건과 밀접하게 관련되어 있기 때문에, 이는 언어 힘을 고려하지 않고서는 전혀 이해할 수 없다. 도이치 사람들은 소수였던 시절뿐만 아니라 추방당했던 시절과 나라가 분단되었던 시절에도 다양하게 그들 언어공동체의 기본조건을 따르도록 되어 있어서 그들의 생존에 대한 결정은 그들의 모어의 작용력과 그 어느 때보다 더 밀접하게 결부되어 있다.[83]

여기서 근본적으로 방법상 구분해야 할 두 가지 문제범주가 펼쳐진다. 역사에 대한 언어의 기본적 중요성은 모어와 언어공동체 사이의 본질적 상호관계에서 생겨난다.

---

83 위에 든 곳, 29-33 참조.

바이스게르버는 아래와 같이 언급하고 있다.

“이 모든 현상의 토대는 모어와 언어공동체 사이에 존재하는 상호작용이다. 그리고 이 상호작용 속에서 모어의 작용하는 힘으로써 역사적-공동체적 인간삶의 기본형식, 즉 언어공동체가 구성되고 지탱된다.

우리는 모어와 언어공동체를 동시에 끌어들일 수밖에 없었는데, 그 이유는 이 둘의 존속이 불가해하게 서로 결합되어 있기 때문이다. 다시 말해 모어는 그것을 보유하는 언어공동체가 없다면 존재할 수 없고 언어공동체는 모어의 결집력이 없다면 존재할 수 없는 것이다. 그리고 우리가 모어의 성능과 작용형식, 그리고 현실을 형성하고 문화를 창조하는 모어의 힘을 그 자체로서 고찰했다 해도 모어와 언어공동체의 기본관계가 결정적인 것임에는 변함이 없다. 독특한 것은, 각각의 모어가 그것의 언어공동체에 의해 만들어지고 지탱되며 완성되어 전승된다는 것은 의심의 여지가 없다는 것이다. 각각의 모어는 처음부터 언어공동체의 삶 안으로 작용해 들어가서 그것의 보유자의 전체를 파악하여 그것에 다름 아닌 바로 언어공동체의 성격을 부여한다는 것도 마찬가지로 의심의 여지가 없다. 그리하여 언어공동체의 전체 삶에 투입되는 모어의 작용하는 힘을 추적하는 일이 필요하다. 그것은 ‘세계를 정신의 소유재로 개조함’에 의해 만들어진 모어적 사유세계가 언어공동체의 공동체적, 역사적 삶이 비로소 가능해질 토대가 되기 때문이다.

이는 삶에서 ‘밖으로 드러난’ 부분뿐만 아니라 ‘밖으로 드러나지 않은’ 부분들, 모어적 세계상의 공통된 차원이 없으면 무너질 수밖에 없을 모든 것에도 적용된다. 왜냐하면 공동체적인 삶, 그리고 특히 역사적 삶을 위해 필요하며 공간과 시간의 정신적 연결을 비로소 가능하게 할 ‘상호소통’을 만들어내기 위하여 함께 작용하는 것은 ‘외적’ 언어뿐만이 아니기 때문이다. 이해 가능하고 공동체적인 행위, 동일한 방향의 역사적 협력을 똑같은 정신적 의식으로부터 가능성에 따라 열어주는 것은 훨씬 더 모어의 내적 세계이다. 언어공동체의 전체 삶에 관계하는 이 형식에서 모어는 역사를 제어하는 힘으로 나타난다. 그리고 역사적으로 효력을 발휘하는 낱말과 언어기류의 모든 개별 현상들을 넘어서서 모어가 언어공동체의 존립을 보장해줄 뿐만 아니라 그러한 공동체의 의지와 행동 또한 조종하고 지속적으로 만들어주는 방식은 언제나 결정적이다."[84]

여기서 문제되는 것은, 한 언어가 어떻게 역사적 힘 전체로서 전개되며, 또 그와 더불어 그 언어를 지탱하는 언어공동체를 고려하여 한 모어의 온전한 효력을 어떻게 행사하는가이다.

이 연구과제의 본디의 어려움은 다시금 우리가 역사상Geschichtsbild에서 통상적으로 자명하게 전제되고 있는 것을 의식적으로 파악하는 데 있다. '모어'라는 사태를 없다고 가정하는 바로 그 순간에 역사적 삶의 가능성들 중에서 무엇이 남게 될 것인가를 상상해보면 쉽게 이해될 것이다. 그러나 그러한 고찰은 행해질 수 없을 것이다. 그것의 모든 귀결들을 생각해낼만한 상상력도 거의 없을 것이다. 왜냐하면 바로 역사성과 언어의 연계는 떼려야 뗄 수 없는 관계에 있고, 이러한 상호관계의 근거는 더 이상 보이지 않는 심연에서 찾아야 하기 때문이다. 바이스게르버는 이론적으로 보아 한 언어의 세계상이란 무엇인지, 그리고 역사적 삶의 구성에서 형성된 정신이 무엇을 의미하는지 아는 사람이라면 누구나 모어와 역사의 관계를 분명하게 연역해낼 수 있다고 한다. 그러나 경험적 방법으로 이러한 관련사실에 도달하려 하고, 또 그것을 역사적 확정사실들의 설득력으로부터 확인하려는 사람은 자신의 관찰을 공간적·시간적으로 폭넓게 확장시켜야만 한다는 것이다.[85]

84 Weisgerber 1950/51[a], 6.

85 Weisgerber 1964[b], 111 이하 참조.

여러 민족의 역사에서 모어의 발견

바이스게르버는 언어의 역사적 힘의 작용을 파악하기 위한 매우 유익한 착안점을 제시했다. 그것은 바로 '모어의 발견'[86]으로 총괄될 수 있는 역사적 과정들이다. 그 실마리를 제공하는 것은, 일반적으로 모어는 자명하게 이미 주어져 있는 것과 더불어 인간의 삶 속에 존재하지만 다시금 각 언어공동체의 역사에서는 모어가 의식되고 보다 많이 주목받으며 보다 높이 평가되는 시기가 있다는 사실이다. 이 관찰은 두 가지의 뜻에서 중요하다. 바이스게르버는 한편으로 모어의 어떤 현상에 주의가 집중되는가, 어떤 관점하에서 그 현상이 '평가'되는가를 확인하고 있다. 그리고 이렇게 모어에 주의를 기울이게 되는 역사적 환경을 조망하고 있다. 이 두 가지 모두 중요한 통찰을 향한 출발점이라고 한다. 확실히 한 언어공동체가 모어의 자명한 현존을 단 한 번의 주의집중으로 완전히 간파한다고 가정할 수는 없다. 그러나 언어공동체는 분명히 모어적 성능들 가운데 하나의 중요한 점에 주의를 기울일 것이다. 따라서 우리는 모든 모어가 무의식의 상태에서 각각의 역사적 공동체 내에서 수행하는 다양한 성능들을 수많은 고찰을 통해 의식 속으로 끌어올리게 되기를 기대해본다. 그 다음으로 두 번째 사상이란, 자명한 어떤 것이 의식 안으로 들어서기 위해서는 지속적인 영향을 미치는 동인이 필요하다는 것이다. 즉 무의식적으로 지나가는 일은 그것의 정상적인 직무수행이 어떤 중요한 지점에서 방해받는 경우에 의식되며, '자명한' 소유물은 위협을 받고 더 이상 충분히 보장되어 있지 않은 것으로 나타나는 경우에 평가된다. 요컨대 모어가 좀 더 많이 주목되는 역사적 상황을 전반적으로 조망한다면, 그러한 '모어의 발견'을 통해 어떤 가치들이 보다 뚜렷하게

86 위에 든 곳, 112; 또한 Weisgerber 1948 참조.

보장되는지에 대한 암시가 얻어질 수 있을 것으로 바이스게르버는 본다. 그리고 만약 우리가 수많은 역사적 실례들을 충분히 비교하여 그러한 전체 상황을 제대로 해석해낼 수 있게 된다면, 우리는 모어와 밀접하게 결부되어 있고 모어 힘의 안정된 효력에 의존해 있는 역사적 삶의 결정적인 자리들로 인도될 것이다.

바이스게르버에 따르면, '모어의 발견'이라는 말을 곧바로 떠올리게 하는 과정을 잘 조명해주는 것이 최초의 스페인말 문법서의 출현이다. 스페인으로서는 매우 중요했던 해인 1492년에 일어난 사건들 가운데 그 해 8월에 살라망카에서 네브리하(Nebrija)에 의한 《카스티리야말 문법》(Gramática de la lengua castellana)이 출판된 것이 기록되어 있다. 우선 이 언어사의 사실은 무어사람을 최종적으로 정복한 것이나 콜럼버스가 아메리카 대륙을 발견한 것과 같은 세계적인 큰 사건에 그저 우연히 시간적으로 같은 해였다고 생각할 수도 있을 것이다. 그런데 이 관련 사실들을 좀 더 정확하게 추적해 보면, 모어에 관심을 기울이는 최초의 상세한 스페인말 문법서를 낳았던 바, 시대적 계기뿐만 아니라 의도된 목적에 있어서 그 시대의 전체 사건과 밀접하게 결부되어 있다. 그 시기도 목적도 스페인말을 제국의 동지로 생각하는 것 속에 포함되어 있다. 이 문법서의 저자는 서문에서 명료한 말로 자신이 그렇게 기획한 동기를 설명하고 있다. "이제 스페인은 통일되고 공고해져서 학문과 예술을 진흥시킬 때가 되었고 그 가운데 언어는 첫 번째 자리를 차지한다. 스페인말에다 그 시대의 모든 공격을 버텨낼 수 있는 튼튼한 형식을 만들어 주는 게 필요했다. 그러한 형식이란 연대기에 수록된 카스티리야 여왕의 영웅적 행위와 스페인 시문학 작품들이 불멸의 삶을 얻도록 하기 위한 것이다"라고. 그것을 넘어서서 네브리하는 모어를 제국의 진정한 동지로 보았다. "모어는 언제나 민족의 발전과 보조를 맞추고 있으며 이 둘, 즉 언어와 제국은 함께 시작하여 함께 성장하고 함께 꽃을 피우며 함께 몰락한다. 그리하여 언어도 마찬가지로 도달된 정점을 확보해서 공고해지고 안전해져서 쇠퇴를 두려워할 필요가 없도록 해야 한다. 그리하여 마침내 모어는 성취한 권력을 보유하기 위한 가장 효과 있는 방도로 생각된다"라고 서술하고 있다. 네브리하가 문법서를 집필할 때 가졌던 중요한 생각은 "여왕께서 낯선 언어를 사용하는 수많은 야만민족을 지배하에 두시게 된다면 이 민족들은 강제적으로 정복자의 법률이나 규정을 받아들이지 않으면 안 되고 그럼으로써 우리의 언어도 받아들이지 않으면 안 될 것이라는 점입니다. 그래서 그들은 우리의 언어를 저의 책을 통해 배울 수 있을 것입니다"라고 했다. 그러한 이유에서 네브리하는 그 문법서를 이사벨라 여왕에게 헌납하고 있다. 언어에 대한 결정권도 다른 모든 것들에 대한 결정권과 마찬가지로 여왕의 수중에 있기 때문이다. — 이 사례에서 두 가지를 아주 분명하게 인식할 수 있다. 그 하나는, 상세한 모어 문법이라는 것이 당시만 하더라도 아직 통상적이지 않았던 만큼 그러한 감행을 하게 된 계기는 제국의 고양된 자기의식, 정치적 약진, 제국의 대외적 번영과 명백하게 결부되어 있다는 점이다. 그리고 이러한 상황에서 가장 강렬하게 감지되는 모어의 측면이 '제국의 동지'라는 말에서 명확하게 나타난다는 점이다. 이는 모어 안에 내포되어 있는 위력에 관한 인식으로서 이 위력은 비록 정신적인 위력이라 하더라도 대외적인 권력의 존립과 확장, 존속에 있어서 본질적 조건들 가운데 하나로 여겨진다. 위 두 가지 사태는 보편타당한 어떤 것, 즉 어느 시대든지 어느 모어에도 내재해 있는 가능성과 현실성을 암시하고 있다. 그것이 신대륙 발견 시대의 스페인에서 그만큼이나 강력하게 부각되었다는 것을 보면, 이 '모어의 발견'도 우연히 아메리카 대륙의 발견과 때를 같이한 것이 아님이 증명된다. 이 둘은 동일한 토대에서 비롯되었고 자기 언어의 가능성에 대해 숙고해 보건대 유사한 상황에 처한 다른 민족들한테서도 우리가 비슷하게 관찰할 수 있는 어떤 작용의 관련성을 보여준다. 모어의 힘의 형식과 방향이야말로 그 효력범위가 스페인의 사례에서와 같이 언제나 명확한 것은 아닐지라도 역사적 발전에 줄곧 개입할 수 있는 것이다. 위 사례는 스페인이 처해 있던 특별한 상황을 넘어서서 또한 언어적 신시대에 특징적인 모어에 대한 기본태도를 나타내고 있다.[87]

바이스게르버에 따르면, 도이치 언어의 가능성에 대해 숙고해보건대 도이치 민족은 유사한 상황에 처한 다른 민족들한테서도 관찰할 수 있는 어떤 작용관련을 보여준다. 그것은 모어적 힘의 형식이자 방향이고, 그 효력범위는 이 사례에서와 같이 언제나 그렇게 드러나는 것은 아닐지라도 역사적 발전에 줄곧 개입할 수 있는 것이라고 한다.

이를테면 Muttersprache(모어)라는 표현은 1500년 직후에 표준 도이치말에서 널리 퍼져 있었다는 것을 알 수 있는데, 이는 확실히 강화된 역사적 활동이 있었음을 가리키는 매우 중요한 암시이다. 순전히 연대기적으로 확인된 바에 따르면, 최초의 입증된 증거는 1523년과 1524년에 루터M. Luther의 글에서 발견된다. 가령 도이치 미사의 문제에 대한 〈천상의 예언자들을 공박함Wider die himmlischen Propheten〉이라는 글에 분명하게 들어 있다. “es muß beyde text und notten, accent, weyse und geperde aus rechter mutter sprach und stymme komen”. 하지만 〈성사의 경배Vom Anbeten des Sakraments〉라는 글의 끝부분에도 마찬가지로 확실하게 파악할 수 있다. “und solls alleyne auhs seyner mutter sprach tun”. 물론 루터는 직접적으로 이 낱말을 만들어낸 사람이 아니라 당시 고지 도이치말에서 ‘조짐이 있었던’ 표현을 관철시켰던 사람이다. 이미 1522년에 루터와 가깝게 지냈던

87 Weisgerber 1964^b, 113 이하 참조.

아우구스티누스회 수도사 귀텔C. Güthel이 쓴 〈대화서Gesprechbüchleyn〉에서 대가(=루터)의 입을 빌어 “rede deyner mutter sprach, mach gutt teutsch”(증거자료는 다우베A. Daube[88]에 있음)라고 써놓은 데서 이를 알 수 있다. 두 사람은 두 가지 방식으로 준비되어 있었던 언어용법을 계속 사용한다. 외양으로만 보면 고지 도이치말 Muttersprache는 저지 도이치말에서 전용된 것으로 보인다. 저지 도이치말에는 modersprake 같은 유형의 표현이 이미 한 세기 전에 사용되었던 것이다. 다른 한편으로 고지 도이치말에서도 이미 일찌감치 이따금씩 müeterlich deutsch 같은 표현이 1350년에 메겐베르크K. von Megenberg에게서, 그리고 muterlich zunge라는 표현이 15세기에 외하임 Oeheim에게서 등장한다. 끝에 언급한 표현들은 1119년 이래 중세 라틴말에서 나타나는 materna lingua라는 표현과 분명 관계가 있다. 바이스게르버는 위 사례가 스페인이 처해 있던 특별한 상황을 넘어서서 또한 언어적 근대에 특징적인 모어에 대한 기본태도를 알려주는 것이라고 강조한다.

이 관점에서 보면 루터에게서 Muttersprache라는 낱말이 등장하는 것은 다른 모든 게르만 언어에서 이미 오래전에 존재해왔던 용법을 완성시킨 것 또는 ‘게르만 부족들에게 특별히 친숙한 관점을 부활시킨 것’으로 여겨진다. 민족들이 자신의 언어를 ‘발견’하고 자신의 행동을 이 언어에 맞추는 네 가지 주요 형식을 구분할 수 있다.

언어는 주로 그것의 인식성능(그리스말 λόγος(로고스)에서와 같은)에서 또는 그것의 전승가치(라틴말 patrius sermo(아버지와의 대화)에서와 같은)에서 또는 권력수단으로서(compañera del imperio(제국의 동지)로서)의 그것의 의미에서 또는 민족에 부착되어 있는 그것의 힘에서 볼 수 있다. 이 마지막 견해는 명백하게 Muttersprache라는 표현의 기저에 깔려 있는바, 이 표현은 게르만어 유사어

88 Daube 1940.

인 Muttererde, Mutterboden, Mutterland(이는 라틴말 patria에 따라 만들어진 Vaterland보다 더 오래됨), Mutterstadt(Vaterstadt는 나중에야 비로소 나타남), Mutterhaus, 그리고 Mutterlicht, Mutterhimmel, Mutterluft 등과 같이 게르만 언어에 다양하게 나타나는 표현들과 동일선상에 있다. Mutter-로 시작되는 이 합성어들은 특징적인 한 무리 안에 시간을 초월하여 널려 있고 삶을 결정짓는 것으로 느껴지는 힘들이 모여 있음을 보여준다. 바이스게르버에게 Muttersprache란 단순히 감정을 강조한 'Sprache der Mutter'보다도 훨씬 더 큰 가치를 지니는 것이며, '어머니처럼 작용하는 말mütterlich wirkende Sprache'로 이해하고 있다. 이것은 도이치 민족이 개인과의 관계, 그리고 전체 언어공동체와의 상호작용을 자각한 중요한 사실을 시사한다.

바이스게르버에 따르면, 1500년경에 고지 도이치말 Muttersprache가 널리 퍼진 것은 '고유의 언어가 이 시대에 특별히 강렬하게 감지된 가치'가 되었음을 명백하게 가리켜주는 것이라고 말할 수 있다. 분명 그 시대의 도이치 사람들은 좀 더 언어공동체로서 행동했던가, 아니면 그들에게 그리도 중요한 것이 자신의 언어의 힘을 다 펴내는 데 달려 있어서 그들에게는 그것을 가리키는 명시적 언급이 급박해졌던 것이다. 그리고 이 각인에 깔려 있는 특별한 관점은 우연한 것이 아니었다. 확실히 바이스게르버는 모든 언어공동체에서 그가 언급했던 모든 성능들, 이를테면 세계를 해명하는 사유의 힘, 민족의 근원과 역사의 결속, 정신적 (그리고 정치적) 권력 전개의 가능성, 그리고 특히 공동체를 형성하는 힘을 가진 모어가 감지된다는 것을 전제할 수 있다고 한다. 그런데 이 작용방식들은 분명히 번갈아가며 다양한 강도로 전면에 드러난다. 도이치 사람들이 1500년경에 다시금 자신의 모어에 대해 의식하게 되었을 때, 이는 Deutsch라는 관념 자체의 형성에서 결정적이었던 사상의 반듯한 속행이고, 이러한 뜻에서 새로운 낱말의 침투는 모어의 힘이 언어와 언어공동체 사이의 지속적인 상호작용 속에서 새로운 정점을 향해 달려갔음을 확인해주는 것이라고 말할 수 있다. 어떤 의미에서 보면 Muttersprache라는 사상은 Deutsch라는 관념의 속행, 부활이다. 고지 도이치말이 게르만 언어권 가운데 마지막으로 módurmál의 형성에 참여했었다는 사실은 일견 놀라운데, 이 사실은, deutsch라는 낱말이 투명한 방식으로 본연의 언어를 의식적으로 담고 있었던 한 바로 그러한 Muttersprache는 거의 잉여적이었다는 것으로 설명할 수 있다. 이제 새로이 얻어진 신조어를 통해 어느덧 범민족적이 된 Deutsch(도이치말)에서 보다 강화된 Muttersprache의 효력을 요구했던 한 사건이 예고된다.[89]

우선 이 관련사실들이 인식되었을 때 바이스게르버는 그것들을 그 역사적 작용에서부터 간파하는 일도 시도하고 있다. 가장 투명한 예를 제공해주는 것은 아마도 17세기의 도이치 언어협회들일 것이다. '언어협회들의 외적 역사'에 대해서 숄테J. H. Scholte[90]에 의해 충분히 기술된 바에 따르면, 다섯 개의 규모가 큰 건립단체를 들 수 있는데, 이들과 더불어 수많은 단명의 단체가 설립되었다. 가장 오래된 언어협회는 1617년에 창설된 '열매맺음의 모임Fruchtbringende Gesellschaft'인데, 이것은 대표적인 것으로서 당시에는 가장 강력한 영향을 미쳤다. 이 협회의 중심인물은 안할트-쾨텐Anhalt-Köthen의 제후 루드비히Ludwig로서, 그는 1650년 사망할 때까지 이 협회에서 활발하게 활동하였다. 다음에 건립된 단체는 남서부 지방에 해당하는 슈트라스부르크에서 1633년에 설립된 '전나무의 성실한 모임Aufrichtige Gesellschaft von der Tannen'이었다. 이 협회는 1621년부터 대학교로 승격한 슈트라스부르크 상급하교의 주위에서 생겨나와 30년대와 40년대에 높은 지위를 누렸다. 유명한 시인과 문필가를 배출한 단체로는 '도이치식 지향의 조합Deutsch-

89 Weisgerber 1950c (³1971), 129 이하 참조.

90 Scholte 1928 참조.

gesinnte Genossenschaft', '페그니츠강변의 기특한 목자와 꽃 조합Löbliche Hirten-und Blumenorden an der Pegnitz', '엘베강의 백조회Elbschwanenorden'를 들 수 있다. 이 운동은 북부와 남부로도 이어졌다. '도이치식 지향의 조합'(북쪽에서는 1642년에 함부르크에서 건립)의 중심은 체젠Ph. von Zesen이었다. '페그니츠강변의 목자들'은 1644년부터 뉘른베르크에서 하르스되르퍼G. Ph. Harsdörffer를 중심으로 모였다. 리스트J. Rist는 1656년에 엘베강 하류의 베델Wedel에서 '엘베강의 백조회'를 설립했다. 이러한 운동의 파급범위는, 비록 똑같은 외적 구성의 방식을 택하지 않았고 그 밖에도 언어협회와 시인학교 사이의 경계선이 점점 더 시인학교 쪽으로 옮겨가긴 했어도 어쨌든 쾨니히스베르크(1630-1650년 지몬 다흐Simon Dach를 중심으로 한 호박산장Kürbishütte)와 라이프치히(1677년 이래 시문학협회Poetische Gesellschaft)에까지 뻗어나갔다는 것으로 특징지어진다.

일반적으로 이들 언어협회에 대해서는 유익한 활동보다는 오히려 '기이한 행보'가 보고된다. 특히 외국으로부터의 자극이 이들 협회에 영향을 끼쳤다. 일부는 이탈리아에서 온 것으로서, '열매맺음의 모임'의 창설자인 안할트-쾨텐의 제후 루드비히는 이탈리아에서 유사한 협회를 알게 되어 스스로 저 유명한 플로렌스의 '크루스카 아카데미Accademia della Crusca'의 회원이 되었던 것이다. 일부는 네덜란드에서 온 것인데, 언어협회에서 가장 열심히 활동했던 사람들은 거의 모두 오랫동안 네덜란드에 머무른 적이 있었고 그곳에서 '수사가들의 모임Rederijker-Kammer'의 발랄한 조직을 알게 되었던 것이다. 이탈리아와 네덜란드의 방면에서 외면상의 특이한 특징들이 수입되었다. 협회들이 붙인 표징과 표어들(야자수, 전나무 등), 회원들이 받았던 식별명(열매맺음의 모임에서 안할트-쾨텐의 제후 루드비히는 양육하는 이der Nährende, 오피츠Opitz는 today 즉위한 이der Gekrönte, 쇼텔Schottel은 탐색하는 이der Suchende, 체젠은 복지를 도모하는 이der Wohlsetzende이자 도이치식 지향의 조합에서는 준비된 이der Färtige, 마찬가지로 모셔로쉬Moscherosch는 두 협회에서 꿈꾸는 이der Träumende였다) 등이 그것이다. 좀 비밀스런 이러한 의식들은 경우에 따라서는 이들 단체를 비밀결사에 가까운 조직으로 보이게 한다. 그리고 이들의 긍정적인 활동 외에 오로지 가능한 한 별난 보기를 들어가며 외래어를 근절하자는 것이 알려져 있으므로 사람들은 언어협회에 대해 흔히 좀 조롱하는 태도를 취하고 기껏해야 바로크적인 기현상으로 분류하곤 한다.

이들 언어협회에서 절박한 과제의 증인들을 볼 수 있다는 데 대해서는 좀 더 많은 이해심을 가질 필요가 있다. '삶에 중요한 관심사'에서 모어를 구상에 집어넣은 '선구자', 모든 것이 그 어느 때보다 더 많이 도이치말의 역사적 힘의 유지와 상승에 달려 있었던 시기에 언어공동체로 하여금 모어의 작용을 위한 길을 터주도록 했던 개척자가 그들이다. 일반적인 선입견을 가지고서는 일어난 일의 핵심을 제대로 볼 수 없다는 것은 일련의 언어협회에 있었던 사람들의 이름이 이미 가르쳐주고 있다. 당대에 (그리고 후대에도 여전히) 정신적 삶의 지도자로 간주되었던 대부분의 사람들은 이 협회의 (흔히 여러 협회의) 회원이었다. 오피츠, 부흐너A. Buchner, 하르스되르퍼, 모셔로쉬, 리스트, 체젠, 로가우F. von Logau, 그리피우스A. Gryphius, 쇼텔, 구아인츠Ch. Gueinz, 뢰벤할트J. R. von Löwenhalt 등이 그들이다. 이 협회들의 길은 거칠어진 도이치말을 관리, 유지하고 외래어가 범람하는 도이치말을 정화하는 것이었다. 그들의 가장 두드러진 특징은 유일하게 깨끗하고 뒤섞이지 않은 언어로 인정되었던 '태고의 도이치 주요언어와 영웅언어'에 대한 억제할 수 없는 자부심이었다.

17세기 중반의 문헌을 뒤적여보는 사람이라면 누구나 모어에 관한 자리에서는 매우 빈번하게 언사가 고조됨을 느끼게 된다. 마치 단순한 deutsche Sprache(도이치말)로는 충분치 않은 것처럼 말이다. 최소한 도이치말은 Hauptsprache(주요언어)로 표시되거나 uralt(태고의)라는 수식어로 부각되고 있다. 그러한 표현들의 합성으로부터 이미 일찌감치 수많은 저술가들이 모어에 대해 말하는 가장 적합한 형식으로 간주하는 uralte teutsche Haupt- und Heldensprache(태고의 도이치 주요언어 및 영웅언어)에 이르기까지 보다 더 충만한 어구가 생겨난다(die alte, redliche und herrliche teutsche Sprache(오래되고 올곧고 훌륭한 도이치말) 등). 이 독특함은 누적, 강조, 반복 등과 같이 바로크 시대의 언어사용에 고유했던 바로크적 다변의 두드러진 예라는 뜻에서 이를 우선 '바로크적'이라고 설명하고 싶을 수 있을 것이다. 그러나 이러한 설명으로는 충분치 않다는 것이다. 바이스게르버에 따르면, 바로크 시대의 언어문체에 견주어보아도 '태고의 도이치 주요언어 및 영웅언어'라는 말은 독자적인 지위를 차지하고 있다. 이 말을 17세기의 슬로건이자 유행어 가운데 하나로 간주했다면, 그럼으로써 최소한 여기에서 특별한 역점, 특별한 감정의 강조가 감지될 수 있음을 올바르게 본 것이다. 그리고 이는 모어가 이 시대에 다시금 가치를 얻게 되었고 언어공동체와의 상호작용 속에서 모어에 보다 고양된 과제가 주어졌다는 데 대한 징조로 여겨질 수 있는 새로운 측면이 모어에서 중요해졌다는 것을 우리에게 가리켜주는 것이다.

후대에 가장 생생하게 각인되었던 것은 1650년경 전후 몇 년 동안 모어에 쏟아졌던 찬양이다. 이러한 뜻에서 대표적인 것으로 가장 먼저 내세울 수 있는 것이 바로 '도이치말의 영관Der Teutschen Sprach Ehren-Krantz'이라는 사상이다. 이는 1644년에 슈트라스부르크의 법률가 쉴H. H. Schill이 지은 시에서 처음으로 (비록 완성되지는 않았지만) 표현되었다.[91] 쉴은 모어의 영예와 찬양에 몰두했던 오래된 견해들을 손수 수집하면서 당시에 도이치 나라에서 퍼져 있었던 사상에 대한 통찰을 전달해주고 있다. 이에 관련하여 언급할만

91 Pietsch ^{2}1915, 604 이하 참조.

한 것은 슈트라스부르크 사람들(아직 슈노이버J. M. Schneuber의 특별한 경의의 시로 참여했었던)뿐만 아니라 도이치 나라의 전 지역에서 똑같은 시대에 비슷한 견해가 울려나오고 있었다는 것이다. 찬양과 저항에서 도이치 나라의 모든 지방은 단합했다. 시인이며 극작가인 저지 도이치 사람 리스트는 1642년에 '모든 똑같은 방자한 훼방꾼과 유행을 따르는 허풍선이들에 반대하여 여러 서한에서 화려하기 그지없고 지극히 완벽한 이 언어를 말하는 모든 성실한 도이치 애호가들에게 고귀한 도이치 주요언어를 구제Rettung der edlen Teutschen Hauptsprache wider alle deroselben muthwillige Verderber und alamodisirende Auffschneider, in unterschiedenen Briefen, allen dieser prächtigsten und vollkommensten Sprach aufrichtigen teutschen Liebhaberen für Augen gestellet'하자고 호소했다. 바이스게르버는 "찬양에는 매서운 질책이 섞여들어간다"[92]고 했다. 1643년의 《버릇없는 도이치말 훼방꾼. 정직하고 오래된 도이치말의 애호가에 의해 쓰여짐Der unartig Teutscher-Sprach-Verderber. Beschrieben durch einen Liebhaber der redlichen alten teutschen Sprache》의 작자는 여전히 미상이지만 모셔로쉬이지 않을까 추정되고 있다. 그리고 하르스되르퍼는 어느 '변론'에서 '도이치 언어작업과 그것을 연마하는 이들Schutzschrift für die Teutsche Spracharbeit und derselben Beflissene'(1644)을 선전하고 있다. 이 운동의 파도는 민요 안으로까지 밀려들어간다. 바이스게르버는 1638년경에 시작되는 이런 류의 문헌에 공통적인 근본사상에 대해 아래와 같이 서술하고 있다. "늦어도 1638년에는 많이 바뀐 '도이치 바보Teutscher Michel'가 나타난다. '이것은 비판하는 노래이자 최신 프랑스식 유행의 시초이다. 오래된 도이치 모어를 온갖 낯선 라틴말, 로만말, 프랑스말로 이리저리 뒤섞고 뒤바꾸고 파괴하여 급기야 자기들 스스로도 더 이상 곧바로 알아차리지 못하고 절반도 제대로 식별하거

92 Weisgerber 1950^{c} (^{3}1971), 171.

나 이해하지 못할 지경에까지 이른 모든 언어훼방꾼, 신문기자, 인쇄업자에 대항하는 것.' 수많은 문헌에서 모어, 그 아름다움, 그 풍부함에 대한 찬미와 외국의 언어재의 배척을 결합시키는 근본사상이 반복된다. 그리하여 바로 30년 전쟁의 막바지에 도이치말에 대한 찬양의 노래가 이렇게 대폭 증가한다는 것은 결코 우연이 아니고 보다 근본적인 움직임을 가리키는 것으로 받아들일 수 있다."[93]

이러한 시인들의 말보다 더 두드러지게 눈에 띄는 것은(비록 모든 것이 곧바로 가치 있는 것은 아니라 할지라도 이들 가운데는 오늘날에도 여전히 우리의 마음을 움직이는 것이 더러 있다) '문법가들'의 태도이다. 확실히 바이스게르버는 이켈자머V. Ickelsamer를 언급할 때 이미, 종교적이고 언어신비적인 강한 충동이 뭉쳐 그로 하여금 자신의 의도를 갖게 했던 것임을 지적하지 않을 수 없었다. 그리고 이는 계속해서 드러나는바, 그 후의 문법가들 가운데 자신의 저서에 도입부로서 저서의 목적과 가치를 함께 언급할 뿐만 아니라 특히 저서의 대상인 도이치말을 강렬한 말로 부각시키지 않은 사람은 거의 없었다. 최초의 상세한 도이치 문법인 알베르투스L. Albertus의 《도이치 문법 또는 언어어법Teutsch Grammatik oder Sprachkunst》(1573)은 여덟 개의 단원으로 구성된 서문에서 도이치말의 근원에 대한 진술 — '연령 때문에 거의 숭배할 가치가 있다quae ob vetustatem paene adoranda est' — 에 이르기까지 도이치말의 가치를 부각시키고 있다. 그럼에도 불구하고 17세기의 문법서를 펼쳐보면 놀랄 일이 더 있다. 1641년에 쇼텔의 《도이치 언어어법Teutsche Sprachkunst》이 나왔는데, 여기서는 대단히 풍부한 어휘를 가진 화려한 도이치 주요언어의 모든 특성에 대해 상세하고 꼼꼼하게 다루어지고 있다. 이 방대한 저서(약 900쪽) 가운데 첫 삼분의 일이 '도이치 사람들의 태고의 주요언어에 대한 찬사Lobreden

93 위에 든 곳, 171 이하.

von der uhralten Hauptsprache der Teutschen' 열 편에 할애되어 있다. 여기에서는 언제나 새로이 '이 주요언어의 탄생, 태고시대, 순수함, 특성, 능력, 탁월함, 정확성'에 대해 서술되고 찬미되고 있다.

다섯 번째 찬사에서 쇼텔의 기본신념이 분명하게 표현되어 있다. 즉 '도이치말은 하느님과 자연이 작용한 가장 확실한 근거로부터 특별하게 솟구쳐 오른다. 그리고 다른 종류의 확실성을 품고 히브리말, 그리스말 또는 라틴말을 꿰뚫어볼 때와는 다른 눈으로 바라보게 한다.' 여기서는 도이치말을 나름의 고유한 방식에 따라 기술해야 할 필요성뿐만 아니라 모어가 고유한 법칙에 따라 언어공동체의 삶에 작용을 미친다는 지식 또한 예고된다. 이 모든 것은 나중에 훔볼트와 바이스게르버가 지극히 명료하게 얻게 되었던 통찰을 쇼텔이 예감하고 있을 만큼 분명하게 느껴진다.

마지막으로 쇼텔은 모어의 본질에 관해 다음과 같이 구체적으로 설명하고 있다. "인간 화합의 유일한 끈, 선과 덕, 천상의 행복을 위한 수단, 그리고 이성을 갖춘 인간의 지고의 자랑거리는 언어이다. 그러나 어느 하나의 언어가 다른 언어에 앞서 부유하고 충만하고 인위적이고 긴박하고 순종적이면 그 언어는 또한 그것의 작용을 인간들에게 나눠줄 수 있고 그만큼 높은 탁월한 지위를 차지할 수 있다."[94] 1641년에 살았던 한 사람, 즉 쇼텔에게 실제로 이 언어작업을 삶의 과제로 만들어줄 수 있었던 어떤 것이 표현된 셈이다. 즉 '인간 화합의 유일한 끈은…… 언어이다.' 여기서는 지금까지 접한 모든 현상들보다 더 뚜렷하게 모어의 작업이야말로 도이치 화합의 유일한 끈으로 간주되고 모어에 대한 노력은 궁극적으로 도이치 언어공동체의 화합을 확보하고 강화한다는 의의를 지닌다는 느낌이 든다. 이것도 훔볼트와 바이스게르버의 공통된 견해이다.

---

94 위에 든 곳, 186.

역사적 효력을 가리키는 그러한 명확한 사례들을 보면, 모어가 눈에 두드러지게 대두함을 입증해주는 다른 암시들도 올바로 이해할 수 있게 된다. 예를 들어 로마사람들의 언어가 라틴말이라 불리운다는 것이다. 이는 그렇지 않은 경우엔 전적으로 규칙적인 관계, 즉 민족이름과 언어이름 가운데 어떤 이름이 최후의 출처인지에 관계없이 이 두 이름은 동일한 어원을 갖는다는 관계(Griechen(그리스사람)-griechisch(그리스말의), Engländer(영국사람)-englisch(영어의) 등)에 어긋나는 것이다. Romani(로마사람)-lingua Latina(라틴말)의 조합을 이 규칙의 한 가지 예외로 본다면, 이 사태는 설명이 필요하다. 그리고 이 설명은, 로마 역사의 어느 한 시대에 언어가 머나먼 근원과의 연결요소로, 이 시절 내내 특별히 존중할만한 선조의 유산으로 감지되었다는 데서만 찾을 수 있다. 그러한 정황하에서만이 확실히 좀 더 오래된 lingua Romana(로마사람들의 말)라는 말은, 그 실마리를 에트루리아 시대의 위협적인 과도한 외국영향에서 찾든지 아니면 mos maiorum(조상으로부터 물려받은 관습)을 위태롭게 만드는 것으로 감지된 떠오르는 헬레니즘의 물결에서 찾든지 간에, 로마시대 이전의 시기를 강조하는 lingua Latina(라틴말)에 의해 뒷전으로 밀려났을 수 있다. — 모어의 역사적 힘은 도이치 역사의 초창기에 아주 명확하게 추적해볼 수 있다. 이를 암시하는 것이 Deutsch(도이치말)라는 이름 자체이다. 이 이름은 언어이름이 민족이름보다 더 오래된 유일한 보기이다. 786년 theodisca lingua의 가장 오래된 전거에서부터 9세기 말엽에 독자적인 도이치 기질에 대한 의식의 초기 기록들에 이르기까지의 길을 추적해보면서 바이스게르버는 도이치 사람들이 공통된 모어에 대해 자각하면서 스스로를 역사적 공동체로 인식했다는 데 대한 믿을만한 증거를 얻게 된다.[95] 그러한 과정을 바라보면서 바이스게르버는, '도이치말의 역사적 힘'

95 Weisgerber 1949[b] 및 1953[a] 참조.

이라는 사상이 도이치 민족의 형성과 연관해서 강조될 뿐만 아니라 모어의 공통성에 따라 명명되는 이 사람들의 그 후의 역사를 통하여 오늘날까지 추구되고 있다는 것이 확실히 과장된 것은 아니라고 생각하고 있다. 만약 도이치 사람들 가운데 헤르더나 훔볼트같이 모어의 가치와 권능의 최대 신봉자가 있었다면, 이 또한 특별한 힘으로써 감지된 모어적 결속의 표현이기도 하다는 것이다.

이러한 류의 사례들을 곰곰이 생각해보면 역사를 제어하는 힘으로서의 언어라는 사상을 올바로 이해하게 될 것이다. 바이스게르버가 관찰한 것들은 모든 모어에서 감지되지도 않고 주목받지도 않은 채 부단히 진행 중인 한 생기현상의 지극히 명백한 단면들이다. 정신적인 세계를 형성하고, 역사를 전승하고, 공동결합하고, 생활권을 관념적으로 정복하는 힘들은 역사적 삶으로부터 결코 떼어놓고 생각할 수 없는 성질의 것임에는 의심의 여지가 없다. 바이스게르버는 계속해서, 그 작용이 지극히 자명함에도 불구하고 그 힘들은 그들에 맡겨진 성능, 즉 의식되지 않은 채 모두에게서 작용하고 있는 것을 의식된 것 안에 확보해두려고 노력하는 선구자들을 그 힘의 보유자 대열에서 일깨워주는 성능이 위협받게 될 경우엔 좀 더 많이 주목을 끌 가능성도 지닌다고 말한다. 여기서도 그것은 부단한 상호작용의 과정이며, 이 과정에서 동인의 원천, 추진하는 힘으로서의 모어 또한 매우 높은 강도로 관여하고 있음을 뚜렷하게 볼 수 있어서, 이 힘들을 포함시키지 않고서는 역사적 삶을 이해할 수 없을 정도라고 강조한다.

이로써 에네르게이아, 모어의 작용하는 힘이 추적될 수 있는 세 가지 영역을 둘러보았는데, 이 세 영역은 제 아무리 내적으로 서로 밀접히 연관되어 있다 하더라도 언어학에 대해서는 각각 고유한 과제분야를 의미한다.

개개의 모어는 존재를 정신의 재산으로 개조하기 위한 중심점의 구실을 한다는 점에서 세계를 형성하는 언어 힘의 전개이다. 이 개조를 바이스게르버는 언어의 일차적 성능으로 간주하고 있다.

모어는 그것이 통용되고 적용되는 전 분야를 통하여 모어의 세계상으로 하여금 온갖 형식의 문화창조를 위해 풍성한 열매를 맺게 한다는 점에서 문화를 산출하는 힘이다.

모어는 그 개개의 구성성분들로써 모든 언어'관용'에서 역사적으로 효력을 나타낼 뿐만 아니라 전체로서도 그 언어공동체의 역사적 삶에 부단히 작용을 행사한다는 점에서 역사를 제어하는 힘이다.

이 세 가지 작용방식을 연구하면서 언어연구는 문법적 분석에서 확인되는 바를 실제 삶에 밀착된 진정한 언어학적 연구에서 이해시키고 언어에 관여한 모든 사람들에게 분명하게 할 수 있다.[96]

바이스게르버의 언어사상의 열쇠라 할 수 있는 '모어'의 핵심개념에 대한 총괄적 서술로 이 장을 마무리하고자 한다.[97]

바이스게르버는 도이치말의 역사적 효력에 대한 개관을 끝내면서, 이것이 우선 "도이치 사람의 모어로서 도이치말의 역사'에 대한 단서'라는 점을 힘주어 반복하고 있다. 이는 언어와 언어공동체 사이의 상호작용을 추적하려는 첫 시도로서, 처음에는 매우 대략적인 언급에 그칠 수밖에 없었다. 그래도 모어가 특별히 두드러지게 드러나는 시점들을 생기현상의 내적 연관에 초점을 맞추어 검토하는 처리방식은 그 타당성이 입증되었고 일련의 중요한 해명을 가져다주었다.

바이스게르버의 첫 번째 목표는, 눈에 두드러지게 띄는 현상들로부터 민

96 Weisgerber 1964^{b}, 116 이하 참조.

97 Weisgerber ^{2}1959, 295-299.

족의 삶에서 모어의 '지속적이고 '자명한' 작용에 대한 거점'을 얻어내는 것이었다. 모어는 보편타당한 방식으로 각각의 언어공동체 안에서 특정한 성능을 담당한다는 전제하에, 이 성능의 여러 가지 측면이 번갈아 나타나면서 민족의 삶에서 모어의 올바른 효력에 의해 좌우되는 모든 것에 대한 보다 포괄적인 양상이 생겨날 수밖에 없을 것이다. 바이스게르버는 서술과정에서 여섯 군데의 주요 지점에서 관찰하였던 것을 표제어로 요약해볼 때, Deutsch(도이치말)라는 이념의 발생에서 모어의 참여몫은, 언어적 소통의 가능성 안에 내포된 결속이 어떻게 그 보유자들에게 보다 더 깊숙한 곳에 놓여 있는 공동체에도 주목하게 하고 '공속성을 의식하면서' 역사적으로 행동하게 하는 동인이 되는지를 가리켜주는 것이라고 말할 수 있다고 한다. 도이치 표준말이 성장해온 주변상황은, 무엇보다도 민족의 삶에서 근본적인 과정들이 언어공동체로 하여금 그것의 과제를 공간적, 내용적으로 더욱더 넓은 범위에서 수용할 수 있도록 해주는 언어적 성과를 낳는다는 뜻에서 모어와 언어공동체 사이의 상호작용을 실감나게 보여준다. 그것은 '소질을 갖춘 언어공동체에서 실현된 언어공동체로 가는' 길이다. — 표준말이 특정한 상태에 도달하게 되면 더욱더 넓은 삶의 영역에 모어에 의해서 침투하게 하는 더 강해진 자극이 그로부터 나온다. '언어공동체를 철저하게 이용하는 일'은, 독자적인 창조물을 산출하면서 언어공동체 자체를 점점 더 뚜렷하게 각인하는 것과 마찬가지로 이 분야에서의 활동에 특정한 방향을 부여한다. — 그리하여 자연적인 언어적 분류 안에 이미 그려져 있는 공동의 삶의 형식은 강력한 힘으로 성장하여 결국 아무리 큰 부담에도 능히 버틸 수 있음을 보여주고 인간 '화합의 유일한 끈'으로서 공동체의 다른 모든 토대가 무너져 있는 것으로 보이는 곳에서도 변함없이 효력을 발휘한다. — 이 모든 것이 합해져 결국 모어와 언어공동체 안에 내포된 힘을 의식하기에 이르고, 마침내 하나의 민족은 '언어공동체로서의 자기실현'에서 '개인들, 민족들,

인류의 공동활동'이라는 이상에 가장 가까운 길을 발견하게 된다. — 여기서 모어적 작용들 가운데 몇몇 정점의 매우 두드러진 특징으로서 나타나는 것은 전체적으로 끊임없이 모어로부터 역사적 삶 안으로 작용해들어가는 자극들을 위한 토대를 이룬다.

이 양상은 '각각의 역사적 상황의 고유성'에 주목함으로써 더욱 완전해진다. 각각의 역사적 상황에서는 그렇지 않은 경우라면 주목받지 못했을 언어적 힘들이 눈에 띄게 활약하여 언어공동체의 주의를 끌 수밖에 없게 만든다. 도이치 사람의 역사에서 확실히 중요한 시기들은 다음과 같다. 하인리히의 제1제국 같은 형태가 가능해지도록 8, 9세기를 내내 이끌어갔음에 틀림없는, 온전한 뜻에서 deutsch(도이치) 역사의 정신적 준비; 중세 제국의 확산력이 약해짐과 더불어 다수의 독립국가 쪽으로 몰고갔던 유럽 운동과의 연계; 독자적인 창조물들의 다양성 속에서 유럽 민족들의 풍요로움을 실현시킨 근대적 정신의 출현; 30년 전쟁의 종식을 하마터면 도이치 역사의 종식으로도 만들 뻔했던 민족적, 국가적, 경제적, 정신적 삶의 최저점; 혁명기의 대변혁 과정에서 도이치 사람들이 장래에 유럽의 삶에 참여해야 할 그들의 몫이라고 생각했던 양상을 만들어낸 민족의 삶에 관한 개념들의 확대. 이 각각의 시기에는 모어로부터 추동력이 흘러나왔는데, 이 추동력의 작용은 그때그때 이룩된 해결상황의 전체 양상에서 인식할 수 있고, 이 모어적 추동력은 일상적 삶에서 모어의 '자명한' 작용을 통해 수도 없이 확인되었다.

이제 이 모어적 성능의 형식을 '한 민족의 삶에서 언어의 전체 기능'과 연결시켜야만 한다. 앞에서 맨처음에 숙고를 하기 시작했을 때 훔볼트의 말을 빌어 언어를 '인류의 역사에서 주로 창조하는 힘들 가운데 하나로' 간주했던 것이 어쩌면 아직은 좀 낯설고 까다롭게 들렸을 것이다. 지금으로서는 훔볼트로 하여금 이 판단을 내리게끔 유도했던 모든 사상을 남김없이 밝히는 일에서 아직 멀리 떨어져 있긴 하지만, 그래도 앞에서 도이치말의 힘에 대해 구체적으로 보여주었던 것은 그 자체가 논리적으로 이 결과로 통한다. 언어는 실제로 인간이 구사하는 가장 센 힘들 가운데 하나이다. 이 힘은 매우 강력하여 늘상 인간이라는 것에 특징적인 것들 가운데 하나로 꼽힌다. 그리고 이 천부적 재능을 십분 활용하면서 개별 언어가 성장하는 것은, 수많은 사람의 언어의 재능이 역사적으로 강력하게 작용하는 하나의 전체로 합하여질 수 있는 열쇠이다. 이것이 개별 활동들의 성과를 담을 커다란 수조와도 같은 것이리라는 뜻에서뿐만이 아니다. 그러한 보존 활동은 이미 중요하긴 하지만 언어의 '현실'성을 제대로 처리하지는 못할 것이다. 우리는 각각의 개별 언어 자체를 하나의 작용하는 힘으로서, 인간의 언어 힘이 효력을 발휘하는 장소로서뿐만 아니라 그렇게 되는 열쇠이자 본디의 중심점으로서 인정하지 않을 수 없다. 개별 언어가 갖는 이 지위는 언어공동체의 법칙 안에 이미 확실하게 그려져 있다. 이 법칙은 인류의 언어적 전개를 개인이나 전체가 아니라 다양한 언어를 갖는 다수의 언어공동체에 놓여 있다.

여기에 포함된 것은 '도이치말의 세 가지 작용형식'에서 명백히 드러나게 되었다. 훔볼트는 '세계를 정신의 재산으로 개조'하는 것을 언어의 핵심성능으로 보고 있는데, 이것은 도이치말의 세계상의 구성에서 제시되었고, 한 민족 전체의 정신적 활동이 거둔 이 성과에서 형체를 얻은 광활한 사상세계에 대해서뿐만 아니라 하나의 언어공동체 전체에 '당연히' 유효한 그 언어공동체의 의식적 삶의 토대로서 언어에 내재해 있는 무한한 영향력에 대해서도 누구든지 생생하게 그려볼 수 있도록 구체적으로 서술하였다. 이 세계상이 가능성 면에서뿐만 아니라 필연적으로 그것의 전체 발생조건의 특별한 특징들을 보유하고 있다는 것은 그만큼 그것 자체와 그것을 보유하고 있는 언어공동체가 인류과제의 전체 틀 안에서 독자적인 의미를 가지고 있다고 인정할만한 이유이다. — 현상들이 개조되는 가운데 형성되는 이 정신적 세계가 그 자체로서 에르곤, 즉 완결된 형태가 아니라 에네르게이아, 즉 끊임없이 계속해서 작용하는 힘이라는 것은 언어'관용'의 해석에서 알 수 있었다. 개인적 삶과 일치하는 일상적 언어'운용'의 형식들을 훨씬 뛰어넘어 이 언어'관용'은 문화창조에서 모어의 편재성을 가리켜주는 것이다. 언어에 의한 세계상은 하나의 공동체가 개별 삶의 영역들을 해명하고 극복할 때 투입하는 '수단'일 뿐만 아니라 협력하는 힘인데, 일상적 삶을 꾸려나가는 일에서부터 정신적 창조물의 지고의 형식에 이르기까지 모든 문화창조의 성과들을 각인하는 것은 이 힘에 의해 본질적으로 함께 규정되어 있다. 그 언어'관용'이라는 것이 우리에게 아무리 자명하다 하더라도, '다른 모든 정신적 활동의 성립'을 위해 그것에 의해 좌우되는 것이 무엇인지 알아내기 위해서는 그것을 우선 문화적 삶으로부터 벗어나 없는 것으로 생각해보지 않으면 안 될 것이다. — 만약 한 언어의 세계상이 이미 첫손 꼽히는 역사적 실체이고 또 그것이 문화창조에 참여하고 있다는 것은 생기현상 안으로 방사되어 들어가는 작용들의 무궁무진한 원천이라면, 언어의 역사적 힘은 언어와 그것의 전체 언어공동체 사이의 상호작용 속에서 여실히 드러난다. 공정한 판단력으로 언어가 인간의 삶에 결정적인 공동체 형식에 가장 가까운 것이라고 본다면, 이는 실제로 사태의 본질에 근거한 것이다. 그리고 도이치식의 사고는 — 그것 고유의 역사적 경험에 대해 일관되게 해석했을 때뿐만 아니라 또한 언어공동체의 인류법칙이라는 심오한 의미에도 알맞게 — 인간의 공동의 삶이라는 이상을 도이치의 민족개념에서 발견하였다. 이 개념은, 필수적으로 분류되어 있는 가운데 공통의 과제를 해결하는 데 참여하는 언어공동체들의 양상으로부터 인류의 질서 자체에 의해 이미 정해져 있는 암시, 즉 개인, 민족, 인류 같은 모든 참여자에게 최고의 혜택을 가져다주는 공동작용의 형식들에 대한 암시를 취한다.

이 길을 되돌아보면, 그러한 관련에 대한 통찰은 '모어'라는 사상을 일관되게 적용함으로써만 가능해졌다는 것이 다시 한 번 매우 분명해진다. 만약 우리가 삶의 몇 가지 '자명한' 토대 위에 드리워져 있는 베일을 걷어낼 수 있다면, 이는 오직 우리가 '언어'를 현상으로서 받아들인 것이 아니라 언어의 성능에 대해 묻고 그럼으로써 필연적으로 모어와 언어공동체 사이의 상호작용으로 인도되었기 때문이다. 이로써 온 삶이 얼마나 언어에 의해, 더욱이 특정한 모어의 고유하게 각인된 살아 움직이는 형식에 의해 짜여져 있는지만이 드러나는 것이 아니다. '모어의 총괄개념'도 이 작용관련에서 해명된다. 그렇게도 자명한 이 인간의 동반자와 더불어 주어져 있는 것은 삶의 커다란 비밀에 속한다. 물론 예감이 없진 않고 또 여기저기서 모어에 대한 찬양이 관철되며 그것의 기적 가운데 하나에 대한 통찰이 열리기도 한다. 하지만 일상의 '이용자'에게 그러한 찬미는 도가 지나친 것으로 여겨지기 쉽다. 자신의 보다 깊은 근원을 이해하려는 사람은 실제로 모어에 의한 영향의 세 가지 커다란 분야를 두루 겪어보지 않으면 안 된다. 이 세 분야에서 모어가 무엇인지 입증되는 것이다. 바이스게르버는 진지하게 도이치말을 위해 노력하는 사람이라면 누구든지 자신의 모어가 자신에게, 그리고 도이치 민족 전체에 대해 무엇을 의미하는가에 관하여 뭔가를 인식할 수 있는 열쇠를 발견했다고 생각한다. 그렇다면 감정과 통찰, 이 둘로부터 이 관련들에 적합하고 특히 공동책임을 의식하면서 모어가 자신의 행위와 민족 전체의 삶에서, 그리고 인류와 관련하여 가능한 최선의 작용을 발휘하도록 도와줄 행동이 도출될 것이다.

X. 언어공동체

우리는 어떻게 전체성의 사상, 즉 언어라는 것을 문법의 고립 속에서가 아니라, 넓은 생생한 맥락 안에서 보려는 요구가 언어연구의 완전히 새로운 관점과, 그럼으로써 이전에는 주목되지 않던 넓은 연구영역이 개척되었는지를 다시 확인할 수 있었다. 그리고 그 결과 언어연구가 통상적인 형식중심문법을 넘어서 언어내용의 세계를 해명하고, 정신적 세계형성의 구축에서, 문화의 삶을 함께 형성하는 데서, 역사적 행위의 동인에서 모어의 작용방식을 의식하게 했다면, 그것으로 언어연구는 충분히 할 바를 다했다고 생각하는 사람도 있을 것이다. 그럼에도 불구하고 우리가 확인하지 않을 수 없는 사실은 이런 모든 고찰방식으로써 비로소 우리가 실제적 이해에 도달하고자 할 때 전체로서 고려되어야만 하는 관련사항의 절반만이 파악되었다는 것이다.[1]

1 언어사회학의 2대 영역으로서 모어와 언어공동체가 병존하게 되는데, 여기에서는 설명의 필요성에서 언어공동체 쪽을 뒤에 두게 되었다.

1. 언어연구의 대상으로서의 언어공동체

필요한 숙고는 빨리 제시되어졌다. '모어'라는 사태는 언어학적 연구의 전면에 대두되는데 그것은 우리가 여기에서 지구상의 개별 언어에 있어 언어 힘이 지속적으로 작용형식을 창조하며 그때마다 독자적인 통일체로 묶여지는 지점들을 만나기 때문이다. 이미 그런 언어라는 '형성물'의 어휘의 총목록의 제작만이라도 모든 개개의 경우에 있어 끝없는 작업을 의미하며 그리고 각각의 모어의 힘과 작용을 언어학적으로 파악하는 일이야 말로 지극히 광범위한 규모의 계획이 된다. — 그러나 거기에 대해 잊어서는 안 될 것은 우리가 언어공동체 법칙의 지시들을 따라가면서 동시에 모어라는 사태와 마주친다는 사실이다. 모어의 현실은 언어공동체의 법칙이 통용성을 획득하는 노정을 특징지운다. 모어라는 것이 형성되어 있음으로 인류는 언어공동체로의 분절이 보장되어 있는 것이다. 모어와 언어공동체라는 두 단위가 하나의 전체를 이루며 그 전체 안에서 한쪽은 다른 한쪽 없이는 생각될 수 없다. 따라서 연구의 경우에도 결론은 명백하다. 모어와 언어공동체는 전체로서 고찰되어야만 한다. 이것이 우선 의미하는 바는, 언어공동체가 언어연구의 합법적이며 필연적인 대상이 된다는 것이다. 그 다음으로는 양쪽 면의 올바른 이해에 도달하기 위해서 모어와 언어공동체 사이의 상호관련을 연구해야 한다는 것이다. 이러한 종류의 과제는 이미 여러 차례 대두되었다. 우리가 그것들을 처음에 사고과정의 명료성을 위해 제쳐 두었다면 이제는 그것들을 명확하게 받아들여야만 한다. 그럼으로써 언어학 연구영역이 다시 한 번 전 세계적으로 확장된다. 그러나 우리는 그럼으로써 언어사회학석 연구의 참된 핵심에 도달할 전망을 갖게 된다. 그리고 문제되는 것은 언어공동체의 연구에 의해서 인간의 공동의 삶의 근본형식이 언어학적 연구범위로 들어선다는 사실을 통찰하는 것인데, 훔볼트가 개개의 '국민'을 언어연구의 과학적 주요 대상으로 여기며 일반적으로 "국민의 형성과 언어의 관련의 규명이…… 언어연구의 최종적인 성과로 간주될 수 있다"(V,7)고 말한 것과 같은 의미이다.

우리는 한 걸음 한 걸음 이런 연관성에 접근 시도를 해야만 하겠다. 우선 언어공동체를 인간에게 받아들여졌던 자명성으로부터 끄집어내어 언어연구의 필수적 대상임을 입증할 필요가 있다. 그렇게 되면, 언어공동체 법칙의 보편타당성으로부터 인간의 삶의 형성을 위해서는 이런 공동체 형식이 필수불가결하다는 사실에 대한 첫 번째 결론을 얻게 될 것이다. 그 다음에 언어 힘의 작용형식이 언어공동체 삶의 필수요건 안에 근거하고 있음을 보면서, 그리하여 언어공동체를 다른 인간의 공동체의 또 다른 형식들 안에 편입시키고 그 기능으로부터 그것의 삶의 법칙을 이해할 가능성도 생겨난다.

이제까지는 언어공동체에 관한 어떤 연구도 존재하지 않았다. 언어연구가 그의 연구를 이러한 방향으로 확장시키지 않았고 어떤 다른 학문 분야에서도 이런 대상에 보다 큰 주의를 기울이지도 않았기 때문이다. 그 원인은 무엇인가? 이 대상이 너무나 무의미해서인가? 하지만 언어공동체의 인류법칙을 통해 그렇게도 공동체 형식이 확고해졌으며 학문적으로 무의미한 것으로서 무시해 버릴 수는 없을 것이다. 그렇다면 그것이 관할영역에 속하는가? 어떤 상황에서는 물론 그러하다. 언어를 모든 살아 있는 연관성으로부터 해체시켜 버린 문법은 어쩔 수 없이 언어학적 연구의 이러한 부분을 인식하지 못했으며 따라서 그 부분의 연구를 등한시했다. 다른 한편으로 인간의 공동체 형식에 관한 학문인 사회학은 확실히 언어공동체를 간과하지는 않았다. 그러나 언어학 자체에서 모어의 근본적인 기능이 과거 백 년 동안의 연구에서처럼 그렇게 후퇴되는 한, 사회학에서부터 어떤 관심도 기대할 수 없었다. 그러나 인어공동체에 대한 충분한 지식의 전개를 위한 주요 방해물은 의심할 바 없이, 언어공동체가 인간의 삶에서 너무나 당연한 것으로 전제된다는 사실이었다. 이와 같이 등한시되기는 모어 자체의 가장 본질적인 기능도 마찬가지이며 그래서 모어란 무엇인가를 깨닫는다는 시점이 또한 언어공동체란 무엇인가에 대한 보다 깊은 통찰도 생기게 한다는 사실이 이해될 만하다. 우리의 연구결과로부터 단지 하나의 결론만이 생기는데, '언어공동체'라는 사태일반의 과학적 연구 및 개개의 언어공동체를 그 연구에 포함시키는 일은 인간적 삶의 이해를 위해서 반드시 해야만 하는 작업이다. 그리고 이러한 과제를 부여받은 학문은 다름 아닌 바로 언어학 이외에는 달리 있을 수 없다. 언어학은 모어와 언어공동체 사이의 상호관련을 연구함으로써 그 양자의 삶의 법칙의 평가에 있어 본질적인 관점을 얻어낼 수 있는 것이다. 우리가 여기에서 〈언어공동체의 본질과 힘〉(바이스게르버, 1934년)에 대한 언급과 같은 예비연구를 아직 못 넘어섰다는 것은 신속히 그리고 철저히 보완되어야 할 미비한 부분을 지시하는 것이다.

2. 인류는 언어공동체로 분절되어 있다

'언어공동체'라는 사태의 판정을 위한 본질적인 관점은 다음과 같다.

언어공동체 법칙의 보편타당성. 우리는 인류가 필연적으로 그리고 빈틈없이 언어공동체로 분절되어 있다는 사실에서 출발했었다. 그것은 경험에서 확인되며 그리고 가능한 이의들을 숙고하면 할수록 그만큼 더 널리 영향을 끼침이 입증된다. 때때로 언어공동체의 역사적 지리적 경계에서 생길 수 있는 모든 어려움에 대해 명확히 드러나는 것은, 인류의 삶에서 단지 대략적으로나마 언어공동체처럼 그렇게 예외 없이 보존되어 있는 공동체 형식이란 존재하지 않는다는 것이다. 공간적 상호연결에서도 역사적 연속에서도 언어공동체의 분절하는 힘은 빈틈이 없으며 각각의 언어공동체가 그의 구성원을 장악하는 지속성은 전체 정신적 삶의 영역에서 그것에 대적하는 바가 없을 정도이다. 충분한 완벽성과 진술력을 갖춘 인류의 분포지도를 하나의 정신적 원칙으로부터 도출해 내려는 모든 시도는 필연적으로 언어지도에 이르게 된다. 그래서 우리는 언어지도를 미리 주어져 있는, '자명한' 인류의 삶의 조건으로서 예상하게 된다.

언어공동체 법칙의 영향력. 언어공동체 법칙의 통용됨의 빈틈없음에서 필연적으로 따라오는 사실은 이러한 인류법칙이 인류의 본질적인 사명을 수행하는 데 있다. 인류가 언어공동체로 분절되는 일이 그렇게도 강요된다면 인류의 삶의 완수에 없어서는 안 될 어떤 필연성이 그것을 통해 보전되어 있음이 틀림없다. 우리는 이러한 보편타당한 조건을 인간의 삶에서 분리시켜 생각해 볼 수도 있다. 이때 명백한 사실은 그럼으로써 인류의 역사적, 문화적 삶이 와해되고 언어공동체 법칙을 통해 포괄되지 않는 모든 사람들에게 있어 그와 더불어 당하게 되는 언어적 고립은 인간으로서의 삶을 계속 영위할 수 없는 것, 심지어 삶을 지속할 수 없게 되는 것과 마찬가지의 의미를 갖게 될 것이다. 언어공동체 법칙의 붕괴는 개인적 및 사회적 차원에서 인간의 삶은 근본적으로 파괴된다고도 말할 수 있겠다.

언어공동체의 본질적 의의. 요컨대 언어공동체의 본질적 의의를 해명하는 시도가 우리를 인간 존재의 근본 조건으로 이끌어 준다는 것을 기대해야만 한다. 우리는 언어공동체의 내용, 근거 및 기능에 관한 물음을 제기함으로써 그러한 근본 조건을 파악하고자 한다.

언어공동체의 총괄개념

언어공동체가 무엇이냐는 물음을, 그것은 바로 동일한 언어를 말하는 인간의 집합체라는 지적으로써 마무리 지을 수도 있다. 그러나 이러한 자명한 대답은 곧 이중의 의미에서 불충분함이 입증될 것이다. 그 내용 및 결속의 방식이 오해될 것이다. 동일한 언어를 말한다는 현상 형식만으로는 그 결속성을 충분히 설명할 수 없듯이 인간의 집합체란 사고도, 기저를 이루고 있는 분절 힘을 정당하게 평가할 수 없다. — "동일한 언어를 소유하는 인간들 전체" — 이 말이 좀 더 나은 듯 여겨지지만 여기에서는 언어가 에르곤으로서, 즉 인간이 필요에 따라 그에 대한 참여의 몫을 얻게 되는 하나의 형성물로 파악되고 있음이 쉽사리 발견된다. 언어의 소유의 선별 및 획득을 인간이 임의로 할 수 있다면 그렇게도 생각해 볼 수 있겠지만 언어공동체 법칙은 선택이라든가 자의성의 여지를 전혀 남겨 놓지 않는다. — 이렇게 외면적인 것에서부터 출발하는 모든 그러한 류의 규정 시도는 확실히 본질적인 것에 부합하지 않고 있다. 우리는 이제 시선을 역으로 돌려서 언어공동체를 동일한 모어의 작용관련 안에 있는 인간들의 총괄개념으로서 규정해야만 한다. 여기에서 이미 언어공동체와 모어의 분리될 수 없는 상호제약성이 드러난다. 모든 언어공동체는 그것의 언어를 수천 년에 걸친 노력 끝에 획득하지만, 애초부터 또한 이러한 모어의 작용하에 있으며 이러한 작용관련성의 전체성 속에서 비로소 그 양자는 본디의 그들의 모습에 이른다. 즉 언어공동체는 하나의 본질 단위가 되고 획득된 언어는 모어가 된다. 이런 상호관련 속에서 이제 모어의 에네르게이아가 삼중으로 효력을 발휘하는 것이다.

우선 언어공동체는 공통의 모어의 세계상 안에서 결속되어 있다는 기본 토대를 인식하게 된다. 이것이 뜻하는 바는, 모어의 활동과 더불어 언어공동체의 모든 구성원이 공통의 차원에 올라서고 거기에서 그들이 정신적으로 서로 접촉할 수 있다는 것이다. 모어의 법칙에 따라 그들 모두는 아주 어린 시절에 모어의 사고세계 안으로 편성되어 들어가며 그 일은 매우 지속적인 것이어서 그들은 이런 사고세계를 '자명한 것'으로 간주한다. 확실히 모어의 세계상이란 세월의 흐름 속에서 언어공동체의 노력을 통해 획득된 것이다. 그러나 모든 살아 있는 세대에 있어 그것은 미리 주어져 있는 것이며 또한 의문의 여지없이 타당한 것으로 인정된다. 그리하여 이 세계상은 모든 삶의 영역에서 언어현실주의를 확인하고 직접 신뢰함으로써, 삶의 과제의 처리를 위해 투입되도록 하기 위해서 필요한 공동체의 정신적 삶 안으로 자명한 것으로 수용되며 종속된다.

이제 언어공동체가 내적으로 동일한 방향으로 향하는 행위를 위한 '자연공간'을 제공할 수 있다는 사실은 이러한 동일한 사고세계의 자명성에 기인하고 있다. 공통의 모어는 모든 '의사소통'의 원천이다. 이는 외적인 상호이해라는 의미에서 뿐만 아니라 '이해될 수 있는' 행위의 승인이라는 의미에서도 그러하다. 이것이 뜻하는 바는, 전체 언어공동체 내에서 '이해되는', 즉 필연적인 것, 올바른 것, 의미 있는 것 그리고 가능한 것으로서 인정되는 특정한 행동양식, 추론, 사명, 문제설정으로의 인도가 아주 본질적으로 한 언어공동체의 내용에 속한다는 것이다. 또한 거기에 공통의 역사적-문화적 행동의 가능성이 기초하고 있다. 그리고 부름이 어떤 반향을 발견하리라는 기대도 여기에 토대를 두고 있다(개인에게서 뿐만 아니라 가능하다면 공간적, 시간적 확장에 따라 전 언어공동체에서). 여기에서 시작이 의미 있는 진전을 보게 되었으면 하는 희망이 생겨난다(그와 동시에 작업을 진행해 나갈 믿음도 생긴다. 이러한 작업은 자신의 개인의 삶의 가능성을 초월하는 것임을 누구나 알고 있다). 따라서 언어공동체는 온전한 의미에서 '언어를 통해 도달할 수 있는 인간의 목적'이 그 성립을 위한 시간, 확충을 위한 동일방향잡음 및 작용을 위한 지속성을 획득하는 장소이다.

그와 동시에 우리에게 모든 언어공동체를 모어의 역사적 힘의 작용공간으로서 이해시키는 포괄적인 관계도 이미 나타나 있다. 여기에서 모어와 언어공동체의 상호작용에서 펼쳐지는 것은 역사적인 형성물이긴 하나 '자연스러운' 성장과 저항력 있는 삶의 강함은 다른 것과 비견될 수 없을 정도이다. 언어공동체 안에서 우리는 가장 오랜 삶을 영위하는 역사적 공동체의 형식과 만나게 된다(언어공동체의 연령은 천 년 단위로 헤아린다). 언어공동체의 유지와 계속은 어떠한 법칙도, 어떠한 미리 규정된 규칙도 필요로 하지 않는다(부지불식중, 의도하지도 않았는데 모어의 힘을 통해 계속 새로운 인간이 언어공동체 안으로 편성되어 들어간다). 또 언어공동체는 하루의 사건의 화복을 초월한다(역사적인 우발적 사건을 견디어 내던지 제멋대로의 간섭에 저항하고 방어해 나간다). 우리에게 있어, 역사의 진행을 종종 대립되는 힘들의 수습하기 어려운 책동으로 만드는 대부분의 사건도 언어공동체의 역사적 연관성의 근거가 되어 있는 심연에까지는 전혀 다가오지 못한다. 따라서 언어공동체의 인류법칙에는 보편타당한 성격을 띤 하나의 기본 토대, 즉 전 인류를 관할하기에 충분할 만큼 포괄적인, 단절될 수 없는 관련 속에서 역사적-문화적 삶의 가치를 유지하기에 충분한 지속력을 지닌 기본토대가 확립되어 있다고 말할 수 있다. 이러한 역사적 성취가 모어의 작용방식을 통해서 이미 특히 개별의지에서 보호되어 있으면, 언어공동체의 장수성과 다면성은 더 나아가 모어에 고무되어 언어공동체로서의 의식적인 행동을 강제할 수 있는 단서를 충분하게 제공한다.

언어공동체의 구성요인

언어공동체의 법칙이 인간의 삶에서 어떻게 작용하는가, 그것은 언어공동체가 어떤 원리에 입각해서 구성되는가라는 의문을 제기하는 경우, 다른 측면에서부터 명확해진다. 인간의 공동의 삶의 형식은 그것의 구성요인에서 본질적으로 세 종류의 힘을 인식하게 한다. 즉 자연, 의지 및 정신이다. 우리는 이런 힘이 드러나는 각각의 상황에 따라(종종 결합되어 나타나기도 한다)

여러 상이한 공동체 형식의 권리 및 인류에 대한 가치를 평가할 수 있다. 언어공동체를 이러한 관점에서 검토해 보면 다음의 결과가 생긴다.

공동체 삶의 자연적 조건을 우리는 이중의 방식으로 발견한다. 공간적인 것으로서 그리고 생물학적으로 주어진 것으로서. 우리는 그 두 가지 자연적 삶의 조건의 형식으로부터 언어공동체로 이행하는 관련도 지적하였다. 하지만 그런 관련이 인정될 수는 있다 하더라도 그것이 결정적인 것은 아니다. 공간 안에 집합하고 있는 것은 언어공동체의 필수불가결하지는 않더라도 표준적인 조건 중의 하나이다. 그러나 결정적인 것은, 자연적으로 주어져 있는 공간이 아니라 역사적인 공간이다. 이는 자연 공간의 불변의 예정 조건 안에 언어공동체의 전개 방향 및 범위를 제시하는 것이 아니다. 언어공동체의 삶과 작용에서 비로소 공간적 조건이 형태를 얻게 되며 그러한 공간적 조건이 이제 그들의 편에서 확실히 이러한 인간들의 삶에 작용을 미치기는 하지만 이들을 언어공동체로서 미리 규정하지는 않는다. 두 번째 자연적 조건, 즉 혈통을 통한 연계성도 유사한 상황에 있다. 언어공동체 내에 광범위하게 현존하는 필연적인 그 무엇으로서의 이러한 유래의 공통성을 우리는 어디에서나 발견하게 된다. 또한 언어공동체도 완전히 성장한 형성물이어서 인간들을 자의적으로 결합시킴으로써 하나의 언어공동체로 조성하는 일이란 불가능할 것이다. 그러나 이러한 자연의 조건도 변경될 수 없는 전제조건은 아니다. 언어연구와 민족학 사이의 활기찬 논쟁에서 어쨌든 한 가지 명백한 사실은, 언어권은 어떠한 방식으로도 그 어떤 '종족'의 분포상황과 일치하지 않을뿐더러 더 나아가 혈통이 정확하게 판명되어도 언어공동체와의 인과적 결합관계를 이루지는 않는다는 것이다. 이 사실은 친족관계가 있는 혈통을 가진 인간은 여러 상이한 언어공동체 안에서 만날 수 있다는 연구결과 및 동일한 모이의 영역이 삶의 범위와 결혼범위에 대해 본질적인 의미를 지니는 한, 공통의 혈통이 언어공동체를 통해 함께 규정된다는 사실에서 명백히 밝혀진다. 하지만 이 모든 논급에도 불구하고 결정적인 차이점은 바로 혈통의 자연적 연관성 그 자체는 언어공동체의 범주 밖에 있으며 따라서 공동체라는 형성물을 위한 충분한 토대로서 간주될 수 없다는 데 있다.

그렇다면 언어공동체가 인간의 의지를 통해 구성되는 형성물에 속하는가? 인간의 공동체삶의 많은 형식이 의지에 기인되는 듯이 보인다. 외부의 의지, 즉 권력은 의심할 바 없이 국가적, 경제적, 법적 연합을 강요하고 의지행위에 의해서 특정한 시기에 국가적, 경제적, 법적 공동체를 설립할 수도 있다. 그러나 모든 공동체형식 중에서 언어공동체는 권력의 영향에서 가장 멀리 벗어나 있다. 우리는 언어공동체를 설립하거나 강요할 수 없다. 또한 언어전쟁은 권력과 언어 사이의 대결이 통상 어떤 식으로 진행되는가에 대한 다양한 예들을 제공해 주고 있다. — 그러나 언어공동체 구성원의 내부적 의지도 특기할 만한 정도로 별 영향력이 없다. 그 기본 토대로 보나 그 수행으로 보나 언어공동체가 그 구성원의 어떤 의지행위를 통해 구성된다고는 생각해 볼 수 없는 일이다. 그리고 개개인의 관점에서 볼 때도, 언어라는 영역에서 의지, 더욱이 자의가 작용하는 가능성이 남아 있지 않다. 즉 어떤 개인의 의지행위를 통해 언어공동체를 교체하는 일은 불가능하다. 그 일은 모어의 교체를 전제조건으로 삼을 것이다. 그리고 그러한 시도에 얼마나 좁은 경계선이 설정되어 있는가는 나중에 또 언급될 것이다. 그러나 모어의 교체(오랜 세월 속에서만 생각될 수 있는)에서 조차도 동시에 새로운 모어의 전체 에네르게이아가 정신적으로 창조하고 문화를 산출하며 역사를 제어하는 힘에 의해서 작용하는 어떤 다른 언어공동체 안으로 어느 정도로 분절바뀜을 성취해 나갈 것인지는 미해결의 문제로 남아 있다.

우리는 다음과 같이 결론을 내야만 한다. 근본적으로 언어공동체란 외부로부터 오는 어떠한 조건에서도 도출될 수 없다. 자연도 인간의 의지도 언어공동체의 성립, 발전, 해소를 가시적인 방식으로 규제할 수 없다. 오히려 언어공동체는 '오직' 그의 모어 그 자체를 통해서'만' 유지되어 있다고 말하고 있다. 즉 언어공동체는 자기 자신의 원리에 근거를 두고 구성되어 있다. 언어공동체의 법칙이 경직되고 확고부동한 기존 사실과 의존성이란 의미에서의 자연의 원리에서 생겨나오지 않음은 명백하다. 그것은 또한 인간삶의 의도적, 자의적, 강제적 형성 및 방향조정이란 의미에서의 권력의 원리의 결과도 아니다. 오히려 함께 결속되는 힘은 모어의 정신적 힘에서 드러나는 원리 안에 포함되어 있다. 모어에서 에네르게이아로 형성되는 것, 그것이 바로 정신이다. 모어는 정신이 영속적으로 각인된 형식으로 인간의 삶 안으로 침입하는 지점이다. 모든 모어는 활동적인 '객관적인 정신'이며 또한 그 자체로서 이제 공동체삶에서 형성하는 원리가 된다. 언어공동체의 법칙은 따라서 정신의 법칙인 것이다. 그리고 그 법칙의 확고부동성에서 명백해지는 것은 인간의 삶에 적합한 기본조건은 자연적 혹은 권력적인 전제조건으로부터 도출되는 것이 아니라 정신 안에서 비로소 파악될 수 있다는 사실이다. 물론 이러한 정신의 법칙은 놀라운 힘을 가지고 지배하고 있다. 즉 언어공동체는 '자연적으로' 확보된 인간의 공동체삶의 기본 형식이며 인간에게 적합한 삶의 공간으로서, 즉 인간의 삶이 말의 온전한 의미에서 구성될 수 있는 기본토대가 정신이다.

마지막으로 언어공동체 법칙에 내포되어 있는 것을 에네르게이아적으로 간명하게 표현해야만 할 것이다. 언어공동체도 역시 인간의 언어 힘이 영향을 미친 것이며 더욱이 필연적이고도 완전한 영향을 미친다. 인간의 언어 힘의 본질로부터 맨 먼저 언어공동체 구성원 사이의 결속방식이 규정될 수 있다. 자연이나 권력이 결정적인 것이 아니라 오히려 언어공동체가 언어 힘의 전개에 있어 공통된 마당이다. 따라서 인간이라는 것의 토대가 되는 정신적 조건 안에서 결속되는 것이다. 이 사실의 의미를 충분히 받아들여야만 한다. 인간이면 누구나, 그가 자신의 인간으로서의 언어 힘을 고립된 채 전개시키는 것이 아니라 언어의 인류법칙에 지속적인 작용을 보장해주는 하나의 공동체 작업으로 가져가야만 한다는 조건하에 있다. 이러한 언어 힘의 공통의 전개에서 그때마다 모어는 언어공동체를 통한 세계의 언어화의 과정으로서 나타난다. 여기에서 언어에 의한 세계형성이라는 본디의 행위가 성취될 것이다. 그러나 개인이나 인류의 입장에서도 동일한 작용형식으로 형성된다고 생각될 수 없다. 다른 한편으로는, 언어공동체의 법칙의 확고부동성은 양자에게 동일한 정도로 강하게 작용한다. 즉, 개개인에 대해서는 세계의 언어화의 과정에서 자신의 언어 힘의 개인적 전개에서 도달할 수 있는 것과는 비교가 안 될 정도로 높은 곳에서 언어화가 시작되는 한, 동일한 정도로 강하게 작용하며 또 인류에 대해서도 개인의 인간적 언어 힘이 언어에 의한 세계형성이라는 역사적 행위를 함께 수행함으로써 언어의 인류과제의 해결에 동참하게 되는 한에 있어 동일한 정도로 강하게 작용한다. 그러나 다음의 한 가지는 확실하다. 즉 모든 언어공동체의 구성원은, 언어 힘의 공동의 전개법칙을 통해 달리 유사한 것을 찾아볼 수 없는 하나의 정신적 통일체로 결속되어 있으며 동시에 정신적 삶의 필수불가결한 토대를 만들고 확보하는 사명 속에서 통일되어 있다.

언어공동체의 기능

따라서 언어공동체의 법칙은 적어도 인간의 공동체삶이 정신의 원리에 의해 결정된다는 사실, 즉 모든 인간은 정신의 지배하는, 그럼으로 역사와 문화를 만들어 내는 능력이 있는 그러한 집단 안으로 빈틈없이 끊임없이 분절되어 들어간다는 사실을 포괄한다. 어떤 또 다른 인간의 공동체형식이 이러한 성능을 그토록 확실하게, 그토록 성과를 올릴 수 있는 것은 (언어공동체

이외에는) 달리 볼 수 없다. 그러나 그렇게 된다면 도대체 어째서 인간의 공동체에 관한 학문이 그다지도 언어공동체를 고려하지 않는가라는 의문이 제기된다. 그 대답은 많은 이전의 관찰을 통해서 우리에게 시사되었다. 언어공동체는 사회학적 사고에서 너무도 자명한 전제조건으로 생각되어 왔기 때문이다. 언어현실주의는 삶의 광범위한 영역에서 모어에 의한 세계상을 자명하고도 미리 존재하고 있는 그 무엇으로서 고려하고 있는 것과 마찬가지로 언어공동체라는 전제조건도 어떻게 해서든지 '자연' 발생적인 것에 뿌리박혀 있다. 그리고 그 일은 결과적으로, 사회학의 연구에서는 언어공동체의 수많은 기능이 인식되지도 않은 채 어떤 다른 공동체형식에 관한 사고에서 전제되는 것 안으로 수용되는 상황을 낳는다. 따라서 언어공동체의 이러한 '자명성'의 실재적인 의의를 밝혀내는 일이 절실히 필요해진다.

언어공동체의 이러한 숨겨진 기능을 조사해 보면 매우 신속히 사회학의 중심점에 인도된다. 언어공동체라는 사태에 포함되어 있는 것은 사회학 연구에서 익숙하게 연구수단으로 삼고 있는 형성물 가운데서 실제적으로 결정적인 전제로서 존재하는 것이다. 특히 Volk(민족)와 Nation(국민) 같은 중심적 형성물의 본질적 성분에 속하는 것의 대부분은 사회학에 근거를 두고 있다. 그리하여 무엇보다도 세 단위, 즉 언어공동체, 민족 그리고 국민의 관계 연구가 불가피해진다. 그리고 이로써 훔볼트가 모든 언어연구에 있어 가장 중요한 일의 하나로 보는 자리, 즉 "국민의 형성과 언어의 관련의 규명"이 우리에게 명확해 진다.

3. 언어공동체와 민족

따라서 우리는 언어연구에 있어 가장 논란이 되고 가장 많이 다루어지는 문제의 하나와 접하게 된다. 이것은 언어와 민족의 관계가 질문되는 형식으로 우리에게 매우 잘 알려져 있다. 지난 수십 년간의 논쟁을 조망해 보는 사람은 다음과 같은 문제가 어떤 역할을 수행했는가를 알게 된다. 즉, 어떤 방식으로 민족의 개념규정이 언어로부터 판정될 수 있는가, 소박한 사고에 의해 일반적으로 시행되며 정치적 및 학문적 사고에 의해 때로는 수용되고 때로는 거부되는 이러한 동일시가 가능한 것인지, 올바른 것인지, 흡족한 것인지 등등의 여부가 부분적으로는 매우 흥분된 견해싸움이 문제가 되는데 이는 쉽게 정치적 색채도 띠게 된다. 이러한 양상은 도이치나라의 경우, 민족의 구성에 대한 언어의 참여몫이 혈통, 지역, 역사 등의 다른 요인과 비교해서 어느 정도의 역할을 수행하고 있는가가 국내 정치적 논쟁이 되었다. 그것은 전체 유럽지역에서는 언어공동체의 권리, 국적문제, 소수민족의 국가에 대한 권리요구 등등에 대한 온갖 논란에서 대외 정책적 문제로 나타난다. 이러한 논쟁에 상당히 많은 학문 외적 어려움이 부과된다는 사실은 이해될 만하다. 하지만 그렇다고 해서 언어연구가 관할 학문으로서 그러한 문제의 해결을 위한 자료를 준비하고 특히 본질적인 문제가 올바로 설정되도록 배려하는 의무로부터 면제받을 수는 없다.

올바로 설정된 문제는 다음과 같다. '언어공동체'라는 사태는 Volk(민족), Nation(국민), Staat(국가)라는 개념 안에 파악되어 있는 바와 같은, 민족삶을 지탱하는 단위와 어떤 관계가 있는가? 이 경우 본질적인 사실은 언어공동체라는 사태가 언급된 모든 단위 중에서 가장 뚜렷이 경계가 구분될 수 있는 것이다. 언어공동체는 외적으로나 내적으로나 언어공동체 법칙의 통용성으로부터 과제로서 생겨나는 바와 같은 과학적 해명도 가능하다. 그에 반해서 '민족', '국민', '국가' 같은 단위는 각 민족과 각 시대의 서로 상이한 사고에 훨씬 더 강하게 의존되어 있다. 도이치말의 Volk라던가 프랑스말의 nation, 영어의 nation 같은 개념을 가지고 연구할 때 연구의 출발점과 연구의 방향이 일치하기를 기대할 수는 없는 것이다. 따라서 앞에 언급된 문제에 대해서도 곧바로 보편타당한 해답이 주어지지는 않을 것이다. 우리는 여기에서 특히 이러한 영역에서 도이치말의 사고가 부가되어 있는 해결책을 해명해야만 한다. 이것은 어느 곳에서도 훔볼트의 필생의 저작에서처럼 그렇게 심오하게 언어와 민족의 관계에 대한 문제가 숙고되어 있는 곳이 없기 때문에 더욱 그러하다.

언어공동체라는 사태는 정신에 뿌리박혀 있으며 더욱이 언어공동체의 법칙은 인간의 공동체삶이 진정으로 인간적인 것이 되기 위해서는 정신의 힘을 기반으로 해야 한다는 필연성의 가장 명백한 표현이라는 것을 자각하고 있어야만 한다. 그리하여 '여러 민족'이라는 사고를 지탱하는 개념이 정신의 토대에 긴밀히 밀착하면 할수록 그만큼 더 언어공동체에 대한 관련이 감지될 수 있고 본질적인 것이 된다. 그것이야말로 특히 도이치말의 사고에서 드러나는 것이다. 더욱이 도이치말의 민족이라는 개념이 언제나 언어공동체라는 사실과 동일시하려고 애쓰고 있는데 그것은 다음의 기본토대에 근거를 두고 있다.

1) 역사적으로 볼 때 도이치사람 자신의 민족개념은 바로 deutsch라는 개념 자체이며 이것은 언어공동체라는 사태에서 생겨나온 것이다. deutsch라는 낱말의 역사가 확실히 보다 오래된 것이라 할지라도 그 낱말은 넓은 의미에서의 민족명이 되기 전에 이미 공통의 모어 및 그와 더불어 바로 다름 아닌 언어공동체를 포괄했다는 사실은 논란의 여지가 없다. 카를Karl대제로부터 시작된 theodisca lingua(민족의 언어)에 대한 존중은 도이치사람의 언어공동체로서의 자각의 출발점이 되었으며 그리고 이러한 모어의 공통성에서 도이치사람은 스스로를 민족이라고 인식한 것이다. 이러한 사고가 또한 계속해서 강한 주목을 받았으며 도이치사람은 오늘날까지도 스스로를 본질적으로 동일한 언어공동체의 구성원으로 느껴왔다는 사실은 — 스스로를

그의 모어에 의거해서 민족이라고 인식한 유일한 유럽의 민족으로서 — 전혀 놀랄 바가 못 된다(바이스게르버의 'deutsch 라는 낱말의 의의' 1949년을 참조하라).

2) 그래서 도이치말의 사고에서 민족의 일반적 개념도 언제나 언어공동체와 가장 가까운 데서 추구될 수밖에 없었다. 무엇보다도 그것은 가장 중요한 시기의 하나인 '도이치 운동'〈도이치 문예의 전성기〉의 사고에서의 민족개념의 갱신이란 매우 중요한 자리의 한 곳에서 명백해졌다. 헤르더Herder에서 그림Grimm에 이르기까지 (그리고 당연히 또한 그 후에도 그렇지만) 이러한 해결에 도달하게 되는 사상을 추적해 보면, 특징적인 것으로서는 "한 민족은 동일한 언어를 말하는 사람들의 총괄개념이다"라는 그림의 규정을 들 수 있는데 이것은 그 핵심에 있어 이미 16세기에 선취되었으며 오늘날까지도 계속 새로운 변화를 겪으면서 강화된 규정이다. 어째서 언어공동체가 한 민족의 가장 뚜렷한 외적 경계부분으로서 뿐만 아니라 한 민족의 본질적 핵심을 이루는 단위로도 간주되었는가는 훔볼트에게서 가장 명확히 설명되어 있다. 이제 우리는, 이러한 연관성에 관해 늘 언급되었던 사항들 중 가장 심원한 것에 속하는 특히 두 가지 명제 안에 파악되어 있는 사상으로 이행해 보아야만 하겠다(이때 주목해야 할 사실은, 훔볼트가 그와 동시대의 도이치사람들이 Volk라는 개념을 점점 더 많이 사용함으로써 Volk와 Nation을 가지고 사고상의 구분이 필수불가결하다고 입증된 두 가지 사태를 구분할 가능성을 얻는 곳에서 언제나 Nation이라는 낱말을 사용하는 18세기의 언어관용을 따르면서 연구를 속행하고 있다. 훔볼트는 Nation과 결부된 그의 정의에서 1800년 이래로 점증적으로 Volk라는 낱말로써 파악된 여러 사태를 고려했음이 명백하다. P. Kluckhohn 참조). 이러한 정의 중 하나는 다음과 같다. "근본적으로 언어란 그것이 단편적인 산물로서 후대에 전해지는 것이 아니라 활기 있고 생동적인 존재 안에서 단순히 표면적인 것이 아니라 동시에 내면적이며 언어를 통해 비로소 가능하게 되는 사고와 일체가 되어서 Nation(국민) 그 자체이자 참된 본디의 Nation(국민)이다"(VII, 641). 훔볼트가 언어와 국민의 이러한 놀

랄 정도의 동일시를, 언어는 "참된 본디의 Nation(국민)"이라고 부연함으로써 한 번 더 강조해서 숙고한 것의 배후에는 언어공동체 내에서 끊임없이 활동하는 모어 안에 형성되어 있는 정신적 세계를 훔볼트가 완전히 파악하고 있음을 반영하는 것이다. 그리고 훔볼트의 이러한 동일시의 궁극적 근거는 실로 어렵기는 하나 언어공동체의 인류법칙의 통찰로부터 직접적으로 이해 가능해지는 다음의 명제에서 발견된다. "Nation(국민=민족)은 특정한 언어를 통해 특징 지워진 인류의 정신적 형식이며 이상적 총체성과 관련해서는 개성화되어 있다"(VI, 125). 여기에 피할 길 없는 인류의 언어공동체 안으로의 분절이 인류의 정신적 목표를 위해 아주 필수불가결한 것으로 생각되게 하는 것이 모두 집약되어 있다. 그것을 위해 여기에서부터 역사적 삶의 결정적 수행자를 규정짓는 것이 올바르고도 필요하다. 그것을 우리의 오늘날의 말로써 다음과 같이 바꾸어 쓸 수 있다. 민족은 인류 내부에서 그 모어의 작용의 힘으로써 그의 독자적인 특성을 획득하며 또한 다수의 민족 가운데서 개별민족은, 없어서는 안 될 구성원으로서 그의 전체 언어영역의 정신적 힘으로부터 공통의 인류의 목표달성에 기여하도록 노력한다는 점에서 그의 존립근거 및 그의 가치를 찾고 있다.

3) 여기에서 언어사상으로부터 인식된 것은 인간의 공동체삶 전반의 기본토대와 여러 조건의 이해에 결정적인 기여를 했다. 왜냐하면 거기에서 인류가 정신의 원리에 따라 자연법칙과 비슷한 힘으로써 언어공동체로 분절되어짐을 보며 하나의 보편타당한 법칙이 제시됨에 따라 도대체 이러한 완벽한 조건이 인간의 공동 삶의 또 다른 주목되는 형식과 어떤 관계를 이루는가라는 문제를 제기하지 않을 수 없었기 때문이다. 명백한 것은, 방금 특징 지워진 (언어-)민족 이라는 개념이 그의 고유 법칙성에 있어 다른 공동체삶의 개념에 비해 특히 두드러져 있다는 사실이다. 그리고 확실히 그 개념 근거의 깊이는 이 개념과 공동체삶의 다른 기본적 개념의 영향력과의 비교

에 결정적인 구실을 한다. 우리는 이전에 언어의 법칙을 정신의 원리에서 유래하는 것으로서 자연 및 권력의 원리에서 공동체삶을 도출하고자 하는 고찰방식과 대비시켰었다. 따라서 Volk(민족)라는 정신적 개념은 Rasse(종족)라는 자연개념 및 Nation(국민)이라는 국가개념과 대비된다. 여기에 언어와 민족이라는 문제를 둘러싼 논쟁을 이해하기 위한 열쇠가 있는 것이다.

첫 번째 항목에서 얼마나 본질적인 문제가 논의되는가는 특히 1932년의 슈미트-로어Schmidt-Rohr의 저서인 《여러 민족의 교육자로서의 언어》를 둘러싸고 일어났는데, 그 논쟁의 계속된 전개가 자유로운 과학적인 결정에 이를 수는 없었다(바이스게르버, 〈도이치민족과 도이치말〉, 1935년 참조). 근본적으로 문제되는 바는 정신적-문화적 단위로서의 도이치민족의 역사적 현실을 자연과학적으로 논의된 종족적 사고의 이상상과 거만함에 대비해서 보호하는 일이었다. 물론 핵심점을 논급하기란 쉽지 않은 일이었다. 논쟁의 격렬함은 언어의 가치의 다소에 의해서 좌우되어서는 안 되는 것과 마찬가지로 한 민족의 혈연 안에 논란의 여지없이 존재하는 가치를 멸시하는 것이 문제가 아니었다. 오히려 민족의 사안에서는 혈연에 의한 연결보다도 언어공동체가 갖는 체계상의 우월성이 논의의 대상이 되었다. 왜냐하면 도이치 민족의 개념은 당초부터 정신적-문화적인 것이었으며 언어공동체와 더불어 비로소 역사성의 조건이 충족되었기 때문이다. 언어공동체가 없었다면 인간본성의 재능이나 소질은 모두 '보이지 않고' 따로따로 개별화된 상태로 머물러 있어야만 했을 것이다. 그러나 이런 언어공동체 자체는 자연 그대로의 전제조건에도 '기반을 두고 있지'만 정신의 현상이다. 생물학적 여러 사태는 모어와 언어공동체 사이의 상호작용에 있어, 전제로서가 아니라 이러한 관련에서 적극적으로나 소극적으로도 하찮은 것은 아니나 결코 결정적으로 중요한 역할을 떠맡고 있는 것도 아닌 한 요인에 불과하다.

이러한 논쟁이 주로 도이치 국내에서 진행되었기 때문에 Volk(민족)와

Nation(국민) 개념의 대립에서 인간의 공동 삶의 근본 문제가 제기되었다. 1800년경의 도이치말의 사고는 이런 두 개념을 구별함으로써 공동체삶에 있어 정신적으로 제약된 집단과 권력에 의해 제약된 집단 사이의 대립을 뚜렷이 부각시켰다. Nation은 프랑스말의 원형인 nation처럼 특히 프랑스 혁명 이래로 Staatsnation(국가국민)이란 사상을 점점 더 명확히 구현해 왔으며 그럼으로써 동일한 권력범위에서 사는 사람들의 행동의 공통성을 나타낸 것이다. 그리고 그것은 어느 정도는 민족의 사고에서, 국가적 사고의 우세함을 참아낼 수 없는 삶의 측면이 생겨날 때 언제나 국가가 그의 구성원에게 정신적으로 요구하는 것으로서, 그 증대하는 요구에 대한 대답이었다. 여기에서도 역시 매우 중대한 대립이 생겨났다. 이러한 대립은 주로 언어공동체와 국가가 대단히 드문 경우에만 합치된다는 것에서 생겨난다. 그리고 국가라는 형성물은 오늘날까지 현존하는, 혹은 이전의 권력관계의 성과이기 때문에 그 안에서 권력의 원리는 외적 및 내적 상황에 있어 여전히 결정적이다. 따라서 민족의 개념과 국민의 개념을 비교해 볼 때, 전자의 정신의 입장에서의 판단과 후자의 권력에 의한 입장에서의 판단에서 필연적으로 생겨나는 온갖 상이점이 집결된다는 것은 우연이 아니다. 또한 국가의 사고는 보수적인 것이었고 민족의 사고는 진보적인 것이므로 새로이 관철되는 대부분의 형태는 처음에는 민족의 명의로 된 요청으로서 시작되었다. 이러한 요청을 관철하는 힘은 결국 그것의 근거의 설득력에 달려 있음은 분명하다. 여기에서, 언어공동체에 입각해서 구성된 민족 개념만이 문제되는 바를 밝혀낼 수 있다는 사실이 드러난다. 권력개념은 자의와 우연의 조건으로부터 결코 완전히 이탈될 수 없는 데 반해서 민족개념은 모든 외부의 우발사와 거의 무관한 인류의 분절이다. 역사에 시선을 돌려보면 국가국민에 비해서 언어공동체가 월등하게 더 긴 수명을 지닌 형성물임을 알게 된다. 인류의 발전을 국가국민의 위에 놓으려는 사람은 끊임없는 변동, 계속해서 새로이

터져 나오는 대립, 모든 '이권'정치의 끝판에 다가올 파국을 예상해야만 한다. 그것과 대치되는 것이 바로 그날그날의 사건에 훨씬 덜 의존하는 단위로서의 언어공동체이다. 심지어 권력 사고의 자의성이 그날그날의 마음대로의 의도로써 혼돈의 상태로 몰고 간 것을 올바른 위치로 되돌려서 그것의 자연적 질서를 회복시키는 일이 언어공동체의 기능의 하나라는 듯한 인상도 때때로 받게 된다. 그러나 인류를 나라마다 분류하는 것은 단편적이고 불안정하기도 한 데 반해서 언어공동체 안으로의 분절은 '자연스러운' 것만은 아니다. 민족의 사고를 옹호하는 사람은 훨씬 더 '인간의 존엄'의 원리를 기본 토대로 삼고 있다. 언어공동체의 인류법칙이 인간의 공동체삶에 대한 정신의 지배적 지위를 명백하게 드러낸다면 정신의 작용으로부터의 가장 인간적이고도 동시에 지속적인 질서의 가장 정신적인 형태를 기대해도 좋을 것이다. 종족, 국민, 민족의 관점에 있어 자연, 권력, 정신이 어느 정도 서로서로 맞서 있는 상황에서 인간에게 가장 적절한 해결책이 정신의 법칙을 인정하는 데서 나오기를 기대하게 될 것이다. 여하튼 Volk(민족)라는 도이치말의 개념에 포함되어 있는 것은 바로 다음의 것이다. 언어공동체의 인류법칙은 공동체삶의 근거를 입증하는 모든 인식 가능한 지적 중에서 가장 결속력이 있는 것으로서 두드러지며 그럼으로써 동시에 자연과 권력에 비하여 정신의 우위가 승인되어 있다.

4. 언어공동체의 삶의 법칙

이러한 인식에는, 커다란 영향력이 있는 몇 가지 결론을 의식화시키려는 요청도 동시에 포함되어 있다.

첫째는 언어공동체라는 사태와 그에 입각해서 구성되는 민족개념과 연관을 맺고 있는 고찰과 개념을 공동체삶의 또 다른 형태, 특히 국가적 형태에 적절한 관점과 뚜렷이 구별해야 할 필요성이다. 이런 구별은 민족적인 것과 국가적인 것(그리고 생물학적인 것)의 다양한 연루를 풀기 위해서가 아니라 이 모든 것을 최선의 협력으로 이끌기 위해서 필수불가결하다. 우리는 민족적 사고와 국가적 사고가 서로 부딪힘으로써 극도의 긴장관계가 생겨나서 서로 상대를 타파해 버릴 정도로 강렬한 것이 되므로, 이런 긴장관계가 특히 참여하고 있는 파국이 재발되는 것을 방지하기 위해 전력을 다해야만 할 것이다. 민족적 사고와 국가적 사고가 정말로 합치될 수 없다면, 양자의 필연적인 요구는 단지 그때마다 어느 한쪽의 승리만을 허용하는지, 혹은 어떤 경우에는 민족의 생존권을 또 다른 경우에는 국가의 생존권을 인식하고 승인함으로써 어떤 바람직한 연합의 기본토대가 얻어질 수는 없는지? 하지만 그렇게 되면 그 쌍방에서 제기된 요구의 근거와 의의를 명확히 인식하고 더욱이 그 양자의 관점의 존재 및 권리를 주목하는 일이 필요하다. 새로이 부상하는 민족적 사고의 독자성은 통상적인 국가적 사고로부터 이해되지 못했기 때문에 지난 150년간 수없이 많은 오해가 생겼으며 또 민족적 사고 자체도 국가의 세력범위에 대한 자신의 지위를 명확하게 간파하지 못한 데서 비롯되었다고 해도 과언은 아니다. 오늘날까지도 지속되는 도이치말의 Volk(민족) 개념과 프랑스말의 nation(국민) 개념 사이의 긴장관계만 보더라도 이러한 사태의 해명이 유럽의 통일을 위한 기본조건에 속하는 것으로 인식하게 한다.

이러한 관련에서 언어공동체의 삶의 법칙의 해명이 의심할 바 없이 가장 중요한 사명이 된다. 국가란 무엇을 원하며, 무엇을 해야 하고 또 무엇을 할 수 있는가 하는 것은 수천 년 전부터 숙고되어 왔다. 그러나 그 국가적 사고가 간과하는 — 혹은 자명한 것으로 전세하는 — 언어공동체의 고유원리, 고유가치는 무엇인가에 대해서는 별로 뚜렷이 확정되어 있지 않다. 만약 책임 있는 정치가들이 설사 언어공동체의 삶의 법칙을 대충 윤곽만이라도 파악했다 하더라도 우리가 재난과도 같은 영향을 입으면서 경험했던 바의 결단을 내렸으리라고 생각할 수도 없었을 것이다(-이것에 관련해서, 유일한 언어학적 저술로서 메이에A.Meillet의 〈새로운 유럽의 언어〉(1918년)가 어떤 역할을 했지만 유감스럽게도 충분한 조언자는 될 수 없었다-). 이러한 문제는 아주 지속적으로 오늘날의 우리의 의식 안으로 들어설 수는 없다. 그것들의 궁극적인 근거·입증이 문제시되는 한 우리는 나중의 서술에서 언어의 윤리학과 모어의 자연권을 다루어야만 할 것이다. 여기에서는 단지 역사의 진행에서 수도 없이 확인된 언어의 인류법칙에서 나오는 결론만이 강조될 수 있다. 언어공동체 안으로의 인류의 분절은 대단히 견고하고 활동적인 전제조건이며 이것을 경시하면 반드시 보복을 당하며 무시하면 상당한 위험부담을 안게 된다. 이를테면 상당수의 정치가는 국가어(여러 민족이 혼재되어 있는 국가영역 내에서)에 직면해서 모어를 뒷전에 밀어두는 일을 선의로써 관철시켰을는지 모르나 그의 행동이 수십 년 후에까지도 필연적으로 야기할 결과를 예상마저도 하지 않았다. 그렇다면 일시적인 국가 이익을 추구하면서 의식적으로 언어제국주의 정책을 추진하여 그럼으로써 자연발생적으로 생기는 그리고 전권적 자의에 대해서도 불변의 정신적인 인류법칙을 불러일으키는 근원의 힘을 방출하는 온갖 대내외 정책상의 위기를 필연적으로 야기시키는 행위를 어떻게 판단해야 하는가! 언어공동체가 그 본질 핵심상 무엇인지 일단 인식한 사람은, 언어공동체의 삶의 법칙과 그런 식으로 충돌하는 것을 피할 수 있도록 국가의 사명 및 관점을 이해하고 설명해야 할 필연성을 의심하지 않을 것이다. 그 일을 위해서는 우선적으로 언어공동체가 어째서 현존하는가 그리고 언어공동제가 그의 모어와 상호작용하는 가운데 인류 전체에 있어서는 무엇을 해야 하는가를 알아야 한다.

그래서 우리는 결국 다시 출발점의 사상으로 돌아오게 되는데, 언어학에 있어 언어공동체의 연구는 모어의 연구만큼이나 절실하다. 우리가 그렇게도 많은 지점에서 언어공동체의 삶의 법칙과 대립되는 결정을 만나는 데는 언어학도 책임이 없는 것은 아니다. 왜냐하면 언어공동체라는 사태에 내포되어 있는 것이나 역사적 생성에서 개개의 언어공동체와 그의 모어 사이의 상호작용으로부터 생겨나온 것을 의식하도록 하는 것이 언어학의 사명이 되어있기 때문이다. 그렇게 된다면 언어공동체의 존립 안에 내포되어 있는 '자명성'이 밝혀질 것이며 또한 언어공동체의 정신적 세계의 법칙과 정치, 경제적 요청 사이의 결합도 가능해질 것이다. 이러한 결합은 언제라도 삶의 필연적인 요구를 극복하기 위해 발견되어야만 한다. 그러나 이를 발견하자면 언어공동체의 권리에 모순될 뿐만 아니라 결과적으로 언어공동체 및 국가에 파멸적인 요소가 되는 지령이 국가의 이름으로 내려지지 않기 위해서 사전에 명확한 구별이 필요하다. 이러한 여러 사태의 통찰을 시작함과 아울러 이러한 연관성이 어떻게 기능하는가 및 개개의 사건이 어떤 법칙에 따라 서로 맞물려 돌아가는가를 역사적 실례에 의해서 상세히 설명하는 것도 언어연구의 사안이다. 그리고 공동체삶의 또 다른 여러 힘의 필연적인 요구를 매우 진지하게 받아들이려는 사람들이 다음의 사실을 통찰할 수 있으리라 생각된다. 언어공동체의 삶의 리듬이란, 스스로 하루의 사건에 적응해 나갈 수 있는 것이 아니라 그날의 진정한 혹은 추정되는 바의 필연적인 요구가 성공전망을 앞서의 확고부동한 조건에서 측정해야만 할 정도의 파장의 길이를 지닌다. 왜냐하면 다음의 사실을 누구나 인식해야만 하기 때문이다. 인간의 삶의 정신적 기반은 우연이라든가 자의에서 벗어나 있는 방식으로 보장되어야만 한다는 필연성이 궁극적으로 인류의 언어공동체 안으로의 분절이 빈틈없고 확고부동하다는 사실의 기초를 이루고 있다. 모든 부당하고도 자의적인 간섭의 시도는 이러한 근본조건에 걸려 수포로 돌아가리라는 것 — 이것을 명확히 밝히는 일은 언어연구가 인간의 공동체삶의 진정한 목표에 유용한 행동의 근거입증을 위해 제공할 수 있는 최대의 기여를 의미할 것이다.

이러한 고찰과 더불어, 언어공동체 법칙과 연관을 맺고 있는 그리고 언어학이 언어사회학적 연구부문에서 해명해야 할 가장 중요한 사실이 조망되었으리라고 본다. 우리가 이러한 영역을 강조하고 상세히 다루면서 우선권을 부여한 것은 근거 없는 일이 아니다. 왜냐하면 '실용적인' 언어연구의 대부분은 이 분야에 속하는 대상 및 방법과 관계하기 때문이다. 또한 모든 개별언어의 연구에 투입되는 작업이 끝이 없다는 사실을 감안할 때 연구가와 학생이 올바른 관점을 가지고 이러한 연구에 종사하는 일이 결정적으로 중요하다. 우리는 언어학이 이러한 과제의 이상적인 해결과는 아직 거리가 멀다는 사실을 숨겨서는 안 되겠다. 언어적 삶의 '전체성'을 해명하면서 단계적으로 언어사회학적 연구영역으로 인식했던 바를 언어연구는 완전히 무질서하게 다루어 놓았다. 가장 오랫동안 진행되어 온 음운형태 중심의 문법적 처리 방식에 비해 내용중심의 문법적 방법은 그 개발과 응용에 있어 훨씬 더 뒷전에 물러서 있다. 그러나 모든 언어수단은 음운-내용의 통일체이므로 그 양면의 주목을 강요하고 또한 평가 면에서도 필연적으로 정신적 내실을 감각적 기호보다 높이 평가해야만 한다. 그리고 에네르게이아로서 언어의 작용 형식과 작용하는 곳에서의 언어 연구가 비로소 언어를 그 성능에서부터 우리에게 실제로 이해시키게 되고 또 인간의 행위에 대한 언어의 의의도 파악될 수 있다는 사실에 의혹이 없을지라도, 문법적 고찰에서 언어학적 고찰로의 이행이 의식적으로 수행되기란 한층 더 드문 일이다(때때로 이러한 연관들이 사실상 주목을 끌기는 했다). 그러나 언어사회학적 연구에 있어 최상의 전체성은 모어와 언어공동체의 상호작용에서 찾아볼 수 있다. 여기에서 모든 개별언어는 본질 핵심에서 모어로서 인류의 언어공동체 안으로의 분절이라는 인류법칙에 관여되어 있다는 것, 이것이 이제 우리에게 인식되기 시작하며 그럼으로써 완전한 '구체적인' 언어연구는 모든 언어의 최소의 음운상의 특성에 이르기까지 새로운 면모를 얻게 된다.[2]

2 Weisgerber 1964[b], 117-135 참조.

XI. 언어의 초기호적 성격

소쉬르의 기호 개념[1]

소쉬르F. de Saussure는, 낱말이란 하나의 음성체가 하나의 개념과 결합된 것임을 강조한다. 그럼으로써 중대한 통찰이 얻어졌다. 낱말은 종이의 앞뒷면처럼 두 개의 면, 즉 서로 제약하는 음성적-감각적, 그리고 정신적-개념적인 면이라는 두 개의 면을 갖는, 분리될 수 없는 '정신적인' 단위로 인정된다. 이 두 개의 면은 함께 언어에 속한다. 그리고 전체의 낱말은 그것이 일반적으로 가리키는 외부세계의 사물들과 어떠한 관계가 있는가 하는 것은 우선은 아직 해결되지 않은 채로 있다. 그러나 소쉬르는 그의 프랑스말 용어를 통해서 이해 자체를 어렵게 하고 있다. 인식된 어려움을 제거하기 위해 그는 변화를 도입했으나, 부지중 같은 위험이 다른 자리에서도 보인다.

그는 말하자면 음성과 내용의 근본적인 통일체를 '낱말mot'이라고 부르지 않고 '언어기호signe linguistique' 혹은 간단히 '기호signe'라고 부른다. 낱말

---

1 여기에 덧붙여서 Schmitter 1987, 52-58 및 이 책의 '언어의 형식'란을 참조.

의 음성적-감각적인 면을 그는 처음에는 '청각 영상image acoustique', 내용적인 면을 '개념concept'이라고 부른다. 그러나 기호라는 표현은 그것으로써 하나의 사물에 대한 대리로 놓이는 음운만이 생각되는 옛날의 순진한 오해를 방조하는 것이다. 이 오해는 소쉬르 자신이 곧바로 분명하게 이의를 제기했던 것이다. 그는 청각 영상을 '표시하는 것signifiant', 그리고 개념을 '표시된 것signifié'으로 대체함으로써, 즉 낱말의 내부에 존재하는 대립을 강조하는 두 가지 표현으로 대체함으로써 이 오류로부터 벗어나길 원했다. 그래도 그는 전체에 대해 signe를 유지할 수 있는 것으로 믿고 있었는데, 이는 그가 더 나은 표현을 찾아내지 못했기 때문이다.[2]

의도는 분명하나 새로운 개념쌍 signifiant-signifié는 외부세계에 대한 잘못된 유도를 훨씬 더 쉽게 야기한다. signifié 혹은 '표시된 것' 자체는 기호의 구성요소가 될 수 없으며, 기호의 외부에 위치해야만 하는 한에 있어 논란의 여지가 있다. 그러나 소쉬르는 signifié로써 명확히 기호의 정신적인 면을 뜻했던 반면에, 표시된 언어 외적인 대상을 chose réelle(실제의 사물)로서 규정짓고 기호로부터 분리시켰다. 또한 실제로도 이 signifié로써 언어 내적인 요소가 어느 정도까지 생각될 수 있는지 쉽게 통찰할 수 없다. signifié의 중요성을 소쉬르는 signification[3]과 valeur[4]라는 또 다른 구별을 통해서 분명히 하기를 바랐다.

그는 signification을 낱말이 현실에서 겨누고 있는 것, 이를테면 arbre(나무)로 파악되는 식물계의 단면이라고 이해한다. 이에 반해 그는 valeur로써, 낱말은 가령 언어 외적인 동기로부터만 그것의 타당성을 받아들이는 것이 아니라 의미가 유사한 인접 낱말들에 의해서도 함께 규정되는 것이라는 중

2 Saussure 1972, 99 이하 참조.

3 '명칭' 혹은 '고유 가치'로 번역될 수 있을 것이다.

4 '가치'보다는 '위치가치'가 훨씬 더 나을 것이다.

요한 사실을 강조하고자 한다. 그는 같은 signification을 갖는 프랑스말 mouton과 영어 sheep을 예로 드는데, 이것들은 동일한 동물의 종으로 생각되기 때문이다. 그러나 이것들은 서로 다른 valeur를 갖는데, 왜냐하면 sheep은 영어에서 살아 있는 양에 대한 낱말로서 양고기에 대해 차용된 낱말인 mutton과의 대립에 놓이는 반면에, 프랑스말에서는 그와 같은 대립이 존재하지 않기 때문이다.[5]

바이스게르버의 경우

이러한 관계들은 바이스게르버L. Weisgerber에게서 보다 분명해진다. 그는 낱말을 음성형식과 내용의 분리될 수 없는 통일체로 파악하고 또한 언어 외적인 것, '세계', 혹은 '현실'의 중요한 요인을 가장 광범위한 뜻에서 함께 포함하고 있는, 셋으로 분할된 모델로부터 출발하고 있다. 그는 이를테면 음성형식 o-n-k-e-l, 낱말내용 Onkel과 이 내용이 인간의 주변세계에서 겨냥하고 있는 것을 구별한다.

그는 이미 음성형식 그 자체만으로는 언어가 성립될 수 없음을 강조했다. 음성형식은 그것이 하나의 기호 역할을 떠맡는 한에 있어서 언어의 구성성분이 된다. 달리 말해서 모든 언어는 인간 정신의 기호를 정립하는 기본능력을 터전으로 하는 것이다.

그는 '기호의 법칙'을 다음과 같이 설명하고 있다.

1. 인간의 육체적-정신적 실존의 기본조건에는, 인간의 정신이 그의 행위에서 정신적인 것을 파악하고 확보해두기 위해 감각적 요소를 이용하지 않

5 위에 든 곳, 160 참조.

으면 안 된다는 점이 내포되어 있다. 정신의 도움을 받은 이 기능에서 감각적인 것의 이 사태가 기호로 된다. 그러한 기호는 인간의 정신적 행위에서 발판이자 버팀목의 역할을 수행한다는 뜻에서 '상징적 기능'을 갖는 것으로 인정된다.

2. 기호사용의 가장 오래된 형식은 자연적인 상징적 표현에 있다. 이것은 인간이 하나의 체험으로부터 어떤 감각적 사태를 끄집어내어 그 체험에서 '자각하는' 과정으로 이해된다. 그렇게 함으로써 이 체험이 생기의 흐름 속에서 끄집어내어져 새로운 방식으로 정신의 '대상'이 되는 것이다. 이 체험은 기호의 도움을 받아 정신적으로 되풀이되고 동일한 감각요소를 지닌 다른 체험들과 결합될 수 있다. 헤르더는 자연 기호가 지닌 이 성능을 저 유명한 양의 예에서 구체적으로 설명하고 있다. 인간은 양의 감각적 특성(빛, 소리 등) 중에서 울음소리를 '기호'로 채택함으로써, 이 기호에 의거해서 자신의 체험의 정신적 내용물을 '자각할' 수 있었다는 것이다. 그리고 기호의 도움을 받은 이 자각은 헤르더가 보기에 언어와 매우 가까운 거리에 있는 것이어서, 그는 "그것이 낱말이 아니고 무엇이겠는가? 그리고 인류 전체의 언어는 이러한 낱말의 집대성이 아니고 무엇이겠는가?"라고 말하고 있다.

3. 그러나 그런 토대 위에서는 모어 같은 형성물Gebilde이 아직 가능하진 않을 것이다. 인간이 자연적인 상징적 표현을 다양하게 사용할는지는 몰라도, 사회적 차원의 언어적 형성물은 보다 더 발전된 형식, 즉 인위적인 상징적 표현에 기초하고 있다. 하나의 체험으로부터 부분 사태를 분리해내어 그러한 기호의 작용을 그 부분 체험의 반복에 의해 좌우되도록 하는 일에 의존해 있는 자연적인 상징적 표현과는 반대로, 인위적인 상징적 표현은 정신에 훨씬 더 큰 작용 가능성을 열어준다. 인간은 하나의 감각적 요소를, 그것이 자신에게 기호의 역할을 하도록 하는 의도하에 하나의 체험 안으로 집어넣을 수 있다. 이 정신의 부가물은 체험 그 자체보다 훨씬 더 높은 정도로 인

간의 의지에 종속된다. 그것은 인간에게 임의로 반복될 수 있고, 시간적으로 지속성을 띠며, 공간적으로 전도가 가능하다. 요컨대 그것은 체험을 우선 확보하고 의식화하는 가운데 인간 정신에 거의 무한한 활동의 영역을 마련해준다.

4. 인위적인 상징은 체험의 확보라는 수동적 역할을 넘어서서 정신의 대상을 정립하는 능동적 역할도 떠맡을 수 있다. 그것은 다양한 종류의 체험 안으로 투입될 수 있고, 그 어떤 자연적인 상징적 표현의 단서도 포함하고 있지 않은 체험에도 마찬가지로 투입될 수 있다. 인위적인 상징은 자연적인 상징적 표현의 뜻에서 서로 일치하는 면이 전혀 없는 여러 체험도 정신적으로 같은 부류에 넣을 수 있다. 그것은 인간의 회답을 포괄해야 할 필요가 있을 뿐만 아니라 물음으로서 제기될 수도 있고 정신적 결정점으로서 작용할 수도 있다. 하나의 기호를 설정하는 데에는 동시에 생산적인 정신의 성능이 포함되어 있음이 여기에서 명백해진다. 그것이 언어에 의한 포착이며, 그것은 인간이 '외계의 존재자'로 향하는 통로를 터주고, 그것에 의해서 현실세계의 섭취 협수, 즉 인간화가 수행될 수 있는 것이다.

5. 그리하여 기호와 그 안에 파악되어 있는 정신적 내실은 점점 더 강하게 하나의 전체로서 부각된다는 사실이 이해될 수 있다. 이 둘은 각각 다른 하나가 없으면 존속할 수 없다. 자연적인 상징적 표현이 이미 인간과 그의 체험의 관계를 근본적으로 변화시킨다면, 인위적인 상징의 도움으로 창조되고 전파된 '정신적 대상'은 다름 아닌 바로 기호의 현존과 효력에 의존해 있을 것이다. 여러 체험을 '정신적 대상'으로 '개조'하는 일이 점점 더 강하게 드러날수록 기호의 역할은 그만큼 더 필수 불가결해지며, 이러한 감각적-정신적 통일체의 두 측면이 지닌 본질적 결부성은 그만큼 더 분명해진다.

6. 언어란 모름지기 그러한 식으로 인위적인 상징적 표현을 적극적으로 투입하는 일에 뿌리를 두고 있다. 우리가 만나는 한의 언어의 형태Gestalt는

모두 인위적 상징의 일부분이며, 모든 모어는 인간 정신의 상징력을 활용하는 최상의 형식을 보여준다. 왜냐하면 시간과 공간을 극복하는 인위적인 상징적 표현의 가능성이 모어에서 완성되어 있고, 정신의 '대상'의 세계를 건립하는 데 기여하는 그 분류기능 및 형성기능이 모어에서 결속되며, 이 정신의 대상의 세계 안에서 셀 수 없이 많은 인간이 그때그때마다 정신적으로 창조한 성과가 총괄되어 언어기호의 힘을 통해 확보되고 계속해서 전승되기 때문이다.[6]

그럼으로써 이제 언어적 형태들의 역할이 분명해진다. 한 모어 안에서의 그들의 지위는 그들의 기호 기능에 근거를 두고 있다. 이 감각적 기호는 모어에서 '정신적 대상'에 대한 결정점으로 작용하며, 감각적 기호의 지시를 통해 그때마다 그것과 하나의 전체를 이루는 언어내용을 이해할 수 있는 것이다.

요컨대 낱말은 대상을 단순히 명명하는 것이 아니라 이를 인간적으로 파악해서 언어로 옮겨놓은 것이다. 낱말내용은 주변세계에 의해서 요구되는 것이 아니라 우리의 언어 속에 갈무리되어 있는 사물을 인간적으로 해석한 표현인 것이다. 한 언어의 전체적인 내용을 함께 본다면, 전체의 세계관, 즉 바이스게르버가 말했듯이 언어의 '세계상'이 생겨난다. 이 언어의 세계상은 언어습득과 더불어 이른바 정신적인 중간층으로 인간과 세계 사이에 끼어들기 때문에 바이스게르버는 정신적 혹은 언어적 '중간세계'라고 말하는데, 이 개념은 바이스게르버 언어관의 핵심에 속하며, 다음과 같이 그림으로 표시될 수 있다.[7]

---

6 Weisgerber 1964[b], 55 이하.

7 Weisgerber 1962[a], 75 참조. 바이스게르버가 의도하는 것을 명확하게 하기 위해서 글쓴이는 74쪽과 75쪽의 두 그림을 합쳐서 보충했다.

인간	언어 (낱말)		세계
	음성형식	정신적(언어적) 중간세계	'외부세계', '현실' '사물'의 현상
	o-n-k-e-l →	사유상 '정신적 대상' Onkel → 정적인 고찰법에서는 '내용', 동적인 고찰법에서는 '포착' 으로 불린다.	아버지의 형제 어머니의 형제 아버지의 자매의 남편 어머니의 자매의 남편

그림에서 보는 것처럼, 바이스게르버는 인간과 세계를 대립시키고 있다. 인식하는 주체와 인식되어야 할 객체를 대립시키는 것은 선언적인 방법으로는 전혀 불가능하다. 그 까닭은 우선 인간 자신이 인식되어야 할 이 세계의 불가결의 구성요소라는 것, 그리고 더욱이 인간에게 객체로서 대립하고 있는 세계의 사유에 있어서 본질적인 양상을 인간이 이미 언어습득 과정에서 정신적으로 획득하고 있으며, 그것을 자신의 인식의 기초로서 자신 속에 지니고 있기 때문이다.

이러한 사실을 바이스게르버는 친척명칭의 보기를 들어 설명하고 있다.

즉 Onkel이라는 모어적 기호는 나의 아버지와 어머니의 형제, 그리고 아버지의 자매의 남편, 어머니의 자매의 남편을 표시하기 위해서 사용된다. 따라서 이것은 도이치말을 하는 이에 있어서 명백하고 통일적인 범주를 표시하는 하나의 정신적 대상을 구성한다. 이에 반해서 슬라브말들 가운데 세르비아말에는 이와 같은 언어기호가 없다. 세르비아말에는 아버지의 형제와 어머니의 형제, 그리고 아버지의 자매와 어머니의 자매의 남편을 각각 표시하는 stric, ujak, tetak라는 세 개의 기호가 있다. 말하자면 이 경우에는 세 개의 정신적 대상이 있다. 그러나 도이치말에는 단 하나의 정신적 대상이 있을 뿐이다. 바이스게르버는, 도이치말을 하는 이는 세르비아 사람들처럼 세

분화하는 능력이 없다든지 혹은 반대로 세르비아 사람들은 도이치말의 세대 구성을 실감 있게 체험할 수 없다고 주장하는 것은 아니다. 그의 주된 논증은, 두 언어가 단순한 말할이에게는 분석될 수 없는 요소인 서로 다른 정신적 대상을 지니고 있다는 것이다.

그는 이것을 색채에 관련해서 다음과 같이 표현하고 있다. "어린이가 지니고 있는 것은 개별적 색채인상들에 대한 극도로 섬세한 감수능력이다. 이에 반해서 색채계의 개념적인 제어, 대략 말하자면 rot(빨간), gelb(노란) 등의 6~7 부류의 스펙트럼의 분류는 여러 해의 시간을 요구하는 정신적인 발달의 성과인 것이다. 그리고 결정적인 것은, 이 발달이 언어습득의 한 부분으로 이해되어야 한다는 것이다. 여기서 우리는 이 실례에 의해 인간에 있어서 언어의 본디의 성능에 접근하는 것이다."[8]

후년에 와서 그는 다음의 관점에서 기호 개념을 수정해놓고 있다. 즉 그는 '세계의 언어화'에서 단순한 언어 외적인 현실에서 출발하지 않고 언어에 의한 포착의 네 '현장'을 구별하고 있다. 인간적인 언어세계를 구성할 때 네 가지의 기본적인 경우가 생각될 수 있다.

I. 언어 힘이 현실을 인간화하고 언어적으로 동화해야 할 과제를 안고 현실과 직접 마주치는 경우.

II. 언어 힘이 이미 다른 감성의 힘, 정신의 힘을 통해 인간화되어 있는 현실과 만나, 거기에서 얻어진 인간적 세계의 요소들을 언어화하는 과제를 갖는 경우.

III. 언어 힘이 언어 외적인 인간의 감성의 힘, 정신의 힘의 독자적 전개에서 유래하며 언어화해가는 인간 내적인 세계와 만나는 경우.

IV. 언어 힘이 어떤 상대자의 관여 없이 그의 가능성들을 독자적으로 전

---

8 Weisgerber 1929, 24.

개시켜 세계를 창조하는 경우.

감성의 지각에 대한 일차적 형용사는 이를테면 현장 II에 속할 것이다. 예컨대 rot(빨간), süß(단) 같은 낱말재는 현실에서 출발하는 물리적, 화학적 자극을 토대로 하는바, 이러한 자극들이 특수한 감성의 힘을 통해 인간적으로 동화된다. 다음에는 언어 힘이 그런 지각과 마주쳐서 삼중의 개변 과정을 통해 그것을 특질로서 현실에 투영하는 추상적 성격의 형용사로 언어화된다.

기쁨과 슬픔, 사랑과 증오를 나타내는 낱말재는 현장 III에 속한다. 여기에서는 인간의 감정의 힘, 의지의 힘에서 비롯되는 태도가 언어화되며, 다시금 언어적 개변의 수많은 특징을 지닌다.

낱말계층Wortstände 그 자체 및 개개의 경우에 그것의 활용이 언어에 의한 포획Ausgriff으로 간주될 수 있는 한 거의 모든 파생어가 현장 IV에 속한다. Un-be-rechen-bar-keit(예측 불가) 같은 낱말은 언어에 의한 포착의 축적으로 이해될 수 있겠지만 더 이상 그것의 현실가치에 의거해서는 문제될 수 없다.

가장 난감한 것은 어떤 방식으로 언어 힘과 현실 사이의 직접적인 대결(현장 I)을 생각해볼 수 있는가 하는 문제이다.[9]

바이스게르버는 이른바 verba ante res[10]에 관해서 언급해놓고 있다. '보통'의 기호상황에서는 무언가가 언어 밖에 존재하고 다음에 이것이 기호로써 확보되고 파악된다는 것이 전제될 수 있다. 그러나 언어의 영역에서는, 어떤 말하는 이가 이미 존재하는 언어수단을 독자적으로 사용함으로써 언어 밖의 현실에는 전혀 없는 새로운 사유대상을 비로소 만들고 창조하는 경우가 나타날 수 있다는 것이다. 예컨대 Schreibmaschine(타자기)라는 합성어는 그 기계가 고안되기 이미 오래전에 형성되어 그에 상응하는 기술적 노력을

9 Weisgerber 1964[b], 78 이하 참조.

10 '사물에 앞서는 말'. 이보다는 '사물에 앞서는 이념'이 더 나을 것이다.

위한 동기를 줄 수 있었다. 개별적인 (특수한) 경우에 명백히 나타나는 바가 더욱이 일반적으로 통용된다. 즉 "성장하는 이념의 첫 관련에서부터 완성된 작품의 기술적 실행에 이르기까지 언어'관용'이 동시에 언어적 내용이 기술적 처리에 작용을 미치게 할 방도가 아닌 단계는 존재하지 않는다"[11]는 것이다. 이것에 의해서 언어에 의한 개념형성의 특수한 지위가 강조되는 셈이다.

훔볼트의 경우

훔볼트는 '낱말' 개념에 관한 견해를 《카비어 서론》에서 다음과 같이 밝히고 있다.

"낱말은 개개의 개념의 기호로 해석된다. 음절은 음성의 통일성을 형성한다. 그러나 음절은 그 자체에 의미성을 지니게 될 경우에야 비로소 낱말이 된다. 낱말이 되기 위해서는 흔히 여러 음절의 결합이 필요하다. 그러므로 낱말에는 언제나 음성과 개념이라는 이중으로 된 통일성이 합일되어 있다. 그렇게 해서 낱말은 담화Rede의 진정한 요소가 된다. 왜냐하면 의미성이 결여된 음절은 본디 낱말로 불리어질 수 없기 때문이다. 언어를 인간이 실제의 세계로부터 받는 인상에 따라서 그 자체의 내부로부터 객체화한 제2의 세계라고 생각한다면, 낱말은 그 세계 안에 있는 개개의 대상인 셈인데, 그러니까 그러한 개개의 대상에는 형식에 있어서도 개성이라는 성격이 갖추어져 있어야 한다"(VII, 72).

이상의 발언의 꽤 많은 부분에는 확실히 훔볼트가 이미 단순한 음성형식을 낱말로 인정하고 또 이차적으로 비로소 언어에 의해서 표시되는 언어 밖

11 Weisgerber 1950^b (^{3}1971), 120 이하.

의 개념이 있을 수 있다고 생각하고 있는 듯한 오해가 생길 염려가 있다. 훔볼트의 견해는 이 점에서 실제로 일시적으로 동요하고 있었는지도 모른다. 그러나 충분히 명백한 의견표시가 있는데, 거기에서 그는 음성형식과 개념내용의 불가분리성을 전적으로 소쉬르의 청각영상/기호표현 + 개념/기호내용의 결합의 뜻에서 명백하게 강조하고 있다.[12]

그런데 이 과정은 부가도식(개념 + 명칭)에 따라 표상되어서는 안 되며, 개념형성과 언어표시가 기능상 변증법적으로 서로 관련을 맺고 있는 것이다.[13]

이와 관련해서 마찬가지로 대단히 중요한 것은 〈일반 언어유형의 개요〉 안의 '어휘'의 장에서 보이는 다음과 같은 규정이다.

"낱말이란 개념을 표시하는 음성이다. 따라서 낱말에는 언제나 음성의 통일체 — 이 통일체는 음성결합의 경우 악센트에 의해서 실현된다 — 와 개념의 통일체가 있다. 단순한 낱말은 언어에 있어서 참된 개체이다. 그것은 완전하게 언어의 지적 행위 전체를 포함하고 있기 때문이다. 그뿐만 아니라 낱말 자체는 정신의 주관성으로 변화된 객체 그 자체를 정신이 또다시 자체 내에서 밖으로 낼 때의 형식이다. 그러나 낱말 그 자체를 분해해서 나오는 것, 즉 음절이나 문자[14]는 더 이상 언어가 아니라 다만 언어의 요소이다"(V, 410 이하).

언어의 기호적 성격

언어는 정보 전달의 수단이며 낱말은 대상에 대응하는 '기호'라는 점을 훔볼트가 부정하는 것은 아니다. 그는 〈비교언어연구〉의 앞부분에서 '기호'

12 Gipper 1965, 4 이하 참조.

13 Schmidt 1968, 68 참조.

14 이에 대해서는 오늘날 형태소나 음소라는 표현을 선호할 것이다.

에 관해 다음과 같이 서술하고 있다.

"낱말이라는 것은 실로 언어를 형성하는 것은 아닌데, 그러나 어떻든 언어의 가장 중요한 부분이다. 즉 생동하는 세계에 있어서 개체인 것이다. 어떤 언어가 한 낱말로 표현하는 것을 어떤 다른 언어가 바꿔쓴다는 것은 사실상 전혀 상관이 없는 것은 아니다. 문법형식의 경우가 그러하다. 문법형식은 바꿔쓰이면 단순한 한 형식의 개념에 비해서 더 이상 수정된 관념으로서가 아니라 수정을 표시하는 관념으로서 나타나기 때문이다. 또한 개념의 표시에 있어서도 그러하다. 개념에서 통일체로 나타나는 것이 표현에서도 마찬가지로 통일체로 나타나지 않는다면 분절의 법칙은 필연적으로 해를 입는다. 또 개체로서의 낱말의 생동적인 효력 전체는 그러한 표현이 없는 개념에서는 없어진다. 개념의 통일체를 산출하는 지적 활동에는 감각적인 기호로서 낱말의 통일체가 대응한다. 그리고 양자는 담화에 의한 사유의 과정에서 될 수 있는 대로 서로 가까이 수반해야 한다"(IV, 20 이하).

"사유는 단순히 언어 일반에 의존할 뿐만 아니라 어느 정도까지는 개별적인 일정한 언어에 의해서도 규정되는 것이다. 여러 가지 언어의 낱말을, 이를테면 수학에서 선이나 수나 문자를 사용하는 계산(대수학)의 경우처럼[15] 보편타당성을 지닌 기호로 교체하려고 사람들이 시도한 것은 사실이다. 다만, 그렇게 기호로써 충분히 다 할 수 있는 것은 사유할 수 있는 많은 것 가운데 조그마한 일부분에 지나지 않는다. 그 까닭은, 이러한 기호들이 그 본성에 따라 단순한 구성에 의해서 산출될 수 있는 개념이나 그 밖에 순수하게 오성에 의해서 형성된 개념에만 적합하기 때문이다"(IV, 21 이하).

"내적인 지각이나 감각의 소재에 낙인을 찍어서 개념으로 만들려고 할 때

15 라이프니츠의 《보편적 기호법》이나 윌킨스J. Wilkins 주교가 시도했던 것을 예로 들 수 있다.

에는 그 언어와 불가분한 인간의 개인적인 표상능력이 중요하다. 여러 가지 서로 다른 개별 언어들의 중앙에 일반적인 시각기호나 청각기호를 설정하는 시도는 모두 단축된 번역법일 뿐이다. 그래서 그것에 의해서, 모든 언어로부터라고는 말하지 않겠지만, 자기 모어의 일정한 한정된 범위로부터만이라도 밖으로 나오는 상상을 하는 것은 어리석은 망상일 것이다”(IV, 22). 훔볼트의 견해에 의하면, 우리의 삶에 중요한 의의가 있는 모어로써, 말하자면 질적으로도 규정된 표상이나 감각이나 개념의 그물이 우리에게 심어 넣어져서 우리가 세계를 붙잡는 이 그물로부터 우리는 더 이상 거의 벗어날 수 없다. 일견해서 논리적이며 순수한 기호체계를 사용할 때조차도 모어의 이 내재적인 가치는 개입한다.

〈인간 언어 구조의 상이성에 관해서〉에서도 그는 “민족의 감각이 아닌 단순한 오성은 언어를 본질적으로 인간에 밀착되어 있는 것으로, 그리고 결코 완전히 규명될 수는 없는 어떤 비밀스러운 것으로 간주하기를 꺼리고, 언어를 언제나 사회적으로 안출된, 그 자체로서 어떻든 상관이 없고 그 성가신 상이성에서 우리가 벗어날 수 없는 그러한 기호들의 총괄개념으로만 간주하는 경향이 있다”(VI, 232)고 했다.

언어의 초기호적 성격

훔볼트는 낱말을 단순한 기호나 상징과 명백하게 구분하고 낱말의 특별한 위치를 강조하고 있다.

“낱말은 그 음성을 통해서 개념을 환기시키는 한, 기호의 목적을 성취한다. 그러나 표시된 것은 그 기호와는 무관하게 존재하지만, 개념은 낱말을 통해 비로소 완성되며 이 양자는 서로 분리될 수 없으므로 낱말은 기호의 부류로부터 완전히 벗어난다. 이러한 점을 잘못 인식하고 낱말을 단순한 기호로 간주하는 것은 모든 언어과학과 언어에 대한 올바른 평가를 망가뜨리는 근본적인 오류이다"(V, 428).

"언어가 오로지 기호의 성격을 지니고 있다는 견해는 어느 점까지는 물론 이론의 여지없이 정당하지만, 그것을 넘어서 이 견해가 지배적이 되기 시작하면 곧 모든 정신을 죽이게 되고 모든 생명을 추방하게 되는 파국에 빠지지 않을 수 없다"(III, 167).

〈비교언어연구〉의 뒷부분에서는 '기호'에 관해서 훔볼트가 오늘날 통상적이 된 것처럼 언어 내지 낱말을 단순히 기호로 이해하지 않는다는 점이 아주 적합하다. 그에게 언어는 오히려 모상이자 동시에 기호이다. 이때 그는 언어음에도 오늘날의 경우보다 훨씬 더 고도로 낱말의 의미내용을 함께 구성하는 능력을 인정해준다. 이 정도의 전망을 통해 그는 철학적, 문학적, 혹은 그가 말하듯이 가능한 음성과 의미의 관계를 이용하는 '웅변가적' 언어용법을, 낱말을 오히려 기호로서 이용하는 정밀한 '과학적' 언어용법과 마찬가지로 올바르게 평가할 수 있었다.

"언어는 모상인 동시에 기호이며, 전적으로 대상에 대한 인상의 산물도 아니며 전적으로 말하는 이의 자의의 성과도 아니다. 그러므로 언어의 각 요소에 포함되는 모든 특수성은 언어의 이러한 특성 가운데 전자의 자취를 담고 있다. 그러나 이 자취를 매번 인식할 수 있는 것은 그 자체의 명백성을 제외하고는 낱말을 모상으로 여기고자 하든지 아니면 기호로 여기고자 하든지 그 어느 쪽인가의 심정의 기분에 달려 있다. 그것은 심정이 추상의 힘에 의해서 후자, 즉 낱말을 기호로 간주하는 것에 이를 수 있으며 또한 자신의 감수성의 모든 문을 활짝 열음으로써 언어의 특유한 소재의 작용을 전면적으로 받아들일 수 있기 때문이다. 말하는 이는 그의 취급을 통해서 한 쪽이나 다른 쪽으로 방침을 정할 수 있다. 예를 들어 산문과 거리가 있는 시적 표현의 사용은 다름 아닌 바로 심정을 조절하는 작용을 하는 일이 잦을 것이요, 언어를 기호로 보지 않고 그 전체의 특성에 빠져들게 하는 작용을 할 것이다. 이러한 언어의 두 가지 용법을 실제 그럴 수 있는 것보다 더 명확하게 분리해주는 종류에 따라 (종류별로) 서로 대비시켜 본다면, 하나는 과학적 용법이요, 다른 하나는 웅변가적 용법이라 부를 수 있다. 전자는 사무적인 것과 관련된 용법이고, 후자는 삶의 자연적인 상황 속에서의 용법이다. 자유로운 교제가 심정의 감수성을 묶어둘 수도 있을 끈을 풀어주기 때문이다. 여기서 가정하는 뜻에서 과학적 용법은 순수한 사상구성의 학문들, 그리고 경험과학의 특정한 부분들과 취급양식에만 적용 가능하다. 인간의 온 힘을 요구하는 인식에서는 언제나 웅변가적 용법이 나타난다. 바로 이러한 종류의 인식으로부터 나머지 모든 인식들 쪽으로 광채와 온기가 밀려든다. 일반적인 정신형성의 진보는 이러한 종류의 인식에만 근거한다. 시나 철학이나 역사가 이러한 인식에 속하는 바, 그 민족들의 중심을 여기에서 찾거나 알아내지 못하는 민족은 곧 언어의 유익한 소급효과 없이 지내게 된다. 그것은 언어가 자기 자신의 책임에 의해서 민족을, 오로지 그 민족에만 젊음과 힘, 광채와 아름다움을 잘 보존할 수 있게 하는 그러한 소재로써 양육하는 일이 더 이상 없기 때문이다"(IV, 29 이하).

특히 우리가 언어의 본디의 요소라고 부르고 있는 이 말의 넓은 뜻, 이러한 포괄적이고 시적이며 '웅변가적인'의 뜻은 무엇인가? 훔볼트는 그의 《카비어 서론》에서 이 점에 관한 그의 생각을 더욱 전개하고 있다.

"언어는 단순히 상호이해를 위한 교환수단일 뿐만 아니라 정신이 그 힘의 내적인 활동을 통해 자신과 대상 사이에 정립하지 않으면 안 될 참된 하나의 세계라는 감정이 마음속에서 정말로 깨어난다면, 우리의 마음은 점점 더 많은 것을 언어 안에서 찾아내고 더욱더 많은 것을 언어 안에 넣는 참된 길을 가고 있는 것이다"(VII, 176). "일정한 음성 속에 틀어박힌 언어와 그 본성에 따라서 더욱더 많이 파악하려고 하는 내적 파악 사이의 그러한 상호작용이 활발할 때, 정신은 실제로 영원한 창조에 종사하고 있는 언어를 완결된 것으로 보는 것이 아니라 언어에 새로운 것을 공급해주어 그것이 언어에 고착되면 그것이 다시금 자기 자신에게 되돌아오게 하려고 끊임없이 노력한다. 그러나 이것은 두 가지를 전제로 한다. 그중의 하나는 언어가 직접 가지고 있지 않고 언어에 의해서 자극된 정신이 보완하지 않으면 안 되는 어떤 것이 있다는 감정이고, 다른 것은 마음이 느낀 모든 것을 다시 음성과 결합하려는 충동이다. 이 양자는 인간의 본질이, 언어를 초월하면서도 본디 언어에 의하여 제약되는 영역의 예감을 가지고 있다는 생생한 확신에서부터 솟아나온 것이다"(VII, 177).

"마음이 산출하는 것은 무엇이든지 단편에 불과하다. ……따라서 개개의 것에 대해서는 명확하게 의미내용을 한정할 수 없는 표현들이 언제나 넘쳐 있다. 또는 오히려 개개의 것에는 그 개개의 것 속에 직접 포함되어 있는 것 이상을 표현하고 전개하라는 요구가 매달려 있다. 이러한 요구는 언어에 있는 표현을 통하여 다른 사람의 내면으로 옮겨진다. 그렇게 되면 그 다른 사람은 나름대로의 파악에서 그 결핍된 것을 이미 존재하고 있는 것과 조화롭게 보충하도록 유도된다. 그러한 것에 대한 감각이 생동하고 있을 때, 언어는 결핍이 있고 완전한 표현에 불충분한 듯이 보인다. 그러나 그것과 반대되는 경우에는 소여의 것을 넘어서서 어떤 무엇이 부족할지도 모른다는 예감이 생겨날 리가 없다"(VII, 180).

"그러므로 나는 앞에서 표현을 넘어서 과잉된 것, 표현 자체에 결핍된 것에 관해서 말했는데, 그런 것이 전적으로 무한정인 것으로 해석해서는 안 된다. 오히려 그것은 가장 한정된 것이라고 말해도 좋다. 그것은 개성의 특징을 최종적으로 완성시키는 것이기 때문이다. 그런데 낱말은 그러한 것을 고립되어 있을 때에는 할 수가 없다. 낱말은 대상에 의존하고 있으며 보편타당성을 요구받고 있기에 개별화는 점점 줄어들고 있기 마련이다. 따라서 이러한 감정이 좀 더 내면적이고 현실성에 국한되지 않은 정서를 전제로 하고 그러한 정서로부터만 생겨날 수 있는 것일지라도, 그렇다고 해서 그것 때문에 그 감정이 생기 넘치는 직관으로부터 추상적 사유로 역행하는 것은 아니다. 이러한 감정은 독자적인 개성으로부터 생겨나는 것이니까 오히려 대상을 최고도로 개별화하려는 요구가 깨어나게 된다. 그 요구는 대상을 감성적으로 파악함에 있어서 그것의 개개의 부분에까지 침투하는 것과 표현함에 있어서는 최고도의 직관성에 의해서만 달성될 수 있다"(VII, 181).

다른 학자들의 경우

기퍼H. Gipper도 "기호관은 합리주의자와 실증주의자에 가깝고 상징관은 관념주의자와 예술가에 더 가깝다 하겠으나, 진리는 아마도 그 중간에서 찾을 수 있을 것이다. 즉 낱말은 단순한 기호 이상이기는 하나 참된 뜻의 상징에는 못 미치며, 따라서 어떤 표현으로도 낱말 그 자체의 표현으로보다 더 잘 파악될 수 없다. 이로써 물론 낱말이 또한 상징으로서 — 그리고 단순한 기호로서 — 기능을 수행할 수 있다는 사실엔 이의가 제기되어서는 안 되겠다"[16]라고 했다.

하인텔E. Heintel도 말하고 있듯이, "분석적 언어철학의 대표자들은 그 대부분이 유명론적 전통을 이어받아 말을 '기호'의 일의성에서 사정하는 것에 그 특징이 있는 데 반해 비분석적 언어철학의 대표자들은 그 대부분이 언어의 '초기호적' 성격을 강조하는 것을 그 특징으로 한다. 후자는 단순한 기

16 Gipper 1966, Lieferung 7, LXXIV.

호를 넘어선 '그 이상의 것'으로서 본디의 언어에 귀속되어야 하는 것을 상이한 술어를 사용해서 전자의 언어파악 방식에 대치한다. 뿐만 아니라 언어철학자들은 이 '그 이상의 것'에 — 빈번하게 훔볼트를 인증으로 내세워 — 철학의 다른 분야에서도 중요한 일련의 테마를 연결시키고 있다."[17]

여기서는 이 주제선택에 의해 결정된 몇몇 대표적 견해를 특히 훔볼트와의 관련에서 대략적으로 고찰해보기로 한다.

리브룩스B. Liebrucks는 언어체계에 대한 개인의 자유도 오직 현실의 언어의 초기호적인 성격에 의해서 지켜져 있는 것으로 보고 있다. "개개인의 언어 안에서 자신의 독자성을 찾을 수 있고 또 언어 안에 독자성을 넣을 수 있는 것은 어떻게 일어나는가? 이것이 가능할 때만이 언어는 개인을 노예화하지 않고 분절이 사유내용을 속박하기는 하지만 동시에 사유내용을 약동시키기도 하는 그러한 자유로움을 개인에 허용하는 것이다"[18]라고 하면서 리브룩스는 훔볼트의 말을 인용하고 있다.

"언어는 각각의 개인성에…… 순응한다. 그리고 민족의 언어 안에는 개개인의 특유한 언어가 형성된다. 객관적인 것에 대해서도 개인성의 여러 상이한 권에 대해서도 동시에 이러한 순응성을 지니기 위해서는 언어는 표출되어야 하는 것의 전적인 모상도, 그것에 대한 단순한 기호이어서도 안 되며 동시에 이 양자 모두이어야 한다. ……언어가 모상인 한 자의적인 사용에 어떠한 활동의 여지를 남겨서도 안 되며, 또 언어가 기호인 한 이러한 자의를 자기 자신이 지니고 있어야만 할 것이다. 왜냐하면 사상의 기호로서 최상의 것은 소재로부터 완전히 해방되어 자신이 그것에 따라서 형성되는 법칙의

17 Heintel 1972, 40.

18 Liebrucks 1965, 124.

각인만을 복사하고 있는 그러한 기호라는 것은 논쟁의 여지가 없기 때문이다”(IV, 28, 각주).

리브룩스는 기호가 다만 자의적으로 사용될 수 있다는 훔볼트의 이 지적을 자연과학에서 수식으로의 방향에서 해석한다. “모상으로서의 언어는 객관의 측면에 서 있고, 기호로서의 언어는 자의의 측면에, 바꾸어 말하면 언어에 의해서 처리 가능하게 되는 현실의 수학적 구성의 측면에도 서 있다.”[19] 언어가 이렇게 ‘기호와 모상’을 하나로 통합하는 것은 언어가 초기호적 성격을 지니고 있기 때문이다. “기호는 자발성에서 생겨나며, 모상은 수용성에서 유래한다. 자연과학의 기호성격은 이런 면에서 전적으로 파우스트적이다. 인간이 여전히 서로 말을 할 수 있다는 것은 여기에서 언급된 그 통일, 즉 인간과 동시에 사물에 대해서도 언어가 갖는 놀라운 순응성이 가능하게 하는 통일 덕분이다.”[20]

훔볼트에 의하면, 언어의 초기호적 성격은 언어의 다양성이 사유에 대해서 중요한 의의를 지니고 있음을 확증한다. 그 의의는 다음과 같다. 즉 “정신의 산물이 산출됨에 있어서 어떤 언어도 동일하게 형편이 좋은 것은 아니다”(IV, 26, 각주)라는 것이다. 언어가 순수하게 기호적 성격을 지닌다는 가정은 이와는 전혀 상반되는 전제를 야기한다. 그 전제에 의하면, 어떤 언어도 그것을 충분히 완성해서 그에 상응하는 단계에 들어가면 어떠한 사상도 표현할 수 있을 것이라는 것이다. 훔볼트에 의하면, 그것은 잘못이다. 이 잘못은, “언어는 사상에서 생겨서 미리 명백하게 사유된 내용이 그 후에 말로 표현된다는 견해에서 생긴 것이다”(IV, 26, 각주). 리브룩스에 의하면, “인간은 우선 완성된 사상을 형성하고 그 자체 언어적이라고 하는 둘째 단계에서 겨우 전달에 착수한다. 그러나 이러한 전달을 중단해도 자신의 사상에 아무

19 위에 든 곳, 124.

20 위에 든 곳, 125.

런 손상을 입히는 일은 없을 것이라는 견해가 있는데, 이것은 철학의 역사에서 언어가 여태까지 철학의 주제가 되지 못했던 주원인이다."[21] 그러나 실제로는 "언어적으로 명확하게 표현되어 있지 않은 사상은 아직도 사상으로 하는 데 충분한 명석함에 이르지 못하고 있다. 사상을 언어적으로 각인하는 것은 사상을 사상으로 각인하는 것과 다를 바 없다. 그러므로 언어와 사유 사이에는 양자를 사물로서 표상하는 경우에 상정되는 것과는 다른 관계가 설정되지 않으면 안 된다"[22]는 것이다.

기초철학적인 관련들로부터 빠져나온 기호, 다시 말해서 "기호성격의 절대화는 마치 정밀과학의 정신이 절대화되면 인간을 죽이게 되는 것처럼 언어를 죽이게만 될 것이다. 이러한 과학에 의해서 산출된 성과들이 오늘날 이러한 위험에 대해서 큰 목소리로 달변조로 증언하고 있음에도 불구하고, 여기에서는 명백히 이성이 아닌, 모든 통제로부터 벗어나 있는 열정이 활동하고 있다는 것을 인정하려고 하는 사람은 아무도 없다. 이렇게 해서 (정밀) 과학에 대해서는, 그것이 인간의 정신과 혼동되지 않는 한 아무런 반대도 제기되지 않는다."[23] 동일한 논증의 방향에서, 리브룩스에게는 "형식논리학 역시 언어적 사유 내에 있는 한 계기를 절대화한 것에 지나지 않는 것이다. 언어적 사유란 대화 상대자를 언제나 고려하고 있는데, 더욱이 그 상대자는 모든 사람과 공유하고 있는 여러 특징으로 환원된 상대자가 아닌, 구체적인 개성을 가진 상대자인 것이다. 형식논리학은 그러므로 이미 인간을 그의 세계 교습의 한 특수화된 방식으로 환원하는 것이다. 형식논리학은 아마도 특수화된 존재의 뜻에서 다시 동물이 되려고 하는 인간의 그리움에 대한 가

21 위에 든 곳, 256 이하.
22 위에 든 곳, 257.
23 위에 든 곳, 133.

장 큰 표현일 것이다."[24]

이러한 논지와 맥락을 같이하며 리브룩스는 또한 "모든 기호 논리학의 무정신성Geistlosigkeit"[25]에 대해 말하고 있다.

그럼에도 불구하고 리브룩스는 언어의 기호성격에서 주어진 여러 가지 기술상의 가능성을 결코 간과하지 않고 있다. 오늘날의 세계에서는 이러한 가능성에 대해 "모든 사람의 곤궁을 제거해주는 높은 포상이 준비되어 있다. (이러한 가능성을 활용하면) 그렇게 함으로써 사상 최초로 인간에 어울리는 사회질서, 즉 소수의 우대받고 있는 계급에 인간다운 활동의 여지를 열어주는 것이 아니라 모든 사람에게 이것을 열어주는 사회질서에로 인간을 마침내 인도하는 좋은 기회가 지평선 상에 나타나기 때문이다."[26]

야스퍼스K. Jaspers는 언어의 초기호적인 특성을 강조함에 있어서 말과 기호를 다음과 같이 대비하고 있다.

1. 기호는 자의적이고 발명된 것이며, 발명되면서 곧 정의된 것이다.
   말은 역사적으로 생성되고, 무한정으로 풍부한 의미들을 지니고 있으며, 사용되면서 발전한다.
2. 기호는 일의적이다. 말은 다의적이다.
3. 기호는 자신의 일의성에서 생기를 잃어버리고, 방법적으로 숙달할 수 있는 기능에 쓸모가 있다. 그것은 하나의 확정된 의의이다.
   말은 단지 기호 존재를 기준으로 해서만이 다의적이며, 실제로 동적이지만, 그 말에 있어서 그때마다 의미, 본질, 사실, 경험이 결정kristallisieren

24 위에 든 곳, 267.
25 위에 든 곳, 156.
26 위에 든 곳, 123 이하.

되는 그러한 의식화의 세계이다. 그것은 고정됨이 없이 이 의미를 변화시키는 생명이다.

4. 기호는 유한한 의미들이고, 의식 일반에 대해서만 타당하며, 분위기나 배경이 없다.

   말은 포괄자에 의해서 지탱되고 있다.

5. 기호는 그 정의에 있어서 충분히 논구되어 있어서 원칙적으로는 다른 등가의 기호로 대체될 수 있다(비판의 기준은 가장 단순한 표현으로의 기술적인 적용 가능성이며 다양한 조작을 가장 편리하게 가능하도록 하는 것이다).

   말은 대체될 수 없다. 예를 들어 Gemüt, Geist, Idee, Esprit, Elan 등과 같은 말은 어떤 방법으로도 번역될 수 없다.

6. 기호는 발명자가 처음에 생각하지 않았던 여러 가지 가능성이 사용할 때 그것을 통해서 표시될 때에도 나머지가 없이 분명하다.

   말 안에는 언제나 본디의 수수께끼인 어떤 나머지가 남아 있다. 말에 있어서는 음향이 중요하지 않은 것은 아닌데, 그러나 말은 음향으로서도 충분히 특징지어지지 않으며, 하물며 연상에 의해서는 더더욱 특징지어지지 않는다. 가장 인연이 먼 언어에서 유래한 말(tabu, totem, mana, tao, wu-wei, atman처럼)이라도 어떤 정조를 매개한다.[27]

앞에서 본 것처럼, 야스퍼스는 다른 철학자들에 의해서도 고려된 바 있는 언어의 '보편적'인 은유법(언어 내에서의 은유들과 구별된 은유로서의 언어 일반)에서 출발한다. '포괄자'로부터 이해되고 있는 말은 "기호이기도 하지만, 그러나 그 이상의 것이다. 의미나 의미의 여러 가지 가능성이나 표현의 충실함이나 전달을 가능케 하는 힘이나 자극의 가능성에 있어서 이러한 그 이상의 것은

27 Jaspers 1947, 402 이하.

그 근원을 모든 음상Lautbild의 보편적이고 은유적인 성격 안에 지니고 있으며, 또 여러 가지의 말이 지니고 있는 의미의 역사적인 변천으로부터 졸고 있는 상태에 있는 많은 의미작용의 풍부함을 언제라도 깨어날 수 있는 상태로 유지하는 말의 특성 안에 지니고 있다. ……진정한 언어는, 언어를 지탱하고 있고 언어를 통해서 전달되는 포괄자에서 유래하는 무한성의 성격을 보유하고 있다. 기호는 단지 유한한 것으로의 몰락이다. 말 안에는 그 배경의 충실함에서 넘쳐흐르는 생명이 있다. 즉 어떤 불만족스러운 것이라든지 모호한 기억과 같은, 그리고 생성하는 것의 바로 다가올 가능성의 예감과 같은 어떤 것이 말의 말함을 활동케 하고 명백히 되게 하지만, 아주 분명하게 된 것 속에서 새로운 자극을 경험하게 된다. 따라서 언어는 모호함이 명백하게 되는 것인 동시에 그것이 나타나는 현상이다. 언어는 유한한 명백성과 결정적인 규정성에 있어서는 기호라는 메커니즘으로 몰락된다. 그리고 이 메커니즘을 마음대로 사용하게 되는 것은 방법적-조작적 언어사용에서만이다. 한정된 명백성의 전개 속에서 언제나 남아 있는 무한정성, 언어의 이러한 결함은 동시에 언어가 갖는 본디의 진리의 성격이기도 하다."[28]

우리가 보통 일상에서 기호라고 말할 경우, 기호라는 것은 무엇인가? 가다머H.-G. Gadamer에 의하면, "기호는 다름 아닌 그것의 기능이 요구하는 것 이외에 다른 어떤 것이 아니며, 그것의 기능이란 자기 자신으로부터 떨어져 나가 자기 이외의 어떤 것을 지시하는 것이다. 이 기능을 실현하기 위해서 기호는 우선 남의 이목을 끌어야만 한다. 기호는 눈에 띄어야만 하며, 다시 말해 명확하게 자신을 두드러지게 하며 자신의 지시 내용 속에서 스스로를 표현해야만 한다. — 마치 플래카드처럼……. 기호는 남의 이목을 끌어들이

28 위에 든 곳, 403 이하.

더라도 그것이 자기 자신에 머무르게 해서는 안 된다. 기호는 오직 현재에 있지 않은 어떤 것을 현재에 있게 해야만 하고 따라서 지금 여기에 있지 않은 것은 단지 의도되어 있는 것으로만 하지 않으면 안 되기 때문이다. 그러므로 기호는 그 자체의 화상내용Bildgehalt을 통해서 머물러 있을 정도로 남의 이목을 끌어들여서는 안 된다. 교통 표지판이나 표식 같은 모든 기호에 대해서도 같은 말을 할 수 있다. 이들 기호도 도식적이고 추상적인 측면을 지니고 있는데, 그것은 이들 기호가 그 자체를 지시하려고 하는 것이 아니라 이를테면 앞으로 나타날 굽은 도로라든지 책을 몇 쪽까지 읽었는가라든지 그 기호 자체에는 나타나 있지 않은 것을 지시하려고 하기 때문이다. ……모든 기호 가운데서 그 자체의 현실성을 가장 잘 지니고 있는 것은 기념품일 것이다. 기념품은 확실히 과거 일을 지시하고 그런 점에서는 정말로 하나의 기호이긴 하지만, 과거 일을 지나가지 않은 것의 한 부분으로서 우리에게 현재적인 것으로 여기게 해주기 때문에 우리 자신에게 소중하다. 말하자면 이 소중함의 근거가 기념품이라는 물체 그 자체 안에 있는 것이 아니라는 것은 분명하다. 기념품은 과거 자체에 이미, 그리고 아직도 여전히 애착을 가지고 있는 사람에게만 기념품으로서의 가치가 있다. 기념품에 의해서 회상되는 과거가 더 이상 아무 의미가 없다면 기념품은 그 가치를 상실한다. 반대로 기념품을 통해 회상에 잠길 뿐만 아니라 기념품을 숭배의 대상으로 하고 마치 그것이 현재인 것처럼 과거와 더불어 살아가는 사람은 현실과의 관계에 있어서 혼란스럽게 된다."[29]

가다머는 실용적인 상투어의 방향에서 낱말을 단순한 기호로 보는 견해가 고대 이래로 중요한 역할을 해왔음을 통찰했다. 가다머에 따르면, "이미 플라톤의 《크라틸로스》에서 낱말은 다름 아닌 '순수한 기호'인지 또는 화

29 Gadamer 1986, 157 이하.

상Bild이라고 하는 것이 다소라도 낱말 자체에 있는지의 여부를 묻는 물음이 불신을 받아왔다. ……거기(《크라틸로스》)에서 낱말은 모상이라는 견해가 불합리하다고 논증되어 있는 한, 낱말은 기호라고 말할 수밖에 없는 것 같다. 이것은 — 뚜렷한 구별에 의한 것은 아니지만 — '대화편'(《크라틸로스》)의 부정적인 토론의 결과로 생겨났으며 인식을 예지적인 영역으로 몰아냄으로써 확증된 운명이며, 그 이후부터 언어에 관한 전체적인 성찰에서 화상의 개념은 기호의 개념으로 대체되었다. ……사물das Ding의 참된 존재가 '이름 없이' 규명되어야 한다는 것은 바로 낱말 그 자체의 고유 존재 속에 진리에 이르는 통로가 있지 않다는 것을 의미할 것이다 — 비록 모든 탐색, 물음, 회답, 가르침 그리고 구별이 물론 언어적 수단 없이는 가능하지 않다 하더라도 말이다. 이것은 다음의 사실을 의미하게 된다. 즉 사유는 낱말의 그 고유 존재로부터 완전히 해제되어 낱말을 단순한 기호로 여기고 표시되는 것과 사안die Sache이 그 기호를 통해 시야에 들어오게 됨으로써 낱말과 사상의 관계는 완전히 부차적인 것으로 되어버린다는 것이다. 낱말은 소리를 매체로 해서 사념된 것을 '밖으로 실어내고ekpherein' 또 '앞으로 옮겨놓는 것logos prophorikos'으로서 단순한 전달의 도구이다. 그 필연적인 결과로서, 모든 기호를 일의적으로 질서지어 배열하는 것이 그 유일한 의미인 이상적인 기호체계는 말의 힘dynamis tōn onomatōn, 즉 구체적으로 성장된 역사적 언어에 놓여 있는 우발적인 일의 진폭을 단순히 언어의 유용성을 혼탁하게 하는 것으로 생각하게 하는 것이다. 여기에서 유래하는 것이 보편적 기호법의 이상이다."[30]

그와는 달리 "언어는 대상적인 전체를 표시하기 위한 단순한 기호체계와는 다른 어떤 것이나. 낱말은 단지 기호만은 아니다. 파악되기 어려운 어떤

30 위에 든 곳, 418.

뜻에서 낱말은 모상과 같은 그 무엇이다. ……낱말은 언제나 이미 의미이다. 그러나 이것은 다른 측면에서 볼 때, 낱말이 존재자Seiendes의 모든 경험보다 앞서 있고 이미 겪은 경험에 외면적으로 덧붙여져서 경험을 자기의 지배하에 둔다는 것을 의미하지는 않는다. 경험은 우선 말이 없고, 그런 다음 명명함을 통해, 이를테면 낱말의 일반성 아래에 경험을 포섭하는 방식으로 성찰의 대상이 된다고 생각하는 것은 아니다. 오히려 경험이 자신을 표현하는 말을 탐색하고 찾는 것이 경험 자체에 속한다"[31]라고 말하고 있다. 가다머는 자신의 해석학에 입각해서 훔볼트를 해석하는데, 그것은 '언어관을 세계관으로서 표시하는 것'(위에 든 곳, 447)에 관해서만이다. 이러한 견해에 따르면, 언어는 미리 주어져 있는 존재질서의 모사도 아니며 조작될 수 있는 기호도 아니다. 오히려 "존재자의 전체에 관련해서, 인간의 유한적 역사적 현존재를 자기자신과 세계와를 매개하는 것이야말로 언어라는 중심이다"(위에 든 곳, 461). 세계는 그것이 언어에 의해서 매개되어 있는 한에 있어서만 존재하고, 언어는 그것이 세계를 매개하고 있는 한에 있어서만 존재한다. 그렇게 이해된 언어는 '일반존재론적 의의'를 지닌다라는 것이 하인텔의 견해이다.[32]

하이데거M. Heidegger 역시 말Sage[33]의 본질(가리킴으로서의 말함)을 단순한 기호와 구분하고 있다.

"기호는 모두 가리킴Zeigen에서 유래하며 가리킴의 영역에서, 그리고 가리킴의 의도를 위해서 기호는 기호일 수가 있다. ……말Sage은 결코 나타나는 것에 추가된 언어적 표현이 아니라, 오히려 빛나며 나타나는 것과 빛을 잃

31 위에 든 곳, 420 이하.

32 Heintel 1972, 162.

33 Heidegger 1953/54, 145 및 이 책의 XVII장 참조.

고 사라지는 것은 모두 가리키는 말Sage에 기인한다."[34]

이러한 맥락에서 하이데거는 또한 말함Sprechen과 들음Hören의 단순한 대립에 동의하지 않고 모든 말함은 일차적으로 말을 듣는 것, 그 한도 내에서는 우리가 마음대로 처리할 수 없는 말을 듣는 것이라고 강조한다. 또한 이러한 지적은 표시된 것에 기호를 추가적으로 부속시키는 것이 근원적으로 말의 본질을 이룰 수도 없음을 가리키고 있다.

하이데거는 "일반의 습관에서 말함과 들음은, 한 사람은 말을 하고 또 다른 한 사람은 듣는 식으로 서로 대립되어 있다. 그러나 들음은 대화에서 행해지고 있듯이 말함에 수반되어서 그것을 에워싸고 있는 것만은 아니다. 말함과 들음이 동시라는 것은 그 이상의 것을 의미한다. 말함은 말함Sagen으로서 그 자체가 일종의 들음이다. 말함은 우리가 말하고 있는 그 언어에 귀를 기울이는 그런 들음이다. 그러므로 말함은 들음과 동시가 아니라 이보다 앞서 일종의 들음인 것이다. 이처럼 이 언어에 귀를 기울이는 것은 보통 일어나는 다른 모든 들음을 가장 눈에 띄지 않는 방식으로 선행한다. 우리는 다만 언어를 말할 뿐만이 아니라 언어로부터 말을 한다. 우리는 오직 그 때마다 이미 언어에 귀를 기울이고 있었기 때문에 이러한 일을 할 수 있다. 그때 우리는 무엇을 듣는가? 우리는 언어의 말함을 듣는 것이다"[35]라고 적고 있다.

하이데거에 따르면, "언어는 그 본질상 하나의 유기체를 나타내는 것도 아니고 어떠한 생물의 표현도 아니다. 그러기에 언어는 결코 기호의 성격에 의해서도, 아마도 의미의 성격에서조차도 본질에 적합하게 사유될 수 없다. 언어는 밝히면서-감추면서 오는 존재 자체의 도래이다."[36]

---

34 Heidegger 1959, 254; 257.

35 위에 든 곳, 254.

36 Heidegger 1946, 158.

특수한 방법으로 그라트리A. Gratry(1805-1872)의 신학적 언어철학은 언어의 초기호적 성격에 힘을 입고 있다.[37] 이 초기호적 성격에 관해서 그라트리는 '언어를 처리하는 두 종류의 방식'을 구별하고 있다. 이 두 종류의 처리법에 대응해서 사상가도 두 부류로 나뉘어진다. "한쪽 부류에 속하는 사람들은 언어와 이성을 그들이 형성하는 그대로 받아들인다. 다른 쪽 부류에 속하는 사람들은 언어와 이성을 그것 자체에 있는 그대로 받아들인다."[38] 언어와 이성을 형성하는 사람들이란, 그라트리가 이해하는 바로는 순수하고 이성적인 구성의 주창자들이다. "이 순수하고 이성적인 구성 안에 포함되어 있는 것은 사람들이 이 구성 안에 넣어놓은 것뿐이며, 그 이상도 그 이하도 아니며, 그것과는 다른 무엇도 아니다."[39] 이러한 구성에서 사용되는 기호와 달리 말은 "감성적으로 지각되는 대상 또는 정신적인 대상의 표현이며, 이러한 표현은 사람들이 그 안에 넣어놓은 것 이상의 것을 자체 안에 포함할 수 있다. 말은, 저 순수하고 이성적인 구성인 말을 제외하면, 그것을 형성하는 정신의 산물일 뿐만 아니라 자신이 표현하는 대상의 각인이다. 말은 우리의 사유의 기호임과 동시에 사물의 모상이다. 인간은 추상의 힘에 의해서 말을 무엇보다도 자신의 사유의 기호로 생각하는 데까지 이를 수 있다. 그러나 또 인간은 남김없이 자신을 열어보임으로써 언어가 부여하는 것을 마음으로부터 받아들이고 그렇게 함으로써 언어의 고유하고 주요한 요소를 자신 안에 받아들일 수 있다."[40] 그라트리는 그가 특히 중요하다고 생각하고 있는 이 구별에서 훔볼트를 끌어들여 그의 말을 인용하고 있다[41](IV, 29 이하, VII, 176 이하, 180 이하 참조).

37 Gratry 1953, 49 이하.

38 위에 든 곳, 49.

39 위에 든 곳, 51.

40 위에 든 곳, 51 이하.

41 위에 든 곳, 50 이하; 53 이하 및 이 책의 82 이하; 351-353 참조.

그라트리는 앞에서 인용된 훔볼트의 의견을 공유하며, "엄밀함과 정확함을 구실로 하여 말에서 그 무제한의 의미를 빼앗고 그렇게 함으로써 말을 사람들이 그 말 안에 넣어놓은 것만을 포함하는 기호로 만드는 것"에 반대한다.[42]

아리스토텔레스주의의 전통 안에는 자연적으로 있는 것과 인간을 통해서 비로소 이 세상에 존재하기에 이른 것 사이에 본질적인 차이가 있다. 그라트리가 말하는 '언어를 처리하는 두 종류의 방식'을 이 차이에 관련시킬 수 있을 것이다. 이 경우에 이 차이는 그리스도교 전통의 테두리 안에서 특유한 신학적 어법을 취한다. 이 어법은 — 덧붙여 말하자면 그라트리에서뿐만 아니라 — 언어철학적인 여러 귀결과 더불어 나타난다. 그 경우에, 조작될 수 있는 기호와는 구별된 '말'이 하느님의 창조의 말씀과 연관되어 나타난다. 하느님은 자연적으로 있는 존재자의 모두를 이 자신의 '말씀'으로써 창조의 빛 아래에 불러내시어 보유하신다. 바로 이런 뜻에서 그라트리는 말한다. "인간의 목소리는, 인간이 어떤 대상을 명명하여 그것에다 첫 이름을 부과하였기 때문에 자의적일 수 있었겠는가? 이 말이 만들어지게 된 것은 그 대상이 활발하게 영향을 미치며, 그리고 그 대상이 지력을 통해 파악할 수 있는 빛 아래에서 보이도록 하시는 하느님의 적극적인 감화 아래 온 심령을 기울여서 노력하는 것과는 다른 방식으로 이루어졌겠는가? ……'우리 주 하느님이 흙으로 각종 들짐승과 공중의 각종 새를 지으시고 아담이 어떻게 이름을 짓나 보시려고 그것들을 그에게로 이끌어 이르시니 아담이 각 생물을 일컫는 바가 곧 그 이름이라'(창세기 2장 19절). 하느님은 말하자면 말씀의 빛 아래에서 인간의 영혼에 사물을 내놓으시며, 하느님의 빛 가운데서 하느님과 그 대상의 감화를 받으며 영혼에서 우러나온 이름이야말로 참

42 위에 든 곳, 52.

된 이름이다.

참된 말이란 하느님이 아버지이고 인간의 영혼이 어머니이며 창조된 대상이 계기인 그러한 말이다. 분절된 언어의 창조는 말이 인간 존재 안에서 일종의 육화된 것이다."[43]

그라트리는 이러한 언어의 신학적 해석을 명백한 도덕적 구별과 결합시키고 말한다. 세상에는 '온 심령을 기울여서' 사물을 생각하는 사람이 있는가 하면, 오로지 '머리로만' 생각하는 사람도 있다. "어떤 말을 하거나 어떤 판단을 내릴 때 하느님, 자신의 영혼, 자신의 양심, 그리고 사물의 근저를 들여다보는 대신에 자신의 머리를 들여다보는 사람들이 존재한다"라는 말이다.[44]

그라트리에 의하면, 후자의 사유유형의 대표자는 "유명론적 정신의 소유자이다. 그들은 일반적인 개념이 말이고 그것에 대한 숙고가 마련해준 추상적 개념 외엔 말에 내포되어 있는 것이 아무것도 없다고 생각한다. 그리고 유명론적 정신의 소유자는, 말의 근저가 현실에 있는 것이어서 이 현실의 영향하에 말이 받아들여졌고 그리하여 말이 현실의 형상을 담고 있으며 현실의 사자der Bote라는 것을 전혀 예감하지 못한다."[45]

그라트리에 있어서 유명론자와 반대의 입장에 있는 것이 "건전한 실재론적 정신의 소유자이다. 그들은 말의 근저가 이념과 사물에 있고 이념과 사물의 근저는 하느님에 있다는 것을 아주 잘 감지한다. 그들은 언어의 비밀에서 낱말, 이념, 사물, 인간의 영혼, 하느님, 사물의 창조자이자 이념의 실체 같은 표현들의 화합을 감지한다. 그들은 비록 이 모든 것을 명확한 개념으로 인식하지는 못한다 하더라도 그것을 감지하고 또 좋아한다. 이것이 더

---

43 위에 든 곳, 55.

44 위에 든 곳, 57.

45 위에 든 곳, 57.

가치 있는 일이다."[46]

"이 실재론자들에게서 말은 대상의 개념뿐만 아니라 하느님에서, 영혼에서, 자연에서 그 모든 대상이 조화한다는 예감을 일깨워준다. 이는 매우 민감한 귀가 한 소리로 그 소리 안에서 조화롭게 혹은 낮게 혹은 높게 공명하는 모든 소리를 들어내는 것과 같은 이치이다."[47]

그라트리는 "모든 언어는 이성이 일종의 육화된 것이다"[48]라고 생각한다. 신앙의 문제에 관해서 그라트리에게는, "그것을 믿는 인간 정신이 있고 그것을 믿지 않는 인간 정신이 있다. 이것이 바로 위에서 구분한 인간 정신의 두 가지 본성으로서, 인간 정신은 영원한 것, 무한한 것, 하느님에 관한 것에 대한 믿음을 갖고 있거나 그러한 믿음을 갖고 있지 않다. 이들 가운데 한쪽은 우리에게 주어져 있는 언어가 우리의 옹졸한 사유의 옷에 불과하다고 생각하고, 다른 한쪽은 언어가 하느님의 영원한 생각의 사자이기도 하다고 생각한다. 한쪽은 언어를 살해하고 언어가 그 광대한 의미, 그 하느님에 관련된 의미를 제시하려 하자마자 마치 엉터리 예언자를 죽이듯이 언어를 돌로 쳐 죽인다. 다른 한쪽은 '하느님의 이름으로 오는 자에게 축복이 있을지어다!'라고 말한다. 한쪽은 그 황량한 정신으로 열매 맺음 없이 외롭기 짝이 없고, 다른 한쪽은 하느님의 말씀을 인간 언어의 형식으로 받아들인다."[49]

하이데거와 마찬가지로 그라트리도 이것에 관련해서 사유의 말을 시쓰기Dichtung의 말에 접근시킨다.

끝으로 바르나흐V. Warnach의 다음과 같은 말을 인용해본다. "창세기 1장

46 위에 든 곳, 58.
47 위에 든 곳, 59.
48 위에 든 곳, 59.
49 위에 든 곳, 62.

'하느님이 가라사대 그대로 되니라' 또는 시편 33(32)장 6절에 '주님은 말씀으로 하늘을 지으시고'를 듣거나 아니면 바오로가 마침내 하느님이 '없는 것을 있는 것같이 부르신다'(로마서 4장 17절)면서 하느님에 대해 증언할 때, 그것은…… 텅 빈 은유가 아니다. 오히려 실제로 존재를 정립하는 하느님의 말씀으로서 창조라는 태초의 생기현상Geschehen은 모든 말함 일반의 기본형식이자 진정한 원형이고, 우리 인간의 말함이란 궁색한 여운에 지나지 않고, 기껏해야 하느님의 은총을 입어 모든 것이 이룩된 저 태초의 말씀을 기꺼이 함께 성취한 것이다. 따라서 존재 자체는 말의 본성을 갖고 있는 것, 또는 보다 적절하게 말하자면 신탁적인 본성을 갖고 있는 것이다. 존재란 말하여져서 있음이라는 것이고, 바로 하느님에 의해 정립된 것이며, 하느님이 말씀하시고 또 우리가 해석해야 할 월이다. 그리하여 언어라는 사건에서 앞서 의도된 의미 전체는 아예 처음부터 신탁이라는 성격 자체를 지니고 있고 그 본질상 해석되고 진술될 것을 요구한다. 형이상학도 또한, 특히 존재론은 근본적으로 존재의 해석학이자 존재의 석의이다……."[50]

하인텔은 아래와 같이 끝맺음을 하고 있다.

"이렇게 이해된 신학적 해석학은…… 자연의 철학(존재론)을 자유의 철학(역사)과 합일시킬 수밖에 없을 것이고 그 밖에 또한 역사 속에 등장한 계시의 말씀에 대한 '석의'일 수밖에 없을 것이다. 어쨌든 언어의 초기호적 성격은 신앙의 언어에서 특별히 중요할 것이다. 신앙의 언어에서는 언어기호가 부가될 수 있는 어떤 '소여'가 그저 아무렇게나 제시될 수 없는 것이다"[51] 라고.

50 Warnach 1962, 106.

51 Heintel 1972, 52.

XII. 언어의 발달 및 분류

훔볼트는 어떤 언어에도 역사적 발달이 있다는 것이 영원히 살아 있는 산출활동으로서의 언어라는 개념으로부터 생겨난다는 것을 여러 가지 다른 표현형식으로 서술하고 있다. 언어의 발달에 관해서는 여러 가지 가설이 거론되는데, 훔볼트는 인간의 일반적 본성, 언어의 관념적 성질에서 때로는 신중하게 근원적인 유기적 조직의 시기에 관해 추측적인 결론을 감히 내렸다. 그 첫째의 시기에서는, 말할이의 그때그때의 의지에 따라 대상을 표시하는 낱말들이 병치되고 또 문법적인 규칙이 없는 것으로 가정했다. 이것에 이어 둘째의 시기에서는 '내적인 섬세한 언어의 육성'이 생기는 것으로 가정했다. 이 시기를 그 이전의 것과 구별하는 점은 "완성된 조직이다. 이것에서 언어는 그것의 모든 기능을 소유하고 자유롭게 사용하며 그것을 넘어 본디의 구조에서 더 이상 어떠한 변화도 겪지 않는다"(IV, 6 이하 참조). 이 구별은 《카비어 서론》에서 표현이 약간 바뀐 채 되풀이되고 있다. "언어의 형식이 만들어지는 시기에 여러 민족의 관심거리는 언어의 목적, 즉 언어에 의해 무엇을 표시해야 하느냐보다도 오히려 언어 자체였다. ……비유를 쓰는 것이 허용된다면, 언어는 물리적 자연에서 하나의 결정Kristall이 다른 결정과 연결되는 것처럼 생겨난다. 형성은 서서히 일어나지만, 어떤 법칙을 따른다. ……이 결정작용Kristallisation이 끝나면, 언어는 말하자면 완성된 것으로서 존재한다. 도구는 이제 가까운 곳에 있어서, 그 도구를 사용하거나 그 도구 속에 침투해 들어가는 것은 정신에 맡겨져 있다"(VII, 165).

"다른 한편으로 음성이라고 하는 측면에서 만들어진 대량의 언어적 소재는 증가한다. 정신에 역작용하는 이 외면적 소재는 그것의 고유한 법칙을 관철하고 지성의 자유롭고 독립된 활동을 방해한다"(VII, 166).

"민족의 활동은 언어로부터 좀 더 언어의 사용으로 그 방향이 바뀐다. 언어는 고유한 민족정신과 더불어 어떤 궤도를 따라 움직이기 시작하는데, 이 궤도에서는 두 개의 부분(언어와 민족정신) 중 어느 것도 다른 것과 독립되어 있다고 말할 수 없고, 각기가 다른 것의 고무적인 도움을 향유한다"(VII, 167). 첫째의 시기에서는 형식이, 둘째의 시기에서는 언어의 성격이 발달한다. 이 둘째의 시기와 구별되는 셋째의 시기에서는 언어의 경력을 계속 추구하면 언어의 피로도 관찰된다. 언어의 형성충동과 마찬가지로, 더욱 그 형식을 사용하고 또 사용하면서 언어를 세련하고 풍부화하는 정신도 느슨해질 수 있다. "시간이 경과하는 동안에 언어는 말하자면 정신을 능가하고 정신은 다소 느슨해져서 자발적인 창조성을 잃게 되고 참으로 의미심장한 사용에서 생겨난 언어의 표현법이나 형식으로써 점점 더 공허한 놀이를 하게 되는 시기가 나타날 수도 있다. ……이 둘째의 시기에 성격의 꽃은 시들지만, 이 성격으로부터 언어와 민족들은 개개의 큰 인물의 천재에 의해 이 피로에서 다시 각성되고 앙양될 수 있다"(VII, 168).

보다 상세하게 고찰해보자. 훔볼트의 〈문법형식의 발생과 그것이 이념의 발달에 미치는 영향에 관해서〉에 의하면,

서서히 문법적 형식성Formalität으로 진전하는 데는 네 단계가 있다. 즉 "언

어는 당초 대상을 표시하는바, 담화(즉 월)를 결합하는 형식(문법관계)의 추찰은 (월을) 이해하는 사람에게 맡긴다. 언어는 어순과 대상이나 사실과의 관계나 형식을 지시하는 낱말에 의해서 이 추찰을 용이하게 한다. 이렇게 해서 최저의 단계에서 문법적 표시는 성구, 관용구, 월에 의해 행해진다"(월은 이 단계에서는 문법적 보조수단의 역할을 한다).

둘째 단계에서는 "이 보조수단이 일정한 규칙성을 띠게 되고 어순은 고정되며, (문법적 관계를 표시하기 위해) 사용된 낱말은 점차적으로 그 독립된 사용법이나 그 구체적인 의미, 더욱이 그 본디의 음성마저도 잃어버린다. 이렇게 하여 둘째 단계에서 문법적 표시는 고정된 어순, 구체적인 의미와 형식적 의미(문법적 의미)의 양자 사이에서 동요하는 낱말에 의해 행해진다."

셋째 단계에서는 "어순이 통일성을 얻고, 형식을 나타내는 낱말이 이 어순에 있는 주된 낱말에 첨가되어 접사Affixum가 된다. 그러나 그 결합은 아직 견고하지 않고, 끼워맞춘 흔적이 아직도 드러나 있다. (담화) 전체는 여전히 집합에 불과하며 일체를 이루지 않는다. 이렇게 하여 셋째 단계에서 문법적 표시는 형식의 유사체Analogon(접사)에 의해 행해진다."

끝으로 넷째 단계에서 "형식성은 마침내 언어 전체에 스며 퍼진다. 낱말은 일체가 되어서 그 문법적 관계에서는 변화된 굴절음성에 의해서만 수정된다. 각각의 낱말은 일정한 품사에 속하며 어휘적 개성뿐만 아니라 문법적 개성도 지니고 있다. (문법)형식을 표시하는 낱말은 더 이상 (특정한 대상을 표시하는 낱말로서의) 부차적 의미를 갖지 않고 (문법적) 관계를 나타내는 순수한 표현일 뿐이다. 이렇게 하여 최고의 단계에서 문법적 표시는 참된 (문법적) 형식, 즉 굴절과 순수하게 문법적인 낱말에 의해 행해진다"(IV, 305 이하).

하임R. Haym에 따라[1] 이 네 단계의 시간적인 순위와 이상적인 것의 관계에

1 Haym 1965, 540 이하 참조.

대해 설명하자면, 일반적으로 고립형식과 포합형식은 두 개의 낮은 단계와, 그리고 교착형식은 세 번째의 단계와 일치하게 될 것이다. 굴절형식은 최고의 단계와 대략적으로가 아니라 완전하게 일치할 것이다. 그러나 이 네 형식이 훔볼트 자신에 의해 추상적인 것으로 표시되고 있는 바와 같이, 이들에서보다도 구체적인 언어형식이나 부류에서, 이것이 대체로 가능한 한 동시에 역사적인 단계로서 이해되고 설명되기를 기대해야만 한다. 이상적인 순위와 역사적인 순위는 양자가 구체적으로 해석되면 해석될수록 더욱더 접근하는 것이 당연하다. 바로 이 구체적인 해석 때문에 언어형식의 이상적이고 사실적인 연속에서 가장 많이 균등화된 관계에 있는 언어발달사의 세 번째의 서술을 제시하는 것이 남아 있다. 그것은 훔볼트가 아벨-레뮈자J.-P. Abel-Rémusat에게 보낸 서한에 들어 있는 서술이다. 그래도 우리는 이 서술을 여태까지 종종 언급된 아카데미 논문을 통해 개개의 점에서 보충할 수 있겠다.

"아직도 자연의 상태에 가까운 인간은 한번 사용한 표상방식을 자칫하면 지나칠 정도로 사용하고, 어느 대상도 어느 행위도 그것들의 모든 부수상태와 더불어 생각하고 이것을 언어 안으로 옮겨넣는다"(IV, 18). 이러한 "미개의 인간은 어떤 특수한 것이라도 모두 그 특수성에서 봐서 서술한다. 그때그때의 목적에 필요한 특수성뿐만이 아니다. ……이를테면 아비폰Abipon어에서 3인칭의 대명사가 사람이 있느냐 없느냐, 서 있느냐 앉아 있느냐, 누워 있느냐 또는 돌아 다니는 것으로 생각되느냐에 따라 상이한 것과 같다"(IV, 302). 이것은 이 초기에 말할이가 언제라도 이미 존재하는 낱말형식을 사용하는 것보다 오히려 자신이 낱말형식을 만든다는 것과 관련된다. 더욱이 인간은 이 단계에서 낱말을 소비한다고 말할 수 있다. 인간은 이미 말한 것을 되풀이하며 생각보다도 마음의 감동을 표현하는 음조를 도입한다. 훔볼트는 1822년에, 이 형성단계에서는 마지막으로 "어떤 민족에게는 월 전체를 명목상의 형식으로 수축시키는 관례가 있다. 이를테면 동사가 지배하는 대상을, 주로 그것이 대명사인 경우에 동사의 한가운데에 받아들이는 것이다"(위에 든 곳)라고 말하고 있다.

중국어에서는 아직도 일부분에서, 포합어나 다른 순수한 형식성이 없는 언어에서는 넓은 범위에서 보이는 바와 같이 이 최초의 단계에서 많건 적건 간에 모든 언어는 때로는 더 많이, 때로는 더 적게 완성으로 상향되었다. 이 진보란, 일부는 쓸데없는 형식이 생략되고 일부는 본디 중요하지 않은 특수성을 표시하는 낱말이나 형식이 필요한 문법적 관계를 표현하기 위해 압축되고 순화되는 것을 말한다. 문법적인 낱말은 접사가 되고, 접사는 마침내 사실상의 굴절형식이 된다(V, 299 이하 참조).

전혀 굴절을 하지 않든지 또는 그 굴절조직이 적어도 불완전하며 결함이 있는 언어가 이러한 발달과정을 겪었다는 것은 의심할 여지가 없다. 이러한 언어는 산스크리트와 중국어의 양 극단의 중간에 있는 대집단이며, 이들 언어에는 그 초기로부터 사실상의 굴절형식에 이르는 과정의 여러 단계가 보존되어 있다(V, 285 이하 참조).

완전한 굴절형식이 있는 언어에서는 부분적으로만 사정이 다르다. 이들 언어도 그 대부분은 동일한 기원에서 나온 것으로 생각된다. 본디 전적으로 부분적인 관계를 보편화하고 필요없는 것을 배제하는 것은 여기서 훨씬 더 완전하고 철저하게 행해진다. 이들 관계는 마침내 유기적으로 기근어와 융합하여 최초에는 접합된 문법적 관계를 표시하는 데 지나지 않는 낱말은 개념을 표시하는 낱말과 떼어놓을 수 없는 하나의 전체로까지 합성되었다. 대부분은 이렇게 되어 있다. 다만 이것 이외에 처음부터 실제로 문법형식이 있었다는 것도 부정되어서는 안 된다. 이렇게 보다 완전하게 문법형식의 단순한 유사물을 사실상의 문법형식으로 변화시키는 일이 이루어진 것은 개개 민족의 운 좋은 언어소질의 결과라고 생각된다. 이렇게 운 좋은 재능이 있음으로 해서 개별적으로 본디 단숨에 참된 굴절형식이 만들어졌을 것이다

(IV, 285-288 참조).

마지막으로 사정이 또 다른 것은 중국어의 경우이다. 굴절형식이 없는 이 언어도 이와 동일한 상태에서 본디 부차적인 의의의 관계를 표시하던 낱말이 점차로 문법형식의 표현이 된 그 밖의 언어와 마찬가지로 출발했음에 틀림없다. 그러나 다른 언어들은 거기에서 진보했는데, 중국어에는 그 진전이 없었다. 중국어는 다른 언어처럼 문법적인 낱말을 접사로 바꾸고 마지막으로 그것을 굴절형식으로 만들도록 진전하지 않았다. 이렇게 중국어를 그 밖의 언어에서 보이는 일반적인 경과에서 떼어내어 그것의 독자적인 궤도로 몰아넣은 데에는 어떤 이유가 있었다고 생각된다. 훔볼트는 이 언어의 음성적인 부분에 그 주된 책임이 있을 것이라고 설명하고, 더욱이 이러한 빈약한 음운이 지성적인 무미건조한 중국정신과 결합했을 것이며, 거기에 덧붙여 중국문자의 영향을 받으면서 이러한 원인들이 함께 작용하여 이 언어에 특유한 불완전한 것이 발생했을는지 모른다고 추측하고 있다. 이것은 그 후에 관념을 질서 있게 취급하는 효과적인 재능에 의해 얼마간 장점으로 바뀌게 되었다고 보고 있다(V, 299 이하 참조).

훔볼트에 의한 실제의 언어형식의 분류가 거의 정확하게 언어의 역사적 생성의 영상에 재현하는 것이라면, 언어의 내적 순위와 시간적, 외적 순위의 관계를 표시하기 위한 또 다른 관점이 열린다. 여태까지의 언어형성의 순위의 서술은 주로 언어의 내적 또는 지성적 방면에서 출발했다. 그러나 음운 방면에서도 출발할 수 있다. 이 관점에서 언어는 단음절과 다음절의 것으로 구별되었고, 우리가 여태까지 형식을 자유롭게 하는 정도가 더욱더 상승하는 것으로서, 우연한 것과 특수한 것의 표시로부터 필수적인 것과 사상에 알맞는 것의 표시에 이르는 진전으로서 알게 되었던 언어의 역사적 발전과정은 훔볼트에 의해 동시에 단음절성에서 다음절성으로의 이행으로서 제시되었다 《카비어 서론》의 마지막 장은 전적으로 이 문제를 다루고 있다.

단음절성은 단순히 과도기적인 상태이며, 여기에서 다음절의 언어가 점차적으로 만들어졌다. 언어는 모두 단음절의 어근의 구성에서 만들어진 것인데, 합성, 접합, 굴절에 의해 다음절성에 이른 것이다. 역사적 연구는 언어를 조심스럽게 분석하여, 본디는 단음절성임을 알게 되었다. 사태 그 자체의 성질이 바로 동일한 곳에 다다르고 있다. "언어 발명에서의 개념은 외적 또는 내적인 대상이 인간에게 주는 인상이다. 이 인상의 생동함에 의하여 가슴으로부터 이끌어낸 음성이 낱말이다. 이러한 과정에서는 두 개의 음성이 하나의 인상에 상응하기가 쉽지 않다. 만약 실제로 두 개의 음성이 바로 잇달아 발생한다면 이들 음성은 동일한 대상에서 나오는 두 개의 인상을 증명할 것이고 낱말이 탄생할 때 이미 합성어를 형성할 텐데, 그렇다고 해서 단음절성의 원칙이 손상을 입지는 않을 것이다"(VII, 314). 그러나 다음절성으로의 진전은 곧 언어가 순수한 형식성으로 향하는 진전과 제휴해 나간다. 음절을 꿰어매는 방법에 결부되어, 음절구역에서도 중국어와 산스크리트를 양 극단으로서, 그 밖의 언어를 양자를 매개하는 중간단계로서 파악할 근거가 있다(VII, 344; VI, 573 참조). 우선 중국어는 이러한 관련에서도 말하자면 정지한 채로 그 밖의 언어와 동일한 길을 걷지 않았던 언어로 생각된다. 이 언어에는 합성은 있었지만 참다운 다음절성은 없다. 그 내적인 성질, 모든 굴절의 결여는, 정신이 개념을 결합할 때도 음절음을 떼어놓는 그 음운적 특이성과 결합되어 그 언어를 단음절성에 꽉 묶어놓았다. 이와는 반대로 산스크리트나 셈어, 즉 순수한 굴절어는 가장 완전하게 참다운 다음절성으로 발전했다. 이들 언어는 본디 단음절의 어근에서 출발했다. 다만 이것 외에 이들 언어에 2음절의 어근이나 본디의 굴절이 있었던 것도 부정할 수 없는 것이 사실이다. 이 경우에 다시금 시간의 자연적인 작용 이외에 굴절감각의 재능이 있는 민족의 특유한 힘이 고려되기 때문이다. 따라서 이들 민족에게는 두 인상의 합성 또는 오히려 통합이 이미 처음으로 한 낱말을 말한 사람의 정신에 있었다는 것도 충분히 가능한 것이다. 합성보다도 오히려 통합이다. 이 언어들이 최초로 다음절성으로 진전하는 한, 참다운 다음절성으로 진전하기 때문이다. 외적으로나 내적으로도 여기에서는 중국어의 경우와는 상반되는 성질이 작용하고 있다. 아름다운 음조를 좋아하는 마음이나 리드미컬한 관계를 추구하는 노력이 개념과 그 관계를 동일한 단일어로 결합하려는 정신의 방향과 협력하고 있다. 한마디로 말하자면, 굴절재능이 외적인 또는 순수한 합성으로부터 구별되는 참다운 다음절성을 시간이 경과함에 따라 실현시키는 것이다. 그러나 이것이 산스크리트나 셈어의 역사라고 한다면, 세 번째로 정도의 차는 있더라도 중간의 언어집단의 역사가 이것에 접근한다. 이 언어들도 단음절의 구조에서 나와서 다음절의 구조로 진전하고 있다(훔볼트는 특히 버마어와 말레이어를 이렇게 보고 있다). 이것들은 중국어의 입장을 넘고 있지만 순수한 굴절어의 목표에는 다다르지 못한다. 이것들은 합성과 부분적인 굴절까지의 교착의 중간단계에 멈추어 있다. 다수의 음절이 단일어와 일치하는 것은 매우 드물다. 마지막으로 이 언어들은 음절을 융합하여 통일체로 하는 데에는 그다지 성공하지 못하는 데 반해, 대다수의 음절을 리드미컬하지 않게 병렬한다. 그러나 참다운 굴절어의 완성된 통일적인 노력은 소수의 음절을 비교적 조화롭게 결합하는 것이다.

끝으로 이 모든 것을 총괄하자면, 시간을 초월해서 파악된 언어의 분류나 순위는 대체로 언어의 발달사와 일치한다. 또 한편으로 이 역사는 대체로 그것을 내적 요소에서 볼 때와 음절의 수의 범위나 취급에 주의를 기울일 때는 동일한 면이 있다.

훔볼트에 의한 언어의 분류에 관한 한, 하임이 말하는 바에 따르면[2] 그는

2 Haym 1965, 531 이하 참조.

결코 언어의 상이성을 조직적으로 분류하려는 관심을 갖고 있던 것이 아니다. 다만 언어의 이념에서 그 상대적인 장점을 평가하고 그럼으로써 모든 언어에서 최고의 비교점을 찾아내려 했다고 말하지 않을 수 없다. 그는 이 비교점을 철저하게 굴절하는 언어구조에서 찾아냈다. 그러나 이렇게 비교점을 찾고 있는 동안에 이러한 비교를 실시하기 위한 추상적인 거점으로서 언어를 처리하는 네 개의 형식 또는 방법이 서서히 나타났다. 언어의 부류로서가 아니라 때로는 순수하고 때로는 불순하고 수정도 혼합의 정도도 상이하며 구체적인 언어에도 나타나는 추상적인 형식으로서 그는 이전의 사람들과는 달리 고립어, 굴절어, 교착어, 포합어를 제시했다. 훔볼트가 마침내 언어의 본디의 분류로 나아간 것은 산스크리트가 거의 순수하게, 그리고 완전하게 굴절형식을, 중국어는 마찬가지로 완전하게 고립어의 형식을 나타내고 있다는 데서 비로소 시작된 것이다. 거기서 비로소 상이한 언어의 상대적인 장점을 확정된 최고의 규범에 따라서 평가하려고 하는 노력이 구체적인 실제의 언어를 분류하는 경향과 혼화되어, 중국어와 산스크리트는 양극점이며 이들 양극점 사이에는 순수하게 조직적인 어떤 추상적인 형식과 일치하는 언어는 없다고 규정하게 되었다. 이 중간에는 말하자면 잡종부류로서 고립, 교착, 굴절, 포합이 혼합되어 행해지고 있는 것이다. 동시에 전체적으로는 차츰차츰 굴절형식으로 향하는 경향이 증대한다. 그러나 이 단계들을 고정시키고 평가하고 정돈하는 것은 불가능하다. 이러한 관련에서 시도된 순위나 집단구성의 규정이 모두 일방적이며 상대적으로만 정당하다는 것은 당연하다. 하임도 주장하는 것처럼, 훔볼트의 언어연구의 성과에서 언어분류의 장보다 더 이해가 곤란하고 불안정한 곳은 없다라고 하는 것도 무리는 아니다. 그러나 동시에 훔볼트 자신의 성격을 이 장만큼 잘 나타내는 것도 없다. 일반적인 것에 대한 예민한 감각이 특수한 것에 대한 미묘한 감각과 싸우고 있다. 분류하려는 경향은 되풀이해서 나타나지만 과도

하게 신중한 태도가 개인적인 것으로의 방향과 결합되어 승리를 거두고, 훔볼트는 시도한 분류를 완성하지 않은 채로 두고 있다.

아래에서는 언어발달에 관한 기퍼H. Gipper의 숙고를 소개하고자 한다.[3] 훔볼트에 따르면, 처음에 단순한 단계에서는 말할이가 그때마다의 의도를 따르면서 대상을 표시하는 낱말들이 병치될 뿐이다. 이때 문법적 규칙은 아직 없는 것으로 가정된다. 다음으로 어순이 확정되고 문법형식과 문법적 관계사가 생긴다. 문법적 관계사는 부분적으로 낱말과 합성하며 점차 융합하거나 또는 순수한 관계사로서 월의 구성에 사용된다. 끝으로 형식이 소재를 극복한다. 이제 어떤 요소도 더 이상 형식 없이 나타나지는 않으며, 모든 요소가 형식적으로 그 기능을 월의 결합에서 성취할 목표를 갖는다(IV, 17 이하 참조). 훔볼트는 처음부터 그리스말을 문법형식이 완성된 것의 정점으로 생각했다. 그리고 정점에 선 그리스말의 지위는 그 후 훔볼트의 시야에 들어온 산스크리트에 의해 조금도 더 이상 흔들리지 않았다. 이 그리스말은 형식이 풍부하여 가장 긴밀하게 사상에 순응하는 데 적절했으며, 시인과 사상가들에게 예감하지 못한 표현의 가능성을 열어주었다. 이른바 교착어, 즉 형식을 형성하는 접사가 어근 내지 어간과 아직 그렇게 밀접하게 융합된 것으로 보이지 않는 이 언어를 훔볼트는 특수한 유형으로 간주하지 않고 오히려 진정한 굴절의 예비단계로 보았다(VII, 108 이하 참조).

언어발달의 문제에 관한 이러한 입장을 고려할 때, 훔볼트가 원시적이라고 간주한 단순한 낱말배열의 단계가 지상에서 가장 오래된 문화어의 하나로서 그토록 낮은 수준에 놓일 수 없었던 한 언어에서 실현되어 있는 것을 보는 것은 그에게 매우 뜻밖의 일이었음이 분명하다. 그가 이 사실을 처리

3 Gipper 1965, 7-9 및 1992[a], 24-26 참조.

하려고 추구한 방식보다 더 인상 깊게 이 인물의 학문적 성실성을 입증하는 것은 거의 없다. 그는 바로 중국어, 물론 고전 중국어 연구에 몰두했던 것이다. 그는 당시 가장 탁월한 중국어학자였던 아벨-레뮈자와 의견교환을 시작했는데, 이 교류는 아카데미 강연과 아벨-레뮈자에 보낸 서한을 통해 유명해졌다(V, 254-308; V, 309-324 참조). 여기에서 훔볼트가 중국어의 구조에 깊이 파고들어 그 언어에서 움직이는 사고과정의 특성의 장점과 단점을 인식하는 데 얼마나 노력했는지 알 수 있다. 중요한 것은, 그가 불변의 낱말들이 일정한 법칙에 따라 다만 약간의 문법적인 보조 불변화사에 의해 뒷받침되어 나란히 배열되는 고립어에도 높은 사상적인 장점을 인정하려 한다는 점이다. 형식적 규정을 통해 제한받지 않는 사상이 보다 강하고 순수하게 강조되는 한에 있어서 특히 그러하다. 물론 이와 더불어 훔볼트의 내적 언어형식의 사상이 여기에서 이미 의미를 획득하며, 중국어에서 배열의 양식에 넌지시 포함되어 있는 필수 불가결한 문법적 관계망이 충분히 생각되어야 한다. 훔볼트의 판단이 그렇게 깊은 의미가 있다 할지라도 모든 점에서 충분하고 만족할 정도라고 주장할 수는 없으나, 아마 그가 확실한 통찰력으로 문법적 형식구조와 통어적 가능성의 중요한 상호작용을 인식했으며 따라서 모든 현대의 언어서술에서도 주목받을 수 있을만한 이 관련들을 인식했다고 말할 수는 있을 것이다. 훔볼트가 서양사상의 숭배자로서 결국은 인도게르만의 굴절어에 우선권을 부여한다면, 이 언어들이 뚜렷하게 나타난 형식적인 관계망에 기인해서 실제로 표현의 정밀성, 규정성, 다양성을 대폭 허용하고 논리적-인과적 사고의 일정한 형식을 수용하고 있음을 인정하지 않을 수 없다.

훔볼트가 이러한 사고과정으로 유형론적 언어비교에 결정적인 관심을 쏟았던 것에 대해서는 여기서 짧게만 언급할 수 있다. 예를 들어 그가 소위 포합어의 중간유형에 관해 말한 것은 오늘날에도 그 가치를 지니고 있다.

물론 그의 분류시도가 자칫하면 오해받기 때문에 이 점에 유의해야 한다. 언어유형을 밝히고자 한 훔볼트의 시도는 이념의 형성을 정돈해보려는 그의 충동에서 비롯된 것이다. 그러나 그는 현실의 언어가 반드시 그런 상정에 완전히 일치해야 한다고는 결코 주장하지 않았다. 오히려 그에게서는 이념형성과 엄격한 경험적 지식의 독특한 결합에 유의하지 않으면 안 될 것이다. 이 양자의 끊임없는 상호작용이 그의 언어학 연구를 곤란하게 했을 뿐만 아니라 동시에 매력 있는 것으로 만들었다. 이념형성, 다시 말해서 다종다양한 현상의 배후에서 그것보다 더 높은 정신적 관련을 살피는 노력은 인간의 인식충동에서 비롯된다. 그러나 훔볼트는 모든 이념을 끊임없이 현실에서 음미하면서, 자신의 연구에서 셸스키H. Schelsky[4]가 사고의 주관주의적-객관주의적 주제화로서 특징짓고자 한 동등한 두 과학이론상의 출발점과 일치시키고 있다. 이 점으로 보아도 그는 현대의 전체적 언어고찰에 대한 진로를 이미 제시하였던 것이다.

뵐러M. Böhler에 의하면, 이 언어유형론에서 훔볼트의 출발점이 된 것은 "언어의 본질은 현상세계의 소재를 사상의 형식 안에 부어넣는 데 있다. 언어의 전체적인 노력은 형식적이며, 낱말은 대상의 자리를 대신하는 것이니까 소재로서의 낱말에도 그것을 예속시키는 어떤 형식이 대립되어 있어야 한다"(IV, 17)라는 원칙이었다. 따라서 언어에서 소재의 철저한 형식화의 상이한 정도에서 유형론이 생기는데, 이 유형론은 형식적이며 동시에 발생론적이라고 한다.

언어의 발달과 그것에서 생겨나오는 언어유형은 소재에 지배되는, 고립된 낱말들을 병치하는 언어로부터 이른바 교착어를 거쳐 형식에 지배되는

4 Schelsky 1950, 102-116.

도식 1

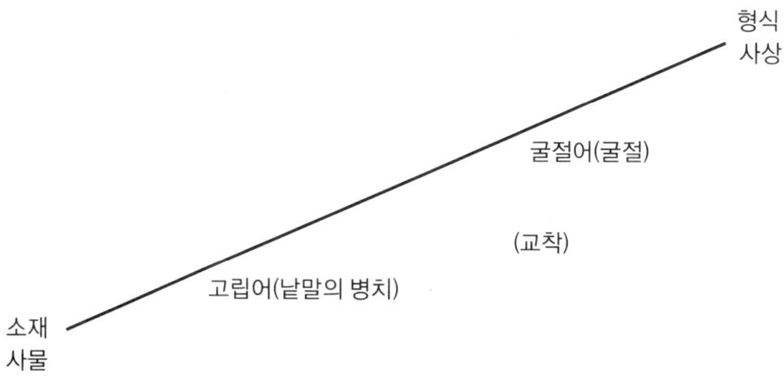

굴절어에 이른다. 그 첫 번째 유형을 대표하는 것이 본디 '원시적인' 언어와 중국어이며, 최고도로 발달된 세 번째의 유형을 대표하는 것이 인도게르만어족, 주로 산스크리트와 고대 그리스어, 셈어 등이다.

이 유형론에서 훔볼트 자신에게는 어쩐지 꺼림칙한 문제가 생겨나온다. 그는 한편에서는 어떤 언어의 장점이나 단점을 평가하고 고려할 생각이 조금도 없었지만, 다른 한편에서는 소재를 형식에 의해 삼투하는 것은 굴절어에서 가장 완전하게 행해진다고 하였다. 따라서 이런 종류의 언어가 한 민족의 지성적 문화를 촉진하고 유지하는 데 가장 적합함에는 틀림없다는 것이다. 이것은 인도나 그리스에서 실제로 일어난 것으로 생각된다. 그런데 종종 논의되는 중국의 경우, 그 언어는 순수하게 낱말들을 병치하는, 형식이 없는 원시적 언어의 단계에 머무르고 있는데, 그는 그 높은 지성적인 문화나 고도로 발달된 철학을 부정할 수는 없었다. 그 밖에도 인도게르만어에 대해 적용되는 것은, 이들 언어가 본디 명백하게 형식을 표시하는 상태로부터 더욱더 형식이 없는 상태로 이행하고 그 굴절형식이 닳아서 부분적으로는 대단히 넓은 범위에 걸쳐서 허물어졌다는 것이다(이를테면 영어가 그런 경

도식 2

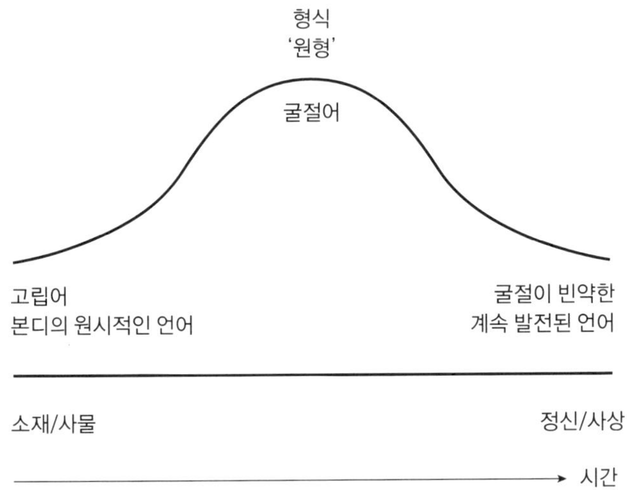

우이다). 그런데 이와 동시에 그 결과, '세계관'에서 사고와 언어의 통일성이라는 관념과 인간의 총체를 포괄하는 상태로 진전하는 언어발달의 개념 사이에 모순이 생겨나온다. 그러므로 훔볼트는 사고와 언어의 일치를 포기하든지, 또는 낭만파의 역사적 진전에서 문화의 쇠퇴라는 비관적인 견해에 따라야 했는데, 그는 이들 중 어느 것도 택하지 않고, 당시 중국어의 최고 권위자인 아벨-레뮈자와 접촉하여 우선 자신이 이 '기묘한 언어', 즉 중국어에 몰두했다. 그 후 그는 자신의 언어유형론의 모델을 수정했다.

즉 이전에는 소재-사물-고립어라는 극단적인 가치로부터 형식-사상-굴절어로 발전하는 상승하는 선이 생겼는데(위의 도식 1), 훗날에는 상승, 정점, 하강을 수반하는 곡선이 생겼다(위의 도식 2).

이 수정은 다소간에 남몰래 스며들어간 형식 개념의 추이에 기인해서 생긴다. '형식'은 이전에는 실제적으로 사상과 일치했고 재료상의 소재에 대한 순수한 대립개념이었는데, 이제는 실은 사상에 접근해 있지만 소재적인 것을 포함하는 원리가 된다. '형식'은 단지 forma formans(= 순수한 정신적인 것) 또는 forma formata(= 순수한 소재적인 것)일 뿐만이 아니라 양자의 통일체이다. 이로써 새로운 모습이 생긴다.

그런데 굴절의 결핍과 그로써 상대적 무형식이라는 것은 이제 단순히 지성적인 빈곤, 사고의 단순함 또는 더욱 무정신성과 동일한 것이 아니다. 반대로 그것은 정점을 지난 후에 사상이 더욱 자유롭게 되었다는 것, 그로써 지성이 높아졌다는 것을 의미한다.

"언어에 영향을 미치는 모든 것 가운데 가장 활발한 것은 인간의 정신 자체이다. 따라서 언어는 대부분의 개조 또한 정신의 가장 생동적인 활동에 의해 겪게 된다. 바로 이 정신의 진전에 상응하는 것은, 정신의 내적 견해가 확고하다는 것에 대한 신뢰가 높아짐에 따라 음성을 너무 세심하게 수정하는 것이 불필요하다고 생각하는 것이다. 바로 이러한 원칙에 기인하여 훨씬 뒤의 언어시기에서는 이러한 굴절어에 한층 더 깊숙이 그 본질에 관여하는 개변이 일어날 기세가 보인다. 정신이 더욱 성숙하게 된 것을 느끼면 느낄수록 정신은 더욱더 대담하게 자신이 만든 여러 결합 안에서 작용하고 언어가 이해를 돕기 위해 만들어놓는 수많은 다리를 더욱더 태연하게 파괴한다. ……이것은 심정의 좀 더 감성적인 기분으로부터 좀 더 순수한 지적인 기분으로의 이행이다. 이 지적인 기분에 의해 언어는 이 경우에 개조된다. ……낭랑하게 울리는 음절의 억양과 표지가 의미심장하게 통합하는 것에 대한 상상력의 기쁨 대신에 오성의 편리함이 등장하고, 종래의 형식들은 해체되고, 그 대신에 조동사와 전치사가 원용된다. 이것에 의해 오성은 동시에 언어의 그 밖의 장점들보다 더 쉽게 명료함의 목적을 돈우어준다. 그것은 이 분석적인 방법이 이해에 필요한 노력을 줄여주고, 더욱 개개의 경우에 종합적인 방법으로는 확실성을 얻는 것이 더 어려운 경우에도 이 확실성을 증가시켜 주기 때문이다"(VII, 239 이하).

이에 따라 훔볼트도 중국어를 다음과 같이 감정했다.

"(그것은) 어떤 다른 것이 그것에 요구하는 이상으로 훨씬 더 많은 노력을 오성에 기대하고, 단순히 개념의 관계를 오성에 지시하고, 오성에서 이해를 위한 거의 모든 기계적인 보조를 빼앗고, 말의 구조마저도 사고의 순위나 개념의 상호적 규정성을 기초로 하고 있기 때문에, 그것은 단순한 사고에 향해진 정신활동을 환기하고 유지해서, 거기서 표현이나 언어에 속하는 모든 것을 멀리한다"(V, 323).

이로써 다음과 같은 언어유형론과 발달사가 생겨나오는데, 이것은 그가 명확하게 이렇게 정의한 것이 아니라서 일반적으로 그의 관념을 설명하는 체계화의 경우처럼 적당히 짐작하여 받아들여야 한다.

1) 주위를 둘러싼 세계의 충만한 소재에 압도되어 있는 인간은 그의 말함에 의해 이 다종다양성에 어느 정도의 통일과 질서를 가져오는데, 그래도 여전히 소재적인 것이 사상을 지배하고 있다(고립어, 낱말의 병치).
2) 그사이에 획득된 개관과 통일에 있어서 정신은 완전하게 소재적인 것을 삼투하여 사상은 굴절하는 낱말의 음성형식에서 완전하게 표시된다. 언어는 그것의 '원형', 그것의 본질과 개념에 접근한다(굴절어).
3) 사상은 확실하게 되고 언어음의 소재를 자유롭게 처리한다(현대의 인도게르만어에서 굴절형식의 쇠퇴).

이 유형론이 이전에 예로 든 훔볼트 자신의 것과 다른 점은, 둘째의 교착어의 '상승'형이 생략되고 셋째의 '하강'형으로서 그 후에도 발전하는 굴절어의 형이 접합되었다는 데 있다.

언어유형론의 이 두 모넬에 관련해서, 이들에는 두 개의 서로 다른 관념이 기초가 되어 있다는 것을 알 수 있다. 첫째 모델의 정점이 되는 것은 그 자체로서 비역사적인 '원형'이며, 이것에 대략 일치하는 것이 굴절어이다. 이 경우에 그 근저가 되는 것은 언어, 즉 그 원형 개념에 구체적인 언어유형이 일치하는 것으로서의 완전성의 원리이다. 둘째 모델은 역사적인 발달도 함께 포함하고 있는데, 이 경우에는 고대 그리스어(훗날에는 또 산스크리트)의 정점에 다다른, '원형'에 접근하는 상태를 겪은 후에 더욱 발달을 계속한다. 언어는 실은 완전하지 않지만 그 대신에 계몽주의의 진보사상의 뜻에서 사상의 자유와 동시에 지성적 보편성을 표현하는 데에 더욱더 적합한 것으로 된다. 여기서 헤겔G. W. F. Hegel의 미학을 다소라도 알고 있는 사람은 훔볼트의 언어유형론이 헤겔에게서 예술의 역사적, 변증법적 발달의 세 단계와 현저하게 유사한 데 대해 놀라게 될 것이다. 실제로 여기서 훔볼트가 말하는 언어의 '원형'의 미학적인 질은 전적으로 분명하다. 이 원형에서 우리가 보는 것은 헤겔의 미학에서 고전적 예술형식의 이상을 정립하는 바로 그 구조이기 때문이다.

그러나 결국 훔볼트의 언어개념의 미학적인 성격은 완전성에 관한 그의 관념에 전념함으로써 더욱더 정확하게 실증될 수 있다. 사상의 면에서 완전성에 도달한다는 것은 다음의 것을 말한다.

"사상이 모든 관계를 향하여 개별화(이것은 감성적인 것을 말한다)되어 있는 것이 많을수록 사상은 더욱더 많이 감격시키고 감동시킨다. 그리고 모든 정신력이 표현할 때에 많이 협력하면 할수록 사상은 더욱더 많이 개별화된다" (V, 323).

소재의 면에서 완전성은 다음의 것을 말한다.

"더 이상 어떤 요소도 형식이 없는 것으로 생각되지 않고 소재 그 자체가 담화에서 전적으로 정복될 때 비로소 셋째의 단계(굴절의 단계)에 올라간 것이다. 그런데 어떤 요소에든 형식이 들을 수 있는 정도로 암시되어 있는 한, 종합문의 구성에서 건축상의 율동적 조화의 가능성이 그것에 비로소 기초함에도 불구하고, 아무리 개화한 언어라도 이 단계에는 거의 도달하지 못한다”(IV, 18). 음성의 통일체가 개념의 통일체에 의해 전자가 후자의 상징이 될 정도로 완전하게 삼투되면 완전성에 도달한다. “그렇게 해서 음성 속으로 들어가게 된 개념의 통일체는 정신적인 원리로서 담화 안에 충만해 있다. 선율과 운율을 갖추어 예술적으로 다루어진 음성형성은 역으로 작용하여 질서를 잡는 오성의 힘과 구상적으로 창조하는 상상력의 보다 밀접한 결합을 마음속에서 불러일으킨다. 그 결합에 의해 외면과 내면, 정신과 자연을 향해 운동하는 힘들의 얽힘은 향상된 삶과 조화로운 활동성을 얻게 된다”(VII, 121). 훔볼트의 표현에는 미학을 연상케 하는 데가 있는데, 그것과는 별도로 여기서 언어의 완전성은 바움가르텐A. G. Baumgarten의 《Aesthetica》(1750) 이래로 ‘아름다움’이 정의되어 있는 것과 바로 같은 방법으로 규정되어 있다. 그것은 사상의 완전한 구상화, 소재상으로 물질적인 음성형체에 정신적으로 지성적인 개념통일체로써 철저하게 삼투하는 것이다.

따라서 훔볼트의 언어철학의 정점은 특히 원형과 굴절어에 관한 한, 언어의 고전적 미학에 있다. 그러나 언어본질의 이 미학적인 성격이 진보하는 발달의 사상, 지성적 보편성의 원리와 일치하느냐가 문제이다. 그것은 고전적으로 아름다운 형태Gebilde가 신묘하게 그 자체에 정지하고 있는 반면에 언어는 끊임없이 개조되기 때문이다. 이것을 설명하기 위해 우리는 훔볼트의 언어철학에 관련하여 흔히 거론되는 ‘에네르게이아’, ‘내적 언어형식’을 비롯해서 ‘유형’, 더욱 ‘유기체’ 등의 개념을 유념해야 한다고 뵐러는 서술하고 있다.[5]

이제 글쓴이는 아래에서 코쎄리우E. Coseriu의 논문 〈W. von 훔볼트의 언

5 Böhler 1995, 246-253 참조.

어유형론에 관해서 — 언어학의 전승을 비판하는 시도〉[6]를 소개함으로써 논의를 전개해나가고자 한다.

코쎄리우에 의하면,

현대 언어학에서는 슐레겔A. W. von Schlegel에 의한 세 가지로의 구분 방식, 즉 고립어, 교착어, 굴절어를 훔볼트가 넘겨받아 여기에 네 번째 부류인 포합어를 덧붙였다는 생각이 거의 지배적이다. 과거의 해석상의 오류에서 나오는 이와 같은 잘못된 관념이 언어학의 안내서나 입문서 및 언어의 분류 내지 언어유형론을 다룬 전문서에서 끊임없이 발견되고 있다. 다른 한편으로 이러한 오류를 지적한 저자들은 또 다른 해석의 오류를 범하거나 또 다른 오해를 불러일으키는 데 촉진제 역할을 하고 있기 때문에, 오늘날 이러한 이차문헌을 토대로 해서는 훔볼트의 언어유형론이 지니고 있는 참된 모습을 올바르게 구현해내기 어렵다.

그러므로 훔볼트의 언어유형론의 본디의 모습을 그의 본질적인 특징에 의해 재구성하기 위해서는 다시 한 번 원전으로 되돌아가는 것이 적절한 일일 것이다. 이것은 또한 언어학사의 현재 상황에 직면하여서도 특히 절실하고 바람직한 것으로 생각된다. 왜냐하면 훔볼트에 관련한 오해와 훔볼트의 개념에 대한 경솔하고 잘못된 해석이 다른 영역으로도 거의 매일 번져나가고 있기 때문이다. 요컨대 훔볼트의 언어관 가운데 유형론에 관련하여 조성되어 있는 명백성이 동시에 오류를 바로잡는다는 뜻으로 다른 영역들에도 영향을 미치는 것에 기대를 걸만하다. 이러한 목적을 위해서는 특히 다음의 저서들이 인용되어야만 할 것이다.

1) 〈문법형식의 발생 및 그것이 이념발전에 끼치는 영향에 관해서Über das Entstehen der grammatischen Formen und ihren Einfluß auf die Ideenentwicklung〉(1821).

---

6 Coseriu 1972, 107-135.

2) 〈인간 언어 구조의 여러 차이에 관해서Über die Verschiedenheiten des menschlichen Sprachbaues〉. 1827~1829년의 초고.

3) 〈인간 언어 구조의 여러 차이와 그것이 인류의 정신적 발전에 미치는 영향에 관해서Über die Verschiedenheiten des menschlichen Sprachbaues und ihren Einfluß auf die geistige Entwicklung des Menschengeschlechts〉. 1830~1835년의 유명한 논문. 사후 출간된 대저서 《자바섬의 카비어에 관해서Über die Kawi-Sprache auf der Insel Java》의 서론으로 쓰여져 1836년, 이 대저서의 제1권에 수록되어 출간되었다.

4) 〈일반적으로 문법형식의 본질에 대해서, 특히 중국어의 정신에 대해서 아벨-레뮈자 씨에게 보낸 서한Lettre à M. Abel-Rémusat, sur la nature des formes grammaticales en général, et sur le génie de la langue chinoise en particulier〉(1825-1826).

앞의 세 저술은 플리트너A. Flitner와 길K. Giel이 공편한 다섯 권짜리 저작집의 제3권, 《언어철학 논문집Werke in fünf Bänden, hrsg. von Andreas Flitner / Klaus Giel, Bd. 3, Schriften zur Sprachphilosophie》(1963)에 따라 아래에서 각각 〈발생〉, 〈차이〉, 〈언어구조〉로 인용된다.[7] Lettre à M. Abel-Rémusat는 원판대로 인용된다. 그리고 무엇보다도 훌륭한 주해 때문에 슈타인탈H. Steinthal 편·주의 《W. von 훔볼트의 언어철학논집Die sprachphilosophischen Werke Wilhelm's von Humboldt》(1884)을 이용한다. 이것을 여기서는 '슈타인탈'로 인용한다.

앞서 언급한 훔볼트의 언어유형론에 관한 오해는 해석상의 잘못에 기인하는데, 이 잘못은 거의 동시에 슐라이허A. Schleicher(1821-1868)와 포트A. F.

---

7 여기서 쪽수는 열일곱 권짜리 훔볼트 전집의 아카데미판에 따라 〈발생〉은 (IV, —), 〈차이〉는 (VI, —), 〈언어구조〉는 (VII, —) 식으로 표시한다.

Pott(1802-1887)의 두 사람이 저질렀다.

슐라이허는 《언어비교연구, 1. 비교언어사에 대해서Sprachvergleichende Untersuchungen. 1. Zur vergleichenden Sprachgeschichte》(1848)의 6~12쪽에서 처음으로 언어를 세 가지의 유형으로 분류하는 그의 유명한 시도를 표명하고 있다. 즉 '단음절어einsylbige Sprachen', '교착어agglutinirende Sprachen', '굴절하는 flectirende 언어' 혹은 '굴절어Flexionssprachen'가 그것이다. 그리고 그는 이 점에 관해, "여기에 표시되어 있는 언어분류는 훔볼트의 《카비어 서론》에서 따온 것이다"라고 간단히 밝히고 있다(6쪽 각주). 포트는 《자유 도이치 아카데미 연보. 제1권Jahrbücher der freien deutschen Akademie. Bd. 1.》(1848), 185~190쪽의 방법론에 관한 짧은 논문 〈언어학의 과학적 분류. 하나의 초안〉에서 훗날 그의 저작에서 되풀이하여 받아들인 '지구 상의 언어의 분류나 집단'을 네 가지 부류로 나누는 것을 입안했다. 이것은 "월의 통일을 구성하는 상이한 방식 가운데서 특히 나타나는 언어구조상의 생리학적 차이들"에 따르는 것이며, 그도 마찬가지로 이러한 분류의 근거를 훔볼트에게로 돌리고 있다. 즉 그는 더 이상의 설명 없이(186-187쪽) "훔볼트에 의하면: 1) 고립어…… 2) 교착어…… 3) 본디의 굴절어…… 4) 포합어……"라고 언급하고 있다. 여기서(187쪽) 또한 — 명백히 처음으로 도이치말로 — '포합어'에 관련하여 '통합성Polysynthetismus'이라는 표현이 나타나는데, 포트는 이 표현을 아마도 뒤 뽕소P.-E. Du Ponceau(1760-1844)에게서 넘겨받았을 것이다.

슐라이허와 포트의 이러한 잘못에 대해서는 그 뒤 여러 번 지적된 바 있다. 슈타인탈(1823-1899)은 《언어의 분류Die Classification der Sprachen》(1850)에서 포트의 분류를 간략히 제시한 후 문자대로 인용하며(7-8쪽) 다음과 같이 서술하고 있다. "이러한 포트의 분류에서 — 포트 자신은 물론 훔볼트의 분류를 나타내려 하고 있으나 명칭과 구분만을 훔볼트에게서 차용한 것이다. 정의는 포트의 것이며, 그리고 이 정의야말로 본질적인 것이다 — ……" 슈타인탈은 또한《언어구조의 주요 유형들의 특성Charakteristik der hauptsächlichen Typen des Sprachbaues》(1860)의 10쪽에서 "본디 슐레겔 형제에 속하는 언어의 삼분법은 잘못해서 훔볼트의 것이라고 해석되었다"라고 서술하고 있다. 그가 이 말을 슐라이허를 두고 하는 것인지 포트를 두고 하는 것인지, 아니면 이들 둘 모두를 두고 하는 것인지는 결정할 수 없다. 그러나 아마도 슐라이허를 두고 하는 말일 것이다. 왜냐하면 포트의 분류는 '삼분법'이 아니기 때문이다. 16년 뒤 뮐러F. Müller(1823-1900)는《언어학 개요. 제1권. 언어학 입문Grundriss der Sprachwissenschaft. Bd. 1. Einleitung in die Sprachwissenschaft》(1876) 65쪽의 각주에서 고립어, 접합어 내지 교착어, 굴절어의 세 부류로 분류하는 것(2쪽)은 훔볼트의《카비어 서론》에서 따왔다고 하는 슐라이허의 주장에 대해 다음과 같이 서술하고 있다. "그것은 참으로 자기기만이다. 이 삼분법은 훔볼트의 저작에서가 아니라…… 오히려 A. W. 슐레겔의 저서《프로방스의 언어와 문학에 관한 고찰Observations sur la langue et la littérature provençales》(1818)에서 따온 것이다. 이 저서(14쪽)에서 매우 분명하게 언어가 세 가지 부류, 즉 '1. 아무런 문법구조가 없는 언어, 2. 접사를 사용하는 언어, 3. 굴절을 지니는 언어'로 분류되어 있다." 끝으로 탈리아비니C. Tagliavini(1903-1982)는《역사언어학 입문Introduzione alla glottologia》(1950)의 132~133쪽에서 다음과 같이 서술하고 있다. "이러한 도식에서 나타난 바와 같이, 훔볼트의 분류는 슐레겔 형제의 분류와는 상당히 다르다. 언어를 고립, 교착, 굴절의 세 종류로 구분하는 것은 보통 훔볼트에게서 유래한 것으로 되어 있는데, 이는 매우 광범위하게 잘못 전해져 있는 것이다. 이러한 오류는 슐라이허의 부주의에 기인한다. 그는《언어비교연구Sprachvergleichende Untersuchungen》(1848)의 제1권 6쪽의 각주에서 이러한 삼분법을 언급하면서, 이것이 훔볼트가 그의《카비어 서론》에서 도입한 것이라고 서술해놓고 있다. 그러나《카비어 서론》에서 이 삼분법은 암시조차 되어 있지 않다."

이러한 정정과 훔볼트의 견해에 대해 대체로 적절한 또 다른 서술 — 이를테면 예스페르센O. Jespersen(1860-1943)의 《언어Language》(1922) 58~59쪽의 서술 — 에도 불구하고 수많은 이후의 저작에서도 앞서 언급한 잘못이 존속하고 있다. 이러한 잘못의 모든 과정을 추적한다는 것은 피곤하고 흥미 없는 일이므로 여기서는 몇 가지 예만을 들어보겠다. 이를테면 쿠즈네초프P. S. Kuznecov(1899-1968)는 《언어의 형태론적 분류Morfologičeskaja klassifikacija jazykov》(1954)에서 훔볼트가 A. W. 슐레겔에 의해 제시된 세 가지 언어유형을 넘겨받아 고립적isolierend, 교착적agglutinierend, 굴절적flektierend이라 부르고, 이것에 네 번째 유형, 즉 포합어inkorporierende Sprachen를 덧붙였으며, 이 분류를 〈발생〉에서, 그 다음으로는 카비어 연구서에서 '공표했다'고 서술하고 있다. 이 모든 것은 완전히 전도된 것이다. 물론 〈발생〉에서 접합(교착)과 활용(굴절)에 대해 논의되고는 있으나 고립과 포합에 대해서는 논의된 바 없으며, 언어의 어떠한 분류도 거기에서 '공표'되고 있지 않다. 단지 '문법적으로 형성된grammatisch gebildet' 언어와 '다른' 언어만이 구별되어 있으며(95쪽), 이러한 관련에서만 훔볼트는 '언어의 두 부류zwei Classen von Sprachen'에 대해 언급하고 있다. 그리고 《카비어 서론》에서 물론 분류가 시도되고 있으나 이 네 가지로는 아니다. 쿠즈네초프의 아무 가치도 없는 이 작은 책자는 이유가 불분명하게 도이치말로 번역되었다Die morphologische Klassifikaton der Sprachen(1956). 이 번역이 얼마나 비양심적으로 행해졌는가를 입증하는 것은 수많은 오역 및 다음의 사실이다. 즉 〈문법형식의 발생 및 그것이 이념발전에 끼치는 영향에 관해서Über das Entstehen der grammatischen Formen und ihren Einfluß auf die Ideenentwicklung〉라는 훔볼트의 논문 제목이 러시아말O proischoždenii grammatičeskich form i ich vlijanii na razvitie idej로부터의 역번역을 통해 〈문법형식의 기원 및 그것이 이념의 발전에 끼치는 영향에 관해서Über den Ursprung der grammatischen Formen und ihren Einfluß auf die Entwicklung der Ideen〉로

되어 있는 것을 발견할 수 있다(러시아말 proischoždenie는 'Entstehung', 'Entstehen' 및 'Ursprung'에 상응한다). 또한 '포합어inkorporierende Sprachen'도 러시아말 inkorporirujuščie jazyki로부터의 역번역이다. 벤트H. F. Wendt는 핏셔 사전의 한 권 《언어Sprachen》(1961)의 197쪽에서 명백히 쿠즈네초프에 의거하고 있다. 그에게서도 바로 똑같은 역번역이 나타나고 있기 때문이다. "이전에(즉 슐라이허 이전에) 훔볼트는 그의 논문 〈문법형식의 기원 및 그것이 이념의 발전에 끼치는 영향에 관해서Über den Ursprung der grammatischen Formen und ihren Einfluß auf die Entwicklung der Ideen〉, 그리고 그의 세 권짜리 저서 《자바섬의 카비어에 관해서Über die Kawi-Sprache auf der Insel Java》(1836, 1838, 1839)에서 A. W. 슐레겔에 의해 제시된 유형에다 또 하나의 새로운 유형을 첨부해 이 네 개의 유형을 다음과 같이 이름붙였다. 1. 고립어, 2. 교착어, 3. 굴절어, 4. 포합어(inkorporierend 또는 오늘날은 번번이 통합어(polysynthetisch)라 불리어진다)." 훔볼트는 물론 이와 같은 것을 한 적이 없다. 그러나 훔볼트를 더 자세히 조사해보는 것도 이 저자에게는 머리에 떠오르지 않았던 것 같다.

심지어 정보를 상당히 잘 수집해놓은 간략한 언어유형론 서술들 중의 하나인 혼K. M. Horne의 《언어유형학. 19세기와 20세기의 견해Language Typology. 19th and 20th Century Views》(1966)에서도 훔볼트에 관해 이와 같은 착오가 나타나고 있다. 혼은 A. W. 슐레겔의 분류를 제시한 후, 다음과 같이 주장하고 있다. 훔볼트가 '네 번째 부류a fourth class'를 덧붙여 "그 후 100년 동안 언어학계를 주도하게 된 형태론적 유형론"을 확립했다. 훔볼트의 분류는 처음에 〈발생〉에서 '공표'되고 그 다음 〈언어구조〉에서 "크게 확장되었다"(13쪽; 쿠즈네초프의 도이치말 번역 10쪽 참조). 포트는 훔볼트의 유형론을 '재확인'했으며(15쪽), 포르투나토브F. F. Fortunatov는 "훔볼트의 전통적인 네 부류에 다섯 번째 부류"를 덧붙였다(21쪽).

그러나 앞서 언급한 정정들, 특히 뮐러와 탈리아비니의 정정도 완전히 적절한 것은 아니다. 더욱이 슐라이허에 관해서도 훔볼트에 관해서도 완전히 적절한 것은 아니다. 첫째, 여기서 언급된 착오는 슐라이허에게만이 아니라 슐라이허와 포트의 양자에 기인한다. 둘째, 슐라이허의 경우는 '자기기만'이나 '잘못'이 아니라 실질적인 오해, 더욱이 문법형식에 대한 훔볼트의 고찰과 관련하여 전도된 해석이 문제된다. 즉 슐라이허는 그의 저서 9~10쪽의 각주에서 "나는 훔볼트가 포합어와 교착어라고 명명한 언어 사이에서 세 부류 대신 네 부류로 가정될 수 있을 정도의 본질적인 차이를 발견할 수 없다. 양자에 공통적인 것은 느슨한 접합의 원리이다"라고 말하고 있는데, 이는 훔볼트에 의해 논의된 네 번째의 문법적 처리방식에 관련된다. 그러므로 슐라이허는 단지 잘못으로 A. W. 슐레겔의 분류를 훔볼트에게로 돌린 것이 아니라, 그는(그 밖에 포트도) 문법적 처리방식에 관한 훔볼트의 서술을 언어의 분류로 해석한 것이다. 훔볼트에 관한 한, 사태는 두 저자에 의해 암시된 것보다 훨씬 더 복잡하다.

다른 한편으로, 이러한 정정에 일부 공통적인 것은 훔볼트가 언어의 일정한 분류 그 자체를 제시했다는 가정이다(슈타인탈과 탈리아비니의 경우가 그러하다). 이것도 재차 옳다고 할 수 없다.

훔볼트의 언어유형론이 이차문헌에서 제시되어 있는 양자의 어느 것도 아니라고 한다면, 실제로 어떠한 것이 훔볼트의 언어유형론인가? 본디 훔볼트에게서는 어떤 것이 서술되어 있는가? 바로 이것을 우리는 원전의 도움으로 확인하려고 한다. 그러나 훔볼트의 언어유형론 고찰의 직접적인 관련을 명백히 알기 위해서는 우선 훔볼트 이전의 도이치 언어유형론을 간략하게 서술하는 것이 필요한 것으로 생각된다.

훔볼트와 직접 관련을 맺고 있는 것은 아델룽J. Ch. Adelung(1732-1806), F. 슐레겔F. von Schlegel(1772-1829) 및 A. W. 슐레겔이다. 이들은, 이를테면 아델룽으로부터 A. W. 슐레겔에 이르기까지 명백한 발전선이 그어질 수 있다는 뜻에서 서로 관련이 있다.

아델룽은 도이치 나라에서 언어의 유형론적 분류를 최초로 제안한 사람이다. 그는 《미트리다테스 또는 일반언어학Mithridates oder allgemeine Sprachenkunde. 1. Teil.》(1806)에서 언어를 두 개의 부류, 즉 '단음절어'와 '다음절어'로 구별하고 있다. 그는 동시에 이것을 발생사적으로 원시적인 언어와 진화된 언어로 해석하고 있다. 이것은 인간 언어의 육성이라는 그의 관념과 관련되어 있다. 말하자면 인간은 처음에는 모음만을 사용하다가 그 다음에는 자음도, 그리고 이와 함께 단음절의 어근을 사용했다. 인류의 최초의 언어는 '들은 것의 모방'이었고, 그 다음에는 비록 여전히 단음절의 단계일지라도 '들을 수 있는 것으로 생각한 것을 표현'하는 단계로 이행했다. 나중에야 비로소 다음절성과 더불어 실질적인 진보 — 언어의 육성 — 가 시작되었다(서문 VI-XXVI쪽). 언어의 발전은 동시에 이성의 육성이었다. 아델룽은 바로 언어와 이성의 상호관계를 가정하고 있다. "언어와 이성은 상호 육성된다"(서문 III쪽). "왜냐하면 언어와 이성은 제휴하며 서로 간에 교화되기 때문이다. 양자는 모호한 인상에 연결되며 단계를 이루어 차츰 보다 명백한 개념으로 진보해간다"(서문 V쪽). 그러므로 원시적인 단음절어의 표상과 표현에는 '명확함, 확실성, 관련성'이 결여되어 있었다. "다시 말해 품사는 아직 나누어져 있지 않았다. 어느 어근음성도 명사, 동사, 형용사 혹은 그 밖의 임의의 것이었다"(서문 XXIV쪽). "단음절어에서는 모든 것이 서로 무질서하게 뒤섞여 있었다"(서문 XXVII쪽). 다음절어에서는 사정이 매우 다르다. 즉 보다 진보된 이 발전단계에서 비로소 품사의 구분, 합성과 축약(두 개념의 결합 내지는 Mann-es, herr-lich에서와 같이 주개념과 부차개념의 결합), 복수의 표시, 명사적 변화, 동사적 변화가 나타나게 된다(서문 XXVI-XXX쪽). 다음절어의 장점은 오인될 수 없다. "다음절어에서 우리는 개념들을 자연 그 자체에서 정돈된 부류로 분류하고 어느 부류든 필요에 따라 표시할 수 있다. 이것은 이미 명확성에서도 얻는 바가 많다"(서문 XXXII쪽). 그런데 어떤 언어들은 언어발전의 원시적인 단계에 머물러 있다. 이를테면 동남아시아의 단음절어와 특히 중국어가 그러했다. 따라서 이러한 언어를 '언어 그것 전체의 유아'로 간주할 수 있다(서문 XI쪽). 이들 민족은 "인류의 유아기 최초의 언어를 아직 더듬더듬 말하고 있다"(28쪽). 중국어는 모든 단음절어 중에서 가장 단순한 언어이며, 따라서 최초의 언어형성에 가장 가까운 언어이다(40쪽). 이러한 언어들의 낱말은 아직 참된 낱말이 아니라 단지 어근에 불과한 것이다. "이러한 언어가 지니고 있는 몇몇 낱말은 본디 아직 낱말이 아니라 낱말에 대한 소재, 날것의 어근음이며, 그것에 의해서는 여러 관계도 부차적 개념도 표시되지 않는다"(67쪽). 이러한 언어들은 또한 문화적인 면에서도 원시적이다. 그러한 '빈약한 언어'는 학문적인 여러 개념에 대해 '아무 쓸모없는' 것이므로 이러한 민족은 "오성에 관한 한 영원히 어린아이로 머물며, 여러 가지의 훌륭한 기계적 숙련을 뛰어넘지 못한다"라는 결론이 저절로 나온다(28쪽). '불완전한 언어'에서는 문화도 불완전한 문화에 불과하다(49쪽). 말하자면 문화는 바로 다음절어에서만 가능한 것이다. "중국인은 그 완고한 단음절성으로 인해 보다 진전된 모든 정신문화에 이르는 길이 막혔다. 그러나 휴런족과 그린란드사람의 언어는 플라톤이나 볼테르Voltaire의 언어로 높여지는 모든 것을 자체 내에 간직하고 있다." 또한 어떠한 다음절어도 마찬가지로 다음절인 다른 언어를 능가하지 못한다. "이러한 언어는 모두 동일한 양식으로 기초가 마련되어 있으며 하나의 토대 위에 구축되어 있다"(서문 XXV쪽). 아델룽은 심지어 단음절어를 사용하는 여러 민족에게 원시적인 성격을 부여할 정도에까지 나아가고 있다(32쪽).

이 모든 견해는 매우 나이브한 인상을 줄 뿐이며, 특히 문화와 민족심리학에 관한 한 곧 방기되어 버린다. 그러나 '단음절' 언어, 특히 중국어가 언어구조 내지 언어발전의 양 극단의 하나라는 아델룽의 일반적인 도식은 그 후의 언어유형론에서 존속한다. '완전한' 언어와 '불완전한' 언어라는 생각, 그리고 부분적으로는 '단음절어'라는 표현도 마찬가지이다.

도이치 언어유형론 및 전통적인 언어유형론 일반에서 두 번째의 요점을 F. 슐레겔이 제시하고 있다. 그는《인도인의 언어와 지혜에 관해서Über die Sprache und Weisheit der Indier》(1808)의 제4장에서 또다시 언어의 두 가지 주요한 종류를 더욱이 '그 내적 구조'(44쪽), 즉 그 문법의 양식에 따라 구별하고 있다. 하나는 "의미의 부차적 규정이 어근음의 내적인 변화, 굴절을 통해 지시되는 언어"이고, 다른 하나는 "그때마다 낱말이 부가됨에 의해" 일어나는 언어로서, 말하자면 굴절이 있는 언어와 굴절이 없는 언어이다. F. 슐레겔은 그 후 이것을 '굴절에 의한 언어'와 '접사에 의한 언어'라 부르고 있다(54-55쪽; 56쪽). 굴절이 없는 언어에서는 사실상 '단계적 발전'이 확인될 수 있다(49쪽). 이를테면 중국어는 '전혀 굴절이 없는 언어'이고 "저 굴절하는 언어가 굴절에 의해 암시하는 것 모두가 그 자체로서 이미 의미를 지니는 독자적인 낱말에 의해 수행되며"(45쪽), 소품사는 '독립해서 어근어와 전혀 무관한 단음절 낱말'이기 때문에 가장 낮은 단계를 나타내게 될 것이다. "그러므로 그 밖에는 그렇게도 세련된 이 민족의 언어는 바로 가장 낮은 단계에 놓여 있을 것이다. 또는 이 극도로 예술적인 문자체계에 의해 그 언어의 유아기가 매우 일찍이 고정되었기 때문일 것이다"(49쪽). 그럼에도 불구하고 모든 이러한 언어는 단지 한 무리를 형성하게 된다. 아메리카의 여러 언어에서와 같이 보다 고도의 단계에서는 소품사가 낱말에 삽입될 수도 있다. 그러나 이것은 "결국 요점에 있어서는 어떻든 상관없이" 언제나 "굴절에 의한 것이 아닌, 외부로부터의 접합Anfügung을 통한 문법"이다(47-48쪽). 그러나 보다 높은 단계에 속하는 아랍어에 대해 슐레겔은 이미 굴절을 통한 문법과의 몇 가지 일치점을 인정하고 있으며, 켈트어에 대해서는 단지 접미사를 통한 문법의 몇 가지 흔적과 그 밖에 조동사와 전치사를 지닌 근대적인 문법임을 확인하고 있다(49-50쪽). 굴절에 의한 언어는 '유기적'으로 성립하고 '유기적인 조직'을 형성했다(51쪽): "인도말이나 그리스말에서 모든 어근은 참으로 그 이름이 표시하는 그대로이며, 살아 있는 배아와 같다. 관계 개념이 내적 변화를 통해 표시되기 때문에 발전의 여지는 충분히 주어져 있다. 전개의 풍부함은 무한하게 퍼져나갈 수 있으며, 실제로 종종 경탄할 정도로 풍부하다. 더욱이 이러한 식으로 단순한 어근으로부터 생겨나는 모든 것은 그 친족성의 특색을 아직 간직하고 있으며, 서로 관련되어 있고, 이렇게 해서 서로 떠받치고 지탱한다"(50-51쪽). 여기서 한편으로 이들 언어의 풍부함과 다른 한편으로 '존속성과 지속성'이 생겨난다. 이에 반해 접사에 의한 언어에서는 어근이 "풍요한 열매를 맺는 씨앗이 아니라 우연하게 부는 어떤 바람에 의해 쉽게 서로 흩어지거나 모일 수 있는 한 덩어리의 원자 같은 것에 불과하다." 그래서 관련은 "외적 접합을 통한 단순히 기계적인 관련과 다를 바 없다." 이러한 언어에서는 살아 있는 발전의 배아가 결여되어 있다. 인위적으로 접사를 수북하게 쌓을 수 있겠지만, 이를 통해 "진정한, 단순한 아름다움이나 경쾌성을 얻기보다는 오히려 장애의 정도를 높인다." 이러한 언어의 외면적 풍부함은 실제로는 빈약한 것이다(51-52쪽). 굴절에 의한 여러 언어는 F. 슐레겔에 의하면 발생론적으로도 서로 관련되어 있는데 반해, "규정하기 어려운 다양성을 지니는 여러 언어는 하나의 통일로 환원될 수 없다"(52쪽). "접사에 의한 언어는 대단히 많으며 서로 전혀 다르다. 굴절에 의한 언어는 그 형성의 역사를 더 자세히 추구하여 살펴보면 볼수록 더욱더 많은 내적 친연성과 상호 관련을 어근에서도 보여주고 있다"(54-55쪽). F. 슐레겔은 이러한 식으로 굴절어의 장점을 찬양한 후, 명확하게 어떤 언어에 그와 같은 장점이 주어질 수 있는가 하고 자문하고 있다. 그는 이 점에 관해 '예리한 판결'이 내려질 수 없다고 고백하면서, 다음과 같이 결론을 내리고 있다. "굴절이 구조를 지배하고 있는 언어가 일반적으로 우위를 차지하고 있다는 것은 충분한 연구에 의하면 아마도 인정될 것이다"(55-56쪽). 그러나 이것은 단지 이러한 언어의 자연적인 본질에 해당된다. '예술'에 관한 한, 두 주요 유형에서 육성의 걸음걸이는 정반대이다. "접사에 의한 언어는 처음에는 전혀 예술성이 없으나, 접사가 명사와 더 많이 융합할수록 점점 더 예술적이 된다. 그에 반해 굴절에 의한 언어는 간명화의 성향에 의해 구조의 아름다움과 예술성을 점점 더 잃어간다. 이것은 도이치말, 로만스말 및 현재의 인도 방언을 이것이 유래한 옛날의 형식과 비교해보면 알 수 있는 것이다"(56쪽).

그리하여 F. 슐레겔에게서도 일정한 양식의 언어구조의 '완전성'이라는 생각이 특징적이다. 그러나 그는 완전성을 굴절어에 한정하고 이것을 발생사적인 뜻에서 해석하고 있지 않은데, 왜냐하면 그는 '굴절에 의한 언어'를 '접사에 의한 언어'로부터 끌어내지 않기 때문이다. 그에게도 중국어는 언어 그 자체라는 틀이 아니라 '접사에 의한 여러 언어'라는 틀 안에 있지만, 언어구조의 원시단계를 나타내고 있다. 유형론적 관점에서 아델룽에 비하여 F. 슐레겔의 경우에 무엇보다도 새로운 점은 그가 굴절어를 그 외의 모든 언어와 대비시킨 것과 굴절어가 지닌 '유기성'이라는 생각이다.

A. W. 슐레겔은 《프로방스의 언어와 문학에 관한 고찰》에서 처음으로 언어를 세 부류로 구별하고 있다. 이 세 부류는 후에 '고립적', '교착적', '굴절적'이라 불리게 된다. "이 지구 상의 서로 다른 민족들 사이에서 오늘날에도 말해지고 있는 언어, 옛날에 말해졌던 언어는 어떠한 문법구조도 갖지 않은 언어, 접사를 사용하는 언어, 굴절하는 언어의 세 부류로 나뉘어진다"(14쪽). 그 밖에 그는 세 번째 부류를 두 '종류genres', 즉 종합적인synthetisch 언어와 분석적인analytisch 언어로 구별하고 있는데, 이것은 그가 스미스A. Smith(1723-1790)의 단순언어와 복합언어simple and compounded language의 구별 및 F. 슐레겔의 어떤 단서를 넘겨받아 확장한 것이다. 첫 번째 부류에 속하

는 언어에 대한 특징표시는 아델룽의 단음절 언어의 특징표시와 매우 유사하다. "첫 번째 부류에 속하는 언어는 단 한 종류의 낱말을 가지고 있을 뿐이며, 어떠한 발전이나 변용도 있을 수 없다. 거기에서 사용되는 모든 낱말이 어근이고, 그것은 식물도 나무도 만들지 못하는 불모의 어근이다. 그러한 언어에서는 명사적 변화도 동사적 변화도, 파생어도 복합어도 없다. 존재하는 것은 단순한 병치뿐이며, 따라서 통어론의 전체는 불변의 언어요소를 차례차례로 병치하는 데 있다." 이러한 언어와 문화의 관계에 대해서도 A. W. 슐레겔의 견해는 아델룽의 견해와 매우 유사하다. "이러한 언어는 지적 능력의 발전이라는 측면에서 커다란 장애가 되지 않을 수 없다. 그러한 언어에 어떤 문학적이나 과학적인 문화를 수여한다는 것은 대단히 힘들 것으로 보인다." 중국어의 경우에는 아마도 글자가 '이 언어의 원시적인 빈곤'의 보상이 되어 있는지도 모른다(14쪽). 접사를 지닌 언어는 "그것의 결함에도 불구하고 어떤 이익을 가질 수도 있을 것이다." 그러나 우월한 것은 역시 굴절어 쪽이다. 그는 F. 슐레겔과 일치하여 '유기적 언어'라고 부르고 있다. "하지만 나는 역시 굴절어에 첫째 자리를 할당할 필요가 있다고 생각한다. 이 언어들을 유기적 언어라고 부를 수 있을 것이다. 이들은 발전과 성장의 생생한 원리를 내포하고 있으며, 이러한 언어만이 풍부하고 결실하는 생육을 나타내기 때문이다"(15쪽).

A. W. 슐레겔의 분류도 순수하게 특성의 서술이며 발생사적이 아니다. 그의 세 부류는 통일적인 언어발전의 연속하는 단계를 나타내는 것이 아니다. 그는 물론 "1차 부류로부터 2차 부류로, 2차 부류로부터 3차 부류"로 이행할 가능성에 대한 문제를 시사하고 있으나(86쪽) 이 문제에 답하지는 않았다. 물론 그가 일정한 방향에서 일어날 수도 있는 이행(1차 부류로부터 2차 부류로, 2차 부류로부터 3차 부류라는 방향이며, 거꾸로는 아니다)을 생각하고 있다는 것은 징후적이다. 그에게 있어서 고립이 언어구조의 가장 낮은 단계이고, 그에

반해 굴절이 가장 높은 단계라는 것은 명백하다.

홈볼트 이전에 도이치 나라에서 제시된 세 언어유형론에 공통된 것은, 발생사적인 관점에서든지 순수한 특성서술의 관점에서든지 중국어를 첫째 자리에 두고 점차적으로 완전성이 늘어나는 하나의 선 위에 언어들을 이상적으로 배열하는 것이다. 이렇게 구별된 언어의 여러 가지 부류 내지 종류 간의 경계는 그때마다 다르나 배열원칙은 근본적으로 동일하다.

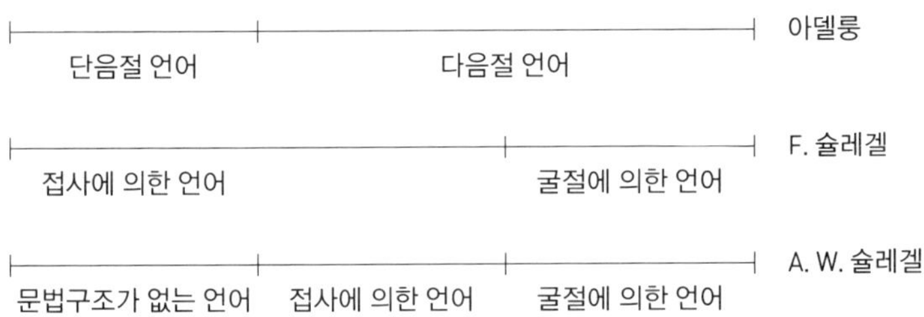

이러한 배열이 가장 명백한 것은 A. W. 슐레겔의 구분인데, 그가 세 부류, 즉 문법구성의 3단계를 구별하고 있기 때문이다.

홈볼트의 경우, 여러 상이한 부류 간에 확고한 경계를 설정하고 이것에 의해 언어를 명백하게 분류한다는, 앞에 서술한 뜻에서의 언어유형론은 찾아봐도 헛된 일이다. 그에게서 찾을 수 있는 것은 오히려 여러 방향으로 향하는 단서 — 종종 매우 중요한 단서 — 이다.

A. W. 슐레겔의 삼분법이 〈언어구조〉에서 언급조차 되고 있지 않다는 것은 틀림없이 사실이다. A. W. 슐레겔에 대한 부정적인 암시, 더욱이 그의 삼분법에 대해서가 아니라 굴절어를 종합적인 언어와 분석적인 언어로 구분하는 방법 및 이른바 분석적 언어를 언어혼합에 의해 설명하는 방법에 대한 암시는 아마도 라틴어로부터 유래하는 언어에 대한 홈볼트의 논의(VII, 242-250 참조)에서 발견될 수 있을 것이다. 여기서 홈볼트는 종합적-분석적이라

는 구분(이 술어로써 언급되어 있지 않은데)과 동시에 언어혼합에 의해 라틴어가 발전했다는 설명에 반대견해를 표명하고 있다. 그는 로마의 언어의 '쇠퇴'와 '붕괴'에 관해 언급하고 있다. 그러나 그는 우선적으로 이러한 쇠퇴와 붕괴의 이유를 로마제국의 각 주에서 일어난 라틴어의 내적 분화와 문화적 퇴폐에서 찾고 있다(VII, 243 참조). 그리고 언어구조에 관한 한, 로만스 언어들은 라틴어와 다른 구조로 되어 있으나, 이러한 관련에서 훔볼트는 '형식이 없는 / 형식이 풍부한'이라는 대립을 제시한다(VII, 247 참조). 이들의 차이는 원리적, 내적이라기보다는 오히려 소재적, 외적인 것이다. 실제로 로만스 언어들은 라틴어 못지않게 굴절어이다(VII, 245 참조). 이들 언어는 동일한 원리, 동일한(내적) 형식에 따라 '재구성'되었다. 이에 대한 증거는 로만스 언어들의 문법적 통일성이다:

"로만스 언어들의 처리방식은 아주 멀리 떨어진 지역 간에도 여전히 서로 동일하고 종종 매우 개별적인 여러 일치점을 통해 사람들을 놀라게 한다. 이 현상에 대한 설명은 문법적인 것의 의도에서 순수성을 유지하는 모어의 통일성과 결합되어, 언어감각 자체의 일반적인 성질로부터 나온 새로운 개조의 형식의 동일성 안에서 추구되어야만 한다. 여러 가지 형식은 소멸했지만, 형식 자체는 소멸하지 않고 오히려 형식 자체의 옛 정신을 그 새로운 개조 위에 쏟아붓는 것이다"(VII, 243 이하). "붕괴된 형식은 매우 상이한 방식으로 다시 구성되었다. 그러나 이 형식의 정신은 새로운 형성물 위에 아직 맴돌고 있고 순수하게 문법적으로 형성된 어족의 생존원리의 파괴하기 어려운 지속성을 입증한다"(VII, 245).

그러나 A. W. 슐레겔의 삼분법은 〈차이〉에서 매우 호의적으로 언급되고 있다(VI, 260 참조).

이에 반해 훔볼트는 F. 슐레겔의 뜻에서 언어의 분류를 항상 되풀이하여 단호하게 거부하고 있다. 이에 대해 그는 〈발생〉에서 다음과 같이 서술하고

있다:

“이 모든 것(교착과 굴절)은 자연적인…… 방법이다. 나의 의도는 다만 어떤 민족에게는 최초의 기원으로부터 전적으로 굴절과 내적인 전개를 통해 진전하는 언어형성을 인정하고 다른 민족에게서는 이러한 종류의 모든 형성을 부인하는 견해를 같이하지 않는 것뿐이다. 매우 체계적인 이 구분은 나에게는 자연에 따르는 인간발전의 방법에서 벗어난 것으로 생각되며, 내가 행한 연구를 믿어도 된다면, 수많은 상이한 언어들을 정확하게 연구할 때 경험 자체를 통해 반박된다”(IV, 298). “내가 이러한 경우(아메리카 여러 언어의 굴절에 유사한 현상의 보기)를 드는 것은, 단지 어떤 언어에는 접합을, 다른 언어에는 굴절을 부여하려는 주장이 개별 언어를 정확하게 탐구하고 이들의 구조를 보다 깊게 알 경우에는 어떤 측면에서도 근거가 없는 것으로 생각된다는 것을 증명하기 위해서이다”(IV, 299).

그리고 〈언어구조〉에서는:

“이것(산스크리트의 모음교체 현상에 관한 것이다)은 F. 슐레겔로 하여금 모든 언어의 분류에 대한 그의 이론, 물론 용인하기 어려운 그의 이론을 세우는 데 아마도 대단히 기여했을 것이다”(VII, 131, 각주).

그 밖의 다른 점에서도 이러한 표현의 통례적인 뜻에서 언어의 분류는 훔볼트의 일반적인 언어관과 일치하지 않는다. 더군다나 질료적인 문법상의 처리방식에 토대를 둔 분류는 일치하지 않는다. 실제로 훔볼트는 명백히 그리고 몇번이나 언어의 분류에 대해 반대의견을 표명하고 있다.

이 점에 대해 〈언어구조〉에서는 거의 전적으로 경험상의 근거들, 이를테면 언어의 다양성과 그것과 관련된 분류의 어려움 및 언어학의 당시 상황에서 그러한 기도의 불가능성이 제시되고 있다:

“여기서 행한 고찰은 인간의 언어산출이 얼마나 다양한 상이한 구조를 자체 내에 포함할 수 있는가를 보여주며, 동시에 언어를 남김없이 분류할 가능성을 단념하게 한다. 그러한 분류는, 언어의 개별적 현상들을 분류의 근거로 삼는다면 아마도 일정한 목적을 위해 수행될 수는 있을 것이다. 그에 반해 그 분류가 보다 깊이 파고드는 연구에서 또한 언어의 본질적인 성상과 민족의 정신적인 개성과 언어의 내적 관련성에까지 들어가야 한다면, 걷잡을 수 없이 헝클어져버린다. 언어의 상호관계와 언어의 상이성에 대해 다소라도 완전한 체계를 제시한다는 것은, 가령 바로 위에 상술한 일반적인 어려움이 언어의 분류에 방해가 되지 않더라도 언어학의 현재의 상황에서는 불가능할 것이다"(VII, 278).

반면에 훨씬 더 중요한 이론상의 증거를 〈차이〉에서 들고 있다. 즉 a) 언어는 개체로서 다르지 종류로서 다르지는 않으므로 분류될 수 없고, b) 분류는 일부 유사한 것과 일부 상이한 것에 관련되어 있지만 한 언어의 성격을 결정하는 것은 이들 개별적인 사항이 아니라 이들의 결합이다.

a)에 대해:

"인간 언어 구조의 상이성에 대한 고찰은 일견하여 여러 언어를 정확하고 남김없이 분류하는 데 연결되어야 한다고 생각된다." 계통적인 관점에서의 그러한 '동계관계에 따른' 분류는 아마 경험상으로는 전체로서 실행될 수 없을지라도 이론상으로는 가능할 것이다. 이에 반해 구조적인 분류는 바로 이론상으로도 무의미한 것이다. "동계관계를 전혀 지니지 않는 여러 언어를 그 구조의 일반적인 유사성에 따라 하나로 묶는 또 하나의 분류가 있다고 하자. 그러나 우리가 이 개념을 엄밀하게 해석하고 하나로 묶여진 여러 언어가 참으로 특징적인 모든 징표에서 종류로서 서로 유사하고 다른 여러 언어와 달라야 한다는 것을 요구한다면, 이 분류에는 보다 깊게 논구된 언어의 본질 사제가 거스르게 된다. 개별 언어들은 유로서가 아니라 개체로서 상이하다. 그 성격은 종류로서의 성격이 아니라 개체적 성격이다. 그러한 것으로서 파악된 개체는 언제나 그 자체로서 하나의 부류를 채우고 있는 것이다"(VI, 150).

b)에 대해:

"개별 언어들을 구별하는 것은 다소간 일부 유사하거나 상이한 것에 불과하다. 언어의 성격이 존재하는 것은 개별적으로 구분된 이 특성들이 아니라 이러한 특성들의 집합, 결합이며, 이러한 결합의 양식에서이다. 더욱, 이 모든 것은 개별적인 방식에 따라 행해지고 있기 때문에 그 방식을 완전히 개념화하는 것은 결코 가능하지 않은 것이다. 이러한 개념화는 모든 개별적인 것을 대상으로 할 경우 반드시 어떤 손실을 수반하는데, 이 손실에 의해 바로 결정적인 것을 놓쳐버린다"(VI, 150).

훔볼트는 자연과학에서 통용되고 있는 것과 같은 분류를 단호히 거절하는 동시에 그러한 시도의 자연주의적 경향을 참조하라고 지시하고 있는데, 더욱이 이것은 자연과학과 인문과학의 차이가 아직 전혀 자명하지 않았던 시대의 일이었다:

"그러므로 문제 전체와 깊이 관여하는 두 가지 이유에서, 그렇게 자주 제안된, 자연적 대상을 분류하는 방법에 따른 언어의 분류는 단호하게 거부해야만 한다. 자연과학은 정신적인 것 및 개성적인 것과 아무 관계도 없으며, 하나의 언어는 하나의 정신적 개성이다. 무기적인 것에는 그 자체로서 존속하는 것으로 간주될 수 있을 개성이란 것이 없으며, 유기적인 것에서는 자연과학이 개체에까지 하강하는 일은 없다"(VI, 150 이하).

그러므로 언어의 분류는 실용적인 목적에서 보조수단으로서만이 허용될 수 있다:

"언어의 참된 본질을 결정하기 위해서가 아니라 언어의 고찰이나 서술을 위해 언어의 여러 가지 개별의 성질, 상태를 고려해서만 언어의 분류가 시도될 수 있을 뿐이다. 이 방식으로리면 언어의 분류는 필요하기도 하고 또 해롭지도 않다. 이때 언어의 본성이 모든 참된 근본적인 분류에 거스르는 것이라는 것만은 염두에 두고 있지 않으면 안 된다"(위에 든 곳).

홈볼트의 본디의 언어유형론은 두말할 것도 없이 언어의 분류로 해석되어서는 안 된다. 더욱이 훔볼트의 유형론은 상이한 세 방향으로 나아가고 있으며, 분류적인 단서도 이 방향들 중의 하나에서만 확인될 수 있다.

이 방향들 중 첫째의 것은 훔볼트의 일반적인 언어관과 분류를 이론적으로 거부하는 태도에 가장 잘 상응하는 것인데, 여기서 언어유형은 '언어의 형식'을 말함이다. 문제가 되는 것은 훔볼트에게서 '형식' 개념의 세 가지 용법 중의 하나, 즉 언어의 '형성원리'(혹은 형성원리에서 이룩되는 조직)로서의 형식이다.[8]

훔볼트는 형식이라는 생각을 〈언어구조〉에서 여러 가지 방법으로 주장하고 강조한다:

"분절음을 사상의 표현으로 끌어올리는 정신의 활동 속에 놓여 있는 영속적인 것과 동형적인 것을 가능한 한 완전하게 그것의 관련성에서 파악하여 체계적으로 나타낸 것, 그것이 언어의 형식이라는 것이다."(VII, 47).

"언어의 특징적인 형식은 개개의 최소 요소 하나하나에 부착되어 있다. 개개의 요소는, 세부적으로 아무리 눈에 띄지 않는다 할지라도 이 형식에 의해 어떤 특정한 방법으로 규정되어 있다. 이에 반해 이들 요소를 개별적으로 볼 경우, 이 형식이 이들 요소에 결정적으로 부착되어 있다고 주장할

8 형식의 개념에 관해서는 Coseriu 1971[a], 213 이하 참조. 또한 이 책의 '언어의 형식'(62-74쪽)을 참조. '언어유형'이라는 표현도 훔볼트의 초기의 논문 〈아메리카 언어들의 서술 Darstellung der Amerikanischen Sprachen〉에서 처음으로 나타나는 것 같다. 이 표현은 〈일반 언어유형의 개요Grundzüge des allgemeinen Sprachtypus〉라는 제목의 서설에서만, 그것도 불완전하게 쓰여 있다(《슈타인탈》 8쪽 참조). 물론 그 의미는 '언어형성Sprachgestaltung' 또는 '언어구조Sprachstruktur'라는 것이다. 훗날 훔볼트는 이 대신에 '언어구조Sprachbau' 또는 특히 하나의 형성원리가 문제가 될 경우에는 (언어의) '형식Form'이라는 낱말을 사용하고 있다.

수 있을 점들을 찾아낸다는 것은 거의 불가능하다. 그러므로 그 어떤 임의의 언어를 면밀히 살펴본다면, 그 형식의 본질과 관계없이 아마 다르게 해석할 수도 있을 많은 것이 발견된다. 그리고 형식을 명확하게 구별해서 고찰하기 위해서는 전체 인상으로 되돌아가게 될 것이다"(VII, 48).

"그러긴 하지만 언어형식의 개념 속에는 어떤 개별 사실이 고립된 사실로서가 아니라 항상 언어형성의 방법이 그것에서 발견될 수 있는 한도 내에서만 받아들여야 한다는 것은 자명한 일이다"(VII, 50).

이러한 관점에서의 형식은 언어의 이념상의 통일체이며 언어의 개별 현상이 아니라 이러한 현상들의 원리적인 관련이다:

"왜냐하면 각 언어에는 그러한…… 총괄적인 통일이 있기 때문이다. …… 그러므로 이러한 통일체는 서술에서 재발견되어야 한다. 흩어진 요소들로부터 이 통일체에 이르기까지 올라갈 경우에만 참으로 언어 자체의 개념이 얻어진다. 그 까닭은, 이러한 방식을 적용하지 않으면 그 개개 요소의 참다운 독자성조차 이해하지 못하며 그 요소의 실재적인 관련에 있어서는 더욱 이해하지 못할 위험에 빠지는 것이 명백하기 때문이다"(위에 든 곳).

각 언어의 통일 및 원리와 개개 요소의 이러한 관계는 훔볼트에 의하면 공시적으로도 통시적으로도 이해될 수 있다. 이것은 언어의 내적 및 외적 '성장Zuwachs'에 적용된다:

"형식의 통일이 없다면 언어는 결코 생각될 수 없을 것이다. 사람이 말을 할 때는 그 말함을 필연적으로 그러한 통일로 묶는다. 이것은 언어가 받는 모든 내적 및 외적 성장에서 일어난다. 왜냐하면 언어는 그것의 가장 내적인 본성에 따라 연관있는 유추의 조직을 형성하며, 이 조직 속에서 언어는 외래 요소를 독자적인 결합에 의해서만이 확보할 수 있기 때문이다"(VII, 278).

형식은 한 언어의 원리이며, 이것은 그 언어의 발전에도 적용된다. 왜냐하면 어떤 언어에서 새로운 것은 그 언어 안에 이미 작용하고 있는 동일한 형

식에 따라 창조되거나 이러한 형식에 적합해지기 때문이다:

"일반적으로 언어의 발전과정에는 서로 제약하는 두 개의 원인이 협력한다. 근원적으로 방향을 규정하는 원리와 이미 만들어진 언어소재의 영향이 그것이다. 이 소재의 지배력은 권리를 주장하는 원리의 힘과 언제나 반비례 관계에 있다. 어떤 언어에도 그러한 원리가 존재하고 있다는 것은 의심할 여지가 없다. 한 민족 또는 인간의 사고력 일반이 언어요소들을 받아들이면, 인간의 사고력은 스스로도 모르는 채, 그리고 그 요소들에 대한 명확한 의식에 도달하지 않고서도 그것들을 결합시켜 하나의 통일체를 이룩해야만 한다. 왜냐하면 이러한 조작 없이는 개인에게서 언어에 의한 사고도 인간의 상호 의사소통도 불가능할 것이기 때문이다. 언어가 처음에 만들어진 시점에까지 거슬러 올라갈 수만 있다면, 바로 이것을 인정해야만 할 것이다. 이러한 통일성은 어떤 언어를 전적으로 지배하는 원리의 통일성 이외의 다른 것일 수 없다. 필수 불가결한 개별화가 허용하는 한 이 원리가 인간의 일반적인 언어형성의 원리에 접근해서, 그리고 이 원리가 약화되지 않은 온전한 힘으로 언어에 파고들면, 언어는 그 발전과정의 모든 단계를 거치기 때문에 쇠퇴하는 힘 대신에 앞으로 휘감는 그 궤적에 어울리는 새로운 힘이 계속해서 나타날 것이다"(VII, 160 이하).

그러므로 훔볼트에 의하면 한 언어의 개별 사실들은 원칙적으로 통일적인 하나의 형성과 일치한다. 이러한 통일적인 형성 그 자체가 변화될 경우에 비로소 본디 새로운 언어와 관계하게 된다:

"언어의 사용에 의해 생겨나는 수많은 개별 사실들은, 내가 앞서 되풀이하여 암시한 바와 같이, 어디에서 어떻게 말하든 간에 언제나 결합되고 전제도서 하나의 통일성을 형성하지 않으면 안 된다. 그리고 언어는 그 뿌리를 인간 정신의 모든 섬유 속에 깊숙이 내리고 있기 때문에 이 통일성은 개성적인 성질일 수밖에 없다. 변화된 통일의 원리, 새로운 파악의 방식이 한 민족의 정신에 의해 처리되는 것을 통해서만 바로 새로운 언어가 현실성을 얻게 된다. 한 민족이 그들의 언어에 지대하게 영향을 끼치는 변혁을 겪는 경우에, 그 민족은 변화된 요소나 새로운 요소를 새로운 형성작용에 의해 총괄해야만 한다"(VII, 245).

훔볼트는 처음부터 언어유형론의 기저를 이루는 직관을 명시하고 있는 이 언어유형론의 견해를 물론 반복해서 주장하고 있지만, 그것이 구체적인 경우에 적용되어 실제로 입증되고 있지는 않다. 왜냐하면 그는 로만스 언어들의 경우에도 원리적인 통일을 구체적으로 제시하기보다는 오히려 자명한 것으로 가정했기 때문이다. 후에도 이 견해는 언어의 순수한 본디의 형식에서 다시 파악되고 있지 않은데, 그도 그럴 것이 언어학은 거의 전체적으로 훔볼트가 지시했던 것과는 다른 길을 걷고 있기 때문이다. 비록 훔볼트를 참조하고 있지는 않지만 가벨렌츠G. von der Gabelentz에게서 비로소 언어유형론의 이 견해가 다시 나타나는데, 그에게서도 구체적인 적용은 없다.[9]

가능한 언어유형론의 두 번째 방향은 훔볼트가 간략하게만 암시하고 있다. 여기에서의 문제는 그 자체에서 서로 관련되어 있는 이념적인 언어형성의 양식을 확인할 가능성이다.

말하자면 훔볼트는 중국어를 제외하고 언어적 처리방식에서 세 가지 양식, 세 가지의 '가능한 언어의 형식'을 구별한다. 굴절형식, 교착형식, 포합형식의 세 가지가 그것이다. 그러나 이것들은 바로 추상적인 형식에 지나지 않으며, 구체적으로는 상이한 언어에서 상이한 정도로 나타날 수 있다:

"우리는 위에서 아무런 문법적 형식이 없는 '중국어'를 제외하고, 월형성을 달성하기 위해 언어의 세 가지 가능한 형식, 즉 굴절, 교착, 포합을 제시한 바 있다. 모든 언어는 이 형식들 중의 하나 또는 그 이상의 형식을 그 자

9 Coseriu 1967, 95 참조.

체 내에 지니며, 모든 언어의 상대적인 장점을 판단할 수 있기 위해서는 이들 언어가 이 추상적인 형식들을 그들의 구체적인 형식 안에 어떻게 수용했는지 또는 오히려 이 수용과 혼합의 원리는 어떤 것인지가 관건이 된다. 가능한 추상적 언어형식과 실제 존재하는 구체적 언어형식의 이 구별은, 자부하건대 몇몇 언어를 유일하게 정당한 것으로 강조하고 바로 이를 통해 다른 언어들을 보다 불완전한 언어로 낙인찍어버리는 주장, 이 주장에서 받는 위화감을 줄이는 데 기여할 것이다"(VII, 254).

이러한 최초의 시도도 19세기에는 더 이상 진척되지 않았다. 오늘날에야 비로소 여러 논문과 논고에서 제시되고 거론되고 있는 스카리추카V. Skalička의 언어유형론이 바로 이 방향으로 나아가고 있는 것으로 보인다. 왜냐하면 그는 언어유형을 바로 언어의 부류로서가 아니라 언어형성의 이념적, 추상적 방식으로서 문법의 여러 가지 처리방식 가운데서 '우선적인 여러 관련의 전체'로 파악하고 있기 때문이다.

훔볼트에 의하면 언어의 이념적 형식 일반도 존재하는데, 이것은 언어형성Sprachgestaltung의 이념적이고 완전한 형식으로의 노력을 말하며, 이 이념적 형식을 '굴절Flexion'이라고 한다. 이것은 훔볼트가 〈언어구조〉에서 여러 번 주장하고 암시한바, 두 번, 즉 한 번은 낱말형성Wortformung(§26)과 관련하여, 다른 한 번은 월의 분절Satzgliederung(및 월에서 낱말의 분절)(§29a)과 관련하여 상세하게 다루고 있다.

첫째의 것, 즉 '낱말형성'에 관해서는 언어들의 '하나의' 특성이 문제가 된다고 하는데, 그러나 이 특성은 여러 가지 형식으로 표현될 수 있으며, 굴절은 그중의 특정한 형식에 지나지 않는다는 것이다. 그리고 이러한 특성은 관련 있는 담화Rede에서 낱말들의 관계 및 낱말형성의 한 부분에 관계되며 언어형성의 중심을 이룬다:

"여기서 활동을 촉진하거나 또는 저지하는 언어의 특성이란 보통 낱말의 고립, 굴절, 교착이라는 표현으로 총괄되는 특성이다. 바로 이것이 언어유기체의 완전성을 판가름하는 요점이다”(VII, 109).

즉 낱말에는 이중의 기능이 있다. I. 개념을 표시하는 것. II. 개념을 사고 혹은 담화의 일정한 범주로 옮겨놓는 것(‘암시’, Andeutung). 따라서 여기서 언급한 특성은 낱말에서 이 두 기능의 표현에 관계되며, 이때 한편으로 개념의 표시인 낱말의 통일이 보존되어 있어야만 하고, 다른 한편으로 ‘암시’의 특성이 서술되어야만 한다. 이를 위해서는 두 가지 가능성이 있다: a) 고립, 즉 ‘암시’의 질료적 표현이 없다(훔볼트는 이 관련에서는 이것을 더 이상 상세하게 다루지 않는다). b) ‘암시’의 표현. 이것은 내적 변화에 의해 행해져도 되고 ‘외적 성장’에 의해 행해져도 된다:

“낱말은 두 가지 방도로만 변형을 허용한다. 즉 내적 변화나 외적 성장을 통해서이다. 언어가 모든 낱말을 고정시켜 외적 성장의 가능성 없이 그 어근의 형식에 집어넣고 그 내부에서 어떤 변화의 여지도 없을 경우에는 이 두 가지 방도가 불가능하다”(VII, 111 이하).

여기서 ‘외적 성장’은 ‘접합Anfügung’(교착)으로서 혹은 ‘융착Anbildung’으로서 일어날 수 있다.

슈타인탈이 올바르게 지적하고 있듯이, 여기서는 언어의 분류가 아니라 오직 언어의 처리방식이 문제되는 것이다. 그런데 교착은 훔볼트에게서 좁은 뜻의 굴절(융착과 내적 변화)에 이르는 도상의 한 걸음을 나타낼 뿐이다. 더욱 그는 명백하게 다음과 같이 서술하고 있다:

“내 경험에 의하면, 철두철미하게 교착적인 언어는 없다. 개개의 경우에 굴절감각이 일견해서 접미사라고 생각되는 것에 어느 정도 관여하는지는 종종 결정될 수 없다. 실제로 음성융합의 경향을 나타내거나 이것을 완고하게 거부하지 않는 모든 언어에서는 개별적으로 굴절에의 노력이 드러난다”(VII, 119).

둘째의 것, 즉 '월의 분절'에 관해서도 훔볼트는 세 가지 처리방식을 구별하고 있다. 첫 번째 처리방식은 월에 대한 낱말의 관계를 낱말의 통일 속으로 '얽어 넣는' 것이고(굴절), 두 번째 처리방식은 어간어는 변하지 않고 월의 통일의 구성이 예를 들어 어순과 같은 "음성에 의하지 않는 수단에 의해 또는 그 자체로서 독립된 개별 낱말에 의해" 일어나며(고립)(VII, 143), 마지막으로 세 번째 처리방식에서는 월의 통일이 이해를 위해 다음에 의해 확보된다. 즉 월은 "필요한 모든 부분을 갖추고, 몇몇 낱말들로 이루어진 하나의 전체로서가 아니라 실제로 하나의 개별 낱말로서"(위에 든 곳) 취급된다. "월은 (이 처리방식에서는) 짜맞추어지는 것도 아니고 부분들로부터 점차 구축되는 것도 아니라 통일성의 표식이 찍힌 형식으로서 단번에 주어지는 것이다"(VII, 148). 이 세 번째 방식에 대해 훔볼트는 '포합Einverleibung'이라는 명칭을 붙이고(VII, 147), 그에 따라 '포합방법'이라는 말을 하고 있다. 이 점에 대한 여러 가지 예를 그는 '멕시코어'(아즈텍어)에서 들고 있다(VII, 145-147 참조).

다른 표현을 쓰면, 월의 분절에서 낱말의 우위(고립), 월의 우위(포합), 월과 낱말의 통일 간의 균형(굴절)이라고 말할 수 있을 것이다. 물론 이것이 훔볼트의 언어분류의 기준인 것은 아니다. 반대로 그는 명백하게 진술하고 있다:

"모든 세 가지 방법 중에 대부분의 언어에서 보다 강하거나 보다 약한 개별적인 흔적들이 발견된다. 그러나 이 중의 하나가 결정적으로 우세하여 유기체의 중심이 될 경우, 그것이 구조 전체의 방향을 정하고, 그 결과로서 나타난 구조는 비교적 엄밀하게 혹은 비교적 느슨하게 그 방법을 반영한다" (VII, 144).

또한 이것은 예를 들어 다음과 같은 기준을 가진 분류를 허용할 수도 있다. I. A) 낱말과 월의 분리: a) 고립 b) 굴절, B) 낱말과 월의 비분리(포합). 혹은 II. A) '음성에 의하지 않는' 월의 분절(고립). B) 질료적으로 표현된 월의 분절: a) 굴절 b) 포합.

그러나 훔볼트는 이러한 길을 걷고 있지 않다. 그는 언어의 부류에 대해 언급하는 것이 아니라 반복해서 방법 또는 처리방식에 대해 논하고 있으며, 단지 이러한 '방법'의 우위에 대한 예를 들고 있을 뿐이다. "이 (방법) 중의 어느 하나가 가장 압도적으로 지배하고 있는 예로서 산스크리트, 중국어 그리고…… 멕시코어가 제시될 수 있다"(VII, 144).

더욱 다른 절(§35)에서 훔볼트는 낱말형성과 월의 분절의 두 관점을 연결하고 월형성의 네 가지 처리방식, 즉 '고립'(명확하게 거명되고 있지 않지만), '굴절', '교착', '포합'을 논하고 있다.

여기서 훔볼트는 '굴절'과 관련하여 언어를 구분하고 있는데, 이 구분은 그의 경우에 본디 분류로 간주되고 있지 않지만, 어느 관점에서는 아델룽과 F. 슐레겔의 분류에 아주 근접하고 있다. 그는 비교적 완전한 언어와 덜 완전한 언어, '합법적인' 언어와 '비합법적인' 언어를 구별하고 있는데, 이때 합법성이란 '언어 일반의 형성법칙'에 적합한 것으로 이해된다:

"우리는 이제 현존하는 언어와 사멸한 언어의 수없이 많은 다종다양성에서 인류의 끊임없는 형성에 결정적인 중요성을 지니는 하나의 차이를 확인할 수 있다. 즉 한편으로 순수한 원리로부터 합법적인 자유 안에서 힘차고 수미일관하게 발전한 언어와 다른 한편으로는 이러한 장점을 자랑할 수 없는 언어 간의 차이이다. 전자에 속하는 언어는 다양한 노력으로 인류 속에서 번성하는 언어충동의 성공적인 결실이다. 후자에 속하는 언어는 두 가지가 만나는 일탈형식을 갖는다. ……언어감각의 강함의 결핍과 일면적인…… 결합이 그것이다"(VII, 162).

훔볼트는 굴절을 언어의 원리 혹은 이러한 원리에 일치하는 '방법'으로 간주한다. 그의 판단기준은 사고함과 말함의 평행관계이다. 그는 굴절에 의한 표현이 사고에 가장 잘 일치한다고 본다. 사고에 함유되어 있는 여러 관계는 굴절방식에서는 동일한 계층관계에 의해 음성적으로도 표현될 것이다. 이에 반해 고립의 경우, 사고과정이 전체에 걸쳐 표현되지 않으며, 포합의 경우에는 개념의 표시로서의 낱말이 월에서 사라진다:

“만일 내가 정신과 귀에 대해 오로지 낱말에 참된 내적 견실함을 부여하고 동시에 필연적인 사상의 얽힘에 따라 월의 부분들을 확실하게 분리하는 굴절방식을 완전하게 서술하는 데 성공했다면, 오직 이 굴절방법이 언어구조의 순수한 원리를 그 자체 안에 간직하고 있다는 것은 의심의 여지가 없을 것이다. 굴절은 담화의 개개 요소를 그 이중의 타당성, 즉 그것의 객관적 의미와 사상 및 언어에 대한 주관적인 관련성에서 받아들이고 이 이중성을 그것의 상대적 비중에 따라 그에 맞춰 마련된 음성형식에 의해 표시하기 때문에, 굴절은 언어의 가장 근원적인 본질, 즉 분절과 상징화를 최고도로 높인다”(VII, 162).

“포합방식 및 진정한 낱말의 통일성 없이 느슨하게 접합하는 방식과 비교해볼 때, 굴절방법은 언어의 참된 직관으로부터 생겨나오는 천재적인 원리로 보인다. 왜냐하면 전자의 언어가 개별적 요소를 월로 결합시키거나 월을 바로 단 한 번에 통일적으로 나타내려는 노력을 소심하게 계속하는 반면에, 굴절방법은 그때마다의 사상의 접합에 따라 직접적으로 그 부분에 낙인을 찍고, 본성에 따라 담화에서 이러한 사상의 접합에 대한 개개의 부분의 관계를 그 부분으로부터 결코 분리할 수 없기 때문이다. 언어를 형성하는 충동의 약함이야말로 때로는 중국어에서처럼 굴절방법을 음성 안으로 이행하지 못하게 하고, 때로는 개별적으로 포합방식을 따르는 여러 언어에서처럼 굴절방법에 자유롭고 그것만이 우선되는 일이 없도록 한다”(VII, 163).

그러므로 “추상적인 언어형식들 중에 굴절형식이 유일하게 올바른 형식이라고 불릴 수 있다는 것은 거의 논의의 여지가 없다”(VII, 254).

그러나 굴절은 일반적으로 어느 언어에서도 실현되어 있지 않다. “이 점에서 현실의 언어에서 정점에 도달한 것은 존재하지 않을 것이다." 그러므로 이와 관련하여 셈계의 여러 언어와 산스크리트계(즉 인도게르만계) 사이에 정도의 차이가 존재한다고 한다(VII, 162-163). 더욱이 훔볼트는 다음과 같이 서술하고 있다:

"그런데 이러한 구조가 정도에 따라 다른 언어에서보다는 어느 한 언어에서 탁월하고, 예를 들어 중국어보다는 산스크리트에서 더욱 훌륭하고 아랍말보다는 그리스말에서 더욱 훌륭하다는 것은 편견 없는 연구가라면 거의 부인하지 못할 것이다"(VII, 255).

따라서 우리는 굴절에의 노력의 실현에 따라 혹은 '순수 합법적인 형식'으로부터의 일탈에 따라 언어를 특징지을 수 있을 것이다. 이것을 훔볼트는 실제로 기도하고 있으며, 게다가 그는 그의 앞선 사람들과 같이 여러 민족의 언어의 특징표시를 다른 정신적인 여러 능력의 특징표시와 결합하려고 한다. 그래서 그는 예를 들어 중국어의 어떤 장점을 인정하지만 아델룽의 상론을 상기케 하는 어떤 부정적인 특징표시에 머물러 있다:

"그렇지만 아무리 이 언어의 굳건한 옹호자일지라도 이 언어가 정신적인 활동을 문학이나 철학, 과학의 연구나 능변의 강연이 똑같이 동시에 번영하는 참된 중심점으로 이끌어간다고 주장하기는 어려울 것이다"(VII, 255 이하).

슐레겔에서와 같이 훔볼트에게서도 '불완전한 언어'는 다양하며 그러므로 분류될 수 없다:

"순수하게 법칙적인 필연성에 의하여 미리 정해진 궤도에서 이탈한 길들은 무한히 다양할 수 있다. 따라서 이 영역에 갇혀 있는 언어들은 몇몇 원리에서 출발해서는 충분히 논구되거나 분류될 수 없다. 이들 언어는 고작해야 그 구조의 주요한 부분들에서의 유사한 점들에 따라 비교하고 묶을 수 있다"(VII, 257).

그러나 이러한 언어가 "낱말의 통일성 또는 사상결합의 자유를 축소하거나 또는 결국 이 두 단점을 모두 갖지 않을 수 없다"(VII, 258)는 것이 확인될 수 있다.

그러므로 훔볼트의 경우에는 슐레겔과 마찬가지로, 비록 접사에 의한 언어와 굴절에 의한 언어 간의 확고한 경계를 가정하지 않았을지라도, 굴절이 모든 언어의 질서원리가 된다. 그에게 중국어와 산스크리트는 — 형식원리의 수행에 따라 — 두 개의 확고한 극점이다:

"알려진 모든 언어들 중에 극명한 대립을 이루고 있는 언어는 중국어와 산스크리트이다. 전자는 언어의 문법형식을 정신의 작업에 맡겨버리는데, 후자는 이것을 아주 세밀한 뉘앙스에 이르기까지 음성에 병합하려고 노력하기 때문이다"(VII, 271).

그러므로 우선 모든 언어의 배치를 나타내는 다음의 도식이 훔볼트에게 적용된다:

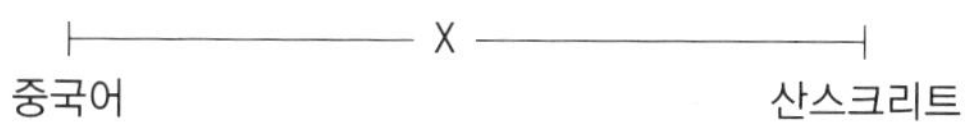

그 외 나머지 모든 언어는 이 두 언어의 양 극점 사이에 놓이게 된다.

그러나 이것이 발생사적으로 해석되어서는 안 된다. 우리가 "언어형성에서…… 점점 더 완전한 것으로의 단계적인 상승"을 가정한다면, 물론 "중국어가 가장 오래되고 산스크리트가 최신의 것"임에 틀림없을지도 모른다(VII, 274). 그러나 훔볼트는 보다 완전한 형성이 반드시 나중의 것이어야 할 필요는 없다고 말하고 있으며, 역사적으로 그것에 관해 결정될 수 있는 것은 아무것도 없다고 결론짓고 있다(VII, 274 참조).

여기서는 단지 굴절의 실현에 따른 실제의 질료적인 '완전성'이 문제가 된다. 그러나 문법체계의 관련성을 고찰한다면 중국어도 '완전성'을 나타내고 있다. 더욱이 수미일관해서 굴절을 포기한 것을 통해서 말이다:

"이에 따르면 일견하여 중국어를 언어의 가장 자연스러운 요구로부터 가장 많이 벗어난 언어, 모든 언어 중에 가장 불완전한 언어로 간주해야 마땅할 것이다. 그러나 더 자세히 고찰해보면 이 견해는 사라진다. ……우선 그 언어의 구조의 뛰어난 일관성은 부인할 수 없다. 굴절이 없는 다른 모든 언어도 비록 굴절을 향한 매우 대단한 노력을 드러내고 있다 할지라도, 이들 언어는 그 목표에 도달하지 못한 채 중도에 머물러 있다. 그러나 중국어는 전적으로 이러한 길을 버림으로써 그 언어의 원리를 끝까지 관철하고 있다"(VII, 271).

문법체계의 관련성에 따른다면 다음과 같은 도식이 나타난다:

이것은 이제 훔볼트에게서 언어의 첫 번째 분류로 간주될 수도 있을 기반이다. 이때 셈계 언어는 인도게르만계 언어와 함께 분류되고 있으며, 나머지의 모든 언어는 양 극점 사이에 있다:

"이렇게 해서 중국어와 산스크리트는 우리에게 알려진 전 언어권에서 두 개의 확고한 극점을 이루는데, 정신발전에의 적합성이라는 면에서는 서로 같지 않지만 그들 체계의 내적 일관성과 완성된 수행 면에서는 같다. 셈계의 여러 언어는 이들 언어 사이에 놓여 있는 것으로 간주될 수 없다. 셈계의 언어들은 굴절을 향하는 뚜렷한 방향에 따라 산스크리트계의 여러 언어와 동일한 부류에 속한다. 그에 반해 다른 모든 언어는 양 극점의 중간에 있는 것으로 간주될 수 있다. 왜냐하면 이들 언어는 중국어처럼 낱말을 그 문법적 관계로부터 떼어내는 방식에 가깝거나 아니면 문법적 관계를 나타내는 음성을 밀접하게 연결하는 방식에 가까울 수밖에 없기 때문이다. 멕시코어 같은 포합어조차 이러한 경우이다. 왜냐하면 포합은 모든 관계를 가리킬 수 없고, 포합으로 불충분할 경우에는 접합되거나 분리될 수 있는 불변화사를 사용해야 하기 때문이다"(VII, 274).

더욱이 중간부류는 훔볼트에게서 — 슐레겔의 '접사에 의한 언어'의 부류와 같이 — 부정적인 부류에 불과하며 공통의 적극적인 특질이 없다:

"다양하게 서로 차이 나는 이 언어들은 모든 문법적 표시가 없는 것은 아닌데, 굴절은 소유하고 있지 않다는 이 부정적인 특성 이외에 서로 공통된 점을 가지고 있지 않고, 그 때문에 매우 불확실한 방식으로만 하나의 부류에 집어넣을 수 있다"(위에 든 곳).

따라서 우리는 언어의 세 '부류'를 갖게 될 것이다. 즉 두 개의 적극적으로 특징지어지는 부류(중국어와 셈어-인도게르만어)와 부정적으로만 정의되는 중간의 부류를 갖게 되는데, 후자에는 소위 '포합'어가 또한 속하게 될 것이다.(이 사상을 대체적으로 거의 정확하게 진술하고 있는 것이 예스페르센O. Jespersen이다. "하나의 원리를 일관되게 따르고 있다는 점에서 완벽한, 언어구조의 양 극단인 산스크리트와 중국어 사이에 나머지 모든 언어를 위치시킬 수 있을 것이다. ……하지만 교착적이라 불리는 언어들은, 고립적이지도 않고 굴절하지도 않는다는 부정적 속성만을 제외한다면 공통된 것이 아무것도 없다. 인간 언어의 구조적 다양성은 실로 지대하여, 이 언어들은 충분히 포괄적인 분류의 절망의 원인이다.")[10]

문법체계의 관련성에 따른 이러한 언어의 배열은 이제 훔볼트 자신에 의해 언어의 분류('구분', Einteilung)로서, 동시에 A. W. 슐레겔의 그것과 유사한 것으로 제시되고 있다. 즉 그는 〈차이〉(VI, 260)에서 '슐레겔의 것과 매우 유사한, 모든 언어의 분류'에 대해 논하고 있는데, 이 분류를 그는 '아벨-레뮈자에게 보낸 서한'(V, 282 이하)에서 수립했다고 한다. 이 서한에서 다음과 같은 것을 발견할 수 있다:

10 Jespersen 1922, 59.

"만약 우리의 출발점이 된 관점으로부터 이 언어들을 고찰한다면, 우리는 여기서 세 개의 다른 종류를 발견할 수 있을 것이다.

중국어는 문법적 범주의 정확하고 상세한 구별을 포기하며, 사고를 확정하는 데서 덜 구속적인 질서에 따라 월의 낱말들을 배열하고, 월의 복합에 대해 이 체계에 적용될 수 있는 구조를 부여한다.

산스크리트, 이 언어와 명백한 친척관계를 가지고 있는 여러 언어, 그리고 어쩌면 (여기서 속단하고 싶지 않은) 다른 언어들까지도 문법적 범주의 구별을 문법의 유일한 토대로서 확립하며, 이 구분을 그들의 마지막 분지에까지 침투시키고 월의 형성에서 이 확실하고 충실한 안내자가 그들에게 허용해주는 모든 비약에 자신을 맡긴다.

이 외에도 말하자면 진정한 문법형식을 가지려 하지만 이 목표를 달성하지 못하는 몇몇 다른 언어가 있다. 이 언어들은 문법상의 범주를 구별하지만 여러 관계는 불완전하게만 나타낼 뿐이다. 따라서 이 언어들의 문법구조는 불완전하거나 관점에 따라서는 결함이 있거나 또는 그 둘을 모두 포함한다"(48-49).

즉 이것은 〈언어구조〉에서 제시한 것과 동일한 구분이다.

그러나 이 구분은 질료적인 관점에서만, 즉 언어의 삼분법으로서만 A. W. 슐레겔의 분류와 유사하다. 왜냐하면 훔볼트가 한편으로 중국어를 A. W. 슐레겔과는 다른 방법으로 평가하고 있으며, 다른 한편으로는 또한 굴절을 사용하는 언어와 접사를 사용하는 언어 간의 명확한 경계를 인식하고 있지 않기 때문이다. 그는 — 이번에는 명백하게 — '분석적', '종합적'이라는 술어를 거부하면서 다음과 같이 서술하고 있다:

"이념의 매우 섬세한 뉘앙스에도 들어가는 저 명칭들의 창시자는 바로 종합적인 언어와 분석적인 언어 자체에서 경계선이 명백하게 그어질 수 없다는 것을 깨닫고 있는데, 이는 오히려 종합적인 언어(즉 굴절을 사용하는 언어)

와 접사를 사용하는 언어에 한층 더 타당하다. 그러므로 나는 서로를 확연히 분리시키는 명칭이 불리하다고 생각하여 그러한 '고쳐쓰기'를…… 사용한 데 불과하다. 이 고쳐쓰기는 차이점과 가르는 경계선 상호 간의 이행을 제시하는 것이다"(VI, 260).

이것은 훔볼트가 F. 슐레겔의 구분을 부인하는 논거와 명백히 일치하는 고찰이다.

이렇게 본다면, 훔볼트는 어떤 점에서는 언어의 이념적 완전성의 사상을 대표하고 완전성을 굴절과 동일시하기 때문에 아델룽과 F. 슐레겔의 사상권에 머물러 있다. 그러나 그는 아델룽의 분류도 F. 슐레겔의 분류도 받아들이고 있지 않다. 이에 반해 그가 A. W. 슐레겔의 삼분법을 전수했다고는 말할 수 없지만 전술한 조건부로 A. W. 슐레겔의 삼분법과 유사한 어떤 종류의 '분류'가 훔볼트에게서도 존재한다고는 말할 수 있을 것이다. 그러나 이러한 삼분법을 훔볼트가 확장했다고는 결코 말할 수 없다. 왜냐하면 포합어는 그에 의하면 독립된 부류를 이루는 것이 아니라 부정적으로 정의된 중간의 부류에 속하기 때문이다. 슐라이허는 이른바 훔볼트의 포합어의 부류를 부정함에 있어서 훔볼트 자신을 인용할 수 있었을 것이다.

그러나 훔볼트는 문법적인 관련성을 고려하여 언어를 구분한 다음 분류 그 자체에 대해서는 반대의사를 표명하고 있다. 말하자면 그는 이러한 구분을 낱말의 엄밀한 뜻에서의 분류로 간주하지 않는다는 것이다. 그는 물론 이러한 관련에서 두 번 '부류'에 관해서 언급하지만, 그가 본디 '부류'를 의미했던 것으로는 보이지 않는다. 왜냐하면 다음에 그는 이러한 관점에서 '단계'에 관해 논의하며, 바로 이 단계에 그가 동사기능의 표현을 바탕으로 제시하고 있는 다른 '부류'를 관련시키고 있기 때문이다. 이를 통해 그는 그의 일반적인 언어관에 따라 허용될 수 있는 것처럼 보이는 분류에 접근하고 있다.

이 분류는《슈타인탈》625쪽에 의하면 다음과 같다:

"1. 불변화사-언어Partikel-Sprachen. 이러한 언어는 엄밀하게 생각하면 명사류와 동사류를 전혀 구별하지 않는다. 여기에는 두 개의 하위분류가 설정될 수 있다:

a) 동사류에 어떤 특정적인 표현을 전혀 부여해주지 않는 언어(예를 들면 버마어, 타이어, 만주어, 몽골어, (태평양) 남해 여러 섬의 언어들 및 (태평양의) 서부 다도해 지역의 그 밖의 말레이시아 언어들의 대부분도 여기에 들어옴);

b) 대명사-접사Pronominal-Affix를 가진 언어(아메리카의 여러 언어, 이집트어);

2. 음성에 의하지 않는 문법을 가진 중국어.

3. 순수 굴절어:

a) 셈어;

b) 인도게르만어."

슈타인탈의 이 서술은 〈언어의 분류〉 52쪽과 〈언어구조의 주요 유형들의 특성〉 70쪽에서 일부 다른 형식으로 나타난다. 즉:

- A) 비교적 불완전한 언어
  - a) 불변화사에 의한 언어, 동사류에는 어떤 특징적인 표현이 없음
    - 말레이시아어-폴리네시아어
    - 버마어 등.
  - b) 대명사에 의한 언어, 동사류는 접합된 대명사에 의해 특징지어짐 — 아메리카의 여러 언어
- B) 비교적 완전한 언어
  - a) 고립적 — 중국어
  - b) 굴절적
    - α) 셈어
    - β) 인도유럽어

이 두 분류는 대부분 슈타인탈의 순수한 구성인데, 그는 훔볼트의 '단계'를 '부류'와 연결시키고 게다가 여러 가지 해석을 그 속에 끌어들이고 있다.

이것은 실제로 훔볼트에게서는 상당히 다른 양상을 띠고 있다. 훔볼트는 '부류'를 단순히 동일한 배치단계에 상응하는 언어들을 그 이상으로 구분하기 위해 상정하려고 하며, 그는 이러한 목적을 위해서만 동사기능이라는 기준을 다시 끄집어내고 있다:

"그럼에도 불구하고 어족을 달리하는 언어들 사이에서도, 그리고 극명하게 정신방향과 관련되는 여러 점에서 어떤 종류의 차이가 발견되는데, 이 차이에 의해 여러 언어는 실제로 상이한 부류를 이루는 것으로 보인다. …… 이러한 특이성에서(즉 동사기능의 질료적인 특성표시에서), 그 밖에 언어형성의 전체에서 보아 동일한 단계에 있는 것으로 보이는 언어들이 구별된다"(VII, 278 이하).

또 훔볼트는 이 기준을 전적으로 부정적으로 한정된 중간의 단계와 특히 종종 명사와 동사를 구별하지 않는 '불변화사에 의한 언어'에만 적용하고 있다. 그리고 그는 이러한 언어에 관련해서만, 이들 언어 가운데 어떤 언어는 동사에 "월결합이라는 동사 그 고유의 기능을 특징짓는 표현을 전혀 부여하지 않으며", 이에 반해 다른 언어는 "적어도 단축 또는 변형으로 동사에 접합된 대명사에 의해 월결합의 기능을 표현한다"(VII, 279)는 것을 확인하고 있다. 그는 또한 중간단계의 모든 언어가 '불변화사에 의한 언어'이며 명사와 동사를 구별하지 못한다고 주장하지는 않는다. 게다가 그는 이러한 단서를 더 이상 추구하고 있지도 않다(그는 버마어의 서술로 넘어간다). 말하자면 훔볼트는 여기서 가능한 분류의 한 가지 보기만을 제시하고 있을 따름이다. 그는 이것을 아주 신중하고 오히려 책임을 지지 않는 방식으로 행하고 있다(참조: "상이한 부류를 형성하고 있는 것처럼 보인다"). 그럼에도 불구하고 그는 이를 통해 '부분적인' 혹은 '부분적으로 특성을 표시하는' 언어유형론에 중요한 기여를 하고 있다.

이제 이 단서를 그의 단계체계에 구성해 넣으면 다음의 도식이 나타난다:

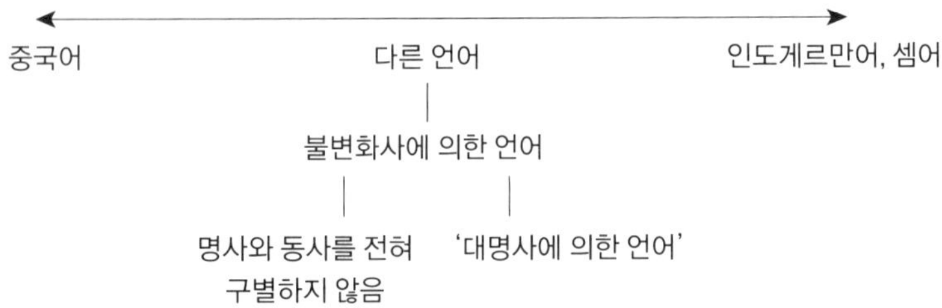

이 도식은 결코 언어의 실제의 분류를 나타내는 것이 아니다.

훔볼트의 언어유형론에 관한 상론은 실제로 상이한 유형론으로 발전할 수 있는 단서를 포함하고 있다. 즉 '완전한' 언어유형론 및 '언어형성의 양식'에 따르는 언어유형론, 그리고 '부분적인 특성표시의' 언어유형론이다. 이와 반대로 훔볼트는 언어의 상세한 분류 자체를 제시하지 않았다. 오히려 우리는 그에게서 언어의 분류에 대한 근본적인 비판과 따라서 바로 본디의 뜻에서의 유형론과 분류를 구별하는 데 대한 중요한 기여를 찾아볼 수 있다.[11] 그는 물론 당시 매우 널리 퍼져 있던 분류의 경향에 대해 어느 정도 타협을 하고 있다. 그러나 원칙적으로 그는 고정적인 분류에 대해서는 반대하고 있으며 오히려 언어의 단계적인 배치와 개별적인 특성표시를 선호한다.

훔볼트는 전통적으로 된 언어유형론(고립어, 교착어, 굴절어, 그 밖에 경우에 따라 포합어)에 대해 단지 술어만을 제공했을 뿐이다. 그는 A. W. 슐레겔의 분류 그 자체를 넘겨받지 않았으며, 물론 그것을 확장하지도 않았다. 그는 언어

11 유형론은 분류의 기초가 될 수 있는데, 분류 자체는 - 순수하게 서술적인 것이라도 - 유형론과 동일시되어서는 안 된다. 이 동일시는 오늘날 언어유형론이라고 불리어지는 것(그리고 대개는 대조문법에 지나지 않는 것) 속에서 흔히 행해진다.

를 네 개의 부류로 분류하는 것은 제안하지 않았을 뿐만 아니라 명백히 거부하고 있다.

홈볼트의 언어유형론에 관련된 관례적 착오에는 십중팔구 무엇보다도 슐라이허의 영향이 큰 것으로 생각된다. 슐라이허는 여러 점에서 훗날의 언어학의 방향을 규정했다.[12] 다른 한편으로 다음의 사실도 이 착오의 보급에 일익을 담당했다. 즉 훔볼트가 고립, 교착, 굴절, 포합에 대해서뿐만 아니라 — 비록 분류의 의도는 없었다고 할지라도 — 교착어, 굴절어, 포합어에 대해 언급하고 있다는 사실이다. 훗날의 해석에 기인해서, 그리고 다른 언어학적인 견해로부터 우리는 이를 통해 훔볼트에 의해 본디 서술되지 않았던 것, 즉 언어의 네 부류로의 분류가 그의 저작에서 서술되어 있다는 인상을 쉽게 얻을 수 있었다. 그러나 이 사분법은 — 이것은 확장된 형식에서의, 그리고 훔볼트의 술어를 사용한 A. W. 슐레겔의 분류라고 말하는 것이 당연하다 — 훔볼트의 것이 아니라 포트A. F. Pott에 속하는 것이다.

12 이 영향의 정도는 오늘날에는 정확하게 상상할 수 없다. 슐라이허는 당시의 촘스키였고, 촘스키에게 카츠J. J. Katz나 포더J. A. Fodor, 포스탈P. Postal이나 리즈R. Lees 같은 사람들이 있듯이 그에게도 뮐러M. Müller, 오베라크A. Hovelacque, 뻬찌D. Pezzi 같은 사람들이 있었다. 언어학은 슐라이허의 여러 가지 임의적인 가설에서 자유롭게 되기 위해 만 1세기가 필요했다. 그리고 언어학은 그러한 가설에서 오늘날 아직도 완전히 자유롭지 않다. 새로운, 그리고 훨씬 더 위험한 슐라이허주의가 그리 오래 지속되지 않기를 바란다.

XIII. 언어학의 개념과 목표

- 역사철학과의 관련 -

특히 언어의 비교연구가 단연 외적 관계로부터 해방되어야 한다는 것은 말할 나위 없다.

"언어의 비교연구는 그것을 하나의 독자적인 이익과 목적을 자체에서 감당하는 연구로 만들 때, 그때만이 언어, 민족의 발전과 인간 도야에 관한 확실하고 중요한 해명으로 이끌어갈 수 있다"(IV, 1).

"언어의 연구는 확실히 그 자체를 위하여 다루어져야만 한다. 그렇다고 해서 과학연구의 다른 개별 부분과 마찬가지로 그 궁극의 목적을 그 자체 안에 지니고 있는 것이 아니라 다른 모든 것과 더불어 인간 정신의 전체 노력이라는 최고이며 일반적인 목적에 종속하는 것이다. 즉 그 목적은 인간이 자기 자신과 자신의 주위나 자신의 위에 있는 모든 가시적인 것, 비가시적인 것에 대한 자신의 관계에 대해 명백히 알게 되는 것이다"(VI, 6).

언어연구의 존엄에 대한 이 규정은 이 연구의 범위와 목적을 해명함으로써 더욱 명백하게 된다.

우선, 언어의 비교연구는 언어의 역사적 존재에서 구별되는 두 주요 시기로 보아 두 부분으로 나뉘어진다. 언어는 최초의 시기에 그 유기체를 형성하고, 그 다음 시기에서는 형성된 유기체 내에서 계속 세밀하게 완성된다. 따라서 언어연구의 한 부분은 개개 언어의 유기구조에 대한 조사연구를, 다른 부분은 개개 언어가 (그 유기구조의 범위 내에서) 어떻게 세밀하게 완성되어 있는가를 조사연구하는 것이다. 전자처럼 이 유기체의 상이성을 분석하면 언어의 전 영역이나 인간의 언어능력을 측정하고 음미하게 되며, 후자처럼 일정한 언어구조를 갖춘 언어가 어느 정도까지 완성될 수 있는가를 탐구해나가면 언어에 의해 모든 인간의 목표가 어느 정도로 달성될 수 있는가를 인식하게 된다. 전자는 본질적으로 언어의 형식을, 후자는 주로 언어의 성격을 다루어야 한다. 전자는 가능한 한 넓게 비교를 계속하고, 후자는 하나의 동일한 언어로 고립시켜 그 미세한 특성에까지 침입한다. 그래서 전자는 주로 연구의 확대(가로, 위도)를, 후자는 주로 그 깊이(세로, 경도)를 필요로 한다(IV, 8 이하 참조).

더 상세하게 말하자면, 이 두 부분 중에 첫째의 것은 주로 박물학적인 성격의 것이다. 왜냐하면 언어의 유기체는 '지적 인간의 생리학'의 일부분에 속해 있기 때문이다. 그리하여 궁극적으로 언어의 비교연구에 의해 명백해진다고 생각되는 문제영역은 언어, 언어에 의해 달성될 수 있는 인간의 목적 그 자체, 끊임없는 진보, 발전하고 있는 인류 및 개개의 국민, 이 네 가지 대상이다(IV, 9 참조). 여러 가지 상이한 언어는 상이한 자연의 종 개념으로 간주해야 한다. 그때는 피상적인 종래의 언어비교와 그 단편적인 처리방식을 피할 필요가 있다. "지극히 조야한 민족의 사투리라도 고귀한 자연의 산물이라서, 그것을 마음대로 세분화해서 단편적으로 서술할 수는 없다. 이 사투리도 유기체 그 자체로서 취급되어야만 한다"(IV, 10).

훔볼트는 개념을 확정해서 언어의 형식이나 원리, 그리고 언어의 처리방식을 상세하게 분석함으로써 언어분석이 고양될 수 있는 점을 확실하게 표시하고, 이것과 동시에 언어의 비교에서 아직까지 사람의 발이 닿지 않은 새로운 길을 연 것에 대해 명확하게 의식하고 있다(VII, 162 참조). 이 연구 전체를 완전하게 하기 위해 그는 두 가지를 요구했다. 가장 먼저 해야 할 일은, 각각의 알려진 언어를 그 내적 관련성에서 연구하고 그 안에서 찾아낼 수 있는 모든 동일한 범주에 속하는 것을 추구하여 체계적으로 정리하고 그렇게 함으로써 언어 안의 문법적 이념결합, 표시된 개념들의 범위, 이 표시의 본질, 그리고 언어에 깃들어 있는, 다소간에 생동적인 정신적 확대 및 세련에의 충동에 대하여 직관적으로 포착하는 지식을 획득하는 일이다. 이것이 언어비교연구가 요구하는 전체 언어에 대한 특수연구이다. 전체 언어에 대한 이 특수연구 외에도 비교언어연구는 언어구조의 개별 부분들과 개별 기관들에 대한 또 다른 특수연구를 요구한다. 비교될 몇몇 언어를 통해서 공통의 요소, 예를 들어 동사에 대해 연구하는 것이 그것이다. 언어구조의 관련의 모든 가닥은 가로로 해서 모든 언어의 동질적인 부분들을 비교함에 의해서뿐만 아니라 세로로 해서도, 즉 각 언어의 상이한 부분들을 비교함에 의해서도 찾아내어 결부지어질 수 있다. 전자는 모든 민족의 언어욕구와 언어능력의 동일성을 통하여, 후자는 각각의 개별 민족의 개성을 통하여 그 방향을 얻는다. 이 이중의 관련성을 통하여 비로소 어느 정도 범위의 상이성에서 인류가, 그리고 어떤 귀결 속에서 개개의 민족이 자신의 언어를 형성하는지 인식된다. 그리고 두 가지, 즉 언어 일반의 성격과 민족들의 언어성격은, 언어 일반의 이념이 대단히 다양한 개별적 형식들로 수행되고 민족들의 언어성격은 동시에 일반성에, 그리고 그 언어성격의 동류들에 대비되어 있음을 파악할 때 보다 밝게 비춰진다. 식물이 분류될 수 있는 것처럼 언어도 그 내적 구조에 따라 부문별로 분류될 수 있는지, 만약 될 수 있다면 어떻게 될 수 있는지라는 중요한 문제는 오직 이 이중의 관련성을 통일적으로 파악함으로써만이 철저하게 답변될 수 있다(IV, 10 이하 참조). 언어학의 생리학적 부분은 이들 양자에 의해 완전하게 될 것이다. 이 이중의 작업에 의해 비로소 인간 언어의 개요가 일반적인 것으로 생각되어, 그것의 범위, 그 법칙이나 가정의 필연성, 그 용인의 가능성을 고려하여 입안될 것이다(VI, 22 참조).

다음으로 일반언어학의 둘째의 부분을 훔볼트의 지시에 따라 고찰하고자 한다. 이 부분이 주로 역사적 성격이라는 것은 명백하다. 비교적 고도로 발달된 상태의 언어를 연구하고 언어의 성격을 연구하면, 그것이 모든 인간의 목적을 달성하는 데 타당함을 인식하게 된다. 따라서 이런 종류의 고찰에서 언어의 차이는 박물학적이라기보다는 '지적, 목적론적인' 현상이다(IV, 7 이하 참조).

이 종류의 연구가 완전하게 될 수 있는 것은 고도로 발달된 언어에서 민족이 어느 정도 광범한 문헌을 남기고 그 안에 세계관을 수록하고 관련 있는 담화 가운데서 언어에 그 특징을 새겨넣었을 경우에 한한다. 그러므로 여기서는 좁은 뜻에서 이른바 문헌(언어)학Philologie이 (구조)언어학Linguistik과 구별되고, 또 동시에 그것과 관련되어서 나타나게 된다. 문학에 대한 고려를 표면에 내세우는 것이 문헌(언어)학의 특징적인 관점이다. 따라서 (구조)언어학은 문헌(언어)학을 필요로 한다. 이러한 방식으로 특수한 것으로서 순수 생리학적인 것과 분리할 수 있는 언어연구의 부분은 오로지 한 언어에 현존하는 문자로 남겨진 유산의 문헌(언어)학적인 취급에 의지하지 않으면 안 된다(IV, 13; VII, 173 이하 참조).

그런데, 실제에서는 이 분리가 불확실하고 실행하기 어려운 것이다. 한 언어의 유기체에는 그것을 가장 섬세하게 완성시키는 싹이 있다. 언어의 성격은 언어형식의 토대 위에서 전개된다. 형식을 형성하는 데도 이미 역사가 영향을 미치고 있다. 성격의 형성에서도 각 민족의 박물학적인 차이가 인정될 수 있다. 분화의 상태에서도 언어가 박물학적인 현상임에는 변함이 없다. 본디 이미 언어의 차이는 동시에 '지적, 목적론적인' 현상이다. 따라서 비교언어연구의 양 부분을 서로 격리할 수는 없다. 형식 없이는 성격을 연구할 수 없고, 또 언어의 성격을 고려하지 않고서 형식을 연구해서는 안 된다. 생리학적 연구는 역사적 고찰과 제휴해야만 한다. 언제나 이 두 가지가 언어 연구가의 염두에 떠올라야 한다. 즉 첫째로 어떠한 상이한 방법으로 인간이 언어를 실현시켰는가, 다음으로는 상이한 언어가 인간의 이념영역이나 이념상의 목적과 어떠한 관계에 있는가, 우선 민족의 개체가 언어에 어떻게 작용하는가, 그리고 또 언어는 어떻게 개체에 역작용하는가 하는 것이다. 언어연구가에게는 언어가 정신에서 나와 다시 정신에 작용하는 이 전체 진행과정을 고찰해야 할 임무가 있다. "언어의 연구는 문학의 연구와 떼어놓을 수 없다. 그것은, 문법이나 사전에서는 생명을 잃은 해골Gerippe만이 보이며 생동력 있는 구조는 오직 작품에서 나타나기 때문이다"(V, 33). 언어의 최고의 저술에도 언어유기체의 작용이 인정되며 존중되어야만 한다. 언어의 가장 정교한 요소에도, 최고의 가장 정신적인 산물에도 마찬가지로 주의를 기울이고, 마지막으로 언어의 기원이나 완성이 총괄되어야만 한다(IV, 31 이하 참조).

그런데 비교언어연구의 이 두 부분의 결합에서 전체 과학의 보다 고차적인 의의를 열어줄 본디의 열쇠를 포함하고 있는 것은 후자이다. 그것은 언어의 차이를 '지적, 목적론적인' 현상으로 고찰하는 것이며, 거기에서 일반언어학은 보다 장중한 것이 되며, 거기에 과학과 예술의 일치점이 있는 것이다. 이 일반언어학은 본질적으로 역사적인 과학이다. 역사를 일관해서 지배하는 이념이 현실계에서 존재를 획득하려는 노력을 서술하는 것이 역사가 일반의 과제인 것처럼, 언어완성의 이념이 현실계에서 구체적으로 나타나려고 하는 노력을 서술하는 것은 언어연구가의 직무이다(IV, 56; VII, 20 참조). 그런데 그 이상의 것이 있다. 언어연구에 대한 최고의 관점은 오히려 역사철학적인 것이다. 이 연구는 역사적이기 때문에 인류 일반의 철학사의 계열에 편입된다(VI, 6 참조). 지상의 여러 언어의 비교연구는 언어와 개개 민족의 문화상태나 정신적 특성의 관련을 찾아내야 하고 끊임없이 인류의 정신형성의 진행과정을 주목하고 그것에서 연구 본디의 목적을 찾아야 한다(V, 33; VII, 13 이하 참조). 이 연구는 언어의 상이성을 단순히 음향의 상이성으로서가 아니라 세계관의 상이성으로, 이념영역을 재구성하는 데 있어서 그 무엇에 의해서도 대치될 수 없는 필수의 수단으로 간주해야 하며, 따라서 지극히 다종다양하고 특이한 지적 산출물의 '운반수단'으로, 또 개성의 상호적인 감정에 기초한, 인류의 교양 있는 부분을 밀접하게 결합하는 것을 창조하는 것으로서 간주해야 한다(IV, 8 참조). 그 까닭은, 이것, 즉 전체 인류의 인간적 결합을 더욱더 완전하게 유치하는 것, 말하자면 인문주의의 이념이야말로 실제로 훔볼트에 따르면 전 역사에 걸쳐 가장 많이 통용될 수 있고 또 우리 인류의 완성을 가장 잘 증명해주는 그러한 이념이기 때문이다.[1] 그러나 언어는 인간의 다른 면에서보다도 더 많이 전 인류를 휘감고 불가사의하게 민족적인 또는 개인적인 특수성을 일반 인간적인 것과 결합하기 때문에 이 이념의 실현에 한해서 언어는 도우면서도 또 그것을 방해한다.

그럼에도 언어와 역사, 언어학과 역사철학이 이미 관련되어 있는 최후의 가장 진실한 근거가 바로 이 목적론적인 관점 안에 들어 있는 것은 아니다. 오히려 훔볼트는 가장 엄밀한 뜻에서의 목적론적 역사관을 되풀이하여 반박했다. 이것이 역사에서 활동하는 여러 힘의 본디의 작용에 대한 모든 자유로운 견해를 방해하고 변조한다고 하기 때문이다. 이 점에서 그는 또다시 칸트의 견해를 떠나 헤르더의 견해에 접근했다. 궁극적인 원인을 찾아 역사를 고찰하는 것은 모든 조직적인 것, 구성적인 것에 대한 그의 반감에 거역하는 것이다. 그것은 개인적으로 살아가고 있는 것을 그가 평가하는 것에도

1 Kawi-Sprache, Bd. III, 426 참조.

마찬가지로 거역하는 것이다. 개인적인 것에서만 그는 자유로운 목적설정을 생각할 수 있다. 그는 그 자유로운 목적설정을 이상적인 전체의 개념과 결합하는 것을 싫어하고 있다. 그는 세계사의 목표지점에 서 있는 목적에 대신해서 그 역사의 경과에서 실현되고 표명되려고 애쓰는 이념이나 힘에 관해 〈역사가의 과제에 관하여〉라는 논문에서 다음과 같이 언급하고 있다. "모든 역사는 한 이념의 실현에 지나지 않으며, 이 이념 속에는 힘과 동시에 목표가 있다. 그래서 단지 창조적인 여러 힘의 관찰에 몰두함으로써 보다 올바른 방법으로 정신이 당연히 추구하는 궁극적인 원인에 도달한다"(IV, 55). 이것은 한편으로는 αἰτία(원인, 근거)와 εἶδος(원형, 외견, 표상), τέλος(종말, 목표)의 일치에 관한 아리스토텔레스의 견해에 전적으로 접근하고 있으며, 다른 한편에서는 그 반대가 되는 것이다. 이 구별은 우리도 생각하는 것처럼 순수하게 훔볼트적인 정교한 것이며, 거의 지켜지지 않는데, 그래도 훔볼트 자신에게는 결정적으로 중요하다는 것에는 변함이 없다. 그는 《카비어 서론》의 제4장에서 재차 강조하며 이 구별에 대해 주의를 환기시키고 있다. 즉 세계사를 개관하면 언제라도 진전이 인정될 수 있으며, 더욱더 증가하는 '인간화'와 바로 그와 동시에 오인할 수 없는 '계획성'이 나타난다. 이로써 목적의 조직을 세운다는 것은 아니다. 이러한 계획성은 전제되어서는 안 된다. 오히려 그 현상은 독립적이고 근원적인 하나의 원인, 하나의 힘, 하나의 이념, '내적으로 충만되어서 자유롭게 전개하는 삶의 원리'로 거슬러 올라가는 것이다.

"어떤 설정해놓은 목표를 향해서가 아니라 규명하기 어려운 원인에서 출발한다"(VII, 19)라는 이 기본적인 견해에 따라 훔볼트의 역사철학의 주제는 정의된다(VII, 17 이하 참조). 이 역사철학은 그가 문필생활의 초기에 쓴 〈국가활동의 한계를 결정하기 위한 시도에 대한 여러 이념〉에서 보이는 바와 같이 그의 문필생활의 마지막에도, 즉 《카비어 서론》에서도 나타난다. 세계사가 그 실현으로서 나타나는 최후의 이념은 '인간의 정신의 힘의 가지가지의 계시'이다. "인간의 정신의 힘이라는 것은 수천 년이 흐르는 동안에 이 지구 전체에서 정도와 양식에 따라 각각 다르게 계시되는 것인데, 이것이야말로 모든 정신적 운동의 최고의 목표이며 또 세계사가 자체 내에서 명확하게 생겨나게 하려는 궁극적인 이념이다"(VII, 14). 따라서 이 관점에 결합되는 것이 참으로 최고의 것으로서의 언어학이며, 언어완성의 이념은 고립되어 있는 것이 아니라 인간의 정신의 힘과 관련해서 다루어져야만 한다. 언어는 이 이념에 뿌리박고 있기 때문이다. "인간의 일반적인 정신의 힘이 끊임없이 활동을 해서 현실의 것이 되어가는 과정에는 몇 가지가 있는데, 언어는 그중의 하나이다"(VII, 20). "언어는 내적인 존재의 기관이다. 이 내적인 존재 자체는 점차적으로 내적인 인식과 표출에 도달하게 된다"(VII, 14). "언어는 인간의 정신적 발전 속에 깊이 엉켜 들어가 있고, 그 지역적인 전진 또는 후퇴의 어느 단계에서도 이 발전에 수반되며, 그때마다의 문화상태는 언어에서도 인식될 수 있다"(VII, 16). 더욱이 언어는 인간의 정신의 힘의 그 밖의 모든 현상형식, 법에 대한 견해, 민족의 국가형성, 과학이나 예술, 풍습, 그것들의 성과나 행위보다도 더 뛰어나다. 즉 인간 정신의 모든 계시 가운데서 언어는 절대적으로 첫째가는 것이다. "인간에게서 언어에 앞서 인간다운 것은 아무것도 생각될 수 없다. ……언어는 인간 본성의 가장 원초적인 발현이다"(VI, 508). "우리가 언어만을 보는 시기, 즉 언어가 정신의 전개에 수반되지 않고 언어의 상황이 그대로 정신의 전개라고 할 수 있는 시기도 있다"(VII, 16). "언어는 최초의 필수의 단계이며, 거기에서 비로소 민족은 보다 높은 인간적인 각 방향을 추구할 수 있다"(VII, 41). 그러므로 일견해서 인간의 정신의 힘의 그 밖의 계시의 측면에 있으면서 오히려 언어는 모든 것에 시간적으로나 내면적으로나 앞서간다. 그러므로 "언어구조와 지적 활동의 모든 종류의 성공 사이에는 부정할 수 없는 관련이 존재한다"(VII, 41). 사실 언이를 계시형식 또는 지성과 대비시켜 무엇인가 제2차적인 것으로 부르는 것은 정확하게 진리에 해당되는 것이 아니다. "언어는 실로 인간성의 깊숙한 곳에서 솟아난 것이니까 어떤 경우에도 인간은 언어를 민족의 본디의 작품으로, 창조로 보아서는 안 된다. 언어는 그 본질상 설명하지 못한다 할지라도 우리에게 분명하게 나타나는 자발적 활동성을 지니고 있다"(VII, 16 이하). 그래서 "우리는 민족의 지적 특성도 언어와 마찬가지로 인간 본성의 결과라고 불러도 좋을 것이다"(VII, 38). "언어는 말하자면 민족정신의 외면적 현상이다. 민족의 언어는 민족의 정신이며 민족의 정신은 민족의 언어이다. 양자는 제 아무리 동일시해서 생각하더라도 그것으로 충분하다고 할 수 없다. ……우리가 지성과 언어를 분리한다 할지라도 그러한 구별이 실제로 존재하는 것은 아니다"(VII, 42). 그러나 "민족의 정신과 성격이 인식될 수 있는 모든 표출수단 가운데서도 양자의 가장 비밀스런 걸음걸이와 주름 하나하나에 이르기까지 명백하게 밝히는 데 유일하게 적합한 것은 언어이다. 그러므로 언어를 계속되는 정신적 발전을 설명하는 근거로 생각하고"(VII, 43) 끊임없이 관련되는 언어의 차이와 인간의 정신의 힘의 산출활동을 서로 제약하고 서로 해명하는 두 현상으로 파악할 필요가 있다(VII, 15 참조).

의심할 바 없이 이것은 언어학에서 생각될 수 있는 최고의 관점이다. 이 관점은 그 실제적인 실행과 더불어, 이전에 암시한 바와 같이 인간이나 신에 의한 언어기원의 대립도 언어의 통일이라는 단순한 말에 의한 것과 다른 방법으로 해결되는 것이다. 이 관점에서 훔볼트의 경우, 언어에서 '비교 인간학'이나 '인류의 철학, 역사적인 모습'으로 충만되어 있는 것이 완전히 이해된다. 또 훔볼트는 이 관점을 충실히 지켰다. 《카비어 서론》 전체는 이 관점을 고수하고 있다. 이것은 그의 모든 언어학 연구를 일관하는 주도적인 맥락이다. 언어학이 이것에 의해 얻는 전체 범위와 깊이는 가장 완전하게 더욱 가장 정밀하게 아래 인용문에 서술되어 있다.

"인간의 언어 구조의 상이성을 찾아내고, 그것의 본질적인 성상을 서술하고, 올바르게 선택된 입장에서 일견 무한해 보이는 다종다양성을 보다 간편한 방법으로 정리하고, 그 상이성의 원천 및 그것이 말할이의 사고력, 감정, 성향에 미치는 그 영향을 추구하고, 인류와 깊숙이 얽혀 있고 인류를 한 단계 또 한 단계씩 수반하는 언어의 도움으로 역사의 모든 변천을 통해서 인류의 정신적 발전의 행로를 따라가는 것, — 이것이야말로 일반언어학의 중요하고 대단히 포괄적인 과제이다"(VI, 37).[2]

그런데 훔볼트가 다름 아닌 바로 역사철학적인 관점에 만족하고 있다는 것을 높이 평가하면 할수록 우리는 그가 그 관점을 인정하는 방식이나 정도에 대해서는 그만큼 덜 만족스럽게 된다. 인간의 정신의 힘은 언어와 역사를 관련시켜야 할 낚시바늘이기 때문에, 여기에서 보다 구체적인 규정으로 진보되지 않는다. 대단히 풍부한 역사적 힘과 그 운동에서 우리에게 나타나는 것은 거의 지적 발달의 방면에 지나지 않는다. 정신의 일반적인 본질로서의 발달은 아직도 나타나지 않는다. 우리는 아주 가느다란 실에서 언어가 민족의 운명이나 행위에서 민족의 생생한 운동과 관련되어 있는 것을 볼 따름이다. 명확하게 확인되어 있는 것은 언어가 간접적으로 민족생활의 사실상의 표시와 관련된다는 것이다. 직접적으로는 언어의 발달은 언제나 다만 정신적 특성과 관계되며, 이 특성과의 관계는 '심정이라는 내적인 기분' 속에서 찾아진다(VII, 186 참조). 그래서 민족생활의 명확한 움직임이나 공공연한 실제적 사건은 눈에 띄지 않게 된다. 여기서 문제가 되는 역사는 이 내적 생활의 대단히 섬세한 자료에서 만들어져 있다. 훔볼트가 택한 인도말 표현에 의하면, 역사의 세속성에 속하는 모든 것은 드물게만, 그리고 그런 경우에도 완전히 일반적인 방식으로만 고려된다. 노년의 훔볼트를 인간 역

2 Kawi-Sprache, Bd. III, 425.

사의 최고의 지역에서만, 행위나 운명이 아직 생겨나지 않았거나 이미 불후의 것으로 되어버린 그런 곳에서만 머무르게 한 것은 그의 내향성과 세상을 등진 심경이다. 훔볼트는 인간적인 일들의 목적보다도 그 원인에 눈을 돌리면서 역사를 제2의 본성처럼 여겼다. 그의 역사철학은 오히려 역사의 생리학이다. 역사는 한쪽 발로는 그 자신이 언젠가 '정신의 박물학'이라고 부른 과학 내에 있으며, 다른 발로는 거의 본디의 역사의 문턱을 넘어서지도 않았다.

따라서 그는 영원히 인간적인 것의 생리학이라는 시간적인 현상에서 나타나는 기본법을 파악하고, 또다시 새롭게 언제나 똑같은 깊은 감정으로 그것에 머물렀다. "세계사라는 것은 세계의 지배 없이는 이해될 수 없다"(IV, 50). 이 세계를 지배하는 계획은 현상을 넘어서 세계사를 그 모든 부분에 걸쳐 완전히 지배하는 이념을 지각하기에 이르는 정도만큼 이해될 수 있다(IV, 50 이하 참조). 이들 이념은 모두 인간 본성의 측정하기 어려울 만큼 깊숙한 곳에 뿌리박고 있다. 이것들은 인간 정신의 힘의 계시이다. 그러나 이것들과 더불어 인간 존재의 변경할 수 없는 조건이 작용하고, 자유와 자연이 협력해서 작용한다(IV, 51; III, 290 참조).

이 기본적인 견해에서 곧 제1의 역사철학적 기본법칙이 흘러나온다. 비길데 없는 논문이라고 일컬어지는 칸트의 〈세계시민적 관점에서 본 보편사의 이념〉에서 전개된 이 사상은 훔볼트에 의해 되풀이되었다. 지상의 인류의 전체 경제에는 자연의 필연성과 물적 필요에 기원을 갖는 것이야말로 그 후의 발달에서 가장 이념적인 목적에 쓸모가 있는 것임이 분명해진다. 언어의 본디의 차이, 그 제약을 받은, 바로 그와 동시에 향상된 정신의 힘을 담당하게 되는 교양어의 출현은 이러한 보편적인 현상의 증거가 되는 것이며, 역사철학의 관섬에서도 우선 다른 두 개의 언어학의 부분의 통일이 나타난다(IV, 34; III, 288 이하 참조).

마찬가지로 언어는 다른 커다란 생리학적 법칙을 반영하는 것이며, 이것은 전적으로 역사의 이념적인 부분에 속한다. "세계사의 조직은, 그것이 내적인 인간에 관한 한, 서로 교차하면서도 동시에 밀접하게 연결된 두 방향에서"(VII, 32), 즉 "언제나 중단하는 개인의 생명과 그 도움에 의해 운명으로부터 관련해서 생긴 것의 연쇄", 또는 다른 자리에서 말하여지고 있는 바와 같이 "인간의 일반적인 본성의 결과인 것과 개인의 결단, 임의, 운명에서 생겨나오는 것에서 이루어진다"(IV, 152). 여기서 말한 바와 같이, 이 모순되는 일치를 또다시 생생하게 예증하는 것이 언어이다. '말하는 것'만큼 개인적이며 순간에 속해 있는 것은 없다. 동시에 언어만큼 민족이나 인류의 전체에 의해 제약되며 과거에 의존하는 것은 없다(VII, 16 이하 참조).

훔볼트가 그것의 본질의 일반적인 특이성에 따라 세계사의 조직에 있는 그 두 방향 가운데 '개인적인 것을 주된 것으로 간주'하지 않을 수 없을수록 그는 그것을 그만큼 더욱더 좋아하여 마침내 역사에서 드러나는 제3의 법칙에 주의를 환기시켰다. 그가 다수의 이념을 애호하는 것으로서 그것들을 보호하고 육성한 것은 사상의 활동을 즐거움으로 만들 줄 아는 인간에 있어서는 그 특질을 나타내는 것이다. 우리가 여기서 조우하는 것은 그가 애호한 이 이념들 가운데 하나이다. 즉 역사는 자유와 자연적 필연성, 개인의 생활과 전체의 생활의 결과이다. 그러나 부분적으로는 일치하고 또 교차하는 이들 둘의 현상에 제3의 보다 높은 현상, 즉 역사적인 힘의 바로 이 대립의 고도의 반복이 덧붙여진다. 즉 인간의 자유와 인간의 개성의 최고의 현상, 역사를 완전히 제어하는 이념의 힘을 가장 찬연하게 실증하는 것이 있다. 인간만사의 인과관계에는 충분하게 병원학적으로 설명될 수 있는 한 부분이 있다. 그러나 "이 영역은 새롭고 예측할 수 없는 내적인 힘의 작용에 의해 방해를 받고 있다"(VII, 16). 인간의 정신의 힘의 활동은 부분적으로는 명백한, 가시적으로 원인과 결과에 의해 연결된 역사적인 반향에서 두드러져 있다. 그런데 그 외에 이 정신의 힘은 때로는 예기할 수 없고 설명할 수 없는 증명에서 자신의 의의를 주장하고 있다. 이 힘은 '한 개인 또는 전 민족의 천재의 불어 피우는 숨'에 의해 만들어지고 완전한 생명에서 생겨나오므로 생명을 번식해간다(VII, 24 참조). 이 사실은 여러 가지 현상에 의해 증명되어 있다. 이를테면 "대수학의 발명은 인간 정신의 수학적인 방향에서의 이러한 새로운 천재적이고 놀라운 형성"(VII, 25)이었다. "이집트에서 순수한 형식의 예술이 갑자기 출현한 것, 그리스에서는 자유분방하지만 그래도 분수를 지키고 있는 개성이 돌연히 발전한 것"(IV, 52)도 그러하다. 천재적인 개인이나 전 민족이 인류에 새로운 방향을 줄 때마다 언제나 그러했다. 그러나 이 현상이 언어에서보다 더 명백하게 나타나는 곳은 없다. 언어의 역사에서 문자를 채용한 것은 이런 종류의 획기적인 사건이다(V, 33 이하 참조). 또 다른 보기는 라틴말의 폐허에서 로만스어가 발생한 것이다(VII, 23, 244 이하 참조). 그러나 바로 이 법칙에 의해 일반적으로 불완전한 언어에서 이것보다 더 완전한 언어가 역사적으로 발생한다는 설명에 일정한 한계가 주어진다. 바로 그런 이유에서, 훔볼트에 의하면 중국어에서 산스크리트가 서서히 전개되었다는 것을 입증하는 일을 단념하고 두 언어를 일반적인 언어발달의 충동에 있어서만, 따라서 관념적으로만 달성된 언어형성의 어떤 단계로서 고찰하는 것(VII, 26 참조)에 만족하지 않으면 안 된다.

그래서 훔볼트의 역사철학은 독창적인 것, 천재적인 것의 의의를 강조하면서 역사에서 역으로 형이상학으로 향하게 하고 역사의 시간적인 차원을 이념적인 공간으로, 이념의 구별과 단계로 밀어 모은다.[3]

3 Haym 1965, 548-560 참조.

XIV. 언어의 보편성과 개별성

언어(철)학자들의 학문적 고찰방식에 대한 궁극적인 해명과 그들의 언어철학적 주장들을 이해하기 위한 궁극적인 열쇠를 제공해줄 수 있는 것이 바로 그들의 연구의 방법과 서술의 형식이다.

훔볼트의 방법과 서술형식

훔볼트의 언어학적 연구를 지배하는 철학관은 그것을 운동으로 볼 때에야 비로소 제대로 소명될 수 있다. 훔볼트는 논문 〈쌍수에 관하여〉의 앞머리에서 다음과 같이 말하고 있다. "보편적인 인간의 언어가 어떻게 해서 상이한 민족의 개별적인 여러 언어로 나뉘어져서 나타나는가 하는 문제를 해결하기 위해서 언어의 비교연구가 접어들어가야 할 길은 다양한데, 목적을 달성하는 데 의심할 바 없이 가장 확실하다고 생각되는 것은 언어의 특정한 부분의 관찰을 이미 알려져 있는 지구 상의 모든 언어를 통해서 추구하는 것이다"(VI, 4).

"이 연구에 종사하는 사람으로서 타고난 성향과 재능으로 두 가지 길 가운데 주로 하나로 이끌려 들어가는 사람이라면, 언어가 정신의 깊숙한 곳으로부터, 사유법칙으로부터, 그리고 인간 조직의 전체로부터 솟아나오지만 현실로 넘어올 때에는 하나씩 따로 떨어진 개별성 속에서 나타나고, 개별적 현상들로 흩어져 역작용을 받으면서 순수한 사유와 엄격하게 역사적인 연구를 올바른 방법론을 통해 종합적으로 적용할 것을 요구한다는 점을 잊어서는 안 된다"(VI, 5).

여기서 훔볼트는 완전히 일반적으로 사태 자체에 의거하여 언어학적 대상에 대한 진정한 처리방법의 동기를 제시하고 있다. 말하자면 "언어는 인간 정신의 깊숙한 곳으로부터 솟아나온다"는 것이다. 따라서 언어의 과학은 오로지 이념에서만 해결될 수 있는 부분이 있다. "언어는 현실에서는 하나씩 따로 떨어져서 개별적으로 나타난다." 따라서 언어의 과학은 어쩔 수 없이 또한 경험적인 부분을 가질 수밖에 없다. 그러므로 언어의 연구는 "순수한 사유와 엄격하게 역사적인 연구를 올바른 방법론을 통해 종합적으로 적용할 것을 요구한다"는 것이다. 이 '올바른 방법론'이라는 것이 도대체 무엇인가 하는 점은 이 자리에서 설명되어 있지 않다. 그렇지만 훔볼트는 이미 오래전에 이 문제에 대해 상세히 답한 적이 있다. 훔볼트는 본디 이러한 목적으로 논문 〈역사가의 과제에 관하여〉를 집필했던 것이다. 이 논문의 목적은 다름 아니라 근본적으로 모든 학문에 동일하지만 특히 언어학자가 역사가와 공유하는 이상적인 방법을 서술하는 것이었다. 왜냐하면 언어학자도 역사가이고 언어는 그 사실적 현상에 있어서 생동하고 있는 역사의 한 부분이기 때문이다. "일반적인 인간의 정신의 힘이 끊임없이 활동하여 현실의 것이 되어가는 과정에는 몇 가지가 있는데, 언어는 그중 하나이다"(VII, 20).

그런데 역사가는 세계사의 구석구석까지 침투하여 모든 역사적 현상을 지배하는 이념들을 흔들림 없이 고려함으로써만이 이 세상의 모든 작용과 생기현상을 충실하고 진실되게 서술할 수 있다. 훔볼트는, "역사적 진실에 가까이 다가가기 위해서는 두 길에 동시에 접어들지 않으면 안 된다. 하나는 생기현상을 정확하고 공평하게 비판적으로 규명하는 길이고, 다른 하나는 탐구된 것을 결합하고 그 수단을 통해서는 도달되기 어려운 것을 예감하는 길이다"(IV, 37)라고 했다. 이에 따라 진정한 학술적 방법의 특성을 나타내는 데서도 훔볼트는 이원적인 관점에서 출발하여 일원화의 관점으로 넘어가고 있다. 그런데 이 전환은 다시금 '미학'을 통해 매개된 것이다. 역사가는 시인에 가까워지고, 학술적인 처리방법은 시적이고 예술적인 것의 유사체로 서술된다. 현실적인 것이 이념적인 것의 특색을 지니고 있듯이 자연서술가뿐만 아니라 역사가도 현상을 단순한 수용성으로써가 아니라 자발성으로써 예감능력과 고도의 연결재능을 통해 현상의 이념적 형식과 법칙을 파악하면서 서술해야 한다. 두 가지 계기의 긴밀하면서도 공정한 융합이 진정한 역사서술의 개념을 완성한다. 사건은 그것이 아무리 적나라한 현실 그대로라 하더라도 관찰하는 정신이 관찰하는 동안에 줄곧 이념을 파악하는 데 맞춰져 있을 때만이 인식될 수 있다. 거꾸로 이 이념은 그저 자의적인 힘에 의해서만 꾸며져선 안 되고, 사건 자체에서만이 인식될 수 있다. "미로와 같이 얽혀 있는 사건에 대한 고찰에 오로지 그 사건의 참된 관련이 나타나는 (이념적) 형식을 가져오기 위해서 역사가가 할 수 있는 것은 이 형식을 그 사태 자체로부터 끌어내는 것이다. ……사태를 모두 파악한다는 것은 파악하는 사람 안에 나중에 실제로 파악된 것의 유사체가 이미 있음을, 즉 주관과 객관의 선행하는 근원적인 일치를 전제로 한다"(IV, 47).

참된 학문적 방법에 관한 이 서술에서 사물에 대한 미학적인 견해는 그에게서 더 이상 방향제시적인 이념이 되지 않았음이 너무나도 뚜렷하게 밝혀진다. 이처럼 미학적인 것을 한도와 경계를 지켜가며 사용함으로써 훔볼트는 진정한 학문의 지고, 지순의 개념에 도달하고 있다고 말하는 데 주저할 필요가 없다. 여기서 언급되고 있는 그 논문에는 뒤엎을 수 없는 학문적 규범이 들어 있고, 《지식학》과 《노붐 오르가눔》(새로운 논리학)의 주요 특징들이 적혀 있다. 여기에서 서술된 방법은 분석적 계기와 종합적 계기, 이념적 계기와 경험적 계기를 미적 도식의 토대 위에서 절묘하게 결합시키고 있는데, 이는 베이컨F. Bacon이 서술한 귀납법을 훨씬 능가하고 베이컨에게 하나하나의 암시에서 예감으로 떠올랐던 것을 완성시키고 있다. 그런데 여기에서 서술된 방법은 헤겔 철학의 변증법적으로 연역적인 방법의 정정이기도 하다. 헤겔 철학의 변증법적 방법은 이념적인 것과 현실적인 것의 형이상학적 동일성의 기초 위에서, 그리고 바로 그 때문에 체계화하면서, 경험적인 것과 일반적인 것이 일치하는 겉모습을 완전히 유지하고 있는 반면에, 실제로는 경험적인 것을 원리라든가 범주라는 선험적인 것의 예외 없고 논리적으로 엄격한 지배하에 두고 있다. 훔볼트의 방법은 결국 사물의 단순한 진실뿐만 아니라 사물의 심연으로 인도하는 방법이고, 따라서 그 성격은, 훔볼트 자신의 말을 사용하자면 '견해의 자유와 섬세'(IV, 56)의 결합 속에서 완성된다.

사실 훔볼트는 자연연구를 위해서도 이 정신을 영입해야 할 필요성에 대해 주의를 환기시키고 있긴 하지만, 실제로는 그가 말하는 것처럼 이 이전의 토대, 말하자면 파악의 예측은 바로 역사에서 단연 명백하다. 왜냐하면 "세계사에서 작용하고 있는 모든 것은 인간의 내부에서도 움직이고 있기 때문이다"(IV, 47). 그런데 이것이 역사에 대해 타당하다면 언어에 대해서도 확실히 타당하다.

훔볼트는 어디까지나 언어의 보편적인 국면에 대해 관심을 가지고 있었다. 분명히 확인할 수 있는바, 훔볼트는, "인간은 어디에서나 다른 인간과 더불어 하나"(VII, 59)이고 인류의 공통된 본성과 모든 이해의 전제인 인간의 언어 힘이 존재한다고 하는 모든 언어의 공통성을 확고하게 믿고 있다. 모든 언어는 본질에서 일치하고, 언어는 "모든 인간의 내부에 그 영역 전반에 걸쳐 관련되어 있다!"(VII, 57) 그 밖에도 훔볼트는 'Sprachen'kunde 대신에 'Sprach'kunde라고 말하고 있다. 훔볼트는, "여기서는 언제나 여러 언어에 관한 이야기임에도 불구하고 나는 일부러 이 형식들 가운데 단수의 형식 Sprachkunde을 사용한다. 이는 이 표현을 통해, 언어는 본디 하나의 언어일 뿐이고 지구 상의 셀 수 없는 여러 언어에서 상이하게 나타나는 것은 이 하나의 인간의 언어일 뿐임을 상기시키기 위해서"(VI, 111 이하)라고 강조하고 있다.

이러한 보편적 진술의 이면에는 인간 사고의 '법칙들'을 규정하는, 선험적으로 주어져 있는 범주와 오성개념을 다루는 칸트철학의 인식론적 배경이 있다. 훔볼트는 이 토대로부터 출발하여 이 전제를 또한 근본적으로 굳건히 지키기도 했다.

그러나 훔볼트는 이 문제로 고심한 적도 있다. 이 문제는 여러 가지로 모습을 바꾸어가며 계속해서 나타나고 있는바, 훔볼트의 관심사는 궁극적으로 특수한 것, 관상학적으로 일회적인 것, 개별적인 것, 특징적인 것, 다른 것과 혼동되지 않는 것에 있었다. 그가 쓴 글이 이를 증명해주고 있다. "모든 인간의 최고의 궁극적 목적은 자신의 힘을 그 개별적인 고유성에서 최고로, 그리고 가장 균형 있게 완성시키는 일이다"(I, 246, 비슷하게 106). 그는 이 개별성을 여러 가지 차원에서 볼 수 있었다. 즉 언어를 소유하는 인류의 전체 개별성으로서, '민족'과 그 언어의 개별성으로서, 궁극적으로 자신만의 특별한 언어를 말하는 각각의 개별 인간의 개별성으로서 보았던 것이다. 언어학에서 핵심적인 의미를 갖는 것은 개별 언어와 그 언어공동체라는 중간의 차원인데, 그 이유는 바로 이 차원에서 인간의 실제적 사고와 행위가 수행되기 때문이다.

사실을 말하자면, 이 방법에 관한 이념은 훔볼트의 모든 언어학적 연구의 배경을 이루고 있고 하나하나의 항목에서 참으로 천재적인 방식으로 그에 의해 실행되고 있다. 본디 이 방법이 결코 직접적으로 보여질 수 없다는 것은 그 일 자체의 본성 탓이긴 하지만, 그것은 확고한 어떤 것으로부터 확고한 어떤 것으로, 완성된 어떤 것으로부터 완성된 어떤 것으로 전진하기 때문에 뚜렷하게 제시될 수 있는 연역적-구성적인 방법 및 귀납적인 방법과는 다르다. 훔볼트의 처리방식은 정신의 운동 속에서만 일반적인 것과 개별적인 것, 사실적인 것과 이념적인 것 사이에서의 유동적인 것으로서 주관적으로 기능하며, 다른 한편으로는 이 두 가지 계기의 성공적인 결합, 서술된 결과 속에서만 객관적으로 정착한다. 아무리 연구의 완성된 결과가 아니라 하나의 연구가 우리에게 제시된다 하더라도 외적 현상에 대한 방법의 생생한 과정은 필연적으로 수포로 돌아가 결국 일반적인 것과 특수한 것에서 출발하는 이원론으로 빠져들고 만다. 따라서 훔볼트는 역사적 연구방법을 개념적 (일반론적) 연구방법에 선행하게 하든가 아니면 뒤따르게 하고 있는 것이다. 그의 대부분의 언어학적 논문들은 이러한 방식으로 상호보완하는 두 개의 반쪽으로 나뉘어진다. 논문 〈쌍수에 관하여〉가 특히 그러하고 〈문자와 언어의 관련에 관하여〉 또한 그러하다. 아벨-레뮈자J.-P. Abel-Rémusat에게 보낸 서한에서도 그러하고 카비어에 관한 저서와 그 앞에 일반적인 부분으로서 유명한 〈서론〉으로서 실린 논문 사이의 관계 또한 마찬가지이다. 그리하여 이 방법을 여러 모로 보다 높은 이해 가능성의 필요에 대한 단순한 양보로 볼 수 있게 된다. 하지만 좀 더 가까이 다가가야 한다. 이 모든 경우에 겉으로 보이는 병존은 독자의 마음속에서 상호융합으로 탈바꿈한다. 독자는 이내 두 부분의 살아 꿈틀거리는 듯한 상호성의 느낌에 사로잡힌다. 사실에 대한 관찰에 의해 밝혀지는 일반적인 전개는 어디에서나 그 사실의 색깔을 지니고 있다. 사실들은 스스로 의미를 이념들로 되돌리거나 이념들에 맞도록 유도하는 방식으로 정돈되고 들춰내어진다.

그런데 얼핏 보아 한쪽에 더 치우친 방법이 고차적인 방법론이라는 이념에 반하여 전파되는 경우에서조차 언제나 수정이 나타난다면, 결국 훔볼트의 언어학적 활동에 대한 전체적 조망은, 그 이념이 그에게서 결코 사라지지 않았고 그 방법론은 그의 정신적 처리방식에 내재해 있는 고유의 에너지라는 인상을 결정적으로 남긴다. 그가 가령 모든 언어의 일반적 특성표시에서 시작하고, 그에 이어서 그 언어들의 문법적 짜임새에 대해 극히 세부적인 분석을 행한다면, 그가 다시 가령 낱말대조표에서 가장 동떨어져 있는 것을 가장 먼저 펼쳐놓은 후 비교된 언어들을 총괄하는 전체상을 그 배후에 세워놓는다면, 그가 수도 없이 면밀하게 강조되고 확고하게 단정된 사실에서 출발하고 그에 뒤이어 곧바로 그 사실을 규명한다면, 그가 어디에서든 결국엔 세부사항의 역사적 서술을 가장 일반적이고 가장 이념적인 관조로써 끝맺고 있다면, 이는 언제나 지고의 미적 종합의 충동으로서, 그 작업은 정신적 활동의 침전물 속에서 감지될 수 있는 것이다. 그것은 다수로부터 하나로의 단순한 상승이 결코 아니다. 그것은 언제나 훔볼트의 공식에 따라 예술가의 처리방식의 본질을 이루는 것에 대한 학술적 유사체이다. 그것은 이념적인 것의 개별화이고 다시금 개별적인 것의 이념화이다. 여러 언어의 친족관계는 그 언어들의 구체적인 형식의 일치로부터만, 그 언어들의 문법적 개별성의 유사성으로부터 해명될 수 있다고 그가 그리도 자주 엄중히 선언하고 있다면, 이는 물론 언어의 종합적인 본성에 대한 그의 견해의 단순한 귀결이다(VII, 253 이하 참조).

그러나 이 언어관 자체는 이념적인 것과 개별적인 것을 함께 관조할 수 있는 능력에 기초하는 것이고, 바로 그 구체적 형식들을 제시하고 그 문법적 개별성에 대해 상세히 논구하는 일은 그 자신에 의해 더할 나위 없이 탁월하게 행하여지고 있다. 그가 언어를 다루는 방식에서 특징적인 것은 바로 여기에 뿌리를 두고 있다. 바로 이를 통해 그는 그의 이전에는 존재하지 않았던 언어학의 창시자가 되었다. 그는 단순히 경험적이기만 하거나 단순히 논리적이기만 한 언어고찰 대신에 이념적이면서 동시에 개별적이기도 한 언어고찰을 행했고, 단순한 언어지식 대신에 언어학을, 언어에 대한 단순한 철학함 대신에 언어철학을 창조했다. 미학적 관조에 의해 행하여지고 유도된 이 내적 작업에 의거하여 그는 특히 '일방적으로 논리적인 언어관'[1]을 거부했다. 이미 일찌감치 그리스 고전 연구에서 그는 '언어적인 것에서 가당치도 않은 이유들'[2]을 증오했다. 이는 어떤 뜻에서는 언어의 살아 있는 육신이 논리학의 십자가에 못박혀선 안 된다고 하는 그의 그 이후의 언어관의 총합을 이루는 것이다. 그는 이른바 일반문법 또는 철학적 문법을 향한 노력, 특히 베르나르디A. F. Bernhardi의 노력을 전폭적으로 인정해주었다. 그는 일반문법의 정당성과 그 고유의 귀결이 갖는 의미에 대해 왈가왈부하려 하지 않는다. 그러나 예전의 자연법이 근본적으로 로마법 체계로부터의 추상에 다름 아니었던 것처럼, 훔볼트에 따르면 "우리의 일반문법의 순수한 개념들도 언제나 구성이 완성된 언어에서만, 그리고 그 경우에도 철학적 관점에서만 존재한다"(VI, 306). 그는 논리적 언어관에 대체로 '언어 자체의 분석을 시도하는' 언어관을 대립시키고 있는데, 그에 따르면 이 언어관만이 언어적 형식의 본성에 대한 '참된 통찰'로 이어진다. 그는 바로 그 이유에서 보다 덜 문명적인 언어에 대해 분석할 때 우리의 통상적인 문법적 개념들과 분류들의 도식을 기초에 두는 것을 무시한다. 그러한 도식은 엄밀히 말하자면 산스크리트의 문법의 도식에 불과하다는 것이다. 남태평양 여러 섬의 언어들의 문법은 예를 들어 그 언어들의 개별적 형식의 도식에 따라서만 취급될 수 있다. "이 언어들의 독특한 구조를 하나도 빠짐없이 밝히기" 위해 그는 이 언어들의 문법에 대한 해설을 불변화사에 대한 분석으로써 시작하고 있는데, 이 또한 불변화사 개념이 여기에서 통상적인 문법적 견해에 따라 이 이

1 Kawi-Sprache, Bd. III, 526.

2 Humboldt 1846 (1988), Bd. V, 82.

름을 지니는 것의 유사체로서만이 파악될 수 있음을 그가 독자에게 알린 후에야 시작하고 있다.[3] 하지만 이로써도 충분치 않다. 어떻게 시작하든지 간에 문법은 문법이다. 각각의 문법에서 특별하고 독특한 언어유형은 일반적인 언어유형을 통해 그 모습이 가려질 위험에 처해 있다. 게다가 문법이 언어로써 행하는 해체를 통해 이미 언어의 참된 본질과 삶 가운데 많은 것이 상실된다. 따라서 한 언어의 구조를 좀 더 자세히 들여다보기 위해 훔볼트는 실제 언어텍스트의 읽기가 전적으로 필수 불가결하다고 단언한다. 언어텍스트를 읽기 위해서는 단순히 문법적인 연구로부터 시작하여 텍스트를 읽고 텍스트의 이해로부터 다시 문법적 연구로 되돌아와야 한다는 것이다.[4] 훔볼트는 스스로 통가어, 뉴질랜드어, 타히티어의 서술에서 이 원칙에 따라 처리하고 있다.

그러나 그는 단순히 문법적 도식에 의해서만 언어 하나하나의 생동하는 개별적 사실을 규명하는 것이 아니라, 조형예술가가 사물을 있는 그대로 묘사하기 위한 밑그림이자 보조수단으로서 해부학적 스케치를 사용하는 것처럼 논리적인 것, 개념들, 분류 일반을 파악한다. 해부학의 연구는 분명히 가장 훌륭한 예술가에 의해 가장 높이 평가된다. 마찬가지로 추상능력, 내적인 논리적 명확성, 예리함에서 훔볼트와 견줄 수 있는 사람은 소수일 것이다. 그는 일반적인 인간감능도, 오성도, 논리도 낭만주의 철학의 풍으로 경시한 적이 한 번도 없다. 그렇더라도 그는 이러한 것들이 전부가 아님을 알고 있고, 낭만주의 철학이 알고 있는 것보다 더 잘 그것을 알고 있다. 훔볼트는 이 지식을 진지하게 취급하기 위해서 주요한 일이 무엇인지 알고 있다. 훔볼트의 사상방향에서는 개인 일반이 중심이다. "개성 속에 모든 존재의 비밀이 놓여 있다"(IV, 52).

---

3 Kawi-Sprache, Bd. III, 524 이하 참조.

4 위에 든 곳, 478 참조.

홈볼트의 방법은 이러한 뜻에서 단순한 오성인이 아닌 '사람 자체der Mensch schlechthin'에 의한 방법이다.[5]

헤겔의 '감각적 확신'

이 자리에서 개별적인 것 또는 낱낱의 것과 일반적인 것 사이의 관계에 대하여 언어철학적으로 고찰해보지 않을 수 없는데, 그럼으로써 플라톤 이래의 위대한 사상가들이 해결하려 애썼던 오래된 철학적 문제를 다루게 되는 셈이다. 리브룩스와 더불어 비엔나의 언어철학자이자 헤겔 연구가인 하인텔E. Heintel은 이 문제에 대해 상세하게 의견을 개진한 바 있다. 하인텔은 이 맥락에서 헤겔G. W. F. Hegel의 《정신현상학》의 '감각적 확신'의 한 부분을 참조하도록 지시하고 있는데,[6] 이 부분은 대단히 유익하여 언급할만한 가치가 있다. 이를 통해 여기에서 논의되고 있는 문제에 대해 묵과되어버린 중요한 측면들이 드러나게 되리라 생각한다. 헤겔은 해당되는 그 구절에서 '감각적 확신'에 대해 다루면서 엄밀한 논증을 통해, 하나의 대상을 지각하면서 감각적인 확신으로써 이 대상이 '있다'는 것을 확증하는 자아는 비록 그럼으로써 '순수한 이것', 낱낱의 것을 '여기지만' '이것은 하나의 ……이다'라고 말하는 즉시 일반적인 것으로 넘어간다는 것을 보여주고 있다. 언어는 일반적인 것만을 표현할 수 있는데, 그 이유를 덧붙이자면, 모든 개별 경우는 그것을 표시하기 위해 이미 마련되어 있는 개념에 포괄될 수 있어야 하며, 그 결과 이 개념 자체는 말하자면 필연적으로 일반적인 것의 영역에 속해 있기 때문이다. 헤겔은 이때 언어가 다른 것보다 더 진실된 것으로서 입증된다고

5 Haym 1965, 465-473 참조.

6 Hegel 1980, I, Die sinnliche Gewißheit; oder das Diese und das Meynen, 63-70.

말하고 있는데, 그가 이로써 표현하고자 하는 바는, 개별적이기만 한 것도 일반적인 것을 통한 매개를 거쳐야만 얻어질 수 있다는 점이다. 이 점에 대해서는 좀 더 자세한 해설을 덧붙이는 것이 적절하다.

헤겔은 '자아Ich'가 어떤 대상을 지각하는 감각적 확신은 사실상 하나의 과정이며, 그것을 분석해볼 때 자아와 사물 사이를 지배하는 매개적 성격이 밝혀진다는 사실을 다음과 같이 지적해놓고 있다.

"거기에는 순수한 존재로부터 자아로서의 이 사람과 대상으로서의 이것이라는 이미 앞에서 말한 두 가지의 이것이 굴러 떨어져 나온다. 이렇게 우리가 양자 간의 구별을 반성해볼 때 바로 여기서 눈에 띄는 사실은, 그 한쪽도 다른 쪽도 단지 직접적으로 감각적 확신 속에 있는 것이 아니라 동시에 매개되어 있는 것으로서 있다는 것이다. 자아는 다른 것, 즉 사물을 통해 확신을 얻게 되고, 마찬가지로 사물도 다른 것, 즉 자아를 통해 확신하고 있는 것이다."[7]

헤겔은 이에 대해 '지금das Jetzt'과 '여기das Hier'란 표현들에 의거하여 논급하면서 그의 변증법의 범례들을 전개시켜 나간다.

"이제 감각적 확신은 '이것이란 무엇인가'라고 그 자신에게 물어보아야만 한다. 여기서 우리가 이것을 '지금'과 '여기'라고 하는 바로 있는 두 개의 형태 속에서 받아들인다면 모름지기 이것 자체가 지니고 있는 변증법은 바로 이것 자체가 있는 그대로의 명료한 형식을 띠게 될 것이다. 그러므로 '지금이란 무엇인가'라는 물음에 대해 예컨대 우리는 '지금은 밤이다'라고 답할 수 있다. 이 감각적 확신의 진리를 검증하기 위해서는 단순한 시도만으로도 충분하다. 우리는 이러한 진리를 적어두어 보자. 진리라는 것은 적어둠으로써 상실될 리도 없으려니와 우리가 진리를 보존해둔다고 해서 상실

7 위에 든 곳, 64.

될 리도 없을 것이다. 그러나 우리가 '지금', '이 대낮에', 그 적어둔 진리를 다시 한 번 바라본다면, 우리는 그러한 진리가 어느덧 김빠진 싱거운 것으로 되어버렸다는 것을 말하지 않을 수 없다.

밤인 지금은 보존된다. 즉 그 지금은 존재하는 것으로서, 불리는 대로의 것으로서 취급된다. 그러나 지금은 오히려 존재하지 않는 것으로 드러나게 된다. '지금' 그 자체만은 확실히 유지되지만, 그러나 밤이 아닌 것으로이다. 마찬가지로 지금은 지금인 낮에 대해 낮이 아닌 어떤 것으로서, 즉 부정적인 것 일반으로서만 유지된다. 따라서 이렇게 유지되는 지금은 직접적인 것이 아니라 매개된 것이다. 왜냐하면 지금은 다른 것, 즉 낮이나 밤이 있는 것이 아니라는 것에 '의해서' 영속하는 것, 자기를 유지하는 것으로 규정되어 있기 때문이다. 이 경우에도 지금은 이전과 꼭 같이 '지금'이며, 이 단순한 형식으로 그 곁에서 아직도 놀이를 하고 있는 것에 대해서는 무관심하다. 밤도 낮도 지금의 있는 것은 아니지만 또 그와 마찬가지로 지금은 낮이기도 하고 밤이기도 하다. 지금은 이와 같은 자신의 타재Anderssein에 의해 전혀 자극을 받지 않는다. 부정을 통해 있는, 이것도 아니고 저것도 아닌 것, '이것이 아닌 것'이며 또한 이것인 것에도 저것인 것에도 무관심한 것 — 이와 같이 단순한 것을 우리는 일반적인 것이라고 부른다. 바로 이러한 일반적인 것이야말로 실제로는 감각적 확신의 진리이다.

우리는 감각적인 것도 일반적인 것으로 '말로 나타낸다'. 우리가 말로 나타내는 것은 '이것', 즉 '일반적인 이것'이며, 다시 말해서 '그것은 있다'라는 것, 즉 존재 일반das Sein überhaupt이다. 이때 우리는 물론 일반적인 것이라든지 혹은 있는 것 일반을 '염두에 두고' 있지 않지만, 우리는 일반적인 것을 '말로 나타내고' 있다. 달리 말하면 우리는 이것을 감각적 확신에서 '여기고 있는' 그대로를 이야기하고 있는 것이 아니다. 그러나 여기서 볼 수 있듯이 언어가 '여김Meinung'보다 더욱 참된 것이다. 우리는 언어에서 직접적으로 우리의

'여김'에 반박하게 된다. 그리하여 일반적인 것이 감각적 확신의 진리이며, 언어는 이러한 진리만을 말로 나타낼 뿐이므로 결국 우리가 '여기고' 있는 감각적 존재를 말로 나타낼 수 있다는 것은 도저히 불가능한 일이다."[8]

헤겔은 그와 같이 수행된 감각적 확신을 논리적으로 분석할 경우에는, 어떻게 해서 처음에 자아에 의해 지각된 혹은 여겨진 사물에 있는 듯이 보였던 진실이 점차 지각하는 자아 자신에게로 옮겨지는가를 보여준다.

"'앎'과 '대상'이 처음으로 등장했던 때의 관계와 앎과 대상이 이러한 결과가 되어서 나타나는 관계를 우리가 비교해보면, 사태는 뒤집어져 있다. 감각적 확신에서 본질적인 것으로 간주될 수밖에 없었던 대상은 지금 여기에서는 비본질적인 것으로 되어 있다. 왜냐하면 결과로서 대상이 그렇게 된 것, 즉 일반적인 것은 더 이상 감각적 확신에서 본질적인 것이어야 했던 그런 것이 아니라, 지금에 와서는 반대되는 것, 즉 예전에는 비본질적인 것이었던 앎의 속에 현존하고 있다. 감각적 확신의 진리는 '나의'(여김의) 대상으로서의 대상 속에, 즉 '여김' 속에 있다. 대상은 '내'가 그것에 대해 알고 있기 때문에 있다. 이렇게 해서 감각적 확신은 일단 대상으로부터 추방된 것도 사실이지만, 그렇다고 해서 아예 폐기되어버린 것은 아니고 다만 자아 속으로 떠밀려 들어갔을 뿐이다. 우리는 확신의 이 실재성에 대해서 경험이 가리키는 것을 보아야만 한다."[9]

그리하여 헤겔은 특정한 지각과정과 관련하여 다음의 견해를 피력하고 있다.

"자아는 '지금', '여기', 즉 '이것' 일반과 같이 일반적인 것에 지나지 않는다. 나는 확실히 '개별적'인 자아라고 여기고 있다. 그러나 내가 지금의 경우, 여기의 경우에 여기고 있는 것을 말로 나타낼 수는 없듯이 나는 자아의

8 위에 든 곳, 64 이하.

9 위에 든 곳, 66.

경우에도 여기고 있는 것을 말로 나타낼 수는 없다. 나는 '이것', '여기', '지금' 혹은 '개별적인 것'이라고 말할 때, 나는 '모든 이것', '모든 여기', '지금', '개별적인 것'을 말하고 있다. 마찬가지로 '자아', 이 개별적인 자아라고 말할 때에도 나는 일반적으로 '모든 자아'를 말하고 있다."[10]

여태까지의 모든 것을 고찰해보면, 감각적 확신이라는 진실과 관련하여 다음의 사실이 드러난다.

"따라서 감각적 확신은 그 본질이 대상 속에도 자아 속에도 있지 않은 것을 경험하고, 직접태라는 것이 대상의 직접태도 자아의 직접태도 아님을 경험한다. 왜냐하면 양쪽의 경우 다 같이 내가 여기고 있는 것은 오히려 비본질적인 것이며, 대상과 자아는 일반적인 것이며, 여기에는 내가 여기고 있는 지금과 여기와 자아가 존속하지 않으며 또한 '있지'도 않다. 마침내 우리는 감각적 확신 자체의 본질로 삼아야 할 것은 그 전체이며 이미 앞에서 서술한 두 경우에 일어난 것 가운데 어느 한쪽의 계기가 아니라고 결론짓게 된다. 이 두 경우에는 우선 자아에 대립하는 대상이, 다음에는 자아가 확신의 실재성인 것으로 되어 있었다. 따라서 이 확신에서 '직접태'를 확보하고 그럼으로써 앞에서 서술한 것 가운데서 일어났던 모든 대립을 배제하는 것은 감각적 확신 그 자체의 '전체'뿐이다."[11]

헤겔의 다음과 같은 확정들은 언어철학적인 평가에서 중요하다. 즉 특정한 혹은 모든 지각하는 자아는 일반적인 것에 결부되어 있는데도 불구하고 역시 어떤 직접적인 관계를 — 이것에 의해 개별적인 것을 파악하게 되어 있다 — 고수할 수 있다. 그러나 이러한 직접적인 관계는, 헤겔이 말하는 바에 의하면 '언어 속에서 나타나야만' 할 것이다. 하지만 모든 특정한 직접적인 관계를 제시하는 것은 변증법적 분석이 보여주었듯이 단지 운동, 과정으

10 위에 든 곳, 66.

11 위에 든 곳, 66 이하.

로서만 가능하며, 이때 지각되는 모든 개별적인 것 내지 이것은 동시에 일반적인 것으로서 입증된다.

헤겔은 〈감각적 확신〉의 마지막 절에서 인용한 예를 통해 그의 사고과정을 다시 한 번 요약해놓고 있다.

"그들이(감각적 확신이라는 실재성의 진실 및 확실성을 주장하는 사람들을 뜻함) 내가 '이것'을 쓰거나 혹은 이미 써놓은 '이' 한 장의 종이를 여기고 있다고 하자. 이때 그들이 여기고 있는 것을 그들은 말로 나타내지는 않는다. 다시 말해서 그들은 실제로 자기들이 여기고 있는 이 한 장의 종이를 '말로 나타내려고' 하지만, 그리고 그들은 정말 그렇게 '말로 나타내려고' 했지만, 끝내 이것은 불가능한 일이다. 왜냐하면 바로 여겨지고 있는 감각적인 이것은 의식이나 그 자체 일반적인 것에 속하는 언어의 힘으로는 '도달할 수' 없기 때문이다. 따라서 그 한 장의 종이를 말로 나타내 보려는 실제적 시도를 하는 가운데 그것은 썩어 문드러져버리고 말 것이다. 그 한 장의 종이의 서술을 일단 시작한 사람들은 그 일을 완결짓지 못하고 다른 사람들에게 넘겨줄 수밖에 없을 것이다. 또한 이 일을 넘겨받은 사람들은 '있지'도 않은 사물에 대해 이야기하게 됨을 마침내 스스로 시인하게 될 것이다. 말하자면 이들은 저 앞의 것과는 완전히 다른 여기 있는 '이' 한 장의 종이를 여기고 있을 것이다. 그러나 그들은 현실의 '사물'이니, '외적'인 또는 '감각적'인 대상이니, 혹은 '절대적으로 개별적인 실체'이니 하는 등을 이야기한다. 즉 그들은 그것들에 대해 단지 '일반적인 것'만을 말할 따름이다. 따라서 이야기될 수 없는 것으로 불리는 것은 오직 진실이 아닌 것, 비이성적인 것, 단지 여겨진 것에 지나지 않는다 — 어떤 것에 대해 그것이 하나의 '현실적인 사물'이라거나 혹은 '외적인 대상'이라는 것 이외에 아무것도 말하여지지 않는다면, 그것은 더없이 일반적인 어떤 것, 다시 말해서 다른 것과의 구별보다는 오히려 모든 것과의 '동일성'이 이야기되고 있는 것이다. 내가 '개별적인 사물'을 말한다고 할 때 오히려 나는 그것을 모름지기 일반적인 것과 같은 것을 말하고 있는 것이다. 왜냐하면 모든 것은 개별적인 것이기 때문이다. 또한 마찬가지로 바로 '이것'은 누구나가 원하는 모든 것이다. 좀 더 자세히 말해서 바로 이 한 장의 종이로 표시하더라도 그 '모든' 종이, '각각'의 종이 하나하나도 '이' 한 장의 종이이다. 나는 언제나 일반적인 것을 이야기하고 있을 따름이다. 말함이란 여김을 직접적으로 전도시켜 다른 그 무엇으로 만들고 그리하여 그것이 전혀 말로 나타내어지지 못하게끔 하는 신적인 본성을 지니고 있다. 그러나 내가 한 장의 종이를 가리킴으로써 이 말함을 수정하려고 한다면, 나는 감각적 확신의 진리가 어떤 것인가를 실제로 경험하게 될 것이다. 나는 그것을 여기로서 지적하는데, 그것은 다른 많은 여기의 여기이며, 그 자체에 있어 많은 '여기'의 '단순한 합', 즉 일반적인 것이다. 나는 그것을 실제에 있는 그대로 받아들인다. 이렇게 해서 어떤 직접적인 것을 아는 대신에 나는 '지각하는(참인 것으로 받아들이는) 것이다'."[12]

기퍼에 의하면,[13] 헤겔의 사유가 언어에 근접하여 행해지고 있는 데서 특징적인 점은, 그가 후일의 하이데거와 비슷하게 언어를 '낱말에 의해' 다루면서 여기에서 '진리Wahrheit'(참임)와 '지각하는 것wahr-nehmen'(참인 것으로 받아들임) 사이에 두 개념의 이질적인 내용에도 불구하고 여전히 극도의 해명력을 갖는 어떤 정신적인 관련을 맺어준다는 것이다.

언어학적 관점에서 우리는 헤겔의 이러한 논지를 앞 장에서 언어기호에 대해 다루어진 논의를 위해 아래와 같은 방식으로 평가하고자 한다. 언어의 모든 낱말은 일반적인 것에 확고하게 결부되어 있는데, 바로 개별적인 것, 특별한 것, 낱낱의 것을 가리키는 지시대명사 '이것dieses'도 마찬가지이다. 내가

12 위에 든 곳, 70.

13 Gipper 1978, 50 이하 참조.

지시하고자 하는 것을 엄밀한 뜻에서 '정확히 지목하는 것'은 그 사물 자체를 실제로 눈앞에서 가리킴으로써만이 가능하다. 그렇게 이해한다면, 스위프트 J. Swift가 《걸리버 여행기》에서 보고한 바 있고 하인텔도 참조하도록 지시하고 있는 저 라가도Lagado 학술원의 언어학교 현자들이 서로 양해하려고 생각한 사물들을 배낭에 넣어가지고 다니면서 그것에 대하여 말하는 대신에 실제로 보여줄 수 있어야 한다고 권고한 것은 그리 어리석은 일이 아니었다.[14]

새로운 것과 한 번도 말하여지지 않은 것을 이미 사용 가능하고 누구나 알고 있는 말로써 표현하지 않으면 안 된다는 압박감에 시달렸던 시인과 사상가의 수많은 언어비평적 발언에도 똑같은 철학적 기본문제가 숨어 있다. 이를테면 호프만슈탈H. von Hofmannsthal은 챈도스Lord P. Chandos가 베이컨에게 보낸 것으로 설정된 저 유명한 허구의 서한에서 베이컨의 입을 빌어 자신의 언어궁핍을 하소연하고 있다. "입을 열기만 하면 언제나 만 명의 죽은 자가 함께 말한다."[15] 실제로 심지어 수백만의 죽은 자와 산 자가 함께 말한다. 언어 자체는 말하자면 언어 안에서 응고되어 낱말과 개념으로 되어 있는 셀 수 없는 여러 세대의 체험들을 우리에게 전달해주는 것이다.

그럼에도 불구하고 새로운 것과 한 번도 말하여지지 않은 것은 말하여질 수 있는데, 그 이유는 누구나 자신의 언어의 유한한 수단을 무한하게, 좀 더 올바르게 말하자면 무제한적으로 사용하기 때문이다. 다시 말해 언제나 새로운 설합을 만들어낼 수 있고(VII, 99 참조) 게다가 비록 대개는 이미 존재하는 요소들이지만 그러한 요소들로써 창조적으로 새로운 개념들을 만들 수 있기 때문이다(VII, 47 참조).

일반적인 것에 확고하게 결부되어 있는 언어로써는 개별적인 것, 예를 들어 이 특정하게 의도된 한 상의 종이가 파악될 수 없다는 헤겔의 회의 또한

14 Heintel 1972, 175 이하와 Swift 1974, 223 이하 참조.

15 Hofmannsthal 1950, 267.

지나친 것이다. 왜냐하면 어느 특정한 대상에 대한 명확한 파악을 목표로 하여 언어적으로 한정되고 — 사용해도 되는 표현이라면 — '정밀해질' 수 있는 가능성이 무수히 많기 때문이다. 헤겔의 '지금은 밤이다Das Jetzt ist die Nacht'라는 월로 말을 되돌리면, 우리가 밤으로 표시하는 시간영역이란 꽤 오랫동안 지속되는 것이어서 굉장히 많은 '지금Jetzt'을 포함할 수 있는 것이라고 우선 말할 수 있겠다. 예문 '지금은 한밤중이다(Das) Jetzt ist Mitternacht'를 선택하는 것이 더 나았을 것이다. 왜냐하면 이 예문으로 어느 고정된 시점이 의도되어 있어서 이 시점은 실제로 이 월을 정확히 24시에 말함과 함께 이미 과거에 속하게 되는 것이기 때문이다. 하지만 끊임없이 우리한테서 빠져나가 결코 멈추게 할 수 없는 모든 지금은 언어적으로 명확하게 규정될 수 있다. 그 이유는, 아리스토텔레스가 이미 알고 있었던바, 지금이라고 말할 수 있는 유일한 존재로서 우리는 모든 지금을 동시에 시간 매길 수 있기 때문이다. 다시 말해 숫자로 고정시킬 수 있기 때문이다.[16] 말하자면 내가 어느 특정한 날짜와 어느 특정한 시각을 댈 경우, 이 고정된 시점에서 말하여진 '지금은 한밤중이다(Das) Jetzt ist Mitternacht'는 그러한 것으로 의도될 뿐만 아니라 또한 언어적으로도 명확하게 표현될 수 있다. 이와 같이 모든 대상과 모든 사건은 정밀하게 만들어주는 추가규정을 통하여 언어적으로 한정될 수 있어서 해당 진술과 의도된 사태는 동일시될 수 있는 것이다. 다시 말해 그 언어적 표현은 특정한 뜻에서 거의 이름과도 같은 특성을 얻게 된다는 것이다. 그리하여 '이 한 장의 종이' 또한 공간과 시간 속에 존재하는 하나의 특정한 종이로서 전적으로 명확하게 특징지어질 수 있다. 물론 변별적 부호를 추가로 써주어야 하긴 하지만 말이다. 그럼에도 헤겔의 논증은 여러 가지 관점에서 여전히 중요하다.

16 이에 대해서는 Perpeet 1955, 531-545와 Gipper 1972, 178 이하 참조.

언어 안에서 특별한 것, 낱낱의 것, 개별적인 것과 일반적인 것, 보편적인 것이 독특한 방식으로 서로 맞물려 나타난다고 하는 중요한 통찰을 염두에 둘 필요가 있다. 언어란 주관성으로부터 객관성으로, 언제나 한정된 개별성으로부터 모든 것을 동시에 포괄하는 존재로 나아가는 거대한 통과지점으로 간주될 수 있다고 하는 훔볼트의 인식(IV, 24 참조) 또한 상기시킬 수 있을 것이다. 의미론적 관계의 다방사성Mehrstrahligkeit이라고 하는 리브룩스의 말에서도 거론되고 있는바, 여기서 이야기되고 있는 상호 제약관계는 살아 있는 모든 것의 기본원리와 특히 인간 정신의 기본원리를 가리키고 있는 것으로 보인다.

이 기본원리는 오늘날 두뇌공학의 제어회로 안에 명확하게 표현되어 있는데, 철학자 클라우스G. Klaus가 두뇌공학을 기술적인 것으로 옮겨진 일종의 변증법이라 불렀던 것[17]은 부당한 것이 아니다.

그런데 기퍼의 소견으로는,[18] 여기서 헤겔의 뜻에서의 변증법이 해석의 가능성으로서 활용된다면, 논란의 여지가 있는 이 사고모델은 물론 '명제, 반명제, 종합의 달그락거리는 3단계'[19]로 환원되어서는 안 되고, 또한 가끔씩 그러한 것처럼 형식논리학과 대립적인 관계에 놓여져서도 안 된다. 왜냐하면 형식논리학은 그것에 '정밀하다'라는 특성표시를 붙여주든가 아니든가 간에 여전히 모든 과학에서 포기할 수 없는 사고수단이기 때문이다. 변증론자와 형식논리학자 사이의 공개적인 논쟁의 와중에 출판된 지몬-셰퍼R. Simon-Schäfer의 책 《변증법, 언어관용의 비판》은 가능한 상호이해를 위한 실마리를 제시하였는데, 이는 주목할만한 것이다.[20]

---

17 Klaus ³1963, 200 참조.

18 Gipper 1978, 52.

19 Heintel 1957, 87 참조.

20 Simon-Schäfer 1973.

촘스키의 생성변형문법

아래에서는 촘스키의 경우를 예로 들지 않을 수 없다.

오늘날 보편문법은 거의 모든 언어학자의 연구가설이다. 특히 현대적 언어이론에서 문제되는 것이 인간의 본성 깊숙한 곳에 확고하게 자리 잡고 있는 보편적인 현상들, 그리고 인지적, 상징적 처리과정의 일반적인 기본규칙들이기 때문에 현대의 언어학은 심리학적, 철학적 권위를 요구하고 있다. 촘스키N. Chomsky는 이렇게 말하고 있다.

"언어이론의 주된 과제는, 한편으로 실제로 존재하는 언어의 다양성을 통해 반증되지 않으면서 다른 한편으로는 언어습득의 속도와 동형성을 설명하고 언어습득의 산물인 생성문법의 주목할만한 복잡성과 범위를 적절히 고려할 수 있는 충분히 풍부하고 명시적인 그러한 언어적 보편성의 설명을 개발하는 것이어야만 한다."[21]

잘 알려져 있다시피 보편성을 탐색할 수 있는 언어의 세 가지 층위가 있다. 음운론적, 문법적, 의미론적 층위가 그것이다.[22]

음운론적 층위에서는 대표적으로 200개의 음운체계를 비교하여 모든 언어에서 나타나는 음향상의 구조를 제시한 트루베츠코이N. S. Trubetskoy의 《음운론의 개요Grundzüge der Phonologie》라는 저서를 들 수 있다. 야콥슨R. Jakobson은 '변별적 특징'에 관한 이론을 통해 트루베츠코이의 보편성을 더욱더 세분화시켰다. 그는 20개의 보편적인 음운적 요소가 존재함을 증명했는데, 이 각각의 요소는 조음과 음향적 기준에 입각하여 엄밀하게 정의 내릴 수 있는 것으로서, 이 요소들의 상호 조합에 의해 모든 언어의 음운체계

21 Chomsky 1965, 27 이하.

22 위에 든 곳, 28 참조.

기 형성된다.

실제에서 보면 음운론적 보편성의 분석은 상당히 명료하지 않으며, 그 성과의 많은 부분은 다시금 '모든 인간은 산소를 필요로 한다'라는 식의 진술과 같이 지극히 일반적인 성격을 갖는다.

그 결과로 보편언어주의자는 상당히 단순한 음운론의 자료를 약간 소홀히 했고 문법에로 손을 뻗쳤다. 만약 실제로 모든 언어가 '동일한 형에서 새겨진 것'이라면, 통어적 체계의 비교분석은 진정한 '보편문법'을 구성하고 있는 요소들을 발견해야만 한다.

'기본적인 문법'의 탐색만 하더라도 이미 분석적 사고의 역사에서 흥미진진한 부분이다. 언젠가는 통어적 형식을 일괄하여 다루는 방식이 고안되어 '아주 거친 언어'에서부터 완전한 언어에 이르기까지 모든 언어를 기술할 수 있게 되리라고 훔볼트가 희망했던 이래로 많은 시간이 흘러갔다(V, 364-475 참조).

촘스키의 문법은 근본적으로 보편주의적이다(그런데, 이를테면 구조주의 문법이든 성층문법이든 문법소 문법이든 또는 비교문법이든 간에, 과연 어떤 문법이론이 보편주의적이지 않을까?). 비록 데카르트와 촘스키가 '선천적'이라는 말로써 서로 완전히 다른 것을 말하고 있기는 하지만, 데카르트와 17세기 뽀르 르와얄 수도원의 문법학자들 이래로 정신의 활동에 관한 그 어떤 이론도 그들만큼 그렇게 확고하게 인간의 선천적 능력에 대한 일반적이고 통일적인 견해를 다룬 적이 없었다. 데카르트의 경우에 이 '선천적인 것'은 특히 신의 존재 및 말과 세계의 일치에 대한 초월적인 가정을 통해 하나의 사회적인 상황을 요구한다. 그것은 '사극과 반응'의 구도에서 얼마간을 선취하고 있는데, 촘스키는 나중에 이에 대해 반박하게 된다. 촘스키의 출발점은 행동주의에 대한 거부였다. 우리의 언어습득의 속도와 복잡성을 설명하기 위해서는 자극과 모방적 반응이라는 단순한 모델로는 충분치 않다는 것이다. 촘스키는 모든 인간, 모든 언어에서 일어나는 일을 설명하고자 한다. 어린아이는 자기 언어에서 새롭고 또 동시에 올바른 월을 표명하고 이해하는 능력을 갖고 있다. 우리는 이미 들은 적이 있는 모든 월들과는 다른 수많은 월을 지속적으로 표명하고 이해한다. 이 능력은 근본적인 처리과정들이 '주위로부터의 피드백'과는 완전히 무관하게 작용하고 있음을 나타낸다는 것이다. 그러한 과정들은 모든 인간에게 선천적이다. "어떻게든 인간은 여러 가지 정보를 처리하는 능력, 복잡하고 성질이 알려져 있지 않은 것에 대해서는 가설을 표명하는 능력을 가짐으로써 특별히 언어를 사용할 수 있도록 갖춰져 있다." 지상에 살고 있는 각각의 인간은 그 어느 방식으로든 자신의 내부에 문법을 갖고 있고, 이 문법으로부터 그 자신의, 뿐만 아니라 다른 모든 언어가 생성된다(촘스키의 '생성하다generate'라는 말은 홈볼트의 '산출하다erzeugen'를 옮긴 말이다).[23]

언어들의 차이는 '표층구조들' 사이의 차이에 불과하다. 이 차이는 눈에 확 들어오긴 하지만 그 밑의 '심층구조'에 대해서는 말해주는 바가 거의 없는 울퉁불퉁한 지형과도 같다. '심층구조'는 여러 규칙의 목록(그 가운데 '바꿔쓰기의 규칙rewriting rules'이 특히 중요한)을 이용하여 우리가 말하고 듣는 월을 산출한다. 다시 말해 심층구조는 월을 음성적인 표층에다 가져다준다. 우리는 이번에는 음향적으로 존재하는 월로부터 되돌아갈 수 있고 그때 파생의 '나무' 또는 그것을 위해 구성된 '구구조의 표지'에 의해 근저의 심층구조에 대한 통찰을 얻을 수 있다. 보다 복잡한 월은 거꾸로 두 번째 규칙부류인 '변형규칙'을 통해 산출된다(수학이나 논리학에서 말하는 '재귀 함수'의 이론이 이 규칙의

---

23 Chomsky 1965, 9. 코쎄리우는, "촘스키는 명백히 어떤 술어의 우연한 유사성에서 출발하며(Erzeugung(생성)-generative process(생성과정) 같은), 홈볼트의 경우와 변형문법에서 해당 개념이 완전히 상이한 관련 속에서 기능한다는 것, 더욱이 완전히 판이한 사고방식에 뿌리를 두고 있다는 사실에 유의하지 않고 있다"고 논평하고 있다. Coseriu 1971[a], 213.

가장 훌륭한 유사물이다). 이 규칙들은 정해진 순서대로 적용되어야만 한다. 몇몇 규칙은 '맥락과 무관'하지 않다. 이 규칙들의 올바른 적용은 언어적 환경에 달려 있다. 추측컨대 이것이야말로 보편적인 체계가 하나하나의 개별 언어 또는 어족으로 넘어가는 자리일 것이다. 그러나 (촘스키가 말하고 있는 것처럼) "어느 주어진 언어의 일정한 특징이 언어의 보편적 특성으로 환원되어 이들 언어형식의 보다 깊은 양상들의 도움으로 설명될 수 있음을 발견하는 경우에는 언제나 언어학에서의 진정한 진보가 이루어진 것이다."[24]

촘스키는 보편적인 것을 음운론적 층위 또는 일반적으로 그러하듯이 통어론적 층위에서 추구하는 일이 완전히 부적절하다고 주장한다. 언어의 형성중추는 훨씬 더 깊숙한 곳에 존재한다는 것이다. 그린버그J. Greenberg가 들고 있는 표층의 유추는 매우 혼동을 일으킬 수 있다. 보편성의 주장이 제기되는 심층구조는 아마도 겉으로 나타나는 월의 표층구조와는 판이하게 다를 것이다. 지질학적 층은 지형에서 그대로 모사되지 않는 법이다.

그런데 '보편적인 심층구조'란 도대체 무엇이란 말인가?

심층구조에 대해 뭔가를 말한다는 것은 지극히 어려운 일임이 밝혀진다. 비트겐슈타인L. Wittgenstein은 다음과 같이 말하고 있다.

"한 낱말의 관용에서 '표층문법'과 '심층문법'을 구분할 수 있을 것이다. 한 낱말의 관용에 있어서 직접적으로 우리의 머릿속에 떠오르는 것은 '월구성'에서 그 낱말이 적용되는 방식이자 귀로 파악할 수 있는 그 낱말의 관용의 부분이라고 말할 수 있을 것이다. 이번에는 가령 '생각하다meinen'라는 낱말의 심층문법을 그 낱말의 표층문법에서 추측하게 될 것과 비교해보라. 속속들이 알게 되는 일이 어렵다고 느낀다 하더라도 놀랄만한 일은 아니다."[25]

비트겐슈타인의 말투로 짐작컨대, '표층문법'에서 '심층문법'으로의 이행

24 Chomsky 1965, 35.

25 Wittgenstein 1982, 265.

은 명료성을 향하여 내딛는 발걸음, 그리고 철학에서 여러 언어영역의 뒤섞임으로 인하여 생겨난 혼돈상태를 제거하는 발걸음이다. 그에 반해 촘스키의 '심층구조'는 '현재 있는 의식 또는 그저 잠재적인 의식의 층위의 저편 멀리에' 존재한다. 우리는 이 심층구조를 관계구조 또는 추상적이라고 말할 수 있을 정도의 관계구조의 연쇄로 생각해볼 수 있는데, 하여튼 가장 단순한 문법규칙보다 훨씬 더 높은 정도의 힘을 발휘할 수 있는 것이다. 하지만 이러한 생각조차 여전히 너무 구체적이다. '심층구조'는 우리로 하여금 '어떤 형식적인 연쇄조작을 수행'할 수 있도록 해주는 정신의 선천적인 성분이다. 그렇지만 심층구조가 선험적으로 정당화되지는 않는다. 심층구조가 속한 범주는 세계가 현존한다고 하는 사실의 본질적인 임의성이다. 그러고 보니 "('문법성'과 '바꿔쓰기'같이) 보다 깊고 보다 중요한 언어학의 이론적 개념에 대한 신뢰할만한 조작기준들이 언젠가는 나타나리라고 기대해야 할 이유는 없다."[26] 심해로부터 어떤 물체를 바다 수면 위로 건져 올리면 그 물체는 저절로 해체되거나 기이한 형상을 띠게 된다.

그런데도 촘스키에 따르면 "심층구조를 토대로 한 서술만이 언어적 보편성에 관련된 가설에 대해 진지한 의미를 갖는다"[27]라는 것이다. 그렇지만 그러한 류의 서술은 바다 밑에서 시굴한 것과도 같이 드물기 때문에 "그러한 가설들은 모험적이기 마련이지만, 그렇다고 해서 그 가설들이 덜 흥미롭다거나 덜 중요하다는 것은 물론 아니다."[28] 촘스키는 그러고 나서 진정한 형식적 보편성의 한 가지 예를 든다. "I know several more successful lawyers than Bill(나는 빌보다 더 유능한 변호사를 몇 명 안다)"[29]이라는 유형의 월의

26 Chomsky 1965, 19.
27 위에 든 곳, 209 이하.
28 위에 든 곳, 210.
29 위에 든 곳, 180.

근저에 있는 구조에서 삭제조작의 적용과 허용치를 지배하는 규칙이 그것이다. 이 규칙 또는 '삭제변형'은 "인정컨대 명증성이 빈약한 언어적 보편성으로서"[30] 고려된다. 어떤 문법학자들은 모든 언어의 보편적 토대를 심지어 촘스키보다 더 깊숙한 곳에 위치시킨다. 변형규칙들의 순서는 바로 표층에 기인하는 것일 수 있고 언어마다 독특할 수 있다. 순서의 개념을 가지고 '보편적 기저의 규칙'에 접근하고자 한다면 이 순서라는 개념 자체가 이미 수정되어야 할지도 모른다. 바흐E. Bach는 "심층구조가 생각했던 것보다 훨씬 더 추상적이다"[31]라고 말하고 있다. 유추적인 뜻에서만일지라도 심층구조를 언어단위 내지 문법관계를 표시하는 '원자적 사실'로 생각하는 것은 오류일 수 있다. 인간의 정신조직의 이러한 궁극의 층위에서 우리는 "음운적으로 간접적으로만 표시되는 일종의 추상적인 대동사를 다룰 수 있을 것이다"('대동사Proverb'는 이를테면 '속담'이 아니라 아직 가장 기본적인 언어단위 '이전에' 존재하는 잠재의미를 가리키는 명칭으로 이해된다). 어떤 층위에서는 그러한 '보편적인 기본규칙'의 도식이 카르납R. Carnap과 라이헨바흐H. Reichenbach의 논리체계와 유사하다. 어쩌면 은유적일 수 있는 다른 층위에서는 전자화학적, 신경생리학적 통로들로 셀 수 없이 갈라져 있지만 그래도 제한되거나 '이미 설정되어 있는' 그물구조를 가진 대뇌피질을 부지불식간에 떠올린다. 이 변수들의 체계, 즉 모든 이름의 목록, '일반적인 술어들', 그리고 이러한 요소 상호 간의 특정한 필수규칙 및 관계규칙 등은 인간 의식의 구조에 각인되어 있다.

이러한 각인을 직접적으로 관찰한다는 것은 결코 불가능할지도 모른다. 하지만 우리가 언어의 표층에서 확인할 수 있는 '강제적인 선택과 변형의 가능성'은 이 각인이 존재하고 효과적으로 활동하고 있으며 보편적이라는

30 위에 든 곳, 181.

31 Bach 1968, 121.

데 대한 논란의 여지없는 증거이다. "그러한 체계는 어떤 관념내용이든지 비록 처리 가능한 사전적인 의미는 언어마다 광범위하게 다르긴 하지만 그래도 전달은 가능하다는 생각을 직접적으로 표현하는 것이다. — 이러한 생각은 훔볼트와 사피어-워프의 가설에 대한 매우 극단적인 형식의 직접적인 반론이다."[32]

이제 과연 어떤 언어의 어떤 관념내용이든지 전달이 실제로 가능한지를 슈타이너G. Steiner[33]는 탐구하려 한다.

문법적 보편성을 정의하는 일이 매우 어렵다 보니 많은 언어학자는 '의미론적 보편성'을 찾아 나서는 일이 아직은 시기상조라고 생각한다. 그럼에도 불구하고 모든 언어는 인간을 끌어들인 기본은유들을 포함하고 있다는 비코G. Vico의 추측 이래로 사람들은 이러한 관점에서도 이미 의미론적 보편성을 발견했다고 생각한다. 예를 들어 모든 인도유럽어뿐만 아니라 히브리어 bath-'ayin, 스와힐리어, 랩어, 중국어, 사모아어는 동공을 어린아이에 비유한다pupilla.[34] 더욱이 모든 언어에는 '불투명한' 낱말뿐만 아니라 '투명한' 낱말도 포함되어 있는바, 다시 말해 음성과 의미의 관계가 전혀 인정되지 않거나(도이치말 Enkel(손주)), 눈에 띄게 비유적인 낱말(프랑스말 petit-fils(손자, '작은-아들'))이 그것이다. 이 두 낱말유형의 존재와 분포기준은 '십중팔구 의미론적 보편성'이다.[35] 모든 언어에는 특정한 금기어, 즉 금지구역 또는 신성시되는 힘으로 둘러싸인 낱말들이 나타난다는 사실 또한 비록 맥락에 의해 좌우되기도 하지만 충분히 의미론적 특징일 수 있다. 게다가 의성어, 치음, 순자음이 고유한 방식의 인간 지각에 확고하게 자리 잡고 있어서 흡사 '세계의

---

32 Chomsky 1965, 121-122 참조.

33 Steiner [3]1998, 106-114 참조.

34 Tagliavini 1949 참조.

35 Ullmann [2]1966, 221 참조.

보편적 소리'와 같은 것이 존재한다는 생각은 매우 오래되었다. 예를 들어 이 생각은 플라톤의 (대화편 《크라튈로스》에서 전개되고 있는) 몇몇 어원론적 추측을 낳게 했던 것이다. 실제로 거의 모든 인도유럽어와 피노-우그리아어는 모음 i에 작은 것이라는 가치를 결합시킨다. 하지만 영어 big(큰), 도이치말 riesig(거대한), 러시아말 velikij(큰)만 들더라도 이미 그것이 보편적인 의미론적 반사물은 아님이 충분히 입증된다. 레비-스트로스C. Lévi-Strauss와 몇몇 심리언어학자는 '보편적 이항론', 즉 대비쌍이 우리의 현실을 분할한다는 데 의견일치를 보이고 있다. 이항론의 양극성은 모든 언어에서 은유적으로 또는 강세의 구조에서 반영된다(희다/검다, 곧다/굽어 있다, 올라가다/내려가다, 달다/쓰다). 흑과 백의 이분법이 특별히 흥미로운데, 그 이유는 이 이분법의 경우에 피부색이라는 것이 하등의 역할도 하지 못하는 경우라 하더라도 모든 문화에서 긍정/부정의 대비가 함께 울려나오기 때문이다. 인간은 말하기 시작한 태초부터 빛을 어두움보다 더 선호한 것처럼 보인다.

촘스키는 매우 일반적이라고 여겨지는, 그야말로 매혹적인 약간의 보편성을 제시한다. "고유명사는 모든 언어에서 시공간적 접촉의 조건에 적합한 대상을 가리킨다. 그리고 똑같은 것이 대상을 가리키는 다른 낱말들에 대해서도 적용되고 모든 언어에서 색채명칭들이 색채 스펙트럼을 연속적인 단편들로 분할한다는 조건, 또는 가공물이 단순히 물리적 속성에 의해서만이 아니라 특정한 인간적 목표, 필요 내지 기능에 의해 정의된다는 조건에 대해서도 적용된다."[36] 그러한 일반화가 과연 어떤 정밀한 것을 진술하고 있는 것일까 하는 의문이 다시금 제기된다. 확실히 모든 언어는 색채 스펙트럼을 연속적인 단편들로 분할한다(여기서 '연속적'이라는 말은 신경생리학과 지각심리학에서 용이치 않은 문제를 던져준다). 브라운R. W. Brown과 레네버그E. H. Lenneberg가

36 Chomsky 1965, 29.

보여주었듯이, 이 분할은 언어마다 놀랄 만치 상이한 방식으로 이루어진다. 실제로 물리적 지각과 그것을 언어로 옮겨놓는 일 사이의 관계라는 기본문제는 촘스키의 테제에 따라 추측할 수 있는 것 이상으로 훨씬 더 해결되지 않은 채 남아 있다.

촘스키 본인의 사유와 생성변형문법으로부터 생성문법으로의 이행의 역사는 의미론의 침식에 의해 각인되었다. 촘스키는 〈명사화에 관한 소견 Remarks on nominalization〉에서 '의미'는 문제가 되는 것이 아니라고 강조하고 있다. 생성문법의 탐구와 의미론 연구 사이의 연결은 거의 완전히 단절되었다. 본디의 주제는 이제 '문법성'의 문제이다. 문제는, 자연언어를 말하는 어떤 사람이 자기가 말하는 것이 조직적인 문법의 일부이고 또 그가 새로운 월을 말할 때 이 월이 문법적으로 맞는 월이라는 것을 어떻게 알 수 있는가 하는 것이다. 형식적인 보편원리는 문법이 월을 산출해내는 데 토대가 되는 기능규칙으로 정의된다. 이 점에 대한 연구에서는 문체의 문제나 의미론적 관점에서의 의미구조에 대해 다루지 않는다. 밝히고자 하는 것, 그리고 형식화하고자 하는 것은 규칙에 따르는 자연적인 사용형식이다. 우리가 "그는 존이 웃었다고 말했다"라고 말할 때, 우리는 규칙을 따르는데(그리고 이 규칙을 하나의 말하는 행위로 옮긴다), 이 규칙에 따르면 '그'와 '존'은 동일한 인물에 관련될 수 없다는 것이다. 오늘날 생성문법학자들은 낱말을 연구하는 것도 아니고 낱말들이 이루는 다양한, 어쩌면 심지어 확정하기 어려운 의미밭을 연구하는 것도 아니며 인간 언어의 신경생리학적 토대를 해명하는 것도 아니다. 그들이 상정하는 것은 오히려 '인간의 심리에 잠재되어 있는 것을 추상적인 형식으로 표현하는 것'이다(여기서 '심리'는 계속해서 더 자세히 정의되지 않는다). 성과는 촘스키가 자신의 젊을 때의 저서에서 예고했었던 것이 아니라 언어에서 문법성이 생성되는 형식적이며 메타수학적인 범례들이다.

정리해보자. 현상으로서 명백한 언어구조에 대하여 제기되는 보편성 주장은 우선 아직은 추측에 기초하고 있다. 이 주장은, 언어적 모형이 메타수학적인 것으로서 요청되어 다소간에 그 음성을 매개로 하는 언어사실과는 완전히 격리되는 극도로 형식적인 추상성과 순수한 통계(예를 들어 음소의 수와 변별적 자질의 수의 유효한 비율이 모든 언어에서 대략 50% 전후라고 하는 오스굿Ch. Osgood의 제창) 사이에서 동요하고 있다. 지나치게 경박한 보편주의에 반대하는 최소한 한 사람의 조심스러운 결론이 정당성 있는 것으로 입증될 것이다. 즉 "전 세계에서 확인 가능한 모든 언어의 언어구조는 실제로 매우 광범위하게 다르다. 그리고 이는 언어구조와 결부되어 있는 의미의 관계에도 똑같이 적용된다. 언어적 보편성의 탐구는…… 최근에 다시금 전면에 부각되었다. 그런데 아주 기초적인 확인 이상의 것을 기대하고 그런 것이 궁극적으로 타당한 것이라고 간주하는 일은 아직 시기상조일 것이다. 지구상의 언어의 3분의 2 또는 그보다 약간 많은 수의 언어에 대한 우리의 지식은 아직 너무 부족하거나 많은 경우에 전혀 알려진 바 없다."[37] 그렇게나 많은 언어학자들이 모든 언어에서 동일한 '심층구조'를 믿는 이유는 아마, 그들이 강제력과 가능성이라는 보편적 기준을 현실에서는 어쩌면 그들 자신의 언어 내지 어족의 문법에서만 통용될 수 있는 것과 동일시했기 때문일 것이다.

그럼에도 불구하고 '모든 언어가 동일한 형에 맞춰서 만들어져 있다'는 신념은 오늘날 널리 퍼져 있다. 각 언어의 12분의 11이 보편적인 것으로 이루어져 있고 특수한 임의의 관습적인 것은 1에 불과하다는 오스굿의 견해에 동의하는 문법학자는 아마도 적을 테지만, 대다수는 언어의 조직원리를 포함하여 언어라는 빙산의 큰 덩어리가 표면 아래의 보편적인 원리에 속한다는 것에 동의할 것이다. 오늘날 대부분의 전문적인 언어학자에게 문제가 되는 것은 이제 더 이상 언어의 '형식적 보편성과 실질적 보편성'이 존재하

37 Hall, Jr. 1968, 53 이하.

는가 하는 것이 아니라 이 보편성이라는 것이 정확히 어떤 것이고 그것이 존재하는 깊이가 철학과 신경생리학의 연구에 의해 어느 정도로 측량될 수 있는가 하는 것이다.

그런데 언어의 보편성, 또는 정확히 말하자면 언어의 실질적인 보편성을 고집하게 된다면, 그로부터 직접 추론되는 것은 언어 상호 간의 번역에 관한 실용적인 이론이 어떠한 것인가라는 문제이다. 언어 상호 간의 번역이 가능하다는 데 대한 증거는 보편성 원리로부터의 직접적 추론일 것이다. 그러한 번역이 가능하다는 경험사실은 이 원리를 매우 강력하게 뒷받침해줄 수 있을 것이다. 오직 언어 상호 간에 의미의 이동 가능성은 모든 언어의 밑바닥에 있는 무엇인가 공통의 주형 또는 공통된 구조 안에 이미 뿌리내리고 있음에 틀림없을 것이다. 그런데 형식적 보편성과 실질적 보편성 사이의 경계는 어디에 있는가? 일반적인 이론적 '결단'을 통해서라든가 개개의 경우에 직관을 통해서가 아니라면, 우리는 모든 언어에 형식적 보편성이 깔려 있기 때문에 완벽한 번역의 가능성이 존재한다고 판단하는가 아니면 실질적 보편성은 드물 뿐이거나 간파할 수 없기 때문에 완벽한 번역은 불가능하다고 판단하는가? 이론적으로 이 구분은 설득력이 있다. 하지만 이 구분은 아직 실행 가능한 것으로 입증되지는 않았고, 그 구분과 유사한 '표층구조' 및 '심층구조' 사이의 구분과 드러나지 않은 애매함을 공유한다. 형식적 보편성은 구체적인 연구 가능성 또는 바꿔쓰기의 가능성의 저편 깊숙한 곳에 위치한다고 상정할 수 있다. 그에 반해 실질적 보편성은 그래도 다소간에 자연언어의 실용적인, 나름대로 특수한 현실성과 중복됨을 피할 수 없을 것이다. 번역은 매우 분명한 시금석이다. 하지만 형식적 보편성과 실질적 보편성의 관계에서 불명료한 점들은 또한 보편성과 번역의 관계에도 불확실하게 작용한다. 그것을 염두에 둘 때만이 촘스키의 《통어이론의 여러 양상 Aspects of the Theory of Syntax》에 나오는 명백한 간격, 즉 관련점의 교체를 이해할 수 있다.

“심층에 위치한 형식적 보편성의 존재는 모든 언어가 동일한 형에 따른 속성을 가지고 있음을 내포하지만, 개별 언어들 사이에서 일대일 대응이 존재한다는 것을 내포하는 것은 아니다.”[38] 한마디의 논평이 이 논리의 오류 non-sequitur에 담긴 기본적인 불확실성의 인상을 확인시켜준다. 즉 “임의의 언어들 사이의 번역을 위한 합리적 절차의 가능성은 충분하게 기능하는 실질적 보편성의 유무에 달려 있다. 특정한 언어들이 광범위하게 동일한 모형에 따라 기능한다는 가정을 뒷받침해주는 근거는 확실히 많이 존재하지만, 합리적인 번역절차가 일반적으로 가능하다고 추측할만한 근거는 적다.”[39]

보편성과 번역 가능성을 과연 어떻게 가를 수 있는가? ‘일대일의 대응’은 논리적이고 근본적인 문제를 흐릿하게 만들 뿐이다. 언어적 보편성을 언어에서 언어로 옮겨놓을 수 있는 수단인 ‘위상적인 사상mappings’은 — 특색 있는 것은 그 밖에 ‘임의의’ 언어라는 표현의 회피성 제스처인바 — 매우 깊숙한 곳에서 진행될지도 모른다. 그런데 그것이 가능하다면, 일대일 대응 또한 입증할 수 있어야만 한다. 번역이 성공을 거둘 수 있다면, 이는 기저에 놓여 있는 ‘충분하게 기능하는 실질적인 보편성’ 덕분이 아닐까? 그에 반해 거꾸로 번역의 타당한 처리방식이 ‘일반적으로’ 가능하다고 가정할만한 근거가 적다면(‘일반적으로’란 무슨 말인가?), 우리는 보편적 구조를 입증해줄 어떤 증거를 갖고 있단 말인가? 그럼으로써 우리는 다시금 자율적인 언어 단자를 주장하는 워프B. L. Whorf의 가설로 되돌아가는 것이 아닐까? 홀R. A. Hall은 ‘심층구조’라는 개념 전체를 논박하면서 “심층구조라는 것은 소여의 어느 언어구조를 바꿔쓰기한 데 불과하다”고 주장하고, “문법학자들이 현실의 언어의 구조를 이런저런 조작을 통해 도출해낼 수 있도록 하기 위해 임

38 Chomsky 1965, 30.

39 위에 든 곳, 202 각주.

시변통ad hoc으로 고안해낸 것이 심층구조이다"라고 논하고 있다.[40] 혹시 촘스키의 생성변형의 방법은 한때 17세기의 문법학자들이 모든 담화를 라틴말이라는 틀 속에 억지로 잡아넣었던 것처럼 모든 언어를 영어라는 주물 틀 안에 억지로 쑤셔넣고 있는 데 불과한 것은 아닌가?

번역의 본질에 관한 문제는 분명 언어의 본질에 관한 문제에서 더욱더 중심적이다. '보편적인 심층구조'라는 체계와 그 체계에 적합한 번역이론을 서로 연결해줄 다리가 없다는 것을 보면, 상대주의적 언어철학과 보편주의적 언어철학 사이의 오랜 논쟁이 아직도 지나가지 않았음을 추측할 수 있다. 변형문법의 규칙이 의미론적으로 해석된 '심층구조'를 음운론적으로 해석된 '표층구조'로 사상한다고 하는 이론은 지적으로는 대단히 우아한 메타수학적 이상이지만 자연언어의 믿을만한 반영은 아니리라는 추측이 마음에 떠오른다. 홀은, "규칙목록이 아무리 완전하다 할지라도 각각의 살아있는 언어에서 가능한 발언들을 기술하기에는 충분치 않다"[41]고 말하고 있다. 생성문법은 특히 그 초기의 '강한' 버전의 단계에서는 언어의 가동성 있는 경첩을 '심층'으로 옮겨놓지만 여기에서 이 경첩이 감성적으로 지각되는 것도 아니고 실용적으로 묘사되지도 못하게 됨으로써 생성문법은 어쩌면 언어라는 기계장치에서 망령과 같은 것을 뽑아낸 셈이 되어버렸을 것이다.

이제 언어 자체(추상적인 개념)보다는 구체적인 여러 언어가 문제가 되는 이론적 단초를 다룰 여지가 남아 있다. 이것은 '순수 통어론'보다는 의미론(의미에 전적으로 중점을 둔)을 끌어들이는 입장이고, 아마 거의 상상에 의한 연쇄 또는 '대동사' — 그러나 직접 이것을 제시할 수는 없다 — 에서 시작하는 것이 아니라 낱말들(낱말이란 무엇인가를 정의 내리는 일이 아무리 어렵다 할지라도)에서 시작하는 입장이다. 여러 연구에 따르면, 아무리 형식적인 문법적 규칙이

40 Hall, Jr. 1968, 53.

41 위에 든 곳, 77.

라도 촘스키가 배제하고 싶어 하는 의미론과 언어사용의 측면을 지나쳐가지 못한다. 개별 음성마저도 맥락에 의해 좌우되고 특정한 의미밭 안에서 작용한다. 어떤 문법이 생성변형문법에서 요구되는 것과 마찬가지로 문법 이전의 또는 비문법적인 월에서 시작하거나 그러한 것들을 허용해도 될지는 마찬가지로 의심스럽다. 홀은, "문법성(문법에 적합하느냐 아니냐 하는 성질)은 어떤 경우든 간에 결코 단순하게 양분대립의 항으로, 이를테면 어떤 언어적 현상이 문법적이든가 아니면 비문법적이다 라는 식의 단순한 주장을 통해서는 도저히 측량될 수 없는 현상이다. 한쪽에서 언어공동체의 각 구성원이 사용하고 망설임 없이 완전히 정상적인 것으로 인정할 낱말 연속체와 다른 한쪽에서 말할이가 아직 한 번도 사용된 적이 없다고 말할 그러한 말 사이에는 셀 수 없이 많은 단계가 놓여 있다. ……유추나 혼합에 의한 신조어가 지속적으로 형성되고 어려움 없이 이해되며 인정받는다"[42]고 언급하고 있다. 짧게 말하자면, 근본적으로 언어 이전의 또는 유사언어적인 원자적 단위들을 주로 다루는 메타수학적 언어관은 실제로 매우 다양한 방식으로 존재하는 언어들 사이의 관계의 본질이나 그 가능성을 제대로 설명할 수 없다.[43]

촘스키의 저서 《지배와 결속의 이론Theory of Government and Binding》, 《언어의 과학The Science of Language》은 보편론자의 단순함 및 그 초기 이론에서 제기되었던 엄격한 요구와의 괴리가 점점 더 커짐을 보여주고 있다. 문예 작품, 철학 저서, 번역된 작품을 읽는 '일반 독자'에게 했던 처음의 약속은 지켜질 수 없었다. 생성문법의 방법을 체계적으로 '시적인' 또는 '수사적인' 텍스트와 대상, 실제의 언어적 소여사실, 기초적으로 형식화되어 있지 않은 글쓰기 형식에 적용하고자 착수했던 몇 안되는 시도는 엄밀한 뜻에서 모든 촘스키식의 입장에서 벗어나 있다.

42 위에 든 곳, 72.

43 이 문제에 대해서는 Richards 1967, 1968 등을 참조.

따라서 지금까지보다도 더 인상적이고 형식적인 부호화에 따르지 않는 방법을 추구할 필요가 있다. 하지만 언어 자체는 다양하고 파악하기 어려운 힘들로 가득 채워진 '널찍한 밭'이다. 레이코프G. Lakoff에 따르면, "참으로 근본적인 변형문법의 결과는, 나의 견해로는 변형문법이 심각한 한 가지 이유에서 실패를 거둔 수많은 부정적인 경우들이라는 것이다. 뭔고 하니, 변형문법은 언어가 사회적 맥락에서 전달을 하기 위해 인간에 의해 사용된다는 점을 고려하지 않은 채 언어의 구조를 연구하려 했다는 것이다."[44] 언어의 모든 분야에 널려 있는 것은 형성하는 힘으로서의 시간이다. 추상적인 동시성에서 참된 이해가 자라날 수 없다. 언어학자보다 더 일찍, 그리고 더 근본적으로 시인과 번역가들은 시간이 결실을 맺게 해준 언어라는 피부 아래를 들여다보면서 언어의 가장 깊은 생명의 원천을 알아내려고도 했다. 남녀를 불문하고 다언어 환경에서 성장한 사람은 아마 보편적인 언어 토대와 개개의 언어에 특유한 세계상이라는 문제에 대해 할 얘기가 더러 있을 것이다. 번역가들은 우리에게 경험할 수 있는 증거를 풍부한 유산으로 남겨주었을 뿐만 아니라 의미를 언어에서 언어로 유효하게 옮기는 일이 가능한지 그리고 그것이 어떻게 가능한지에 대한 철학적, 심리학적 성찰을 가득 마련해주었다.

오늘날의 언어학은 흔히 사물을 있는 그대로보다 더 반듯하게 갖고 싶어 한다. 보다 심오하고 보다 결정적인 언어의 처리과정들이 실재의 또는 가능한 의식의 층위 저편 멀리에 존재한다는 것을(이는 촘스키의 요청이다) 승인하기 전에, 우리는 바로 이 의식이 중단 없이 활동하고 있는 문학이라는 무성한 황야 안으로 발을 들여놓지 않으면 안 된다. 언어와 번역에 관하여 더 많은 것을 알고자 한다면 변형문법의 '심층구조'를 떠나 시인의 심층적 구조로

44 Lakoff 1973, 34.

되돌아가지 않으면 안 된다. 쉴러F. Schiller는 심연으로부터 떠나 빛을 향해 출발하는 언어에 대해 "우리는 이 폭풍이 어디로부터 와서 윙윙거리는지 알지 못하네"라고 말하고 있다.

> 깊숙한 곳에서 샘물이 솟아오르듯이
> 시인의 노래는 마음속에서 울려 나와
> 가슴속에서 멋지게 잠들어 있던
> 어두운 감정의 힘을 일깨우네[45]

개별성

헤르더와 훔볼트에서 워프로 곧장 이어진다고 사람들은 말해왔다. 이념사적으로 볼 때, 이는 맞는 말이다. 그렇지만 구체적인 언어학의 역사에서 상대론은 훔볼트의 단편적인 작품을 편집했던 슈타인탈H. Steinthal을 거쳐 보아스F. Boas의 문화인류학까지 도달했고, 그러고 나서 사피어E. Sapir와 워프의 민족언어학으로 흘러들어갔다. 요컨대 이 역사를 훔볼트의 천재적인 이념에 추가적으로 의미론적, 인류학적 사실들의 견고한 토대를 부여하는 시도라 할 수 있다.

캇시러E. Cassirer는《상징형식의 철학Philosophie der symbolischen Formen》으로 훔볼트의 사상에 새로운 도약을 가져다주었다. 캇시러는 상이한 언어들로부터 동일한 의미현상을 할당받는 상이한 개념적 범주들이 언어적으로 결정지어진 지각의 차이를 반영한다는 이론에 동의했다. 감각적인 자극은 명

45 Schiller 1967, 442, '합스부르크의 백작Der Graf von Habsburg' 중에서.

백히 동일하지만 반응은 흔히 놀랄 만치 같지 않다. 의식의 생리학적 보편성과 각각의 문화적, 관습적 확인 및 반응과정 사이에는 하나의 특정한 언어의 고막 및 진동판이라고 말하는 것Membran이 있는 셈이다. 캇시러의 표현에 따르면, 그 특정한 언어를 다른 언어들과 구분시켜주는 고유한 '내적 형식'이 존재한다.

바이스게르버는 《모어와 정신형성Muttersprache und Geistesbildung》(1929)에서 《도이치말의 세계상에 관하여Vom Weltbild der deutschen Sprache》(1950)에 이르기까지 여러 저서에서 '단자' 원리 또는 상대성원리를 도이치말 통어구조의 전형적인 특성, 그리고 마찬가지로 도이치사람의 심적 태도의 역사에 적용하려 시도했다. 그의 핵심적 신념은, 모든 이해는 언제나 이용되는 언어의 마력하에 있다는 것이다. 바이스게르버는 '언어의 상이성'에 관해서 다음과 같이 서술하고 있다. "일반적으로 언어의 상이성의 핵심은 언어적 세계상의 상이성 안에 스며 있으며, 언어의 다양성이라는 사태는 이 점에서만이 이해될 수 있다."[46]

이로부터 언어의 가장 중요한 현상형식으로서 개별 모어의 독자성과 관련하여 바이스게르버는 '언어의 평가'에 관한 12개의 테제[47]를 아래와 같이 제시해놓고 있다.

1. 언어 힘은 인간을 동물로부터 구분짓는 본질의 특징들 가운데 하나이다. 언어 힘의 합당한 전개는 '인간의' 삶이 성취되기 위한 기본조건들 가운데 하나이다.
2. 언어 힘의 전개과정을 우리는 크게 인류에 의해 세계가 언어화되는 과정으로 특징지을 수 있다. 인류의 이러한 언어적 목표는 인류, 언어공

46 Weisgerber 1964b, 170.

47 Weisgerber 1959, 279-281.

동체, 개인의 언어적 발전에서 일어나는 모든 것에 대한 척도이다.

3. 인류의 언어적 과정은 인류의 언어라는 획일성에서가 아니라 각각의 특유한 모어를 갖는 수많은 언어공동체의 분류된 다양성 속에서 진행된다.
4. 이 언어공동체들 각각은 인간의 공동체적 삶의 기본형태이다. 인류는 빈틈없이, 그리고 중단됨이 없이 여러 언어공동체로 분류되고, 이들의 결집은 그 구성원들이 그들의 인간됨의 본질적 측면, 즉 그들의 언어 힘을 상호 의존 속에서 전개시킴으로써 이루어진다.
5. 한 언어공동체가 행하는 정신적 활동의 본질적 내용은 그 언어공동체의 모어에서 실현된다. 하나의 모어란 하나의 언어공동체에 의해 세계가 언어화되는 역사적 과정이다.
6. 인류의 내부에서 언어공동체와 모어가 다수라는 것은 인류의 언어적 목표에 이르는 도상에서 필수적인 다양성으로 평가할 수 있다. 특히 각각의 모어는 세계가 언어화되는 독자적인 길인데, 이 길은 그 나름으로 모든 언어의 한가운데에 놓여 있는, 인간이 도달할 수 있는 세계의 이해로 인도한다.
7. 모든 개별 인간은 보편타당한 법칙에 의해 아주 이른 어린 시절부터 이러한 언어적 생기현상 안으로 편입된다. 그가 인간으로서 구사하는 언어 힘은 다른 모든 의식적 활동이 시작되기에 앞서 세계를 동화하는 과정으로 향한다. 이 과정은 그의 언어공동체의 모어 안에서 이루어지고, 이를 통해 그가 속한 언어공동체의 모어는 그 자신의 개인적인 모어로도 된다. 그럼으로써 개인에게는 그가 하나의 언어공동체와 모어의 지속적인 활동에서 함께 활동하고 동시에 자기 자신의 삶을 정신적으로 전개시킬 수 있는 역사적 장소가 지정되는 셈이다.
8. 이 모어의 자연적 법칙은 일단 인류를 언제나 빈틈없이 '세계의 언어

화'에 참여시키는 것을 목표로 한다. 특히 모든 언어는 이러한 방식으로 그 안에서 시작된 생기현상을 받아들여 속행시키는 능력 있는 언어 보유자들을 확보한다.

9. 동시에 개인은 자신의 개인적인 삶을 위해, 그의 언어적 선조들이 수천 년 동안 만들어온 정신적 활동의 수확물을 구비하게 된다. 이를 통해 그에게는 자기 자신의 삶의 언어적 과제를 처리하기 위한 토대가 전달되는 셈인데, 이것은 그 혼자만의 힘으로는 결코 도달할 수 없을 것이다.
10. 보통의 경우에 인간이 모어와 언어공동체의 과제에서 온전히 함께 활동하는 것은 '한' 군데에서만 가능하다. 개인의 언어 힘은 그의 모어에서 함께 작용하는 것에 집중된다는 것이 그것인데, 반면에 다른 언어로의 접근은 일차적인 모어적 과정에 관련된 현상 뒤에 펼쳐지는 부차적인 현상이다.
11. 문화적 삶의 형성에 참여하는 자로서 인간의 언어적 역할은 그에 상응하여 판단 내릴 수 있다. 문화의 상이한 분야에서 함께 구성하는 언어의 성능이 미치는 바로 그만큼, 모어와 언어공동체는 문화창조를 이루는 데서 개인이 (능동적, 수동적으로) 온전하게 함께 활동하기 위한 일차적 공간인 것이다.
12. 끝으로 개개인의 개인적인 언어행위가 성립되는 것도 모어에 결부되어 있다. 인간이 그의 일상적 삶의 여러 목표에서 언어'관용'에 의존하고 있는 만큼, 그의 행위의 성공은 그의 언어적 개성의 기본조건들과 서로 뗄 수 없는 상관관계에 있다.

이 12개의 항목으로써 여러 부분과정에서 중요하게 문제가 되는 언어적 가치들이 개관되고 그 자리에서 평가되는 전체를 대략적으로 서술한 셈이다. 이 관련은 너무나도 완결되어 있고 보편타당한 것이어서, 인류를 지배하고 개인, 언어공동체, 인류의 삶에서 언어 힘의 전개를 조종하는 언어의 자연법칙이라고 말할 수 있다.

트리어J. Trier도 비슷한 뜻으로 말한 바 있다. 모든 언어는 현실을 나름의 방식으로 구조화하고 조직하며 이를 통해 그것에 고유한 현실의 구성요소들을 규정한다. 트리어가 1930년대에 (양자물리학의 개념에 빗대어) '언어밭'이라 불렀던 것이 이러한 방식으로 형성된다. 모든 언어 또는 언어 단자는 말하자면 — 완전히 라이프니츠의 뜻에서 — 개념적인 전체 밭의 테두리 안에서 구성하고 활동한다. 이 밭은 하나의 '형태Gestalt'로 이해될 수 있다. 언어의 상이성 덕분에 상이한 문화는 동일한 경험적 원재료 하나하나와 그 전체에 자기들 각각의 고유한 형태를 부여한다. 그리고 경험으로의 언어적 '피드백'(송환)은 언어마다 다르다. 상이한 언어의 말할이는 따라서 상이한 '중간세계'에서 살고 있는 셈이다. 각 언어공동체의 언어에 의한 세계관은 그 공동체의 심리적, 사회적 행동의 전체 지형을 형성하고 그것에 생기를 불어넣는다. 언어는 상이한 편성과 개념의 윤곽이 어떻게 '읽혀져야' 하고 어떻게 전체에 관련지어져야만 하는지에 대해 결정을 내린다. 흔히 어떤 언어는 잠재적으로 가능한 정보들의 밭으로부터 그 밭에 함유되어 있는 것보다 더 많은 정보를 '걸러낸다'. 아르헨티나에 사는 가우초 인디오들은 말의 피부색을 가리키는 낱말을 200여 개 정도 가지고 있는데, 이 구분은 분명 그들의 경제적 삶에 중요한 것이다. 반면에 그들의 일상언어에는 식물을 가리키는 말이 네 개밖에 없다.

하인텔에 따르면,[48] 여기에서 한 번 다시 함축성 있는 말함의 문제에 도로

48 Heintel 1972, 178 참조

돌려본다면 이제 요약해서 다음과 같이 말할 수 있다. 대체로 내용적으로 함축성 있는 말함이 가능해야 하며, 또 그 말함이 현실적인 한에 있어서, 어떤 아주 단순한 진술 안에서도 보편적인 것이 함께 들어 있고 이 보편적인 것을 제외하고는 일정한 개체성에 관해서 논할 수는 없을 것이다. 직관적으로 실재적인 것은 일정한 개체적인 것으로서 보편성 없이는 존재하지 않는다. 여태까지 강조된 의미에서의 보편적인 것은 개체적인 것 — 절대적으로 비관계적인 것이 아니라, 따라서 '단순한'-개별적인 것이 아닌 한 — 의 가능성 안으로 들어와서 이것을 구성하고 있다. 우리는 이러한 것을 통찰한다. 즉 '보편의 문제'에 있어서 결국 이미 구성되어 있는 세계 안에서 직관적-개체적 '실재'와 추상적-보편적 '실재'의 존재 가치상의 차이가 중요한 것이 아니라, 일정한 여러 개체의 세계가 그의 규정성 일반에 있어서 어떻게 가능하며 또 현실적일 수 있을까 또는 가능하며 현실적이라고 생각될 수 있을까 하는 것이 중요한 것이다.

XV. '낱말밭 이론'의 회고

바이스게르버의 언어관이 전적으로 헤르더와 훔볼트에 의해 만들어진 전제를 근거로 한다는 것은 논란의 여지가 없다. 그의 언어관은 1924~1925년에 이미 그 기본 줄기가 만들어졌고 그의 중요한 저서인 《모어와 정신형성 Muttersprache und Geistesbildung》(1929)에서 완성되었다.

바이스게르버의 중심적인 논제는, 그가 한 문화의 모든 정신적 분야에서 활동하고 있는 것으로 간주하는 '모어'의 '힘'을 서술하는 것이다. 그는 이것을 주로 도이치말에서 보여주었고, 도이치말의 '언어에 의한 세계상'을 언제나 새로운 시도를 통해 파악하고자 하였기 때문에 이 사상이 1930년대에 모든 도이치 사람을 제국으로 불러 모으는 국가사회주의 운동과 결부되었다는 것은 쉽게 생각해볼 수 있는 것이었다. 도이치 모어의 결집력은 비록 정신적인 것으로 생각되었지만 정치적인 것으로도 이해될 수 있었다. 이로부터 제2차 세계대전 이후 바이스게르버에게 가해졌던 격렬한 비판이 설명된다. 바이스게르버가 국가사회주의 시대에 한 민족공동체의 언어적, 정신적 — 인종적이 아닌 — 토대를 훔볼트식으로 강조했다는 이유로도 맹렬히 공격당했었다는 사실은 등한시되었다. 사람들은 그를 '반민족적 언어철학', '뒷길을 걷는 언어학'이라면서 비난했다.[1] 이 모든 것은 오늘날 순전히 역사적인 관심거리일 뿐이지만, 이 정치적인 비판이 신훔볼트학파의 언어학에 큰 손상을 입혔기 때문에 아예 언급하지 않아선 안 될 것이다.

낱말밭의 이론

헤르더와 훔볼트의 언어관을 확장하고 경험적인 언어연구에서 검증하려는 바이스게르버의 시도와 더불어 트리어가 발전시킨 언어밭의 이론은 내용적인 방향의 새로운 언어고찰의 핵심을 이룬다. 거기서는 훔볼트의 핵심적인 분절사상, 즉 언어적 현상의 '분절Artikulation'이 어휘의 분야에서, 그 다음으로 바이스게르버의 경우에는 통어론에 대해서도 활용된다. 트리어는 훔볼트보다는 소쉬르로부터 더 자극을 받긴 했지만, 그의 근본사상은 전적으로 훔볼트의 사유과정과 일치한다. 여기서 문제가 되는 것은 구체적인 언어자료에서 얻어진 통찰, 즉 한 낱말의 의미, 보다 적절하게 말하면 한 낱말의 내용은 결코 완전히 고립되어 있는 것이 아니라 그 위치가치는 유사한 의의를 갖는 인접 낱말들의 내용에 의해 공동 규정된다는 것이다. 유사한 의의를 갖는 그러한 낱말무리들은 서로 의존관계에 놓여 있으며, 이들은 '밭'을 형성한다. '밭'은 상응하는 공시적인 서술방식으로써 입증될 수 있다. 이것이 의미하는 바를 소쉬르의 잘 알려진 술어로써 다음과 같이 기술할 수 있다. 즉 의미상으로 유사한 낱말들의 signifié(표시된 것, 기호내용)는 상호 간에 체계 내에서의 위치가치, valeur(가치)를 할당하는데, 이것이 정확한 이해를 위해 중요한 것이다. rot(빨강) 같은 색채어는 가시적인 언어 외적 현

1 Bazan 1933; Glässer 1939 참조.

상을 가리키지만, 개념의 범위, 즉 그 적용 가능성의 효력범위는 orange(오렌지색)를 통해서도 함께 규정되고 orange는 그 나름대로 gelb(노랑)를 통해 한정된다. orange라는 가치를 소유하고 있지는 않지만 rot와 gelb를 소유하고 있는 언어는 이들 두 내용 상호 간의 경계선을 확장시켜, 보통은 orange가 채우는 그 빈틈을 메우게 된다. 이를 통해 말할이의 구분능력이 관계되는 것은 아니지만, 실제로 유효한 구분의지는 관계된다.

수많은 '밭'이 연구되었다(친척관계, 빛깔, 도덕적이고 윤리적인 가치 등). 전체 어휘는 다소간에 촘촘하게 채워진 '밭들'의 응집력 있는 그물로서 입증된다. '밭'의 구조는 언어공동체가 오랜 시간이 흐르는 동안에 키워온 관심과 파악되는 언어 외적 대상분야의 구조에 달려 있다. 언어를 소유하고 있는 인간은 특정한 사태에 대해 말할 때, 무의식적으로 이미 존재하는 이 분절을 이용한다. 이때 언어의 내용인 signifié의 층이 눈에 띄지 않게 말할이와 세계 사이로 끼어들어오는데, 바이스게르버는 이 관련을 특징짓기 위해 '언어적 중간세계'라는 개념을 도입하고 있다. 매우 자주 오해되는 이 표현도 마찬가지로 훔볼트의 사유과정과 완전히 일치한다.

'밭'의 방법의 파란만장한 역사와 그로 인해 야기된 논쟁, 그리고 오늘날의 연구상황에 대해선 특히 트리어와 바이스게르버의 제자인 호베르크R. Hoberg가 《언어밭의 학설Die Lehre vom sprachlichen Feld》(1970)이라는 연구서에서 보고하고 있는데, 이 책에서는 훔볼트와의 연결점도 제시되어 있다. 슈바르츠H. Schwarz는 기퍼/슈바르츠의 《언어내용연구를 위한 서지편람Bibliographisches Handbuch zur Sprachinhaltsforschung》의 Lieferung 7(1966), XV-LXVI의 머리말에서 '밭' 연구의 처리방식에 대해 상세하게 서술해놓고 있다.[2] 언어'밭'의 학설에 대한 가장 중요한 논문들은 슈미트L. Schmidt에 의해 《낱말밭 연구: 언

2 글쓴이가 엮어 옮긴 《언어내용연구의 핵심문제》 1985, 79-146; 《언어내용론》 1986, 107-174 참조.

어밭의 역사와 이론에 대하여Wortfeldforschung: Zur Geschichte und Theorie des sprachlichen Feldes》(1973)라는 제목의 논문모음집으로 출판되었다. 그사이에 '밭'의 학설은 의미론의 유용한 도구로 입증되었다. 이는 지금까지 수행된 수많은 개별 연구들에 의해 입증된다. 게켈러H. Geckeler는 《구조적 의미론과 낱말밭 연구Strukturelle Semantik und Wortfeldforschung》(1971)에서 보다 형식적인 서술방식이 적용될 때 낱말밭 연구가 현대적인 의미론의 영역에서 몇몇 다른 단서들보다 어느 정도로 우월한지를 제시하고 있다. 여기서 그는, '밭'의 연구를 마찬가지로 전망이 밝은 방법으로 간주한 자신의 스승 코쎄리우E. Coseriu의 특정한 제안을 받아들이고 있다.[3] 엄밀히 말해서 '밭' 연구는 '구조적'이라는 평가어를 실제로 받을만한 첫 번째의 의미론적 처리방식이다. 왜냐하면 여기서는 예를 들어 포더J. A. Fodor와 캇츠J. J. Katz의 경우와 같이 완전히 비구조적으로 개별 낱말로부터 출발하여 그것의 다의어 관계에 대해 묻는 것이 아니라(이것은 실제로는 동음이의어 관계인 경우가 흔하다!), 낱말내용을 구조화된 낱말무리, 즉 그 안에서 낱말내용이 습득되었고 사용되고 있는 '밭'의 사실적 맥락에서 조사하고 기술하기 때문이다.

'밭'의 이론은 실제로 훔볼트로 소급되는 언어내용연구의 핵심이기 때문에 훔볼트의 언어관과 그것과 정신적으로 유사한 사피어-워프 가설의 관계를 둘러싼 논의에도 포함되지 않을 수 없었다. 이는 예를 들어 밀러R. L. Miller의 연구 《언어적 상대성원리와 훔볼트의 민족언어학The Linguistic Relativity Principle and Humboldtian Ethnolinguistics》(1968)에서 분명히 나타난다. 이 연구는 '밭'의 이론에 대한 가혹한 비판을 포함하고 있기 때문에 이를 자세히 들여다보지 않으면 안 되겠다. 글쓴이는 이 저서에 대해서 그 당시나 지금에 와서도 기퍼/슈미터의 견해에 전적으로 동의하므로 여기에서 이를

3 글쓴이가 엮어 옮긴 《구조의미론》 1985, 《현대의미론의 이해》 1997에 코쎄리우의 '낱말밭의 이론'이 상론되어 있다.

소개해본다. — 밀러의 연구는 하만, 헤르더, 훔볼트만을 다루고 있는 것이 아니라 소쉬르, 캇시러, 그리고 특히 바이스게르버에 대해서도 다루고 있다. 바이스게르버의 언어이론, 특히 언어'밭'의 이론은 심지어 서술의 중심이 되어 있다. 밀러는 전적으로 부정적인 판단에 이르게 되는데, 이때 강조해야 할 것은 그가 그 저자들의 오늘날의 견해와는 더 이상 부합하지 않는 '밭'이론에 대한 초기 연구를 근거로 삼고 있다는 것이다. 또한 밀러는 한 언어에 이미 존재하는 의미상의 분절작용, 즉 바이스게르버가 '언어에 의한 세계상'으로 이해한 것과 말할이가 이를 넘어서서 독자적인 세계관에서 이차적으로 습득하는 것을 구분해야만 한다는 사실도 보지 못했다. 그는 더욱이 — 다른 많은 사람들처럼 — 하나의 말할이 공동체 내에서의 언어재가 공통적이고 구속력 있다는 것을 의심하고, 기껏해야 각각의 말할이가 고유의 가치를 지닌 고유의 '밭'을 소유하고 있다고 말할 수 있을 것이라는 의견을 내놓고 있다(104쪽). 그는 개별 '밭'을 규정하기 위해 바이스게르버가 제시한 기준들의 유용성에 대해 이의를 제기하면서, 지성의 의의영역 분야에서 트리어의 연구도 지나치게 충분히 통제할 수 없는 저자의 직관을 근거로 삼고 있다고 강조한다. 이러한 방식으로는 두 사람의 연구자가 주어진 어느 하나의 '밭'을 평가할 때 서로 일치하리라는 것은 거의 기대해볼 수 없다는 것이다(106쪽). 그 밖에 그는 롱에이커R. E. Longacre(1956)를 증거로 들면서, 특정한 낱말의미의 가치를 정하는 데는 문맥이 이른바 '밭'에 의한 규정보다 더 결정적이라는 견해를 주장한다(108쪽). 더욱이 그는 사피어-워프 가설에 대한 그린버그J. H. Greenberg의 비판을 언급하며[4] 바이스게르버가 개별 언어수단의 은유적 의미를 과대평가했다고 비난하였다(기퍼/슈미터는 이 비난이 워프에 대해 제기되는 편이 더 정당하다고 보고 있다). 일반적으로 구상화된 의미나

4 Hoijer 1954에서 Greenberg 참조.

내용의 가정은 밀러에게 정신과 육체 또는 정신적 영역과 물리적 영역의 이원론에 대한 근거 없는 믿음에 기초하고 있는 것으로 보인다. 이 견해를 반증하는 주요 증인으로서 그는 비트겐슈타인L. Wittgenstein, 앤스컴G. E. M. Anscombe, 라일G. Ryle, 퍼스J. R. Firth를 들고 있다(110쪽). 그는 비트겐슈타인이 '낱말의 의미를 언어 내에서 그것의 관용'으로서 기능적으로 규정한 것을 보다 더 적절하다고 생각했다. 그러고 나서 그는 개념의 소유는 해당되는 낱말의 소유에 구속되어 있지 않다고 하는 블랙M. Black(1959)의 논거를 취하고, 이로부터 13세기의 도이치말에서 가령 오성의 의의영역에서 특정한 낱말이 없었던 것은 말할이들이 통상적으로 특정한 구분을 하지 않았기 때문이지만 아마 아주 잘할 수도 있었을 것이라고 추론했다.

비슷한 논거로써 밀러는 품사와 월성분의 층위에서 트리어와 바이스게르버에 대한 이의제기를 계속했는데, 이때 그는 라일의 〈체계적으로 오도하는 표현들Systematically misleading expressions〉(1952)에 관한 상론을 근거로 삼고 있다. 이것은 동시에 정상적인 언어관용을 언어이론적으로 과대평가하는 데 대한 경고로 해석될 수 있다. 끝으로 도이치말의 월구성안의 특성에 관련된 바이스게르버의 의견표명, 이를테면 도이치말의 월구성에 전형적인 괄호구조의 사상적 귀결을 지적한 것도, 근본적으로 그러한 진술은 도이치말을 하거나 글을 쓰는 사람이라면 특정한 문법적 규칙들을 따르지 않으면 안 된다는 확인으로 환원될 수 있을 것이라는 소견으로써 거부되고 있다(119쪽).

밀러의 결론은 상당히 가혹하다. 즉 "The conclusion reached in this study is that the Neo-Humboldtians' position with regard to linguistic relativity cannot withstand serious analysis(이 연구에서 이르게 된 결론은, 언어적 상대성과 관련한 신훔볼트주의자의 입장은 진지한 분석을 견뎌낼 수 없다는 것이다)" (119쪽). 밀러는 이 영역에서 실제로 진보가 이루어지려면 우선 일반적인 명

제가 명시적인 방식으로 신중하게 정의된 쓸모 있는 개념들로써 표명되어야만 한다고 요구하고 있다. 그러고 나서 실험에 의한 검증의 가능성이 제공되어야만 한다. 서로 다른 언어를 말하는 이들이 서로 다르게 생각한다는 것을 입증하려면 결국 비언어적인 사실을 이용하는 것이 필요하다. 즉 "It is necessary to appeal ultimately to nonlinguistic facts(궁극적으로 비언어적인 사실에 의지하는 것이 필요하다)"(120쪽). 밀러는, 언어가 의미론을 포함하는 방식으로 정의되어야 마땅하고 사유thought는 '어떤 비언어적 행동에 의거하여' 정의될 수 있다고 하는 브라운R. W. Brown의 제안[5]을 언급하며 끝맺고 있다. 그렇다면 핵심명제는 — 브라운의 말을 빌자면 — 다음과 같을 것이다. "that some nonlinguistic evidence covaries with some linguistic evidence(어떤 비언어적 명증은 어떤 언어적 명증과 공변한다)"(120쪽). 그와 같은 단서가 없다면 언어적 상대성이라는 문제에 대해 어떠한 회답에도 이르지 못하리라는 것이다.

기퍼가 《언어상대성 원리는 존재하는가Gibt es ein sprachliches Relativitätsprinzip?》(1972)라는 저서에서 이 문제를 상세히 다루었다는 것을 한 번 더 되풀이하고자 한다. 개별 언어에서 의미상의 분절이 이미 존재하고 있다는 사상에 대한 밀러의 거센 비판, 즉 언어'밭'의 문제에 관한 한, 트리어와 바이스게르버의 뜻에서 '밭' 연구의 이론과 방법은 그 초기단계에 의해서가 아니라 그것의 오늘날의 상태에 의해 평가되어야 마땅하다는 것을 힘주어 요구해야 한다.

이에 대해 보고하고 있는 몇몇 연구에 대해선 이미 언급했지만, 방법상 매우 흥미로운 라이언스J. Lyons의 상론에 대해서도 주의를 기울이도록 하고자 한다. 라이언스는 낱말'밭'의 이론을 특히 《구조적 의미론: 플라톤의 어

5 Brown 1958, 262 참조.

휘 부분에 대한 분석Structural Semantics: An Analysis of Part of the Vocabulary of Plato》(1963)과 《의미론Semantics》(1977)이라는 두 권의 저서에서 계속 발전시키고 포괄적인 의미이론적 개념으로 통합하려고 했다.[6]

밀러가 '밭'에 대하여 제시한 논거들 가운데 많은 것은 그사이에 이미 오래전부터 반박되어 왔다. 만약 말할이들이 개인적으로 상이한 언어습득의 조건에도 불구하고 충분히 비슷한 언어재를 보유하고 있어서 이것이 의미있는 의사소통을 가능하게 한다는 데서 출발하지 않는다면, 동일한 언어공동체에 속한 사람들 사이의 의사소통의 가능성은 아마 거의 입증할 수 없고 설명할 수도 없을 것이다. 한 언어에 형성되어 있고 통용되는 것으로 인정할 수밖에 없는 의미상의 분절은 그것을 습득한 말할이들의 능력의 토대가 되고 그들에게 부인할 수 없는 '언어감정'(모어를 말하는 이의 직관)을 부여하는데, 이것이 없으면 그 어느 누구도 자신의 언어를 사용할 수 없는 것이다. 그런데 언어재를 개관할 수 있게 하고 다룰 수 있게 하는 언어적 분절이 있는 바로 그곳에 '밭', 즉 개별 언어수단이 갖는 위치가치의 성질 또는 구조 제약성이 있다. 이 분절은 체계적으로 모든 언어사용이나 모든 가능한 문맥에 앞서 있다. 밭의 원리에 관한 객관적 평가에 도달하고자 한다면, 이 전제들을 분명하게 인식하고 있어야만 한다. 그 밖에 밀러의 몇몇 요구사항은 전적으로 '밭' 연구의 의도와 일치하고 있다. 즉 밀러는 '밭' 사상의 이상화하고 구상화하는 경향에 반대하고, 그에 반해 언어사용, 문맥, 언어 외적 요인들의 중요성을 강조한다. 그럼으로써 그는 근본적으로 다 된 일을 가지고 헛수고를 한 셈인데, 왜냐하면 언급된 관점들은 예를 들어 이 분야에서 기퍼의 연구에 명백히 포함되고 고려되었기 때문이다.[7]

브라운R. L. Brown은 《훔볼트의 언어상대성 개념Wilhelm von Humboldt's

---

6 Schmitter 1978, 특히 14-21, 27-31 및 Schmitter 1979, 139-160 참조

7 Gipper 1959, ²1966 참조.

Concept of Linguistic Relativity》(1967)이라는 연구에서 훔볼트와 그의 후계자들의 견해와 그와 유사한 아메리카의 민족언어학적 시도들 사이의 관련에 대하여 보다 적절한 평가를 내리고 있다. 그의 연구는 훔볼트의 의도와 업적에 대해 잘 개관해놓고 있다. 저자는 이 도이치 학자의 언어철학적 견해를 계몽주의와 낭만주의의 정신적 흐름 속으로 분류해 넣고 보아스F. Boas와 사피어E. Sapir를 거쳐 가는 유사한 아메리카의 시도들과의 연결관계를 보여주고 있다. 그의 서술은 읽을만한 가치가 있는 것으로서, 사실을 공정한 방식으로 올바르게 평가하려 한다. 브라운은 훔볼트가 등한시되는 것이 흡족할만한 번역서의 결여(20쪽), 의미의 문제에 대한 구조주의의 반감(120쪽)과 관련이 있다는 것을 지적하고 있는데, 이는 옳은 말이다. 브라운은 후자를 확증할 때 하임스D. Hymes의 그에 해당되는 발언을 증거로 끌어들이고 있다.[8]

제2차 세계대전 후의 현대 언어학의 발달이 점점 더 분류학적 구조주의와 그 분파에 의해 지배되어 왔다는 것은 잘 알려져 있다. 이들의 실증주의적, 행동주의적 언어관은 의미문제의 취급을 제쳐두었던 반정신적인 기본태도와 결부되어 있었다. 그로 인해 이 시기는 훔볼트의 뜻에서의 언어학적 연구를 속행시키기에는 불리했다. 많은 관점에서 비슷한 아메리카의 사피어와 워프의 단서들도 이 발전의 그늘에서 광범위한 영향을 끼치지 못했다. 그렇지만 이 상황은 촘스키의 생성변형문법이 널리 퍼진 이래로 변했다. 신언어학Linguistik에서 지배적인 반정신적 태도의 극복이라고 말할 수 있을 것이다. 그 결과, 폭넓게 다시금 그때까지 등한시되었던 의미문제에 주의를 기울이게 되었다.

또 다른 시각전환도 못지않게 중대했다. 촘스키는 오래된 유럽 전통과의

8 Hymes 1961, 26 참조.

연결점을 다시 얻고자 하였다. 그는 뽀르 르와얄의 문법과 데카르트뿐만 아니라 많은 사람들이 놀랄만하게 훔볼트도 근거로 삼고 있다. 훔볼트의 에네르게이아 개념을 촘스키의 생성원리와, 그리고 내적 언어형식을 변형문법의 deep structure(심층구조)와 결부시키려는 노력에서 — 특히 코쎄리우(1970), 크놉U. Knoop(1974), 레핀J. Leppin(1977)이 입증했던 것처럼 — 더욱 파급효과가 컸던 오해가 문제되었다면, 이로써 훔볼트는 자신을 시대에 뒤떨어졌다고 간주했던 신언어학자들의 권역에서도 다시 '입궐 자격을 갖추게' 되었다.

구조적 의미론의 대표자들은 비록 독자적인 길을 가고는 있지만, 적어도 최근의 저술들이나 의미론의 일반적인 문제점들에 대한 입문서에서 훔볼트로부터 시작된 사상도 다시 주목받고 있다는 것은 거의 있을 수밖에 없는 일이다. 저자들은 또한 트리어와 바이스게르버를 다루지 않을 수 없다고 느끼고 있다. 도처에서 그들의 견해와 헤르더, 훔볼트의 사유재와의 관련성이 강조되고 있다. 그 경우 이 노력들이 어떻게 평가되는지는 물론 각각의 저자의 태도에 달려 있다. 마르크스주의적인 연구에서는 대개 특히 관념론적인 것으로 평가된 내용 지향의 언어학의 특징들이 다소간 단호하게 거부된다. 이를테면 쉬판Th. Schippan의 《의미론 입문Einführung in die Semasiologie》(1972)이 그런 경우이다. 여기서는 특히 훔볼트의 견해를 토대로 하는 '언어적 중간세계'의 사상에 대해 심각한 우려가 표명되고 있다.

헤셴C. Heeschen의 《언어학의 기본문제Grundfragen der Linguistik》(1972)에서도 그의 형인 Volker는 바이스게르버가 계속해서 발전시킨 훔볼트의 언어철학을 다루면서, "철학적 숙고의 관념론적인 전제들이 부분적으로 성찰되고 있지 않는 것처럼 보인다"라고 언급하고 있다.[9] 이 부정확한 언급에 대한 보다

9 V. Heeschen 1972, 56.

자세한 근거 제시는 물론 행하여지고 있지 않다.

훔볼트-바이스게르버의 관련들은 페어메르Vermeer의 저서 《일반언어학. 입문Allgemeine Sprachwissenschaft: Eine Einführung》(1972)에서도 언급된다. 여기서는 무엇보다도 패치G. Pätsch와 슈미트W. Schmidt의 입장표명이 인용되고 있으나 상세한 논의는 유감스럽게도 이루어지고 있지 않다.

울만St. Ullmann의 《의미론의 원리Principles of Semantics》(³1967) 같이 매우 상세한 저술에서 훔볼트와 소쉬르가 트리어와 바이스게르버에게 끼친 영향도 기록되어 있다는 것은 새삼 언급할 필요가 없다. 울만은 훔볼트를 'the spiritual ancestor of the field theory(밭이론의 정신적 선조)'로 간주하고 있다(154쪽). 그는 트리어와 바이스게르버의 노력에 대해 상세히 보고하고, 여러 비판에 대해서도 다루고 있으며, 결국 긍정적인 평가에 이르고 있다. 그는 《의미론. 의미과학 입문Semantics: An Introduction to the Science of Meaning》(1962)이라는 저서에서도 비슷한 견해를 표명하고 있다.[10]

라이히만O. Reichmann은 《도이치말의 낱말 연구Deutsche Wortforschung》(1969)에서 언어내용연구에 대해 대단히 긍정적인 입장을 취하고, 언어내용연구와 훔볼트의 견해의 관련성을 분명하게 인정하고 있다. 라이히만은 사피어, 워프와는 무관하게 유사한 견해가 전개되었다는 것이 그것을 확인해주는 논거라고 평가하고 있다.

이비치M. Ivić의 《언어학사Wege der Sprachwissenschaft》(1971)에서는 한 장이 훔볼트의 언어관과 '내용중심 언어학'에서 그것의 속행에 할애되어 있다.[11] 이비치는 이러한 노력들을 분명하게 인정하고 있는데, 물론 그녀의 시야에서 관점들은 약간씩 옮겨가고 있다. 예를 들어 하르트만P. Hartmann은 여러 차례 내용중심 언어학의 연구방향과 거리를 두었고 그사이에 독자적인 길

10 Ullmann 1962, 243 이하 참조.

11 Ivić 1971, 256 이하 참조.

을 갔음에도 불구하고 그의 연구들은 내용중심 언어학의 본보기로서 소개되고 있다.

홈볼트의 언어철학적 관념들은 철학 연구서에서 보다 상세하게 평가받고 있다. 야노쉬카G. Jánoska는 《철학의 언어적 토대Die sprachlichen Grundlagen der Philosophie》(1962)라는 저서의 제10장 '언어와 현실성'에서 세계관 사상의 인식론적인 토대를 다루고 있다. 여기서 그는 트리어와 바이스게르버의 해당되는 견해표명도 지시하고 있다. 그는 하이데거M. Heidegger와 워프의 비슷한 사상들을 참조하도록 지시하고 있다. 야노쉬카는, 바이스게르버가 관념론이라는 비난에 대해 자신은 사물의 실재적 존재의 현존을 의심할 그 어떤 동기도 없음을 강조하면서 항의했다는 것을 부각시키고 있다. 워프의 경우에도 야노쉬카는 '실재적인 자리들realistische Stellen'을 발견하고 있다. 그 자신이 인식 과정에서 언어의 역할을 해명하는 데 기여하고 싶어 하여, "개념형성에서 언어에 구성적인 참여몫"(83쪽)이 주어진다는 것을 실재적으로도 파악되어야 할 중요한 통찰이라고 간주하고 있다. 그러고 나서 야노쉬카는 스스로 '구성적 실재론konstruktiver Realismus'이라 이름붙인 자신의 고유한 입장을 세우고, 이를 위해 그가 '존재의미론적ontosemantisch'이라는 표현을 선택한 언어철학적 고찰방식을 전개시키고 있다. 이것은 홈볼트의 사상을 받아들여 긍정적으로 활용하는 주목할만한 단서이다.

루터W. Luther는 언어적인 《세계관과 정신생활Weltansicht und Geistesleben》(1954)에서 매우 진지하게 그리스말과 라틴말에서 지배적인 개별 낱말사의 형식과 밭의 고찰 간의 올바른 비교를 시도하고 있다. 그는 또한 《기본과학으로서의 언어철학Sprachphilosophie als Grundwissenschaft》(1970)에서 홈볼트 이래로 '언어와 기존의 세계이해'라는 복합적인 문제를 과학적으로 서술하고 표현하려는 노력에 대해 상세하게 언급하였고, 이 문제를 자신이 보기에 좀 더 현실적으로 다룰 나름의 제안을 내놓았다. 훔볼트와 언어내용연구의 몇몇 요청에 대한 비판적 견해표명에도 불구하고 루터는 이 연구방향에 대해 전체적으로 긍정적인 입장을 취하고 있다.[12]

1991년 7월에 뮌헨대학교에서 '낱말밭 이론과 어휘밭 이론'에 관한 국제학술회의가 개최되었다. 이 국제학술회의에는 전 세계에서 45명의 학자가 참가하여 당시 낱말밭 이론의 최신 상황에 대해 발표와 토론을 벌였고, 그 결과물이 루츠아이이어P. R. Lutzeier의 편집하에 《낱말밭 이론 연구Studien zur Wortfeldtheorie. Studies in Lexical Field Theory》(1993)라는 제목으로 출간되었다. 낱말밭 이론의 분야에서 새로 나온 연구성과들을 기록하는 일이 시급히 필요했던 이유는 1973년 슈미트L. Schmidt가 편집한 《낱말밭 연구: 언어밭의 역사와 이론에 대하여》 이래로 이 주제에 대한 논문모음집이 더 이상 나오지 않았기 때문이다. 그마저 이 책에서 제시된 것 중에 새로운 것은 없었고 좀 오래된 해당 논문들을 그저 잘 모아놓은 것이었다.

그런데, 그러한 틈새의 확인을 넘어서서 이 주제 자체가 또 다른 정당한 관심을 끌 수 있을까? 이 질문에 대한 답은 긍정적일 수밖에 없다. 낱말밭 이론 자체는 그사이에 다시 매우 활성화되었다.

광범위한 입장에서 고찰해보면, 낱말밭 이론의 현실성은 일차적으로 외부를 향한 그 관여성에서, 즉 다른 분과학문들을 고려해볼 때 입증된다. 오래되었지만 부분적으로 확실히 다시 되살아나고 있는 낱말밭 이론과 인류학, 심리학과의 관계 외에도 새로운 관계가 드러나고 있다. 특히 해석의 틀로서 인지모델을 찾는 학제적 방향의 인지언어학과의 관계라든가 기계식 사전을 적합하게 구조화하는 방법을 찾는 컴퓨터언어학과의 관계가 그것

12 Gipper/Schmitter 1979, 121-127 참조.

이다. 두 분과학문에 대하여 낱말밭 기술은 어느 정도 모델성격을 취할 수 있다. 더욱이 낱말밭 이론에서 상정된 어휘의 구조화는 지금까지 실제의 사전작업에서는 거의 사용되지 못했다. 그 첫 번째 이유는, 사전작업에서 대개 그 근거를 더 이상 물어보지 않는 알파벳순의 항목배열이 여전히 유효하기 때문이다. 그렇지만 이 분야에서도 낱말밭 이론이 사전편찬학에 대해 갖는 의미가 곧 대폭 커질 것이고 미래의 사전을 이용하는 사람들은 그러한 구조의 재현을 요구하게 될 것임을 예측할 수 있다.

외부로부터의 자극과 외부를 향하여 기대되는 낱말밭 이론의 영향력은 중요하다. 낱말밭 이론의 생명력은 그럼에도 우선적으로는 내부 자체에서 입증되지 않으면 안 될 것이다. 그런 한, 루츠아이어가 편집한 논문모음집에 실린 대부분의 논문이 일차적으로 낱말밭 이론 자체의 발전상황에 대한 정보를 제공하고 있음은 반길만한 일이다.

여기서 특기할 만한 것은 게켈러의 논문 〈오늘날의 구조적 낱말밭 연구 Strukturelle Wortfeldforschung heute〉인데, 이 논문은 구조주의적 관점에서 낱말밭 이론의 연구상황을 개관해놓고 있다. 코쎄리우의 학문적 틀이 비록 동질적인 연구대상을 보장해주고, 또 게켈러가 증명하고 있듯이 수많은 구체적인 낱말밭 연구에서 또한 충분히 검증되기도 했지만, 이 틀이 확장되어야만 하리라는 언급은 반갑게도 낱말밭 이론의 관념들이 바람직한 발전능력을 갖추고 있음을 증명해주고 있다. 이를 간추려본다:

낱말밭 연구는 죽지 않았다. 낱말밭 연구의 현재의 위상을 평가하자면, 그것은 완전히 사라진 것도 아니지만 그렇다고 완전히 한복판에 서 있는 것도 아니라고 할 수 있다. 계속 살아나가고 있지만 대단히 활력 있다라는 인상을 주지 못하고 있는 것도 사실이다. 게켈러는 〈구조적 의미론의 진보와 정체Progrès et stagnation〉(1981)라는 논문에서 이러한 상태를 'stagnation'이라고 부른 적이 있다. 그 이래로 변한 것은 그리 많지 않다. 그렇지만 이 논문의 제목에 들어 있는 첫 번째 명사 '진보progrès'에는 낙관적인 분위기도 깔려 있다.

낱말밭 이론은 분명 오늘날의 의미론 내부에서 유행이 되고 있는 분과는 아니다. 이 점에 대해서는 글쓴이 같은 이 연구방향의 옹호자도 솔직하게 인정하지 않으면 안 될 것이다. 낱말밭 연구는 오늘날 언어학이라는 시장에서 그다지 수요가 없다. 그렇지만 꼭 그래야만 하는 것일까? 낱말밭 연구는 실제로 너무나도 심각한 이론적, 실제적 결함을 보여주고 있어서 이로부터 그 궁핍한 삶이 설명된다는 말인가?

어떤 연구방향이 해당 학문의 역사의 어느 특정한 시점에서 특별히 많이 논의되고 있는지 아닌지는 그 연구방향의 학문적 토대에 대해 아무것도 말해주지 않는다.

낱말밭 연구는 어휘의미론, 말하자면 일차적으로 계합적 의미론paradigmatische Semantik이고, 이것은 글쓴이의 견해로는 그 어느 것보다 더 우선적으로 힘차게 연구해야만 한다. 그렇지만 어휘의미론에 머물러 있어서는 안 될 것이다. 계합적 의미론에는 통합적 의미론syntagmatische Semantik 또는 조합적 의미론, 월의미론이 추가되어야만 한다. 월의미론은 토대가 잘 다져진 어휘의미론을 바탕으로 해서만이 합당하게 구축될 수 있다. 의미론의 먼 목표는 궁극적으로 텍스트의미론이어야만 하는데, 이에 대해 코쎄리우는《텍스트언어학. 입문Textlinguistik. Eine Einführung》(1980)이라는 저서에서 이미 중요한 기여를 한 바 있다.

어휘는 우리 언어의 구조에서 가장 많은 수의 단위를 보여주고 있고 따라서 가장 복잡한 층이다. 우리 언어의 어휘가 왜 아직도 매우 불완전하게 기술되어 있는지를 설명하는 이유가 분명 여기에 있다 — 그렇다고 해서 몇몇 언어에 대해 이룩된 단일언어 사전편찬학의 업적이 과소평가되어선 안 된다 —. 어휘에 대한 연구와 체계적 기술은 지금도 그렇거니와 앞으로도 언어학에서 시급히 연구되어야 할 분야이다. 이 점에 대해서는 의문의 여지가 있을 수 없다. 구조적 낱말밭 방법은 이 과제에 탁월하리만치 적합하다. 이것이 학자로서, 그리고 대학교수로서 겪었던 얼마간의 경험에 근거한 글쓴이의 개인적인 견해이다.

슈바르츠는 1959년에 분절연구의 처리방식을 위한 소고로서 〈언어밭의 주도적 특징들〉에 대해 서술해놓고 있다. 아래에서는 이에 대해 소개해본다.

모든 언어에 고유한 세계파악의 방식을 그 자체로서 의식화하고 통찰할 수 있도록 한다는 시급하고도 어려운 과제를 해결하기 위해, 언어학은 트리어가 발전시킨 언어밭sprachliches Feld의 이론에 의지하고 있다. 바이스게르버는 수많은 저술을 통해 밭 사상의 이 결정적인 역할을 특별히 힘주어 강조했다. Feld(밭)라는 명칭은 언어학에서 트리어 전에 이미 가끔씩 사용된 적이 있긴 하지만, 이 명칭을 언어내용연구에서 가장 중요한 도구로 만드는 전기를 마련해준 것은 트리어가 처음이었다.

확실히 종래의 의미연구도 언어수단의 내용과 성능에 대해 가치 있는 해명을 제공해줄 수 있다. 의미연구를 '음성중심적'이라고 낙인찍는다는 것은 부당한 일이다. 왜냐하면 의미연구는 비록 음운을 출발점으로 삼기는 해도 언제나 음운과 결합된 내용을 목표로 하기 때문이다. 그러나 그것이 제공하는 해명은 음성체로부터 출발하는 관점에서 획득되기 때문에 그것의 관찰은 언제나 개별 기호에만 관련될 뿐이지 모어적 중간세계의 구조에 대한 통찰은 결코 가져다주지 못한다. 개별 기호의 내용조차 언제나 개념 이웃들의 내용에 의해 제약되어 있으므로 그들 간의 관계로써만 충분히 인식될 수 있다. 어떤 기호의 위치가치를 알 때에야 비로소 그 기호에 대해 제대로 아는 것이기 때문이다. 기호의 특성들과 그것의 내용 사이에 가령 동물 소리처럼 자체로서 놓여 있는 객관적 연관관계가 존재하는 것으로 보이는 경우에도 밭의 법칙은 결코 중단되는 법이 없다. 즉 wiehern((말이) 히힝 소리를 내며 울다), krähen((수탉이) 울다) 등의 '명확성'은 음성상징에 의해서만이 아니라 인접해 있는 대비개념들인 blöken((양이) 울다), muhen((소가) 음매 울다), schnauben((말이 코로 씩씩거리며) 쿵쿵대다), 또는 gackern((닭이) 꼬끼오 울다), schnattern((거위, 오리가) 꽥꽥거리다) 등의 존재에 의해서도 확실하게 보장되어 있는 것이다. 말하자면 모어적 중간세계의 구조는 고립된 언어포착에서는 결코 인식될 수 없고, 언제나 서로 수정, 보완해가며 귀속되는 다양한 표현 가능성들의 내용적 공동작용에서만 인식될 수 있다. 이 표현 가능성들의 도움으로 언어는 그때그때 그 각각의 의의분야에서 많은 현상을 정신적으로 처리하는 것이다. 그럼에도 밭 사상에 종속된 이 고찰방식에서 중요한 것은 그것이 큼지막한 관련들을 겨냥할 뿐만 아니라 또한 개념적인 무리형성들 내에서, 즉 그것의 주의가 향하는 세계단면 내에서 우선적으로 다름 아닌 바로 언어에 결부된 분절의 결과를 밝혀내고자 한다는 것이다. 이를 통해 이 밭 사상의 고찰방식은 언어내용연구가 '언어내용 자체의 구성법칙에 부합하는'[13] 분절원리들을 관철시켜야 한다는 바이스게르버의 정당한 요구를 충족시키고, 동시에 사물과 사물무리를 수단으로 하여 연구하는 명칭론이 언어사태를 사물사태와 혼동하고 전자의 고유법칙성을 등한시하는 오류를 피하게 된다. 명칭론은 언어 안에 놓여 있는 질서를 자연에 의해 주어진 존재의 질서로 간주하면서도 각각의 언어는 아무리 현실에 의존하고 있다 하더라도 무한한 수의 가능한 관점들 가운데 언제나 자신만의 특별한 선택을 하고 그렇게 하여 비로소 '대상들'을 만들어내어 명칭론이 이 대상들을 마치 부동의

13 Weisgerber 1953b, 118.

단위들을 다루는 것처럼 처리한다는 것을 인식하지 못할 위험에 언제나 처해 있다. 그러한 입장으로부터는 언어내용이 완전히 간과될 뿐만 아니라 언어와 무관한 관점들이 뒤섞여 들어오므로 내적 언어구조에 본질적인 본디의 분절을 놓쳐버리고 마는 경우도 흔하다.

이러한 여러 가지 이유에서, 바이스게르버가 밭 연구를 언어내용으로의 접근로를 여는 가장 중요한 방도로 본다는 데 동의하지 않을 수 없다. 그렇지만 유감스럽게도 이 길은 그 의미를 고려했을 때 바람직하리라 할 만큼 아직은 그리 잘 닦여져 있지 않다. 개개의 언어밭에 도달하여 그것에 속하는 성분들을 조사하기 위해서는 어떤 특징들을 따라가야만 하는가라는 문제가 결국 결정적이건만, 이상하게도 트리어는 이 문제에 그다지 큰 관심을 기울이지 않았던 것이다.

트리어는 다음과 같이 말하고 있다: "우리에게 공통된, 우리의 오늘날의 언어재와 그것의 내용적 분절이 갖는 절대적 힘에 의해 우리는 밭을 설정한다."[14] 여기서 그가 근거로 삼고 있는 '우리의 언어재의 절대적 힘'을 가지고서는 이 경우에 달성할 수 있는 것이 그다지 많지 않을 것이다. 우선 개별 언어동료는 이 공유재에서 언제나 매우 소소한 몫만을 처리하고, 따라서 오로지 이 근원으로부터는 타당한 개념관계에 대하여 확실한 판단을 끌어내기가 어렵다. 자기 자신의 언어지식에서 얻어낸 통찰은 언제나 다른 언어참여자들의 소유재에서 더 검사해볼 필요가 있다. 그렇지만 이 소유재는 연구자에게 직접적으로 접근 가능한 것이 아니라 그것이 반영되는 현존의 언어표현을 거친 우회로에서만 접근 가능하기 때문에, 현 시점의 언어상태를 다룰 때조차도 문헌학적 처리방식, 즉 '텍스트'에서의, 그리고 텍스트에 의한 연구는 여전히 불가결한 것이다. 실제로 트리어는 그의 고고지 도이치말과 중

14 Trier 1934^{b}, 441.

고지 도이치말 '지성의 밭Verstandesfeld'을 결코 '그의 언어재의 절대적 힘'으로부터 설정한 것이 아니라 근거자료에 대한 연구로부터 획득했다. 직접적으로 주어진 자기 자신의 언어재 참여분에 대해서도 '절대적 힘'이라는 말이 적용될 수 있을 정도의 통제력을 행사하는 이는 아무도 없다. 올바른 표현을 찾으려는 노력은 심심치 않게 실패로 돌아가는데, 이 헛된 노력을 상기해보면 차라리 무기력하다는 말을 하고 싶은 생각이 든다. 어쨌든 그러한 경험에서 알 수 있는 것은, 개인이 자기 것이라고 부를 수 있는 제한된 언어 소유재조차 그저 쉽게 자기 마음대로 사용할 수 있는 것은 아니라는 점이다. 오히려 개인이 이 언어소유재에 대해 갖는 지배력은 그 자체로서도 제한되어 있고 — 이 소유재 자체가 언어적 교류에서의 지속적 교환을 통해 겪는 변화는 제외하더라도 — 현저한 동요를 보인다.

그런데 이 점에서 동시에 분명해지는 것은, 우리의 언어소유가 마치 탁 트인 풍경처럼 단순히 스스로 모습을 드러내 보여서 우리가 해야 할 일이라곤 고작 그것의 분절을 보고 확인하여 그것을 모사하는 것에 불과한 것은 아니라는 점이다. 그와 반대로 이 분절은 그때그때 필요한 표현수단의 발견을 비로소 가능하게 하는 것임에도 불구하고 끈질기게 어둠 속에 머무르는데, 더욱이 그 분절의 발견을 야기하지만 그 수행은 동시에 그 분절에 의해 함께 조종되는 그러한 사고행위를 하는 동안에는 대부분 여전히 어둠 속에 머물러 있는 것이다. 따라서 언제나 밭 또는 언어의 전체에서 출발해야만 한다는 트리어의 요구도 단연코 충족시킬 수 없다. 다행스럽게도 이 요구는 잉여적이기도 한데, 왜냐하면 만약 언어의 내용층도 빈틈없는 정돈된 관련성을 이루고 있고 이 관련성 안에서 "개별적인 것은 아무것도 없다"[15]고 하는 분절연구의 전제가 들어맞을 경우, 전체에서 부분으로의 결합에 따르지

15 Trier 1931, 429; 또한 Trier 1934[a], 198 참조.

아니면 부분에서 전체로의 결합을 따르지는 아무런 차이가 없기 때문이다. 중요한 것은 오직 전체를 목표로 하고 부분에서 멈추지 않는다는 것이다. 그 밖에 언어습득 또한 가장 낮은 단위에서 시작하여 각각의 성분을 거쳐 보다 높은 차원으로 올라간다. 언제나 밭 또는 언어의 전체에서 출발할 수 없는 이유는 무엇보다도, 이 전체가 우리에게 처음부터 이미 개관할 수 있도록 주어져 있는 것이 결코 아니라 바닥의 깊이를 거의 측량할 수 없을 정도의 그 어두운 곳으로부터 의식이라는 밝은 곳으로 우선 힘들게 끌어올려야 하기 때문이다. 이 의식의 비좁음 — 또는 보다 정확하게 표현하자면 그 문턱의 비좁음 — 으로 인해 언제나 비교적 작은 조각들만 통과할 수 있기 때문에, 하나의 밭에 속하는 성분들은 느릿느릿, 그리고 차례대로만 밝은 곳으로 건져올릴 수 있을 뿐이다.

이 일을 할 때, 밭 연구자는 어느 정도 연상에 의해 떠오르는 개념결합에 이끌릴 수 있을 테지만, 이 개념결합을 불러일으키기 위해서라도 실험을 이용하여 자기 스스로에게 숨겨진 언어소유를 생생하게 보여주기 위한 수단으로서 담화구성을 끌어들이지 않을 수 없는 경우도 흔할 것이다. 말하자면 이에 대해서도 문헌학적 처리방식은 필수적이다. 근본적으로 트리어는 우리의 언어재의 절대적 힘이라는 위태로운 표현을 입 밖으로 흘려보내기 전에, 밭의 현존을 증명하기 위해 구체적인 말하기 상황을 근거로 삼았을 적에 이미 이 필요성을 은연중에 인정한 셈이다. 구체적인 말하기 상황을 관찰해보면, 월 안에서 표출된 낱말은 언제나 대화 상대자가 기억해낼 수 있어야 하고 서로 유사한 뜻을 갖는 일정한 수의 표현들 가운데서 비로소 선택됨을 알 수 있는데, 이는 낱말이 오로지 월의 맥락으로부터만 그 온전한 의의를 받는 것이 아니라 그것의 내용이 개념적 환경에 의해 함께 규정되어 있고 낱말이 바로 이 개념적 환경으로부터 담화 안으로 불려오기 때문이다. 물론 — 트리어의 견해와는 반대로 — 어떤 언어수단이 월의 표현조직 안으로 들어서는 경우, 밭이웃들의 전체가 벌써부터 온전한 현재성을 얻는 것은 결코 아니다. 트리어 또한 개별 낱말기호가 '밭의 현재성의 '정도에 따라''[16] 이해된다고 말할 때 간접적으로 이를 시인하고 있다. 대개는 최소한 관용적인 언어재를 사용할 경우, 심지어 말할이와 듣는이조차 표출되지 않은 개념배경이 월 내용의 구성에서 함께 작용한다는 것을 도무지 눈치채지 못한다. 어떤 낱말이나 그것의 이해를 구하는 순간에만 시선은 밭에서 관련된 것들 가운데 어떤 것을 포착한다.

그런데 이 경우에 '전체 밭'을 파악하는 일은 단순히 위에 언급된 의식의 비좁음과 우리의 언어재 및 우리의 불안정한 언어재 통제력의 결함뿐만 아니라 다른 장애물에 의해서도 방해받는다. 이 장애물을 설치해놓는 것은 자신의 안에 받아들인 언어수단을 자신의 특수한 목적을 위해 한정하는 형성된 월인데, 언어수단은 이렇게 한정됨으로써 통상적으로 그 온전한 내용의 일부로써만 펼쳐지고 그에 따라 밭의 이웃관계에 의해서도 언제나, 우연히 활성화된 낱말내용이나 형식내용의 측면이 더 가까이 향해 있는 바로 그러한 단면만이 직접적으로 영향을 끼치게 되는 것이다. 예를 들어 hoher Sprung(높이뛰기), hoher Schuß(사격에서 목표물보다 높이 조준하는 것) 또는 hoher Wurf((농구의) 점프 패스)라는 말에서 hoch(높은)는 확장개념의 전체밭 앞에 위치하는 것이 아니라 우선 그것의 짝 한쪽 weit(먼)와 flach(rasant)(낮게 깔린(직선으로 날으는))만을 옆에 두는데, 이 낱말들의 존재만으로도 이 경우에 월 안에서 활용된 내용부분을 보장하기에 충분한 것이다. 그에 반해 hohes Haus(높은 집)는 우선 niedrig(낮은)와, 그리고 다음으로는 breit((폭이) 넓은), lang(긴), schmal((폭이) 좁은), groß(큰), klein(작은)과 구분되는데, weit와 flach(또는 rasant)는 이 맥락에서 전혀 고려되지 않고, 거꾸로 처음에 언급된

16 Trier 1931, 5.

결합체에서는 breit, lang 등이 차단된다. 말하자면 배치상태가 경우마다 바뀌고 부분적으로만 일치하는 밭단면들이 계속해서 새로이 나타나기 때문에, 밭 전체에 대한 개관과 그 내적 구조에 대한 통찰을 얻기 위해서는 고된 세부작업이 필요한 것이다.

그러나 이 노력은 그럴만한 가치가 있다. 왜냐하면 세부적인 면에서의 모든 차이점들에도 불구하고 여러 모로 일치하는 개념관계들이 나타나고, 바로 이 동일한 또는 유사한 의의관계들의 귀환이야말로 언어밭을 탐구할 때 가장 중요한 주도적 특징을 이루기 때문이다. 말하자면 부수적인 데 불과한 경쟁자들은 그저 간헐적으로 또는 단 한 차례만 등장함으로써 국외자로 드러나 결국 흡사 저절로 떨어져 나가면서 밭의 본디의 핵심은 점차 점점 더 뚜렷하게 그 모습을 드러낸다. 담화조각들로부터 탐조된 결합단면들이 서로 부분적으로 합치되는 사례들이 쌓이다 보면 밭을 지배하는 뚜렷한 점과 윤곽들이 두드러지게 될 뿐만 아니라 동시에 개별 조사결과의 가능한 오류를 바로잡을 수 있게 된다. 그 밖에도 실제로 언어에 독특한 분절들, 더욱이 고찰방식을 결정짓는 그 본질적인 기본특징들이 발견된다는 것이 보장된다.

이로써 각각의 밭경계선에 관한 어려운 문제에서도 한 걸음 더 나아가게 된다. 밭 연구는 이 점에서 방언지리학과 비슷한 상황에 처해 있다. 이에 대해 운베르트W. von Unwerth는 다음과 같이 말하고 있다. "방언이 존재한다는 것은…… 아무도 부인할 수 없다. 하지만 두 개의 그러한 방언이 서로 충돌하는 지역에 들어서기만 하면 어디에다 경계선을 그어야 할지 경우에 따라서는 굉장히 불확실하게 보이기도 한다."[17] 물론 명확한 구분선은 결코 기대할 수 없다. 왜냐하면 언어내용은 그 자체로서 완결된 빈틈없는 관련으로서

17 Unwerth 1908, 1.

나타나는바(이 견해는 언어적 중간세계die sprachliche Zwischenwelt 등과 같은 표현에 이미 내포되어 있다. 이 견해는 때로는 반박된 적도 있었는데, 그 이유는 언제나 언어 안에는 이런 저런 대상을 가리키는 특별한 명칭이 결여되어 있다는 것뿐이었다. 그렇지만 그러한 결핍은 결코 진정한 빈틈이 아니라 낱말덮개의 밀도가 덜 촘촘함을 가리키는 징표에 불과한 것이다), 이 관련에서는 하나가 다른 하나와 겹쳐지고 결합의 끈들은 어느 곳에서도 완전히 끊기지 않기 때문이다. 어떻든 이 끈들은 곳에 따라 좀 더 드문드문, 그리고 좀 더 느슨하게 묶여 있다. 개념층의 조직은 그 밀도가 고르지 않은 것으로 입증되기 때문이다. 실뭉치 같은 덩어리들 사이에는 언제나 성기고 다소 넓은 중간지대가 존재하기 때문에 밭은 그 유동적인 경계선에도 불구하고 비교적 복합적인 형태로서 드러난다. 이 형태의 규모는 결코 고정되어 있지 않다. 합치 빈도의 감소는, — 성분들 사이의 의의의 긴박한 상태가 현저히 가라앉음과 결부되어 — 어디에서 조직이 헐거워져 하나의 밭이 그 주변영역으로 흘러들어가는지에 대한 꽤 신뢰할만한 징표를 연구자에게 제공한다. 이로써 지나치게 자의적인 경계구분의 위험은 피하게 되는 셈이다. 그럼에도 위에 시사한 방도를 취하는 대신에 감정적 개념Gefühlsbegriff, 색채명Farbnamen 또는 그와 같은 식별어를 이용하여 연구분야의 범위를 아예 처음부터 정함으로써 일찌감치 목표를 두고 시작하게 되면 그런 식의 자의적인 경계구분에 이르기 쉽다. 그러한 처리방식은 밭 연구를 사물 무리의 연구에 우려스러우리만치 가깝게 근접시켜 이 연구가 범하는 여러 가지 오류에 내맡기게 될 것이다. 그에 반해 주도적 개념의 도움으로 연구의 대략적인 위치를 규정하는 일은 당연히 허용된다. 사실 그러한 총괄표현 아래에 합쳐진 언어재가 실제로 의의 면에서 서로 밀접하게 짜여져 있어 과연 하나의 언어밭이라 말할 수 있는지는 연구에 의해 비로소 알 수 있는 것이다. 어떤 개념적인, 그리고 당연히 언어에 의해 주어진 공속성이라면 물론 결코 빠지지 않는다. 어떤 낱말이든 고유명사의 성능을 능가하기만 하면 사실 어떻게든 자신의 개념범위에 어휘의 다른 요소들을 포함하기 마련이다. 그렇지만 만약 이러한 류의 수합에 만족하고자 한다면, 언어 안에 존재하는 낱말만큼이나 많은 수의 밭을 받아들이지 않으면 안 될 것이다. 그런데 거꾸로 밭의 성질을 지닌 결합체는 입증된 바와 같이 총괄적인 종 명칭 없이도 존속할 수 있다. 가령 어떤 원주민 언어에는 여러 가지 야자수 종류를 가리키는 수많은 명칭이 밭에서처럼 상호 연관되어 있음에도 '야자수'라는 총괄개념은 없는 현상과 같은 여러 현상들을 상기해보라. 그렇기 때문에, 오직 그러한 개념묶음 자체만으로 언어밭의 수용에 대해 충분한 정당성의 근거를 제시하기는 불가능하다. 밭과 개념범위를 동일시하는 것은 밭 사상을 포기하는 것이나 매한가지일 것이다. 개별 낱말의 효력범위가 그것보다 하위에 있는 의의 보유자들 사이에서 세우는 결속성은 이미 그 자체로서 밭을 창조하는 작용을 하기에는 너무 느슨하다. 이는 특히 거의 무제한적인 합성능력으로써 상당히 큰 범위에서 임의의 총괄개념을 허용하는 도이치말에 적용된다. 무턱대고 그러한 수합개념에 이끌리도록 방치하게 되면, 실제로 언어 안에 포함되어 있는 본디의 의의유사성, 언어내용의 결정적인 분절을 놓친다든가 함께 속하는 것들을 서로 갈라놓는다든가 함께 속하지도 않는 것들을 서로 결합시키게 될 위험이 있다. 그럼에도 불구하고 개념묶음에는 어쨌든 간에 어떤 결속력이 내재해 있기 때문에 다른 관점에서도 확보된 밭 경계구획의 또 다른 표지로서 이용될 수 있을 것이다. 이 결속력은 합성어보다 단순한 언어수단에서 더 높이 평가할 수 있다. 그렇지만 개념범위는 대략적으로 동일한 영역이나 최소한 그 외부경계의 일부 구간을 덮고 있는 여러 기호의 공동작용에 유의할 때에야 비로소 특별한 가치를 지닌 주도적 특징으로 된다. 그러한 집적은 밭성분들의 내적 관련성을 강화한다. 이를테면 Eltern(부모), Gatten(배우자), Ehcpaar(부부) 등과 같은 낱말들에 의해 Mann/Frau(남편/아내), Vater/Mutter(아버지/어머니)의 이원성이 그 자체로서 밭의 성질을 지닌

무리로 드러나 있고, 마찬가지로 Kinder(자녀)와 Geschwister(형제자매)는 Sohn/Tochter(아들/딸), Bruder/Schwester(형제/자매) 같은 개념들을 하나의 통일성 개념으로 묶어, 이 통일성이 이원성과 더불어 다시금 대체적으로 (보다 좁은) Familie(가족)라는 범위를 한정하는 것이다.

개념묶음처럼 비슷하게 밭을 설정하는 힘을 펼치는 것이 술어묶음이다. '술어묶음'(또는 '결합가 분야')이라는 주도적 특징은 위에서 '개념배경'이라는 표제어 아래 다루어졌던 특징과 혼동되어선 안 된다. 개념배경은 선택된 낱말에 대하여 의의를 확실하게 해주는 이웃들만을 포함하고, 따라서 hohes Haus라는 구문에서 hoch 뒤에는 niedrig, lang, breit, groß 등만이 있는 데 반해 Haus(hoch가 속하는)의 결합가 분야는 가능한 부가어인 neu(새로운), alt(오래된), schön(예쁜), grau(회색의) 등처럼 다른 것도 많이 포함한다. 이것만 보더라도 결합가 분야와 밭은 부분적으로만 서로 겹치는 상이한 언어단면들이다. '술어묶음'이라는 표현은 포르치히W. Porzig에 의해 발견된 '본질적 의미관계wesenhafte Bedeutungsbeziehungen'가 무리를 만들어내는 성능을 가지고 있음을 겨냥한 것이다. 즉 모든 언어수단은 그 내용에 의거하여 고유한 '결합가', 즉 월 안에서 그것과 결합할 수 있는 개념들의 특수한 범위를 보유하고 있다. 이 능력은 양쪽에서 내용의 기능이기 때문에, 다른 담화부분과 동일한 문법적 관계를 맺을 수 있는 모든 담화부분은 의심의 여지없이 또한 서로서로 어떤 특정한 의미관련성 속에 있는 것이다. 이 점에 대해서는 포르치히가 지적하고 있다. 그는 또한 '본질적 의미관계' 자체를 '초보적 의미밭'이라고 부르고 있다. 포르치히는 이것을 fällen(넘어뜨리다)의 본보기에서 보여주었다. 상위개념 Baum(나무)에 의해 한정되는 fällen의 진술분야는 Eiche(떡갈나무), Buche(너도밤나무), Tanne(전나무) 등의 명칭을 동사의 가능한 목적어로서 묶어 총괄한다. 그런데 모든 동사가 이러한 방식으로 밭을 나타내는 것은 아니다. 그렇게 해서 드러나게 되는 무리들은 상당히 뒤죽박죽

섞여 있는 경우가 흔하다. 더욱이 가령 schneiden(자르다)같이 꽤 뚜렷한 내용을 가진 동사의 경우에, 술어묶음은 목적어 쪽을 향하여 대단히 약한 것으로 입증된다. 왜냐하면 포르치히의 지침에 따라 전의된 용법은 제외한다 하더라도 Haare(머리털), Getreide/Gras(곡식/풀), Papier(종이), Tuch(수건), Brot(빵)같이 서로 매우 멀찌감치 떨어져 있는 사물들이 여전히 진술분야 안에 합쳐져 있기 때문이다. 이 진술분야를 밭이라 부르는 것은 분명 밭 통일성을 구조하기 위해 이 경우들 각각에 대해 다른 낱말 schneiden(자르다)을 상정하려는 시도만큼이나 의미 없는 일일 것이다. 그러한 시도는 가령 ein Urteil fällen(판결을 내리다)과는 반대로 einen Baum fällen(나무를 베어 넘어뜨리다)의 경우에는 아직 해당될지도 모르지만, nach Hause fahren(집으로 가다) : in den Rock fahren(상의를 입다)의 경우[18]에는 이미 회의적이다. 그럼에도 고려해보아야 할 것은 그러한 관용어들이 밭 연구에 의해 어느 정도로 독자적인 어휘단위로서 취급될 수 있는가이다. 합성어를 고려해볼 때에도 똑같은 문제가 제기되는데, 합성어 가운데 많은 것들은 마찬가지로 그때그때 만들어지고 또 손쉽게 사용할 수 있는 특정한 결합어보다 결코 더 관용적이지 않다. 어떤 동사를 그것의 가능한 주어 쪽을 향해, 또는 그 동사에 덧붙여질 수 있는 다양한 종류의 부사적 규정어 쪽으로 펼치는 밭 구성력은 대개 훨씬 더 경미하다. 나머지 언어수단들의 결합가 분야의 의의의 긴박한 상태도 대개 한층 더 낮은 수준에 머물러 있다. 그럼에도 불구하고 술어묶음에는 밭 연구에서 대단히 중요한 주도적 특징의 역할이 부과되는데, 그 이유는 그것이 내용과 결부된 언어습관의 침전물로서 언어밭의 구성과 존속에 결정적으로 기여하고 순수하게 문헌학적인 방도에 의해 언어밭으로의 접근로를 열어주기 때문이다. 물론 이 경우에도 여러 가지 술어묶음의 공동작용

18 Porzig 1934, 84.

에 주목하고 여러 결합가 분야가 중첩된 상태들을 탐지하며 경우에 따라서는 개념묶음까지도 연구결과의 버팀목으로서 끌어들일 때에야 비로소 유용한 성과에 도달하게 된다. 이 처리방식을 밭 연구의 정련된 도구로 완성시키는 작업에 바이스게르버는 탁월하게 참여하고 있다.

개념묶음과 술어묶음 외에 때로는 문법적인 기능방식의 특이성이 언어밭의 주도적 특징으로서 고려되기도 한다. 이를테면 도이치말 화법조동사의 경우에 zu 없는 단순 부정형이 함께 오는데, 미래형을 만들어주는 werden(~되다)도 이 화법조동사에 넣을 수 있다. 화법조동사에만 한정된 이 식별표지에 의해 화법조동사는 선명하게 한정된 밭으로서 대부분의 언어재로부터 구분된다. 그런데 이러한 종류의 명확한 힌트는 드물고 대개 옛부터 전해내려온 매우 경직된 밭 구조에만 특유한 것이다. 그럼에도 연구자는 기초문법이 여기저기서 자신에게 줄 수 있는 신호가 그다지 꼭 해야 할 것은 아니더라도 기꺼이 그에 따를 것이다. 예를 들어 라틴말 verba dicendi(말함을 나타내는 전달동사)와 verba sentiendi(지각동사)가 반드시 이 무리의 a.c.i(부정형을 동반한 대격)와 결합하는 구문은, 비록 이 범위에 제한되어 있는 것은 아니지만 밭의 성질을 지닌 관련성을 부여한다. 유사한 증거를 상당히 풍부하게 제공하는 것이 격 이론이다. 여러 가지 종류의 라틴말 탈격이나 소유격은 흔히 이 형식을 수용하는 낱말들 또는 그것을 초래하는 낱말들의 밭 공속성을 가리킨다. 그러한 '열린' 묶음을 이용할 경우에는 다시금 조합적 처리방식, 즉 다른 주도적 특징들에 의거한 검사가 적절하다.

문법적 기능 특이성의 기준은 음성형태에 고착된 밭 결부성의 외면적 근거들로 넘어간다. 입센G. Ipsen(1932)은 그러한 근거들에 특별한 가치를 두었는데, 언뜻 보면 실제로 마치 품사, 낱말부류 및 조어방식의 동일성 같은 형식상의 일치가 가장 믿을만한 것처럼 보일 수도 있을 것이다. 신고지 도이치말의 화법조동사들이 나머지 다른 동사들과 구분되는 형식구성 면에서 전반적인 균등함을 보여주는 것도 사실 우연이 아니다. 그러나 이것들은 다시금 예외인데, 왜냐하면 일반적으로 그러한 형식상의 공통점들은 그것을 보유하고 있는 것들이 동일한 밭에 속해 있다는 것을 가리키는 명확한 단서를 아직 포함하고 있지 않기 때문이다. 그것들은 기껏해야 추후에 확정되어 추가적인 증거수단으로 이용될 수 있을 뿐이다. 가령 -ter로 끝나는 인도게르만어 조어가 '좁은 가족'의 범위를 골라내는 데 도움을 주는 것이 그 예이다. 그러나 그것들을 밭의 존재에 대한 불가결한 전제조건으로 삼을 만큼 멀리 나아가서는 결코 안 된다. 게다가 입센은 형식상의 일치에 대한 요구를 결코 그렇게 거친 형식으로 제기하지도 않았다. 말하자면 그러한 밭은 언제나 반드시 동일한 품사의 범위 안에서 유지되어야 하는 것이 결코 아니다. 사실 밭에서는 언제나 동일한 종류의 언어수단들만이 결집할 수 있는 것인지, 그리고 낱말이론, 형식이론, 월이론의 구분이 밭 연구를 위해서도 꼭 필요한 것인지는 심지어 의심스럽기까지 하다. 그런 이유에서만이라도 이미 낱말밭Wortfeld이라는 명칭으로써 오로지 어휘적 의의관계에만 고정시키는 대신에 우선은 조심스럽게 언어밭sprachliches Feld이라고 말하는 편이 유리하다. 밭은 또한 언제나 반드시 낱말부류와 조어유형의 범위 안에서 유지되어야 하는 것은 당연히 더더욱 아니며, 흔히 이 경계들을 넘어서 언급된 특징들에 오히려 밭의 내적 분절을 마련하는 역할이 부과되는 경우가 허다하다.

품사에 관한 한 어떻든 간에 높은 정도로 밭을 구성하는 작용을 하는데, 왜냐하면 동일한 종에 속한 어휘가 밭으로 총괄되기가 가장 쉽기 때문이다. 이것은 담화구성 안에서 밭성분의 상호 교환 가능성이 절대적 요구사항이고 동종의 낱말들은 서로 같은 월 위치에서 가장 잘 서로를 대신할 수 있다는 사실과 관련 있다. 그런데 바로 이 점으로부터 분명해지는 것은, 품사들 사이의 간극은 극복할 수 없는 것이 아니고 인도게르만어에서 양 극단을 이루는 종류인 명사와 동사조차도 그들의 월 역할을 맞바꾸며 종종 밭 이웃으로서 합쳐진다는 점이다.

낱말부류는 꽤 많은 수의 그러한 집합장을 가진 언어에 대하여 대체적으로 높은 차원의 밭 분절을 유지할 수도 있지만, 그들에 대해서도 조심해야 하는바, 외적 언어형태의 발전은 언제나 훨씬 더 빠른 내용변천에 뒤처져 뒤따라가고 있어서 형식상의 일치는 흔히 이미 오래전에 중단된 의의관련성의 경직된 표현에 불과하며 따라서 곧장 오도할 수 있기 때문이다. 이 점에 대해서는 과거의 12진법의 외적 흔적들을 아직도 되풀이하여 보여주고 있는 수열의 예를 참조해볼 수 있다.

조어방식의 공통점들 가운데서는 그것의 밭 구성력을 고려해볼 때 동일한 기본어 또는 규정어를 갖는 합성어가 단순한 파생어에 앞서 있다. 작은 밭들에 대해 공통된 상위개념을 제공하는 일반적인 기본어가 그 작은 밭들끼리의 보다 밀접한 연합에 기여하는 경우가 흔하다. 그런데 예를 들어 -liod(-노래)를 가진 모든 고고지 도이치말 합성어는 sang-(노래-)의 밭에 속하고 여기에서 자신의 독자적인 하위무리를 구성하는 반면에, 단일어도 마찬가지로 sang-의 밭으로 분류됨에도 불구하고 -leih를 가진 결합어에는 이것이 적용되지 않는다. 이와 유사하게 신고지 도이치말에서 가령 다섯 가지의 감각은 -sinn(-감각)이라는 동일한 기본어를 통해 비록 밭으로 정돈되어 있기는 하지만, 이 식별표지를 기계적으로 이용하려는 이는 Leichtsinn(경솔함), Frohsinn(명랑함), Scharfsinn(명민함), Stumpfsinn(둔감함) 등에 어리석게도 Gesichtsinn(시각), Gehörsinn(청각), Geruchsinn(후각), Geschmacksinn(미각), Tastsinn(촉각)의 옆자리를 인정해주지 않으면 안 될 것이다. 특히 단순한 접미사나 어근 결정사로 퇴색된 합성요소들을 그와 같은 방식으로 이용하려 시도하는 경우에는 실패하는 것이 당연하다.

지금까지 거의 주목받지 못한 주도적 특징으로서 또 한 가지 들 수 있는 것이 음절의 수이다. 동일한 음절 수의 낱말들이 특히 선호되어 밭의 성분들로서 합쳐지고 여기서 보다 밀접하게 접촉한다는 것이 되풀이하여 관찰된다. 이것은 eins(하나)에서 zwölf(열둘)까지 sieben(일곱)만이 이음절 형태를 보여주고 있는 수열에서 특히 분명해진다. 수많은 대응어들, 특히 — 가령 대비개념들처럼 — 서로 팽팽한 의의의 긴박한 상태에 있고 본디의 밭 핵심을 이루는 대응어들은 음절 수가 동일하다는 점이 다른 밭에서도 발견된다. 물론 이 특징에도 내적 밭 구조의 인식에 대해 확인해주는 가치 및 어떤 특정한 의미만이 부과된다.

언어밭을 식별하는 이 모든 외면적 표지는 언제나 오래전부터 이미 존재하고 있는 의의관계의 결과물이자 침전물, 흡사 육화된 idées latentes du langage(언어의 잠재관념)와 같은 것이기 때문에, 모든 밭이 그와 같은 식별표지(게다가 그 수가 대단히 많음에 틀림없는)를 통해 그 모습을 드러내리라는 것은 근본적으로 기대할 수 없다. 음운에서 엿볼 수 있는 그러한 일반적인 밭 분절이 언어사용자에게 아무리 편안하다 할지라도 — 그것은 에네르게이아라는 언어의 본질과 모순될 것이고 특정한 질서를 결코 움직일 수 없도록 고정시키려 시도함으로써, 언제나 되풀이하여 새로이 시도해가며 "세계를 정신의 소유재로 개조"하는 과제를 수행하는 언어를 방해할 것이다. 따라서 연구가 일차적으로 눈길을 돌려야만 하는 것은 내용 자체의 안에서 작용하고 밭을 구축하며 보존하는 힘들로서, 이 힘들은 저 외면적 특징에서는 가끔씩 특별한 상황에서만 표현을 얻을 뿐이다. 그와 같이 체계성을 갖추려는 경향이 있는 경우에는 심지어 굼뜬 언어재료를 굴복시키고 그것을 자신의 필요에 따라 개조하는 지속적인 의의의 긴박한 상태의 강력함이 밖으로 드러난다.

담화부분들의 개념배경, 의의의 긴박한 상태 및 낱말경합, 개념묶음 및 결합가 분야 같은 표제어와 이 요소들로부터 생겨나오는 한계선 및 힘의 선들의 합류로써 밭을 설정하는 이 내적 힘들 가운데 가장 중요한 것들이 언급

된 것 같다. 이들은 동시에 언어밭을 탐구할 때 본디의 주도적 특징들이다.[19]

슈바르츠는 또한 1962년에 〈언어내용연구의 처리방식(밭이론)〉과 관련하여 12개의 항목을 통해 구체적으로 명시하고 있다. 여기에는 언어수단의 결합가(동사가)의 사상, 밭의 관념 등에서 언어를 분류하는 관계 등이 명시되어 있다. 이와 더불어 의의영역Sinnbezirk에 관한 트리어와 바이스게르버의 견해, 즉 바이스게르버가 이것을 밭의 상위개념, 더욱이 동적 개념으로 파악했음이 명기되어 있다. 아래에서는 이를 소개해본다:[20]

언어내용연구에서 적용되어야 할 처리방식에 관한 한, 대상과 그것의 특수성을 설명하고 언어내용연구를 다른 분과들과 구분지을 때 이미 그 개요를 해설한 바 있다. 다만 그때는 미리 앞질러 감 없이 우선 문제를 제시하기 위하여 처리방식에 일반적인 낱말들인 '밭', '밭 이론', '밭의 연구', '밭의 역사'를 가능한 한 앞에 내세우지 않았었다. 그러나 언어의 내적, 개념적 분절 또는 위치가치에 관하여 논하는 경우에는 언제나 동시에 '밭'이 관련되기 마련이다. 왜냐하면 밭이란 '한 조각의 언어내용의 분절'에 대한 다른 말, 즉 그것을 편하게 부르는 약어표현일 뿐이기 때문이다. '밭Feld'을 '조각'Stück, '부분Teil'과 더불어 분절에 관한 사상 안에 들여다놓는 추가적 개념특징이자 트리어가 훔볼트와 소쉬르를 넘어서게 된 것은, 언제나 언어내용의 전체를 고찰하라는 근본적인 요구에 대하여, 한 언어의 분절된 질서 전체를 속속들이 개관할 수 있는 이는 아무도 없기 때문에 현실의 압박 아래 어느 정도 눈높이를 낮추지 않으면 안 된다는 인식만을 고려에 넣는다는 점이다. 여기서는 부득이하게 개념층으로부터의 단편에 만족해야 한다. 하지만 일

19 Schwarz 1959, 245 이하 참조.

20 이에 대해서는 《서지편람》 LX-LXIII 참조.

단 개별 의미지점들에 대해 국소적으로, 해명가치가 없는 방식으로 고찰하는 데서 벗어나기만이라도 한다면, 이미 무한히 많은 것을 얻은 것이다. 이것은 할리히R. Hallig와 바르트부르크W. von Wartburg의 《사전 편찬을 위한 토대로서의 개념체계》에 대한 논평(6408번)에서 상세하게 서술되어 있는 사유적 필연의 방책을 이용하여 이루어진다. 즉 한 언어의 포괄적인 개념이 일종의 지도 상의 바둑판 눈금으로서 이용되는데, 이것을 연구해야 할 언어, 특정한 언어상태(또는 여러 언어 및 그 상태)에 투영하는 것이다. 그러한 '브라이트 프레임Leuchtrahmen'의 내부, 즉 '의의구역Sinnsprengel', '의의영역Sinnbezirk' 등의 내부에서 그때그때 언어적 분절로 나타나는 것이 '밭'이다(바이스게르버는 Sinnbezirk(비슷하게 Sinnbereich(의의분야)도)를 여기에서와는 약간 다르게 Feld보다 더 높은 차원의 상위개념으로서 사용하고 있다. 그와 반대로 밭은 실질적으로 의의영역의 내부에 위치하는 것이므로, 경위선망과 언어적 분절이 분명하게 서로 구분되는 한 '의의영역 안에 있는 언어적 상태' 등과 같은 표현으로써 쉽게 일어날 수 있는 것에 대해서는 아무것도 말할 수 없다. 처음에 경위선망을 이용하여 절개해내는 것을 언어적 개념층 안에 있는 실제의 절개부분으로 간주하고 그런 식으로(명칭론처럼) 실상을 예단하는 일은 반드시 피해야만 한다). 맨처음에 연구영역의 위치를 측정함으로써 곧바로 언어의 실제의 분절단위까지도 파인더에 들어오리라고 기대해선 물론 안 되고, 파인더를 이쪽저쪽으로 약간씩 옮겨가며 언어지형도의 특별한 배치상태를 파악해야 한다. 그런데 언어지형도 상에서 지나치게 선명한 절개부분들은 어차피 발견하지 못할 것이다. 왜냐하면 언어내용(분절)은 언제나 촘촘함의 정도가 고르지 않은 개념망을 통해서만 형태적으로 하위분절된 빈틈없는 맥락을 구성하기 때문이다. 이제 이 '파인더 트릭'을 이용하여, 그리고 이 트릭을 이용해서만이 여러 언어와 여러 언어상태에서 서로 대략적으로 상응하는 의미의 단면들을 비교하는 일이 가능해진다. 이 원리는 명칭론과 언어지리학이 이용하는 원리와 똑같고, 일반적인 언어사용자도 외국어를 습득할 때 가령 "'Gemüse(채소)'를 프랑스말로 뭐라고 하죠?"라고 물을 때처럼 자기도 모르게 적용하는 원리와도 똑같은 원리이다. 다만 틀린 대답(서지편람 XXIV쪽을 보라)을 받게 될 위험, 더 올바르게 말하자면 대답을 잘못 해석할 위험은 선택된 단면의 크기, 보다 조심스러운 질문의 해석, 예를 들어 더 이상 "~는 ~라 하는가?"가 아니라 "이 영역에서는 어떤 표현들이 있는가?, 그 표현들이 서로 어떤 관계에 있는가?, 이 영역의 어떤 부분들이 그 표현들에 할당되어 있는가?(그 표현들은 무엇을 가리키는가?)" 등과 같은 표현, 그리고 경위선망을 다루고 있다는 의식을 통해 최저한도로 억제된다. 그럼에도 대답이 간혹 약간 잘못 나오게 되면, 이는 단면을 너무 작게 선정했다는 증거이다. 이에 대해서는 무엇보다도 서로 현저하게 다른, 또는 바뀌기 쉬운 분절들을 비교할 때 유의해야 한다. 서로 간의 차이 내지 (통시적으로 비교할 때의) 변화를 시야에 두기 위해서는 그에 상응하는 큰 파인더의 범위가 필요하다.

밭 자체를 성분으로서, 분절 내부의 형태적 단위로서 파악하고자 할 때, — 자료의 특별한 조건에 따라 — 어떤 주도적 특징들에 의지할 수 있는지에 대해서는 슈바르츠가 바이스게르버 회갑기념 논문집에 기고한 논문 Schwarz(1959)에서 밝혀놓았다. 가장 중요하고 가장 신뢰할만한 특징은 낱말들 서로가 내용상으로 가깝거나 먼 관계라는 이 낱말들 간의 '의의의 긴박한 상태'이다. '밭 내부의 분절'에 관한 문제는 '분절 내부의 고유한 단위로서 밭'에 관한 문제와는 다른 것이고 이 후자와는 무관하게 답변될 수 있는 것임을 주목해야 한다. 밭 내부의 분절을 연구할 때, 밭의 외적 한계(또는 한계지대)가 어떠한가를 반드시 알아야 할 필요는 없다. 이는 밭들이 서로 어떤 관계에 있는지에 대해 연구하게 될 때 비로소 중요해진다.

밭 내부의 분절을 서술하고 비교하기 위한 길잡이 역할로서(이에 대해서는 클라더E. Cladder에 대한 논평 2513번을 참조), 라이지E. Leisi(1953)가 (포르치히W. Porzig의 예비연구 후에) 제시한 바 있는 낱말내용 구조의 특징들을 이용하되, 밭 내부에 현존하는 분절의 지배적인 또는 종속적인 관점으로서 그 특징들 각각의 역할을 조사해보는 것이 유리하다. '분절의 비교'가 분절의 특수성을 인식하고 서술하는 데 어떤 가능성을 내포하는지에 대해서는 이미 언급한 바 있고(서지편람 XXIII쪽을 보라), 그렇지 않아도 아마 곧바로 분명해질 것이다. 마찬가지로 분명한 것은, 분절 변천에 대한 서술과 부분설명, '밭의 역사'에 도달하기 위해서는 한 계열의 횡단면을 한 언어의 통시태 안에 넣어 횡단면과 횡단면 사이의 연결선을 긋기만 하면 된다는 것이다. 변천의 원인을 고려했을 때 이 밭의 역사가 어떻게 보완될 수 있는지도 마찬가지로 이미 충분히 지적하였다(서지편람 LVI쪽을 보라). 처리방식을 위해 가능한 패턴으로도 생각되었던바, 분절 변천을 문헌학적 방식으로 여러 힘(낱말들 자체가 밭에서와 같이 병존하는 데서 작용하는 힘, 기호법칙성으로부터 작용하는 힘, 그리고 결합가 관계를 거쳐 개념들의 위치가치에 작용하는 힘)의 협력작용으로서 파악하고 그리하여 개념들의 생성 및 성능에 대한 통찰을 얻으려는 시도를 제공하고 있는 것이 슈바르츠가 트리어 기념논문집에 기고한 논문인 〈영악한. 영리함의 의의구역에서 낱말내용의 성능과 생성에 대하여Verschmitzt. Von Leistung und Werden eines Wortinhalts im Sinnsprengel der Schlauheit〉(1964)이다.

밭 사상은 어떤 종류의 언어내용적 분절에든 적용될 수 있고, 따라서 내용적 분절이 인식되기만 한다면 곧바로 어휘의 외부와 '거푸집들'의 내용적 공존에도 적용될 수 있다거나 이미 적용되고 있다는 것도 마찬가지로 더 자세한 설명이 필요 없다. 그때 개별적으로는 물론 어떤 경우든 자료의 조건에 맞출 필요가 있긴 하지만, 원칙적으로 가령 의의가 유사한 월 형식과 월 구성안들은 마찬가지로 '월의 밭'(학교문법에서 월의 '밭'이나 '긴박한 밭'과 혼동해선 안 된다!)으로 간주될 수 있다. 이는 파생수단들을 그 내용적 공속성과 성능의 관점에서 '밭'으로 분류할 수 있는 것과도 같다. 밭 사상의 개별적 취급에 대해, ― '내용형식'의 영역에서든 아니면 '거푸집'의 영역에서든(아니면 아마도 둘 모두에서 동시에) — 그리고 그것의 계속적인 확장 가능성뿐만 아니라 그것의 다양한 활용 가능성에 대해서는 이 《서지편람》의 여러 논평에서 다양한 힌트가 제시되어 있다. 분절연구의 까다로운 성과를 일목요연하게 서술하는 데 적합한 처리방식(도식에 의한 시각적 제시)을 개발하는 일은 아직 좀 잘 안 되어 있는 형편이다. 바이스게르버는 이 문제에서도 실행 가능한 몇 가지 방도를 제시한 거의 유일한 인물이다. 따라서 이 방향의 제안이나 시도들은 매우 환영할만하다. 어쩌면 예를 들어 일종의 '의의 지도'를 위한 투사도로써 감행해볼만한 것을 한번 시도해보아야 할 것이다.

물론 앞으로 시도해보아야 할 것이 많이 있다. 이를테면 '언어수단의 결합가'(다른 언어수단과 결합하는, 내용에 근거한 언어수단의 능력)와 '결합가 분야에 따른' 언어의 '분절'이라는 사상이 밭 사상 및 밭에 따른 분절과 어떤 관계에 있는지는 좀 더 기다려보아야 할 것이다.[21] 그렇지만 이미 현재로서도 '선호되는 결합가 관계'(Lied ~ singen(노래를 부르다), verschmitzt ~ lächeln(영악하게 미소짓다), rot ~ Blut(빨간 피)를 참조하라.[22] '선호되는 결합가 관계'라는 표현은 다루기가 약간 불편해 보이지만, 그 대신에 몇몇 특정한 경우에만 들어맞는 '낱말묶음Wortbund'에 비해 더 명료하고 덜 위험스럽다. 그러한 관계들 가운데 몇몇은 각기 한쪽에서만 온전한 효력을 갖고, 따라서 무게가 골고루 나뉘어져 있지 않을 수 있다는 점에 유의할 필요가 있다)를 고려함으로써 밭 내부에 있는 낱말들의 위치가치와 밭의 분절에 관한 본질적인 해명이 얻어질 수 있다는 것은 의심의 여지없이 확고하다. 왜냐하면 이 결합가 관계란 포르치히와 라이지(앞의 것을 참조)가 관찰한 낱말내용의 여러 특징에서 그 결과가 (내지 그 원인도) 드러나기 때문이다.

21 이에 대해서는 바이스게르버 기념논문집의 기고논문 Schwarz 1959, 251 이하, 255 및 푸르케Fourquet에 대한 논평 4545번, 기퍼H. Gipper에 대한 논평 5364번(634쪽 이하, 635쪽 이하)과 5367번(638쪽 아래)을 참조.

22 언급된 예에 대해서는 Schwarz 1953, 328 이하; 1964, 특히 71-82, 95 이하 및 5367번에 대한 논평(638쪽 아래)과 5368번에 대한 논평(641쪽 위)을 참조.

이로써 처리방식의 개요에 대해 필수적인 사항이 언급되었을 것이다. 그런데 '밭'과 '밭 이론'에 관련하여 근절하기 어려운 일련의 오류와 오해가 돌아다니고 있는 것으로 보이기 때문에, 여기서 주요점들을 테제의 형식으로 다시 한 번 (몇몇 보완점들과 함께) 강조하고자 한다.

테제는 다음과 같다.[23]

1. '밭'이란 한 언어('랑그langue': 모어, 방언, 전문어 등) 또는 개인의 언어재('빠롤레parler': 예를 들어 젊은 괴테의 언어, 토마스 만의 언어)의 어느 특정한 상태에서 하나의 의의단면('의의독방Sinnzelle', '의의구역Sinnsprengel', '의의영역Sinnbezirk', '의의분야Sinnbereich', '의의지역Sinngebiet')의 내부에서 '언어내용Sprachinhalt' 면에서 발견되는 언어적 분절을 일컫는다. 하나의 밭은 각기 여러 언어수단에 의해 형성되는데, 이 언어수단들은 그러한 단면에 귀속되어 있고 — 따라서 '의의상 서로 유사하고sinnverwandt' — 서로 공존하는 가운데 언어공동체를 위해 그 단면을 개념적으로 해명해주고 분절해준다. 하나의 음운 아래 합쳐진, 오직 표시기술의 측면에서만(그 음운의 해명가치에 대해) 묶여진 의미들도 '밭'이라 부르는 일이 흔하기 때문에, 학술적인 밭이론에서는 오로지 개념상 유사한 언어수단들만을 동일한 밭에 넣을 수 있고 언어기호의 여러 의미 가운데 언제나 하나의 통일적인 개념으로 묶이는 의미들만이 고려된다는 것은 강조해야 할 필요가 있어 보인다. 가령 도이치 낱말 Flügel의 의미와 관련하여, '새의 날개'와 '문의 문짝', '무리의 외각부분'과 '나사못의 손잡이용 날개' 등은 서로 아무런 관련이 없고 따라서 완전히 상이한 밭에 속하는 것이다.[24]
2. 이 단면은 그때그때의 연구목표에 따라 대략적으로 들어맞는 표현을 이용하여 임의로(예를 들어 정신의 의의분야, 지성의 의의영역, 영리함의 의의구역,

23 Schwarz 1973, 428 이하 참조.

24 이에 대해서는 《서지편람》, XXX 이하 참조.

간교함의 의의독방 등으로서) **확정될 수 있다.** 선정된 명칭을 연구된 언어에서 취해야 할 필요는 전혀 없다. 언어 외적 소여사실을 토대로(예를 들어 색채의 경우에 파장영역을 옹스트롬 단위로 나타냄으로써) 내린 규정도 허용될 수 있고 때로는 추천할만하기까지 하다. 물론 단면은 결코 너무 작게 유지되어선 안 되고 (최소한 추후에라도) 언어적 분절 내에서의 실제 상태에 어느 정도 맞춰져야 한다. **'의의영역', '의의구역' 등은 일종의 경위선망의** (가변적인) **범위단위들일 뿐이지**[25] **언어적 분절의 단위가 아니다. 그러한 범위단위에 언어적 분절의 단위가 어느 정도로 대응되는가, '밭' 자체가 어떻게 분절되어 있는가는 언제나 연구를 통해 비로소 확인될 수 있다.** 근본적으로 경위선망과 언어적 분절은 분명하게 구분되어야 한다. 물론 본디 '이해력의 의의영역에서의 밭'을 의미하면서도 이를 줄여서, 예를 들어 '이해력의 밭'이라고 말하는 것은 사실상 거의 피하기 어려울 것이다.

3. 하나의 의의단면 내부에서 언어의 내용적 분절의 특성은 해당 언어수단들 서로 간의 개념적 관계에서 생겨난다. 즉 개개의 언어수단이 어느 특정한 밭에 속해 있다는 것과 그 밭에서 갖는 위치 — 그것들의 '위치가치Stellenwert' — 에 대해 결정해주는 것은 그들 상호 간의 '의의의 긴박한 상태Sinnspannung'이다. 이 의의의 긴박한 상태의 강도는 공통적인 '내용특징들'과 변별적 '내용특징들'의 수와 중요성에 좌우된다(따라서 그 강도는 weise(현명한) : töricht(어리석은), wachen(깨어 있다) : schlafen(잠자다), Liebe(사랑) : Haß(증오) 등과 같은 이원대립에서 최고조에 달한다). 그러한 류의 내용적 귀속관계가 존재하는 곳이라면 어디에나 — 그러한 귀속관계가 그 밖의 경우에 어떻게 제약되어 있는지, 말하자면 그것이 가령 다소간에 자연의 소여사실 또는 역사의 소여사실 또는 사고의 소여사실에 의존하고 있는지의 문제와는 상관없이 — '밭'이 있는 것이다. 어떻게든 간에 모든 언어적 개념질서는 자명하게도 인간이 겪는 현실의 소여사실에 기초하고 있

25 이에 대해서는 《서지편람》, LXI이하와 6408번에 대한 논평을 참조.

다. 그러한 관련이 없다면 언어적 개념질서는 쓸모도 없고 또 존재하지도 않을 것이다. 그렇지만 현실은 거의 언제나, 그리고 어디에서나 그것의 파악과 분절을 위한 수많은 가능성들을 제공한다. 이들 가운데 어떤 것을 언어가 이용하는지, 제공된 것 가운데 어떤 것을 언어가 선택하는지, 어떤 구분에 언어가 중요성을 부여하는지, 그리고 어떤 구분에는 그렇지 않은지 — 이것이 관건이다. 왜냐하면 바로 이것이야말로 일차적으로 언어 안에서 견고해진 개념적 분절의 언어적 본성을 이루기 때문이다. (물론 밭의 비교연구가 가장 많은 성과를 내는 것은 개념적 관계들의 현저한 차이 내지 높은 가변성을 예상할 수 있는 의의지역에서이다. 즉 언어에 의한 세계상의 고유성을 인식하는 데 최고의 해명을 제공하는 것은 정신, 마음, 사회, 문화 및 인간 행동의 범위에서 이루어지는 밭 연구이다.)

4. '밭 내부의 분절Gliederung im Feld'에 결정적인 '내용특징들'이 반드시 순수하게 개념적인 성질을 갖는 것은 아니다. 대개 개념관계가 우선권을 갖긴 하지만, '해명가치Aufschlußwert', '표현가치Ausdruckswert', '문체가치Stilwert' 및 '감정적 가치Gefühlswert'도 의의의 긴박한 상태를 일으켜 그럼으로써 '위치가치' 또는 위치가치에 대한 영향력을 획득할 수 있고, 그렇게 되면 밭이론적 고찰에 마찬가지로 접근 가능해진다.[26]
'표현가치'는 음운 안에 그 자체로서 들어 있는, 의성어적 기호(예를 들어 신고지 도이치말 ritsch-ratsch(찍찍, 북북, 휙휙) 참조)의 경우에 나타나는 내용지시로 이해된다. '해명가치'와 '표현가치'는 '보유자 가치Trägerwert'라는 글린츠H. Glinz의 용어로 포괄할 수 있다.

5. 위치가치를 지닌 언어수단, 즉 분절 안으로 확고하게 장착되어 들어간 언어수단만이 위치가치에 관여하는 그 몫에 따라 밭이론적 고찰의 대상이 된다. (즉흥조어, 단순한 은유 등은 여기서 제외된다. 즉 주로

26 이에 대해서는 《서지편람》, XLVIII-LIII 참조.

주목하는 것은 기본어휘이다.)

6. 밭 성분들 서로의 관계는 갖가지일 수 있다. 즉 개념권의 상위질서, 하위질서, 등위질서 및 교차, 다중 중첩에 이르기까지 관찰될 수 있다. 마찬가지로 밭들 사이에서도 뚜렷한 경계선을 그을 수 없는 경우가 흔하다. 이 경우에도 도처에서 서로 맞물리는 현상과 서로 뒤섞이는 현상이 고려되어야 하며, 따라서 때로는 동일한 언어수단이 여러 개의 밭에 속하는 것으로 인정해주어야 한다.

   이를테면 신고지 도이치말 verschmitzt(영악한)는 네 개의 서로 다른 밭(지성, 유머, 인상, 성격)에 관여되어 있는데, 그렇다고 해서 복합적인 낱말내용의 통일성이 깨지는 것은 결코 아니다. 다시 말해 이 낱말은 영리함의 낱말'이면서' '동시에' 성격표시의 낱말일 수 있고, 거꾸로 유머의 낱말이면서 지성, 인상 등의 낱말일 수도 있는 것이다. 결절점과 교차점, 접합부위와 연결부위를 나타내는 그러한 경우들은 Flügel(날개)이나 신고지 도이치말 heiter(명랑한)와 heiter(구름 없는, 맑은)의 대비와 같이 동일한 음운 아래에 서로 분명하게 구분되는 의미들이 단순히 병존해 있는 것과 혼동되어선 안 된다. heiter의 경우, 명칭들의 은유적 관련만이 있을 뿐이지 개념의 공통성은 없다. 즉 heiter는 언제나 기분상태, '아니면' 기상상황을 나타낼 수 있을 뿐이지 두 가지를 동시에 나타낼 수는 없다. 밭들 사이에(Stimmung(기분, 분위기, (악기의) 조율상태), sonnig(햇볕이 비치는, 쾌활한), freundlich(친절한, 우호적인, ~에 유리한), trübe(흐린, 우울한) 등을 참조) 두 방향으로의 은유적인 다중 교환이 있기는 하지만, 이 경우에 밭들은 서로 분명하게 구분되어 있다. 그럼에도 불구하고 여기저기서 엄밀한 경계구분보다는 오히려 내용적 중점들과 그들 서로 간에 층을 이루고 있는 상태를 조사하는 일이 관건이 된다.

7. 밭의 동참자들 사이의 관련성을 정돈해주는 내적 관계들 — '분절관점들Gliederungsgesichtspunkte' — 도 흔히 (현존하는 다수의 내용특징에 상응하여) 여러 겹을 이루고 있고 그 밖에 때로는 성분마다 바뀐다는

것이 입증된다(역사적으로 성장한 개념질서가 일관되게 적용되는 단 하나의 분류근거만을 따르는 경우는 매우 드물며, 따라서 대개는 통일적이지도 않고 완전하지도 않다. 이 사실을 통해 — 장점이자 단점으로 — 언어적 체계성이 철저하게 논리적인 체계성과 구분되지만, 그렇다고 해서 그 체계성이 소실되는 것은 아니다. 즉 불규칙적으로 구성되어 있는 체계란 결국 그 밖의 경우에도 자연과 문화에서 흔히 존재하는 것이다). 다시금 관건이 되는 것은 특히 중점들을 조사하는 일과 지배적인 분절원리를 인식하는 일이다. 그러한 분절관점의 예를 들자면, 앉을 것을 나타내는 명칭들의 신고지 도이치말 밭에서는(말하자면 Sessel(안락의자) : Stuhl(의자) : Hocker(팔걸이와 등받이가 없는 보조의자) : Schemel(등받이 없는 의자) : Bank(벤치) : Sofa(소파) 등의 관계에서)[27] '사용목적', '편안함', '모양', '재질'이 제각기 달리 역점이 두어지면서 작용하고 있다. 특히 분절의 최저 단계에서 분류에 이용된 내용특징들은 흔히 해명가치에서 기록되거나 언급된다. 이에 따라 예를 들어 Hocker(팔걸이와 등받이가 없는 보조의자)와 Lehnsessel('팔걸이가 있는' 안락의자), Schaukelstuhl('흔들이' 안락의자), Polstersessel('쿠션이 있는' 안락의자), Klappsitz('접이식' 의자) 등을 비교해볼 수 있다.

8. 따라서 '모자이크', '한 구획의 땅' 등의 비유는 잘못된 것이고(4, 6, 7번 항목 참조), — 지나치게 경직되고 '피상적인' 다른 견해들과 똑같이 — 가능한 한 멀리해야 한다. 그것은 단지 개개의 경우들, 주로 전문어의 밭 및 하급 차원의 분절에만 들어맞는다. 비유란 언제나 임시변통의 이해 보조수단일 뿐이며, 그것으로는 사태에 적절한 서술을 할 수가 없다. 이를 위해서는 개념이 필요하다.[28] (트리어가 밭 역사의 관점에서 나중에 끌어들인 스포츠 언어의 '밭' 비유(경주의 경우에 말, 주자 등의 '밭')도 제한된 임무밖에

27 《서지편람》, 5370번 및 논평 참조.

28 이에 대해서는 《서지편람》, XLVI과 8195번에 대한 논평 참조.

수행하지 못하므로 너무 진지하게 받아들여선 안 된다). 그럼에도 불구하고 바로 내용들의 교차, 중첩, 뒤섞임은 하나의 느슨한 관련성으로서 언어내용의 분절에 빈틈이 없음을 보증해준다. 언어내용 면에서의 '빈틈'이라고 말하는 대신에 그물코가 좀 더 넓다든지 좀 더 좁다든지, 그리고 언어적 개념망의 촘촘한 정도가 고르지 않다라고 말하는 편이 더 나을 것이다.[29]

9. 언어내용의 빈틈없음에 의해 제약된바, 밭들 사이에 뚜렷한 경계선이 없기 때문에(6번 항목 참조), 개별 언어수단의 규정을 위해서는 언제나 그 밭의 전체로부터 출발해야 한다는 기본원칙은 엄정하게 실행되지 못하며, 따라서 제한이 필요하다. 즉 개별 내용을 상위 차원의 관련의 부분으로 파악하고 그것을 분절성에 따라, 다시 말해 그 개별 내용의 의의 환경의 큰 단면을 끊임없이 고려해가면서 서술하는 것으로 충분하다. 그러한 조치는 소여의 사태에도 부합한다(3, 4, 6, 7번 항목 참조). 왜냐하면 어떤 밭의 모든 각각의 성분은 다른 모든 각각의 성분에 동일한 방식과 동일한 정도로 의존해 있는 것이 아니라 본질적으로 각각의 성분의 직접적인 인접관계와 다른 우세한 밭 성분들 및 현존하는 분절원리에 따르기 때문이다. 밭 성분들의 존속, 관계, 상태에서의 변화에 의해 밭 전체가 똑같이 함께 연루되는 경우는 드물다는 것도 이와 합치된다.

10. 한 세계단면의 언어내용적 분절의 특성은 비교에 의해 가장 뚜렷해진다. 비교의 배경으로서는 임의의 다른 언어에서 상응하는 의의단면과 그 밖의 종류의 적합한 질서 및 도식(예를 들어 과학적 분류)도 이용될 수 있다. 비교의 배경으로서 동일한 언어의 여러 가지 역사적 상태에 의해서 횡단면들을 선택한다면, 그 횡단면들의 결합을 통해 동시에 한

29 Schwarz 1959, 249와 《서지편람》, XX 이하 및 640(10803번과 관련된 5368번에 대하여) 참조.

언어밭의 역사와 그 밭의 개념들의 변천의 역사를 얻게 된다.

11. 언어내용의 분절은 언어사용자에게 친숙하며 언어사용자가 확실하게 다루는 소유재이지만, 그럼에도 불구하고 그것의 정확한 특성은 숨어 있는 것이어서 언어사용자가 그것에 대해 즉석에서 해명할 수는 없다. 이 사정은, 가령 말할이가 음운론적 체계에서의 구별들을 제대로 알지 못하면서도 구사할 줄 알고 또 마찬가지로 맹목적인 확신을 가지고 그러한 구별들을 따르는 것과 다르지 않다(그에게 물어본다고 해도 그는 몇 개의 음소를 이용하는지 결코 말하지 못할 것이다).

12. 말하자면 언어재가 밭 구조에 대한 직접적 인식을 보증해주지는 않기 때문에, 그것을 연구하기 위해 연구자는 — 음성문법의 영역에서와 마찬가지로 — 여기서도 언어표시를 경유하는 길을 택하여 언어('랑그langue')의 밭 질서를 담화('빠롤parole') 안에서 반영된 그 모습으로부터 도출해내야만 한다. 이때 연구자에게 가장 중요한 길잡이 역할을 할 수 있는 것이 텍스트 안에 포함되어 있거나 혹은 텍스트의 배경으로 인식될 수 있는 '낱말경합'('대립')과 '개념묶음'(상위질서, 등위질서, 하위질서) 및 '언어수단의 결합가'에서의 일치와 차이, 특히 '선호되는 결합가 관계'이다. — 개인의 언어재('parler')의 상이성은 언어수단의 형식에서처럼 언어수단의 내용에서도 언어사용의 차이점을 유발한다. 규범의 이러한 활동여지는 — 명백한 위반사례는 제외하고 — 고려되어야만 한다. 어떤 경우에도 연구자가 전적으로 자기 자신의 언어감정에만 의존해서는 안 된다. 문헌학적 처리방식은 그런 까닭에 밭 연구에서 유일하게 신뢰할만한 방법인 것이다. 결합가Wertigkeit는 언어수단이 다른 언어수단들과 문법적으로(즉 통합적으로) 결합하는, 그 내용에 기초한 능력으로 이해된다. 어떤 다른 언어수단과 동일한 '결합가 관계'에 있는 언어수단들(예를 들어 lächeln(미소짓다)에 대해 사용할 수 있는 부사들인 신고지 도이치말 still(조용하게),

leise(나지막히), hold(우아하게), freundlich(친절하게), schlau(영리하게), pfiffig(간사하게), verschmitzt(영악하게) 등과 같이)은 하나의 '결합가 분야Wertigkeitsbereich'를 이룬다. 결합가 분야들 사이의 일치와 차이는 언어밭의 구조에 대한 역추론을 가능하게 한다. 여기서 '결합가'로 파악된 현상은 언어학에서 여러 가지 측면과 수많은 상이한 명칭 아래 다루어지고 최근에는 구조주의에서[30] 중요한 역할을 하고 있다. 물론 구조주의에서 결합가 관계에 대한 기술은 이미 의미구조에 대한 성공적인 서술로 간주되는데, 언어수단의 결합가 관련이란 실제로는 내용의 발로, 의미분절의 반사물에 불과하다. 밭이론이 완전히 받아들인 것이 코쎄리우의 구조의미론이다.[31] 선호되는 결합가 관계는 예를 들어 신고지 도이치말 verschmitzt(영악한)와 lächeln(미소짓다) 사이, 또는 Lied(노래)와 singen((노래를) 부르다) 사이에 존재한다.

이제 앞으로 언어내용연구의 과정에서, 그리고 그로부터 생겨날 다양한 문제, 과제, 귀결에 천착하여, 이를테면 사회적 평가의 형식이자 인식의 형식으로서 언어의 의미, 문화를 구성하는 언어의 지위, 그리고 언어적 세계상을 조사연구하는 일이 존재의 인식에 대해 갖는 가치를 논구하는 것은 더 이상 언어학의 분과로서 언어내용연구의 대상적인 문제범위로 인도하는 이 자리에서 다룰 일이 아니다. 이 일들을 위해서는 여기서 바이스게르버의 저서 《도이치말의 힘에 관하여》의 두 권의 기본서(제2권 《언어에 의한 세계의 형성》(Weisgerber 1962[b])과 제3권 《우리 문화의 구성에서의 모어》(Weisgerber 1950[b] ([3]1971))와 기퍼의 《언어내용연구의 초석》(Gipper 1963)을 참조하도록 지시해야 하겠다. 언어내용연구의 중요성을 자각하기 위해서는 이 자리에서 다음의 언급이면

30 《서지편람》, 11062번과 11071번에 대한 논평 참조.

31 이에 대해서는 Geckeler 1971 참조.

호베르크는 밭이론의 발전과 현황에 대해 (약간 더 좁은 시각에서) 신뢰할만한 또 다른 개관(Hoberg 1970)을 제공하고 있다.

족하다. 즉 전 '세계'는 인간에게 언제나 언어에 의해, 더욱이 세계의 인식가능성의 형식이자 세계를 정신적으로 이해하는 형식으로서의 언어에 의해, 말하자면 언어내용, 내용적인 분류와 분절에 의해 주어져 있다는 것이다. 수학자, 물리학자의 '공식 같은 언어'도 비록 모어는 아닐지라도 이 뜻에서는 언어이다. 따라서 언어내용연구는 트리어가 언젠가 시사했던 것처럼 모든 학문에 꼭 필요한 기초훈련인 셈이다.

연구를 그 성과의 효용이나 해로움에 대한 생각과 결부짓는 것은 결코 있어선 안 되는 일이다. 언어내용연구도 이 점에서 자유로워야 한다. 그럼에도 불구하고 언어내용연구에 투신하고자 하는 사람은 아마도 자신의 모어의 세계상의 상이성을 통찰하는 정도가 비교적 크다는 것으로 인류와 민족들 상호 간의 보다 나은 이해에 약간은 기여할 수 있으리라 바랄 수 있을 것이다.

여기에서 특히 주목할만한 것은 동일한 방향에서 협력하고 있는 두 저자(기퍼, 슈바르츠)가 색채의 문제를 둘러싸고 논쟁을 벌인 사실이다.[32] 여기서는 색채어와 관련하여 기퍼의 〈언어습득의 과정에서 색채어 밭의 습득〉에 대해 서술해본다.[33]

빛깔에 대한 관심은 빛깔들을 분간할 줄 아는 아이의 경우 여러 연령단계에서 커질 수 있다. 이와 관련하여 개인에 따른 차이가 꽤 크기 때문에 확고한 자료를 제시한다는 것은 언제나 난처한 일이다. 아이가 빛깔을 보고 구분한다는 것은 색채어를 습득하기 전에도 실험에 의해 확인할 수 있다. 그렇지만 색채어의 습득과 더불어 비로소 정신적인 질서가 감각적 지각의 다양성 안으로 들어온다. 여러 차례 관찰된 바에 의하면, 색채어 습득의 과정

32 이에 대해서는 《서지편람》 Lieferung 5 (1962년), 637쪽(Nr. 5367) 이하 참조.

33 Gipper 1978, 200 이하 참조.

은 대개 빨강, 노랑 같은 활기차고 '따뜻한' 빛깔에서 시작되고, 덜 매력적인 '차가운' 빛깔인 푸름과 파랑은 나중에야 비로소 추가될뿐더러 구분하기도 더 어렵다.

출발점은 예를 들어 어른이 rot(빨강)라고 하면서 보여주는 빨간 공 같은 빨간 장난감일 수도 있다. 그렇게 색채를 띤 시각대상물과 결부되어 rot라고 제시된 음운의 의미를 채우는 데 필요한 첫 근거가 발견될 수 있는 것이다. 기퍼는 물론 색채어 grün(푸름)과 blau(파랑)가 맨 먼저 습득되었던 경우도 알고 있다. 일반적인 경우와 달리 grün이 선호되었던 이유는 곧 밝혀졌다. 즉 해당되는 아이는 어릴 때부터 자동차에 함께 타고 다니는 일이 잦았는데, 신호등 앞에서 자동차가 정지하여 계속 달리지 못하다가 신호가 '푸름'으로 바뀌면서 바라던 바와 같이 계속 달릴 수 있게 될 때마다 그 아이는 기뻐했던 것이다. 다른 아이는 어째서 blau를 맨 먼저 사용하게 되었는지, 더욱이 파란 대상에 대해서뿐만 아니라 말하자면 '빛깔 있는'의 뜻에서 심지어 모든 색으로 일반화하여 사용하게 되었는지는 깔끔하게 해명되지 못했다. 아빠는 blau라는 음이 특별히 예쁘게 느껴졌기 때문이라고 가정하는데, 전적으로 가능한 이야기이다.

새로 배운 색채어가 첫 관련대상으로부터 똑같은 빛깔의 다른 대상에 적용될 수 있다는 것은 사실 결코 자명한 것이 아니다. 특정한 공이 rot라 불리어진다고 해서 곧바로 동시에 모든 붉은 대상이 그렇게 불리어질 수 있다는 것을 의미할 필요는 없다. 바로 위에서 언급한 것처럼 blau로부터 모든 빛깔로 일반화된 경우에는 분명 아직 아무런 특별한 의미채움도 없었던 것이다. rot + Ball(공) 같은 의의결합의 경우, 빨간 옷이나 빨간 집짓기 블록도 똑같이 그렇게 부르는 것은 똑같은 색조일 때조차도 어려움을 가져다줄 수 있다. 색채어가 개별 대상으로부터 풀려나와 '추상적으로', 즉 똑같은 빛깔의 임의의 대상에 적용될 수 있다는 것은 이미 정신적 성능으로 해석되지 않으면 안 된다. 이 경우에 개인적인 언어습득 과정에서 드러나는 것은 여러 개별 언어에서 색채어 질서의 역사적 발전 안에서도 유사점을 지니고 있다. 이것도 마찬가지로 개별 낱말들이 특정한 대상들과의 관습적 의의결합으로부터 풀려날 때의 특정한 어려움을 가리켜주고 있다. 오늘날에도 도이치말에서는 머리털에 대해서만 사용할 수 있고 기껏해야 재미 삼아 밝은 맥주(ein kühles Blondes(차가운 금발 맥주 한 잔)) 등에 적용할 수 있는 blond(금발의)같이 사용이 제한된 색채어가 여전히 존재한다.

첫 색채어를 똑같은 내지 비슷한 빛깔의 대상에 적용할 수 있는 단계에 도달하게 되면 이제 나머지 색채가치들과의 경계구분 문제가 제기된다. 대부분의 경우에 처음 배운 색채어, 예를 들어 rot(빨강)의 효력범위는 두 번째 색채어가 추가되는 순간에 그 범위가 한정된다. 빨간 공 외에 노란 공도 있을 때에는 어른이 이 공을 노랗다고 명명하면서 새로 제시하는 것이 이 또 다른 색채어의 학습을 유도할 수 있다. 이제 분화 과정이 지각될 수 있다. 파랑과 푸름은 경험상 서로 쉽게 구분되지 못한다. 따라서 blau(파랑)이든 '아니면' grün(푸름)이든 '하나의' 낱말이 처음에는 아직 두 빛깔의 전체 범위에 걸쳐 있을 수밖에 없다. 도이치말에서 일반적인 기본 색채어 rot(빨강), (orange)(오렌지색), gelb(노랑), grün(푸름), blau(파랑), (violett)(보라)와 무채색의 양 극단인 schwarz(검정), weiß(하양), 그리고 혼합색인 grau(회색), braun(갈색)은 어른들이 하곤 하는 것처럼 점차 빛깔을 지닌 대상에 관련지어진다. 그런데 이 색채 다양성의 특정한 세분화가 효력을 얻고 언어공동체의 각 구성원에 의해 수용되며 그럴만한 것으로 납득되는 것은 어떻게 가능한가? 시각대상물에 색채가 있다는 것이 뚜렷한 변별특징들을 제시한다는 것은 확실하다. 하지만 '순수한' 빛깔들의 스펙트럼 띠를 자세히 들여다보면, 예를 들어 두드러진 밝은 노랑같이 특정한 중점들이 나타나긴 하지만, 그 밖에는 예를 들어 스펙트럼의 한쪽 끝인 장파장의 진홍과 막 언급한 밝은 노랑 사이처럼 유동적인 이행띠가 있음을 알게 된다. 도이치말은 이 색채띠를 특정한 방식으로 세분해놓았다. 이 분절은 비록 물리적으로 측정 가능한 값에 기반한 것이지만 이 형식으로 색채현상들의 관점에서 요구된 것은 아니다. 예를 들어 어느 시골사람은 색채어 rot(빨강)와 gelb(노랑)로써 잘 해내갈지도 모른다. 만약 그가 당근이나 오렌지의 빛깔을 표시하려면, 그는 이 대상들을 빨강이나 노랑으로 분류해 넣거나 rot-gelb(빨강-노랑)나 gelb-rot(노랑-빨강)처럼 쉽게 만들 수 있는 조합을 고려해볼 수도 있다. 그런데 — 뒤늦게 도이치 표준어에 들어온 — 색채어 orange(오렌지색)로 여기서 의미하는 중간영역을 직접 지칭할 수도 있다. 여기서도 분명해지는 것처럼, 분절은 언어체계에 제약되어 있고 그때그때의 필요와 관심에 따라 더욱더 세밀하게 구분될 수 있다. 그렇지만 기본 색채어는 그 안에서 보다 더 촘촘하게 표시하는 기술에 한계가 없는 그러한 결정적인 틀을 구성한다.

이 모든 것이 꼭 그러해야 할 필요가 있는 것은 아님은 언어비교연구에 의해 분명하게 드러난다. 오늘날에도 여전히 수많은 언어가 파랑-푸름 영역을 단 하나의 색채어로 파악하고, 따라서 이 하나의 색채어로 예를 들어 식물, 하늘, 바다의 빛깔을 나타낼 수 있다. 이것이 의미하는 바는, 이러한 언어들의 말할이가 이 두 빛깔의 차이점을 볼 수 없다는 것이 아니라 다만 그들 언어의 전래의 상태에 만족해 하고 더 세분할 필요성을 느끼지 못할 뿐이라는 것이다. 특수한 사정에 의해 이 필요성이 일깨워질 경우에는 더 자세히 구분해주는 색채어들을 도입하여 전체 분절을 변화시킬 가능성이 언제든지 존재한다. 또한 wie……(……과 같은)의 뜻에서 표현형식을 사용할 단순한 가능성도 있다. 하나의 언어에서 통용되는 색채어 분절은 하나의 언어밭이다. 이 밭의 성능은, 의의상 인접한 일정한 수의 낱말들이 여기에 언어 외적 영역을 어떤 특정한 방식으로 세분하고, 더욱이 각각의 색채어는 표시된 사물, 즉 색채인상에서 생겨나는 단 하나의 고유가치만을 지니는 것이 아니라 그때그때의 언어적 질서 내부에서 그것이 갖는 통용가치에 전형적인 위치가치도 지닌다는 점이다.

이제 이 자리에서 98개 언어의 색채어에 대한 아메리카인의 어느 연구를 다뤄볼 계기가 존재한다. 이 연구에서는 개별 언어의 색채어 질서의 상이성이 비록 확실하게 확인되지만, 이와 관련된 언어상대성 명제는 '심리적-물리적으로 정의된' 11개의 색채가치의 보편성에서 출발할 수 있으리라는 언급으로써 논박되고 있다.

벌린B. Berlin과 케이P. Kay는 그들의 저서 《기본 색채어. 그것들의 보편성과 진화Basic Color Terms. Their Universality and Evolution》(1969)에서 이 성과에 도달하고 있다. 이들은 인용한 여러 언어에서 기본 색채어가 서로 다르게 형성되어 있음을 부인하지 않지만, 상이한 분절의 기저에는 법칙성이 깔려 있고 개별 언어의 분화는 해당 문화의 발전상의 차이와 관련되어 있다는 것을 강조한다.

기퍼의 비판적 논평에서 벌린/케이가 근거로 삼은 개별 언어의 연구가 부분적으로 완전히 불충분하다는 점은 논외로 하고자 한다. 이들의 저서의 여기저기서 일어났던 것처럼 하나의 언어에 대해 단 한 명의 보증인만을 신뢰하는 일은 결코 가당치 않은 것이다. 한 언어공동체 내부에서도 개별 말할 이들의 언어적 능력에서는 사소하지 않은 차이점들이 있을 수 있다. 이는 상이한 성별, 상이한 연령대별 피실험자들을 많이 포함시킴으로써만이 상쇄될 수 있다. 이 자리에서는 또한 기본 색채어와 특정한 색조 및 특정한 색채보유자를 가리키는 말로서 어쩌면 존재할지도 모르는 보다 특수한 나머지 색채어들과의 경계구분의 문제도 논의하지 않겠고, 관습적인 기본가치에서 출발할 수 있음을 분명히 인정하고자 한다. 심지어 벌린/케이가 기본가치들의 분포 면에서 확인된 법칙성에 대해 말한 것조차도 원칙적으로 수긍할만한 것으로 인정하고자 한다. 물론 이 저자들이 '하양', '검정'을 가리키는 영어 표현을 사용하고 있는 경우에, 특히 덜 발달된 언어에서는 통상적인 '색채'가치보다 '밝은', '어두운' 같은 의미내용을 먼저 생각할 수 있을 것이라는 제한을 두고자 한다.

하나의 언어가 11개 미만의 기본적인 구분을 하고 있다면, 다음과 같은 것이 타당하다.

1) 모든 언어는 white와 black을 가리키는 색채어를 포함한다.
2) 만약 어떤 언어가 세 개의 색채어를 포함하고 있다면, 그 언어는 red를 가리키는 색채어를 포함한다.
3) 만약 어떤 언어가 네 개의 색채어를 포함하고 있다면, 그 언어는 green 또는 yellow를 가리키는 색채어를 포함한다(하지만 둘 모두를 포함하지는 않는다).
4) 만약 어떤 언어가 다섯 개의 색채어를 포함하고 있다면, 그 언어는 green과 yellow 둘 모두를 가리키는 색채어들을 포함한다.
5) 만약 어떤 언어가 여섯 개의 색채어를 포함하고 있다면, 그 언어는 blue를 가리키는 색채어를 포함한다.
6) 만약 어떤 언어가 일곱 개의 색채어를 포함하고 있다면, 그 언어는 brown을 가리키는 색채어를 포함한다.
7) 만약 어떤 언어가 여덟 개 또는 그 이상의 색채어를 포함하고 있다면, 그 언어는 purple, pink, orange, grey 또는 이들의 몇몇 조합을 가리키는 색채어를 포함한다.

본디의 비판은 벌린/케이의 11가지 기본가치에서 시작된다. 벌린/케이는 다음과 같은 '영어' 색채어로써 이 기본가치들을 제시하고 있다.

white, grey, black, red, brown, orange, yellow, green, blue, purple, pink.

이 점에서 우선 결함이라고 말할 수 있는 것은, purple과 pink가 영어에 전형적인 것으로 간주될 수 있는 한 이 기본가치들은 오직 앵글로 색슨적으로 규정된 척도라는 점이다. 도이치말만 보더라도 purple을 가령 purpur(n)로 옮기지는 않을 것이고, pink는 너무 영어에 특유한 것이라서 이에 대해 명확한 대응어를 제시할 수 없다.

기퍼는 인도유럽어에서 논란이 되는 색채어 purpur에 관한 상세한 연구에서 어째서 영국에서는 그에 상응하는 purple로써 보라에 더 가까운 색조가, 그리고 프랑스와 도이치 나라에서는 보라로 넘어가는 어두운 빨강의 색조가 먼저 결부되는지를 보여주었다. 이것은 해당 국가에서 purpur를 만들어내기 위해 이용되었던 상이한 색소와 관련 있다. 차이는 다음 보기에서 분명해진다. 영어에서는 purple plums라고 말하는 반면에, 도이치말에서는 자두를 violett로 나타낼 것이다(경우에 따라서는 dunkelblau(어두운 파랑)로). — 영국 여왕 엘리자벳 2세의 대관식을 위해 크레펠트에 있는 어느 도이치 벨벳 회사에서 원래의 purpur 처리법에 따라 대관용 벨벳을 주문했을 때, 그 결과는 영국인들이 coronation red(즉 krönungsrot)(대관용 빨강)라는 명칭으로 불렀다는 것이다. 그 이유는 배달된 직물의 빛깔이 영어 purple의 관념과 일치하지 않았기 때문이다(잡지 Glotta에 실린 기퍼의 논문에는 원래의 직물견본이 첨부되어 있어서 누구든지 진술의 정확성에 대해 납득할 수 있다). 이로써 증명된 것은 purple을 추가설명 없이 이른바 '심리적, 물리적으로 정의된' 11개의 보편색채가치 가운데 하나에 해당되는 명칭으로 설정하는 것은 부당하다는 것이다. 아무리 그래도 purple이 도이치말의 violett로 대체 가능한 반면에, pink에 대해서는 실제로 도이치말에서 — 다른 언어에서도 마찬가지거니와 — 대체할 만한 것이 없다. 영어에 특유한 이 표현은 따라서 11개 짜리 척도에서 완전히 제거되어야 마땅하다.

나머지 아홉 개의 색채가치에 관련해서는 인도유럽어 주요 문화어의 상황에서 출발하는 한 좀 더 큰 구속력을 인정할 수 있다. 물론 이 경우에 orange(페르시아말 nārāng, '쓴 오렌지'에서 유래)는 19세기에야 비로소 도이치말

색채어 질서에 들어왔고 라틴말 viola('오랑캐꽃')에서 파생한 violett도 마찬가지임을 상기하지 않을 수 없다.

기퍼는 나름의 색채어 연구에서 마찬가지로 인간에게 고유한 색각의 전제들(시각기관과 그에 속하는 후두부 시각중추의 구조)과 전자물리학적 조건들(400에서 700mμ 사이의 가시 파장)을 숙고에 포함시켰고 이와 관련하여 모든 색채어 질서도 고려에 넣는 일반적인 법칙성을 강조한 바 있다. 기퍼는 또한 괴테의 색채론에 대한 생리학자 마타이R. Matthaei의 명민한 연구를 원용하여 괴테의 여섯 가지 최명색을 중요한 토대로서 포함시켰다. 마타이가 증명하였듯이 인간의 눈은 쉽게 검증 가능한 조건 아래에서 여섯 가지의 최명색, 즉 그 포화도를 더 이상 올릴 수 없는 빛깔들을 구분할 수 있다(괴테식의 실험규정에서 이른바 끝 스펙트럼). 이것이 괴테 색채영역의 여섯 가지 기본 색채로서, 괴테는 이 색채들을 gelbrot(연단), gelb, grün(앵무새 푸름), blau, blaurot, rot 또는 pfirsichblüt(복숭아꽃 빛깔)로 표시하고자 했다. 여기서 gelbrot는 태양 스펙트럼의 장파장의 끝에 있는 최대치의 빨강에 해당되고, blaurot는 오늘날 violett라 부르는 단파장의 끝에 해당된다. pfirsichblüt는 — 괴테는 rot라고도 부르고 있는데 — 두 스펙트럼 끝의 혼합을 통해 생겨나는 빨강-보라 혼합색조를 가리키는데, 이것이 오늘날 색채이론에서 보통 purpur라 불리우는 것이다. 자연에서 이 purpur 색조는 드물게만 나타나고, 약간 푸름 기가 도는 차가운 파랑도 이 특징으로는 거의 볼 수 없다. 하지만 여섯 개의 최명색은 컬러필름과 컬러인쇄에서도 기초적인 것으로 입증되었다. 좀 더 정확하게는 세 개의 기초가치인 gelb, blau, purpur(바로 위에 정의된 뜻에서)로부터 다른 모든 색조가 단계적인 혼합과 명도높임을 통해 만들어질 수 있다. 망막구조와의 관련성은 삼을 잡을 수가 없다. 인쇄에서는 대개 회색계열이(종이의) 하양에 이르기까지 명도가 높아지는 검정이 추가되어 4색 인쇄라고 말한다.

이 연구와 관련지어 기퍼는 이미 1957년에, 우리의 언어는 몇 안되는 기본 색채어로써 이 최명색에 근접해가는 것으로 보인다는 추측을 한 적이 있다. 이 추측성 발언으로 기퍼는 색각과정에 참여한 모든 요인들 사이의 밀접한 관련성을 지적하고자 했지만, 그래도 제한하는 뜻에서 다시 한 번 강조해야 할 것은, 오스트발트W. Ostwald의 색채이론에 기대어 말할 수 있는 것처럼 색채가치 purpur와 eisblau(담청색)는 자연에서 드물다는 것이다. 차라리 효능 있는 상수로서 하늘색이 우리가 흔히 blau를 이해하는 것에 대해 하나의 기준점인 것이다.

기퍼가 이 언급으로써 강조하려는 것은 다음과 같다. 인간의 색각능력과 이 능력에 기반한 색채가치 질서를 기술할 때 특정한 원리들의 보편성은 부인할 수 없고 또 기퍼 자신도 결코 문제시한 적이 없다. 예를 들어 그 어떤 언어공동체도 이용할 수 있는 색채어의 정렬에서 자유롭지 않다. 말하자면 gelb가 있는 한 rot에 grün이 뒤따를 수 없는 것 등이다.

정상적인 시력을 갖춘 모든 사람은 표시할 수 있는, 즉 개념적으로 묶을 수 있는 것보다 훨씬 더 많은 색조를 구분할 능력이 있다. 그럼에도 여러 언어에서 실제로 통용되는 색채어 질서의 부정할 수 없는 상이성은 해당되는 언어의 말할이가 빛깔을 다루는 데 대단히 중요하다. 왜냐하면 보다 세밀하게 구분하려는 특별한 의지가 절박하지 않다면 말할이는 대개 습득한 색채어들에 완전히 만족하기 때문이다. 말할이는 그것들의 타당성 요구를 따르고 그것들이 가져다주는 구분을 그대로 받아들인다. 그는 언어가 rot, gelb 등으로 부르도록 하는 것을 바로 그대로 rot, gelb 등으로 내버려두는 것이다. 그는 이미 존재하고 있는 밭질서에 순종하고, 자신의 모어가 파랑과 푸름 영역에 대해 단 하나의 색채어만을 갖고 있거나 '중간가치'인 '오렌지'를 특별한 색채어로 부각시켜놓고 있지 않다면 '푸름'과 '파랑', 그리고 '빨강', '오렌지색', '노랑'을 굳이 구분해야 할 필요를 느끼지 못한다. 사정이 이렇다는 것은 다시금 아메리카인의 다른 연구에서 반박의 여지없이 입증된 바 있다.[34] 이로써 언어적 색채어의 밭질서의 효력이 확인되었으며, 이 사실을 합당하게 인정할 때만이 언어적 세계상 사상을 올바로 평가할 수 있고 동시에 이 사상이 보편적 전제를 폐기하는 것이 아니라 특별한 것을 제시하기 위한 비교의 '배경'으로서 오히려 요구한다는 점을 깨닫게 된다.

언어적으로 제약된 밭질서의 존재는 말하자면 보편적인 여러 전제의 범위 밖에 있다. 색채어에 대해 말하여졌던 것은 그에 상응하게 가령 후각과 미각, 청각인상, 온감같이 감각적 속성을 나타내는 다른 낱말들에도 적용된다.

어디에서든 보다 면밀히 검토해보면, 이러한 언어적 분절은 감각적 경험 및 그 고유조건들과 밀접한 관련이 있긴 해도 대상세계의 이 조건들로부터 완전히 이끌어낼 수는 없다는 점이 밝혀진다.

확실히 우리의 감각기관의 구조는 감각적 체험의 방식과 범위에 결정적이긴 하지만, 하나의 언어에서 얼마나 많은 감각의 뉘앙스가 구분되는지, 그리고 어떤 의미론적 가치가 감각의 개별 뉘앙스와 결부되어 있는지는 미리 말할 수 없다.

언어적 분절은, 그 안에 내포되어 있는 정신적 성능을 올바로 평가하려면 과학적으로 증명 가능한 전제를 배경으로 그 고유성에서 인식하고 그에 상응하여 기술해야만 한다. 생생한 비유를 사용하여 표현하자면, 언어적 개념망은 독특한 방식으로 인간의 전체 경험세계 위에 펼쳐져 있는데, 이 망에는 촘촘하게 짜여진 그물코가 있는가 하면 널찍한 영역도 있으며 어쩌면 빈틈도 있지만, 통상적으로 이 빈 자리를 메울 필요도 동기도 없기 때문에 이러한 것들은 대개 인식되지 못한다.

34 Brown/Lenneberg 1954 참조.

한 언어의 내부에 있는 언어적 분절의 전체를 이 '언어에 의한 세계상' 내지 이 언어의 '세계관'으로 간주한다.

이 표현에는 아무런 형이상학적 사변도 들어 있지 않고, 이상화하는 실체화도 몇몇 언어학자의 이론적 선취도 들어 있지 않다. 언어에 의한 세계상 내지 언어의 세계관이란, 한 언어공동체의 세계가 감각들뿐만 아니라 또한 범주들과 언어적 표시망, 말하자면 그 언어공동체의 모어의 밭 안에도 존재하고 있으며 더욱이 각각의 언어구성원에게 언어습득의 과정과 더불어, 다시 말해 이 소여사실을 독자적으로 인식하고 비판적으로 평가할 가능성에 앞서 이미 존재하고 있다는, 전적으로 합리적으로 통찰할 수 있고 입증할 수 있는 사실이다.

그러한 언어밭의 존재는 의심받는 경우가 흔했다. 사람들은 언어밭을 상상력이 풍부한 언어학자들의 구성물로 치부하였고, 특히 말할이한테서 설문조사를 해본 결과 아무런 밭도 나오지 않았다거나 피실험자들이 서로 매우 다른 진술을 한 데다가 심지어 검증받는 밭의 중요한 낱말들마저 전혀 언급하지 않았다는 지적을 곁들였다.[35]

그렇지만 이 반론들은 타당하지 않다. 사실은, 말할이가 보유하고 있는 어휘에 대해 물어서 알아내기란 쉽지 않고, 직접적인 설문조사는 말할이가 보통의 상황에서라면 충분히 할 수 있을 상응하는 대답을 바로 차단해버린다는 것이다. 그렇지만 말할이가 보통의 상황처럼 표명할 수 있는 전제들이 마련되자마자 그가 해당되는 분절을 보유하고 있다는 것도 드러난다. 예를 들어 어떤 사람이 가령 사망광고문을 작성해야만 할 때, '죽다'를 나타내는 낱말들의 밭의 효력이 나타난다. 그럴 경우에 그는 미세한 뉘앙스를 골라내는 섬세한 감각으로 고인을 삼가는 방식으로 대하는 낱말들을 선택할 것

35 Betz 1954 참조. 또한 Gipper/Schwarz 1961, Lieferung 1, 127 이하(Nr. 1092) 참조.

이다.

밭 구조는 물론 — 이미 언급한 것처럼 — 부분적으로 상당히 상이하게 층지어져 있고 당연히 그 구조로써 파악되는 대상분야에도 좌우된다. 이 점은 흔히 간과된다.

감각적 지각의 영역에서 뽑은 언급된 보기들은 감각기관의 구조 및 물리적, 화학적 관련을 토대로 밝혀낼 수 있는 비교의 틀을 마련할 유리한 가능성을 제공한다. 이 비교의 배경은 그 양적 측정자료로써 자연과학적 전문언어의 수단으로써만, 즉 다시금 언어적으로 고정시킬 수 있지만, 이는 일상언어에서 가능한 것보다 훨씬 더 정확한 방식으로 이루어진다. 일반언어적 구조는 이 배경에서 어쨌든 더 잘 그 고유성이 드러날 수 있고, 그 밖에 언어비교는 그때그때 언어특이성을 인식할 추가적인 가능성을 만들어낸다. 유기적 자연의 넓은 영역에도 마찬가지로 식물학과 동물학에서 전문적으로 조사되는 자연적 질서가 있는데, 이러한 자연적 질서는 그에 반해 자연언어에서는 언어공동체의 일반적인 학문 이전의 문화상태에 일치하는 방식으로 처리되어 있다. 언어는 이 경우에 현상 위에 떠 있는 것이 아니고 또한 현상에 의해 특정한 해결책을 취하도록 강요받는 것도 아니다.

정신적 분야에서, 가령 이미 언급한 바 있는 지성특징의 밭에서 언어적 분절은 확실히 관찰 가능한 체험에서 나온 것이다. 하지만 이 경우에 대개 평가하는 개념들은 좀 더 특정한 정신적, 심리적 전제들로부터 나오는데, 이러한 전제들을 측정 가능하도록 만들기는 어렵다.

말하자면 여기서 밭 내부 성분들의 위치가치의 '언어내적' 동기유발이 커져간다.

다시 한 번 강조하건대, 밭 사상은 결코 이론적인 숙고에서 생겨난 것이 아니라 언어의 사태에 대한 관찰 끝에 트리어와 바이스게르버 같은 학자들에게 대두된 사상이었다.

XVI. 인간이라는 것과 언어

언어의 다양성

인간으로서의 존재, 공동체 삶, 개인의 전개라는 세 분야에 있어서 언어의 조건을 고찰함으로써 일단은 필요한 고찰은 한 셈이다. 이러한 관점을 지니고 있지 않다면 언어와 같은 다면적인 현상의 해명에는 한걸음이라도 다가갈 수 없다.

인간으로서의 존재에 대한 언어의 중요성에 대해서 언어학 외의 다른 학문의 분야에서도 시사되어온 것은 언어사회학이나 언어심리학의 독자적인 연구 결과에 의해서도 확인되어 있으며, 언어의 중요성은 각 방면에서 인식, 강화되는 형편이다. '언어학의 연구의 길은 필연적으로 인간이라는 것의 기본 문제'에 다다르고 그 결정적인 문제는 언어철학적 고찰의 테두리 안에서조차 충분하게 논할 수가 없으며 그 해결도 — 가능하다면 — 찾아낼 수 없다고 생각해도 틀림이 아니다.

인류가 많은 언어공동체로 분절되어 있다는 것은 모어의 다양성의 표징이다. 언어의 다양성이라는 사실은 궁극적으로는 언어학에 무진장의 연구재료를 제공하고 있다. 만약 지구상에 단지 하나의 언어만이 존재한다고 가정한다면 언어연구의 작업은 단순 명쾌하며 연구자는 한 사람으로 — 현대 표준어의 경우에도 — 연구자료를 모두 장악할 가능성이 없을 것이라고는 말할 수 없을 것이다. 그러나 사실은 반대이며, 이 인류세계의 언어는 지극히 다양하며 인류의 언어작품 전체를 과학적으로 포착하는 것은 불가능하다. 대체로 지구상에는 몇 종류의 언어가 있는가 하는 것은 자주 듣는 문제이다. (언어학계에 통용되고 있는 약 3천어~5천어라는 수도 많이 정정되고 약 8천어에서 1만어 이상으로 추정되고 있음.) 언어는 어떻게 분포되어 있을까. (여러 조사연구에서 언어의 계통이나 어족에 관한 지식을 정리해서, 개개의 언어연구, 인도게르만어족, 셈어족 등으로 체계화되어 있음.) 이러한 인류의 언어분포를 조사하는 것만으로도 끝없는 시작이 될 것이다. 우리에게 여기에서 문제가 되는 것은 이 언어의 다양성 안에 어떠한 의의가 스며 있을까 하는 것이며, 이것은 직접 언어철학적 문제에 연계되어 있다. 이러한 중요한 문제에 대해서 가장 적합한 연구의 실마리를 찾는 데 도움이 되는 것으로, 여태까지 되풀이해서 언급되어 있는 것인데, 체계적으로 행해진 적이 없는 일련의 언어학상의 문제의 존재를 고려해봄이 바람직하다. 즉 가장 빈번하게 다루어지는 인간의 사유에 관한 문제이다. 이를테면 언어 힘은 명백히 인류가 지니는 특성인데, 그것은 인류의 언어의 통일이라는 방향으로는 나아가지 않고, 인류의 언어공동체에의 분절에 명백하게 각인되어 있듯이 다양성으로서 전개되어 있다. 우리는 인간의 언어의 재능이 실현될 때의 이 다양성을 결정적으로 중요한 사실로서 인식하고, 거기에는 언어철학적인 깊은 의미가 스며 있음에 틀림없다고 생각해야만 한다. 이 점에서야 말로 언어철학의 연구의 단서가 되는 구체적인 출발점인 것이다. 여태까지 언어철학의 최고봉이라 일컫는 훔볼트의 저서에도 '언어의 다양성'이라는 사실을 단서로서, 언어의 비교야말로 언어철학의 인식의 열쇠로서 환기시키고 있다. — 다음의 두 번째의 보다 첨예한 문제는 대체로 '언어의 기원'을 묻는 형식으로 나타나 있다. 2천년 동안이나 사람들이 생각해온 양상도 궁극적으로는 인간의 '언어 힘의 근원'을 탐구하는 것이었다. 거기에 언어철학의 거의 모든 과제가 - 언어와 인간이라는 것은 어떻게 해서 서로 결합되어 있는가라는 핵심 문제에 이르기까지 - 알아차릴 수 있다.

물론 이 둘의 문제만으로 언어를 둘러싼 사실에서 철학적 사변까지의 길을 오가는 여러가지의 관계가 모두 망라되어 있는 것은 아니다. 역사적인 접촉점을 각양각색으로 기록하는 것뿐만 아니다. 이미 현재의 논의만이라도 간단하게 여기에서 소개할 수 없을 정도로 여러 가지 문제에 접하고 있다. 따라서 우리는 언어 자신이 그 활동의 중심에 (궁극적으로는 언어의 인류법칙에) 제공하고 있는 시사에 따라서 문제의 취사선택을 하게 된다. 거기에 우리의 '가설'의 해명성이 새롭게 실증된다.

일반적으로 봐서 자명한 일인데, 언어의 상이에는 언어가 전체로서 관여하고 있다. 언어는 모두 음성형식과 내용(형태와 포착)의 전체라면 언어의 상이도 음성형식뿐만이 아니라 포착에도 관여하고 있다. 이것은 언어의 상이의 핵심은 대체적으로 언어의 세계상의 상이에 그 본질이 있으며, 언어의 다양성이라는 사태도 이 점에서 이해되어야만 한다는 것을 의미하고 있다.

그러나 이러한 언어에 의한 포착의 소재를 가장 명백하게 증명하는 것으로는 뭐니 뭐니 해도 빛깔 이름을 들지 않을 수 없을 것이다. 바이스게르버는 우선 1900년 전후에 있었던 빛깔 논쟁을 언급하고 있다. 이 논쟁은 호메로스의 작품에서 빛깔 이름의 번역 문제로서 생긴 것이다. 이를테면 ōchros는 어떤 경우에는 grün-gelb(푸른-노란), 어떤 경우에는 rot(붉은)로 번역하지 않으면 안 되었고, chlōros는 어떤 때는 gelb-grün(노란-푸른)으로, 어떤 때는 grau-braun(회색-갈색)으로 번역하지 않으면 안 된다는 지경에 빠져들었다.

당시에 이 귀찮은 문제를 해결하기 위해 두 가지의 견해가 제시되었다. 하나는 그리스가 남국의 햇빛 아래에 있기 때문에 그리스 사람에게는 색조보다 광택이 더 중요하다고 생각해서, 이들 낱말을 모두 glänzend(반짝이는)로써 번역하려고 했던 것이다. 그러나 그리스사람은 광택을 표현하기 위해서는 한층 완성된 형용사를 소유하고 있어서 이 견해는 인정되지 않았다. 또 하나는 눈의 빛깔 감각의 발달이라는 것을 생각해서, 그리스사람의 빛깔 감각은 아직도 발달되지 않았기 때문에 색맹의 상태에 있었다고 하는 견해였다. 그러나 이 견해마저도 오류라는 것은 이내 이해될 것이다. 인간의 눈의 감응기관이 이 동안에 그만큼 현저한 변화를 겪었다고는 인정될 수 없기 때문이다. 그리하여 결국 유일한 올바른 해결로서, 앞에서 고찰된 불일치는 현상 자체의 성질에 의한 것도 아니고, 또 인간의 눈의 구조에 의한 것도 아니며, 각각의 언어에 의한 세계포착Zugriff 가운데에 그 근거가 있다고 하는 것이 판명되어, 여기서 비로소 '언어들의 세계상das Weltbild der Sprachen'이라는 사상이 확립되기에 이른 것이다.[1]

라틴말의 경우에도, 로마사람은 blau(파란)에 상응하는 영역으로서 caeruleus, aerius, caesius, lividus, venetus라고 하는 일련의 낱말을 소유하고, gelb(노란)의 영역에서는 flavus, fulvus, helvus, gilvus, luteus, croceus 등의 낱말을 가지고 있었다.[2] "rot(붉은)는 어디에, 그리고 어떻게 존재하는가라는 물음에는, rot는 우선 낱말로서, 음성-내용의 전체로서 우리에게 부여되어 있다고 대답하는 것만이 적절하다. ……이 rot의 내용은 모어적 에네르게이아로서의 성격을 지니고 있는 것이다. 즉 이것이 존재하는 장소는 특정한 언어(이 경우 신고지 도이치말)이며, 그 타당영역은 그것에 상응하는 언어공동체이며, 그 존재형식은 이 공동체 안에서 실제로 '작용하고 있는' 존재의

1 Weisgerber 1962^{b}, 108 이하 및 Weisgerber 1929, 81 이하 참조.

2 Weisgerber 1962^{b}, 110 및 Weisgerber 1929, 81.

정신적 형성으로서의 포착Zugriff의 형식이다."[3]

이렇게 모든 언어비교는 우리가 기대하고 있는 것을 확인해 준다.

즉 존재Sein와 인간의 정신적 대결은 그 성과가 모어의 안에서 현실화되는 한에서는 동일한 결과가 될 수 있는 것이 아니라, 이 대결의 특별한 조건이 도처에서 모어의 소유자와 상황과 역사적 운명에 따라서 나타나는 것이다. 그리고 여러 가지의 언어에 있어서 그때마다의 결과가 그때마다 특별하게 각인된 세계상으로서 형태를 갖추게 된다. 그리고 이러한 세계상의 하나하나가 모두 그 언어공동체에 있어서 모어의 통용성을 자명한 것으로 하기 위해 그 세계상은 당연한 것, 처음부터 존재하고 있는 것, 보편타당한 것으로 간주하게 된다. 이 점에 학문적인 판단을 내려서 개개의 언어에 있어서 일치하고 있는 점과 상이하고 있는 점의 경계를 해명해서 얻어진 해답의 유효범위를 확인하는 것, 그것이 언어비교에 설정된 큰 사명이다. 훔볼트는 언어의 상이라는 사실의 의의를 인식하고, 누구나 이 사실을 무시할 수 없을 정도로 명백하게 해명해 놓고 있는 것이다(이를테면 다음의 말에서 그것을 느낄 수 있을 것이다. ……"몇몇 언어는 하나의 사물에 대한 여러 가지 다른 명칭이 아니다. 동일한 것을 여러 가지 상이한 관점에서 보고 있는 것이다. 그것이 표면적인 감각의 대상이 아니라면 각자가 각각 자신이 별도로 만들어 내는 수만큼 존재하기도 하며 그 각각의 안에 각자는 자기의 것을 재발견하든지 미지의 것을 찾아내어서 자기 쪽으로 옮겨놓을 수도 있다. ……언어의 다양성에 의해서 직접 우리에게 있어 세계의 부가 증대하고 그 세계 안에서 우리가 인식하는 것의 다양성도 증대한다. 동시에 이것에 의해서 우리에게 인간으로서의 존재의 범위가 확대되며, 생각하고 느끼는 새로운 양식이 일정한 현실적 성격으로서 우리 앞에 나타난다")((VII, 2, 602).

---

3 Weisgerber 1962^b, 110.

언어의 상이의 평가

이 점에서 생각하는 것이 언어의 다양성이라는 사태의 철학적 의미가 명백하게 된다. 그리고 언어의 상이가 인간삶을 해석함에서 되풀이해서 주목을 받았던 이유도 이해하게 된다. 인간의 사색의 역사의 내부에서 언어의 상이라는 것이 어떠한 평가를 받아왔는가를 개관하는 것도 좋을 것이다. 바이스게르버는 보르스트A. Borst의 풍부한 연구 자료에 기인해서 이 문제를 다루고 있는데, 언어의 상이를 평가하는 데서, 악Übel으로서, 일시적 방편으로서, 필연성으로서 간주하는 세 가지로 나뉘어진다.

언어의 상이를 악으로 생각하는 것은 다분히 잘 알려진 것이다. 일상 삶의 견해에서도, 철학자의 견해에서도, 종교적 해석에서도 악으로 생각하고 있다. 이 생각은 대단히 알기 쉽고 절대적 인간삶의 관점에서도 당연한 것이다. 그러나 인류사회의 내부에서 언어의 장벽에 부딪히거나 외국어의 습득에 무한한 노력이 소요되는 사태에서 통일 언어나 하나의 국제어에 의해서 언어의 다양성을 극복하려는 부르짖음을 더욱더 빈번하게 불러일으키는 데 대해서 너무 깊은 인상을 받아서도 안 된다. 이런 운동은 오로지 언어를 의사소통의 수단으로 생각하는 견해에서 출발하고 있으며, 통일적인 국제어에서는 의사소통이 훨씬 용이하게 되는 것이 틀림없다는 소박한 견해에 따르고 있는 것이기 때문이다. 우리는 이미 이러한 단순한 결론을 방지하고 있다. 언어의 다양성이 야기하는 곤란을 다만 음성형식 면에서 제거하려 한다면 언어의 인류법칙에 의해서 그 장애는 훨씬 이전에 제거되어 버렸을 것이다. 더욱이 인공적으로 고안된 국제어의 시도에서보다도 훨씬 완전한 형식으로 제거될 것이다. 그것이 되지 않고 있는 것을 보면 언어의 다양성이란 단순히 방해가 되는 장해물과는 사정이 다른 것이다. — 한편 철학적으로, 또 신학적인 숙고에서 언어의 다양성을 악으로 보는 설은 중요하게 받아들일 필요가 있다. 왜냐하면 이것은 인간의 불완전성을 근거로 하고 있기 때문이다. 언어의 혼란이라는 생각 가운데는 완전한 인류는 완전한 언어를 소유하고 있음이요, 언어의 상이가 생길 여지는 없음이 틀림없다는 이론의 여지가 없는 견해가 있다. 따라서 인류가 언어의 다양성 안으로 끌려들어가는 현상은 인간정신의 한계선, 그 진로의 불분명성, 목표설정의 불명확함의 표현이다. 이러한 관점에서는 언어의 다양성은 불완전성으로 간주될 것이며 아마도 이것은 필요악이니까 될 수 있는 대로 제거해야 할 것으로 생각하고 있다.

언어의 다양성은 '일시적인 방편'으로 생각하는 것은 인류의 삶의 환경의 차이에서 설명하려고 하는 경우에 나타난다. 인류는 공통의 언어를 창조하려고 일치해서 노력하지 않았는데, 거기에는 다음의 둘의 명백한 원인이 언제나 존재하고 있기 때문이다. 옛날에는 — "지구가 점점 좁게 되어 있음"에도 불구하고 오늘날에도 — 인류는 지구상에 공간적으로 산재하고 있음으로 유익한 교류가 행해지기가 힘들고, 하물며 결실을 맺는 협동사업은 전혀 행해질 수 없는 상황에 있었다. 거기에 인류의 삶의 환경은 실로 다양했기 때문에 동일한 언어수단으로는 전 인류에게 별로 도움이 되지 못할 것이다. 사막의 주민의 언어는 에스키모인의 사회에서 무슨 소용이 있겠는가. 언어는 그때마다 삶의 요구나 직접적인 과제의 처리에 적합한 것이라야만 한다. 이러한 관점은 납득할 수 있지만 다음과 같은 의문에는 답할 수가 없을 것이다. 그렇다면 적어도 인류 전체에 공통의 필요사항만은 언어상으로도 반드시 통일되어 있어야만 하며, 각각의 언어사회에 특유한 삶의 환경에서 생긴 부분에 대해서도 그 공통의 언어에서 대처될 수 있는 성질의 것이라야만 한다. 그런데 실제에 있어서는 언어의 상이는 그러한 생각에 기인하는 차이보다도 훨씬 대규모의 것이며, 그때마다의 삶의 영역의 상황뿐만이 아니라, 언어 전체, 낱말형성과 월구성안의 근저에 이르기까지 깊게 해당된다.

언어공동체의 법칙은 인류에 무거운 부담을 부과해서 불필요하게 괴롭히고 있는 것이 아니라고 한다면 세 번째의 가능성으로서 언어의 다양성은 언어의 인류법칙 때문에 '필연적인 사실'이라는 것만이 남겨져 있다.

언어의 상이를 보다 적극적인 면에서 고찰하는 것은 특히 도이치 사람의 사색에 빈번하게 나타나며 그중에서도 가장 설득력이 있는 견해는 훔볼트의 저서에 나타나 있다.

"사유와 언어의 상호 의존을 통해, 언어는 본디 이미 인식된 진리를 표현하기 위한 수단이 아니라 그 이상의 것, 즉 인식된 적이 없는 진리를 발견하기 위한 수단이라는 것이 명백히 밝혀진다. 언어의 상이성은 음향이나 기호의 상이성이 아니라 세계관 그 자체의 상이성이다. 여기에 모든 언어연구의 이유와 궁극적인 목적이 포함되어 있다. 인식될 수 있는 것의 총계는 인간의 정신에 의해 다루어질 수 있는 영역으로서 모든 언어들 사이에 위치하며, 더욱이 언어들과는 무관하게 그 한가운데에 위치한다. 인간은 순전히 객관적인 이 영역에 자신의 인식 및 감각의 방식에 따라, 말하자면 주관적인 방법으로 접근하는 수밖에 없다"(IV, 27).

이 생각을 아주 간단한 형식으로 당면의 문제에 한정해서 요약해본다.

언어에 의한 세계형성은 '객관적인' 존재와 인간의 정신의 만남의 결과이기 때문에 모든 모어의 세계상 안에는 필연적으로 '주관적인' 특색이 들어 있으며 그 안에 인간의 관점이나 노력, 역사적인 조건 등이 자리를 차지하고 있다. 이런 방식으로 모든 언어세계에는 객관적인 존재의 사실성에 비하면 독선적인 면이 포함되어 있다. 이 독선성은 피치 못할 것이며, 모든 언어는 그 역사적인 발전에 있어서도 출발했을 때와 동일한 법칙에 따르기 때문에 이 독선성은 그 뒤 더욱 강화되는 경향이 있다. 모든 모어는 그 언어공동체에서는 미리 존재하는 것, 자명한 것으로 간주되어서 어느 누구도 자기의 세계상 안에서 그것에 비판적으로 맞서기 위해 필요한 통찰을 지니는 일이 없기 때문에 어느 언어공동체에도 막다른 골목의 위험성, 즉 하나의 가능성만을 맹신하고 그것을 고집하는 위험성이 생긴다. 인류의 세계에 언어가 하나 밖에 존재하지 않는다고 하면 존재Sein의 세계를 인간이 인식하는 길은 인간의 주관에 의해서 영원히 고정되어 버릴 것이다. 이 위험성을 언어의 상이는 예방하고 있는 것이다. 즉 언어의 다양성은 인간의 언어의 재능을 철저하게 이용해서 여러 가지 필요한 관점에 의해서 인류를 언어에 의한 목표로 인도하는 다수의 열쇠이다. 언어가 다만 하나일 경우에는 그 독선성은 피하기 어려운데, 여러 가지 언어가 있다면 관점도 여러 가지로 풍부하며 그리고 본디 일면적인 것에 불과한 인식을 유일하게 가능한 것으로 과대평가 하는 것도 거부할 수 있다.

개개의 언어는 모두 이렇게 주관적인 자신의 가치를 지닌 열쇠이다. 그러나 전 인류는 언어공동체로 분절되어서 이 사명에 일치 협력해서 활동하고 있음으로, 훔볼트의 다음의 결론도 정당하다.

"전 인류의 주관성은 다시 그 자체 내에서는 객관적인 것으로 된다. 진리의 모든 인식의 가능성이 기인하고 있는 세계와 인간 사이의 근원적인 일치는 그러므로 또한 현상의 방법에서(즉, 시간 / 공간 / 인과관계의 울타리 내에서) 조금씩 조금씩 전진적으로 다시금 획득된다"(IV, 27).[4]

언어의 윤리

언어의 본질을 통찰하고 언어문제에 있어서 태도의 윤리적 기반을 설명하는 것은 언어학의 의무이다.

---

4 Weisgerber 1964[b], 171-174 참조.

그 출발점을 이룰 수 있는 것은 오직 언어의 인류법칙만이다. 이 법칙을 그 근원까지 추구하기에는 인간의 언어의 재능을 해명하지 않으면 안 되는데 다음의 것은 여기에서 선취할 수 있을 것이다. 인간의 언어능력은 인간으로서의 존재의 특성이 명확한 정신에 있으며 언어의 존재는 인간의 삶에 있어서 정신의 지배를 확실하게 하는 것에 대한 가장 명료한 표시이다. 이미 이것에서도 다음의 두 가지의 결론이 생겨 나온다. 즉 언어의 재능을 정신적인 삶의 현성을 위해서 사용하는 책임(언어에 의해서 열린 상호간의 의사소통의 가능성에서 생기는 모든 결론과 더불어)과 그것과 불가분의 관계에 있는 각자의 언어의 재능을 최선의 방법으로 전개하는 기본적 권리이다. 이 전개의 길도 이미 확실하게 결정되어 있어서 모어의 법칙이 자연스럽게 작용하고 개인에 모어의 세계상을 지울 수 없는 인상을 남기게 해서 언어공동체 내에서의 개인의 자연스러운 정신적 활동권을 지정함으로 개인의 정신적·역사적 입장을 보장해 놓고 있다. 이 법칙의 승인 안에 포함되어 있는 윤리적 요구를 이중의 의미에서 진술해야만 하겠다. 그 하나는 개인의 자연스러운 권리이며, 능력에 따라서 모어의 세계상에 참여하고 그로써 얻은 모어 소유를 최선의 방법으로 철저하게 이용하는 권리이다. 이 요구에 이반되는 다음의 것은 자연의 권리와 자연의 안전에 의해서 저지된다. 전래된 모어에의 통로를 방해하는 것, 이러한 짓은 가족의 긴밀한 결합은 찢어지고 대대의 역사적인 연관성이 중단되어 버리기 때문이다. 둘째언어를 부자연스럽게 강제함으로써 모어의 발전을 방해하는 것, 모어의 세계상에 충분히 편입됨으로써 비로소 모든 분야에 있어서 삶의 정신적 지배가 확보될 수 있으며, 둘째언어도 정신적으로 성취하려는 요구는 불안전한 것의 위험성을 거대하게 하는 것이다(룩셈부르크의 두 언어 병용문제회의의 의사록을 참조). 모어에 의한 교류의 제한, 이 경우는 정신적·문화적 구성에 협력하는 개인의 권리가 결정적인 자리에서 제한된다. 언어공동체 내에서 주어져 있는 동일한 모어의 세계상에의 참여는 자연의 수준이며, 정신적 삶과 문화적 삶의 임무에 협력하기 위해서 미리 설정된 테두리이다. — 정신적으로 창조하고, 문화를 산출하고, 역사를 제어하는 모어의 힘을 인식해서 직접 나타난 이 결론은 언어공동체의 알맞은 권리와 의무에 있어서도 불가분의 대응을 이루고 있다. 이전에도 언급한 대로, 모어의 법칙은 궁극적으로 언어공동체의 법칙과 동일하며, 양자는 언어공동체를 위해서도 또 개인을 위해서도 활동하고 있다. 그래서 언어의 윤리는 언어공동체의 임무의 승인과 확보도 포함하고 있다. 이것은 다분히 최대의 사고 전환이 요구되는 자리이겠는데, 언어의 평화를 위한 모든 노력의 성과도 여기에 달려 있다. 세계의 양심은 개인에 대해서 자연스러운 언어권을 승인할 준비는 되어 있는 듯하다. 그러나 여태까지는 모어에 대한 이 권리를 언제나 개인적 권리로 생각하고 있었다. 누구라도 생각하는 바를 거리낌없이 말한다면 그 권리의 목적은 달성되는 것으로 생각하고 있었다. 그러나 이제는 우리가 명백하게 증명한 대로, 언어 사용의 자유는 모어의 완전한 습득이 그 전에 선행하지 않으면 어떠한 해결을 수반하지 못한다. 모어의 완전한 습득은 궁극적으로는 언어공동체가 무제한으로 유효하게 되어서 비로소 가능한 것이다. 왜냐하면 언어공동체는 각 개인을 위해서 모어의 활동을 지탱하고 있기 때문이다. 그러나 인류라는 관점에서는 언어공동체에 결합되어 있는 인류의 사명을 수행하는 것이 개인의 언어의 완성보다도 훨씬 중요하다. 여기에서 이 점에 한 번 다시 '언어의 다양성'이라는 사태의 철학적인 의의가 효과를 발휘한다. 인류는 필연적으로 많은 언어공동체로 분절되어 있는데, 진리에 도달하려고 공통의 목표를 내걸고 노력하고 있다는 훔볼트의 인식에 정당한 점이 있다면, 언어의 윤리는 이 작업의 가능한 한의 촉진을 요구하고 있는 것이다. 그리고 인류의 언어공동체로의 분절이 정신의 지배와 인간삶의 역사적 · 문화적 수립을 가장 구체적으로 표명하는 것이라면, 이것을 방해하는 비정신적인 일은 모두 인류라는 것에 어긋남인 것이다. 사실적으로 결론은 다만 하나밖에 없다. 즉 언어의 윤리는 언어공동체의 작업을 가능한 한 풍요롭게 형성되도록 방향을 잡아야 한다. 그를 위해서는 모든 언어공동체 구성원은 다른 삶이 어떻게 되었던 간에 전혀 개의치 않고, 정신적 · 문화적 공동체의 임무의 실현에는 완전하게 자유롭게 최고의 능력을 발휘해서 공동의 노력을 경주하는 것이 언어공동체의 모든 구성원의 권리일 뿐만이 아니라 의무이기도 하다.

언어의 윤리에 대한 이러한 견해는 첫눈에는 현실에서 생소한 유토피아처럼 생각될는지 모르지만, 이것은 언어의 본질에 관한 우리의 연구 성과의 불가피한 귀결일 뿐만 아니라 언어적인 생기현상의 역학을 우리에게 이해할 수 있게 한다. 언어의 문제는 인류에 있어서도 민족과 개인에 있어서도 대단히 중요하다는 것을 인식해서 비로소 언어의 영역에서 윤리적 질서에 고착되어 있는 것을 모두 파악할 수 있다. 이 중요한 것은 언어의 인류법칙의 자연스러운 위력에 의해서 보호되어 있다는 것도 덧붙여 생각한다면, 모어의 권리를 둘러싼 투쟁에 있어서 이 법칙이 침해되면 봉기해서 활동을 시작하는 힘의 강함을 이해할 수 있게 된다. 즉 왜 이토록 희생심을 가지고 완강하게 싸우는가, 왜 외부의 힘에 정신적인 힘을 강화해서 대항하는가, 왜 직접적인 당사자뿐만 아니라 필연적으로 언어공동체 전체가 개입해서 도발하는가, 왜 외부의 결의나 권력수단에 의해서 종결될 수가 없는가. 이 모든 것은 언어의 인류법칙을 위해서 행하여진다. 그리고 모든 개인이나 언어공동체에 주어져 있는 모어의 자연의 권리에 의해서 행하여진다. 그러나 이 모든 것은 언어의 윤리가 그 의미에 맞추어 모어의 권리를 승인하고 자연스러운 전개를 보증하자마자 분리되고 변형된다. 그것을 위한 기본조건은 언어적 · 민족적인 것과 국가적인 것의 명백한 구분 안에 주어져 있다. 언어제국주의가 끝나고 정신적 발달의 법칙을 외부의 권력수단으로써 방해하려는 비도덕적 시도가 중지되는 즉시 모든 언어문제의 위기는 해소된다. 옛적에 '영주의 종교가 영토의 종교'라는 무모한 원칙을 극복하기 위해서 투쟁하지 않으면 안 되었던 것처럼 '영주의 언어가 영토의 언어'라는 원칙이 인류세계에서 완전히 추방되는 순간에 언어투쟁도 과거의 것으로 될 것이다. 그렇게 된다면 국가가 염려하는 국내 소수언어민족의 반발도 없어질 것이다. 또한 민족과 국가의 필연적인 요구 사이의 의미심장한 조정도 명백하게 될 것이다. 또한 인류를 위한 언어의 힘을 무제한으로 활용하기 위한 길이 열리게 될 것이다.

언어의 다양성이란 언어학에 몇백 몇천 되는 언어의 어휘의 총목록의 제작이라는 작업에서 시작해서 마지막에는 철학적 문제에 전념할 때까지 언제나 새로운 과제를 제공하는 사태이다.[5]

언어의 재능의 본질

언어라는 것의 근원은 정확하게 계산된 '재산'의 형식으로는 생각될 수 없을지라도 그 윤곽은 분명히 할 수 있는 것으로 가정해 본다면 가장 일찍 부정적인 특징만 표시하는 결과가 된다. 처음에 지금까지의 설명에서 자명하지만, 인간의 언어의 재능은 음성을 만들어 내는 능력 만에 국한되는 것이 아니라는 것을 지적해 두는 것은 불필요한 것은 아니다. 언어의 재능은 수없는 사례가 표시하는 것처럼 '말을 하는 사람'에게서 은연중에 진행되고 있는데 벙어리에게서도 지니고 있으며 듣고 있는 음성과는 무관계하다. 또 언어의 재능을 표현, 보고, 양해의 기반으로 파악해도 그것으로 충분히 설

5. 위에 든 곳, 181-184 참조

명한 것으로는 되지 않는다. 물론 이상의 설명은 그대로 옳은데 이렇게 그 이용되는 형식을 몇몇 세어나가는 것만으로는 언어의 재능의 본질을 충분히 논구할 수는 없다. 개인이나 공동체의 삶에서 여러 가지 현상을 작업한다는 심리학적 내지는 사회학적 사유 방식으로 연구하는 것은 불가능하다. 언어의 재능은 개인이나 공동체의 조직에 귀속되는 것은 아니고, 인간이라는 것에 속하는 것이기 때문이다.

외부로부터의 정의가 거부된다면 '내면적 언어능력'이 결정적인 것으로서 교시될 것이다. 즉 언어를 어떤 것의 표출형식으로 생각하지 않고 독립의 힘으로 간주하는 경우이다. 이렇게 되면 언어는 기호의 도움으로 성찰하기 위한 기반을 인간 정신에 넘겨주는 것이라고 하는 헤르더의 정의나, 언어는 '이성의 지적 본능'이라고 말하는 훔볼트의 설에 가까워지고 있다.

언어의 재능을 정신적인 형성력으로 간주하는 이러한 필연성은 언어의 영역에서 인간의 존재를 동물의 존재로부터 떼어내려고 시도할 때 특히 명백하게 된다. 오랜 옛적부터 언어는 인간 존재의 본질적 특징으로 간주되며 특히 이것은 언어에 의해서 인간은 동물로부터 구별된다는 의미에서 잘 나타나 있다. 그러나 이 설은 또한 동물에도 언어가 있다고 지적되어서 되풀이 되면서 논박되기도 했다. 즉 동물도 표현음을 지니고 있으며, 끼리끼리 유인한다든지 경계시키기도 하는 울음소리에서 동물에도 소리를 사용해서 의사소통을 꾀하는 가능성이 있다는 것이 증명되어 있다는 것이다. 그러나 상세하게 조사한 결과, 동물의 경우에는 인간의 경우와 동일한 의미에서의 언어라는 것은 없다는 것이 명백하게 되었다. 언어의 기호의 힘 안에 주어져 있는 모든 것, '세계를 정신의 재산으로 개조하는 것'과 그 결과인 정신적 '중간세계', 이러한 것은 모두 '동물의 언어'에는 결여되어 있다. 그런 의미에서 동물은 울음소리는 소유하고 있지만 언어는 소유하고 있지 않다고 단언한 쉐러M. Scheler의 주장은 전적으로 옳다. 언어라는 특징으로써 인간과 동물을 구별하는 예로부터의 분리는 전적으로 옳다는 것이 오늘날에는 인정받고 있다. 인간은 본질적으로도 언어에 의해서 동물과 구별되며, 양자의 이 차이는 극복하기 어려운 심한 대립을 통해서 어쩔 수 없는 것이다. '동물의 언어'로부터 인간의 언어로 되었다는 것은, 진화론의 의미에서나 돌연변이라는 현상을 고려하더라도 가시적인 방도는 보이지 않는다. 따라서 양자의 영역을 용어상으로도 명료하게 구별할 필요가 있다. 즉 동물의 것은 울음소리, 인간의 것은 언어라고 하는 것이다. 무조건 동물의 언어라는 말투를 쓰고 싶은 사람은 그렇다면 인간의 언어에 대해서 다른 표현을 찾아야만 한다. 부스트P. Wust는 동물을 '말 없는 생물'이라고 아주 적확하게 불렀는데, 바로 그대로이다. "동물이 외계에 대해서 폐쇄적이라는 것에서 동물을 animal brutum(둔중한 생물)이라 불러도 전혀 지장이 없다. 동물 그 자신으로서는 과연 그 심적 내면 상태를 자연스러운 울음소리로 알릴 능력이 있다. 자연스러운 표출이나 자연스러운 울음소리는 동물에게는 인식되지만 정신적인 말의 내적 언어능력이 알려지지 않았기 때문에 동물은 본질적으로 말 못하는 생물이다. 동물에 언어능력이 결여되어 있는 것은 무한의 깊이를 지닌 정신적 영혼이 동물에게는 결여되어 있기 때문에 당연한 결과이다. 동물은 현실 세계에서 아무것도 말할 것이 없기 때문에 사실에 있어서 말할 수 없는 것이다. 물론 동물에도 마음이 있으며 마음의 내면적 상태도 있는데, 그것은 무한성으로 규정되어 있는 것이 아니라 여기 그리고 지금이라는 그 순간의 일시적인 것이다. 그러나 내면으로부터 무한의 단호함을 지닌 인간은 본디 말과 더불어 태어나고 언어와 일체가 된 생물이다. 인간의 내적 언어능력은 존재Sein와 세계에 대해서 본질적으로 개방적이라는 것과 밀접한 관계에 있는 것이다."

여기에서 인간의 언어의 재능을 해명하는 본질적인 면이 여러 가지 나타나기도 하며, 그것들이 나타내는 대로 언어의 재능은 정신적으로 규제된 생물로서의 인간 존재의 기반에 매설되어 있다. 바이스게르버에 따라서, 요점을 결합해보면 아래와 같다.

1. 감각과 정신의 전체로서의 인간은 인간으로서 행동하기 위해서는 필연적으로 감각과 정신의 통일체의 테두리 안에서 움직이지 않을 수 없다는 옛적부터의 인식: 단테Dante가 이미 인간은 그 본성에 따라서 '이성적 및 감각적 기호'를 지닌 필연성을 인간의 독점적인 언어소유의 이유로 삼은 것처럼, 헤르더에 있어서도 인간은 언어의 재능에 의해서 여러 가지의 '특징', '성찰능력'을 실현할 수 있다는 인식이 되풀이되고 있다. 이로써 인간이라는 것의 결정적인 특질이 파악되었다는 것은 의심할 여지가 없다.

2. '상징적 처리방식의' 기본 조건을 통찰하는 것: 철학이 시간이 흐르면서 인간의 존재Sein의 내부에서의 기호의 역할에 대해 연구한 것을 모두 (캇시러Cassirer의 《상징형식의 철학》 참조) 고려하면 그 핵심을 이루는 것은 다음과 같다. '기호성'은 감성의 안에 놓이는데, '정신적인 것'은 '무한의 깊이를 지닌 정신적인 영혼'에 놓여 있음으로 인간에게는 상징적 처리방식이 가능하다는 것이다. 거기에서 인간이 그 언어의 재능의 '명상적' 작용을 받아서 그 순간의 생기현상에 대한 속수무책에서 벗어난다면 그것은 인간이 '존재Sein와 세계에 대해서 본질적으로 개방적인 것'에서 밖으로 나와 '정신적으로 규제되어서' 존재하고 있다는 것과 동일한 의미가 된다.

3. 언어의 재능은 '세계를 찾아내는 열쇠'라는 해석: 인류는 언어에 의한 창조활동 전체의 안에서 "진리의 모든 인식의 가능성이 의거하고 있는 세계와 인간 사이의 근원적인 일치는 그러므로 또한 현상의 방법에서 (즉, 시간 / 공간 / 인과관계의 울타리 내에서) 조금씩 조금씩 전진적으로 다시금 획득된다"라는 훔볼트의 견해, 이 가운데에는 인간의 언어의 재능은 "세계와 인간 사이의 일치"가 인식되는 열쇠라고 하는 전제가 포함되어 있다. 이 열쇠는 그 의미에서 인간에게 세계 전체 안에서의 지위를 지정하고 보증하는 힘의 대단

히 명백한 부분임이 입증되었다.

4. 인간이 삶의 세계를 초월해서 성장하는 가능성을 고려하는 것: 우리는 인간의 언어행동에 내재해서 그 행위가 단순히 인간의 주위세계의 생기현상의 '대상'이나 '반영'이 되는 것을 방지하는 독창성을 번번이 지적했다. 언어의 재능도 또 형성하는 힘에 의해서 상승을 현존Dasein 안에 집어넣는 열쇠의 하나이다. 더욱이 인간삶 그 자체의 오인할 여지가 없는 정신적 향상에 있어서 뿐만 아니라 우주의 생기현상의 완성에 있어서까지도. 최근 리트Th.Litt가 역설하고 있는 "인간은 세계를 의지하고, 세계는 인간을 의지하고 있다"라고 하는 사상은 언어의 세계형성의 힘이라는 시각에서 본다면, 인간의 언어의 재능에는 현세의 존재Sein의 가능성에 이 가능성 자신을 높이는 의미해석을 추가하는 전망이 있음을 시인하지 않을 수 없을 것이다. 세계의 언어화는 인간에 질서와 외계의 존재자das Seiende를 인식하도록 마련해줄 뿐만 아니라 그것은 동시에 현실세계에 진출하는 기반이다.[6]

인간의 언어의 원천

이 고찰로써 언어의 재능에 관해서 진술할 수 있는 것의 한계에 이미 접근하고 있다. 그 한계를 정하는 것은 인간의 정신은 정신으로서의 존재가 의거하고 있는 조건들에 관해서 완전한 것을 말할 수 없다는 것이다. 이 인식은 특히 인간의 언어의 재능을 그 재능의 해석을 초월해서 적어도 그 기원의 해명이라는 의미에서 설명하려 애쓰는 문제제기의 숙명에서 나타났다. 단지 언어철학뿐만 아니라 언어사회학이나 언어심리학에서 논의된 모든 문제는 실

6 위에 든 곳, 186-188 참조.

로 언어의 기원을 해명하려는 노력에 집약된다. 주지하는 바와 같이 이것은 가장 오래된 인류의 문제의 하나이며 자주 싫증이 날 때까지 다루어졌으며 그런가 하면 절망적인 것으로 포기되어지기도 했다. 어쨌든 오늘날에 이르기까지 해결되어 있지 않으며, 심원한 의미에서 해결되지도 않는다. 그러나 이 문제를 결코 무시해서는 안 된다. 여기에서도 이 문제가 인간의 언어의 재능의 설명에 대해서 다른 측면에서 기여할 수 있는 범위 내에서 고려해 넣을 필요가 있다.

'언어의 기원'에 대해서는 시대에 따라서 참으로 다양하게 해석되었다. 대개는 '인류의 조어'에 관해서 그것이 어떠한 것이며 어떻게 성립되었는가 라는 이중의 의미에서 곰곰이 생각되어 왔다. 이러한 고찰에 대해서는 여기에서 관심을 기울일 필요가 없다. '조어'의 외관에 대해서는 긍정적으로 아무것도 설명할 수 없기 때문에 또 인간의 언어는 본질적으로 계속성을 지니는 것이므로, 모든 존속하는 인간의 언어의 근원은 인류 최초의 언어에까지 소급될 수 있는 가능성이 있다 하더라도 그 기간은 너무도 길고 어떠한 학문적 방법을 쓴다 해도 그 간격을 메울 수는 없다. 인간의 언어를 전부 비교해 본다면 '원형'이 재구성될 수 있다는 생각도 몽상적이다. 이를테면 인도게르만어권에서 '인도게르만조어'로서 획득된 것은 기껏해야 기원전 3세기까지이기 때문에 인류의 역사로서는 지극히 새로운 형성물이다. — 인류조어의 음운적 특징의 조건들에 대해서 논쟁을 해도 아무런 의미가 없다. 인류 최초의 말함에는 어느 정도의 정서성이 있었는가, 의성이 어느 정도 행해지고 있었는가, 음운상징의 해석이 어디까지 고려되는가라는 문제에 대해서 대단히 흥미로운 억측을 할 수는 있는데 그것에 대해서 논쟁할 만한 가치가 없다. 왜냐하면 언어와 같이 삶의 모든 영역에 관계하고 있는 힘은 일방적인 조건에서만 추론될 수 없기 때문이다.

그러나 이러한 형식에서 더욱 많이 아주 간단하게 문제가 제기되어 있다.

이 최초의 언어의 '음성표출'은 이미 언어의 성립을 위한 모든 조건을 전제로 하고 있다. 그 부차적인 문제는 해결되지 않는 것으로 보이는데, 언어가 가능하게 된 전체 상황의 정돈된 한 모습을 상정할 수도 없었다. 이러한 시도는 모두 '표면적인' 언어의 성립과 관련을 맺지 않더라도 모두 '언어성립 이후의' 삶의 조건을 전제로 하고 있으므로 그 문제 제기는 비생산적인 것으로 간주하지 않을 수 없다. '내면적인' 언어의 성립, 즉 언어 안에 나타나 있는 성능과 그 배후에 있는 힘의 기원이 문제이다. 언어의 기원을 이렇게 표면적인 상황에서 탐구하는 것은, 발생적인 문제제기로서는 언어의 기능의 영역에서는 절망시되어 있는 결과라는 것을 우리도 시인하지 않을 수 없다. 이 점에 극복하기 어려운 한계가 나타나 있다. 결론을 앞서 말하면, 언어의 재능이 없이 역사에 등장하는 인간을 만나는 일이 없는 것과 마찬가지로 언어가 없는 상태에 놓인 인간의 양상을 상상조차 할 수 없다. 어떻게 해서 비인간적인 무언어 상태에서 언어를 구비한 인간적 상태가 생겼을까. 그것은 여전히 수수께끼이다. 그 사이에는 인간의 언어'능력'이 있었든지 없었든지 간에 엄청나게 긴 단락이 있기 때문이다.

따라서 우리에게 의미 있는 설문은 인간의 언어의 재능의 기원에 관한 것이다. 이 문제를 제기해도 실은 거의 동시에 그것은 해결될 수 없는 문제라는 답이 나온다. 도대체 인간의 정신이 정신으로서 그의 기원에 관해서 — 이 테두리 안에 언어의 기원이 들어 있다 — 어떻게 서술할 수 있을까. 그럼에도 우리는 아래의 중요한 확인사항과 관련을 맺기 위하여 이러한 체계적인 형식에서 문제를 제기하지 않으면 안 된다.

1. 인간의 언어의 재능은 유일무이한 사실이며 인간에만 한정되어 있을 뿐만 아니라 또한 인류의 내부에서 생긴다. 이 문제에 관여하는 모든 학문분야에서 일치된 견해에 의하면, 언어의 재능이 독자적으로 형성되는 것이라면 다양한 언어의 기원이 생각될 수 없다.

2. 언어 힘은 인간의 육체적 존속을 위해서도 없어서는 안 될 조건이다. 이 때 헤르더는 인간은 그 언어의 재능이 없다면 생물로서는 살아나갈 수 없다는 인식을 지니고 있었다. 다른 생물이 몸을 지탱하기 위해서 지니고 있는 힘의 강함, 다리의 속도, 몸을 지키는 보호막 등의 보조수단이 인간에게는 결여되어 있다는 헤르더의 지적은 200년 전이나 오늘날에도 진리이다. 오늘날의 인류학에서는 인간이 '가장 특수화되어 있지 않은' 생물이며, 어느 특정한 '환경'을 이용하도록 정해져 있지 않은 생물이라고 언급되고 있다. 이 결점을 보완하는 것이 정신의 힘이며 그것에 의해서 인간은 몸을 유지할 수 있는 것이다. 그 정신의 힘은 언어의 재능을 빼놓고 생각할 수는 없다. 언어의 재능이 없다면 인간은 이러한 '의지할 데 없는' 상태에서 오랜 기간 살아나갈 수가 없으며 언어성립 이전의 특수화된 상태에서 인간이 언어를 지니고 정신활동을 할 수 있게 되었다고는 생각될 수 없다.

3. 이 두 가지의 것은 본디 동일한 기본 사실을 암시하는 것에 지나지 않는다. 즉 언어의 재능의 기원은 인간이라는 것을 완성하는 구성요소이다. 이 기본적 사실을 어떻게 상상할지라도 — 다음의 훔볼트의 인식은 흔들림이 없다. "인간이라는 것을 위해서는 인간은 언어를 소유하고 있어야만 했다. 바꾸어 말하자면, 언어를 소유하기 위해서는 인간이어야만 했다." 이것은 표면상 순환론인데, 사실은 우리의 여태까지의 고찰 가운데서는 더 이상 극복될 수 없는 한계가 있음을 나타내고 있다. 철학의 분야에서도 이를테면 야스퍼스K.Jaspers의 광대한 저서 《진리에 관해서》 안에서 언어의 기원의 문제는 철학적 해결의 가능성을 넘어서는 것으로 간주하고 있다.[7]

7 위에 든 곳, 189-191 참조.

언어와 인간이라는 것

언어학의 전문영역에서 점점 더 떨어져 나간다든지 또 언어연구와는 관련이 없는 곳에서 발단하고 있는 전망은 아직도 남아 있다. 우리는 다른 삶의 영역에서 언어에 관해서 숙고하게 된 여러 가지 계기라도 받아들일 여지가 있다. 모든 언어현상과 언어학에 관계하는 사항의 전문적 연구는 언어학의 분야에 있음은 의심할 여지가 없지만, 언어가 직접적인 대상이 된다든지 동인이 되는 기회는 대단히 많음으로 그때마다 독자적인 인식을 제공할 수도 있다. 언어학은 이러한 것에도 관련함으로써 얻는 바가 있다. 그 가운데는 내적 필연성으로써 언어와 인간이라는 것Menschsein의 관계를 묻게 되는 것도 있다.

최초의 사고의 과정은 우리의 관찰과 아직도 결합되어 있으며 판단의 기준이 인류를 정신적 질서 안에서 포괄하는 유일한 손잡이를 언어에 제공하고 있다. 우리는 이미 언어의 법칙을 통해서 인간의 삶에 있어서 형성하는 원리인 정신의 통용성은 이중으로 보장되어 있음을 보았다. 즉 인류전체에서는 인류를 언어공동체로 분절함으로써 정신은 자연이나 권력에 비해서 효과적이며 영속성이 있는 역사적 삶의 원리라는 것이 증명된다. 또한 개인의 삶에 있어서는 개인을 일정한 각인된 정신의 형식, 즉 언어공동체 안에서 활동하는 모어에 편입함으로써 정신의 통용성이 보장되어 있다. 이토록 정밀하고 지속적인 정신적 형식은 달리 없다. 인류의 언어에 의한 구분지도는 법이나 예술이나 과학 또는 종교에 기인한 분류 시도와는 달리 완전한 효력을 지니고 있다. 이것은 즉 모든 언어의 원천, 바로 인간의 언어의 재능은 정신의 현상형식과 작용형식의 바로 곁에서 보게 되는 것이 틀림없다는 것 이외에 다른 것이 아니다. 헤겔Hegel이 (적어도 한 시기에) 언어의 거점을 정의한 말이 생각난다. "언어는 정신의 근원이다. 또는 어쨌든 언어는 정신의 근원과 밀접하게 결합되어 있다." 그리고 언어가 민족의 삶이나 개인의 삶에 있어서 에네르게이아, 즉 작용하는 힘으로서 그 본질을 전개하고 있는 것처럼 인간의 언어의 원리도 언어의 인류법칙의 영향력에 알맞은 힘의 표현이어야만 한다. 한 걸음 더 나아가서 언어의 재능을 인간의 삶에 정신이 진입하는 핵심지점의 하나로 간주할 수 있는가 어떠한가 검토해 볼 수도 있을 것이다. 그러나 정신이 정신으로서의 그것의 기원에 관해서는 아무것도 서술할 수 없을 것이라는 한계는 여전히 넘기 어렵다.

헤겔의 경우에는 정신의 다양한 문제가 뒷전에 머물러 있지만 하이데거M. Heidegger에 있어서는 특히 그의 노년의 저작에서는 놀라울 정도로 언어에 대해서 사색하고 있으며 언어를 존재Sein의 바로 곁으로 옮겨 놓고 있다. 하이데거의 언어해석을 가장 인상적으로 표현하고 있는 명제는 첫눈에 대단히 완고하게 여겨진다. 그러나 언어의 수수께끼를 해결하려고 집요하게 전력을 다한 사람이라면 별다르게 불가사의하게 생각하지 않을 것이다. 언어는 '존재의 집이다'라든지 '밝히면서 감추는 존재 자체의 도래'로서의 언어는, 인간에 있어서 '존재의 개시'이다라고 하는 존재론적 측면에서의 제창이며 우리가 인간의 측면에서 언어에 의한 세계형성이라는 생각으로서 목표로 삼은 것과 동일한 기본 사실에 향하려고 하는 것이다. 그리고 하나의 만남이 전혀 그리 멀지는 않다는 것은 모어에 대한 양자의 어록을 비교해 본다면 명백하게 나타난다. 하이데거에 있어서는 '그때마다의 언어는 민족에게 역사적으로 그 세계를 열어주는 말함Sagen이라는 일'인데 이것은 체계적으로도 용어상으로도 완전히 다른 측면에서 나온 것으로서 '모어는 언어공동체를 통한 세계의 언어화의 과정이다'라는 우리의 명제의 바로 곁에 있다. 결과가 이렇게 유사하나넌 언어학의 경계뿐만 아니라 철학의 경계도 넘어서지 않을 수 없다 해도 그 전제조건과 사고의 방책의 관계를 정사해 보는 것도 보람 있는 일일 것이다.

끝으로 이 점에 관해서 두 가지 이 사유의 과정을 간략하게 설명해 두어야 하겠다. 언어는 '존재의 도래'라고 하는 하이데거의 언어관의 근저에는 그리스의 정신세계에서 로고스Logos에 대해서 수백 년에 걸쳐 이끌어 온 여러 가지 공론을 산출한 경험의 영향이 있다고 해도 잘못 생각한 것은 아닐 것이다. 로고스에 관한 그리스인의 사색과 언어에 대한 우리의 해석의 시도 사이에는 2천 년 이상의 시간적 간격이 있는 것은 확실하다. 로고스는 오늘날의 언어보다 훨씬 포괄적인 개념이다. 로고스는 결국에는 종교적 사색의 중심이 되는데 그 사색은, 한편으로는 로고스는 처음부터 세계 전체와 세계의 근저에 밀접한 관계가 있음을 간주해온 데 근거를 두고 있다. 또 다른 한편 로고스는 그리스말로 포교활동을 하고 있는 그리스도교에 대해서 종교적 경험도 언어로써 확보하는 동인을 제공했다. 즉 인간이 된 로고스der menschgewordene Logos에 계시된 말씀이 뒤따랐고 신성한 말씀과 더불어 신성한 문자의 역할로써 종교계에 생겨난 모든 언어문제가 뒤따른다. 로고스에 관한 그리스도교의 가르침은 주로 그리스말의 λόγος를 라틴말의 verbum 말, 말씀, 도이치말의 Wort 말, 말씀으로 번역함으로써 언어에 가까운 사상과 뒤섞여 있는데 그 이상의 결합은 보이지 않는다. 신이 창조한 말씀 가운데는 결과로서 '사물의 낱말성격Wortcharakter'이라는 생각이 포함되어 있다. 과르디니R. Guardini의 "세계 자체가 말과 같다"라는 명제에서는 "인간이 말하는 것은…… 현존Dasein에 의해서 받아들여진다"는 것을 근저에 두고 있다. 존재와 언어 사이의 틈을 제거하든지 그렇지 않으면 적어도 시계 안에 넣으려고 하는 언어에 근접한 시도이다. 이에 반해서 계시된 말씀(성서의 원전, 번역, 해석 등)의 사상에 이어지는 언어상의 여러 경험은 세계 종교의 보급과 교회의 건설이라는 대단히 중요한 수반현상이기 때문에 이러한 경험은 — 기도나 설교에 있어서 종교적 삶 자신의 언어적 조건과 더불어 — '신성한 말씀'이 세계적으로 변용하는 가운데 집중적으로 일을 하는 동인을 부여하게 되며 그 결과 언어학도 그 대상의 특정한 측면에 주의를 환기시키게 된다. — 알려진 대로 인간의 언어도 종교에 있어서 중요한 현상으로 생각됨으로 그 가장 중요한 양상(언어의 기원, 언어의 상이성)에 대해서는 종교적인 해석을 초래하고 있다. 이러한 종교적 해석은 몇 세기에 걸쳐서 민족의 생각에 (연구방침에도) 영향을 미치는 일이 자주 있음으로 언어학에 있어서도 중요하다.

앞에서 열거한 고찰은 언어의 한계임과 동시에 또한 인간이라는 것의 한계이기도 한 한계영역으로 인도한다. 이러한 전망은 최종적인 해결을 기대할 수 없지만 그 나름의 가치를 지니고 있다. 이러한 한계영역 모든 것에 주의를 기울일 수 없다 하더라도 언어의 고찰은 자체의 울타리를 넘어서 뻗어 나가고 있는 문제에도 언제나 관심을 쏟을 필요가 있을 것이다. 이런 종류의 이상상은 없어서는 안 될 것이다. 언어학의 역사에서 최대의 작용은 언어의 진리내용을 추구하는 데서 출발한 것이다. 사물의 참된 존재를 언어적으로 묻는 어원학이 기원전 5세기에 그리스의 지식인의 마음을 움직여 여러 가지의 언어현상에 대해서 하나하나의 음운에까지 확실하게 자각한 이래로 때로는 방향을 잘못 잡은 발전이나 환멸을 느꼈음에도 불구하고 진리의 추구가 언어연구의 최대의 원동력으로서 입증되었다. 음성의 상징을 통해서 진리의 획득을 기대했던 때부터 에네르게이아의 언어 고찰에서 뒤를 잇는 언어에 의한 세계형성이라는 진리내용을 문제로 삼을 때 까지는 긴 노정이 있었다. 그러나 그 도중의 여러 단계에는 훔볼트가 제창하는 비교언어학이라는 천재적인 구상을 정점으로 하는 위대한 방법론상의 몇몇 동인이 나타났다. 비교함으로써 기대했던 언어의 독자적인 세계관(내적형식)을 통찰하려고 한 훔볼트의 착상은 다음과 같은 중심 사상에 근거하고 있다. "진리의 모든 인식의 가능성이 의거하고 있는 세계와 인간 사이의 근원적인 일치는 그러므로 또한 현상의 방법에서 (즉, 시간 / 공간 / 인과관계의 울타리 내에서) 조금씩 조금씩 전진적으로 다시금 획득된다." 1820년의 아카데미 논문 《비교언어 연구에 대해서》는 그것 때문에 쓰인 것인데 이상적인 완전한 진리에는 이르지 못했다. 그러나 아펠K.O. Apel은 이 언어학상의 진리 추구의 의의를 분명히 했고 그 중에서 언어내용을 지향하는 언어학의 '매혹적인 동기'를 올바르게 제시했다. 이 연구는 언어와 인간이라는 것의 가장 깊은 결합에 손대고 있다.[8]

8 Weisgerber 1964[b], 191-194 참조.

XVII. 하이데거의 언어사상

에네르게이아로서의 언어관을 제시하고자 하는 연구에서 하이데거M. Heidegger의 언어에 대한 사유가 간과되어서는 안 되겠다. 왜냐하면 훔볼트 및 그의 후계자들과 마찬가지로 하이데거에게도 언어는 에르곤, 즉 그의 술어에 따르자면 '손-안-사물Zuhandenes', '눈-앞-사물Vorhandenes'이라기보다는 담화Rede로서 (훔볼트의 뜻에서의 에네르게이아로서의) 언어의 우위성을 명시하고 있다.[1]

하이데거에 따르면, 언어의 본질에 대한 성찰은 반드시 이전과는 다른 지위를 차지하지 않을 수 없다. "이 성찰은 지금에 와서는 단순한 언어철학일 수는 없는 것이다."[2]

하이데거는 언어의 본질을 에네르게이아로, 좀 더 자세히 말하자면 지금까지의 제반 해석을 능가하는 의미에서 규정하고 있기 때문에, 이것이 여기서 다루어지고 있는 논제에 어느 정도 해당되는지가 먼저 규정되어야 하겠다.

1 Apel 1963, 56.

2 Heidegger 1946, 149.

최근의 도이치 철학자 가운데 가장 근원적인 문제제기를 하고 있는 것으로 생각되는 하이데거는 고대 그리스의 플라톤으로부터 19세기 말의 니체 F. W. Nietzsche에 이르기까지의 유럽철학 전체를 일괄하여 '존재를 망각한 형이상학'이라고 규정하고 있다.

"제가 말씀드릴 수 있는 것은, 니체와 함께 끝난 전통적 형이상학의 사유방식은 이제 막 시작하고 있는 기술시대의 기본특징을 사유적으로 경험할 가능성을 더 이상 제공하지 않는다는 것입니다."[3]

하이데거 철학의 출발점은 존재망각이라는 근본경험Grunderfahrung der Seinsvergessenheit이다.

"《존재와 시간》을 출판할 무렵에 그 제1부 3장 〈시간과 존재〉가 미루어지게 되었다(《존재와 시간》 39 참조). 이 사정 때문에 《존재와 시간》을 출판할 무렵이나 그 후에 주관성을 벗어나는 이 다른 사유를 충분히 수행하는 것이 확실히 어려워졌다. 여기서는 전체가 방향을 바꾸게 된다. 그 문제된 3장이 미루어졌던 까닭은, 사유가 이 방향바꿈die Kehre을 충분히 말할 수 없었고 또 여기서는 사유가 형이상학의 말을 써서는 꾸려나가지 못하는 데 있다. 1930년에 구상되고 발표되었으나 1943년에 비로소 출판된 《진리의 본질에 관해서Vom Wesen der Wahrheit》라는 강연이 〈존재와 시간〉으로부터 〈시간과 존재〉로 방향을 바꾼 사유에 대해 어느 정도 밝히고 있다. 이 방향바꿈은 《존재와 시간》의 입장을 변경한 것은 아니며, 오히려 그동안 시도된 사유는 《존재와 시간》이 그리로부터 비로소 경험되고 더욱이 존재망각이라는 근본경험을 통해 경험되는 그러한 차원의 지점에 이른다."[4]

하이데거는 존재자Seiendes와 존재Sein의 차이를 엄격히 구별한다(이른바

---

3 Heidegger 1976, 212.

4 Heidegger 1946, 159.

존재론적 분별). 여기서 존재자는 '존재하는 것'을 뜻하며, 현실적으로 있는 모든 사물이나 생각할 수 있는 모든 대상이 다 같이 이에 속한다. 이에 반해 존재는 '존재자를 존재자로서 규정하는 것'[5]으로서 그 자신은 어떠한 존재자도 아니다. 그것은 '존재하는 것'이 아니고 존재 자체이기 때문이다. "존재자의 존재는 그 자신이 어떤 존재자는 아니다"[6]라고 하이데거는 강조한다.

하이데거의 술어에 따르면, 인간은 실존하는 존재이해Seinsverständnis, 즉 '현존재Dasein'이다. "현존재의 이러한 존재구조에는 현존재가 자기 존재에 있어서 이 존재에 대해 하나의 존재관계를 가지고 있다는 것이 속해 있다. 그리고 이것은 다시 현존재가 그의 존재에 있어서 어떠한 방식으로 뚜렷이 자기를 이해하고 있다는 것을 뜻한다. 이 존재자에게 독특한 것은 자기의 존재와 더불어, 그리고 자기 존재를 통해 이 존재가 그 자신에게 열려 있다는 데 있다. 존재이해는 현존재의 하나의 존재규정이기도 하다."[7]

이 경우 현존재의 구조의 근원적 단위는 시간성으로 간주된다. 이 시간성은 현존재의 '현Da', 즉 자신의 가능한 세계 개방성을 근원적으로 트이게 한다. 곧 현존재는 본디 자기 존재를 이해하고 있다.

하이데거에 의하면, 현존재의 독특한 존재구조가 바로 '세계-안에-있음In-der-Welt-sein'이다. "사유는 존재의 집을 건립하는 데 종사한다. 존재의 이은 자리는 이러한 존재의 집으로서 그때마다 운명에 적합하게 인간의 본질에 존재의 진리 안에 거주할 것을 지시한다. 이렇게 거주하는 것이 '세계-안에-있음'(《존재와 시간》 53쪽 이하 참조)의 본질이다."[8] 여기서 말하는 세계는

---

5 Heidegger 1967, 6.
6 위에 든 곳, 같은 곳.
7 위에 든 곳, 12.
8 Heidegger 1946, 188 이하.

우리가 언제나 그 속에서 살고 있는 삶의 터전으로서의 세계, 곧 문화적인 세계 혹은 주체적인 세계일 뿐이다. 세계 '안에-있음'이란 오히려 세계를 이해하고 세계에 관심을 두고 세계와 교섭한다는 것이다. 세계에 대한 이 독특한 관계를 '배려Sorge'라고 한다. 이렇게 세계에 대해 배려하는 것은 그것에 대해 개방되어 있음을 뜻한다. 결국 '안에-있음'은 바로 개방성을 뜻한다.

존재와 가장 가까운 곳에서 존재의 이웃으로서, 존재의 목자로서 인간은 '거주'해야 하며 '탈존ek-sistieren'해야 한다.

"존재가 걸어오는 말을 듣는 인간의 본질 속에서만 인간은 참으로 존재한다. 그러나 이 단순한 본질적 존립에 대해 형이상학은 유의하지 않았다. 이 말건넴(요구)에 의해서만 인간은 그의 본질이 거주하는 곳을 찾아내서 '가지고 있다'. 이 거주에 의해서만 인간은 그 거처로서의 '말'을 '가지고 있다'. 이 거처는 인간의 본질에 그 탈자적인 특성을 지켜준다. 존재의 밝음die Lichtung des Seins 속에 서 있음을 나는 인간의 탈존Ek-sistenz이라고 부른다."[9]

하이데거는 우리 인간이 이미 존재의 밝음 속에 서 있는 특성을 탈존이라고 한다.

하이데거의 철학은 '기초적인 존재론'이다. 이것이 의미하는 바는 존재로 향한 존재자의 말건넴이다. 존재라는 것은 도대체 무엇인가? 이는 결국 암흑 속에 묻혀 있는 것 같다.

"존재라는 것은 그것 자신이다Es ist Es selbst. 미래의 사유는 이런 점을 경

9 위에 든 곳, 155.

험하고 이런 점을 말함을 배워야 한다. '존재' — 이것은 하느님도 아니요, 세계의 근거도 아니다. 존재는 존재자 모든 것 이상의 것이다. 그럼에도 불구하고 그것이 가령 바위이든 동물이든 예술작품이든 기계이든 간에, 또는 천사이든 또는 하느님일지라도 존재는 이 모든 존재자보다도 더 인간에게 가깝다. 존재는 (인간에게) 가장 가깝다. 그러나 이 가까움은 인간에게는 가장 먼 것이기도 하다. 인간은 처음에는 언제나 이미, 그리고 오직 존재자에 의존하고 있다."[10]

존재론의 기본 과제는 존재의 의미Sinn에 대한 파악이다. 하이데거는 매우 신비적인 열정에 사로잡혀 이 문제, 그리고 이 문제와 관련된 일련의 다른 문제들을 특히 다음과 같이 제기해놓고 있다.

사유란 무엇인가?

인간은 무엇인가?

언어는 무엇인가?

소위 플라톤 이래 서양의 사유가 분열시켜온 것, 즉 사유와 존재를 하이데거는 헤라클레이토스Heraklit와 파르메니데스Parmenides에 연결시켜 다시 하나로 총괄코자 했다. 이 경우 다음의 조치가 본질적이다. 로고스Logos에 의해 사유와 존재의 결합이 건립된다. '사유'(물론 심화된 사유를 의미한다)[11]와 '말함Sprechen'에서 인간은 존재와 접촉한다. "사유의 시쓰기Dichtung의 성격은 여전히 감추어져 있다. 그 성격이 나타나더라도 그것은 금후 오랫동안에 걸쳐서 절반 시인 기질의 오성이 그리는 유토피아와 같은 것으로 보일 것이다. 그러나 사유하는 시쓰기는 진리에 있어서 (사실상) 존재의 주거설Topologie에 지나지 않는다. 그것은 이 존재를 위해 존재의 본질이 있는 곳을 말한다."[12]

---

10 위에 든 곳, 162.

11 Heidegger 1954[a], 19 참조. 또한 Jost 1960, 130 이하 참조.

12 위에 든 곳, 23.

하이데거 자신이 "언어와 존재에 대한 숙고가 나의 사유의 길을 일찍부터 규정하고 있기 때문에 거처규명Erörterung은 가능한 한 뒷전에 밀려나 있습니다. 내가 너무나 일찍이 멀리까지 과감하게 전진한 것이 다분히 《존재와 시간》이라는 책의 근본 결함일 것입니다."[13]라고 말하고 그것에 이어서 "횔더린의 송가의 최초의 해석을 강의한 것과 같은 1934년의 여름학기에 '논리학'의 표제로 강의하고 '로고스' 안에서 언어의 본질을 찾았다"[14]라고 회상하고 있다.

그러므로 1915년의 교수 자격 취득 논문 '둔스 · 스코투스의 범주론과 의미론'이라는 표제를 보면 하이데거의 '언어론'에 대해서 전망할 수 있을 것이다. 하이데거의 '언어와 존재'에 대한 숙고가 다른 어떠한 방도에서가 아니라 전적으로 '거처하다'를 터전으로 한 그 방도에서 부상하고 있다. 그러므로 하이데거의 '언어론'의 근저에는 '주거설'이 있다.

하이데거에 의하면, 언어가 '이성적인 동물'로서의 인간관에 의해 해석되고 기껏해야 "음성형태(문자 형상), 선율, 운율 및 의미(의의)의 통일로 생각하는 한에서 언어는 단순한 언어가 아니다. 우리는 음성형태나 문자 형상을 낱말의 육체로, 선율과 운율을 언어의 영혼으로, 그리고 의미에 맞갖은 것을 언어의 정신으로 생각한다. 인간의 본질이 이성적 동물, 즉 육체-영혼-정신의 통일로 생각되는 한에서 우리는 언어를 보통 인간의 본질에 상응하는 것에서 사유한다. 그러나 동물적 인간의 인간성 안에 탈존이, 그리고 탈존에 의해 인간에 대한 존재의 진리의 관여가 감추어져 있듯이 언어의 형이상학적-동물적 해석은 언어의 존재사적인 본질을 감추고 있다. 존재사적인 본질에 따르면, 언어는 존재로부터 발생되고 존재에서 조립된 존재의 집이다. 그러므로 언어의 본질을 존재에 상응하는 것에서, 더욱이 이러한 상응

13 1959, 93

14 같은 곳

으로서, 즉 인간 본질의 거처로 생각하는 것이 중요하다.

그러나 인간은 다른 능력과 더불어 언어도 소유하는 생물임에 그치지 않는다. 오히려 언어가 존재의 집이어서, 이 집 안에 인간은 거처하면서 존재의 진리를 지키면서 존재의 진리에 속해 있다. 그리하여 인간은 탈존한다.

그래서 인간의 인간성, 즉 탈존을 규정할 때 실로 중요한 것은, 본질적인 것이 인간이 아니라 탈존의 탈자적인 것의 차원으로서의 존재라는 것이다. 차원이라 해도 그것은 잘 알려진 공간적인 것이 아니다. 오히려 모든 공간적인 것과 모든 시간-공간 등은 차원적인 것 안에 존재한다. 그리고 이러한 차원적인 것으로서 존재 자체가 있다."[15]

그러나 존재는 발생과 운명으로서 언제나 거기da에 있으며, 존재의 역사는 "결코 지나가버린 것이 아니라 언제나 눈앞에 있는 것이다."[16] 존재에 대해 맹목적인 인간은 그의 본성으로 보아 가장 명백한 것과 가장 가까운 것, 즉 존재를 보지 않는다. 그는 자신에게만 보이고 진실로 생각되는 존재자에 의지한다. 만약 인간에게 언어에 대한 참다운 본디의(응답하는) 관계가 있다면, 언어의 '성능'도 실제로 전개될 수 있을 것이다. 즉 언어를 통해 인간은 존재의 안으로 들어가며, (언어의) 사유에서 존재의 밝음 속(밝게 된 공간)에 도달하며, 언어에서 밝히면서-감추는 존재 자체의 도래가 일어난다. 식물과 동물은 결코 존재의 밝음 속에 놓일 수가 없다. 즉 존재의 감추어지지 않는 것 속에는, 그러므로 진리 자체 속에는 놓일 수 없다는 것이다. 식물이나 동물은 구속을 받지 않고서 세계 안에 놓인 적이 없다. 식물과 동물에게는 언어가 결여되어 있다. 동물의 '언어'는 인간에게 부여된 로고스와는 전혀 다른 그 무엇이다. "언어는 그 본질상 하나의 유기체를 나타내는 것도 아니고,

15 Heidegger 1946, 164.

16 위에 든 곳, 146.

또 생물의 표현도 아니다. 그러므로 언어는 기호의 성격에 의해서도, 아마도 의미의 성격에서조차도 결코 본질에 적합하게는 사유될 수 없다. 언어는 밝히면서-감추면서 오는 존재 자체의 도래이다."[17] 인간에게 존재는 언어 안에 도래한다. 보다 간략하게 말하자면, "언어는 그 자체 속에 모든 본질적인 것의 보배를 숨기고 있다."[18] "여실한 존재자로서의 존재자가 존재의 빛 중에서 나타나기 위해"[19] 인간은 존재의 목자로서 존재의 진리를 지켜야 한다. 존재자가 과연 나타나느냐의 여부는, 하이데거에 따르면 존재의 운명에 기인한다. 그러나 인간은 이러한 운명에 상응하는 인간 본질에 어울리는 것을 발견할 수 있어야 한다.[20] 더욱이 이렇게 어울리는 것에는 사유와 언어가 속한다. "노래와 사유는 시쓰기의 이웃하고 있는 두 줄기이다. 이것들은 존재에서 성장해 나오며, 이것들의 뿌리는 존재의 진리에 다다른다."[21] 언어는 인간 존재의 근거이지 그것의 기능은 아니다. 언어는 물론 존재의 근거는 아니지만 아마도 인간의 의식-존재의 근거이기는 하다. 인간(현존재)은 언어를 지니고 있다. 언어를 통해 인간은 존재로 향해서 사유를 분절하고 삽입할 수 있다. 더더욱 언어를 통해 존재는 사유에 깃든다. 요컨대 언어는 인간에게 존재-폐감인 것이다. 사유에서 존재는 '언어'에로 온다. 이것은 "이전에는 말하여지지 않은 것, 결코 말하여지지 않았던 것을 최초로 말 속으로 끌어올리게 하고 여태까지 은폐되어 있었던 것을 말함을 통해 나타나게 한다"[22]는 것이다. 언어에서 존재는 말을 하며, 사유에서 존재는 생각한다. 이를 위해서는 "(본디의, 미래의) 사유는 존재의 진리를 말하도록 존재로부터 요

17 위에 든 곳, 158.

18 Heidegger 1957, 25.

19 Heidegger 1946, 161 이하.

20 위에 든 곳, 162 참조.

21 Heidegger 1954[a], 25.

22 Heidegger 1957, 25.

구되어" 있어야만 한다.[23] "우리는 결코 생각에 다가가지 않는다. 생각이 우리에게 다가온다."[24] 이 일이 발생하는 경우, 인간은 탈존하며 존재자의 차원에서 솟아나 존재의 밝음 속에 서 있다. 그러나 만약에 인간이 소명, 자신의 탈존을 잘못 처리하고 존재자의 시간성, '현존재'의 세인-습성과 비본래성으로 전락하는 경우에는, 자신의 실존에 대한 '배려'가 그를 소유하며 자신의 삶, 자신의 죽음, '세인'이 가치 있는 것으로 여기는 모든 것을 염려하게 된다. 이러한 태도에서 "언어도 우리가 취급하는 다른 모든 일상의 사물과 마찬가지로 다만 하나의 기구, 양해와 정보의 단순한 기구에 지나지 않는다"[25](언어기계가 언어를 운전하고 그러한 방법으로 인간의 본질을 구사하는 전자식 사유기계나 번역기계를 참조하라). 그러나 인간은 말하기 이전에 존재로부터 우선 다시 위험을 요구(말건넴)받음에 틀림없다. — 예컨대 (하이데거에게는 특히) 휠덜린J. Ch. F. Hölderlin 같은 시인은 언제나 존재의 이러한 요구(말건넴)하에 놓여 있었다.[26] — 그것은 존재의 요구하에 있는 경우에는 말을 해야 할 일이 있더라도 거의 말을 하지 않든지 드물게만 말을 하는, 그러한 위험이다. "그렇게 해서야만 말에는 그 본질의 귀중함이, 그러나 인간에게는 존재의 진리 안에서 살기 위한 거처가 또 다시 선사된다."[27] 언어와의 올바른 관계가 결여된 곳에서는 존재의 진리에서 떨어져 나와 존재자에 흘러 빠지고 잡담 및 난필에 넋을 빼앗길 가능성이 모든 재보 가운데서 가장 위험스러운 것으로서 인간에게 주어진다.

시인의 말함은 물론 임의적인 말함이 아니다. "시인은 신들의 이름을 부르며 모든 사물을 그 본질에 따라 이름 붙인다. 이러한 이름 붙임은 다만 이

23 Heidegger 1946, 145.
24 Heidegger 1954ª, 11.
25 Heidegger 1957, 27 참조.
26 Heidegger 1944, 휠덜린의 송가 〈마치 잔치날에〉 47 이하 참조.
27 Heidegger 1946, 150 이하.

전에 이미 알려진 것에 외부에서 이름을 붙인다는 것이 아니라, 시인은 본질적인 말을 말하기 때문에 이렇게 이름을 부름으로써 존재자가 처음으로 그 본질이 규정되고 그리하여 존재자로서 알려지게 된다. 시쓰기는 말에 의한 존재의 건립이다."[28] 요컨대 "언제나 머무르고 있는 것은 그러나 시인이 건립한다"[29]라는 휠덜린의 송가 '회상'의 끝의 말은 타당한 것이다.

하이데거의 경우에도 "인간의 존재는 언어에 기초를 두고 있다. 그리고 언어는 본디 대화에서 비로소 생기한다. 그러나 대화는 언어가 자기를 전개하는 하나의 방식일 뿐만 아니라 대화로서만 언어는 본질적인 것이다."[30] "세계가 말로 되는 그것에 의해 바로 우리 자신이 그것인 본디의 대화가 이룩된다."[31] 따라서 훔볼트의 에르곤-에네르게이아 명제를 끌어들이지 않더라도, 하이데거의 다음 표현이 보인다.

"언어는 인간이 자유롭게 구사할 수 있는 도구(즉 낱말의 존립과 낱말 결합의 규칙들)[32]만이 아니라, 인간 존재의 최고의 가능성을 좌우할만한 사건이다."[33]

이제 위에 언급되었던 것들을 다시 한 번 새로이 간추리면서 이 논제에 중요한 하이데거의 견해들을 총괄해보기로 한다.

1. 언어는 그 본질에 따르면 '에르곤', 도구, 단순한 손-안-사물Zuhandenes이 아니다. 그것은 오히려 존재사적인 생기현상Geschehen, 사건, 힘, 에네르게이아, 로고스이다.
2. 언어는 인간이 자신의 본질 내에 생존하는 것을 가능하게 한다. 그의

28 Heidegger 1916, 38.
29 위에 든 곳.
30 위에 든 곳, 36.
31 위에 든 곳, 37.
32 위에 든 곳, 36.
33 위에 든 곳, 35.

본질에서 인간은 존재에 의해 말건네질 수 있다. 이 말건넴(요구)은 언어를 전제로 하며 탈존하는 사유를 가능하게 한다. 이러한 사유가 일어나는 경우, 인간은 존재의 밝음 속에, 감추어지지 않은 것으로서의 진리 속에 서 있다. 즉 인간은 탈존하고 있다. 나아가 언어는 존재의 집이며, 인간에게 탈자적인 것das Ek-statische을 유지시켜주고 존재의 진리 안에서 그 내존Innenstehen을 가능케 하는 거처이다. 언어는 존재를 해명하는 것이다. 언어 덕분에 인간은 존재의 근처에 거주할 수 있으며 존재의 이웃이 될 수 있고 목자가 될 수 있다. "인간은 존재의 진리 안으로 찾아들어가 거기에서 머무르는 것이다"[34]라고 하는 것이 오직 중요할 따름이다. 그러기 위해서는 시인이 필요하다. 시인은 인간에 의해 지배된 자연에 관해서의 계산 가능성과 기술을 자연의 어떤 새로운 방법으로 경험되는 자연성이라는 개방된 비밀 안에 되돌려와 감추고,[35] 사람들의 세계의 집을 존재를 위해 개방해 두고 있다.

3. "(탈존하는) 사유는 요컨대 그것을 말함 속에서 말하여지지 않는 존재의 말만을 언어에로 데려온다. 존재는 자기를 비추면서 언어에로 오는 것이다. 존재는 언제나 언어에로 오는 길 위에 있다."[36] "사유는 단순한 것을 말함 속에 언어를 모은다. 구름이 하늘에 떠 있는 구름이듯이 언어는 존재의 언어이다."[37] 나아가 "지속적인bleibend, 더욱이 지속상태에서 인간을 기다리고 있는 이 존재의 도래를 언제나 언어에로 데려오는 일"[38]이야말로 사유(사상가)와 시쓰기(작가)의 유일한 일(과제)이다.

34 Heidegger 1946, 191.
35 Heidegger 1957, 24.
36 Heidegger 1946, 192.
37 위에 든 곳, 194.
38 위에 든 곳, 193.

4. "언제 그리고 어떻게 인간이 말을 하든지, 인간이 말하는 것은 오직 그것에 앞서 이미 그가 말에 귀기울여 있다는 것에 의해서만이다. 그때 말을 못 들어 빠뜨리는 것조차도 일종의 들음이다. 인간은 그 말, 즉 그것에 향해 그의 본질이 말을 건넸어야 하는 그 말에서부터 말하게 된다. 우리는 이러한 말을 '모어'라고 부른다.

역사적으로 성장한 언어를 고려하여 — 그것이 모어라는 것을 고려하여 — 우리는 다음과 같이 말할 수 있다. 즉 '본디 말하는 것은 언어이며 인간이 아니다. 인간은 그때마다 언어에 상응하면서-말하는 한에서 비로소 말하는 것이다'."[39]

하이데거와 훔볼트

훔볼트의 《카비어 서론》에 대해 하이데거는 논문 〈언어로의 길Der Weg zur Sprache〉에서,

"그리스 고대에서 시작하여 여러 가지 방법으로 노력해온 언어의 고찰은 훔볼트의 언어숙고에서 마침내 그의 위대한 저작 《카비어 서론》에서 결집되어 그 정점에 이른다. ……그 후 이 논문은 찬반양론이 있지만 오늘에 이르기까지 그것의 뒤를 따르는 모든 언어학이나 언어철학을 음으로 양으로 규정하고 있다"[40]고 지적하고 있다.

이어서 하이데거는 훔볼트의 말 가운데서도 가장 유명한 에르곤-에네르게이아 명제를 인용하고 있다:

"언어는 그 현실적인 본질에서 파악하자면, 끊임없이 매 순간 지나가버리

39 Heidegger 1957, 26.

40 Heidegger 1959, 246.

는 것이다. 문자에 의한 언어의 보존조차 항상 불완전한 미이라와 같은 보존에 불과한데, 이 보존마저 한번 다시 생생하게 낭독함으로써 구체성을 부여하려고 노력할 필요가 있다. 언어 자체는 작품(에르곤)이라기보다는 활동성(에네르게이아)이다. 따라서 언어의 참된 정의는 발생론적인 정의일 수밖에 없다. 말하자면 언어는 분절된 음성이 사상을 표현할 수 있도록 하는 영원히 되풀이되는 정신의 활동이다. 직접적으로 엄밀히 말해서 이것은 그때마다의 말함의 정의이지만, 참된 본질적인 뜻에서 본다면 곧 이러한 말하는 것이 지니는 전체성을 언어라고 간주할 수밖에 없다"(VII, 45 이하).[41]

하이데거는 이것에 대해, "실은 자주 인용되기는 하지만 이에 대해 숙고되는 일은 드문 명제"[42]라고 서술해놓고 있다.

홈볼트는 언어를 정신의 활동으로 파악하고 있는데, 하이데거는 이를 어떻게 보고 있는가? 하이데거는 홈볼트의 《카비어 서론》 제11장의 처음에 있는 약간의 월들로써 이에 답하고 있다. 여기서 그는 '언어와 정신의 상호 간의 영향'을 홈볼트의 저작 전체의 맥락에서 간결하게 다음과 같이 파악하고 있다.

"우리는 언어를 죽어 있는 산출물todtes Erzeugtes로 간주하기보다는 훨씬 그 이상으로 산출활동Erzeugung으로 간주해야 하며 언어가 대상의 표시이자 양해의 매개로서 작용하는 것을 도외시하고, 그와 반대로 언어가 내적 정신 활동과 밀접한 관계에 있는 그 근원에 거슬러 올라가 그들 양자의 상호 간의 영향을 훨씬 더 세밀하게 탐구해야 한다"(VII, 44).[43]

---

41 위에 든 곳, 247. 여기서 하이데거가 인용한 홈볼트 글의 인용문 쪽수 표시는 17권으로 되어 있는 홈볼트 전집의 아카데미판에 따른다.

42 위에 든 곳, 246.

43 위에 든 곳, 248.

《카비어 서론》에서 언어와 정신의 근원적 관련은 제21장(VII, 86 이하)에서 '내적 언어형식'으로 고쳐쓰여 있는데, 훔볼트는 이를 지시하고 있다.

말함을 그 유래에 따라 내적 정신활동에서 생각할 경우, 사상의 표현으로서의 말함은 무엇인가라는 물음에 의해 이 '내적 언어형식'에 조금은 접근한다. (이 물음에 대한) 회답은 하나의 월(제31장, VII, 176) 안에 있다. 그리고 이 월을 충분하게 해석하기에는 특별한 논구가 필요했다:

"언어는 단순히 상호이해를 위한 교환수단일 뿐만 아니라 정신이 그 힘의 내적인 활동을 통해 자신과 대상 사이에 정립하지 않으면 안 될 참된 하나의 세계라는 감정이 마음속에서 정말로 깨어난다면, 우리의 마음은 점점 더 많은 것을 언어 안에서 찾아내고 더욱더 많은 것을 언어 안에 넣는 참된 길을 가고 있는 것이다"(VII, 176).

정신의 활동이란, 근대 관념론의 학설에 따르면 정립하는 것이다. 정신은 주체로 파악되고 그리하여 주체-객체-도식에서 표상되는 것이니까 정립Thesis은 주체와 그 객체 사이의 종합이어야만 한다. 이렇게 정립된 것은 대상 전체에 관한 하나의 조망을 부여한다. 주체의 힘이 활동하고 그 활동에 의해 자신과 대상 사이에 정립하는 것을 훔볼트는 하나의 '세계'라고 부른다. 이러한 '세계관'에서 인류는 자신을 표현하는 것이다.

훔볼트는 왜 세계 및 세계관으로서의 언어를 주시하고 있을까. 그것은 훔볼트의 언어로의 길이 언어로서의 언어에 의해 규정되기보다는 오히려 인간의 역사적, 정신적 전개의 전체를 그 총체성에서, 그리고 동시에 그때그때의 개별성에서 역사적으로 서술하려는 노력에 의해 규정되기 때문이다. ……그런데 정신의 자기 표현력은 다양한 방법으로 활동하는 것이니까 세계를 이러한 방향에서 파악하는 것은 여러 가지 원천에서 펴낼 수 있다. 훔볼트는 언어를 주요한 원천의 하나로서 인식하고 선택한 것이다. 물론 언어가 인간의 주체성에 의해 가공되어 형성된 세계관의 많은 형식 가운데 유일한 형식은 아닐지라도 인간 발전사의 특별한 기준이 그때마다 각인되는 힘을 입고 있어야만 하는 형식이기도 하다. 이제 훔볼트의 논문의 표제는 그의 언어로의 길에 관해 보다 분명하게 언급하고 있다.

훔볼트는 '인간 언어 구조의 상이성에 관해서' 논하기는 하는데, 그가 그것에 관해 논하는 것도 '인류의 정신적 발전'이 '그 상이성의 영향'을 받고 있는 한에서이다. 훔볼트는 언어를 인간의 주체성에서 가공되어 형성된 세계관의 하나의 종 및 하나의 형식으로서 언어에로 데려오는 것이다."[44]

훔볼트가 언어의 본질을 에네르게이아로 규정하고 있는 데 대해 하이데거는 "이 에네르게이아를 전적으로 비그리스적으로 라이프니츠G. W. Leibniz의 단자론Monadologie의 뜻에서 주체의 활동으로 이해하고 있다."[45] 그는 이 활동을 단자가 지니는 '원천적인 활력vis primitiva activa'으로 간주한다. 단자라는 본디의 실체였던 힘이 실은 근대적인 의미에서 주체의 힘으로 전화해버렸다. 하이데거에 의하면, "라이프니츠는 단자의 힘인 vis activa의 개념을 스콜라 철학의 potentia activa의 개념과 구분하고 있다"[46]고 한다. vis activa는 potentia activa처럼 정지적, 잠재적인 힘이 아니라 박두하는 힘Drängen이다.

하이데거는, "그리스 이래로 '언어'를 표시하는 낱말인 도이치말의 Sprache, 그리스말의 γλῶσσα, 라틴말의 lingua, 프랑스말의 langue와 langage 등은 모두 형이상학적인 색조를 많이 띠고 있기 때문에 오히려 이것 대신에 die Sage를 쓰는 것이 좋다. 이것은 그것을 '말하는 것'과 그것이 '말하여진 것', 그리고 '말하여져야 할 것'을 의미한다. 이 sagen이라는 것은

44 위에 든 곳, 248 이하.

45 위에 든 곳, 249.

46 Heidegger 1928, 374 이하 참조.

아마도 '나타나게 하다', '빛나게 하다'라는 뜻에서 '가리키다zeigen'와 동일할 것이다"[47]라고 서술하고 있다.

하이데거는 언어의 본질이 바로 '말이 말하다'임을 강조한다. 그러고 보면 언어의 주인공은 인간이 아닌 셈이다. "인간은 마치 언어의 창조자이며 그 지배자인 체하지만, 반면에 실은 언어가 여전히 인간의 주님이시다. 이와 같은 지배관계가 전도된다면 인간은 기이한 음모에 빠지게 된다. 즉 언어는 표현의 수단이 된다. 표현의 수단으로서의 언어는 단순한 인쇄수단으로 몰락한다. 언어의 그와 같은 사용에 있어서도 우리가 여전히 말하기를 배려하면서 사용하는 것은 좋은 일이다. 그러나 이 사실 하나 만으로는 우리가 언어와 인간 사이의 진실한 지배관계의 전도된 상황으로부터 결코 벗어날 수 없다. 왜냐하면 본디 말하는 것은 (인간이 아니라) 언어이기 때문이다. 인간은 언어가 그에게 건넨 말에 귀를 기울이고 언어에 상응해서 말 할 때만이 비로소 참으로 말한다. 우리 인간이 우리 스스로로부터 말하기에 데려와도 되는 모든 건넨 말 가운데 가장 고귀하고 어느 곳에서나 첫 번째의 것은 현실의 언어이다."[48]

그리고 그는 '언어의 본질 : 본질의 언어'[49]라는 독특한 표현을 쓰고 있다. "사유는 요컨대 그것을 말함 속에서 말하여지지 않는 존재의 말만을 언어에로 데려온다. ……존재는 자기를 비추면서 언어에로 오는 것이다. 존재는 언제나 언어에로 오는 길 위에 있다"[50] 등의 하이데거의 발언은 언어의 문제에 관해서 인간을 중심에 두는 '형이상학'의 입장으로부터 일탈을 노린 것이다.

47 Heidegger 1953/54, 145 참조.

48 Heidegger 1954[b], 184.

49 Heidegger 1957/58, 200.

50 Heidegger 1946, 192.

반면에 훔볼트는 '주·객의 대립'이 첨예화되어 양자 사이의 긴장도가 높아지며 주·객의 관계를 정적으로가 아니라 동적으로 생각하는 도이치 관념론의 한가운데에 있었던 인물이고, 그러므로 바로 '형이상학'의 와중에 있었다. 그럼에도 불구하고 하이데거는 훔볼트와 공감하는 자리를 찾아내고 있다. 그것은 "언어의 증대하는 변화의 가능성이 훔볼트의 사유의 범위에 도달한 것을 《카비어 서론》 안의 말이 증명하고 있다"[51]는 것이다. 하이데거는 언어의 본질을 꿰뚫어보는 훔볼트의 심오한 통찰에 대해 경탄을 금하지 못하면서 그의 말을 아래와 같이 인용하고 있다. 훔볼트는

"기존의 음성형식을 언어의 내적인 목적에 적용하는 것은 언어형성의 중간시기에서는 가능한 것으로 생각될 수 있다. 어떤 민족이 외적인 사정을 내적으로 조명하고 조성함으로써 이 민족에 전해진 언어에 어떤 다른 형식을 주고 그 결과 언어가 그것에 의해 전혀 다른 새로운 언어가 된다는 것도 있을 수 있다"(제20장, VII, 80)라고 말하고 있다.[52]

또한 뒷부분에서

"언어를 그 음성에서, 하물며 그 형식이나 법칙에서 변화시키는 일 없이도 시간은 성장하는 이념의 발전, 향상된 사고력, 그리고 더욱 깊이 침투하는 감각능력에 의해 언어가 그 전에는 가진 일이 없었던 것을 번번히 언어 안에 도입한다. 그리하여 동일한 용기 안에 다른 의미가 담겨지고 동일한 각인하에 서로 다른 것이 주어지며 동일한 결합법칙에 따라서도 다른 단계의 이념진행이 시사된다. 이것이야말로 한 민족의 문예, 그 중에서도 특히 시쓰기와 철학의 불변의 성과이다"(제21장, VII, 93)라고 한다.[53]

51 Heidegger 1959, 267.

52 위에 든 곳, 268.

53 같은 곳.

이와는 별도로 훔볼트는 또 다른 자리에서, 언어학자는 비록 그에게 어느 정도 언어의 고정적이고 외면적인 성격인 문법적, 어휘적 구조를 중시해야 하긴 하지만 '마치 영혼처럼 그 안에 자리 잡고 있는' '내적 성격'을 오인해선 안 됨을 힘주어 지적하고 있다. 이 내적 성격은 '보다 고차원적인 것, 보다 근원적인 것'이고, 이에 대해 아무리 언어학자라도 "인식력이 더 이상 미치지 못할 경우에는 예감만이라도 하지 않으면 안 된다"(VII, 166)는 것이다. 하이데거도 이에 대해 전적으로 공감하고 있었을 것이다.

끝으로, 하이데거와 바이스게르버에 대해서는 552쪽 이하의 바이스게르버의 논술 〈언어와 인간이라는 것〉을 참조할 것.

끝머리에

언어연구의 의의

언어를 학문적으로 연구할 때 꼭 알아 두어야 할 가장 중요한 점을 찾아내려는 우리의 기도는 오랫동안 방랑하지 않을 수 없었다. 그것은 결국 인간의 삶 전체를 지나가는 길이었다. 즉 개인으로서의 삶, 민족의 삶 그리고 인간의 존재로서 나타난 여러 가지의 구현이며 역사적 전개나 문화적 창조에 있어서 활동 형식이며 그 안에서 작용하는 여러 가지 힘과 염두에 떠오르는 가치였다. 그때 우리는 다수의 언어학 연구에 개별적으로 접촉할 수 없었고 적어도 전체 영역을 조망하기 위해서 가장 중요한 점에 한정하지 않을 수 없었다. 그럼에도 불구하고 언어연구에서 나타나는 모든 문제에 대한 올바른 통로를 밝혀내었다고 우리는 생각할 수 있다.

언어의 문제를 다루는 사람은 모두 이러한 전체를 보지 않으면 안 된다고 우리는 설파하고 있는데 그것은 가능한 많은 문제에 밀어 넣도록 노력하라는 것이 아니라 자기 자신의 문제, 언어연구의 동기가 된 구체적인 문제나 과제가 전체의 안에서는 어떠한 위치를 차지하고 있는가를 알지 못하면 결국은 올바른 해결의 길은 얻어질 수 없기 때문이다. 언어를 학문적으로 규명하는 것은 사실상 대대적인 과제이므로 만나는 개개의 것을 통일체 안의 일부로서 식별하기가 어렵다. 그러나 이러한 통일체는 미리 명확하게 확정되어 있으므로 한번 그것을 보았다면 그것을 두 번 다시 잊어버릴 수는 없다. 언어의 세계상의 구축을 최초의 목표로 삼는 언어음과 언어내용의 통일체, 언어관용 때마다 언어 힘이 효력을 나타내는 언어와 문화 창조의 통일체, 개인의 삶과 민족의 삶 안에서 모어의 법칙이 충분히 작용하는 모어와 언어공동체의 통일체, 인류의 언어의 목표를 향해서 필연적으로 분절되어서 협력관계에 있는 지상의 언어적인 모든 것의 통일체 등 이러한 통일체 안에서 언어연구가 행해진다면 그것은 인간의 삶의 결정적으로 중요한 기본적 사실의 의식화이다. 언어연구가 이러한 생생한 상호관련성을 파손시킨다면 그러한 언어연구는 단편적인 것이 되고 전체적으로 개관할 수 없는 혼돈상태에 빠진다.

언어연구의 시야를, 언어가 작용하고 있는 전 영역으로 확대하려는 이러한 처리는 근본적으로 언어연구의 의의를 밝히려는 노력인 것이다. 이전의 많은 처리방식은 이 필연적인 통일체를 잘게 토막 내고 개별적으로 연구함으로써 효과가 없고 불만족스럽게 될 뿐이었다. 이러한 처리방식의 나쁜 결과는 누구든 자기 자신의 체험을 통해서 충분히 느끼고 있다. 학교에서의 단편적인 문법 수업은 — 예문의 형식적인 분석에서 정점에 이르는데 — 대다수의 학생에게 언어의 문제에 대한 욕망을 영원히 버리게 하는 효과뿐이다. 음운의 규칙을 다만 기계적으로 각인하는 것만으로는 언어사에 전념하는 것이 그의 연구에 불가결하다는 것을 납득시킬 수 없다. 어떤 민족의 서적을 읽기 위한 단순한 수단으로서 언어를 습득하는 것은 그것을 위한 모든 노력에 대해 필요악이라는 스탬프를 찍는 것이다. 특히 구체적인 이유도 없이 언어에 전념하는 것은, 누구든 예술학의 영역이나 물리학의 영역을 고대하면서 바라보는 것과 마찬가지이다. — 이러한 요구는 사람들의 조롱거리가 될 뿐이다. — 이러한 일그러진 상황에 비해서 언어에 전념하는 참된 의의를 의식하도록 하는 것은 사실상 쉽지 않다. 언어의 첫 번째 통일체, 즉 언어음과 언어내용은 불가분이라는 것을 인식하게 된다면 언어연구의 사명을 전반적으로 파악하고 '기초학문'에 내재하는 매력을 전적으로 갖추게 될 것이다. 이러한 사고전환의 의의에 대해 상세하게 이유를 설명할 필요는 없다. 그러나 끝맺음으로서, 고전적인 연구의 몇몇 보기를 보면서 다시 한 번 언어연구에서는 무엇이 중요한가를 요약해서 명확하게 자각하는 것은 그런대로 좋다. 우리가 이때 특히 훔볼트의 말을 또 다시 인용하는 것은 그가 모든 시대에 앞서서 언어연구의 인식을 철저하게 진척시켰기 때문이다. 거의 백 년 동안이나 언어의 연구가는 — 모든 언어문제에 대해서 커다란 손실이었다 — 훔볼트를 이해하지 못했지만 오늘날 우리는 새로운 인식으로써 그의 저술을 읽고 있다. 언어가 무엇인가를 알고 있거나 또는 느끼고 있는 사람은 누구나 훔볼트에 의해서 자기 자신의 인식의 옳음을 확인할 수 있으며 동시에 미래에의 전망이 열리며 자기의 작업의 의의와 가치가 배가됨을 느끼게 된다.

훔볼트가 모든 실리를 목적으로 한 언어학습에 반해서 '언어 그 자체가 중요하고 공익을 위한 학습'이라는 그의 입장을 논증하고 있는 1801년의 초기 저서에 거의 모든 본질적인 관점이 집약되어 있다. "언어는 일반적인 언어뿐만 아니라 어떠한 특별한 언어도, 빈곤하고 조야할지라도 그 자체로 진지하게 숙고할 가치가 있는 대상이다. 언어는 보통 말하고 있는 것처럼, 민족의 사상의 모상일 뿐만 아니다. 대개의 언어기호는 사상을 언어에서 격리해서 명시할 수는 없다. 언어는 민족의 모든 정신적인 에너지이다. 언어는 말하자면 기적에 의해서 어떤 음성 안에 사로잡힌 것이나 다름없다. ……몇몇 언어는 하나의 사물에 대한 여러 가지 다른 명칭이 아니다. 동일한 것을 여러 가지 상이한 관점에서 보고 있는 것이다. 그것이 표면적인 감각의 대상이 아니라면 각자가 각각 자신이 별도로 만들어 내는 수만큼 존재하기도 하며 그 각각의 안에 각자는 자기의 것을 재발견하든지 미지의 것을 찾아내어서 자기 쪽으로 옮겨 놓을 수도 있다. ……언어의 다양성에 의해서 직접 우리에게 있어 세계의 부가 증대하고 그 세계 안에서 우리가 인식하는 것의 다양성도 증대한다. 동시에 이것에 의해서 우리에게 인간으로서의 존재의 범위가 확대되며, 생각하고 느끼는 새로운 양식이 일정한 현실적 성격으로서 우리 앞에 나타난다. 언어는 언제나 전 국민의 재산이므로 자주 개인에 책임이 있는 환상의 궤변이나 무절제한 것에도 걱정할 필요는 없다. 그것이 우리에게 나타난 것은 전적으로 순수하고 소박한 인간성이다. ……그러므로 지구상의 언어의 연구는 인류의 사고와 감각의 세계사이다. 이 세계사에는 지구상의 모든 지역과 모든 문화의 단계에 있는 인간이 서술되어 있다. 그 안에 결여되어 있는 것은 아무 것도 없다. 인간에 관계하는 것은 모두 동일한 인간끼리 공감할 수 있는 것이니까." 언어의 연구는 '인류의 사고와 감각의 세계사'라고 하는 이 훔볼트의 언설을 더욱 설명하거나 강조하기 위해서 이 이상 말을 추가하는 것은 오히려 언어에 의한 세계형성으로써 설정된 사명의 이 천재적인 모습을 해칠 수 있을 뿐이다.

그러나 훔볼트는 이러한 고찰방식에 머물러 있는 것은 아니다. 그의 머리에 떠오른 것은 언어의 세계상을 '문법적으로' 취급하는데 그치는 것이 아니다. 그것도 본디 중요한 일이지만 이것은 완전한 언어학에 이르기 위한 전제이며 통로에 지나지 않는다. 훔볼트의 관심사는 '인간이 언어를 성립시키는 여러 가지 방법을 해명한다든지 사고의 세계의 어느 부분을 언어 안에 넣는데 성공했는가를 분명히 알리는' 것뿐만 아니라 오히려 "국민의 개성이 언어에 작용하고 반대로 언어가 국민의 개성에 역작용을 미치는 이 양자의 상호작용의 양상"이 그의 최대 관심사였다. "왜냐하면 언어, 언어에 의해 달성될 수 있는 인간의 목적 그 자체, 끊임없는 진보, 발전하고 있는 인류 및 개개의 국민, 이 네 가지 대상이 비교언어 연구가 상호의 관련성에 있어서 고찰해야 할 것"이기 때문이다. 당시에 훔볼트보다 헤르더, 아른트Arndt 쪽이 언어는 문화를 산출하고 역사를 제어하는 작용이 있다고 강조하고 있었지만, 훔볼트가 언어연구는 전체적인 시야에서 행해져야 함을 역설한 것은 부인할 여지가 없다. 훔볼트만큼 언어와 언어공동체의 통일체나 이들 "국민"의 역사적 활동을 직시한 사람은 없다. "국민의 형성과 언어의 관련의 규명은 그 자체 대단히 중요하며 언어연구의 최종적 성과로 간주될 수 있다. 이것은 표현과 사고의 완전하게 파악할 수 없는 미묘한 상호관계를 규명하려고 노력하고 인간의 역사상에서 가장 중요한 연구의 준비를 하는 것이다. 왜냐하면 언어는 인간의 역사에 있어서 주로 창조하는 힘의 하나라는 것은 명백하기 때문이다." 민족과 인류의 역사를 정신적으로 움직이는 힘의 모습을 훔볼트는 언어연구에 있어서 상상하고 있는 것이다.

그러나 훔볼트의 언어연구의 모습은 이러한 관점에서 그치는 것이 아니었다. 1804년의 유명한 자리에서 아래와 같이 서술해 놓고 있는 것도 까닭 없는 것은 아니었다. "나는 언어에 전념해서 전 세계의 가장 높고 가장 깊은 곳을 또 그 다양성을 두루 여행하기 위한 운반수단을 찾아내었다고 생각하고 있다." 더욱 말을 계속해서 "근본적으로 내가 종사하고 있는 것은 모두 언어연구이다." 이것을 과장으로서, 일면적인 것으로서 해석할 필요는 없다. 훔볼트가 언어의 연구에 관심을 갖게 된 것은 단순한 취미에서가 아니다. 훔볼트가 언어연구를 시작한 무렵에는 본디 개인의 문제가 중심이었는데 결국 그에게는 마지막까지 "한 개인과 국민의 관계가 가장 중요하며 또한 가장 신비스러운 것이었다." 훔볼트는 언어의 조건 안에서 개인과 국민의 관계에서 작용하고 있는 긴장의 필연과 완화를 아주 철저하게 볼 것으로 생각했다 — 그리고 훔볼트는 여기에서 개인의 자유의 모습에 본질적인 것을 추가로 획득한 것처럼 언어에서도 국민과 인류의 관계가 명백하게 되었다. 훔볼트처럼 인류의 사고 때문에 '민족의 본질'에 철저하게 몰두한 사람은 없었다. 필연적으로 정신에 규제되고 언어와 결합된 인류의 민족으로의 구분은 — 이것을 훔볼트는 국민Nation 이라 말하고 언어공동체를 지칭하고 있다 — 인류의 정신적 목표의 달성을 위한 필연적 조건으로서 훔볼트는 이해하고 있다. 그로써 인류의 사고라는 면에서 동시에 민족의 사고의 확립과 한계가 나타난다. — 내적 필연성에 의해서 마침내 훔볼트의 언어연구는 모두 '인간의 문제'에서 정점에 이르고 있다. 그는 자기의 언어집대성의 첫머리에서 "언어능력의 형이상학적 분석"을 제기한 것처럼, 언어에 제약된 인간으로서의 존재의 규명에 언제나 또 다시 되돌아온다. 이것을 탐구하는 그 자신의 노력 가운데 가장 명확하게 시사하고 있는 것은, 인간은 자기 자신을 이해하기 위해서 언어의 비밀을 될 수 있는 대로 해명하도록 노력해야 한다는 것이다. 확실히 이것은 사소한 일은 아니지만 결코 쉬운 것은 아니다. 언어는 인간이라는 것의 본질적 징후의 하나이기 때문이다. 개인은 모두 그의 사고와 행동에서 언어의 인류법칙의 작용을 끊임없이 매우 강력하게 느끼고 있다. 개인은 자기의 언어의 재능에 따라서 언어행위에 있어서 모어의 효력을 통해서 언어의 인류법칙의 지배하에 있다. 그만큼 자신의 언어적 조건의 통찰은 하면 할수록 자신의 입장을 인식하는 데 도움이 되며 그리고 개인으로서 언어공동체의 존재로서 인류의 일원으로서 이 삼중의 규정안에서의 자신의 사명을 수행하는 데 도움이 된다.[1]

1 Weisgerber 1964[b], 195-199 참조.

참고 문헌

Adelung, Johann Christoph 1806: Mithridates oder allgemeine Sprachenkunde. 1. Teil. Berlin, Voss.

Ammann, Hermann 1954: Sprachwissenschaft und Sprachtheorie. In: Der Deutschunterricht 6, Heft 2: Sprachbetrachtung in der Gegenwart. 5-28.

Apel, K. O. 1959: Der philosophische Wahrheitsbegriff als Voraussetzung einer inhaltlich orientierten Sprachwissenschaft. Festschrift Weisgerber, 11-38.

- 1963: Die Idee der Sprache in der Tradition des Humanismus von Dante bis Vico.

Bach, Adolf 1934 (^{2}1950): Deutsche Mundartforschung. Ihre Wege, Ergebnisse und Aufgaben. Eine Einführung. 2. Aufl. Heidelberg, Winter.

Bach, Emmon 1968: Nouns and noun phrases. In: Universals in Linguistic Theory. Ed. by Emmon Bach / Robert T. Harms. New York / Holt, Rinehart & Winston. 90-122.

Bacon, Francis 1620 (1990): Neues Organon. Hrsg. und mit einer Einleitung von Wolfgang Krohn. Hamburg, Meiner.

Bazan, Heinrich Banniza von 1933: Grenzen der Sprachgemeinschaft. In: Muttersprache 48, 420-424.

Basilius, Harold 1952: Neo-Humboldtian ethnolinguistics. In: Word 8, 95-105.

Berlin, Brent / Kay, Paul 1969: Basic Color Terms. Their Universality and Evolution.

Berkeley / Los Angeles, University of California Press.
Betz, Werner 1954: Zur Überprüfung des Feldbegriffs. In: Kuhns Zeitschrift (Zeitschrift für Vergleichende Sprachforschung) 71, 189–198.
Black, Max 1959 / 1962: Linguistic relativity: the views of Benjamin Lee Whorf. In: Philosophical Review 68, 228–238. In: Models and Metaphors. Studies in Language and Philosophy. Ithaca / London, Cornell University Press. 244–257.
Böhler, Michael 1995: Wilhelm von Humboldt. Schriften zur Sprache. Stuttgart, Reclam.
Brinkmann, Hennig 1949: Die sprachliche Gestalt. Versuch einer morphologischen Betrachtung der Sprache. In: Muttersprache 1, 2–25.
– 1950: Die Wortarten im Deutschen. Zur Lehre der einfachen Formen der Sprache. In: Wirkendes Wort 1, 65–79.
– 1952: Der deutsche Satz als sprachliche Gestalt. In: Wirkendes Wort 1, Sonderheft, 12–26.
Brown, Roger Langham 1967: Wilhelm von Humboldt's Concept of Linguistic Relativity. The Hague, Mouton.
Brown, Roger W. 1958: Words and Things. Glencoe (Ill.), The Free Press.
Brown, Roger W. / Lenneberg, Eric Heinz 1954 / 1961: A study in language and cognition. In: Journal of Abnormal and Social Psychology 49, 454–462. In: Psycholinguistics. Ed. by Sol Saporta. New York / Holt, Rinehart & Winston. 480–492.
Cassirer, Ernst 1923–1929: Philosophie der symbolischen Formen. 3 Bde. Bd. 1: Die Sprache. 1923 (1953, [6]1973). Bd. 2: Das mythische Denken. 1925. Bd. 3: Phänomenologie der Erkenntnis. 1929. Berlin, Cassirer. Nachdruck 1953–1954. Darmstadt, Wissenschaftliche Buchgesellschaft.
– 1923[a]: Die Kantischen Elemente in Wilhelm von Humboldts Sprachphilosophie. In: Festschrift Paul Hensel. Hrsg. von Julius Binder. Greiz i. V., Ohag. 105–127.
Chomsky, Noam 1965: Aspects of the Theory of Syntax. Cambridge, M.I.T. Press.
– 1970: Remarks on nominalization. In: Readings in English Transformational Grammar. Ed. by Roderick A. Jacobs / Peter S. Rosenbaum. Waltham, Mass., Ginn. 184–

221.
Coseriu, Eugenio 1967: Georg von der Gabelentz et la linguistique synchronique. In: Linguistic Studies Presented to André Martinet, I (= Word 23), 74–100.
– 1971[a]: Semantik, innere Sprachform und Tiefenstruktur. In: ders.: Sprache. Strukturen und Funktionen. XII Aufsätze zur allgemeinen romanischen Sprachwissenschaft. Hrsg. von Uwe Petersen. 2. Aufl. Tübingen, Narr. 213–224.
– 1968 / 1971[b]: Der Mensch und seine Sprache. In: Ursprung und Wesen des Menschen. Hrsg. von Herbert Haag / Franz Peter Möhres. Tübingen, Mohr. 67–97. In: ders.: Sprache. Strukturen und Funktionen. XII Aufsätze zur allgemeinen romanischen Sprachwissenschaft. Hrsg. von Uwe Petersen. 2. Aufl. Tübingen, Narr. 109–124.
– 1972: Über die Sprachtypologie Wilhelm von Humboldts. Ein Beitrag zur Kritik der sprachwissenschaftlichen Überlieferung. In: Beiträge zur vergleichenden Literaturgeschichte. Festschrift für Kurt Wais. Hrsg. von Johannes Hösle / Wolfgang Eitel. Tübingen, Niemeyer. 107–135.
– 1974: Synchronie, Diachronie und Geschichte. München, Finck.
– 1980 ([2]1981, [3]1994): Textlinguistik. Eine Einführung. Tübingen, Narr.
– 1988: Einführung in die Allgemeine Sprachwissenschaft. Tübingen, Francke.
Daube, Anna 1940: Der Aufstieg der Muttersprache im Deutschen Denken des 15. und 16. Jahrhunderts. Frankfurt a. M., Diesterweg.
Feyerabend, Paul 1976: Wider den Methodenzwang. Skizze einer anarchistischen Erkenntnistheorie. Frankfurt a. M., Suhrkamp.
Finck, Franz Nikolaus 1899: Der deutsche Sprachbau als Ausdruck deutscher Weltanschauung. Acht Vorträge. Marburg, Elwert.
– 1905: Die Aufgabe und Gliederung der Sprachwissenschaft. Halle, Haupt.
Franke, Kristina 1974: Farben (C I b 4aa). In: Helmut Gipper / Hans Schwarz (Hrsg.) (1961–1989), Beiheft 1, Proberegister zu Teil I, Bd. I–II, A–K, 54–56.
Freyer, Hans [2]1928 ([3]1934): Theorie des objektiven Geistes. Eine Einleitung in die Kulturphilosophie. Leipzig, Teubner.
Fröhlings, Adalbert 1929: Die Begriffe Dynamis und „Energie“ bei Aristoteles und die

modernen physikalischen Begriffe der Kraft und Energie. Diss. Bonn. Koblenz, Görres-Druckerei.

Funke, Otto 1924: Innere Sprachform: Eine Einführung in A. Martys Sprachphilosophie. Reichenberg in Böhmen, Kraus.

Gadamer, Hans-Georg 1960 (1986): Wahrheit und Methode. Grundzüge einer philosophischen Hermeneutik. 5. Aufl. Tübingen, Mohr.

Geckeler, Horst 1971: Strukturelle Semantik und Wortfeldtheorie. München, Fink.

- 1981: Progrès et stagnation en sémantique structurale. In: Logos Semantikos. Studia linguistica in honorem Eugenio Coseriu. Bd. III. Berlin, de Gruyter. 53–69.

- 1993: Strukturelle Wortfeldforschung heute. In: Studien zur Wortfeldtheorie. Studies in Lexical Field Theory. Hrsg. von Peter Rolf Lutzeier. Tübingen, Niemeyer. 11–21.

Gipper, Helmut 1950: Sprachliche und geistige Metamorphosen bei Gedichtübersetzungen. Diss. Marburg.

- 1956: Muttersprachliches und wissenschaftliches Weltbild. In: Sprachforum 2, 1–10.

- 1957: Über Aufgabe und Leistung der Sprache beim Umgang mit Farben. In: Die Farbe 6, 23–48.

- 1959: Sessel oder Stuhl? Ein Beitrag zur Bestimmung von Wortinhalten im Bereich der Sachkultur. In: Sprache – Schlüssel zur Welt. Festschrift für Leo Weisgerber. Hrsg. von Helmut Gipper. Düsseldorf, Schwann. 271–292.

- 1963: Bausteine zur Sprachinhaltsforschung. Düsseldorf, Schwann.

- 1964: Purpur. Weg und Leistung eines umstrittenen Farbworts. In: Glotta 42, 39–69.

- 1965: Wilhelm von Humboldt als Begründer moderner Sprachforschung. In: Wirkendes Wort 15, 1–19.

- 1966: Kernfragen der Sprachinhaltsforschung. In: Helmut Gipper / Hans Schwarz (Hrsg.) (1961–1989), Lieferung 7, LXVII–LXXXIV.

- ^{2}1966: Sprachliche und geistige Metamorphosen bei Gedichtübersetzungen: Eine sprachvergleichende Untersuchung zur Erhellung deutsch-französischer Geistesverschiedenheit. Düsseldorf, Schwann.

- 1971: Denken ohne Sprache? Düsseldorf, Schwann.
- 1972: Gibt es ein sprachliches Relativitätsprinzip? Untersuchungen zur Sapir-Whorf-Hypothese. Frankfurt a. M., Fischer.
- [3]1973: Der Inhalt des Wortes und die Gliederung des Wortschatzes. In: Duden-Grammatik. Mannheim, Bibliographisches Institut. 415-473.
- 1974: Inhaltbezogene Grammatik. In: Grundzüge der Literatur- und Sprachwissenschaft. Bd. 2: Sprachwissenschaft. Hrsg. von Heinz Ludwig Arnold / Volker Sinemus. München, DTV. 133-150.
- 1975: Sind sprachliche Felder formalisierbar? In: Gedenkschrift für Jost Trier. Hrsg. von Hartmut Beckers / Hans Schwarz. Köln / Wien, Böhlau. 116-149.
- 1977: Die Sonderstellung der menschlichen Sprache gegenüber den Verständigungsmitteln der Tiere. In: Mitteilungen der Berliner Gesellschaft für Anthropologie, Ethnologie und Urgeschichte 5, 26-67.
- 1978: Sprachwissenschaftliche Grundbegriffe und Forschungsrichtungen. München, Hueber.
- 1979: Vom Aufbau des sprachlichen Weltbildes im Prozeß der Spracherlernung in den ersten drei Lebensjahren. In: Wirkendes Wort 3, 165-180.
- 1984: Der Mensch als Sprachwesen. Der Mensch nimmt die Erde in Besitz. In: Studium Generale der Westfälischen Wilhelms-Universität Münster, Wintersemester 1982/83. Münster, Aschendorff. 53-80.
- 1985: Kinder unterwegs zur Sprache. Zum Prozeß der Spracherlernung in den ersten drei Lebensjahren, mit 50 Sprachdiagrammen zur Veranschaulichung. Düsseldorf, Schwann.
- 1987: Das Sprachapriori. Sprache als Voraussetzung menschlichen Denkens und Erkennens. Stuttgart-Bad Cannstatt, Frommann-Holzboog.
- 1992[a]: Wilhelm von Humboldts Bedeutung für Theorie und Praxis moderner Sprachforschung. Theorie und Praxis inhaltbezogener Sprachforschung. Aufsätze und Vorträge 1953-1990, Bd. I. Münster, Nodus Publikationen.
- 1992[b]: Sprache und Denken in sprachwissenschaftlicher und sprachphilosophi-

scher Sicht. Theorie und Praxis inhaltbezogener Sprachforschung. Aufsätze und Vorträge 1953–1990, Bd. II. Münster, Nodus Publikationen.

– 1992[c]: Der Mensch als Sprachwesen. Erwerb, Besitz, Verlust und Schädigung der Sprache in sprachwissenschaftlicher Sicht. Theorie und Praxis inhaltbezogener Sprachforschung. Aufsätze und Vorträge 1953–1990, Bd. IV. Münster, Nodus Publikationen.

– 1993[a]: Eigen- und Stellenwert der Wortinhalte in Feld und Wortschatz. Theorie und Praxis inhaltbezogener Sprachforschung. Aufsätze und Vorträge 1953–1990, Bd. III. Münster, Nodus Publikationen.

– 1993[b]: Inhaltbezogene Sprachforschung im Rahmen der allgemeinen und historischen Sprachwissenschaft. Theorie und Praxis inhaltbezogener Sprachforschung. Aufsätze und Vorträge 1953–1990, Bd. V. Münster, Nodus Publikationen.

Gipper, Helmut / Schmitter, Peter 1979: Sprachwissenschaft und Sprachphilosophie im Zeitalter der Romantik. Tübingen, Narr.

Gipper, Helmut / Schwarz, Hans (Hrsg.) 1961–1989: Bibliographisches Handbuch zur Sprachinhaltsforschung. Köln / Opladen, Westdeutscher Verlag.

Glässer, Edgar 1939: Einführung in die rassenkundliche Sprachforschung. Kritisch-historische Untersuchungen. Kulturgeschichtliche Bibliothek, N. F. Reihe 2, Bd. I. Heidelberg, Winter. 53–58.

Glinz, Hans 1952: Die innere Form des Deutschen. Bern, Francke.

Gratry, Alphonse 1953: Was ist die Seele? Von den Geheimnissen der Seele und von der menschlichen Sprache. Stifterbibliothek, Fragen der Zeit, Bd. 26. Salzburg, Braumüller.

Greenberg, Joseph Harold 1954: Concerning inferences from linguistic to nonlinguistic data. In: Language in Culture. Proceedings of a Conference on the Interrelations of Language and Other Aspects of Culture. Ed. by Harry Hoijer. Chicago / London, University of Chicago Press. 3–19.

Hahn, Eduard 1896: Die Haustiere und ihre Beziehungen zur Wirtschaft des Menschen. Eine geographische Studie. Leipzig, Duncker & Humblot.

Hall, Robert A. Jr. 1968: An Essay on Language. Philadelphia, Chilton.

Hallig, Rudolf / Wartburg, Walther von 1952: Begriffssystem als Grundlage für die Lexikographie. Versuch eines Ordnungsschemas. Berlin, Akademie-Verlag.

Hamann, Johann Georg 1772 (1951[a]): Des Ritters von Rosencreuz letzte Willensmeynung über den göttlichen und menschlichen Ursprung der Sprache. In: Sämtliche Werke, Bd. III: Schriften über Sprache, Mysterien, Vernunft (1772-1788). 25-33.

- 1780 (1951[b]): Zwey Scherflein zur neuesten Deutschen Literatur. In: Sämtliche Werke, Bd. III: Schriften über Sprache, Mysterien, Vernunft (1772-1788). 229-242.

- 1784 (1951[c]): Metakritik über den Purismum der reinen Vernunft. In: Sämtliche Werke, Bd. III: Schriften über Sprache, Mysterien, Vernunft (1772-1788). 281-289.

- 1783-1785 (1965): Brief an F. H. Jacobi. In: Briefwechsel. Bd. 5. Hrsg. von Arthur Henkel. Frankfurt a. M., Insel-Verlag.

- 1949-1957: Sämtliche Werke. 6 Bde. Hrsg. von Josef Nadler. Wien, Herder.

- 1967: Schriften zur Sprache. Einleitung und Anmerkungen von Josef Simon. Frankfurt a. M., Suhrkamp.

Hartmann, Peter 1952: Einige Grundzüge des japanischen Sprachbaues. Gezeigt an den Ausdrücken für das Sehen. Diss. Münster. Heidelberg, Winter.

- 1958: Wesen und Wirkung der Sprache im Spiegel der Theorie Leo Weisgerbers. Heidelberg, Winter.

Haym, Rudolf 1965: Wilhelm von Humboldt. Lebensbild und Charakteristik. Neudruck der Ausgabe 1856. Osnabrück, Zeller.

Heeschen, Claus 1972: Grundfragen der Linguistik. Mit einem Beitrag von Volker Heeschen. Stuttgart, Kohlhammer.

Heeschen, Volker 1972: L. Weisgerber. In: Claus Heeschen (1972), 54-69.

Hegel, Georg Wilhelm Friedrich 1965: Die Philosophie des Geistes. In: Sämtliche Werke, Bd. X. Hrsg. Hermann Glockner. Stuttgart, Frommann.

- 1980: Die Phänomenologie des Geistes. In: Gesammelte Werke, Bd. 9. Hrsg. von Wolfgang Bonsiepen / Reinhard Heede. Hamburg, Meiner.

Heidegger, Martin 1916: Hölderlin und das Wesen der Dichtung. In: Gesamtausgabe

1981, Bd. 4: Erläuterungen zu Hölderlins Dichtung. 31–45.
- 1927 (1967): Sein und Zeit. 11. Aufl. Tübingen, Niemeyer.
- 1928: Aus der letzten Marburger Vorlesung. In: Gesamtausgabe 1976, Bd. 9: Wegmarken. 373–395.
- 1944: „Wie wenn am Feiertage ..." In: Gesamtausgabe 1981, Bd. 4: Erläuterungen zu Hölderlins Dichtung. 47–74.
- 1946: Brief über den ‚Humanismus'. In: Gesamtausgabe 1976, Bd. 9: Wegmarken. 145–194.
- 1949: Einleitung zu „Was ist Metaphysik?" In: Gesamtausgabe 1976, Bd. 9: Wegmarken. 195–211.
- 1953/54: Aus einem Gespräch von der Sprache. Zwischen einem Japaner und einem Fragenden. In: Gesamtausgabe 1985, Bd. 12: Unterwegs zur Sprache. 85–155.
- 1954[a]: Aus der Erfahrung des Denkens. In: Gesamtausgabe 1983, Bd. 13: Denkerfahrungen. 5–28.
- 1954[b]: 〈... dichterisch wohnet der Mensch ...〉 In: Gesamtausgabe 1978, Bd. 7: Vorträge und Aufsätze. 181–198.
- 1957 (1977): Hebel der Hausfreund. 4. Aufl. Pfullingen, Neske. 5–29.
- 1957/58: Das Wesen der Sprache. In: Gesamtausgabe 1985, Bd. 12: Unterwegs zur Sprache. 159–216.
- 1959: Der Weg zur Sprache. In: Gesamtausgabe 1985, Bd. 12: Unterwegs zur Sprache. 241–268.
- 1976: „Nur noch ein Gott kann uns retten." Spiegel-Gespräch mit Martin Heidegger am 23. September 1966. In: Der Spiegel. Heft-Nr. 23, 193–219.
- 1976–2007: Gesamtausgabe. 16 Bde. Frankfurt a. M., Klostermann u.a.
Heintel, Erich 1957: Sprachphilosophie. In: Deutsche Philologie im Aufriß. Hrsg. von Wolfgang Stammler. 2. Aufl. Berlin, Schmidt. 563–619.
- 1972: Einführung in die Sprachphilosophie. Darmstadt, Wissenschaftliche Buchgesellschaft.

Herder, Johann Gottfried von 1827–1830: Sämtliche Werke. Taschenausgabe in drei Abteilungen. Hrsg. von Marie Caroline von Herder. Abt. III: Zur Philosophie und Geschichte. 3 Bde. Stuttgart, Cotta.

– 1960 (^{3}1975): Sprachphilosophische Schriften. Aus dem Gesamtwerk ausgewählt, mit einer Einleitung, Anmerkungen und Registern versehen von Erich Heintel. Hamburg, Meiner. Darin: Abhandlung über den Ursprung der Sprache. 1–87, Aus den „Fragmenten". 89–157.

– 1966: Abhandlung über den Ursprung der Sprache. Hrsg. von Hans Dietrich Irmscher. Stuttgart, Reclam.

Hobbes, Thomas 1651 (1950): Leviathan. Reprinted from the ed. of 1651. New York, Dutton.

Hoberg, Rudolf 1970: Die Lehre vom sprachlichen Feld. Sprache der Gegenwart, Schriften des Instituts für Deutsche Sprache, 11. Düsseldorf, Schwann.

Hofmannsthal, Hugo von 1950: Eine Monographie. ‚Friedrich Mitterwurzer' von Eugen Guglio ‚Die Zeit' 1985. In: Gesammelte Werke in Einzelausgaben, Prosa I. Hrsg. von Herbert Steiner. Frankfurt a. M., Fischer.

Hoijer, Harry 1954: The Sapir-Whorf Hypothesis. In: Language in Culture. Proceedings of a Conference on the Interrelations of Language and Other Aspects of Culture. Ed. by Harry Hoijer. Chicago / London, University of Chicago Press. 92–105.

Horne, Kibbey M. 1966: Language Typology. 19th and 20th Century Views. Washington D. C., Georgetown University Press.

Humboldt, Wilhelm von 1792: Ideen zu einem Versuch, die Gränzen der Wirksamkeit des Staats zu bestimmen. In: Gesammelte Schriften Bd. I, 97–254.

– 1795/96: Über Denken und Sprechen. In: Gesammelte Schriften Bd. VII, 2, 581–583.

– 1797–1816: Aeschylos Agamemnon. In: Gesammelte Schriften Bd. VIII, 117–230.

– 1806: Latium und Hellas oder Betrachtungen über das classische Alterthum. In: Gesammelte Schriften Bd. III, 136–170.

– 1811: Berichtigungen und Zusätze zum 1. Abschnitt des 2. Bandes des Mithridates über die Cantabrische oder Baskische Sprache. In: Gesammelte Schriften Bd. III,

222-287.

- 1812: Ankündigung einer Schrift über die Vaskische Sprache und Nation, nebst Angabe des Gesichtspunktes und Inhalts derselben. In: Gesammelte Schriften Bd. III, 288-299.
- 1812: Essai sur les langues du nouveau continent. In: Gesammelte Schriften Bd. III, 300-341.
- 1820: Über das vergleichende Sprachstudium in Beziehung auf die verschiedenen Epochen der Sprachentwicklung. In: Gesammelte Schriften Bd. IV, 1-34.
- 1821: Über die Aufgabe des Geschichtsschreibers. In: Gesammelte Schriften Bd. IV, 35-56.
- 1821: Versuch einer Analyse der Mexicanischen Sprache. Gesammelte Schriften Bd. IV, 233-284.
- 1821: Über das Entstehen der grammatischen Formen und ihren Einfluß auf die Ideenentwicklung. In: Gesammelte Schriften Bd. IV, 285-313.
- 1822: Über die in der Sanskritsprache durch die Suffixa tvâ und ya gebildeten Verbalformen. In: Gesammelte Schriften Bd. IV, 360-419.
- 1822: Ueber den Nationalcharakter der Sprachen. Bruchstück. In: Gesammelte Schriften Bd. IV. 420-435.
- 1823: Inwiefern läßt sich der ehemalige Kulturzustand der eingeborenen Völker Amerikas aus den Überresten ihrer Sprachen beurteilen? In: Gesammelte Schriften Bd. V, 1-30.
- 1823-1824: Über den Zusammenhang der Schrift mit der Sprache. In: Gesammelte Schriften Bd. V, 31-106.
- 1824: Über die Buchstabenschrift und ihren Zusammenhang mit dem Sprachbau. In: Gesammelte Schriften Bd. V, 107-133.
- 1824-1826: Grundzüge des allgemeinen Sprachtypus. In: Gesammelte Schriften Bd. V, 364-475.
- 1825-1826: Lettre à M. Abel-Rémusat, sur la nature des formes grammaticales en général, et sur le génie de la langue chinoise en particulier. In: Gesammelte

Schriften Bd. V, 254-308.
- 1827: Über den Dualis. In: Gesammelte Schriften Bd. VI, 4-30.
- 1827-1829: Über die Verschiedenheiten des menschlichen Sprachbaues. In: Gesammelte Schriften Bd. VI, 111-303.
- 1828: Über die Sprachen der Südseeinseln. In: Gesammelte Schriften Bd. VI, 37-51.
- 1828: Über die Verwandtschaft des griechischen Plusquamperfektum, der reduplizierenden Aoriste und der attischen Perfekta mit einer sanskritischen Tempusbildung. In: Gesammelte Schriften Bd. VI, 58-75.
- 1829: Über die Verwandtschaft der Ortsadverbien mit dem Pronomen in einigen Sprachen. In: Gesammelte Schriften Bd. VI, 304-330.
- 1830 ([3]1900): Über Schiller und den Gang seiner Geistesentwicklung. In: Briefwechsel zwischen Schiller und Wilhelm von Humboldt. Mit Anmerkungen von Albert Leitzmann. Stuttgart, Union Deutsche Verlagsgesellschaft.
- 1830: Rezension von Goethes zweitem römischem Aufenthalt. In: Gesammelte Schriften Bd. VI, 2, 528-550.
- 1830-1835: Über die Verschiedenheit des menschlichen Sprachbaues und ihren Einfluß auf die geistige Entwicklung des Menschengeschlechts. In: Gesammelte Schriften Bd. VII, 1-344.
- 1836, 1838, 1839: Über die Kawi-Sprache auf der Insel Java, nebst einer Einleitung über die Verschiedenheit des menschlichen Sprachbaues und ihren Einfluß auf die geistige Entwicklung des Menschengeschlechts. I-III.
- 1841-1852 (1988): W. von Humboldt's gesammelte Werke. Hrsg. von Carl Brandes. 7 Bde. Berlin, Reimer. Darin: Briefe an F. A. Wolf. Bd. V, 1-316.
- 1880: Wilhelm von Humboldts Briefe an Christian Gottfried Körner (1793-1830). Hrsg. von Fritz Jonas. Berlin, Schleiermacher.
1903-1936: Gesammelte Schriften. Hrsg. von der Königlichen Preußischen Akademie der Wissenschaften. Abt. 1-4 (Bd. 1-17). Hrsg. von Albert Leitzmann / Bruno Gebhardt / Wilhelm Richter. Berlin, Behr.
- 1960-1981: Wilhelm von Humboldt Werke in fünf Bänden. Hrsg. von Andreas Flitner

/ Klaus Giel. Stuttgart, Cotta'sche Buchhandlung.

– 1962: Der Briefwechsel zwischen Friedrich Schiller und Wilhelm von Humboldt. 2 Bde. Hrsg. von Siegfried Seidel. Berlin, Aufbau-Verlag.

Ipsen, Gunther 1930: Sprachphilosophie der Gegenwart. Philosophische Forschungsgeschichte Heft 6. Berlin, Junker und Dünnhaupt.

– 1932: Der neue Sprachbegriff. In: Zeitschrift für Deutschkunde 46, 1–18.

Ivić, Milka 1971: Wege der Sprachwissenschaft. München, Hueber.

Jaeger, Werner Wilhelm 1923: Aristoteles. Grundlegung einer Geschichte seiner Entwicklung. Berlin, Weidmann.

Jakobson, Roman 1941: Child Language, Aphasia and Phonological Universals. The Hague, Mouton.

Jánoska, Georg 1962: Die sprachlichen Grundlagen der Philosophie. Graz, Akademische Druck- und Verlagsanstalt.

Jaspers, Karl 1947: Von der Wahrheit. München, Piper.

Jespersen, Otto 1922: Language: Its Nature, Development and Origin. London, G. Allen & Unwin.

Jost, Leonhard Siegfried 1960: Die Auffassung der Sprache als Energeia. Diss. Bern. Bern, Haupt.

Kant, Immanuel 1983: Werke in zehn Bänden – Immanuel Kant. Hrsg. von Wilhelm Weischedel. Sonderausgabe. Darmstadt, Wissenschaftliche Buchgesellschaft.

Kayser, Wolfgang 1948 ([8]1962): Das sprachliche Kunstwerk. München, Francke.

Klaus, Georg [3]1963: Kybernetik in philosophischer Sicht. Berlin, Akademie Verlag.

Knoop, Ulrich 1974: Die Begriffe ‚Unendlichkeit' und ‚Kreativität' in der Theorie der generativen Transformationsgrammatik – eine kritische Analyse. In: Deutsche Sprache 2, 11–31.

Krüger, Manfred 1967: Der menschlich-göttliche Ursprung der Sprache. Bemerkungen zu Herders Sprachtheorie. In: Wirkendes Wort 17, 1–11.

Kuznecov, Piotr Savvič 1954: Morfologičeskaja klassifikacija jazykov. Moskva, Moskovskij universitet.

Lakoff, George 1973: Deep language (letter to the editor). In: New York Review of Books (8 February, 1973).

Lauchert, Friedrich 1894: Die Anschauungen Herders über den Ursprung der Sprache, ihre Voraussetzungen in der Philosophie seiner Zeit und ihr Fortwirken. In: Euphorion 1, 747-771.

Leisi, Ernst 1953 (^{4}1971): Der Wortinhalt. Seine Struktur im Deutschen und Englischen. Heidelberg, Quelle & Meyer.

Lenneberg, Eric Heinz 1967 (1972): Biological Foundations of Language. New York, John Wiley and Sons. Biologische Grundlagen der Sprache. Frankfurt a. M., Suhrkamp.

Leppin, Jutta 1977: Some observations on the Chomskian interpretation of Wilhelm von Humboldt. In: Archivum Linguisticum (London / Glasgow) N. S. 8, H. 1, 46-59.

Liebrucks, Bruno 1964: Sprache und Bewußtsein. Bd. 1: Einleitung. Frankfurt a. M., Akademische Verlagsgesellschaft.

– 1965: Sprache und Bewußtsein. Bd. 2: Wilhelm von Humboldt. Frankfurt a. M., Akademische Verlagsgesellschaft.

Litt, Th. 1948 (^{2}1961): Mensch und Welt.

Lohmann, Johannes 1960: Die Entwicklung der allgemeinen Sprachwissenschaft an der Friedrich-Wilhelms-Universität zu Berlin bis 1933. Studium Berolinense. Gedenkschrift zur 150. Wiederkehr des Gründungsjahres der Friedrich-Wilhelms-Universität zu Berlin.

– 1963: Wilhelm von Humboldt und die Sprache. In: Die Deutsche Literatur 9, Osaka, Japan, 41-48.

Luther, Wilhelm 1954: Weltansicht und Geistesleben. Göttingen, Vandenhoeck & Ruprecht.

– 1970: Sprachphilosophie als Grundwissenschaft. Ihre Bedeutung für die wissenschaftliche Grundlagenbildung und die sozialpolitische Erziehung. Heidelberg, Quelle & Meyer.

Lutzeier, Peter Rolf (Hrsg.) 1993: Studien zur Wortfeldtheorie. Studies in Lexical Field

Theory. Tübingen, Niemeyer.

Lyons, John 1963: Structural Semantics. An Analysis of Part of the Vocabulary of Plato. Oxford, Blackwell.

– 1977: Semantics. Cambridge, Cambridge University Press.

Marty, Anton 1908: Untersuchungen zur Grundlegung der allgemeinen Grammatik und Sprachphilosophie I. Halle, Niemeyer.

Mensching, Gustav 1937: Das heilige Wort. Eine religionsphänomenologische Untersuchung. Bonn, Rohrscheid.

Menze, Clemens 1965: Wilhelm von Humboldts Lehre und Bild vom Menschen. Ratingen, Henn.

Metzger, Wolfgang [2]1954: Psychologie. Die Entwicklung ihrer Grundannahmen seit der Einführung des Experiments. 2. Aufl. Darmstadt, Steinkopff.

Miller, Robert L. 1968: The linguistic relativity principle and Humboldtian ethnolinguistics. A history and appraisal. The Hague, Mouton.

Moser, Hugo [6]1969: Deutsche Sprachgeschichte, Max Niemeyer Verlag Tübingen.

Müller, Friedrich 1876: Grundriss der Sprachwissenschaft. Bd. 1: Einleitung in die Sprachwissenschaft. Wien, Hölder.

Perpeet, Wilhelm 1955: Was ist Zeit? In: Studium Generale 8, 531–545.

Pfleiderer, Wolfgang 1954: Die innere Form des Deutschen. In: Der Deutschunterricht 6, Heft 2: Sprachbetrachtung in der Gegenwart, 108–128.

Pietsch, Paul [2]1915: Deutscher Sprache Ehren-Krantz. Berlin, Allgemeiner deutscher Sprachverein.

Porzig, Walter 1923: Der Begriff der inneren Sprachform. In: Indogermanische Forschung 41, 150–169.

– 1928: Sprachform und Bedeutung. Eine Auseinandersetzung mit A. Martys Sprachphilosophie. In: Indogermanisches Jahrbuch 12, 1–20.

– 1934: Wesenhafte Bedeutungsbeziehungen. In: Beiträge zur Geschichte der deutschen Sprache und Literatur 58, 70–97.

– 1950 ([2]1957): Das Wunder der Sprache. Probleme, Methoden und Ergebnisse der modernen Sprachwissenschaft. 2. Aufl. Bern, Francke.

Pott, August Friedrich 1848: Die wissenschaftliche Gliederung der Sprachwissenschaft. Eine Skizze. In: Jahrbücher der freien deutschen Akademie. Bd. 1. Hrsg. von Karl Nauwerck / Ludwig Noack. Frankfurt a. M., Meidinger. 185–190.

Praechter, Karl 1926: Die Philosophie des Altertums. Berlin, Mittler & Sohn.

Reichmann, Oskar 1969: Deutsche Wortforschung. Stuttgart, J. B. Metzlersche Verlagsbuchhandlung.

Richards, Ivor Armstrong 1967: Why Generative Grammar does not help: 1. In: English Language Teaching 22, 3–9.

– 1968: Why Generative Grammar does not help: 2. In: English Language Teaching 22, 101–106.

Rohracher, Hubert 1948: Einführung in die Psychologie. 3. Aufl. Wien, Urban & Schwarzenberg.

Rousseau, Jean-Jacques 1755: Discours sur l'origine et les fondements de l'inégalité parmi les hommes. Amsterdam, Rey.

Ruprecht, Erich 1963: Die Sprache im Denken Wilhelm von Humboldts. In: Die Wissenschaft von deutscher Sprache und Dichtung, Methoden, Probleme, Aufgaben. Festschrift für Friedrich Maurer zum 65. Geburtstag. Stuttgart, Klett-Cotta. 217–236.

Ryle, Gilbert 1952: Systematically misleading expressions. In: Logic and Language. Ed. by Antony Flew. Oxford, Blackwell. 11–36.

Saussure, Ferdinand de [5]1949 (1972): Cours de linguistique générale. Hrsg. von Charles Bally / Albert Sechehaye / Albert Riedlinger. Paris, Payot.

– 1967: Grundfragen der allgemeinen Sprachwissenschaft. Übersetzt von Herman Lommel. 2. Aufl. Berlin, de Gruyter.

– 1967–1974: Cours de linguistique générale. Édition critique par Rudolf Engler. Wiesbaden, Harrassowitz.

Schaff, Adam 1964: Sprache und Erkenntnis. Wien, Europa Verlag.

Schelsky, Helmut 1950: Zum Begriff der tierischen Subjektivität. In: Studium Generale 3, 102–116.

Schiller, Friedrich 1967: Der Graf von Habsburg. In: Werke in sechs Bänden. Bd. 1: Gedichte. Frankfurt a. M., Frankenbuchhandlung.

Schippan, Thea 1972: Einführung in die Semasiologie. Leipzig, VEB Bibliographisches Institut.

Schlegel, August Wilhelm von 1818: Observations sur la langue et la littérature provençales. Paris, Librairie grecque-latine-allemande.

Schlegel, Friedrich von 1808: Über die Sprache und Weisheit der Indier. Ein Beitrag zur Begründung der Altertumskunde. Heidelberg, Mohr und Zimmer.

Schleicher, August 1848: Sprachvergleichende Untersuchungen. 1. Zur vergleichenden Sprachgeschichte. Bonn, König.

Schlesier, Gustav 1843–1845: Erinnerungen an Wilhelm von Humboldt. Stuttgart, Köhler.

Schmidt, Lothar (Hrsg.) 1973: Wortfeldforschung: Zur Geschichte und Theorie des sprachlichen Feldes. Darmstadt, Wissenschaftliche Buchgesellschaft.

Schmidt, Siegfried Jochen 1968: Sprache und Denken als sprachphilosophisches Problem von Locke bis Wittgenstein. Den Haag, Nijhoff.

Schmitter, Peter 1977: Zeichentheoretische Erörterungen bei Wilhelm von Humboldt. Vorstudien zum Problem der Integrierbarkeit von divergierenden Bedeutungstheorien. In: Sprachwissenschaft 2, 151–180.

– 1978: Grundbegriffe der linguistischen Semantik und Semiotik. Zu einer neuen theoretischen und terminologischen Konzeption John Lyons'. In: Papiere des Münsteraner Arbeitskreises für Semiotik H. 10, 11–36.

– 1979: New horizons in semantics? In: Semiotica 25, 139–160.

– 1987: Das sprachliche Zeichen. Studien zur Zeichen- und Bedeutungstheorie in der griechischen Antike sowie im 19. und 20. Jahrhundert. Münster, Institut für Allgemeine Sprachwissenschaft der Westfälischen Wilhelms-Universität.

Scholte, Jan Hendrik 1928: Sprachgesellschaften. In: Reallexikon der deutschen Literaturgeschichte. 4 Bde. Hrsg. von Paul Merker / Wolfgang Stammler. 1925–1931. Berlin, de Gruyter.

Schwarz, Hans 1953: Ahd. liod und sein sprachliches Feld. In: Beiträge zur Geschichte der deutschen Sprache und Literatur 75, 321-365.

- 1959: Leitmerkmale sprachlicher Felder. Ein Beitrag zur Verfahrensweise der Gliederungsforschung. In: Sprache - Schlüssel zur Welt. Festschrift für Leo Weisgerber. Hrsg. von Helmut Gipper. Düsseldorf, Schwann. 245-255.

- 1962: Gegenstand, Grundlagen, Stellung und Verfahrensweise der Sprachinhaltsforschung, erörtert an den Gegebenheiten des Wortschatzes. In: Helmut Gipper / Hans Schwarz (Hrsg.) (1961-1989), Teil 1, Lieferung 7. Köln / Opladen, Westdeutscher Verlag. XV-LXVI.

- 1964: Verschmitzt. Von Leistung und Werden eines Wortinhalts im Sinnsprengel der Schlauheit. In: Festschrift für Jost Trier zum 70. Geburtstag. Köln, Böhlau. 69-111.

- 1973: Zwölf Thesen zur Feldtheorie. In: Lothar Schmidt (Hrsg.) (1973), 428-435.

- 2001: Wortfeld: Terminus, Begriff und Bilder - Ausblick. In: Lingua et linguae. Festschrift für Clemens-Peter Herbermann zum 60. Geburtstag. Hrsg. von Ulrich Wassner. Aachen, Shaker. 407-420. 박성철(옮김)(2006): 〈낱말밭: 용어, 개념, 비유들 - 전망〉. 한글 273, 219-243.

Schwarz, Hans / Gipper, Helmut (Hrsg.) 1961-1989: Bibliographisches Handbuch zur Sprachinhaltsforschung. Köln / Opladen, Westdeutscher Verlag.

Simon-Schäfer, Roland 1973: Dialektik. Kritik eines Wortgebrauchs. Stuttgart-Bad Cannstatt, Frommann-Holzboog (Problemata 24).

Slagle, Uhlan V. 1974: The Kantian influence on Humboldt's linguistic thought. In: Historiographia Linguistica 1, 341-350.

Slobin, Dan Isaac (ed.) 1971: The Ontogenesis of Grammar. A Theoretical Symposium. New York, Academic Press.

Spranger, Eduard 1908: Wilhelm von Humboldt und Kant. In: Kant-Studien 13, 57-129.

Steiner, George ^{3}1998: After Babel. Oxford, Oxford University Press.

Steinthal, Heymann 1850: Die Classification der Sprachen. Berlin, Dümmler.

- 1860: Charakteristik der hauptsächlichen Typen des Sprachbaues. Berlin, Dümmler.

– 1884: Die sprachphilosophischen Werke Wilhelm's von Humboldt. Berlin, Dümmler.

Streitberg, Wilhelm 1909: Kant und die Sprachwissenschaft. Eine historische Skizze. In: Indogermanische Forschungen 26, 382–422.

Swift, Jonathan 1974: Gulliver's Travels. London, Oxford University Press.

Tagliavini, Carlo 1949: Di alcune denominazioni della ‚pupilla'. In: Annali dell' Instituto Universitario di Napoli 3, 341–378.

– 1950: Introduzione alla glottologia. Bologna, Pàtron.

Trier, Jost 1931: Der deutsche Wortschatz im Sinnbezirk des Verstandes. Die Geschichte eines sprachlichen Feldes. Heidelberg, Winter.

– 1932: Sprachliche Felder. In: Zeitschrift für deutsche Bildung 8, 417–427.

– 1934[a]: Deutsche Bedeutungsforschung. In: Germanische Philologie. Festschrift für Otto Behaghel. Heidelberg, Winter. 173–200.

– 1934[b]: Das sprachliche Feld. Eine Auseinandersetzung. In: Neue Jahrbücher für Wissenschaft und Jugendbildung 10, 428–449.

Trubetskoy, Nikolai Sergeevich 1939: Grundzüge der Phonologie. Prag, Traveaux du Cercle Linguistique de Prague 7.

Ulshöfer, Robert (Hrsg.) 1954: Der Deutschunterricht Jg. 6. Beiträge zu seiner Praxis und wissenschaftlichen Grundlegung. In Verbindung mit Fritz Martini / Friedrich Maurer / Gerhard Storz. Heft 2: Sprachbetrachtung in der Gegenwart. Stuttgart, Klett.

Ullmann, Stephen 1962: Semantics: An Introduction to the Science of Meaning. Oxford, Blackwell.

– [2]1966: Semantic universals. In: Universals of Language. Ed. by Joseph H. Greenberg. Cambridge, M.I.T. Press. 217–262.

– [3]1967: Principles of Semantics. Oxford, Blackwell & Mott.

Unwerth, Wolf von 1908: Die schlesische Mundart in ihren Lautverhältnissen grammatisch und geographisch dargestellt. Breslau, M. & H. Marcus.

Vermeer, Hans J. 1972: Allgemeine Sprachwissenschaft. Eine Einführung. Freiburg,

Rombach.

Vossler, Karl 1925: Geist und Kultur in der Sprache. Heidelberg, Winter.

Warnach, Viktor 1962: Was ist exegetische Aussage? In: Catholica 16, 103–130.

Weisgerber, Leo 1925 (2008): Sprache als gesellschaftliche Erkenntnisform. Habilitationsschrift. Universität Bonn. Hrsg. von Bernhard Lauer / Rudolf Hoberg. Mit einer Einführung von Bernhard Weisgerber. Kassel, Brüder-Grimm-Gesellschaft.

– 1927: Die Bedeutungslehre – ein Irrweg der Sprachwissenschaft? In: Germanisch-Romanische Monatsschrift 15, 161–183.

– 1928: Der Geruchsinn in unseren Sprachen. In: Indogermanische Forschungen 46, 121–150.

– 1929: Muttersprache und Geistesbildung. Göttingen, Vandenhoeck & Ruprecht: 허발(옮김)(1993, [2]2004): 《모국어와 정신형성》. 서울, 문예출판사.

– 1931: Persönlichkeits- und Volkserziehung durch die Muttersprache. In: Zeitschrift für Deutschkunde 45, 705–726, 780–790.

– 1933: Die Stellung der Sprache im Aufbau der Gesamtkultur. In: Wörter und Sachen 15, 134–224.

– 1939 (1942): Die volkhaften Kräfte der Muttersprache. In: Beiträge zum neuen Deutschunterricht. Hrsg. von Alfred Huhnhäuser / Alfred Pudelko / Curt Jacoby. Frankfurt a. M., Diesterweg. 21–100.
Auch in: Die volkhaften Kräfte der Muttersprache. 1942. Frankfurt a. M., Diesterweg.

– 1948: Die Entdeckung der Muttersprache im europäischen Denken. Lüneburg, Heliand.

– 1949[a]: Die Sprache unter den Kräften des menschlichen Daseins (Von den Kräften der deutschen Sprache, Bd. I). Düsseldorf, Schwann.

– 1949[b]: Der Sinn des Wortes ‚Deutsch'. Göttingen, Vandenhoeck & Ruprecht.

– 1950[a]: Vom Weltbild der deutschen Sprache (Von den Kräften der deutschen Sprache, Bd. II). Düsseldorf, Schwann.

– 1950[b] ([3]1971): Die Muttersprache im Aufbau unserer Kultur (Von den Kräften der deutschen Sprache, Bd. III). 3. Aufl. Düsseldorf, Schwann.

- 1950[c] ([2]1959, [3]1971): Die geschichtliche Kraft der deutschen Sprache. (Von den Kräften der deutschen Sprache, Bd. IV). Düsseldorf, Schwann.
- 1950/51[a]: Die tragenden Pfeiler der Spracherkenntnis. In: Wirkendes Wort I, 1–12.
- 1950/51[b]: Die Grundlagen des Sprachfriedens. In: Wirkendes Wort I, 193–205.
- 1951[a]: Das Gesetz der Sprache als Grundlage des Sprachstudiums. Heidelberg, Quelle & Meyer.
- 1951[b]: Das Tor zur Muttersprache. Düsseldorf, Schwann.
- 1951[c]: Die Sprache als wirkende Kraft. In: Studium Generale 4, 127–135.
- 1951/52: Zur innersprachlichen Umgrenzung der Wortfelder. In: Wirkendes Wort 2, 138–143.
- 1952[a]: Sprachwissenschaftliche Methodenlehre. In: Deutsche Philologie im Aufriß. Bd. I. Hrsg. von Wolfgang Stammler. Berlin u.a., Schmidt. Sp. 1–38.
- 1952[b]: Die Wiedergeburt des vergleichenden Sprachstudiums. In: Lexis 2, 3–22.
- 1952[c]: Der deutsche Sprachbegriff. In: Tagung der Germanisten in Münster. Düsseldorf, Schwann. 3–12 (Wirkendes Wort, Sonderheft 1).
- 1953[a]: Der Sinn des Wortes ‚Deutsch'. In: ders.: Deutsch als Volksname. Ursprung und Bedeutung. Stuttgart, Kohlhammer. 252–277.
- 1953[b]: Die inhaltbezogene Grammatik. Vom Weltbild der deutschen Sprache, I. Düsseldorf, Schwann.
- 1954[a]: Die sprachliche Erschließung der Welt. Vom Weltbild der deutschen Sprache, II. 2. Aufl. Düsseldorf, Schwann.
- 1954[b]: Die Sprachfelder in der geistigen Erschließung der Welt. In: Festschrift für Jost Trier zu seinem 60. Geburtstag am 15. Dezember 1954. Hrsg. von Benno von Wiese / Karl Heinz Borck. Meisenheim / Glan, Westkulturverlag. 34–49.
- 1953/54: Zum Energeia-Begriff in Humboldts Sprachbetrachtung. In: Wirkendes Wort 4, 374–377.
- 1954[c]: Innere Sprachform als Stil sprachlicher Anverwandlung der Welt. In: Studium Generale 7, 571–579.

– 1954[d]: Die sprachliche Anverwandlung der Welt. In: Moderna Sprak 48, 223–236.
– 1955[a]: Das Worten der Welt als sprachliche Aufgabe der Menschheit. In: Sprachforum I, 10–19.
– 1955[b]: Der Begriff des Wortens. In: Corolla Linguistica. Festschrift Ferdinand Sommer zum 80. Geburtstag am 4. Mai 1955 dargebracht von Freunden, Schülern und Kollegen. Hrsg. von Hans Krahe. Wiesbaden, Harrassowitz. 248–254.
– 1955[c]: Die Erforschung der Sprachinhalte und der Sprachwirkungen. In: Festschrift der Arbeitsgemeinschaft für Forschung des Landes Nordrhein-Westfalens zu Ehren des Herrn Ministerpräsidenten Karl Arnold anläßlich des fünfzigjährigen Bestehens der Arbeitsgemeinschaft für Forschung am 4. Mai 1955. Köln / Opladen, Westdeutscher Verlag. 263–279.
– 1958: Verschiebungen in der sprachlichen Einschätzung von Menschen und Sachen. Köln / Opladen, Westdeutscher Verlag.
– 1960: Die vier Schauplätze des Wortens der Welt. In: Erkenntnis und Verantwortung. Festschrift für Theodor Litt. Hrsg. von Josef Derbolav / Friedhelm Nicolin. Düsseldorf, Schwann. 11–24.
– 1961: Zur Entmythologisierung der Sprachforschung. In: Festschrift Hennig Brinkmann. Zur Vollendung des 60. Lebensjahres. Hrsg. von Felix Arends. Düsseldorf, Schwann. 30–50.
– 1962[a] ([4]1971): Grundzüge der inhaltbezogenen Grammatik (Von den Kräften der deutschen Sprache, I). 4. Aufl. Düsseldorf, Schwann.
– 1962[b]: Die sprachliche Gestaltung der Welt (Von den Kräften der deutschen Sprache, II). 3. neubearb. Aufl. Düsseldorf, Schwann.
– 1962[c] (1956/57): Die Erforschung der Sprach „zugriffe“ I. Grundlinien einer inhaltbezogenen Grammatik. In: Wirkendes Wort, Sammelband I, Sprachwissenschaft. Düsseldorf, Schwann. 175–183.
Zuerst in: Wirkendes Wort 7, 65–73.
– 1963: Die vier Stufen in der Erforschung der Sprachen. Düsseldorf, Schwann.
– 1964[a] (1930): ‚Neuromantik‘ in der Sprachwissenschaft. In: Zur Grundlegung der

ganzheitlichen Sprachauffassung. Aufsätze 1925–1933. Zur Vollendung des 65. Lebensjahres Leo Weisgerbers. Hrsg. von Helmut Gipper. Düsseldorf, Schwann. 212–230.

Zuerst in: Germanisch-Romanische Monatsschrift 18, 241–259.

– 1964[b]: Das Menschheitsgesetz der Sprache als Grundlage der Sprachwissenschaft. 2. Aufl. Heidelberg, Quelle & Meyer.

– 1964[c] (1926): Das Problem der inneren Sprachform und seine Bedeutung für die deutsche Sprache. In: Zur Grundlegung der ganzheitlichen Sprachauffassung. Aufsätze 1925–1933. Zur Vollendung des 65. Lebensjahres Leo Weisgerbers. Hrsg. von Helmut Gipper. Düsseldorf, Schwann. 36–50.

Zuerst in: Germanisch-Romanische Monatsschrift 14, 241–256.

– 1964[d]: Zur Grundlegung der ganzheitlichen Sprachauffassung. Aufsätze 1925–1933. Zur Vollendung des 65. Lebensjahres Leo Weisgerbers. Hrsg. von Helmut Gipper. Düsseldorf, Schwann.

– 1973: Zweimal Sprache. Deutsche Linguistik 1973 – Energetische Sprachwissenschaft. Düsseldorf, Schwann.

– 1977: Zum Ausbau der energetischen Sprachbetrachtung. In: Wirkendes Wort 27, 71–81.

Wendt, Heinz Friedrich 1961: Sprachen. Frankfurt a. M., Fischer.

Whorf, Benjamin Lee 1940: Science and linguistics. In: Technology Review 42 (6): 229–231, 247–248.

– 1952: Collected Papers on Metalinguistics. Washington, Dept. of State, Foreign Service Institute.

– 1956: Language, Thought, and Reality. Selected Writings of Benjamin Lee Whorf. Ed. by John B. Carroll. Massachusetts, M.I.T. Press.

Wittgenstein, Ludwig 1982: Philosophische Untersuchungen. 3. Aufl. Frankfurt a. M., Suhrkamp.

Zeller, Eduard et al. 1879: Die Philosophie der Griechen in ihrer geschichtlichen Entwicklung. Vol. II. Leipzig, Reisland.

찾아보기

인명

ㄱ

ㄴ

ㄷ

ㄹ

ㅈ

ㅊ

ㅋ

ㅌ

용어

ㄱ

ㄴ

(ㅂ)

(ㅅ)

언어와 정신

발행일 2013년 2월 20일 초판 1쇄
2013년 7월 20일 초판 2쇄
2017년 1월 30일 개정증보판 1쇄

지은이 허 발
발행인 홍지웅 · 홍예빈
발행처 주식회사 열린책들

경기도 파주시 문발로 253 파주출판도시
전화 031-955-4000 팩스 031-955-4004
www.openbooks.co.kr

ISBN 978-89-329-1817-4 93700

이 도서의 국립중앙도서관 출판예정도서목록(CIP)은 서지정보유통지원시스템 홈페이지(http://seoji.nl.go.kr)와 국가자료공동목록시스템(http://www.nl.go.kr/kolisnet)에서 이용하실 수 있습니다.(CIP제어번호 : CIP2016032049)